Kritische Studien zur Geschichtswissenschaft 82

V&R

Kritische Studien
zur Geschichtswissenschaft

Herausgegeben von
Helmut Berding, Jürgen Kocka
Hans-Ulrich Wehler

Band 82
Rüdiger Hachtmann
Industriearbeit im »Dritten Reich«

Vandenhoeck & Ruprecht
in Göttingen

Industriearbeit
im »Dritten Reich«

Untersuchungen zu den Lohn- und Arbeitsbedingungen
in Deutschland 1933–1945

von

Rüdiger Hachtmann

Vandenhoeck & Ruprecht
in Göttingen

CIP-Titelaufnahme der Deutschen Bibliothek

Hachtmann, Rüdiger:
Industriearbeit im »Dritten Reich«: Untersuchungen zu den Lohn-
und Arbeitsbedingungen in Deutschland 1933−1945 /
von Rüdiger Hachtmann. − Göttingen: Vandenhoeck u. Ruprecht, 1989
(Kritische Studien zur Geschichtswissenschaft; Bd. 82)
Zugl.: Berlin, Techn. Univ., Diss., 1986
ISBN 3-525-35744-3
NE: GT

Gedruckt mit Unterstützung des Förderungs- und Beihilfefonds
Wissenschaft der VG Wort

© 1989, Vandenhoeck & Ruprecht, Göttingen. − Printed in Germany. −
Alle Rechte vorbehalten. Das Werk einschließlich seiner Teile
ist urheberrechtlich geschützt. Jede Verwertung außerhalb der engen Grenzen
des Urheberrechtsgesetzes ist ohne Zustimmung des Verlages
unzulässig und strafbar. Das gilt insbesondere für Vervielfältigungen,
Übersetzungen, Mikroverfilmungen und die Einspeicherung und Verarbeitung
in elektronischen Systemen.
Gesetzt aus Bembo auf Linotron 202 System 4 (Linotype).
Satz und Druck: Gulde-Druck GmbH, Tübingen.
Bindearbeit: Hubert & Co., Göttingen.

Inhalt

Vorwort 13

I. Einleitung: Fragestellungen, Begriffe, Methode, Quellenlage . 15

II. Voraussetzungen und Rahmenbedingungen 24
   1. Die Ausgangslage um die Jahreswende 1932/33 24
   2. Die wirtschaftliche Entwicklung im ›Dritten Reich‹ 25
   3. Grundzüge des politischen Systems 28
   4. Das nationalsozialistische Arbeitsrecht 30

III. Arbeitsmarkt und Arbeitszeit 37
   1. Arbeitsmarkt und ›Arbeitseinsatz‹-Politik 37
   2. Entwicklung der Arbeitszeit 50

IV. Rationalisierungsbewegung und Wandel der Binnenstruktur der Arbeiterschaft 54
   1. Zusammensetzung der Arbeiterschaft 54
   1.1. Hilfsarbeiter, Angelernte und Facharbeiter: Zur Trennschärfe der Begriffe 56
   1.2. Die Umschichtung der Arbeiterschaft bis Kriegsbeginn 59
   1.3. Die Umschichtung der Arbeiterschaft während des Zweiten Weltkrieges 63
   2. Funktion und Form der Rationalisierungsbewegung im ›Dritten Reich‹ – dargestellt am Beispiel der Fließfertigung 67
   2.1. Begriff, Formen und Voraussetzung der Fließfertigung 67
   2.2. Frühgeschichte der Fließfertigung (bis 1933) 68
   2.3. Rationalisierungsbewegung 1933 bis 1939 71
   2.4. Rationalisierungsbewegung während des Zweiten Weltkrieges . 77
   3. Rationalisierung, Sozialintegration und Disziplinierung . 81
   4. ›Rationalisierungsproletariat‹ und Rassismus 83
   5. Umschulung und Aufstieg 86

V. Lohnentwicklung und Lohnpolitik 90
   1. Erhebungsmethoden: Von der Einzellohnerhebung zum Lohnsummenverfahren 91
   2. Die Löhne in der Phase der Massenarbeitslosigkeit und der einsetzenden Vollbeschäftigung 92
   2.1. Legalisierung untertariflicher Entlohnung (Staatliche Lohnpolitik bis 1936) 92
   2.2. Das Ausmaß untertariflicher Entlohnung und des Lohnabbaus bis 1936/37 97
   3. Die Löhne in der Phase der Arbeitskräfteknappheit 112
   3.1. Staatliche Lohnpolitik 1936 bis 1939 112
   3.2. Die Grenzen der Tätigkeit der ›Treuhänder der Arbeit‹ 116
   3.3. Zur Zuverlässigkeit lohnstatistischer Erhebungen 121
   3.4. Lohnentwicklung 1936 bis 1939 124
   4. Lohnpolitik und Lohnentwicklung im Zweiten Weltkrieg . 128
   4.1. Staatliche Lohnpolitik seit 1939 128
   4.2. Lohnentwicklung seit 1939 132
   5. Lohn und Einkommensdifferenzierung 1927 bis 1944 ... 136
   5.1. Lohn- und Einkommensdifferenzierungen nach Geschlecht ... 136
   5.2. Lohn- und Einkommensdifferenzierungen nach Qualifikation . 138
   5.3. Lohn- und Einkommensdifferenzierungen nach Betriebsgrößenklassen 141
   5.4. Lohn- und Einkommensdifferenzierungen nach Ortsgrößenklassen 144
   5.5. Lohn- und Einkommensdifferenzierungen nach Regionen 147

Exkurs: Zur Problematik der Berechnung der (Netto-) Realeinkommen für die Zeit des ›Dritten Reiches‹ 154

VI. Lohn und Leistung: Leistungsbezogene Lohnsysteme und Arbeitsbewertungsverfahren 161
   1. ›Völkische Leistungsgemeinschaft‹ und ›Leistungsauslese‹ (Zur Ideologisierung leistungsbezogener Entlohnung während der NS-Diktatur) 161
   2. Rechtlicher und tarifpolitischer Rahmen 163
   2.1. Der Leistungslohn im ›Gesetz zur Ordnung der nationalen Arbeit‹ und in den Betriebsordnungen 163
   2.2. Der Akkord in den Tarifordnungen 164
   3. Grundformen und Funktionen von Leistungslohn und Leistungsmessung 167
   4. Der Stellenwert der verschiedenen Formen leistungsbezogener Entlohnung 169

4.1.	›Akkordarbeiter‹ und ›Zeitlöhner‹: kategoriale Unschärfen und empirische Ergebnisse	169
4.2.	Fertigungstechnologie und Lohnform	171
4.3.	Die Ausbreitung des Refa-Verfahrens während der NS-Zeit	175
4.4.	Herausbildung des ›Kontraktlohnes‹ seit 1940/41	182
4.5.	Leistungsprämien und traditioneller Akkord	183
4.6.	Zur Ausweitung des Gruppenakkords	185
5.	Akkordverdienste 1927 bis 1938	186
6.	Zum Phänomen der ›Scheinakkorde‹	196
7.	Konflikte um Lohn und Leistung: ›Akkordbremsen‹ und Streit um Refa	199
8.	Akkordpolitik 1938 bis 1942	204
9.	Arbeitsbewertung und ›Lohnkatalog Eisen und Metall‹	207
9.1.	Arbeitsbewertung und tätigkeitsbezogene Einstufung in Lohngruppen: Definition und erste Anfänge	207
9.2.	Vorarbeiten und Entstehungsgeschichte des LKEM	210
9.3.	Funktion und Umsetzung des LKEM	212

VII.	Arbeitsleistung und Gesundheitsverschleiß	224
1.	Zur Intensivierung und Erhöhung der Produktivität der Arbeit	224
2.	Arbeitsbedingter Gesundheitsverschleiß	231
2.1.	Krankenstand bis zu Beginn des Zweiten Weltkrieges	231
2.2.	Zur Funktion und Entwicklung der Arbeitsmedizin während des ›Dritten Reiches‹	234
2.3.	Krankenstand 1939 bis 1944	244
2.4.	Unfallhäufigkeit	249

VIII.	Zusätzliche betriebliche Sozialleistungen: Umfang und Funktionswandlungen	254
1.	Betriebliche Sozialpolitik, nationalsozialistisches Arbeitsrecht und die Rolle der ›Deutschen Arbeitsfront‹	255
2.	Umfang der zusätzlichen betrieblichen Sozialleistungen nach Branchen, Betriebs- und Ortsgrößenklassen	258
3.	Die ›Monetisierung‹ betrieblicher Sozialpolitik: Zur Zusammensetzung der zusätzlichen Sozialleistungen	268
4.	Die wichtigsten Formen der zusätzlichen betrieblichen Sozialleistungen	272
4.1.	Lohnähnliche Sozialleistungen	272
4.2.	Frauenspezifische, zusätzliche Sozialleistungen der Unternehmen	276

4.3.	Betriebliche Sozialpolitik und die Defizite staatlicher Sozialpolitik: das Beispiel betriebliche Altersfürsorge	277
4.4.	Werkswohnungsbau und allgemeine Wohnungsnot	282
4.5.	Andere Formen betrieblicher Sozialleistungen	296
5.	Disziplinierung durch betriebliche Sozialpolitik	299

IX. Schlußbemerkung 302

Anmerkungen 310

Abkürzungsverzeichnis 424

Quellen und Literatur 426
1. Ungedruckte Quellen 426
2. Zeitschriften 427
3. Literatur 429

Register 456
1. Personen, Orte, Betriebe 456
2. Begriffe 459

Tabellen

Tab. 1: Durchschnittliche wöchentliche Arbeitszeit von männlichen und weiblichen Arbeitern sowie in ausgewählten Zweigen der deutschen Industrie 1929 bis 1944. 51

Tab. 2: Zusammensetzung der Arbeiterschaft in Industrie und Handwerk insgesamt 1933 bis 1945. 55

Tab. 3: Facharbeiter in v. H. der Gesamtarbeiterschaft in verschiedenen Industriezweigen 1928, 1933 und 1939. 61

Tab. 4: Zusammensetzung der Arbeiterschaft in der metallverarbeitenden Industrie 1928 bis 1939. 62

Tab. 5: Gesellen und Industriefacharbeiter in v. H. der Gesamtarbeiterschaft in verschiedenen Branchen in Industrie und Handwerk 1933 und 1939. 64

Tab. 6: Bruttostundenverdienste in verschiedenen Zweigen der deutschen Industrie nach Arbeitergruppen 1927 bis 1944. 104

Tab. 7: Bruttowochenverdienste in der Eisen- und Stahl-, der metallverarbeitenden und der Textilindustrie nach Arbeitergruppen 1927 bis 1944. 111

Tab. 8: Bruttostundenverdienste weiblicher Arbeiter in v. H. der Bruttostundenverdienste männlicher Arbeiter in der metallverarbeitenden und der Textilindustrie 1927 bis 1944. 137

Tab. 9: Bruttostundenverdienste unqualifizierter Arbeiter in v. H. der Bruttostundenverdienste qualifizierter männlicher Arbeiter in der metallverarbeitenden und der Textilindustrie 1927 bis 1944. 140

Tab. 10: Einkommensdifferenzierung nach Betriebsgrößenklassen im Maschinen- und Apparatebau sowie der Textilindustrie 1932 bis 1938. . 142

Tab. 11: Bruttostundenverdienste von Fach- und Hilfsarbeitern nach Ortsgrößenklassen in der Metallverarbeitung, im Baugewerbe sowie in der Textilindustrie im Sept. 1935 und Sept. 1939. 146

Tab. 12: Bruttowocheneinkommen in den wichtigsten Regionen des Deutschen Reiches nach den Angaben der Invalidenversicherung 1929 bis 1938. 148

Tab. 13: Regionale Lohnunterschiede in der Eisen- und Stahlindustrie, dem Baugewerbe und der Textilindustrie 1924 bis 1937. 151

Tab. 14: Nettoverdienste und Realeinkommen in der deutschen Industrie 1929 bis 1944. 159

Tab. 15: Der Anteil der im ›Stücklohn‹ beschäftigten Arbeiter an der Gesamtarbeiterschaft in den wichtigsten Industriezweigen 1928 bis 1939 . . 173

Tab. 16: Stündliche Akkordverdienste im Dynamowerk Berlin-Siemensstadt, dem Nürnberger Transformatorenwerk und dem Plauener Leitungswerk der Siemens-Schuckertwerke nach Arbeiterschichten bzw. Lohngruppen 1928 bis 1941. 189

Tab. 17: Im Stück- und Zeitlohn erzielte Bruttowochen- und Bruttostundenverdienste in der metallverarbeitenden Industrie im Okt. 1928, Okt. 1931 und Juni 1938. 192

Tab. 18: Verwirklichung des ›Lohngruppenkataloges Eisen und Metall‹ und der ›Akkordüberprüfungen‹ bis Nov. 1944. 220

Tab. 19: Arbeitsproduktivität je Arbeitsstunde in verschiedenen Industriezweigen 1929 bis 1939. 226

Tab. 20: Arbeitsproduktivität je Beschäftigten und je Arbeitsstunde in der deutschen Industrie 1939 bis 1944. 230

Tab. 21: Krankheitsfälle in v. H. der Mitglieder der gesetzlichen Krankenversicherung 1926 bis 1939. 232

Tab. 22: Krankenstand nach Angaben der Betriebskrankenkassen und Reichsknappschaft 1929 bis 1944. 245

Tab. 23: Krankenstand in den wichtigsten Zweigen der deutschen Industrie 1938 bis 1944. 247

Tab. 24: Angezeigte und entschädigte Arbeitsunfälle und Berufskrankheiten 1929 bis 1939. 248

Tab. 25: Zusätzliche soziale Aufwendungen industrieller Unternehmen in ausgewählten Industriezweigen 1932 bis 1938/40 in v. H. der Lohn- und Gehaltssummen. 262

Tab. 26: Zusätzliche soziale Aufwendungen industrieller Unternehmen im Maschinen- und Apparatebau sowie der Textilindustrie in v. H. der Lohn- und Gehaltssummen nach Betriebsgrößenklassen 1937. 266

Tab. 27: Zusätzliche soziale Aufwendungen industrieller Unternehmen im Maschinen- und Apparatebau und der Textilindustrie in v. H. der Lohn- und Gehaltssummen nach Ortsgrößenklassen 1937. 267

Tab. 28: Wohnungsneubau 1929 bis 1943 (Reinzugang, Umbau, Bauträger). 284

Tab. 29: Werkswohnungsbau 1935 bis 1938 (Rohzugang, Wohnformen und Kosten). 288

Tab. 30: Werkseigene Wohnungen und Beschäftigtenentwicklung in ausgewählten Zweigen der deutschen Industrie 1932 und 1938/39. 294

Schaubilder

Abb. 1: Entwicklung der ›Lohndrift‹ in der Textilindustrie nach Arbeitergruppen 1928 bis 1939. 98

Abb. 2: Die durchschnittlichen Bruttostundenverdienste in einigen Zweigen der metallverarbeitenden Industrie 1936 bis 1941 als Indikator für die Wirksamkeit der nationalsozialistischen Lohnpolitik. 127

Abb. 3: Refa-Lehrgänge und -Lehrgangsteilnehmer 1922 bis 1950. 177

Abb. 4: Zusätzliche soziale Aufwendungen in v. H. der Lohn- und Gehaltssumme und Beschäftigtenentwicklung bei den Siemens-Schuckertwerken und der Gutehoffnungshütte 1930/31 bis 1950/51. 263

Abb. 5: Zusammensetzung der vom Siemens-Konzern, der Gutehoffnungshütte und den Vereinigten Stahlwerken gewährten zusätzlichen Sozialaufwendungen 1928/29 bis 1940/41. 270

Für Max† und Johanna

Vorwort

Bei dem vorliegenden Text handelt es sich um die überarbeitete und gekürzte Fassung meiner Dissertation, die Ende 1986 vom Institut für Geschichtswissenschaft am Fachbereich 1 der Technischen Universität Berlin angenommen wurde. Es ist mir eine angenehme Pflicht, an dieser Stelle all denen zu danken, die in verschiedenster Weise zur Entstehung dieser Arbeit beigetragen haben. Mein besonderer Dank gilt Prof. Reinhard Rürup, der mich als Betreuer und Gutachter der Dissertation tatkräftig beraten und unterstützt hat, sowie Prof. Karin Hausen und Prof. Heinz Reif für kritischen Rat und wichtige Hinweise. Vielfältige Anregungen erhielt ich von Freunden und Kollegen insbesondere des Institutes für Geschichtswissenschaft der TU Berlin; namentlich nennen möchte ich hier vor allem Dr. Michael Grüttner, Dr. Tilla Siegel, Dr. Carola Sachse, Günther Morsch und Anita Kugler, deren kritische Kommentare mich zur Präzisierung mancher Gedankengänge gezwungen haben. Für die Aufnahme in die Reihe »Kritische Studien zur Geschichtswissenschaft« möchte ich den Herausgebern Prof. Hans-Ulrich Wehler, Prof. Helmuth Berding und insbesondere Prof. Jürgen Kocka danken, dessen Hinweise für die Überarbeitung von großem Nutzen waren. Der Friedrich-Ebert-Stiftung bin ich zu Dank verpflichtet, weil sie mir durch ein Stipendium die Fertigstellung der Arbeit möglich machte. Die »Verwertungsgesellschaft Wort« ermöglichte durch die großzügige Finanzierung des Druckkostenzuschusses die Drucklegung der Arbeit. Dank schulde ich ferner den Leitern und Mitarbeitern der von mir besuchten Archive, insbesondere Herrn Herzog vom Historischen Archiv der Gutehoffnungshütte, Frau Dr. Köhne-Lindenlaub und Herrn Mühter vom Historischen Archiv Fried. Krupp, Herrn Dr. Baumann und Frau Bücken vom Historischen Archiv der Thyssen AG, Herrn Dr. Reininghaus vom Westfälischen Wirtschaftsarchiv zu Dortmund sowie Herrn Dr. von Weiher vom Archiv des Siemens-Museums. Meinem Vater danke ich für das zeitaufwendige Korrektur-Lesen. Nicht zuletzt danke ich meiner Frau und meinen beiden Kindern für ihre von mir häufig strapazierte Langmut; besonders meine Kinder mögen mir verzeihen, daß ich oft so wenig Zeit für sie hatte und manchmal mürrisch reagiert habe, wenn sie voll Tatendrang in mein Zimmer gestürmt kamen, um etwas mit mir zu unternehmen, während ich am Schreibtisch in meine Arbeit vertieft war. Ihnen sei deshalb das Buch gewidmet.

I. Einleitung:
Fragestellungen, Begriffe, Methode, Quellenlage

In der neueren Forschung zur Geschichte des ›Dritten Reiches‹ hat sich inzwischen die Ansicht durchgesetzt, daß die Industriearbeiterschaft zwar überwiegend in Distanz zum NS-Regime blieb, jedoch keineswegs rebellisch, sondern eher resigniert bis apathisch auf die tiefgreifenden Veränderungen nach 1933 reagierte.[1] Die Frage, warum dies so war, ist bisher nicht schlüssig beantwortet worden. Dies liegt zu einem guten Teil daran, daß weitgehend ausgeblendet blieb, daß es nach 1933 nicht nur zu grundlegenden politischen und rechtlichen Umwälzungen, sondern auch zu Rationalisierungs- und Modernisierungsschüben in wirtschaftlicher und sozialer Hinsicht kam. Zwar ist die These nicht neu, daß der Nationalsozialismus modernisierend wirkte, indem er die Ablösung eines überkommenen, teilweise noch von vor- oder frühkapitalistischen Sozialstrukturen und Mentalitäten geprägten Gesellschaftsgefüges durch ›moderne‹ Gesellschaftsformen in hohem Maße begünstigte.[2] Die vielschichtigen Rationalisierungs- und Modernisierungsprozesse, die zwischen 1933 und 1945 stattfanden, sind jedoch bisher weder im einzelnen erforscht noch auf ihre sozialen und politischen Wirkungen hin untersucht worden. Weitgehend unbekannt sind Art und Weise, Ausmaß und Folgen der Verdrängung der 1933 übernommenen traditionellen durch ›moderne‹, vielfach heute noch übliche Formen industriekapitalistischer Produktion und Arbeitsorganisation.[2a] Auch das Verhältnis der nationalsozialistischen Machthaber zur Modernisierung und Rationalisierung[3] ist ungeklärt: Handelte es sich eher um eine ›Modernisierung wider Willen‹ oder wurde sie – aus welchen Gründen – vom NS-Regime bewußt vorangetrieben?[4] Zu fragen ist weiter, in welcher Weise sich die Formen der Industriearbeit unter dem Einfluß des fertigungstechnischen und arbeitsorganisatorischen Wandels in der Industrie veränderten[5] und welche sozialen ›Kosten‹ diese ›Modernisierung‹ für die betroffenen Schichten der Industriearbeiterschaft[6] mit sich brachte. Vor allem diese beiden letzten Aspekte werden in der vorliegenden Arbeit ausführlicher untersucht.

Zunächst werden in groben Zügen die wirtschaftlichen, politischen und rechtlichen Rahmenbedingungen (Kap. II) sowie die Verhältnisse auf dem

Arbeitsmarkt und die wichtigsten Elemente der nationalsozialistischen ›Arbeitseinsatz‹-Politik umrissen (Kap. III.1). Dem folgt eine – nur vor dem Hintergrund der Entwicklung der Beschäftigungslage verständliche – Darstellung der je nach Industriezweig, Geschlecht, Qualifikation, Betriebsgröße usw. sehr unterschiedlichen Arbeitszeitentwicklung (Kap. III.2.). Im Kap. IV wird dann die fertigungstechnische Seite der Rationalisierungsbewegung am Beispiel der Fließfertigung vor allem im Hinblick auf die dadurch bewirkten Veränderungen der Zusammensetzung der Industriearbeiterschaft, der Arbeitsinhalte und des Sozialverhaltens der Arbeiter thematisiert. Kap. V. gibt Aufschluß über Intentionen und Wirksamkeit der verschiedenen Aspekte der nationalsozialistischen Lohnpolitik; besonders berücksichtigt wurden in diesem Kapitel in der neueren Forschung bisher nicht behandelte Elemente staatlicher Lohnpolitik wie etwa die politische Sanktionierung untertariflicher Entlohnung und die konkreten, aus der polykratischen Struktur der NS-Herrschaft resultierenden Probleme, mit denen die Treuhänder der Arbeit bei der Umsetzung der ihnen übertragenen Aufgaben konfrontiert waren. Erst vor diesem Hintergrund wird die (in der Darstellung mit den verschiedenen Phasen der Lohnpolitik verknüpfte) Entwicklung der Bruttoverdienste in den verschiedenen Segmenten der Industriearbeiterschaft verständlich. Kap. V. steht in engem Zusammenhang mit Kap. VI, in dem die von den Zeitgenossen mit dem unpräzisen Ettikett ›Leistungsentlohnung‹ charakterisierte Modernisierung der Lohnformen und die damit verbundenen gravierenden Wandlungen innerbetrieblicher Arbeitsorganisation thematisiert werden; beide Kapitel stellen einen Schwerpunkt der vorliegenden Untersuchung dar. Von zentraler Bedeutung ist dabei die Frage, wie die Elemente betrieblicher ›Modernisierung‹, die bereits vor 1933 zu beobachten waren, dadurch beeinflußt wurden, daß das NS-Regime[7] bestimmte, vor allem politische und rechtliche Faktoren ausschaltete und neue hinzufügte. Wurden die verschiedenen Aspekte industrieller Modernisierung und Rationalisierung durch die rüstungskonjunkturelle Entwicklung, durch die Beseitigung von Gewerkschaftsorganisationen und Arbeitnehmervertretungen, durch (weitere) gravierende arbeitsrechtliche Einschnitte, durch spezifische Entwicklungen der Arbeitsmarktverhältnisse, durch antiquiert wirkende nationalsozialistische Ideologeme u. a. m. gebremst oder konnten sie sich ungehinderter entfalten? Wie groß war der Freiraum für betriebliche Lohn- und Leistungspolitik? In diesem Zusammenhang ist auch der unscharfe Begriff der ›Modernisierung‹ in seine konkreten Formen aufzulösen, sind die Motive und Ziele der hier agierenden politischen und industriellen Herrschaftsträger herauszuarbeiten.

Wenn der »gesamte Bereich der Betriebs- und Arbeitsorganisation – und insbesondere die Leistungswirtschaft und Leistungsentlohnung – ... innerhalb der sozialwissenschaftlichen« und mehr noch der historischen Forschung besonders für die Zeit des ›Dritten Reiches‹ »in erstaunlicher Weise vernachlässigt«[8] wurde, dann muß dies überraschen.[9] Leistung als zentrale

Kategorie des nationalsozialistischen Ideologienkonglomerats wurde während der NS-Zeit – so wird zu zeigen sein – auf die individuelle Arbeitsleistung ebenso angewendet wie auf ›Rasse‹, Geschlecht usw.; sie stand als ›betriebliche‹ oder ›völkische Leistungsgemeinschaft‹ im Zentrum der ›Betriebs-‹ und ›Volksgemeinschaft‹. Der Leistungsbegriff in all seinen Dimensionen durchzog als roter Faden ungezählte lohnpolitische, arbeitswissenschaftliche, betriebswirtschaftliche etc. – und darüber hinaus ebenso (arbeits-)medizinische[10] – Aufsätze der Jahre 1933 bis 1945. Welch hoher lohnpolitischer Stellenwert nach den Intentionen der nationalsozialistischen Machthaber der Leistungsentlohnung zukommen sollte, blieb auch den ins politische Exil vertriebenen kritischen Zeitgenossen nicht verborgen. In den SOPADE-Berichten wurde bereits 1935 festgestellt:

»Weder die ersatzlose Aufhebung von Tarifverträgen noch die Ersetzung von Tarifverträgen durch Tarifordnungen mit schlechteren Lohn- und Arbeitsbedingungen haben für die praktische Lohnpolitik bisher eine solche Bedeutung erlangt wie der Grundsatz, daß jeder Arbeiter möglichst nach seiner Leistung bezahlt werden soll. Die Verwirklichung dieses Grundsatzes ist das wichtigste Mittel zur Erreichung des entscheidenden politischen Ziels: der Atomisierung der Arbeiterschaft und der Zerstörung jedes Solidaritätsgefühls.«[11]

Und Franz Neumann betonte 1942:

»Die besondere Hervorhebung des Leistungslohns [durch das NS-Regime, R.H.] macht die Frage der Lohnunterschiede zum vordringlichen Problem der Sozialpolitik. Es ist von wesentlicher Bedeutung, dieses Problem nicht als wirtschaftliches, sondern als das entscheidende politische Problem der Massenbeherrschung zu begreifen.«[12]

Beide Zitate machen auch deutlich, warum in allen einschlägigen zeitgenössischen betriebswirtschaftlichen und sozialpolitischen Zeitschriften gewissermaßen programmatisch die Einführung und Ausweitung leistungsbezogener Lohnsysteme gefordert wurde: Zusätzlich zur Stimulierung der Arbeitsleistung war der Leistungsentlohnung die Aufgabe zugedacht, entscheidend dazu beizutragen, die Arbeiterschaft im einzelnen Unternehmen weitaus stärker als zuvor zu differenzieren. Über die Ausweitung und Verfeinerung des ›Leistungslohns‹ sollte die in der Struktur moderner industriekapitalistischer Gesellschaften grundsätzlich angelegte Fraktionierung der Arbeiterschaft vertieft werden. Parallel dazu ließen sich durch die Verschärfung gröberer, überbetrieblicher Ebenen der Lohn- und Einkommensdifferenzierung – zwischen den Industriezweigen, nach Geschlecht und Qualifikation, nach Orts- und Betriebsgrößenklassen sowie nach Regionen – die bereits bestehenden Spaltungen der Arbeiterschaft verstärken (Kap. V.5.) und die Chancen des NS-Regimes, diese passiv zu integrieren, erhöhen. Insofern stellt unter dem Aspekt der langfristigen Herrschaftssicherung die »Differenzierung der Löhne (den) eigentliche(n) Kern nationalsozialistischer Lohnpolitik«[13] dar.

Selbstredend war die Entwicklung der Effektivverdienste außerdem für die volkswirtschaftlichen und rüstungspolitischen Ziele des NS-Regimes von herausragender Bedeutung. Die rasche Aufrüstung verlangte einen forcierten Ausbau der rüstungswichtigen Produktionsgüterindustrien auf Kosten der Konsumgüterindustrie. Eine Drosselung bzw. Stagnation der Konsumgüterproduktion setzte wiederum eine ›Stabilisierung‹ der Kaufkraft der lohnabhängigen Bevölkerung auf möglichst geringem Niveau voraus. Zudem waren niedrige Lohnkosten als die Kehrseite hoher Gewinne eine wesentliche Voraussetzung dafür, daß Aufbau und Ausbau der Rüstungsindustrie überhaupt finanziert werden konnten. Und schließlich wollte der nationalsozialistische Staat so ›billig‹ wie möglich aufrüsten. Industrie und Staat mußten deshalb an dauerhaft niedrigen Einkommen der Arbeiter besonders interessiert sein. Zugleich hatte der Lohn jedoch die individuelle oder kollektive Arbeitsleistung zu stimulieren. Diese Aufgabe des Lohnes gewann vor dem Hintergrund anhaltender Arbeitskräfteknappheit zwangsläufig erheblich an Bedeutung, weil ohne Ausdehnung der Arbeitszeiten und Intensivierung der Arbeit sich die Rüstungsproduktion nicht im geplanten Ausmaß steigern ließ. Wie gelang es, die Effektivlöhne im Durchschnitt weitgehend auf niedrigem Niveau zu stabilisieren und gleichzeitig die Arbeiterschaft zu Mehrleistungen zu motivieren? Zu fragen ist in diesem Zusammenhang nach dem Umfang der Mehrleistungen: nach der Entwicklung der Arbeitszeit (Kap. III.2.) und der (stündlichen) Arbeitsproduktivität (Kap. VII.1.) sowie nach den Auswirkungen, die die erhöhten Arbeitsbelastungen auf den Gesundheitszustand der Industriearbeiterschaft hatten (Kap. VII.2.).

Noch aus einem anderen Grund kam der Entwicklung der Effektivverdienste im ›Dritten Reich‹ entscheidende Bedeutung zu: Ohne Wohlverhalten der Arbeiterschaft waren die Rüstungsbestrebungen im geplanten Ausmaß und die politische Stabilität der nationalsozialistischen Diktatur überhaupt gefährdet. Mason hat eindrucksvoll nachgewiesen, daß höchste nationalsozialistische Funktionsträger, denen die deutsche Revolution 1918/19 als politischer Alptraum in ständiger Erinnerung war, eine Wiederholung des ›Dolchstoßes‹ durch die Arbeiterbewegung fürchteten. Das NS-Regime setzte deshalb keineswegs allein auf brutalen Terror, sondern suchte sich der Loyalität der Arbeiterschaft auch durch materielle Zugeständnisse zu versichern. Zu den entscheidenden ökonomischen Faktoren, die ein Stillhalten der Arbeiterschaft sicherstellen sollten, gehörte einmal die seit etwa 1936 faktisch hergestellte Arbeitsplatzsicherheit, die in ihrer für das Regime positiven, sozialintegrativen Wirkung kaum zu überschätzen ist. Dies allein reichte jedoch nicht aus. Zur sozialen Befriedung der Industriearbeiterschaft waren darüber hinaus Lohnzugeständnisse in solcher Größenordnung notwendig, daß breitere wirtschaftliche Unzufriedenheit seitens der Arbeiter und daraus möglicherweise resultierende Störungen der (zunehmend komplexeren und deshalb auch anfälligeren) betrieblichen Produktionsprozesse durch offene Arbeitskonflikte, allgemeine Leistungsminderung u. ä. m. ausgeschlossen waren. Auch hier bot sich eine differenzierte Lohnpolitik als Lösung an: Bestimmten, volkswirtschaftlich und produktionsrelevanten Arbeiterschichten wurden nicht unbeträchtliche Einkommensverbesserungen gewährt, anderen dagegen echte Lohnerhöhungen vorenthalten.

Inwieweit dem Ziel inner- und überbetrieblicher Vertiefung bestehender und der Schaffung zusätzlicher Lohnunterschiede Erfolg beschieden war, ist bisher ebensowenig systematisch untersucht worden, wie überhaupt die konkreten Lohnverhältnisse im ›Dritten Reich‹ kaum ins Blickfeld der neueren Forschung geraten sind.[14] Lediglich in den Arbeiten von Bry und Siegel sind einzelne Aspekte der Lohndifferenzierung thematisiert worden.[15] Die von ihnen vorgelegten Daten und Interpretationen zur Differenzierung der Effektivverdienste nach Branchen, Geschlecht und Qualifikation besitzen jedoch insofern nur beschränkte Aussagekraft, als sie lediglich die Ergebnisse der Lohnsummenerhebungen von 1936 bis 1944 berücksichtigen, nicht jedoch die Ergebnisse der von 1927 bis 1935 durchgeführten Einzellohnerhebungen. Ein Vergleich mit den Effektivverdiensten der Jahre vor 1933 ist jedoch unabdingbar, wenn z. B. Aussagen getroffen werden sollen, ob und inwieweit sich die geschlechtsspezifische Diskriminierung der Frauen in der Entlohnung während der NS-Zeit verstärkt hat. Andere Formen überbetrieblicher Lohn- und Einkommensdifferenzierung (insbesondere nach Orts- und Betriebsgrößen sowie Regionen) sind in der neueren Forschung vollständig vernachlässigt worden.[16]

Auch die wichtigste Form des ›indirekten Lohnes‹, die freiwilligen betrieblichen Sozialleistungen, ist in der neueren Forschung nur stiefmütterlich behandelt worden,[17] obgleich sich ihr Stellenwert in dem Maße erhöhen mußte, wie der nationalsozialistische Staat offene Lohnerhöhungen erschwerte und Massenorganisationen wie die ›Deutsche Arbeitsfront‹ (DAF) die vor dem Hintergrund des sich rasch verschärfenden Arbeitskräftemangels von vielen Unternehmern bereitwillig vorgenommene Ausweitung freiwilliger Sozialleistungen zusätzlich politisch abstützten und zum Teil sogar forcierten (Kap. VIII). Zu fragen ist in diesem Zusammenhang, inwieweit es vor dem Hintergrund der gravierenden wirtschaftlichen und politischen Veränderungen auch zu einer Umschichtung innerhalb der zusätzlichen betrieblichen Sozialleistungen kam: Setzte z. B. die für die Jahre nach 1949 konstatierte ›Monetisierung‹ der betrieblichen Sozialpolitik nicht bereits schon in den dreißiger Jahren ein? Welche neuen Elemente betrieblicher Sozialpolitik traten hinzu, welche (besonderen) Funktionen hatte sie – etwa vor dem Hintergrund forcierter Rationalisierung – im ›Dritten Reich‹ zu erfüllen?

In der neueren wirtschafts- und sozialhistorischen Forschung ist inzwischen wohl unumstritten, daß zwischen ›Friedens‹- und Kriegswirtschaft kein so gravierender Einschnitt bestand. Entscheidende kriegswirtschaftliche Maßnahmen wurden schon vor Beginn des Zweiten Weltkrieges eingeleitet. Vollständig wurde die deutsche Wirtschaft jedoch erst seit 1942 auf den Krieg umgestellt. Auch in der Lohn-, Sozial- und Arbeitsmarktpolitik kam es in diesem Jahr zu stärkeren Veränderungen als Ende 1939. Die Ausbreitung von Arbeitsbewertungssystemen und des Refa-Verfahrens erreichte ihren (vorläufigen) Höhepunkt erst mit dem ›Lohnkatalog Eisen und Metall‹, der nicht zufällig im Jahre 1942 der metallverarbeitenden Industrie zur Anwendung vorgelegt wurde. Die ursprüngliche Absicht, in der vorliegenden Studie lediglich den Zeitraum bis 1939 zu behandeln, wurde deshalb fallengelassen. Gleichwohl bilden die Vorkriegsjahre den zeitlichen Schwerpunkt. Um besser herausarbeiten zu können, wo aufgrund der Machtübernahme der Nationalsozialisten Brüche eintraten und wo Kontinuitäten fortbestanden, wurden zudem Vergleichszahlen für die der NS-Herrschaft vorausgegangenen Jahre, in Einzelfällen auch für die Zeit ab 1945 aus den Westzonen bzw. der Bundesrepublik Deutschland herangezogen. Untersuchungsgegenstand war die gesamte deutsche Industrie – mit Ausnahme des Bergbaus[18] – unter besonderer Berücksichtigung einerseits der für die Aufrüstung entscheidenden Zweige der Metallindustrie (einschließlich der Eisen- und Stahlerzeugung) sowie andererseits – zur Kontrastierung der Entwicklung in der Rüstungsindustrie – der Textilindustrie als des wohl wichtigsten Zweiges der Konsumgüterindustrie. Auf die besondere Situation der ausländischen Zivilarbeiter, der zum ›Arbeitseinsatz‹ herangezogenen Kriegsgefangenen und KZ-Häftlinge kann nur am Rande eingegangen werden; ihre Situation ausführlich darzustellen, hätte den Rahmen der Arbeit bei weitem gesprengt.[19]

Lohnentwicklungen und -differenzierungen z. B. nach Regionen, Orts- und Betriebsgrößenklassen oder Funktions- und Formveränderungen betrieblicher Sozialpolitik etc. können nur durch Quantifizierung – d. h. die numerische Zusammenfassung größerer Mengen strukturell gleicher Daten mithilfe arithmetischer und statistischer Verfahren – sichtbar gemacht werden. Ob allgemeingültige Aussagen (z. B. für die deutsche Industrie insgesamt, ganze Branchen oder nur bestimmte Betriebsgruppen) getroffen werden können, hängt entscheidend von der Qualität des zur Verfügung stehenden Quellenmaterials ab. Zu fragen ist vor allem nach der Repräsentativität der vorliegenden Daten und nach möglichen Quellendefekten. Die in unserem Zusammenhang verwerteten Quellen lassen sich in vier Hauptkategorien gliedern:

1. Die *einzelbetrieblichen* Daten, die den Aktenbeständen der von mir untersuchten Betriebsarchive entnommen wurden, können für sich genommen selbstverständlich keineswegs von vornherein für bestimmte gesamtindustrielle oder branchenspezifische Entwicklungen Repräsentativität beanspruchen. Dies gilt meist auch, wenn Daten von zwei oder mehreren Betrieben aggregiert wurden. Für die vorliegende Untersuchung kann unter bestimmten Vorbehalten für die Eisen- und Stahlindustrie geltend gemacht werden, daß statistische Angaben über die untersuchten Einzelbetriebe,

sofern sie gleichgeartet und damit aggregierbar waren, die Entwicklung dieses Industriezweiges repräsentieren: In den Unternehmen dieses Wirtschaftssektors, deren Archivalien ich sichten konnte (Krupp, Vereinigte Stahlwerke, Gutehoffnungshütte, Hoesch), war 1938 deutlich mehr als die Hälfte aller Stahlarbeiter beschäftigt.[20] In jedem Falle wird allerdings zu fragen sein, ob auch bei statistischer Aggregation die Sonderrolle dieser traditionsreichen Unternehmen immer noch soweit durchschlägt, daß Entwicklungen bei ihnen nicht auf die restlichen Unternehmen der Branche verallgemeinert werden können. Obgleich den genannten schwerindustriellen Konzernen eine Reihe von Unternehmen der Metallverarbeitung angegliedert waren,[21] und mir aus dem Siemens-Archiv archivalische Quellen des größten Unternehmens der deutschen elektrotechnischen Industrie zur Verfügung standen, kann Repräsentativität für allein aus diesen Aktenbeständen gewonnene, einzelbetriebliche Angaben für die Metallverarbeitung insgesamt im allgemeinen nicht beansprucht werden. Den auf Basis dieser Daten erstellten Statistiken und Graphiken kommt in aller Regel nur illustrative Bedeutung zu. Diese Einschränkungen gelten für eine andere Art quantifizierbarer Archivalien nicht: für repräsentative Erhebungen, die vom Statistischen Reichsamt, von den Statistischen Landesämtern, von der DAF und ihren Suborganisationen oder den Organen der ›Wirtschaftlichen Selbstverwaltung‹ (insbesondere der ›Reichsgruppe Industrie‹) durchgeführt, aber nicht veröffentlicht wurden, sondern nur für den internen Gebrauch zur Verfügung standen.

2. Von außerordentlicher Bedeutung sind im Rahmen der vorliegenden Studie selbstverständlich die *Veröffentlichungen des Statistischen Reichsamtes*. Obgleich diese Publikationen in der Regel leicht zugänglich sind, wurden sie in der neueren Forschung zur Wirtschafts- und Sozialgeschichte des ›Dritten Reiches‹ im allgemeinen nur beiläufig herangezogen.

3. Wichtig sind ferner die in den einschlägigen, *zeitgenössischen Zeitschriften* vorgelegten statistischen Angaben zu den hier interessierenden Themen. Hervorzuheben sind vor allem die zum Teil sehr materialreichen Publikationen der ›Deutschen Arbeitsfront‹. Insbesondere das Arbeitswissenschaftliche Institut der DAF[22] führte eine Reihe von eigenen Erhebungen über den Umfang der von Industrieunternehmen freiwillig gewährten Sozialaufwendungen, zum Stellenwert von Akkord- und Zeitlohn, über die Höhe der Mietpreise usw. durch. Im Gegensatz zum Statistischen Reichsamt – das der Darstellung methodischer Probleme breiten Raum gab – bleiben die Erhebungsmethoden des Arbeitswissenschaftlichen Instituts freilich manchmal unklar.

4. Zwei *eigene Erhebungen* wurden auf Grundlage des – von der historischen Forschung bisher kaum zur Kenntnis genommenen – ›Handbuchs der deutschen Aktiengesellschaften‹ durchgeführt. In diesen Handbüchern sind neben den Bilanzen auch die Gewinn- und Verlustrechnungen sämtlicher deutscher Aktiengesellschaften enthalten. Diese Gewinn- und Verlustrech-

nungen stellen insofern eine einzigartige Quelle dar, als sich auf Basis dieser Daten erst Formen der Einkommensdifferenzierung, die vom Statistischen Reichsamt nicht bzw. nicht über einen längeren Zeitraum untersucht wurden, für einen wichtigen Teil aller Industrieunternehmen rekonstruieren ließen. Zweitens läßt sich nur mit Hilfe der in den Gewinn- und Verlustrechnungen der Aktiengesellschaften enthaltenen Angaben eine Vorstellung vom quantitativen Stellenwert der freiwilligen Sozialleistungen (in Relation zur Lohnhöhe oder anderen Variablen) nach einzelnen Branchen, Regionen, Orts- und Betriebsgrößenklassen gewinnen.

Quantifizierung setzt eine Klärung der verwendeten Kategorien und eine Darstellung der methodischen Grundlagen voraus. Dies zielt nicht nur auf die eigenen Erhebungen, sondern auch die der amtlichen Statistik. Ein gravierendes Problem besteht z. B. darin, daß die traditionellen Arbeiterkategorien (gelernt, angelernt, ungelernt), die ja auch Arbeitsmarkt-, Arbeitszeit- und Lohnerhebungen strukturierten, immer schwerer begrifflich exakt zu trennen waren, weil die Übergänge von einer zur anderen Arbeiterschicht in der Praxis zunehmend fließender wurden. Zu fragen ist auch, was mit den vielfach sehr unpräzise benutzten Begriffen wie ›Rationalisierung‹, ›Leistungslohn‹, ›Akkord‹ oder ›freiwillige betriebliche Sozialleistungen‹ im konkreten eigentlich gemeint war. Relativ klar bleibt im hier untersuchten Zeitraum dagegen die begriffliche Scheidung der verschiedenen Lohnebenen (tariflich/effektiv; brutto/netto; nominal/real).[23]

Die spezifischen Formen der Lohn-, Leistungs- und Arbeitsmarktpolitik bleiben unverständlich, wenn sie nicht in den ›qualitativen‹ politischen Kontext eingebettet werden. Während der nationalsozialistischen Herrschaft wurde weitaus stärker als in den vorangegangenen und nachfolgenden Phasen der deutschen Geschichte versucht, mittels ideologisch und politisch begründeter Initiativen Einfluß auf bestimmte ökonomische und soziale Entwicklungen zu nehmen. Zudem besaßen aufgrund der relativen Schwäche der meisten Institutionen während des hier behandelten Zeitraumes einzelne Persönlichkeiten ein beträchtliches Gewicht. Obgleich im folgenden in erster Linie überindividuelle Strukturen untersucht werden, kommt individuellen Äußerungen deshalb nicht selten dennoch ein hoher Stellenwert zu. Umgekehrt ist es freilich zum Begreifen subjektiver und manchmal scheinbar willkürlicher, individueller Entscheidungen immer auch »unabdingbar..., auf die ihnen vorgegebenen und in sie eingehenden Strukturen zu rekurrieren«.[24] Darüber hinaus können statistische Zeitreihen nur sehr abstrakt und deshalb begrenzt vermitteln, wie sich z. B. die soziale Lage der Arbeiter entwickelte. ›Qualitative‹ Berichte sind hier zur Veranschaulichung unabdingbar. Herangezogen wurden ›Lage-‹ und ›Stimmungsberichte‹ unterschiedlicher Provenienz:

– Stimmungs- und Lageberichte staatlicher bzw. halbamtlicher Stellen: der ›Treuhänder der Arbeit‹,[25] des ›Sicherheitsdienstes‹ (SD) der SS,[26] Gestapo, Staatsanwaltschaften, lokaler NSDAP- und DAF-Verwaltungen etc.[27] Die von diesen Organen verfaßten Meldungen und Einschätzungen sind allerdings insofern häufig einseitig, als »die Optik der bürokratischen Berichtsquellen einen Bündelungseffekt und eine projektive Politisierung bewirkt«.[28] In besonderem Maße gilt diese Einschränkung für ›nonkonformes‹ Verhalten, da die nationalsozialistischen Kontroll- und Verfolgungsinstanzen darauf ein besonderes Augenmerk richteten. Dennoch lassen die Berichte dieser Institutionen ein vielschichtiges Bild über die Lohn- und Arbeitsbedingungen sowie die außerbetriebliche soziale Lage der Arbeiterschaft im ›Dritten Reich‹ zu.

– Auch die Vielzahl der in den ›Deutschland-Berichten der SOPADE‹ (SOPADE-Berichte) veröffentlichten Meldungen zum Verhalten und zur Situation der Arbeiterschaft während der NS-Zeit vermitteln für sich genommen ein in vielen Punkten verzerrtes Bild. Häufig kommt in den Berichten eine – vor dem Hintergrund eigener Wunschvorstellungen und der Erwartungen des politischen Exils verständliche – Neigung zu einer manchmal fast euphorischen Darstellung ›widerständischen‹ Verhaltens innerhalb der Arbeiterschaft zum Ausdruck.[29] Dennoch vermitteln die SOPADE-Berichte ein außerordentlich differenziertes Bild der sozialen Lage der Arbeiterschaft während der NS-Diktatur, da auch Meldungen, die ein kritisches Licht auf bestimmte Verhaltensweisen vieler Arbeitnehmer warfen, nicht unterdrückt wurden.

Mit »kaum vermuteter Offenlegung wirtschaftspolitischer [und ebenso lohn- und sozialpolitischer, R. H.] Nah- und Fernziele des Regimes«[30] überraschten schließlich vor allem die einschlägigen zeitgenössischen Zeitschriften, in abgeschwächter Form auch Dissertationen und Monographien der Jahre 1933 bis 1945. In ihnen wurde kaum verhüllt, warum für die NS-Herrschaft gerade auch mit Blick auf die Industriearbeiterschaft der unlängst geprägte Begriff ›Reactionary Modernism‹[31] so treffend ist: Betriebliche Fertigungstechniken, Arbeitsorganisation und Entlohnungssysteme sollten so modernisiert werden, daß Arbeitsleistung und Produktionsvolumen in Hinblick auf den geplanten Krieg optimal gesteigert werden konnten, ohne daß die ›Arbeitsfreude‹ nachließ. Gleichzeitig war beabsichtigt, die Effektivverdienste über die Vertiefung der Lohnunterschiede auf einem so niedrigen Niveau zu halten, daß die ökonomischen Kriegsanstrengungen nicht gefährdet wurden. ›Rationalisierung‹ in ihren verschiedenen Formen und leistungsbezogene Lohndifferenzierung sollten nach den Vorstellungen von NS-Regime und Industrie entscheidend dazu beitragen, die Industriearbeiterschaft so weit zu disziplinieren und in das nationalsozialistische Gesellschaftssystem zu integrieren, daß von ihr keine die wirtschaftliche und politische Stabilität des NS-Regimes bedrohende ›Unruhe‹ mehr ausgehen konnte.

II. Voraussetzungen und Rahmenbedingungen

1. Die Ausgangslage um die Jahreswende 1932/33

Die 1928/29 einsetzende, durch die Politik Brünings verschärfte Wirtschaftskrise traf die deutsche Wirtschaft in einer bis dahin ungekannten Schärfe. Die einzelnen Sektoren der deutschen Industrie wurden von der Krise allerdings in unterschiedlicher Weise in Mitleidenschaft gezogen. Während die Konsumgüterproduktion nur vergleichsweise geringfügig zurückging, erreichten einzelne Zweige der Produktions- und Investitionsgüterindustrie 1932 nicht einmal ein Drittel des Produktionsvolumens des Jahres 1929. Die Folge waren massenhafte Entlassungen; die Zahl der unbeschäftigten Arbeitnehmer stieg in ungeahnte Höhen. Um die Jahreswende 1932/33 waren einschließlich der ›unsichtbaren‹ Arbeitslosen etwa 7,7 Mio. Arbeiter und Angestellte erwerbslos; hinzu kamen mehr als zwanzig Prozent Kurzarbeiter. Nach der Statistik der Gewerkschaften war im Jan. 1933 nicht einmal jeder dritte Arbeitnehmer voll erwerbstätig.[1]

Die anhaltende Arbeitslosigkeit zermürbte und demoralisierte nicht nur die meisten Arbeitslosen. Unter dem Druck des riesigen Arbeitslosenheeres waren auch die (noch) Beschäftigten bereit, zu Bedingungen zu arbeiten, die sie sonst kaum akzeptiert hätten. Staatlicherseits wurde das Bestreben der Unternehmer, durch rigorose Reduktion der Lohnkosten die Betriebsverluste in Grenzen zu halten, durch eine Reihe von Maßnahmen bewußt gefördert: Eine Notverordnung vom 9. Dez. 1931 z. B. bestimmte, daß die tariflich vereinbarten Löhne und Gehälter auf den wesentlich niedrigeren Stand vom 10. Jan. 1927 zurückzuführen seien.[2] Mit der Notverordnung vom 5. Sept. 1932 wurde der Grundsatz aufgegeben, daß die tariflich vereinbarten Lohnsätze die Untergrenze der effektiven Verdienste darzustellen hatten. Die tarifvertraglichen Lohn- und Gehaltssätze konnten nach dieser Verordnung ohne Änderung des Arbeitsvertrages unterschritten werden, sofern durch »die Erfüllung der dem Arbeitgeber obliegenden tarifvertraglichen Pflichten die Weiterführung seines Betriebes« gefährdet war. Die gleiche Notverordnung erlaubte, daß bei Neueinstellungen von vornherein die tariflichen Lohnsätze nicht eingehalten werden brauchten.[3]

Die tariflichen Lohnsätze, die – bedingt durch die Laufzeiten der Tarifverträge – erst gegen Ende 1930 ihren Gipfelpunkt erreicht hatten, fielen bis 1933 auf 77,9% des Tariflohnniveaus von 1930.[4] Die Bruttostundenverdienste, die bereits um die Jahreswende 1929/30 zurückzugehen begannen, gelangten im industriellen Durchschnitt gleichfalls erst 1933 (in Teilbereichen der Konsumgüterindustrie sogar erst 1936) mit 73,0% des Niveaus von 1929 auf ihren Tiefststand;[5] da gleichzeitig die Arbeitszeiten verkürzt wurden, fielen die Wocheneinkommen noch stärker als die Stundenverdienste. Der drastische Abbau der in der Weimarer Republik zum Teil sehr umfangreichen übertariflichen Lohnanteile und die Erlaubnis, die tariflichen Lohnsätze zu unterschreiten, führten dazu, daß sich die tatsächlichen Verdienste der Industriearbeiterschaft zum Zeitpunkt der ›Machtergreifung‹ der Nationalsozialisten in den meisten Branchen kaum mehr von den tariflich vorgesehenen Lohnsätzen unterschieden. Anfang 1933 war infolgedessen die Not in vielen Arbeiterfamilien außerordentlich groß; die Sorge um die nackte Existenz ließ in weiten Teilen der Arbeiterschaft solidarische Verhaltensformen in den Hintergrund treten; die Politik der organisierten Arbeiterbewegung vertiefte Demoralisierung und Resignation in der Industriearbeiterschaft weiter. Trügerisch war dagegen der Eindruck, die ›Rationalisierung‹ hätte mit der Krise ihr Ende gefunden; der bald einsetzende wirtschaftliche Aufschwung sollte das Gegenteil erweisen.

2. Die wirtschaftliche Entwicklung im ›Dritten Reich‹

Während der Herrschaft des Nationalsozialismus blieb die übernommene, industriekapitalistische Struktur der deutschen Wirtschaft im wesentlichen unangetastet. Auf dem bestehenden ökonomischen Gefüge aufbauend koordinierte und lenkte die nationalsozialistische Wirtschaftspolitik die Entwicklung der verschiedenen Teilbereiche auf das volkswirtschaftliche Hauptziel des NS-Regimes hin, die beschleunigte Aufrüstung.[6] Über die Person des Mitte 1934 eingesetzten Reichswirtschaftsministers Schacht gelang es den großen Industrieunternehmen, anfängliche Versuche aus den Reihen der nationalsozialistischen Bewegung – vor allem der ›Nationalsozialistischen Betriebszellen-Organisation‹[7] und der DAF –, Einfluß auf wirtschaftliche Belange zu nehmen, erfolgreich abzuwehren und die Wirtschaftspolitik in den ersten Jahren der NS-Diktatur zur fast ausschließlichen Domäne des industriellen Großkapitals zu machen.

Zwar wurde der staatliche Einfluß auf Banken und Kapitalmarkt verstärkt und der Außenhandel im Rahmen der Autarkiepolitik seit Schachts ›Neuem Plan‹ 1934 einer weitgehenden Kontrolle des Staates unterworfen. Auch die Preise unterlagen nicht mehr ausschließlich dem ›freien Spiel‹ von Angebot und Nachfrage. Eine ›Gewinnkontrolle‹ oder eine dem auch nur entfernt vergleichbare Einrichtung hat allerdings niemals existiert.[8] Die durch die Erhöhung der Körperschafts- und Umsatzsteuer in ihrer Aufwärtsentwicklung kaum gebremsten Unternehmensgewinne ermöglichten erst den raschen rüstungskonjunkturellen Aufschwung. Auch die sich neben dem weiterexistierenden ›Normenstaat‹ herausbildenden, unkontrollierten und rechtlich nicht eingebundenen ›maßnahmestaatlichen‹ Institutionen des NS-Regimes tangierten nicht grundlegend die Interessen der Großindustrie. In gewisser Hinsicht stützten sie diese sogar ab; denn das Agieren der verschiedenen Organe des ›Maßnahmestaates‹ bildete, jedenfalls in den ersten Jahren der nationalsozialistischen Herrschaft, eine entscheidende Voraussetzung für die Realisierung der wirtschaftlichen Zielsetzungen, weil sie Störungen, die von einer ihrer traditionellen politischen Artikulations- und Aktionsmöglichkeiten beraubten Arbeiterklasse hätten ausgehen können, durch Repression und Terror rigoros unterband. Die dem vorausgehende Beseitigung von Gewerkschaftsorganisationen und Betriebsräten erleichterte den Unternehmern die wirtschaftliche Konsolidierung ihrer Betriebe durch Senkung und weitgehende Stabilisierung der Lohnkosten auf niedrigem Niveau.

Einen wichtigen Einschnitt in der nationalsozialistischen Wirtschaftspolitik stellte die Verkündigung des ›Vierjahresplanes‹ durch Hitler am 9. Sept. 1936 in Nürnberg auf dem ›Parteitag der Ehre‹ dar. Die von Hitler wenige Wochen später – am 18. Okt. 1936 – erlassene ›Verordnung zur Durchführung des Vierjahresplanes‹ ermächtigte Göring, alle für die Umsetzung des ›Vierjahresplanes‹ notwendigen Maßnahmen zu treffen, ohne andere Behörden konsultieren zu müssen. Wenn auch der »Superminister« Göring[9] die einzelnen Abteilungen des ›Vierjahresplan‹-Amtes von Parteieinflüssen weitgehend freihielt und das Vertrauen vieler Großindustrieller genoß,[10] so bedeutete der politische Aufstieg Görings und die gleichzeitige Entmachtung Schachts doch auch, daß wirtschaftspolitische Grundsatzentscheidungen in stärkerem Maße von der politischen Führung des NS-Regimes unmittelbar getroffen wurden. Dabei bediente sich der nationalsozialistische Staat weiterhin der wirtschaftlichen Organisationen »als gleichsam subsidiärer Lenkungsinstanzen«[11] und definierte lediglich den Rahmen ökonomischen Handelns. Obgleich durch verstärkte staatliche Interventionen – wie Devisen-, Preis-, und Lohnkontrolle, Einschränkungen der Freiheit der Wahl des Arbeitsplatzes usw. – Marktgesetze modifiziert wurden, begründete auch der ›Vierjahresplan‹ keine Planwirtschaft im eigentlichen Sinn des Wortes. Im Hinblick auf die verstärkten Eingriffe staatlicher Instanzen sollte m. E. besser von einer zeitlich vorverlegten Kriegswirtschaft gesprochen werden; nicht zufällig rechtfertigten staatliche Funktionsträger Kontrollmaßnahmen mit der Herstellung der ›Wehrbereitschaft‹ u. ä. Das hohe Maß an staatlicher Interventionstätigkeit erklärt sich aber auch aus den Erfahrungen der Weltwirtschaftskrise, die die Vorstellung widerlegt hatten, daß sich die Wirtschaft aus eigener Kraft steuern könne.

Welchen Verlauf zeigte die konjunkturelle Entwicklung in den wichtigsten Industriesektoren? In der eisen- und metallerzeugenden, der metallverarbeitenden und der chemischen Industrie war der tiefe Einbruch der Weltwirtschaftskrise bereits nach zwei Jahren nationalsozialistischer Herrschaft wieder wettgemacht und 1935 das Produktionsniveau des Jahres 1929 deutlich überschritten. Für die rüstungswichtigen Produktions- und Investitionsgüterindustrien brachte der rasche wirtschaftliche Aufschwung nicht nur die Überwindung des ›konjunkturellen Rückschlages‹, sondern darüber hinaus auch den – selbst 1928/29 keineswegs gänzlich beseitigten – vollständigen »Abbau des langfristig akkumulierten Wachstumsrückstandes«.[12] 1939 wurde in der metallverarbeitenden Industrie schließlich doppelt so viel produziert wie auf dem konjunkturellen Höhepunkt zehn Jahre zuvor. Dagegen war die Rezession in den Konsumgüterindustrien dauerhafter. Die Betriebe dieser Branchen wurden infolge der Autarkiepolitik und dadurch bedingte Rohstoffverknappungen, der Umstellung auf schlechtere Ersatzstoffe usw. vom NS-Regime gewollt in ihrer Produktion eingeschnürt und konnten erst in den beiden letzten Vorkriegsjahren in engen Grenzen am konjunkturellen Aufschwung partizipieren.

Die *kriegswirtschaftliche* Entwicklung Deutschlands wird gemeinhin in drei Phasen unterteilt:[13] nämlich (1.) die ›friedensähnliche Kriegswirtschaft‹ vom Sept. 1939 bis zum Winter 1941/42; (2.) die Periode gesteigerter kriegswirtschaftlicher Anstrengungen vom Winter 1941/42 bis zum Sommer 1944 und (3.) der totale kriegswirtschaftliche Einsatz vom Sommer 1944 bis zur Kapitulation des nationalsozialistischen Regimes im Mai 1945. Während der ersten Phase wurde »das wirtschaftliche Leben nicht in dem vollen Umfange umgestellt..., wie dies die Mobilmachungspläne vorsahen«.[14] Aufgrund der bis 1941 erfolgreich praktizierten sog. Blitzkriegsstrategie brauchten die wirtschaftlichen Kapazitäten des Deutschen Reiches nicht gänzlich ausgeschöpft zu werden.[15] Erst die Niederlage der deutschen Armee vor Moskau und der Kriegseintritt der USA auf seiten der Gegner der ›Achsenmächte‹ stellten in wirtschaftlicher Hinsicht einen wesentlichen Einschnitt dar. Die Rote Armee hatte die Blitzkriegsstrategie zum Scheitern gebracht und durch den Kriegseintritt der USA war das NS-Regime nun mit eindeutig überlegenen ökonomischen Potenzen konfrontiert.[16] An wirtschaftspolitischen Konsequenzen, die die nationalsozialistische Führung hieraus zog, sind vor allem zu nennen:

– Die wirtschaftspolitischen Kompetenzen wurden weitgehend auf das Rüstungsministerium unter Speer zentralisiert.

– Die ›Wirtschaftliche Selbstverwaltung‹ wurde gestärkt, effektiviert und unmittelbarer in staatliche Funktionen eingebunden.

– Auf überbetrieblicher wie auf einzelbetrieblicher Ebene wurden wirtschaftliche Funktionen – stärker als zuvor – nach Kriterien fachlicher und technokratischer Qualifikation besetzt; gefragt waren Wirtschafts- und Rationalisierungsexperten, langjährige NSDAP-Zugehörigkeit und andere (partei-)politische Kriterien traten in den Hintergrund.[17]

– Es wurden erhebliche Anstrengungen unternommen, die Arbeits- und Produktionsprozesse möglichst breit in allen Rüstungsbetrieben zu rationalisieren.

Dieser Phase, in der die Kriegsproduktion erheblich gesteigert werden konnte, folgte dann in den letzten Kriegsmonaten ein rascher Rückgang der Rüstungsproduktion und die Auflösung der zentralen, wirtschaftlichen Koordinationsinstanzen.

3. Grundzüge des politischen Systems

Von ›Planwirtschaft‹ o. ä. zu sprechen ist nicht nur deshalb verfehlt, weil in den zwölf Jahren der nationalsozialistischen Herrschaft die industriekapitalistischen Grundlagen im Prinzip nicht angetastet wurden; es kam auch zu keinem Zeitpunkt zu einer eindeutigen Unterordnung der Industrie unter den Staat bzw. die nationalsozialistische Bewegung noch umgekehrt zu einer Unterordnung des NS-Regimes unter die (Groß-)Industrie. Die Herrschaft wurde vielmehr von mehreren, gleichzeitig rivalisierenden und kooperierenden Gruppen ausgeübt.[18] Zwischen der Großindustrie und ihren politischen Organen (insbesondere der ›Reichsgruppe Industrie‹) einerseits und staatlichen Institutionen sowie der NS-Bewegung, die ihrerseits wieder in konkurrierende Gruppen zerfiel, andererseits bestand ein komplexes Beziehungsgeflecht, das durch eine Reihe von Interessensidentitäten und gleichzeitig eine Vielzahl »durchgängiger und fundamentaler Ambivalenzen..., die teilweise die Form von Antinomien« annahmen,[19] geprägt und zudem in ständiger Veränderung begriffen war. Die Herrschaftsbereiche und politischen Kompetenzen waren zwischen den das ›Dritte Reich‹ tragenden Säulen nicht definitiv abgesteckt. Auch die Befugnisse staatlicher Institutionen waren im allgemeinen nicht eindeutig geregelt, sondern überschnitten sich vielfach; politische Funktionsträger stritten um Zuständigkeiten und suchten den eigenen Kompetenzbereich ständig zu erweitern. Neue Institutionen wie z. B. der ›Beauftragte für den Vierjahresplan‹ (Göring) oder der ›Generalbevollmächtigte für den Arbeitseinsatz‹ (Sauckel) machten die Situation noch unübersichtlicher, zumal sie häufig mit überkommenen Institutionen wie dem Reichswirtschafts- oder dem Reichsarbeitsministerium konkurrierten. Schließlich maßten sich auch nichtstaatliche Organisationen wie die DAF vielfach quasi behördliche Befugnisse an.

Ebensowenig einheitlich war die Form, in der Herrschaft von den einzelnen Interessensgruppen, Organisationen und Institutionen ausgeübt wurde. Sie läßt sich am ehesten durch ein Nebeneinander von *Maßnahmestaat* und *Normenstaat* charakterisieren. In Anlehnung an Ernst Fraenkel, auf den beide Begriffe zurückgehen, ist mit ›Maßnahmestaat‹ das »Herrschaftssystem der unbeschränkten Willkür und Gewalt, das durch keinerlei rechtliche Garantien eingeschränkt« war und durch Gestapo, NSDAP, SA und SS, aber auch durch die DAF repräsentiert wurde, gemeint.[20] Der Terminus ›Normenstaat‹ zielt auf das Phänomen, daß gleichzeitig in wichtigen Teilbereichen der nationalsozialistischen Gesellschaft, insbesondere in der Wirtschaft, rechtsstaatliche Prinzipien in Kraft blieben.[21] Die Wirksamkeit politischer Herrschaft wurde durch diese Doppelgesichtigkeit des NS-Staates jedoch nicht beeinträchtigt. Polykratische Herrschaft, die lediglich in der Person des ›Führers‹ ihren gemeinsamen Ausdruck fand,[22] das Nebeneinander von ›Maßnahme-‹ und ›Normenstaat‹, daraus resultierende »Kompetenzschwierigkeiten und gelegentliche Meinungsverschiedenheiten über Tempo, Form und Richtung des Vorgehens... hatten – hinsichtlich der Intensität des Verfolgungsprozesses – aufs ganze gesehen eher einen kumulierenden Effekt«.[23]

Während der Wirtschaft separate Organisationen trotz einiger organisatorischer Modifikationen auch nach 1933 erhalten blieben,[24] wurden Gewerkschaften und Arbeiterparteien zerschlagen. Über die *DAF*[25] war der Arbeitnehmerschaft in der Folgezeit kaum eine Artikulation eigener Interessen möglich. Nach der Gründung der Arbeitsfront, die wenige Tage nach der endgültigen Auflösung der Gewerkschaften erfolgte, war zunächst unklar, welchen Charakter diese neue Massenorganisation erhalten sollte. In der zweiten Hälfte des Jahres 1933 kristallisierte sich dann allmählich heraus, daß nicht an die Schaffung einer nationalsozialistischen ›Ersatz-Gewerkschaft‹ gedacht war, sondern Arbeitnehmer *und* Arbeitgeber in einer einzigen Organisation zusammengefaßt werden sollten. Die Zulassung separater Arbeitnehmerorganisationen hätte die implizite Anerkennung des grundsätzlichen und gesellschaftlichen Charakters der Gegensätze zwischen Lohnarbeit und Kapital bedeutet, die Verallgemeinerung und Politisierung der nicht geleugneten ›innerbetrieblichen Spannungszustände‹ ermöglicht, ehemaligen Gewerkschaftern, Sozialdemokraten und Kommunisten ein breites politisches Betätigungsfeld zur Verfügung gestellt und ihnen letztlich die Chance zur Rekonstruktion der zerschlagenen Arbeiterorganisationen eröffnet. Zentrales Ziel war es demgegenüber gerade, im Interesse der politischen Stabilisierung des NS-Regimes (vorerst) jede auch nur eingeschränkt autonome Organisierung der Arbeiterschaft und damit die Möglichkeit der kollektiven Artikulation ihrer Interessen, eine »neue Organisierung von Gegensätzen mit ihren bekannten schädlichen Folgen«[26], zu verhindern. Obgleich in der Arbeitsfront in den Folgejahren vereinzelt quasi gewerkschaftliche Unterströmungen entstanden, war die DAF schon vom formalen Aufbau her zu keinem Zeitpunkt einer Gewerkschaft vergleichbar. Von der Arbeitsfront als einer ›Quasi-Gewerkschaft‹ zu sprechen, verbietet sich vor allem aber deshalb, weil diese NS-Organisation auf die politischen Ziele des Nationalsozialismus verpflichtet war und bei ihren sozialpolitischen Aktivitäten immer auch die sozialintegrativen und – wie später ausführlicher zu zeigen sein wird – leistungspolitischen Ziele des NS-Regimes im Auge hatte, die sich häufig unmittelbar gegen die Interessen der Arbeiter richten konnten.

Die Aufgaben der DAF wurden nicht eindeutig fixiert. Es hieß lediglich, ihr Ziel habe »die Erziehung aller im Arbeitsleben stehenden Deutschen zum nationalsozialistischen Staat und zur nationalsozialistischen Gesinnung«[27] und die »Bildung einer wirklichen Volks- und Leistungsgemeinschaft der Deutschen«[28] zu sein. Derartige Formulierungen ließen Interpretationen breiten Raum. Sie gaben der DAF die Möglichkeit, Ansprüche auf Mitsprache in betrieblichen Angelegenheiten anzumelden, die von den Unternehmern – vor dem Hintergrund des umfänglichen organisatorischen Apparates der Arbeitsfront – als ständige, ernst zu nehmende Bedrohung der ihnen durch das AOG zugestandenen innerbetrieblichen Autonomie aufgefaßt werden mußten. Durch den Aufbau von Suborganisationen oder durch die Eingliederung bestehender, schon vor 1933 erfolgreich wirkender Organisationen wie des ›Deutschen Instituts für technische Arbeitsschulung‹ (DINTA)[29] gelangen der DAF in der Tat Einbrüche in bestimmte, ursprünglich nur der Industrie vorbehaltene Tätigkeitsfelder,[30] ohne daß sie es allerdings schaffte, die starke innerbetriebliche Stellung der Unternehmer entscheidend zu schwächen.[30a]

4. Das nationalsozialistische Arbeitsrecht[31]

In der ersten Hälfte des Jahres 1933 war durch die gewaltsame Auflösung von Gewerkschaften und Arbeiterparteien die vordem relativ starke Position der Arbeitnehmerschaft grundlegend erschüttert und wesentliche Teile des Arbeitsrechts der Weimarer Republik faktisch außer Kraft gesetzt worden. Durch das ›Gesetz zur Ordnung der nationalen Arbeit‹ (AOG) vom 20. Jan 1934[32] wurden bereits geschaffene Verhältnisse nachträglich rechtlich festgeschrieben und die arbeitsrechtlichen Provisorien der ersten Phase nach der ›Machtergreifung‹ abgelöst.

Dem AOG lag die Ansicht zugrunde, daß die »alte gesellschaftliche Ordnung des Klassenkampfes«[33] mit der Vorstellung einer sozialharmonischen ›Volksgemeinschaft‹ unvereinbar war. Geleugnet wurde freilich nur »die Annahme eines *grundsätzlichen* Gegensatzes zwischen Arbeitgebern und Arbeitnehmern«, die »Erhebung des wirtschaftlichen Interessensgegensatzes zur allgemeingültigen Norm, die alle Gesetze und Maßnahmen des Staates und alle Beziehungen zwischen den im Wirtschaftsleben beteiligten Menschen... beherrsche«.[34] Nicht bestritten wurde dagegen die Existenz des »natürlichen Widerstreit(s) der sozialen Interessen, der sich aus der verschiedenen Lage des seine Arbeitskraft anbietenden Arbeitnehmers und des auf Rentabilität des Betriebes bedachten Unternehmers ergibt«.[35] Verhindert werden sollte ›lediglich‹, daß dieser »natürliche Gegensatz« »durch Zusammenfassung in großen Verbänden« »künstlich organisiert und vervielfacht« würde.[36]

Die im AOG institutionalisierte neue Betriebs- und Arbeitsverfassung sah deshalb keine überbetriebliche Interessenvertretung der Arbeitnehmer vor. Der ›natürliche Widerstreit der sozialen Interessen‹ sollte nur innerhalb eines Unternehmens zwischen dem ›Betriebsführer‹ und einer ›Gefolgschaft‹ ausgetragen werden. Die ›Betriebsgemeinschaft‹ potentiell störende Faktoren wie die Arbeitsfront blieben deshalb innerhalb des Betriebes ohne juristisch verankerte Funktionen. Aber auch auf betrieblicher Ebene besaßen Arbeiter und Angestellte formal keine Möglichkeit, ihre Interessen (kollektiv) zu artikulieren und durchzusetzen: Der durch das AOG neugeschaffene ›*Vertrauensrat*‹ hatte das »gegenseitige Vertrauen innerhalb der Betriebsgemeinschaft zu vertiefen«, »der Stärkung der Verbundenheit aller Betriebsangehörigen [d. h. Arbeitnehmer *und* Arbeitgeber, R. H.] und mit dem Betrieb und dem Wohle aller Glieder der Gemeinschaft«, der »Gemeinschaft aller Volksgenossen unter Zurückstellung eigennütziger Interessen« zu dienen und die »Verbesserung der Arbeitsleistung« zu fördern (§§ 6 und 10 AOG). Er verlor ferner z. B. das Recht des Betriebsrates, über Massenentlassungen maßgeblich mitzuentscheiden. Um zu verhindern, daß sich der Vertrauensrat trotz Rechtlosigkeit und der Verpflichtung auf die ›Betriebsgemeinschaft‹ unter der Hand doch zu einer innerbetrieblichen De-Facto-Vertretung von Arbeitnehmerinteressen entwickeln konnte, war dem ›*Betriebsführer*‹ auch innerhalb dieser neugeschaffenen Institution eine entscheidende Stellung eingeräumt worden. Die Vertrauensmänner hatten nach § 5 AOG »mit ihm und unter seiner Leitung den Vertrauensrat des Betriebes« zu bilden. Ohne ›Betriebsführer‹ war der Vertrauensrat handlungsunfähig. Nicht einmal formaljuristisch konnte der Vertrauensrat als selbständige Interessenvertretung der Arbeitnehmer im Betrieb gelten. Jeder Vertrauensmann mußte ferner der ›Deutschen Arbeitsfront‹ (DAF) angehören und – so wurde in Anlehnung an das Beamtenrecht formuliert – »die Gewähr bieten, daß er jederzeit rückhaltlos für den nationalsozialistischen Staat eintritt« (§ 9 AOG). Die nur 1934 und 1935 abgehaltenen Vertrauensratswahlen endeten faktisch mit Mißerfolgen der DAF[37] und wurden danach nicht mehr durchgeführt; sie hatten deutlich gezeigt, wie wenig Arbeitsfront und Vertrauensräte in der Arbeiterschaft verankert waren.

Die Industriearbeiterschaft verfügte also über keinerlei rechtliche Handhabe, das Handeln des Staates und der Unternehmerschaft in ihrem Sinne zu beeinflussen. Umgekehrt existierte aber auch kein ›Frühwarnsystem‹, das soziale Konflikte im industriellen Bereich frühzeitig angezeigt hätte – ein Defizit, das in dem Maße zum politischen Problem werden mußte, wie sich diese Konflikte bei einsetzender Vollbeschäftigung auszuweiten begannen und die wirtschaftlichen und politischen Ziele des NS-Regimes zu gefährden schienen. Vor allem dies war ausschlaggebend dafür, »daß in den Vorbereitungen zum Gesetz zur Ordnung der nationalen Arbeit der Reichskanzler [Hitler, R. H.] verlangt habe, daß in diesem Gesetz keine allzu feste gesetzliche Fixierung zunächst erfolge; das Gesetz müsse zunächst *möglichst beweglich* gestaltet werden, man müsse *abwarten*, wie sich die einzelnen Bestimmungen in der Praxis bewährten, und erst dann könne eine endgültige Fixierung erfolgen«.[38]

Der Entrechtung der Arbeiterschaft entsprach eine Stärkung der Stellung des ›Betriebsführers‹: »Der Führer des Betriebes entscheidet der Gefolgschaft gegenüber in allen betrieblichen Angelegenheiten« (§ 2(1) AOG). »Gegenseitige Argumente« konnten zwar »vertrauensvoll ausgetauscht« werden; die Gefolgschaft hatte sich aber in jedem Fall den Entscheidungen des ›Betriebsführers‹ bedingungslos zu unterwerfen und »ihm die in der Betriebsgemeinschaft begründete Treue zu halten« (§ 2(2) AOG). Über die Zugehörigkeit zur ›Betriebsgemeinschaft‹ wurde explizit im AOG zwar nichts ausgesagt. Politische Praxis und Rechtsprechung in den folgenden Jahren machten indes deutlich, daß alle diejenigen, die nach nationalsozialistischer Auffassung nicht Mitglieder der ›Volksgemeinschaft‹ waren, weil sie als ›rassisch minderwertig‹ galten (vor allem Juden, Sinti/Roma und später ›Ostarbeiter‹), auch außerhalb der (deutschen) ›Betriebsgemeinschaften‹ standen.[39] Erklärte Gegner der NS-Diktatur oder Arbeiter, denen fehlende »Gemeinschaftsfähigkeit« oder »gemeinschaftszerstörendes« Verhalten unterstellt wurde, konnten gleichfalls vom ›Betriebsführer‹ aus der ›Betriebsgemeinschaft‹ entfernt werden.[40]

Wenige Wochen nach der Zerstörung der Gewerkschaften, am 19. Mai 1933, war die Institution des ›*Treuhänders der Arbeit*‹ durch Gesetz geschaffen und die insgesamt dreizehn Treuhänder unmittelbar dem Reichsarbeitsminister unterstellt worden.[41] Ihre Funktion bestand zunächst darin, das tarifpolitische Vakuum zu schließen, das durch die Auflösung der Gewerkschaften entstanden war. Sie hatten die Bedingungen für den Abschluß von Arbeitsverträgen zu regeln und im übrigen für die Aufrechterhaltung des ›Arbeitsfriedens‹ zu sorgen. Zusätzlich zu den im ersten Treuhänder-Gesetz provisorisch festgelegten Rechten erhielten sie durch das AOG eine Reihe weiterer Befugnisse:

– Bereits im Gesetz vom 19. Mai 1933 war in Anknüpfung an zentrale Elemente des Schlichtungswesens der Weimarer Republik festgelegt und im AOG dann bestätigt worden, daß die Treuhänder *Tarifordnungen* verbindlich fixieren konnten (§ 32 AOG). Vorerst blieben allerdings überwiegend die alten Tarifverträge als Tarifordnungen in Kraft. Während jedoch Tarifverträge nur für Angehörige der am Vertragsabschluß beteiligten Parteien gegolten hatten,[42] wurde eine Tarifordnung automatisch für *alle* Arbeitgeber und Arbeitnehmer eines Tarifgebietes wirksam. Mit der Ablösung der Tarifverträge durch Tarifordnungen wurde außerdem die Einklagbarkeit von Tariflöhnen und anderen tariflich festgelegten Arbeitsbedingungen grundsätzlich erschwert.[43] Schließlich konnten Treuhänder einzelne Bestimmungen von Tarifordnungen jederzeit außer Kraft setzen und auf diese Weise etwa die Zahlung untertariflicher Löhne zulassen.
– Die Treuhänder erließen Richtlinien für die Aufstellung von Betriebsordnungen (§ 32(1) AOG). Diese Richtlinien, die u. a. einer »Atomisie-

rung der Lohnregelung« vorbeugen sollten,[44] waren allerdings unverbindlich.[45]

– Der Treuhänder entschied über Entlassungen größeren Ausmaßes (§ 20 AOG).[46] Zweck dieser Bestimmung des AOG war der »Schutz des Arbeitsmarktes, nicht der Kündigungsschutz des einzelnen Arbeiters«.[47] Auch der eigentliche Kündigungsschutz (§§ 56–63 AOG) wurde gegenüber der bisherigen Regelung wesentlich verschlechtert.

– Dem Treuhänder waren ferner weitgehende Einflußmöglichkeiten auf Zusammensetzung und Tätigkeit der Vertrauensräte eingeräumt. Insbesondere konnte er Vertrauensleute »wegen sachlicher oder persönlicher Ungeeignetheit abberufen« (§ 14(2) AOG), eine Bestimmung, die offenbar als (weitere) Sicherung gegen ›klassenkämpferische Fehlentwicklungen‹ gedacht war.

– Ebenfalls stärkeren Einfluß konnten die Treuhänder auf die Tätigkeit der neu eingerichteten ›Sozialen Ehrengerichte‹ nehmen (§ 41 AOG). Die Zahl der vor diesem ›Gericht‹ verhandelten Fälle blieb allerdings klein,[48] die verhängten Strafen waren geringfügig und »eher symbolischer Art«.[49] Angeklagt wurden vor diesem Gericht in erster Linie Handwerker und kleine Unternehmer. Insbesondere die soziale Zusammensetzung der Angeklagten zeigt, daß den ›Sozialen Ehrengerichten‹ in erster Linie die Funktion zukam, »gegenüber der Arbeiterschaft das Verantwortungsbewußtsein des nationalsozialistischen Regimes zu demonstrieren«.[50] Zur Disziplinierung der Arbeiterschaft standen wirksamere Instrumente zur Verfügung.

– Ferner hatten die Treuhänder die Reichsregierung ständig über die sozial- und lohnpolitische Entwicklung sowie die ›Stimmung‹ in der Arbeiterschaft zu unterrichten (§ 19(1) AOG). Schließlich konnten ihnen vom Reichsarbeits- oder Reichswirtschaftsministerium weitere Aufgaben übertragen werden (§ 19(2) AOG).

In ihrer Tätigkeit sollten die Treuhänder durch sog. Sachverständigenbeiräte und -ausschüsse, deren Mitglieder jedoch nur ehrenamtlich tätig waren, unterstützt werden. Deshalb und wegen der geringen Zahl der ihnen unterstellten hauptamtlichen Mitarbeiter waren der praktischen Tätigkeit der Treuhänder zwangsläufig enge Grenzen gesetzt.

Die meisten Entscheidungen der Treuhänder der Arbeit, vor allem der Erlaß und die Modifikation von Tarifordnungen, hatten Legislativcharakter, an die auch die *Arbeitsgerichte* gebunden waren.[51] Nach der Auflösung der Gewerkschaften entfielen zwangsläufig Rechtsstreitigkeiten zwischen den Tarifparteien. Mit der Aufhebung des Betriebsrätegesetzes wurde der Kündigungsschutz verschlechtert; Klagen vor dem Arbeitsgericht waren nurmehr von dem Gekündigten selbst durchzuführen und damit zu arbeitsvertraglichen Einzelstreitigkeiten geworden. Die Beseitigung der Institution des Betriebsrates hatte außerdem zur Folge, daß die Arbeitsgerichte sich nicht mehr mit Streitigkeiten über Bildung, Geschäftsführung und Amtsenthebung von Betriebsvertretungen zu beschäftigen brauchten. Mögliche

Kontroversen um den Vertrauensrat konnten vom Treuhänder der Arbeit ohne gerichtliche Einspruchsrechte entschieden werden. Durch das AOG wurde die Rechtsprechung der Arbeitsgerichte weitgehend auf individuelle Streitfälle zwischen Arbeitgebern und Arbeitnehmern beschränkt. Aber auch die Austragung und Schlichtung individueller Streitfälle zwischen Arbeitgebern und Arbeitnehmern sollte den Arbeitsgerichten weitgehend entzogen werden. Den Arbeitsgerichten quasi vorgeschaltet waren nämlich von der DAF eingerichtete *Rechtsberatungsstellen*; die in diesen Beratungsstellen tätigen ›Rechtsberater‹ sollten nicht nur Rechtsauskünfte erteilen, sondern auch arbeitsrechtliche Streitfälle zwischen Unternehmern und Arbeitnehmern schlichten, *bevor* diese vor einem Arbeitsgericht ausgetragen wurden. Obgleich die ›Vorschaltung‹ der Rechtsberatungsstellen vor die eigentliche Arbeitsgerichtsbarkeit zu dem seit 1933 beobachtbaren, starken Rückgang der Arbeitsgerichtsverfahren beigetragen haben dürfte,[52] stand der schwindenden Bedeutung der Arbeitsgerichtsbarkeit keine entsprechende Ausweitung der Tätigkeit der DAF-Rechtsberatungsstellen gegenüber.[53] Erstaunlich war dies nicht; denn (so der Reichsleiter des Amtes für Rechtsberatungsstellen in der DAF) bei der Bearbeitung von Streitfällen habe »nicht der Streit bzw. die Interessenlage des Einzelnen im Vordergrund (zu stehen), sondern die Gemeinschaftssicherung. Die Arbeit des Rechtsberaters ist in erster Linie ausgleichender Natur«.[54] Da die Arbeitsgerichte gleichfalls dazu »berufen (waren), den Gedanken der Betriebsgemeinschaft zu vertiefen..., Gesetze und Verordnungen, Tarifordnungen und Verträge... im Geiste der nationalsozialistischen Weltanschauung anzuwenden«,[55] ist das relativ geringe Gewicht der Arbeitsgerichtsbarkeit wesentlich darauf zurückzuführen, daß die Arbeitnehmer ihre Erfolgsaussichten – zu Recht – bei gerichtlichen Auseinandersetzungen zunehmend schlechter einschätzten.

Das AOG wirkte sich erheblich auch auf Inhalt und Ausgestaltung des individuellen Arbeitsverhältnisses aus. ›Betriebsgemeinschaft‹, ›Treue-‹ und ›Fürsorgepflicht‹ ließen nach übereinstimmender Auffassung in der arbeitsrechtlichen Literatur des ›Dritten Reiches‹ die schuldrechtlichen Momente des Arbeitsvertrages hinter die personenrechtlichen zurücktreten. Rechte und Pflichten brauchten nicht mehr normiert und fixiert werden, sondern ergaben sich »aus der konkreten Ordnung der Betriebsgemeinschaft, die als echte Gemeinschaft auch das einzelne Arbeitsverhältnis unmittelbar erfaßt und zu einem Gliedschaftsverhältnis innerhalb der Betriebsgemeinschaft gestaltet.«[56] Trotzdem erhöhte sich aufgrund der Beseitigung von Tarifverhandlungen und -vereinbarungen der Stellenwert der Einzelarbeitsverträge. Sie stellten im allgemeinen die einzige Möglichkeit dar, zu einer verbindlichen Fixierung von Lohn- und sonstigen Arbeitsbedingungen zu gelangen.

Der Versuch, die sozialen ›Spannungszustände‹ zwischen Lohnarbeit und Kapital nicht auf überbetrieblicher, gesellschaftlicher Ebene zum Austrag gelangen zu lassen, sondern sie innerhalb der ›Betriebsgemeinschaft‹ zu lösen, mußte dem ›Grundgesetz der Betriebsgemeinschaft‹, wie Mansfeld die durch das AOG eingeführte ›*Betriebsordnung*‹ bezeichnete, einen besonderen Stellenwert verleihen. In ihr materialisierte sich gewissermaßen die innerbetriebliche Autonomie des Unternehmers: Die Betriebsordnung war von jedem ›Betriebsführer‹, der mindestens 20 Arbeitnehmer beschäftigte, *einseitig*, ohne Mitsprache der Belegschaft, zu erlassen. Der ›Betriebsführer‹, der hier gleichsam in die Rolle des betrieblichen ›Gesetzgebers‹ schlüpfte, erließ »die Betriebsordnung nicht in seiner Eigenschaft als Arbeitsvertragspartei, sondern als Führer der organisierten Betriebsgemeinschaft. Der Führer übt für die Betriebsgemeinschaft die autonome Satzungsgewalt aus.«[57] Im Gegensatz zur Tarifordnung konnte die Betriebsordnung jederzeit sich verändernden betriebsökonomischen und unternehmenspolitischen Bedingungen angepaßt werden. Zwar waren Tarifordnungen »(e)ntgegenstehende Bestimmungen der Betriebsordnung nichtig« (§ 32(2) AOG); die Tarifordnungen waren aber meist so weit gefaßt, daß für eine inhaltliche Ausgestaltung des betrieblichen ›Grundgesetzes‹ durch den ›Betriebsführer‹ ein großer Spielraum blieb. Nach den Vorstellungen der Verfasser des AOG sollten sogar möglichst »schnell und weitgehend tarifliche Bindungen durch Betriebsordnungen abgelöst« werden.[58] Solche Vorstellungen wurden zwar schon bald als »soziale Romantik« abgetan,[59] da infolge forcierter Aufrüstung und eines sich verschärfenden Arbeitskräftemangels in den Vorkriegsjahren direkten staatlichen Interventionen eine immer stärkere Bedeutung zukam. Für ›industrienahe‹ Ministerialbürokraten und führende Repräsentanten der Unternehmerschaft verloren sie jedoch nicht an Attraktivität. Noch 1942 hielt Mansfeld in aller Öffentlichkeit an der dem AOG zugrunde liegenden Idee fest, langfristig Tarifordnungen zugunsten der Betriebsordnungen zurücktreten zu lassen.[60] Und im Sommer 1940 dachten politisch maßgebliche Vertreter der deutschen Industrie über eine Entstaatlichung der Tarifpolitik und die Rekonstruktion autonomer Tarifparteien nach.[61] Wenn dennoch »das Gesamtbild der erlassenen Betriebsordnungen... wenig Initiative, wenig Verantwortungsfreudigkeit, dauerndes Schielen auf den Nachbar(n), viel Schema« zeigte[62] und sich viele Unternehmer bei der Erstellung des ›Grundgesetzes‹ ihrer ›Betriebsgemeinschaft‹ einfach vorgefertigter Exemplare ihrer Verbände bedienten,[63] dann lag dem auch die Furcht vor Übergriffen seitens der DAF zugrunde. Detaillierte Bestimmungen über einzelbetriebliche Lohn- und Arbeitsbedingungen oder betriebliche Sozialleistungen, die durch die Aufnahme in die Betriebsordnung rechtsverbindlich auch für den ›Betriebsführer‹ geworden wären, hätten außerbetriebliche Stellen wie die Arbeitsfront zu Kontrollen, ob die in der Betriebsordnung vom Unternehmer selbst gesetzten Regeln in der Praxis auch tatsächlich eingehalten wurden, geradezu provoziert.

In der Phase der Überbeschäftigung sahen sich dann zwar das Reichsarbeitsministerium und in ihrem Gefolge die Treuhänder der Arbeit in zunehmendem Maße veranlaßt, die innerbetriebliche Gestaltungsmacht des Unternehmers einzuengen und Arbeits- und Lohnbedingungen zentral zu regulieren. Die Lohngestaltungsverordnung vom 25. Juni 1938 erlaubte den Treuhändern sogar, unmittelbar Betriebsordnungen zu verändern. Dieser in den Vorkriegsjahren beobachtbare Trend zu einer zentralistischen Regulierung der Lohn- und Arbeitsverhältnisse durch den NS-Staat erklärt sich jedoch vor dem Hintergrund der unmittelbaren Kriegsvorbereitung, die solche Eingriffe notwendig erscheinen ließen. Mit ihnen sollte keineswegs einer endgültigen Arbeitsverfassung, die zu schaffen erst nach dem ›Endsieg‹ anstand, vorgegriffen werden. So wie das AOG als Provisorium konzipiert war und deutliche Züge eines Kompromisses zwischen NS-Regime und Industrie trug, so war auch während der gesamten Zeit der NS-Herrschaft nicht definitiv entschieden, wie die nationalsozialistische Arbeitsverfassung im Endzustand einmal aussehen sollte.

III. Arbeitsmarkt und Arbeitszeit

1. Arbeitsmarkt und ›Arbeitseinsatz‹-Politik

In der Zeit des ›Dritten Reiches‹ wirkte das jeweilige Verhältnis von Angebot und Nachfrage nach spezifischen Gruppen von Arbeitskräften viel unmittelbarer auf das Niveau der effektiven Löhne als ›normalerweise‹, da gewerkschaftliche Organisationen und innerbetriebliche Arbeitnehmervertretungen, die vor allem die negativen Wirkungen der Arbeitsmarktverhältnisse auf die Lohnbildung abgefedert hatten, 1933 gewaltsam aufgelöst worden waren, ohne daß ein entsprechendes Äquivalent geschaffen wurde. Im Rahmen der vorliegenden Untersuchung kann die Entwicklung der Verhältnisse auf den Arbeitsmärkten und die nationalsozialistische ›Arbeitseinsatz‹-Politik allerdings nur in groben Zügen skizziert werden.[1]

Der offiziellen Statistik zufolge wurde die Arbeitslosigkeit von Anfang bis Ende 1933 von etwa 6 Mio. auf 4 Mio. reduziert. Im Herbst 1934 lag die Zahl der Erwerbslosen dann das erste Mal unter der 2-Millionen-Grenze. Der von der amtlichen Statistik verzeichnete schnelle Rückgang der Arbeitslosigkeit im ersten Jahr der nationalsozialistischen Herrschaft war freilich wesentlich Veränderungen der Erhebungsmethoden geschuldet. Notstandsarbeiter sowie Landhelfer und Arbeitsdienstleistende wurden ab 1933 zu den Beschäftigten gerechnet, obwohl ihre Tätigkeit nur vorübergehender Natur, die ihnen gewährte finanzielle Unterstützung äußerst gering war und sie auch von offizieller Seite zu den »verfügbaren Arbeitslosen« gerechnet wurden. Subtrahiert man von der Zahl der Beschäftigten diese ›Quasi-Erwerbslosen‹, wird deutlich, daß ein substantieller Abbau der Arbeitslosigkeit erst seit 1934 einsetzte: 1932 waren im Jahresdurchschnitt 12,4 Mio. Arbeitnehmer effektiv beschäftigt, im Jahr der nationalsozialistischen ›Machtübernahme‹ immer noch nur 12,6 Mio. Erst seit Mitte 1934 entwickelte sich der Beschäftigtenzuwachs ohne ›Quasi-Erwerbslose‹ sprunghaft: Im Jahresdurchschnitt 1934 lag die Zahl der effektiv beschäftigten Arbeiter und Angestellten bei 14,7 Mio. und 1935 bei 15,9 Mio. Beschäftigungsentwicklung und Abbau der Arbeitslosigkeit verliefen regional zum Teil sehr unterschiedlich. Die offiziell registrierte Erwerbslosigkeit lag in industriellen Ballungsgebieten weitaus höher als in ländlichen Regionen. Auch in den einzelnen Industrieregionen entwickelte sich der Rückgang der Arbeitslosigkeit zum Teil recht unterschiedlich. Dies war in erster Linie abhängig davon, ob in einer Region oder Großstadt die (vom NS-Regime aus rüstungspolitischen Gründen künstlich eingeschnürte) Verbrauchsgüterindustrie oder Produktions- und Investitionsgüterindustrie überwog. Außerdem blieben vormals stark exportorientierte Regionen infolge der nationalsozialistischen Autarkiepolitik zumindest anfänglich hinter dem allgemeinen wirtschaftlichen Aufschwung zurück und hatten länger unter hoher Arbeitslosigkeit zu leiden. In Sachsen beispielsweise, einem Land mit einem hohen Prozentsatz an exportabhängiger Textilindustrie, lag vor allem deshalb die Arbeitslosenquote nach 1933 deutlich höher als in anderen Industriegebieten. Auch in Großstädten registrierte das Statistische Reichsamt in den ersten Jahren der NS-Herrschaft eine weit überdurchschnittlich hohe Arbeitslosenrate, in kleineren Gemeinden dagegen war die von der amtlichen Statistik erfaßte Erwerbslosigkeit bereits im zweiten Jahr nach der nationalsozialistischen ›Machtergreifung‹ fast verschwunden. Allerdings lag auch die von den Arbeitsämtern und der Reichsstatistik nicht erfaßte, ›unsichtbare‹ Arbeitslosigkeit sowie die ›Quasi-Erwerbslosigkeit‹ in agrarischen Gebieten und kleinen Gemeinden weitaus höher als in industrialisierten Regionen und Großstädten.

Je nach Industriezweig und innerhalb der einzelnen Branchen wiederum je nach Arbeiterschicht verlief der Abbau der Arbeitslosigkeit sehr unterschiedlich. Bereits 1934 kam es zu einem anfänglich regional begrenzten, sich bald verallgemeinernden Mangel an Facharbeitern insbesondere in der metallverarbeitenden Industrie sowie im Baugewerbe. Verschärft wurde das Defizit an qualifizierten Metallarbeitern durch die während der Krise stark vernachlässigte Lehrlingsausbildung und seit 1935 durch den Ausbau der Reichswehr, die einen erheblichen Bedarf an technisch vorgebildeten Arbeitskräften entwickelte. Etwa 1936/37 traten zumindest die rüstungswichtigen Zweige der Produktionsgüterindustrie in eine Phase der Überbeschäftigung ein. In den letzten Vorkriegsjahren schließlich täuschte die amtliche Arbeitslosenstatistik Arbeitskräftereserven vor, die faktisch nicht mehr vorhanden waren; bei den statistisch registrierten Arbeitslosen handelte es sich überwiegend nämlich nicht mehr um ›echte‹ Erwerbslose, sondern lediglich um ›Fluktuationsarbeitslose‹ oder um ›beschränkt einsatz- und ausgleichsfähige‹ Erwerbslose. Bis Mitte 1938 war die Arbeitslosigkeit unter gelernten und angelernten Metallarbeitern ebenso wie die der qualifizierten Chemiearbeiter u. a. rüstungspolitisch wichtiger Arbeitsgruppen auch statistisch fast auf Null geschrumpft. Selbst in der Konsumgüterindustrie sank die Erwerbslosenquote 1938 in den meisten Zweigen deutlich unter die Zwei-Prozent-Marke. Lediglich unter Hilfsarbeitern blieb die Arbeitslosenquote noch 1938 mit 5,9% relativ hoch.[2]

In den ersten Jahren nach der NS-›Machtergreifung‹ ging der Abbau der Erwerbslosigkeit außerdem je nach *Altersgruppe* in unterschiedlichem Tempo von statten: Aufgrund einer Anordnung des Reichsarbeitsministers vom 28. Aug. 1934, in der er eine »bevorzugte Beschäftigung älterer Arbeiter und Angestellter, insbesondere kinderreicher Familienväter gegenüber Arbeitern und Angestellten unter 25 Jahren« forderte, verloren bis Okt. 1935 mehr als 100 000 Jugendliche ihre Arbeitsstelle.[3] Ähnlich schwer wie junge hatten es alte Arbeitnehmer, einen Arbeitsplatz zu finden.

Im Vergleich zu ihren männlichen Kollegen machten die bei Erhebungen im allgemeinen zu einer Gruppe zusammengefaßten, fast ausschließlich un- oder angelernten Industrie*arbeiterinnen* eine Sonderentwicklung durch. Um die Massenarbeitslosigkeit der Jahre 1933/34 optisch zu reduzieren, versuchten die Nationalsozialisten in den ersten Jahren ihrer Herrschaft durch eine Reihe von Maßnahmen, Frauen aus industrieller Erwerbstätigkeit zu verdrängen und ihrer ›eigentlichen‹ Bestimmung, einem Dasein als Mutter und Hausfrau zuzuführen. Die Mitte 1933 eingeführten Ehestandsdarlehen wurden nur gewährt, wenn die heiratende Frau zwischen dem 1. Juni 1931 und dem 1. Mai 1933 mindestens sechs Monate gearbeitet hatte und sich vor der Eheschließung verpflichtete, ihre Arbeitsstelle aufzugeben.[4] Ein weiterer augenfälliger Versuch, Frauen aus dem Erwerbsleben zu verdrängen, war die bereits vor 1933 eingeleitete, in den Jahren 1933 und 1934 von Teilen der nationalsozialistischen ›Bewegung‹ noch einmal intensivierte Kampagne gegen das ›Doppelverdienertum‹.[5] Vor allem Großbetriebe blieben von der Kampagne freilich häufig unbeeindruckt und gliederten manchmal selbst 1933 Frauen in größerem Umfang in den Arbeitsprozeß ein. Wenn insgesamt auf der einen Seite relativ wenig Frauen aufgrund der ›Doppelverdiener‹-Kampagne ihren Arbeitsplatz verloren,[6] so war auf der anderen Seite ein Ergebnis dieser Kampagne, daß offenbar ziemlich viele Frauen auf andere, schlechter bezahlte Arbeitsplätze umgesetzt wurden.[7] Selbst in den ersten Jahren nach 1933 konnte das NS-Regime kein Interesse an einer vollständigen oder auch nur teilweisen Verdrängung von Frauen aus der industriellen Erwerbstätigkeit haben. Die höheren Effektivverdienste der stattdessen eingestellten Männer hätten insbesondere in den arbeitsintensiven Verbrauchsgüterindustrien mit hohem Frauenanteil eine beträchtliche Erhöhung der allgemeinen Produktionskosten bewirkt, die zu politisch kaum durchsetzbaren, erheblichen Preissteigerungen für Konsumgüter geführt hätte. Vollständig ökonomisch dysfunktional wurde die Entlassung von ›Doppelverdienern‹ dann in dem Maße, wie die Erwerbslosigkeit in Arbeitskräftemangel umschlug. Im geraden Gegensatz zur ›Doppelverdiener‹-Kampagne von 1933 wurde ab 1937/38 und während des Krieges die Mobilisierung von ›Doppel-‹ und ›Dreifachverdienern‹ (vor allem Ehefrauen und Rentnern) für Industriearbeit versucht. Zudem wurden seit Okt. 1937 durch einen Erlaß des Reichsfinanzministers in faktischer Umkehrung der ursprünglichen Intentionen der Darlehenspolitik Ehestandsdarlehen auch dann gewährt, wenn die betreffenden Frauen weiterhin berufstätig blieben.[8]

Auf den ersten Blick scheinen diese Initiativen nicht von großem Erfolg gekrönt gewesen zu sein: In den ersten sechs Jahren der NS-Diktatur sank der Anteil der Frauen an der Gesamtarbeiterschaft im industriellen Durchschnitt von 29,3% (1933) auf 26,8% (1. Halbjahr 1939); 1936 wies der

Frauenanteil an der Industriearbeiterschaft mit 24,7% seinen Tiefpunkt auf. Dieser relative Bedeutungsverlust industrieller Frauenarbeit vor allem in den ersten Jahren nach der ›Machtergreifung‹ ist wesentlich darauf zurückzuführen, daß Frauen während der Krise von Unternehmern in vielen Fällen länger gehalten wurden als männliche Arbeitskräfte, weil die Frauenlöhne weitaus niedriger waren. Infolgedessen war während der Krise der Anteil der Frauen an der Gesamtheit der beschäftigten Arbeiter beträchtlich gestiegen.[9] Bei dem Rückgang des Frauenanteils nach 1933 handelt es sich insofern zumindest zu einem guten Teil um eine ›Normalisierung‹ der Geschlechterproportionen – der Wiederherstellung der Vorkrisenverhältnisse – innerhalb der Industriearbeiterschaft. Darüber hinaus profitierten vor allem die klassischen ›Männerindustrien‹ von der 1934 einsetzenden Rüstungskonjunktur. Gerade die Branchen, in denen der Anteil der Frauen in den ersten vier Jahren der NS-Herrschaft weitgehend konstant blieb oder sogar wuchs und in denen die Arbeiterinnen die männlichen Arbeitskräfte zahlenmäßig zum Teil deutlich dominierten – wie die Textilindustrie, die Nahrungs- und Genußmittelindustrie und die Bekleidungsindustrie[10] –, verloren infolge der rüstungskonjunkturell bedingten Verzerrungen der Beschäftigtenstruktur deutlich an Gewicht. So sank in den ersten sechs Jahren der NS-Diktatur der Anteil der Arbeiter aus den beiden wichtigsten Zweigen der Konsumgüterindustrie, der Textil- und der Nahrungs- und Genußmittelindustrie, an der Gesamtarbeiterschaft um etwa ein Drittel von 31,4% auf 21,7%. Dagegen gewannen Industriezweige wie die Eisen- und Metallgewinnung und der Fahrzeugbau, wo 1936 auf eine Arbeiterin 31 bzw. 18 Arbeiter kamen, erheblich an Bedeutung. 1932 waren in der gesamten metallverarbeitenden Industrie (einschließlich des Fahrzeugbaus) 19,0%, 1936 bereits 24,6% und Mitte 1939 schließlich 29,6% aller in der deutschen Industrie beschäftigten Arbeiter (ohne Bergarbeiter) tätig. Noch stärker hatte sich das Gewicht des Fahrzeugbaus allein erhöht: Schon 1936 hatte sich der Beschäftigtenanteil dieses Industriezweiges mit 5,3% gegenüber 1932 (2,4%) mehr als verdoppelt. Der Anteil der in der Eisen- und Stahlgewinnung beschäftigten Arbeiter an der Industriearbeiterschaft war zwischen 1932 und Mitte 1939 von 6,5% auf 8,7% ebenfalls beträchtlich gestiegen.[11]

Nach Erreichen der Vollbeschäftigung ab etwa 1935/36 war ein deutlicher Anstieg des Anteils der Arbeiterinnen an der gesamten Industriearbeiterschaft zu verzeichnen.[12] In fast allen Branchen wurde spätestens im 1. Halbjahr 1939 der 1933 registrierte, im Vergleich zu den Folgejahren relativ hohe Frauenanteil wieder überschritten. Zudem war – dies läßt sich an den Verschiebungen in der Altersstruktur unter weiblichen Arbeitskräften und einem stark wachsenden Anteil verheirateter Industriearbeiterinnen ablesen[13] – für immer mehr Frauen industrielle Erwerbstätigkeit keine kurze Episode (bis zur Eheschließung oder dem ersten Kind) mehr. Die relativ geringen Löhne vieler männlicher Arbeitskräfte zwangen immer mehr Frauen offenbar dazu, in der Industrie um langfristige Beschäftigung nachzusuchen. Der sich seit Mitte der dreißiger Jahre und während des Zweiten Weltkrieges deutlich abzeichnende Anstieg der Frauenarbeit vor allem in den rüstungswichtigen Produktionsgüterindustrien kann schließlich als (grobes) Indiz dafür genommen werden, daß die betrieblichen Produktionsprozesse so umstrukturiert (rationalisiert) wurden, daß unqualifizierte Tätigkeiten deutlich an Gewicht gewannen. Denn – mit Ausnahme eines relativ starken Stammes an Textilfacharbeiterinnen – waren Industriearbeiterinnen in aller Regel der Gruppe der Ungelernten bzw. Angelernten zuzurechnen.

Indes weist die 1939 im Vergleich zu 1925 nur unwesentlich höhere Erwerbsquote[14] darauf hin, daß die Einbeziehung der Frau in die industrielle Erwerbstätigkeit bei weitem nicht im möglichen Umfang realisiert wurde. Dies ist nicht allein auf die rüstungskonjunkturell bedingten Verschiebungen der Beschäftigtenstruktur zugunsten der Industriezweige zurückzuführen, in denen der Frauenanteil weit unter dem industriellen Durchschnitt lag. Wenn das NS-Regime insgesamt nur halbherzig und verspätet versuchte, Frauen verstärkt zur Aufnahme von Industriearbeit zu bewegen, dann war dies zweifellos wesentlich auch in der ideologischen Befangenheit der staatlichen Funktionsträger begründet, die nur eine graduelle und keine grundlegende Revision des nationalsozialistischen Frauenbildes zuließ. Nur unter dem Zwang der ökonomischen Verhältnisse und eher widerwillig waren sie bereit, die Aufnahme der Erwerbstätigkeit von Frauen zu fördern.

Während die Erwerbslosigkeit seit 1934 rasch der Vollbeschäftigung wich, spielte die *Kurzarbeit* auch nach 1934 in weiten Teilen der Industrie eine wichtige Rolle. Besonders betroffen war die Textilindustrie, die unter der im Zuge der Autarkiepolitik verfügten drastischen Reduktion der Rohstoffimporte außergewöhnlich zu leiden hatte. Vor allem aufgrund der sog. Faserstoffverordnung vom 19. Juli 1934,[15] die in der Textilindustrie die Einführung einer Regelarbeitszeit von 35 Wochenstunden vorsah, war 1935 die Zahl der Kurzarbeiter mehr als dreimal und noch 1937 im Jahresdurchschnitt etwa doppelt so hoch wie 1929. Seit Mitte 1937 wurde ein Teil der kurzarbeitenden Textilarbeiter dann staatlicherseits gezwungen, in Wirtschaftsbereiche abzuwandern, in denen ein starker Mangel an Arbeitskräften bestand.[16] Die häufig unregelmäßige Versorgung mit Rohstoffen und der manchmal sprunghafte Eingang von (Rüstungs-)Aufträgen führten von 1935 bis etwa 1938 auch in Unternehmen der eisen- und stahlerzeugenden und metallverarbeitenden Industrie zu verkürzter Arbeit von Teilen der Belegschaften, denen dann nicht selten Phasen überlanger Arbeitszeiten folgten. Kurzarbeit blieb in der Rüstungsindustrie jedoch eher ein Randphänomen; gekennzeichnet war die Situation hier seit 1935/36 neben Überarbeit vor allem durch einen gravierenden Mangel insbesondere an qualifizierten Arbeitskräften.

Folge des rasch anwachsenden Arbeitskräftedefizits war eine erhebliche *Fluktuation* auf dem Arbeitsmarkt. Schätzungen der Reichsanstalt für Arbeitsvermittlung zufolge wechselten 1936 bis 1938 monatlich etwa 1,5 Mio.

Menschen den Arbeitsplatz.[17] Am stärksten hatte die Landwirtschaft unter der Abwanderung von Arbeitskräften zu leiden. Bis zu einer Million Arbeitskräfte sollen zwischen nationalsozialistischer ›Machtergreifung‹ und dem Beginn des Zweiten Weltkrieges den Agrarsektor verlassen haben.[18] Während Landarbeiter sich in erster Linie in das Baugewerbe, zum Teil auch in Betriebe der Konsumgüterindustrie abwerben ließen, wanderten wiederum Arbeiter der Bauwirtschaft und des Textil- und Nahrungsmittelgewerbes vorwiegend in die Produktions- und Rüstungsgüterindustrie ab.[19] Der chronische Mangel an Arbeitern entfachte auch innerhalb der einzelnen Industriezweige und sogar zwischen verschiedenen Abteilungen ein und desselben Unternehmens einen heftigen Konkurrenzkampf um begehrte Arbeitskräfte.[20] Vor allem Rüstungsbetriebe zogen meist auf Kosten kleinerer, nicht so prosperierender Unternehmen Arbeitskräfte an sich. Kontraktbrüche häuften sich.[21] In den meisten Wirtschaftsbereichen kam es zu einer mehr oder weniger ausgeprägten Ost-West-Wanderung. Metallarbeiter beispielsweise wanderten vielfach aus Schlesien ab, um in Sachsen und Brandenburg um Arbeit nachzusuchen, weil ihnen dort die Unternehmer höhere Löhne zahlten.[22] Grenznahe Gebiete waren wiederum besonders vom Exodus der Arbeitskräfte betroffen. Einzelne Gemeinden ›strukturschwacher‹ Regionen nahe der Grenze verloren bis zu zehn Prozent ihrer erwerbsfähigen Bevölkerung.[23]

Die in allen einschlägigen Zeitschriften seit 1936 allgegenwärtigen Klagen über hohe Fluktuationsraten sollten indes nicht überbewertet werden. 1938/39 war die Fluktuationsquote ziemlich genau auf dem gleichen Niveau wie zehn Jahre zuvor. Je nach Arbeiterschicht läßt sich überdies eine deutlich unterschiedliche Fluktuationsbereitschaft ausmachen: Weibliche Arbeitskräfte und männliche Hilfsarbeiter neigten am ehesten dazu, die Arbeitsstelle zu wechseln, während Facharbeiter ausgesprochen ›werkstreu‹ waren.[24] Offenbar kam hier die stärkere Unzufriedenheit unqualifizierter Arbeitskräfte beiderlei Geschlechts mit ihrer meist monotonen Tätigkeit zum Ausdruck. Viele der überwiegend unqualifizierten Frauen sahen darüber hinaus nach wie vor industrielle Lohnarbeit nur als vorübergehende Angelegenheit an und schieden häufig nach der Eheschließung oder dem ersten Kind aus dem Beschäftigungsverhältnis aus. Facharbeitern gegenüber waren dagegen Unternehmer eher zu Lohn- und sonstigen Zugeständnissen bereit, um sie nicht an andere Betriebe zu verlieren.

Auf die Fluktuation und den Ende 1934 einsetzenden Arbeitskräftemangel vor allem an qualifizierten Metall- und Bauarbeitern sowie generell in der Landwirtschaft tätigen Arbeitskräften reagierte die nationalsozialistische Regierung mit einer Reihe von Maßnahmen.

– Nach dem am 15. Mai 1934 erlassenen ›Gesetz zur Regelung des Arbeitseinsatzes‹[25] konnte der Präsident der Reichsanstalt für Arbeitsvermittlung und Arbeitslosenversicherung Syrup anordnen, daß in Bezirken mit hoher Arbeitslosigkeit Arbeitnehmer, die in einem anderen Bezirk wohnten, nur mit Zustimmung der ihm unterstellten Behörden eingestellt werden durften. Von dieser Ermächtigung machte Syrup Gebrauch, indem er den Zuzug nach Berlin, Hamburg, Bremen und (im März 1935) in das Saarland einschränkte, insbesondere um die überdurchschnittlich hohe städtische Arbeitslosigkeit leichter abbauen zu können.

– Am 17. Mai 1934 erließ Syrup eine Anordnung, in der bestimmt wurde, daß Landarbeiter in Betrieben u. a. »der Eisen- und Stahlgewinnung, der Metallhütten und Halbzeugindustrie... nur mit vorheriger Zustimmung des für die Arbeitsstelle zuständigen Arbeitsamtes« eingestellt werden durften.[26] Die Befugnisse der Arbeitsämter wurden durch ein besonderes ›Gesetz zur Befriedigung des Arbeitskräftebedarfs in der Landwirtschaft‹ vom 26. Febr. 1935 noch erweitert: Von diesem Zeitpunkt an durften die zuständigen Behörden auch bereits bestehende Arbeitsverhältnisse zwischen Industriebetrieben und vormals in der Landwirtschaft beschäftigten Arbeitskräften auflösen.[27]

– Eine Verordnung vom 10. Aug. 1934[28] ermächtigte den Präsidenten der Reichsanstalt grundsätzlich, »Verteilung und Austausch von Arbeitskräften zu regeln und die erforderlichen Anordnungen zur Durchführung dieser Aufgaben zu erlassen«. Die aufgrund dieser Verordnung erlassene ›Anordnung über den Arbeitsplatz von gelernten Metallarbeitern‹ vom 29. Dez. 1934[29] machte den Arbeitsplatzwechsel von Metallfacharbeitern von der Zustimmung des jeweiligen Arbeitsamtes abhängig, wenn der Wohnort in einem anderen Bezirk lag als die gewünschte Arbeitsstelle. Der Arbeitsstellenwechsel innerhalb eines Arbeitsamtsbezirkes wurde dagegen von der Maßnahme noch nicht berührt.

– Das NS-Regime versuchte der fortschreitenden Unübersichtlichkeit des Arbeitsmarktes Herr zu werden und die noch vorhandenen Arbeitskraftreserven statistisch zu erfassen, indem es durch Gesetz vom 26. Febr. 1935 das Arbeitsbuch einführte.[30] Gleichzeitig wollte sich die Regierung damit ein Instrument zur langfristigen Steuerung der Fluktuation verschaffen. Ferner sollte mithilfe des Arbeitsbuches die wirtschaftliche Mobilmachung im Falle »kriegerischer Verwicklungen« erleichtert werden.[31] Erst im Frühjahr 1939 war die Ausgabe der etwa 22 Mio. Arbeitsbücher vollständig abgeschlossen. Für die wichtigsten Mangelberufe, vor allem die der Metall- und Bauwirtschaft, konnte die Einführung des Arbeitsbuches allerdings schon am 1. Sept. 1936 beendet werden. Ende 1935 wurde außerdem das Monopol der Reichsanstalt für Arbeitsvermittlung und Arbeitslosenversicherung auf dem Gebiet der Arbeitsvermittlung gesetzlich festgeschrieben.[32]

– Bereits wenige Tage nach seiner Einsetzung als ›Wirtschaftsdiktator‹ im Herbst 1936 erließ Göring eine Reihe von Anordnungen, die den Mangel an Arbeitskräften, der nicht mehr nur Facharbeiter, sondern zunehmend auch alle anderen Arbeitsgruppen erfaßte, eindämmen sollten. In der ›Ersten Anordnung zur Durchführung des Vierjahresplans‹ vom 7. Nov. 1936 wurden »(p)rivate und öffentliche Betriebe der Eisen- und Metallwirtschaft sowie des Baugewerbes mit 10 und mehr Beschäftigten... verpflichtet, eine Zahl von Lehrlingen zu beschäftigen, die in angemessenem Verhältnis zu der Zahl der von ihnen beschäftigten Facharbeiter« stehen sollte.[33] Die ›Zweite Anordnung zur Durchführung des Vierjahresplanes‹ machte die Einstellung von zehn oder mehr Metallarbeitern innerhalb eines Kalendervierteljahres von der Zustimmung des zuständigen Arbeitsamtes abhängig – eine Verfügung, die die Bereitstellung der notwendigen Arbeitskräfte für rüstungswichtige Betriebe sicherstellen sollte. Mit dieser Anordnung wurden außerdem seit 1934 von Unternehmer-

seite verstärkt praktizierte Selbsthilfemaßnahmen, die der Abwanderung von Arbeitskräften einen Riegel vorschieben sollten, abgelöst. Die dritte der ›Anordnungen zur Durchführung des Vierjahresplanes‹ sah die »Rückführung« »berufsfremd« beschäftigter Baufach- und Metallarbeiter vor. Die vierte und fünfte Anordnung befaßten sich mit der »Sicherstellung der Arbeitskräfte und des Baustoffbedarfs für staats- und wirtschaftspolitisch bedeutsame Bauvorhaben« und mit der »Beschäftigung älterer Angestellter«. Die sechste Anordnung verbot die Anwerbung oder Vermittlung von Metallarbeitern und Baufacharbeitern mit Hilfe von Zeitungsannoncen. Nach der ›Siebten Anordnung zur Durchführung des Vierjahresplanes‹ durfte der Unternehmer »im Falle einer unberechtigten vorzeitigen Lösung des Arbeitsverhältnisses durch den Arbeiter« das Arbeitsbuch zurückbehalten und so ›seine‹ Arbeiter an einem Arbeitsstellenwechsel hindern.[34]
– Am 30. Dez. 1936 forderte der Reichsarbeitsminister die Treuhänder der Arbeit per Erlaß auf, umgehend zu prüfen, »inwieweit die Kündigungsfristen der für die Rüstungsbetriebe der Eisen- und Metallwirtschaft in Frage kommenden Tarifordnungen, in erster Linie die Arbeitertarifordnungen, verlängert werden können. Eine Mindestkündigungsfrist von vier Wochen wird anzunehmen sein.«[35] Bereits vorher waren zwecks stärkerer Bindung der Arbeitskräfte an den Arbeitsplatz von den Treuhändern in einer Reihe von Fällen die Kündigungsfristen verlängert worden.
– Am 11. Febr. 1937 wurde durch die Anordnung des Präsidenten der Reichsanstalt für Arbeitsvermittlung auch für einen Wechsel der Arbeitsstelle *innerhalb* eines Bezirks die schriftliche Zustimmung des zuständigen Arbeitsamtes notwendig.[36] Eine ähnliche Anordnung wurde am 30. Mai 1938 für die Bauwirtschaft erlassen.

Die »bewußt elastisch« formulierten Anordnungen[37] schränkten indes kaum die Entscheidungs- und Handlungsfreiheit der Unternehmer ein. Syrup stellte in der von Göring herausgegebenen Zeitschrift ›Der Vierjahresplan‹ fest, daß die Anordnungen »nicht so sehr Verbote als vielmehr Gebote« seien und »damit in erster Linie einen eindringlichen Appell an das Pflichtgefühl und Verantwortungsbewußtsein« des einzelnen Arbeitgebers darstellten.[38] Eine »allzu starre Anwendung der Bestimmungen« hätte darüber hinaus – wie Syrup in einem Erlaß vom 27. April 1937 anmerkte – »bei den betroffenen Metallarbeitern... de(n) Eindruck entstehen (lassen), als ob einseitig die Betriebsinteressen durch die Arbeitsämter berücksichtigt werden«.[39] Schon aus Gründen der Arbeitsüberlastung waren außerdem die zuständigen Behörden häufig nicht in der Lage, die Einhaltung der Anordnungen zur Eindämmung der Fluktuation auch durchzusetzen. In einzelnen Fällen forcierten Arbeitsämter geradezu die als Motiv häufigen Arbeitsplatzwechsels beklagte ›Lohntreiberei‹.[40]

Wegen des sich in allen wirtschaftlichen Bereichen verschärfenden Arbeitskräftemangels versuchte der nationalsozialistische Staat neben Frauen weitere bisher noch nicht oder nicht mehr in der Industrie erwerbstätige Arbeitnehmergruppen für die Industriearbeit zu mobilisieren:
– Wenig erfolgreich war das NS-Regime bei seinen Versuchen, *alte* Menschen zur Aufnahme lohnabhängiger Tätigkeit zu bewegen: 1939 lag die Erwerbsquote derjenigen, die 65 Jahre oder älter waren, bei 21,2% und

damit knapp zehn Prozent unter dem für 1925 errechneten Prozentsatz von 30,8%.[41]

– Zwar wurde die Zahl der *Handwerks*betriebe von 1933 bis Kriegsbeginn dadurch erheblich reduziert, daß eine 1935 ergangene Verordnung jeden Handwerker bis spätestens Ende 1939 zur Ablegung der Meisterprüfung verpflichtete und gleichzeitig die Prüfungsbedingungen für Handwerksmeister verschärfte. In einer Verordnung zur ›Durchführung des Vierjahresplanes im Bereich des Handwerks‹ vom Febr. 1939 wurden zudem Richtlinien für die ›Auskämmung‹ des Handwerks aufgestellt und auf dieser Basis versucht, Handwerker für den ›Arbeitseinsatz‹ in der Industrie zu mobilisieren. Der Rückgang der Zahl der Handwerksbetriebe traf allerdings im wesentlichen nur einen spezifischen Handwerkertypus: Verringert hatte sich das Handwerk nämlich überwiegend nur um ›proletaroide‹ Existenzen, d. h. um die von arbeitslosen Facharbeitern u. a. während der Krise unter dem Druck der Not gegründeten Ein-Mann-Betriebe. Überdies ist die unmittelbare Wirkung, die von den Restriktionen des nationalsozialistischen Staates im Hinblick auf die Mobilisierung zusätzlicher Arbeitskräfte für die Industrie ausging, insgesamt gering anzusetzen; die Mehrzahl der ›proletaroiden‹ Handwerker wechselte mit Einsetzen der Vollbeschäftigung meist freiwillig in die Industrie, da hier die Verdienste höher lagen als die kümmerlichen Einkommen, mit denen sie als ›selbständige Handwerker‹ während der Wirtschaftskrise ihr Leben fristen mußten. Ökonomisch starke Handwerksbetriebe, die nicht fürchten mußten, geschlossen zu werden, konnten dagegen vor diesem Hintergrund infolge der von den Handwerkskammern vorgenommenen ›Selbstreinigungen‹ Umsatz und Gewinn meist steigern.[42]

– Staatliche Initiativen, einen möglichst hohen Prozentsatz von *Einzelhändlern* zwangsweise zu proletarisieren, brachten ebenfalls nicht den erhofften Erfolg – die Mobilisierung einer nennenswerten Zahl von Arbeitskräften für die industrielle Erwerbstätigkeit –, sondern gleichfalls nur die ›Bereinigung‹ krisenbedingter Verzerrungen.

– Ebensowenig durfte sich das NS-Regime von der Reintegration *politisch oppositioneller* Arbeiter eine nennenswerte Besserung der angespannten Arbeitsmarktverhältnisse erhoffen, da diese – nicht zuletzt weil es sich bei ehemaligen Gewerkschaftern, Sozialdemokraten und Kommunisten häufig um besonders qualifizierte Arbeitskräfte handelte – überwiegend bereits seit 1934 auch ohne politische Aufforderung von Unternehmern wieder eingestellt worden waren.[43]

– Unter dem Druck des sich weiter verschärfenden Arbeitskräftemangels sah man sich 1938/39 gezwungen, auch auf *›minderwertiges Menschenmaterial‹* und ›Asoziale‹ zurückzugreifen. Regelrechte Razzien auf ›Drückeberger‹ und ›arbeitsscheue Elemente‹, denen die nationalsozialistische Propaganda schnell das Stigma des ›rassisch Minderwertigen‹ aufdrückte, wurden durchgeführt. Ein Erlaß des Reichsjustizministers vom 10. Mai 1939[44] erleichterte ferner den Arbeitseinsatz von Justizgefangenen.

– Ende 1938 hatte der Präsident der Reichsanstalt für Arbeitsvermittlung die »beschleunigte« Beschäftigung »aller arbeitslosen und einsatzfähigen Juden« – »abgesondert von der Gefolgschaft« – veranlaßt.[45]

Durch diese Mobilisierung zusätzlicher Arbeitskräftereserven konnte der Arbeitermangel nicht beseitigt, sondern allenfalls geringfügig gemildert werden. Nach Syrups Angaben fehlten Anfang 1939 mindestens eine Million Arbeitskräfte,[46] ein Defizit, das sich in den folgenden Monaten weiter vergrößerte. Im Frühjahr 1939 waren schließlich sogar Rüstungsbetriebe kaum noch in der Lage, Aufträge entgegenzunehmen.[47] Ebenso blieben die Maßnahmen, mit denen der nationalsozialistische Staat versuchte, die Mobilität von Arbeitskräften zu unterbinden bzw. zu lenken und in überschaubarem Rahmen zu halten, ohne durchschlagenden Erfolg: Obwohl Ende 1936 die Anwerbung oder Vermittlung von Metall- und Baufacharbeitern über Zeitungsannoncen verboten wurde, war (wie eine führende jugoslawische Zeitung Mitte 1939 feststellte) »das Gross-Deutsche Reich... z. Zt. in der ganzen Welt das einzige Land, in dem Sonntag für Sonntag 6 und mehr Seiten des Anzeigenteils aller größeren Tages-Zeitungen mit Stellen-Angeboten jeglicher Art angefüllt« waren.[48] Wenn die zuständigen staatlichen Institutionen sich dennoch erst relativ spät zu weiteren einschneidenden arbeitsmarktpolitischen Maßnahmen gezwungen sahen, dann ist dies auch darauf zurückzuführen, daß die ›naturwüchsige‹ Fluktuation der Arbeitskräfte in erster Linie der politisch bevorzugten Rüstungsindustrie zugute kam. Erst als die Entwicklungen auf dem Arbeitsmarkt vollends der staatlichen Kontrolle zu entgleiten drohten und das angezielte Tempo der Aufrüstung unmittelbar gefährdet schien, kam es zu weiteren Eingriffen des nationalsozialistischen Staates.

Anläßlich des Westwallbaues, zu dem etwa 400000 Arbeitskräfte benötigt wurden, führte das NS-Regime am 22. Juni 1938 die Teildienstpflicht ein.[49] Zu diesem Schritt sah sich die nationalsozialistische Regierung gezwungen, weil auf dem ›freien Arbeitsmarkt‹ Arbeitskräfte in diesem Ausmaß nicht mehr vorhanden waren. Nach der Verordnung konnte jeder deutsche Staatsangehörige vom Präsidenten der Reichsanstalt für Arbeitsvermittlung für eine begrenzte Zeit verpflichtet werden, »auf einem ihm zugewiesenen Arbeitsplatz Dienste zu leisten«. War nach der Verordnung vom 22. Juni 1938 die Dienstpflicht noch zeitlich begrenzt, so wurde diese Einschränkung am 13. Febr. 1939 durch die Einführung der umfassenden und unbegrenzten Dienstpflicht aufgehoben.[50] Auch Ausländer und Staatenlose waren damit potentiell jederzeit der direkten Verfügungsgewalt des NS-Regimes unterworfen. Betriebe und Verwaltungen konnten gegen ihren Willen gezwungen werden, nicht nur einzelne Arbeiter, sondern ganze Teile ihrer Belegschaft an den Staat für Rüstungszwecke ›abzugeben‹. Auch die Lösung vorher freiwillig eingegangener Arbeitsverhältnisse konnte bei ›staatspolitisch bedeutsamen Vorhaben‹ grundsätzlich eingeschränkt und von der Zustimmung der zuständigen staatlichen Stellen abhängig gemacht werden.

Die Durchführungsverordnung vom 10. März 1939 zur Dienstpflichtverordnung[51] schränkte die Freiheit der Wahl des Arbeitsplatzes weiter ein und machte *jeden* Arbeitsstellenwechsel von der Erlaubnis des Arbeitsamtes abhängig. Bis Kriegsbeginn machte das NS-Regime von dem durch diese Verordnungen geschaffenen arbeitspolitischen Instrumentarium nur sparsamen Gebrauch – unter anderem deswegen, weil die verantwortlichen staatlichen Institutionen die »mannigfachen psychologischen... und sozialen Störungen« fürchteten,[52] die bei einer massenhaften Anwendung dieses Mittels der ›Zwangsaushebung‹ entstanden wären. Nach Verlautbarungen führender Repräsentanten des Reichsarbeitsministeriums war die Dienstpflicht nur als kriegsvorbereitendes bzw. kriegsbedingtes Provisorium, als »höchst unangenehme Aushilfsmöglichkeit« gedacht.[53] Bereits im Nov. 1939, nach den militärischen Erfolgen gegen Polen und dem Stillhalten der Westmächte, verfügte Hitler die Drosselung der Dienstverpflichtungen.[54] Spätestens »nach Kriegsende« sollte dann, wie Seldte und Syrup auf einer Chefbesprechung vom 22. Juli 1940 feststellten, »zum Grundsatz der Freizügigkeit« zurückgekehrt und »sämtliche Dienstverpflichtungen« aufgehoben werden.[55] Angezielt war damit jedoch nicht die Rückkehr zu ›normalen Verhältnissen‹: Denn erstens sollte nur die ›arische‹ Arbeiteraristokratie in einem von Nationalsozialisten beherrschten Europa in den Genuß der Freizügigkeit kommen; zweitens waren die Dienstpflicht-Verordnungen auch insofern lediglich ein Provisorium, als durch die vermehrte Einweisung sog. ›Asozialer‹ und ›Arbeitsscheuer‹ in Konzentrationslager seit 1938 (die bewußt auch im Hinblick auf die verstärkten Rüstungsanstrengungen im Rahmen des ›Vierjahresplanes‹ vorgenommen wurde) bei gleichzeitiger Ausweitung und beliebiger Anwendung derart stigmatisierender Termini ein rasch wachsendes, beliebig verfügbares Arbeitskräftepotential zur Verfügung stand.[56] Schließlich stand während des Krieges in den besetzten Gebieten ein riesiges, rechtloses, ›rassisch minderwertiges‹ Arbeitskräftepotential zur Verfügung, das die Anwendung des Instruments der Dienstpflicht für deutsche Arbeiter weitgehend überflüssig machte. Gleichwohl bedeutete der Erlaß der Dienstpflicht-Verordnungen die »offene Militarisierung der Arbeitsverhältnisse« (Petzina) schon vor Kriegsbeginn. Vom Instrumentarium zur Mobilisierung und Lenkung der Arbeitskräfte her gesehen markierte der 1. Sept. 1939 nur noch den Übergang vom Zustand des ›Als-ob-Krieges‹ zum tatsächlichen Kriegszustand.

Die Zeit zwischen Kriegsbeginn und Ende 1941 brachte für deutsche Arbeiter keine weiteren einschneidenden Veränderungen im Bereich der ›Arbeitseinsatz‹-Politik. Auch die Arbeitsmarktentwicklungen lagen bis zu diesem Zeitpunkt weitgehend im Trend der Vorkriegsjahre. Der Bedeutungsschwund des Handwerks und Einzelhandels hielt an. Im Vorfeld des ›Westfeldzuges‹ kam es zu vermehrten ›Auskämmungen‹ von Handwerksbetrieben, zur vereinzelten Stillegung kleiner, rüstungsunwichtiger Betriebe und zur Eingliederung der betroffenen Arbeitskräfte in die Rüstungsindustrie. Infolgedessen sank der Anteil des Handwerks an der Gesamtbeschäftigtenzahl zwischen 1939 und 1941 von 13,5% auf 11,1%.[57]

Aufgrund der Einberufungen zur nationalsozialistischen Wehrmacht spitzte sich der Mangel an Arbeitskräften weiter zu. Trotz verschiedener Verordnungen, die die Mobilität der Arbeiterschaft weiter einengten,[58] hielt die Fluktuation der Arbeitskräfte nach Kriegsbeginn in abgeschwächter Form an.[59] Innerhalb der Industrie setzte sich die für die Zeit vor 1939 konstatierte Umschichtung der Beschäftigten zwischen den Branchen fort: So erhöhte sich während der ersten beiden Kriegsjahre der Anteil der in der Eisen- und Metallgewinnung und in den verschiedenen Sektoren der Metallverarbeitung beschäftigten Arbeiter und Angestellten an der gesamten industriellen Arbeitnehmerschaft von 39,6% auf 46,5%, während umgekehrt im gleichen Zeitraum sich das Gewicht der in der Textilindustrie und dem Nahrungs- und Genußmittelgewerbe tätigen Arbeitnehmer von 17,1% auf 14,1% verringerte.[60]

Der grundlegenden Veränderung der militärischen Lage 1941/42 folgten einschneidende institutionelle Wandlungen auch im arbeitspolitischen Sektor. Am 21. März 1942 wurde der thüringische NSDAP-Gauleiter Sauckel vom ›Führer‹ mit der Mobilisierung und Lenkung von Arbeitskräften betraut[61] und zu diesem Zweck aufkosten des zur Bedeutungslosigkeit verurteilten Reichsarbeitsministeriums mit weitreichenden Kompetenzen ausgestattet. Daneben kam es mit der seit Juli 1943 durchgeführten Verschmelzung der Institution des ›Reichstreuhänders der Arbeit‹ und der Landesarbeitsämter zu ›Gauarbeitsämtern‹ zu einer Straffung der nunmehr Sauckel unterstellten ›Arbeitseinsatz‹-Verwaltung.[62] Zudem wurde die Freizügigkeit der Arbeitskräfte weiter eingeschränkt: Seit der ›Verordnung über die Sicherstellung des Gefolgschaftsbestandes‹ vom 20. Mai 1942 konnten Arbeitsverhältnisse nur noch mit Zustimmung des Arbeitsamtes gelöst werden. Es bestand nun auch keine Möglichkeit mehr, ein Arbeitsverhältnis im Einvernehmen mit dem Arbeitgeber zu lösen.[63] In den Folgemonaten wurde die staatliche Reglementierung des Arbeitsmarktes durch eine Reihe weiterer Verfügungen abgerundet.[64] Ferner kam es zu im Vergleich zu den ersten beiden Kriegsjahren wesentlich massierteren ›Auskämm‹-Aktionen nicht nur im Bereich des Handwerks und Einzelhandels, sondern auch in rüstungsunwichtigen Betrieben vor allem der Textilindustrie. Eine ›Verordnung zur Freimachung von Arbeitskräften für kriegswichtigen Einsatz‹ vom 29. Jan. 1943[65] erlaubte die umstandslose Schließung nicht kriegsrelevanter Betriebe. Infolge von ›Auskämm‹-Aktionen und Betriebsschließungen verringerte sich der Anteil des Handwerks und des Dienstleistungsgewerbes an allen in der deutschen Wirtschaft Beschäftigten zwischen 1941 und 1944 von 21,1% auf 17,2%. Aus den gleichen Gründen wurde auch das Gewicht der in der Textilindustrie beschäftigten Arbeitnehmer während dieses Zeitraumes von 14,1% auf 10,5% reduziert.[66] Seit 1944 übernahmen außerdem

Werke der Textil- und Bekleidungsindustrie in verstärktem Maße betriebsfremde Produktionen.[67]

Von einschneidender Bedeutung war ab 1941/42 der Einsatz *ziviler ausländischer Arbeiter* und *Kriegsgefangener*. Ende Mai 1942 mußten insgesamt 4,2 Mio. zivile und kriegsgefangene Ausländer aus allen Regionen des von den deutschen Armeen besetzten Europas im Deutschen Reich arbeiten, davon 1,2 Mio. in der Industrie. Bis Ende Mai 1943 war die Zahl der in der deutschen Wirtschaft arbeitenden Ausländer auf 6,3 Mio., bis Juni 1944 auf 7,1 Mio. gestiegen, davon fast die Hälfte in der Industrie. Während der letzten beiden Kriegsjahre stellten ausländische Arbeitskräfte in den rüstungswichtigen metallerzeugenden und -verarbeitenden Industriezweigen etwa ein Drittel, in der Konsumgüterindustrie weniger als ein Sechstel aller Beschäftigten.[68] Die kategoriale Differenzierung in zivile ›Fremdarbeiter‹ und Kriegsgefangene wurde dabei in den letzten beiden Kriegsjahren zunehmend obsolet, da die dem ›Generalbevollmächtigten für den Arbeitseinsatz‹ unterstellte Verwaltung immer mehr dazu überging, auch zivile ausländische Arbeitskräfte zwangsweise ›auszuheben‹ und sich die Lebens- und Arbeitsbedingungen beider Arbeiterkategorien auf immer niedrigerem Niveau annäherten – abgestuft jeweils nach nationaler Zugehörigkeit und ›Rasse‹. Vor allem ›Ostarbeiter‹ und sowjetische Kriegsgefangene wurden vielfach wie Sklaven gehalten und mußten den ›Arbeitseinsatz‹ im Deutschen Reich häufig genug mit dem Leben bezahlen.

Die Zahl der beschäftigten deutschen *Frauen* blieb während des Krieges weitgehend konstant, obgleich gerade die Frauen eine wichtige Arbeitskraftreserve darstellten und ihre erfolgreiche Mobilisierung den sich immer weiter zuspitzenden Arbeitskräftemangel in wichtigen Teilbereichen der deutschen Wirtschaft hätte beseitigen können. Die Vergeblichkeit der Versuche des NS-Regimes, Frauen zu lohnabhängiger Arbeit zu bewegen, ist – neben den weiterbestehenden ideologischen Ressentiments – wesentlich auf die Höhe des ›Kriegsfamilienunterhalts‹ zurückzuführen, der den Angehörigen der zur Wehrmacht eingezogenen Männer gezahlt wurde. Dieser war im allgemeinen so hoch angesetzt, daß sich für die meisten der anspruchsberechtigten Frauen die Aufnahme einer lohnabhängigen Arbeit in der Industrie nicht lohnte – zumal außerdem dort Arbeitsbedingungen und Stundenverdienste nicht sonderlich attraktiv waren. Alle Versuche, mit Hilfe der Einführung einer allgemeinen weiblichen Arbeitsdienstpflicht möglichst viele erwerbsfähige Frauen zusätzlich in die deutsche Wirtschaft eingliedern zu können, scheiterten am Veto Hitlers. Hitler fürchtete für diesen Fall ›Popularitätsverlust‹ und innenpolitische ›Unruhe‹ und sorgte sich überdies, daß dann ›die deutsche Frau‹ nicht mehr ihren Mutterpflichten im verlangten Ausmaß hätte nachkommen können. Erst Goebbels konnte schließlich im Juni 1944 die allgemeine Meldepflicht für Frauen bis zu 50 Jahren durchsetzen.[69]

Die letzte Phase der ›totalen Kriegswirtschaft‹ 1944/45 war trotz einer neuen Welle der Mobilisierung zusätzlicher Arbeitskräftereserven von einem sich weiter verschärfenden Arbeitskräftemangel gekennzeichnet. Verursacht wurde dieser durch weitere massenhafte Einberufungen von deutschen Arbeitern und das allmähliche Versiegen des Zustroms zwangsrekrutierter ausländischer Arbeitskräfte. Parallel zum ständig schrumpfenden Herrschaftsbereich des Nationalsozialismus und zu den immer vernichtenderen Niederlagen der deutschen Armeen führten die sich verschärfenden wirtschaftlichen Engpässe – Rohstoffmangel, zerstörte Betriebsanlagen und Verkehrswege usw. – häufiger zu kurzfristiger Arbeitslosigkeit und zunehmender, schließlich vollständiger Desorganisation des staatlichen ›Arbeitseinsatzes‹.

2. Entwicklung der Arbeitszeit[70]

Im ersten Jahr der nationalsozialistischen Diktatur erhöhten sich die durchschnittlichen wöchentlichen Arbeitszeiten im Vergleich zum Tiefpunkt der Krise nur geringfügig. In Teilen der deutschen Industrie wurden sie sogar weiter reduziert. In dem Maße jedoch, wie die Massenarbeitslosigkeit abgebaut wurde und seit Ende 1934 ein sich rasch verallgemeinernder Mangel an Arbeitskräften einsetzte, erfuhren auch die Wochenarbeitszeiten eine erhebliche Ausdehnung (Tab. 1). Im Maschinen- und Fahrzeugbau sowie in der Elektroindustrie war bereits 1935 das Arbeitszeitniveau des Jahres 1929 wieder überschritten. Im ersten Halbjahr 1939 lagen die wöchentlichen Arbeitszeiten in der Produktionsgüterindustrie insgesamt um eineinhalb Stunden, im Fahrzeugbau sogar um mehr als zwei Stunden über dem vor Einbruch der Weltwirtschaftskrise verzeichneten Stand. In den künstlich in ihrer Produktion vom NS-Staat gehemmten Sektoren der Konsumgüterindustrie wie der Textil- und der Bekleidungsindustrie lagen dagegen 1935 die Wochenarbeitszeiten deutlich unter dem Niveau sogar des Krisenjahres 1932. Hier und in anderen Zweigen der Verbrauchsgüterindustrie wurden erst bei Kriegsbeginn wieder die Arbeitszeiten des Jahres 1929 erreicht.

Der ganze Umfang der Mehrarbeit, der von den in der metallverarbeitenden Industrie beschäftigten Arbeitern und Arbeiterinnen im Vergleich zu den Jahren vor Einbruch der Wirtschaftskrise geleistet werden mußte, wird noch deutlicher, wenn wir nur die Überstunden betrachten.[71] Das größte Quantum bezahlter Überarbeit hatten die qualifizierten Arbeitskräfte zu leisten: Im Juni 1938 mußten gelernte und angelernte Metallarbeiter durchschnittlich 5,6 Überstunden leisten, im Okt. 1928 waren es nur 1,3 bzw. 1,1 gewesen. Für die in der Metallverarbeitung beschäftigten Hilfsarbeiter hatte sich die Zahl der bezahlten Überstunden an der wöchentlichen Arbeitszeit Mitte 1938 mit 4,5 Stunden gegenüber Herbst 1928 verdreifacht, für Metallarbeiterinnen mehr als verdoppelt. Relativ und im Vergleich zu ihren im Zeitlohn beschäftigten Kollegen hatten dabei männliche Akkordarbeiter

Tabelle 1: Durchschnittliche wöchentliche Arbeitszeit von männlichen und weiblichen Arbeitern sowie in ausgewählten Industriezweigen 1929 bis 1944 (in Std.)

	1929	1933	1934	1935	1936	1937	1938	1939 (a)	1940	1941	1942	1943	1944 (b)
Gesamte Industrie	46,0	42,9	44,6	44,4	46,7	47,6	48,5	48,7	49,2	50,0	49,3	48,7	48,5
– männl. Arbeiter (c)	46,8	–	–	45,6	47,2	48,0	49,2	49,6	50,4	51,6	51,3	51,4	51,2
– Arbeiterinnen (c)	44,4	–	–	42,6	44,6	45,5	46,2	45,2	44,5	44,6	43,1	39,0	40,9
Eisen- und Metallgew.	48,2	41,9	45,7	46,8	47,5	47,4	48,0	48,5	–	–	–	–	–
Maschinenbau	49,0	42,7	47,2	49,1	49,0	49,9	50,1	50,1	–	–	–	–	–
Fahrzeugbau	44,6	43,1	44,5	45,1	45,8	45,7	45,9	46,8	–	–	–	–	–
Elektroindustrie	44,7	38,8	43,9	45,1	46,1	46,7	46,4	46,7	–	–	–	–	–
Chemieindustrie	48,4 (d)	–	42,9	44,0	46,1	47,3	46,2	47,3	–	–	–	–	–
Textilindustrie	44,7	42,4	42,9	40,8	42,3	43,1	44,0	44,8	–	–	–	–	–
Bekleidungsindustrie	45,8	43,8	44,0	41,5	44,0	43,5	44,4	45,9	–	–	–	–	–
Nahrungs- und Genußm.	47,0	43,3	45,0	44,8	45,0	45,5	45,5	45,3	–	–	–	–	–

(a) Gesamte Industrie: Jahresdurchschnitt; Industriezweige: 1. Halbjahr 1939.
(b) März.
(c) Für 1929 und 1935 Schätzung auf Basis der Angaben für die metallverarbeitende, chemische und Textilindustrie.
(d) Juni 1928 (nach der Einzellohnerhebung).

Quelle: Statistische Jahrbücher für das Deutsche Reich 1931, S. 275; 1939/40, S. 384f.; Wirtschaft und Statistik 15. Jg./1935, Sonderbeilage Nr. 13, S. 13; 22. Jg./1942, S. 119, 354; 23. Jg./1943, S. 83, 194, 280; Tilla Siegel, Leistung und Lohn. Zur Veränderung der Formen betrieblicher Herrschaft in der nationalsozialistischen Kriegswirtschaft, Frankfurt 1986, Statistischer Anhang.

während dieser zehn Jahre in weit überdurchschnittlichem Maße eine Ausweitung entgeltpflichtiger Mehrarbeit hinzunehmen; während qualifizierte Metallarbeiter im Akkord Ende 1928 nur halb so viele Überstunden leisten mußten wie die Zeitlöhner gleicher Qualifikation, lag im Sommer 1938 der Anteil der Überstunden an der gesamten wöchentlichen Arbeitszeit für Facharbeiter und Angelernte bei beiden Lohnformen ungefähr gleichauf bei gut zehn Prozent.[72] Da Akkordarbeiter in aller Regel (als Resultat dieser Lohnform) eine erheblich höhere Leistungsintensität als Zeitlöhner aufweisen, kann daraus geschlossen werden, daß ein großer Teil der in der metallverarbeitenden Industrie beschäftigten gelernten und angelernten Akkordarbeiter im letzten Vorkriegsjahr in vielen Fällen an die Grenzen ihrer physischen Leistungsfähigkeit gelangt war. Im überproportionalen Anstieg der Überstunden für gelernte Arbeitskräfte wird zudem der enge Zusammenhang zwischen Arbeitsmarkt und Arbeitszeit deutlich: Metallfacharbeiter waren spätestens seit Frühjahr 1935 auf dem Arbeitsmarkt kaum mehr verfügbar; viele Unternehmer versuchten deshalb – nicht selten bei gleichzeitiger Intensivierung der Arbeit – die Arbeitszeiten insbesondere für qualifizierte Berufsgruppen übermäßig auszudehnen. Innerhalb der einzelnen Branchen war die Länge der Arbeitszeit wiederum von der Größe des Betriebes abhängig (je größer ein Betrieb, desto länger die Arbeitszeit); beträchtliche Unterschiede bestanden auch zwischen den verschiedenen Industrieregionen.[73] Einzelbetrieblichen Angaben ist zu entnehmen, daß auch in der Eisen- und Stahlindustrie seit etwa 1935 die Zahl der Überstunden erheblich zunahm.[74]

Der Ausweitung der Arbeitszeiten wurde staatlicherseits im Interesse der forcierten Aufrüstung kaum Grenzen gesetzt, bestehende Beschränkungen vielmehr weitgehend aufgehoben. Die Arbeitszeitordnung vom 26. Juli 1934[75] erlaubte den ›Treuhändern der Arbeit‹, die Arbeitszeit weit über acht Stunden pro Tag hinaus zu verlängern. Von dieser Befugnis machten die Treuhänder so ausgiebig Gebrauch, daß schon vor Erlaß der Arbeitszeitverordnung vom 30. April 1938[76] der Acht-Stunden-Tag praktisch aufgehoben war.[77] Die Arbeitszeitordnung vom 30. April 1938 erweiterte die bereits bestehenden Ausnahmeregelungen noch erheblich; insbesondere eine Generalklausel, die Arbeitszeitverlängerungen »aus dringenden Gründen des Gemeinwohls« generell zuließ, vergrößerte beträchtlich den Ermessensspielraum von Treuhändern und Gewerbeaufsicht, den Unternehmern die Ausweitung der Überarbeit zu erlauben. Obgleich der Arbeitszeitschutz in den Vorkriegsjahren immer mehr ausgehöhlt wurde,[78] reichte dies vielen – vor allem kleineren – Unternehmern nicht: Seit 1937 häuften sich Meldungen über nicht genehmigte Überarbeit.[79]

Mit *Kriegs*beginn wurden die Arbeitszeitschutzbestimmungen außer Kraft gesetzt und die Zuschläge für Mehr-, Nacht-, Sonn- und Feiertagsarbeit gestrichen.[80] Da jedoch ohne zusätzlichen materiellen Anreiz die meisten Arbeitskräfte nur höchst unwillig Überarbeit zu leisten bereit waren, wurden schon zwei Monate später diese Maßnahmen wieder weitgehend rückgängig gemacht.[81]

Ihre größte Ausdehnung erreichte die wöchentliche Arbeitszeit während des Krieges bereits 1941, danach ging sie zurück (Tab. 1). Dabei zeigten sich allerdings auffällige Unterschiede zwischen männlichen und weiblichen Arbeitern. Während die Arbeitszeiten für Männer nach 1941 nur geringfügig schwankten, war bei den Frauen von 1938 bis 1943 eine stetige, seit 1942 sich beschleunigende Kürzung der Arbeitswoche zu beobachten. Dieses Phänomen findet seine Erklärung darin, daß während des Krieges immer mehr Frauen dazu übergingen, halbtags bzw. in Sechs-Stunden-Schichten zu arbeiten. In einzelnen Betrieben der Siemens & Halske AG beispielsweise arbeiteten bis zu 60% aller dort beschäftigten Arbeiterinnen in Vier- oder Sechs-Stunden-Schichten.[82] Bereits 1941 konnte in der ›Zeitschrift des VDI‹ bilanziert werden, bei »der erfolgreich durchgeführten Werbung für den Kriegseinsatz haben sich 90% der Frauen, die sich meldeten, für Halbtagsbeschäftigungen zur Verfügung gestellt«.[83] Vor dem Hintergrund der begrenzten Erfolge bei der Mobilisierung von Frauen für den industriellen ›Arbeitseinsatz‹ forderten der Reichsarbeits- und der Reichswirtschaftsminister im Frühjahr 1943 die deutsche Industrie dringend auf, weitere Halbtagsstellen für Frauen einzurichten.[84] Nach Angaben des Statistischen Reichsamtes hielt »der Zustrom von nicht ganztägig beschäftigten weiblichen Arbeitskräften« auch in den beiden letzten Kriegsjahren an.[85]

Wie sich die Arbeitszeiten in den einzelnen Branchen während des Krieges entwickelten, läßt sich aufgrund der lückenhaften statistischen Daten nicht exakt feststellen. Ihnen ist jedoch immerhin zu entnehmen, daß in den kriegswichtigen Branchen und für Facharbeiter die Wochenarbeitszeiten – weiterhin – ganz erheblich über dem Durchschnitt lagen, in den letzten Kriegsjahren mit sinkender Tendenz.[86] Insbesondere die militärische Wende 1942/43 führte zu verstärkten Anstrengungen staatlicherseits, die Arbeitszeiten weiter heraufzusetzen. Im März 1944 mußte beispielsweise in der eisenschaffenden Industrie ein Arbeiter 62,7 Wochenstunden arbeiten.[87] Trotz der Einführung der 60-Stundenwoche als Mindestarbeitszeit für männliche (deutsche) Arbeitskräfte Ende Aug. 1944[88] sank danach die Arbeitszeit – so ist aus einzelbetrieblichen Angaben zu schließen – jedoch rasch.[89] Ausfallzeiten infolge von Produktionsstockungen, die ihrerseits durch Energie- und Rohstoffverknappungen, häufigen Wechsel der Produktionsschwerpunkte, Verzögerungen bei der Zulieferung sowie Luftalarme verursacht wurden, häuften sich. Ein wachsender Teil der ursprünglich der Produktionsarbeit vorbehaltenen Zeit mußte zudem für Aufräumarbeiten und Einsätze beim Werkluftschutz oder der ›Heimatflak‹ verwandt werden. Auch wenn ein immer größerer Teil der Arbeitszeit für unproduktive (statistisch nicht erfaßte) Tätigkeiten aufgewendet werden mußte: Die körperliche Belastung der in der deutschen Industrie beschäftigten Arbeiter erhöhte sich im letzten Kriegsjahr eher, als daß sie sank.

IV. Rationalisierungsbewegung und Wandel der Binnenstruktur der Arbeiterschaft

1. Zusammensetzung der Arbeiterschaft

In den zwölf Jahren, die das ›tausendjährige Reich‹ überdauert hat, war die Arbeiterschaft in ihrer Zusammensetzung erheblichen Veränderungen unterworfen (Tab. 2). Der Anteil der (deutschen) Facharbeiter an der Gesamtarbeiterschaft nahm bis Kriegsbeginn auffällig ab. Nach Tab. 2 markiert der Kriegsbeginn dann eine Wende. Der Anteil gelernter Arbeitskräfte an der Gesamtarbeiterschaft nahm jedoch nur scheinbar zu. Zu berücksichtigen ist nämlich, daß insbesondere seit Mitte 1940 verstärkt ausländische Arbeitskräfte in Industriebetrieben des Deutschen Reiches eingesetzt wurden. Bis zum Frühjahr 1941 wurde im allgemeinen »nicht versucht..., diese Arbeiter entsprechend ihrer verschiedenen Ausbildung und ihren Fähigkeiten zu verwenden, wenn man davon absieht, daß die stärksten und gesündesten in die Bergwerke geschickt wurden«.[1] Bezieht man unter diesem Gesichtspunkt die nichtdeutschen Arbeitskräfte ein, verschiebt sich das Bild: Danach wäre – unter Zugrundelegung der Angaben in Tab. 2 – der Anteil der (deutschen) Facharbeiter an der Gesamtarbeiterschaft (einschließlich Ausländer) von Juni 1939 bis März 1940 zwar kurzfristig von 31,6% auf 32,4% gestiegen, danach wieder auf 31,8% im Dez. 1940 und 31,5% im März 1941 gesunken.

Auch der rasche Rückgang des Anteils deutscher Hilfsarbeiter an der deutschen Industriearbeiterschaft in der Zeit zwischen Juni 1939 und März 1941, den das Statistische Reichsamt feststellte, findet seine Erklärung darin, daß unqualifizierte Tätigkeiten zunehmend von zivilen und kriegsgefangenen ausländischen Arbeitskräften ausgeübt wurden. Demgegenüber war die wachsende Bedeutung der (deutschen) Angelernten weniger kriegsspezifischen Verzerrungen geschuldet, sondern in erster Linie Resultat etwa 1935/36 einsetzender technologischer und arbeitsorganisatorischer Veränderungen. Insbesondere für die angelernten Arbeiter bestanden bei den in Tab. 2 einander gegenübergestellten Angaben des Statistischen Reichsamtes und des Arbeitswissenschaftlichen Instituts der DAF jedoch auffällige Ungereimtheiten.

Tabelle 2: Zusammensetzung der Arbeiterschaft in Industrie und Handwerk insgesamt 1933 bis 1945.

	1933 (a)	1936 (a)	1939 (a)	1940 (b)	1940 (c)	1941 (b)
Nach Erhebung des *Statistischen Reichsamtes*:						
Männer						
– Facharbeiter	36,4%	32,0%	31,9%	33,3%	33,9%	34,3%
– Angelernte	15,9%	21,8%	20,3%	21,1%	21,9%	22,4%
– Hilfsarbeiter	22,5%	27,3%	28,0%	24,0%	22,5%	21,0%
Frauen						
– Angelernte und Gelernte	25,2%	10,7%	9,5%	9,5%	9,3%	9,6%
– Hilfsarbeiterinnen		8,2%	10,3%	12,1%	12,4%	12,7%
	100,0%	100,0%	100,0%	100,0%	100,0%	100,0%
Nach Erhebungen des *Arbeitswissenschaftlichen Instituts der DAF*						
Männer						
– Facharbeiter	–	32,0%	–	30,0%	–	–
– Angelernte	–	12,6%	–	24,2%	–	–

(a) Juni.   (b) März.   (c) Dez.

Quelle: Wirtschaft und Statistik 1935, Jg. 15, Sonderbeilage Nr. 15, S. 3; Schreiben des Präsidenten des Statistischen Reichsamtes an den Reichsarbeitsminister vom 18. Dez. 1941, Anlage zu: Rundschreiben des Reichsarbeitsministers an alle Reichstreuhänder der Arbeit vom 10. Jan. 1942, in: BA R 41/Bd. 60, Bl. 4; Denkschrift des Leiters des Arbeitswissenschaftlichen Instituts der DAF über die ›Beurteilung der Preisentwicklung‹, Anlage zu: Schreiben Pohls an das Zentralbüro der DAF (Wirtschaftspolitische Abteilung) vom 20. Juni 1941, S. 65, in: ebd., Bl. 10.

1.1. Hilfsarbeiter, Angelernte und Facharbeiter: Zur Trennschärfe der Begriffe

Während das Arbeitswissenschaftliche Institut der DAF in seinen Erhebungen fast eine Verdoppelung des Anteils der Angelernten zwischen Juni 1936 und März 1940 feststellte, war nach Angaben des Statistischen Reichsamtes der Bedeutungszuwachs dieser Arbeitergruppe während des gleichen Zeitraumes nur relativ gering. Unterschiede allein in den Erhebungsmethoden hätten diese Differenzen nicht so groß werden lassen. Vom Statistischen Reichsamt wurden kategoriale Probleme als Hauptgrund genannt: Es beständen erhebliche »Verschiedenheiten in der Auffassung über den Kreis der Gefolgschaftsmitglieder, die unter dem Begriff ›angelernte Arbeiter‹ fallen«.[2] Zwar waren kategoriale Unschärfen selten so deutlich hervorgetreten wie bei dem Vergleich der Erhebungen des Statistischen Reichsamtes und der DAF von Juni 1936 und März 1940; neu waren sie jedoch nicht.

In einem Aufsatz über methodische Probleme im Zusammenhang mit der Volks-, Betriebs- und Berufszählung 1933 stellte der Präsident des Statistischen Landesamtes Bayern Burgdörfer fest, daß nur die Personen zu den *Facharbeitern* zu zählen seien, die aufgrund eines »ordnungsmäßigen Lehrvertrages in mehrjähriger Lehrzeit ausgebildet« seien.[3] Um als Industriefacharbeiter bzw. Handwerksgeselle anerkannt zu werden, mußte die betreffende Arbeitskraft nach beendeter, meist drei- bis vierjähriger Lehre eine amtlich anerkannte Prüfung abgelegt haben. Während 1933 die Frage, wer den Facharbeitern zuzurechnen sei, noch relativ leicht – nämlich mit Bezug auf die durch Abschlußprüfung und -zeugnis leicht formalisierbare *Qualifikation* – beantwortet werden konnte, gestaltete sich die Unterscheidung von angelernten und ungelernten Arbeitern weitaus schwieriger: Als *angelernt* galten die Arbeitskräfte, die die »Arbeiten ausüben, die ein gewisses, durch ausgesprochene Anlernung oder längere praktische *Tätigkeit* erworbenes Mindestmaß an Geschicklichkeit oder Erfahrung erfordern«.[4] Zu den ungelernten oder *Hilfsarbeitern* wurden solche Arbeitskräfte gezählt, die mit Arbeiten beschäftigt wurden, die entweder gar keine oder nur solche Kenntnisse erforderten, die in kurzer Zeit (wenigen Tagen) zu erlernen waren. Diese Grenzziehung zwischen Angelerntem und Ungelerntem warf einige Probleme auf: Ob eine Tätigkeit ›hochwertig‹ oder ›minderwertig‹ war, ob jemand über fundierte Berufserfahrung verfügte oder nicht, ob also die betreffende Person den ungelernten oder den angelernten Arbeitskräften zuzurechnen war – dies festzustellen bereitete »besondere Schwierigkeiten, weil nur karge, subjektive Angaben... vorliegen und dem einzelnen Fall so gut wie nie nachgegangen werden kann«.[5] Je nach »Auffassung des Werks über die Eingruppierung erscheint derselbe Mann in einem Gebiet als ungelernter, während er in einem anderen Teil als gelernter geführt wird«.[6] Und auch die Scheidung in Facharbeiter und Angelernte war bereits bei der Berufs- und Betriebszählung 1933 bei weitem nicht so eindeutig, wie dies die obige Abgrenzung glauben machen möchte. Denn »(w)ichtige Facharbeiterberufe wie die der Spinner, Weber, Wirker... usw., erfordern zum größten Teil nur eine mehr oder weniger kurze Anlernung oder praktische Vorbereitungszeit«[7] und keine ›ordnungsgemäß‹ abgeschlossene Lehre. Dieses Problem der kategorialen Überschneidungen – das genauso bei jeder Lohnerhebung bestand – trat in noch weitaus schärferer Form bei den *Industriearbeiterinnen* auf. Auf die bei der Berufs- und Betriebszählung ursprünglich ins Auge gefaßte Gliederung der weiblichen Arbeitskräfte in gelernte, angelernte und ungelernte Arbeiterinnen mußte das Statistische Reichsamt verzichten. Denn während die in den einzelnen Statistischen Landesämtern zusammengefaßten Ergebnisse hinsichtlich der Gliederung nach Arbeitergruppen für männliche Arbeiter durchweg übereinstimmten, traten bei den Arbeiterinnen Abweichungen in einer Stärke auf, die nicht nur in örtlichen oder regionalen Besonderheiten, sondern in einer grundlegend uneinheitlichen Erfassung und Abgrenzung der weiblichen Arbeitergruppen begründet lagen. Infolgedessen wurden nur die männlichen Arbeiter in drei Gruppen aufgegliedert, während die Arbeiterinnen (ausgenommen in der Textil- und Bekleidungsindustrie) als undifferenzierte Gesamtheit erschienen.

Die Schwierigkeiten, mit denen das Statistische Reichsamt hier konfrontiert war, sollten sich in den folgenden Jahren noch vermehren. Einen wichtigen Einschnitt in dieser Beziehung stellte die ›Anordnung über den Arbeitseinsatz von Metallarbeitern‹ vom 11. Febr. 1937 und die Ausführungen zu dieser Anordnung dar. Syrup stellte dort fest:

»Der Wegfall des Wortes ›gelernt‹ und die Ersetzung des Wortes ›Lehre‹ durch ›Ausbildung‹ bedeuten, daß sich die Anordnung nicht mehr allein auf die Fachkräfte mit einer ordnungsgemäßen Lehre beschränkt. Sie erfaßt vielmehr alle Formen einer ordnungsgemäßen Ausbildung.«[8]

Getragen waren diese Formulierungen vor allem von der Intention, möglichst viele Metallarbeiter den Bestimmungen der Anordnung zu unterwerfen. Sie hatten jedoch auch ganz erhebliche Auswirkungen auf die Definition der Arbeitergruppen, da sie die Gruppe der Facharbeiter um einen (den ›ordnungsgemäß ausgebildeten‹) Teil der angelernten Arbeitskräfte erweiterten. Die von Syrup hier vorgenommene begriffliche Ausweitung war indes nur Resultat bzw. nachträgliche juristische Festschreibung der »in der Praxis vollzogene(n) Tatsache, daß neben das Prinzip der ›Lehre‹ das ›Lern‹-prinzip getreten« war.[9]

Auch der Übergang vom ungelernten zum angelernten Arbeiter gestaltete sich, je stärker Veränderungen im betrieblichen Produktionsprozeß die traditionelle Dreigliederung aufhoben und die Arbeiterschaft zunehmend zersplitterten, immer fließender und war

»oft nur eine Frage der Benennung (mit allerdings oft recht fühlbarer lohnpolitischer Wirkung). Auch vom Ungelernten wird vielfach eine nur in langjähriger Praxis zu erwerbende eingehende Kenntnis... verlangt... Vieles spricht dafür, daß als ›ungelernt‹ in der Berufsstatistik manche Tätigkeit rechnet, die eigentlich unter ›angelernt‹ fallen müßte.«[10]

Ein Sonderproblem stellte in diesem Zusammenhang die Arbeiterschaft der Eisen- und Stahlindustrie dar: Facharbeiter im Sinne der 1933 gültigen, offiziellen Berufsbilder (abgeschlossene, ›ordnungsgemäße‹ Lehre) gab es in den zentralen Bereichen der Hüttenwerke nicht, sondern nur in den Abteilungen, die zum Zweck der Erhaltung der Produktionsanlagen eingerichtet worden waren. Erst zwischen 1935 und 1938 begannen größere Stahlunternehmen des Ruhrgebiets damit, systematisch Walzer in einer der Lehre vergleichbaren Weise auszubilden. Eine verbindliche Anerkennung durch den Staat erfuhr der Beruf des ›Hüttenfacharbeiters‹ erst 1966.[11] Während des ›Dritten Reiches‹ galten in der Eisen-, Stahl- und Metallgewinnung diejenigen als ›Facharbeiter‹, die »aufgrund jahrelanger Berufstätigkeit sich sehr erhebliche Kenntnisse angeeignet haben und auch sehr wichtige Arbeitsplätze in einem Betrieb ausfüllen«.[12] Die Trennung in gelernte und angelernte Arbeiter war hier also noch willkürlicher als in anderen Branchen, zumal die Arbeiterschaft in diesem Industriesektor entsprechend der Vielfalt der Tätigkeiten in Stahl-, Walz- und Hüttenwerken in eine große Zahl kleiner Gruppen aufgesplittert war. Innerhalb der einzelnen Arbeitergruppen, die gleiche oder ähnliche Tätigkeiten auszuführen hatten, wurde häufig nach Berufserfahrung und der Dauer der Betriebszugehörigkeit in 1., 2. und 3. Leute (z. B. Walzer, Konvertermänner, Schmelzer, Zieher) differenziert und unterschiedlich entlohnt. Diese extreme Aufsplitterung der Stahlarbeiterschaft erschwerte ganz erheblich die Lohnerhebungen des Statistischen Reichsamtes: Erfaßt wurden meist nur die 1. und 3. Leute, die der Fach- bzw. angelernten Arbeiterschaft anderer Branchen gegenübergestellt wurden, nicht jedoch die Gesamtheit der (an)gelernten Stahlarbeiter. Bei den Berufszählungen wiederum wurden Schmelzer, Walzer, Zieher usw. zu einer Berufsgruppe zusammengefaßt, gleichgültig ob sie 1., 2. oder 3. Leute waren.

Insbesondere drei Folgewirkungen der skizzierten kategorialen Verschiebungen sind in unserem Zusammenhang von Interesse:

a) Die Gruppe der *Facharbeiter* war um einen Teil der vormals Angelernten erweitert worden. Anders formuliert: der Anteil der ›eigentlichen‹ Facharbeiter (mit ›ordnungsgemäßem‹ Lehrabschluß) an der Gesamtheit der Arbeiterschaft der verarbeitenden Industrien ging in weitaus stärkerem Maße zurück als dies in den Tabellen 2 bis 5 zum Ausdruck kommt. Umgekehrt erhöhte sich der Anteil der (ursprünglich) Angelernten wesentlich stärker, als dies die Angaben des Statistischen Reichsamtes nahelegen, da ein – kleinerer – Teil von ihnen in die Kategorie der Facharbeiter ›aufgestiegen‹ war. Die Differenzen zwischen Statistischem Reichsamt und Arbeitswissenschaftlichem Institut der DAF über das Ausmaß der Umschichtung innerhalb der deutschen Arbeiterschaft dürften hauptsächlich hier ihre Erklärung finden. In welchem Ausmaß der Anteil der ›eigentlichen‹ Facharbeiter an der Gesamtheit aller Arbeiter schrumpfte, läßt sich nicht exakt quantifizieren; entsprechende Erhebungen wurden nicht vorgenommen.

b) Im Hintergrund der Ausweitung des Facharbeiterbegriffes stand die hinter den Bedürfnissen der Industrie zurückbleibende, vorwiegend vom Handwerk getragene Lehrlingsausbildung; seitens der Großindustrie wurden infolgedessen die Bemühungen um ›Aufschulung‹ von angelernten Arbeitern zu ›angelernten Facharbeitern‹, die die gleiche oder vergleichbare Tätigkeit wie ›gelernte Facharbeiter‹ ausübten, intensiviert. Die Erweiterung des Facharbeiterbegriffes markiert einen entscheidenden Schritt des *Überganges von der qualifikations- zur tätigkeitsbezogenen Einstufung*. (Vorläufiger) Abschluß dieser Entwicklung war der 1942 eingeführte ›Lohnkatalog Eisen und Metall‹, der eine ausschließlich tätigkeitsbezogene Einstufung der Arbeiterschaft in eine Vielzahl von Lohngruppen in der gesamten metallverarbeitenden Industrie zum Ziel hatte.

c) Die dargestellten kategorialen Verschiebungen hatten in zweierlei Hinsicht erhebliche *lohnpolitische Auswirkungen:*
– Nach 1937 erlassene Tarifordnungen übernahmen meist den definitorischen ›Aufstieg‹ eines Teils der Angelernten in die Gruppe der Facharbeiter, indem sie explizit vorsahen, daß ›Nichtfacharbeiter‹ bei Beschäftigung in einer Facharbeitergruppe und bei gleichem Arbeitsgang die gleichen Zeitlohn- und Akkordsätze wie die ›gelernten Facharbeiter‹ selbst erhalten sollten.[13]
– Die zunehmende Beliebigkeit, mit der die Begriffe ›gelernt‹, ›angelernt‹ und ›ungelernt‹ verwandt wurden, erweiterte erheblich die Spielräume betrieblicher Lohnpolitik. Arbeitskräfte konnten mit Verweis auf die amtlich vollzogene Ausweitung der entsprechenden Begriffe leichter in höhere Lohngruppen eingestuft werden. Nicht nur der fehlende behördliche Unterbau, sondern auch die zunehmend schwierigere Abgrenzung der einzelnen Arbeitergruppen machte es den ›Treuhändern der Arbeit‹ als den hierfür zuständigen staatlichen Organen nahezu unmöglich, systematisch zu überprüfen, inwieweit ›Aufstufungen‹ von neuen Arbeitsinhalten her gerechtfertigt waren – oder ob der Höhergruppierung keine ›höherwertige‹ Tätigkeit am neuen Arbeitsplatz entsprach. Mit anderen Worten: Die Aufweichung der traditionellen Gliederung der Arbeiterschaft in drei Gruppen eignete sich als vorzügliches Mittel zur Umgehung der staatlichen Lohnkontrolle.

1.2. Die Umschichtung der Arbeiterschaft bis Kriegsbeginn

Tab. 2 hatte bereits gezeigt, daß in Industrie und Handwerk insgesamt zwischen 1933 und 1939 der Anteil der Facharbeiter zurückgegangen war. Tab. 3[14] bringt zum Ausdruck, daß in den meisten Branchen diese Entwicklung noch weitaus ausgeprägter war als im industriellen Durchschnitt

– und zwar (dies läßt sich jedenfalls für die Metallverarbeitung feststellen) nicht nur im Vergleich zur Krise (1939 gegenüber 1933), sondern abgeschwächt auch im Vergleich zum konjunkturellen Höhepunkt vor der Krise (1928/29).[15] Es fällt auf, daß in den Branchen, die am konjunkturellen Aufschwung in besonderem Maße partizipierten und infolgedessen ab 1935/36 auch den stärksten Rationalisierungsschub erfuhren, der Facharbeiteranteil überdurchschnittlich schrumpfte. Demgegenüber blieb in der Chemieindustrie und in einer Reihe von Zweigen der Konsumgüterindustrien der Anteil der gelernten Arbeitskräfte an der Gesamtarbeiterschaft konstant. Unter den Sektoren der Verbrauchsgüterindustrien hatten lediglich die Bekleidungsindustrie und das Nahrungs- und Genußmittelgewerbe einen der Metallverarbeitung vergleichbaren Rückgang der Facharbeiteranteile zu verzeichnen. Auffällig ist außerdem, daß in den Branchen, die einen weit überdurchschnittlichen Rückgang des relativen quantitativen Gewichtes der Facharbeiterschaft zu verzeichnen hatten, die ›Gelernten‹ weit mehr als die Hälfte innerhalb der männlichen Arbeiterschaft stellten. Die verschiedenen Zweige der metallverarbeitenden Industrie, die alle zu den Branchen mit hohen Facharbeiteranteilen gehörten, profitierten in besonderem Maße von der Rüstungskonjunktur und hatten zwischen 1933 und 1939 deshalb einen weit überdurchschnittlichen Beschäftigungszuwachs zu verzeichnen; umgekehrt ging etwa der Anteil der Textilarbeiterschaft, bei der ›gelernte Facharbeiter‹ nur eine untergeordnete Rolle spielten, an der gesamten Industriearbeiterschaft drastisch zurück, so daß sich der Anteil der Facharbeiter im industriellen Durchschnitt nur relativ geringfügig verringern konnte (Tab. 2).

Noch deutlicher bringt Tab. 4 zum Ausdruck, daß – nachdem die meisten Metallunternehmen während der Krise ihre Facharbeiter zu halten gesucht hatten – der Mangel an qualifizierten Arbeitskräften die Betriebsleitungen in der metallverarbeitenden Industrie geradezu zwang, unter Einsatz aller arbeitsorganisatorischen und fertigungstechnischen Möglichkeiten nach Wegen zu suchen, gelernte durch weniger qualifizierte Arbeitskräfte zu ersetzen. Seit Frühjahr 1938 lag nach Erhebungen sowohl des Statistischen Reichsamtes wie der DAF der Facharbeiteranteil an der Gesamtheit aller Metallarbeiter erheblich unter dem Niveau von 1928/29 – einem hinsichtlich der konjunkturellen Entwicklung in etwa mit den Vorkriegsjahren vergleichbaren Zeitpunkt. Die Abnahme des quantitativen Gewichtes der gelernten Metallarbeiter war also spätestens seit 1937/38 nicht mehr auf konjunkturelle, sondern zunehmend auf strukturelle Veränderungen zurückzuführen.

Auch die drastische Senkung des Anteils der ungelernten Arbeiter an der Gesamtarbeiterschaft hatte weitgehend strukturelle Ursachen. Sie war wesentlich auf die allmähliche Mechanisierung der Transportarbeit zurückzuführen, die den klassischen Transportarbeiter entweder überflüssig machte oder in die Kategorie der angelernten Arbeiter hob. Die Mechanisierung der

Tabelle 3: Facharbeiter in v. H. der Gesamtarbeiterschaft in verschiedenen Industriezweigen 1928, 1933 und 1939.

	Okt. 1928	Juni 1933	Mai 1939 (c)	Veränderungen 1939 gegenüber 1928	1933
nur *Männer*					
Metallverarbeitung	57,7%	61,7%	54,4%	− 3,3%	− 7,3%
darunter:					
− Eisen- Stahl- u. Metallwarenherst.	51,5%	60,0%	49,9%	− 1,6%	−10,1%
− Maschinen-, Apparate- u. Fahrzeugb.	61,8%	63,5%	57,8%	− 4,0%	− 5,7%
− Elektrotechnische Industrie	52,1%	56,2%	48,5%	− 3,6%	− 7,7%
− Feinmechanik und Optik	66,7%	66,8%	52,0%	−14,7%	−14,8%
Chemieindustrie	−	25,1%	24,4%	−	− 0,7%
Papierindustrie (a)	−	22,3%	24,2%	−	+ 1,9%
Holz- und Schnitzstoffgewerbe	−	54,3%	54,1%	−	− 0,2%
Textilindustrie (b)	−	17,5%	19,3%	−	+ 1,8%
Bekleidungsindustrie	−	63,9%	54,6%	−	− 9,3%
Nahrungs- und Genußmittelgewerbe	−	61,3%	52,2%	−	− 9,1%
Männer und *Frauen*		(c)			
Metallverarbeitung	48,4%	51,2%	46,2%	− 2,2%	− 5,0%
darunter:					
− Eisen-, Stahl- u. Metallwarenherst.	42,3%	46,5%	40,2%	− 2,1%	− 6,3%
− Maschinen-, Apparate- u. Fahrzeugb.	59,3%	59,6%	53,8%	− 5,5%	− 5,8%
− Elektrotechnische Industrie	35,7%	38,3%	34,3%	− 1,4%	− 4,0%
− Feinmechanik und Optik	46,0%	49,7%	38,9%	− 7,1%	−10,8%
Chemieindustrie	−	19,6%	19,4%	−	− 0,2%
Papierindustrie (a)	−	15,2%	15,4%	−	+ 0,2%
Holz- und Schnitzstoffgewerbe	−	48,8%	49,8%	−	+ 1,0%
Textilindustrie (b)	−	9,3%	10,0%	−	+ 0,7%
Bekleidungsindustrie	−	46,4%	41,9%	−	− 4,5%
Nahrungs- und Genußmittelgewerbe	−	40,9%	36,9%	−	− 4,0%

(a) Papiererzeugung und -verarbeitung.
(b) Nur ›gelernte‹ Facharbeiter (andere Kategorisierung als bei den Lohnerhebungen).
(c) Schätzung: die Zahl der Facharbeiterinnen wurde geschätzt unter Zugrundelegung des Anteils weiblicher Fabrik- und Handwerkslehrlinge an der Gesamtheit der Lehrlinge. Dieser Anteil betrug im Juni 1933 in der Eisen-, Stahl- und Metallwarenherstellung 0,9%, im Maschinen-, Apparate- und Fahrzeugbau 0,0%, in der elektrotechnischen Industrie 0,4%, in der feinmechanischen und optischen Industrie 2,1%, in der Chemieindustrie 3,6%, in der Papierindustrie 5,9%, im Holz- und Schnitzstoffgewerbe 0,9%, in der Textilindustrie 25,4%, in der Bekleidungsindustrie 56,7% und im Nahrungs- und Genußmittelgewerbe 1,1%.

Quelle: Statistisches Jahrbuch für das Deutsche Reich 1930, S. 292; Wirtschaft und Statistik 1935, Jg. 15, Sonderbeilage Nr. 15, S. 4ff.; Jg. 24, 1944, S. 59.

Tabelle 4: Zusammensetzung der Arbeiterschaft in der metallverarbeitenden Industrie 1928 bis 1939 (in v. H. der Gesamtarbeiterschaft).

	in v. H. der *männlichen* Gesamtarbeiterschaft			in v. H. der *männlichen* und *weiblichen* Gesamt- arbeiterschaft	
	Facharbeiter	Angelernte	Hilfsarbeiter	Facharbeiter	(a)
1928 (b)	57,7%	25,9%	16,4%	48,4%	(St.R.)
1931 (b)	60,1%	27,4%	12,5%	49,0%	(St.R.)
1933 (c)	61,6%	21,8%	16,6%	51,2%	(St.R.)
1935 (d)	57,9%	27,8%	14,3%	50,7%	(St.R.)
(e)	59,0%	27,1%	13,9%	50,8%	(St.R.)
1936 (c)	58,6%	27,6%	13,8%	51,0%	(St.R.)
1937 (e)	57,8%	–	–	49,1%	(DAF)
1938 (f)	57,4%	–	–	49,1%	(DAF)
(c)(h)	52,1%	32,1%	15,8%	–	(St.R.)
1939 (f)	55,1%	–	–	44,9%	(DAF)
(g)	54,4%	32,6%	13,0%	46,2%	(St.R.)

(a) Institution, die die Erhebung vornahm (St.R. = Statistisches Reichsamt; DAF = Arbeitswissenschaftliches Institut der DAF).
(b) Okt.   (c) Juni.   (d) Aug.   (e) Dez.   (f) März.   (g) Mai.
(h) Berechnet auf Basis der Angaben von Behrens zur Zusammensetzung der Arbeiterschaft in zwei nicht näher bezeichneten Wirtschaftsgebieten nach der Einzellohnerhebung vom Juni 1938. (Vom Statistischen Reichsamt wurden keine Zahlen über sämtliche erfaßten Arbeiter nach Schichten veröffentlicht.)

Quelle: Statistische Jahrbücher für das Deutsche Reich 1930, S. 292; 1933, S. 267; Wirtschaft und Statistik, Jg. 15, 1935, Sonderbeilage Nr. 13, S. 4 ff.; Jg. 16, 1936, S. 204, 328; 1944, Jg. 24, S. 59; Friedrich Behrens, Die Mittelwerte in der Lohnstatistik, in: Jahrbücher für Nationalökonomie und Statistik, Bd. 149, 1939, S. 680; Arbeitswissenschaftliches Institut der DAF, Die lohnpolitische Lage (Okt. 1939), nach: Timothy W. Mason, Arbeiterklasse und Volksgemeinschaft, Opladen 1975, S. 1261.

Transportarbeit war in den zwanziger Jahren begonnen und dann durch die Krise unterbrochen worden. Die spezifische Form der nationalsozialistischen Arbeitsbeschaffungspolitik bis 1935, die die Stillegung von arbeitskräftesparenden Maschinen teilweise prämierte, verzögerte die Einführung und Ausbreitung betriebstechnologischer Innovationen auch im betrieblichen Transportwesen und ließ bis 1934 den Anteil ungelernter Transportarbeiter relativ hoch bleiben. Der 1935/36 einsetzende Rationalisierungsschub führte dann jedoch zu einer allmählichen Ersetzung manueller durch maschinelle Transportarbeit.

In dem Maße wie ungelernte und gelernte Metallarbeiter prozentual an Bedeutung verloren, erhöhte sich das zahlenmäßige Gewicht der angelernten oder ›Spezialarbeiter‹ als des Kerns des (männlichen) ›Rationalisierungsproletariats‹. Daß der sinkende Facharbeiteranteil in den meisten Branchen auf fertigungstechnische und arbeitsorganisatorische Rationalisierungsmaß-

nahmen und höchstens zu einem geringen Teil auf den Schrumpfungsprozeß zurückzuführen ist, den das facharbeiterintensive Handwerk durchmachte, ist Tab. 5 zu entnehmen. In allen Branchen – mit Ausnahme der Chemieindustrie, in der Handwerks- bzw. Kleinbetriebe freilich auch keine Rolle spielten – ging im handwerklichen Sektor der Anteil der Gesellen (als die dem Industriefacharbeiter entsprechende Gruppe) deutlich langsamer zurück als der der gelernten Arbeiter in Industrieunternehmen; in einigen Branchen erhöhte sich sogar das prozentuale Gewicht der Handwerksgesellen. Wenn in Unternehmen mit mehr als 10 Arbeitern der Anteil der Facharbeiter an der Gesamtarbeiterschaft dagegen beträchtlich gesenkt wurde, dann war dies auf die grundsätzlich größeren Spielräume in Industriebetrieben zurückzuführen, mit Hilfe arbeitsorganisatorischer und fertigungstechnischer Maßnahmen an die Stelle gelernter angelernte Arbeitskräfte zu setzen. Je nach Branche sind in dieser Hinsicht auffällige Unterschiede zu konstatieren; die Facharbeiteranteile wurden dort in überdurchschnittlichem Maße reduziert, wo
– der Arbeitskräftemangel besonders stark war (Metallverarbeitung),
– aufgrund der besonderen, rüstungskonjunkturell bedingten Profitabilität den Unternehmen genügend Geldmittel für Rationalisierungsinvestitionen zur Verfügung standen (Metallverarbeitung) und
– sich arbeitsorganisatorische und fertigungstechnische Rationalisierungsmaßnahmen relativ leicht (ohne großen Kostenaufwand) durchführen ließen (u. a. Einführung der Fließfertigung in Unternehmen der Textil-, Bekleidungs-, Holz-, Nahrungs- und Genußmittelindustrie sowie zum Teil der Metallverarbeitung).

Je nach Betriebsgröße ließen sich überdies unter Industrieunternehmen beträchtliche Differenzen in dieser Hinsicht feststellen. In kleinen Unternehmen wurde der Anteil gelernter Arbeitskräfte an der Gesamtarbeiterschaft – zumindest bis Kriegsbeginn – nur geringfügig, in großen dagegen beträchtlich reduziert.[16]

1.3. Die Umschichtung der Arbeiterschaft während des Zweiten Weltkrieges

Der bis 1939 beobachtbare Wandel der Binnenstruktur der Arbeiterschaft läßt sich auch für die Kriegsjahre feststellen – zeitweilig allerdings in abgeschwächter Form. Wenn nach Tab. 2 in den ersten beiden Kriegsjahren der Anteil der Facharbeiter an der Gesamtarbeiterschaft weitgehend konstant blieb und nicht weiter sank, dann war dies auch auf die Rekrutierungspraxis der Wehrmacht zurückzuführen: Meist wurden unqualifizierte Arbeitskräfte eingezogen, während Fachkräfte bis 1941/42 demgegenüber meistens mit dem Signum der ›Unabkömmlichkeit‹ versehen und in den Betrieben belassen wurden.[17]

Bei den Angaben der Tab. 2 handelt es sich zudem um industrielle Durch-

Tabelle 5: Gesellen und Industriefacharbeiter in v. H. der Gesamtarbeiterschaft in verschiedenen Branchen in Industrie und Handwerk 1933 und 1939.

		Juni 1933	Mai 1939 (c)	Veränderungen 1939 gegenüber 1933
Eisen-, Stahl- und Metallwarenherst.				
	Handw.	86,1%	81,1%	− 5,0%
	Ind.	34,8%	29,3%	− 5,5%
Maschinen-, Apparate- u. Fahrzeugbau				
	Handw.	80,8%	76,3%	− 4,5%
	Ind.	58,2%	52,0%	− 6,2%
Elektrotechnische Industrie				
	Handw.	81,7%	81,6%	− 0,1%
	Ind.	34,1%	29,4%	− 4,7%
Feinmechanik und Optik				
	Handw.	80,2%	70,0%	−10,2%
	Ind.	45,9%	34,7%	−11,2%
Chemieindustrie				
	Handw.	27,2%	23,3%	− 3,9%
	Ind.	19,1%	19,4%	+ 0,3%
Papierindustrie (a)				
	Handw.	33,6%	47,2%	+13,6%
	Ind.	14,4%	14,4%	± 0,0%
Holz- und Schnitzstoffgewerbe				
	Handw.	78,1%	84,2%	+ 6,1%
	Ind.	35,7%	30,0%	− 5,7%
Textilindustrie (b)				
	Handw.	30,6%	32,7%	+ 2,1%
	Ind.	9,4%	8,9%	− 0,5%
Bekleidungsindustrie				
	Handw.	88,5%	83,6%	− 4,9%
	Ind.	29,1%	23,8%	− 5,3%
Nahrungs- und Genußmittelgewerbe				
	Handw.	67,8%	73,2%	+ 5,4%
	Ind.	28,4%	19,6%	− 8,8%

(a) Papiererzeugung und -verarbeitung.
(b) Nur ›gelernte‹ Facharbeiter.
(c) Schätzung: die Zahl der Facharbeiterinnen wurde geschätzt unter Zugrundelegung des Anteils weiblicher Fabrik- und Handwerkslehrlinge an der Gesamtheit der Lehrlinge. Dieser Anteil betrug im Juni 1933 (Handwerk/Industrie) in der Eisen-, Stahl- und Metallwarenherstellung 0,27%/3,50%, im Maschinen-, Apparate- und Fahrzeugbau 0,0%, in der elektrotechnischen Industrie 0,13%/0,70%, in der feinmechanischen und optischen Industrie 2,51%/1,82%, in der Chemieindustrie 24,35%/2,07%, in der Papierindustrie 6,73%/4,35%, im Holz- und Schnitzstoffgewerbe 0,24%/4,18%, in der Textilindustrie 52,89%/20,31%, in der Bekleidungsindustrie 54,01%/78,30% und im Nahrungs- und Genußmittelgewerbe 0,15%/10,78%.

Anm.: Handwerk = Betriebe bis 10 Beschäftigte (Arbeiter).
Industrie = Betriebe mit mehr als 10 Beschäftigten.

Quelle: wie Tab. 3.

schnittswerte. In den einzelnen Wirtschaftssektoren waren jedoch ausgeprägte Umschichtungsprozesse zu beobachten, die sich in den hochaggregierten Daten der Tab. 2 kaum bemerkbar machten, weil sie sich in der Tendenz gegenseitig aufhoben:

a) Der Schrumpfungsprozeß des überdurchschnittlich viele Facharbeiter beschäftigenden Handwerks setzte sich während des Krieges verstärkt fort (Wirkung: Reduktion des Facharbeiteranteils in Industrie und Handwerk insgesamt).

b) Innerhalb des industriellen Sektors ging der Anteil der Konsumgüterindustrien, insbesondere der Textilindustrie, an der Gesamtheit aller in der Industrie beschäftigten Arbeitnehmer zurück; in diesem Wirtschaftssektor lag das prozentuale Gewicht der Facharbeiterschaft eher unter dem Durchschnitt. Umgekehrt wuchs die Zahl der in der metallverarbeitenden Industrie, dem wichtigsten Rüstungssektor, Beschäftigten deutlich schneller als in der Gesamtindustrie; in den Branchen dieses Industriezweiges waren im Vergleich zur Industrie insgesamt deutlich überdurchschnittlich viele Facharbeiter beschäftigt. (Wirkung: Erhöhung des Facharbeiteranteils im industriellen Durchschnitt.)

c) In metallverarbeitenden Industrien wurden in den ersten Kriegsjahren die Facharbeiteranteile weiter – um zum Teil mehr als zwanzig Prozent – reduziert.[18]

d) Die eingangs beschriebene Ausweitung des Facharbeiterbegriffes wurde nicht nur nicht zurückgenommen; es wurden vielmehr verstärkte Anstrengungen unternommen, in möglichst kurzer Zeit möglichst viele angelernte Arbeiter zu Facharbeitern im weiteren Sinne ›aufzuschulen‹.[19]

e) Der Ende 1941 auf Initiative Todts eingeführte ›Festpreis‹ anstelle des vorher üblichen ›Kostenpreises‹ begünstigte nicht nur einzelbetriebliche Rationalisierungsinitiativen, sondern machte auch die Einsparung ›teurer‹ Fachkräfte lukrativ. War vorher der Unternehmensgewinn im allgemeinen als Prozentsatz der Produktionskosten festgesetzt, wurden fortan für die niedrigste Preisgruppe, der die leistungsstärksten Unternehmen angehörten, feststehende, nicht mehr variierbare Preise festgelegt. Seitdem hatte deshalb die Ersetzung teurer durch billige Arbeitskräfte z. B. infolge der Einführung von Fließfertigungssystemen im Rahmen der Kriegsmassenproduktion unmittelbar Gewinnerhöhungen zur Folge.[20]

In den Folgejahren setzte sich der Prozeß der Substitution von Fachkräften durch weniger qualifizierte Arbeiter sogar beschleunigt fort. Besonders ausgeprägt war diese Entwicklung im Werkzeugmaschinenbau. Von 1940 bis 1944 hatte sich der Facharbeiteranteil an der Gesamtarbeiterschaft dieses Industriezweiges von 51,1 % auf 27,5 % verringert, mithin fast halbiert.[21] In diesem wichtigen Sektor der Metallverarbeitung wurde allerdings von der Mehrheit der Unternehmensleitungen erst während des Krieges eine breitgefächerte Produktvielfalt zugunsten der Beschränkung auf die Herstellung einer kleinen Zahl von Maschinentypen, die den Einsatz weniger qualifizierter Arbeitskräfte erlaubte, aufgegeben. Die gleichen Umschichtungsprozesse lassen sich in abgeschwächter Form auch für die metallverarbeitende Industrie insgesamt sowie die Eisen-, Stahl- und Metallgewinnung konstatieren.[22] Beschleunigt wurde die Umschichtung der in der rüstungswichtigen deutschen Metallindustrie beschäftigten Arbeiterschaft (einschl. Ausländer) in der zweiten Kriegshälfte dadurch, daß seit der für die Nationalsozialisten negativen Kriegswende vermehrt auch (deutsche) Facharbeiter eingezogen wurden. Um die hierdurch entstandenen Lücken zu schließen, wurden aufgrund eines Erlasses von Speer vom 25. Sept. 1943 sog. Arbeitseinsatz-Ingenieure in die Industriebetriebe geschickt. Ihre Hauptaufgabe bestand darin, »die Einsparungsmöglichkeiten von Arbeitskräften zu prüfen« und »falsch eingesetzte Facharbeiter umzusetzen«.[23]

Zwischen 1942 und 1943, nachdem Sauckel zum ›Generalbevollmächtigten für den Arbeitseinsatz‹ ernannt worden war, wurde die Zahl der in der deutschen Industrie vorwiegend für unqualifizierte Tätigkeiten eingesetzten, ausländischen Arbeitskräfte erheblich erhöht: Während dieses Zeitraumes verdoppelte sich ihr Anteil an der Gesamtarbeiterschaft in allen Zweigen der eisen-, stahl- und metallerzeugenden bzw. -verarbeitenden Industrie in etwa.[24] Schon deshalb mußte der prozentuale Anteil der (deutschen) Facharbeiter an der Gesamtheit aller Arbeiter zurückgehen. Ende 1943 hatten überdies die vom Ministerium für Bewaffnung und Munition angestoßenen Rationalisierungsmaßnahmen weitgehend gegriffen und u.a. eine weitere Reduktion des Anteils qualifizierter Arbeiter an der Gesamtarbeiterschaft bewirkt.

Bisher wurde der enge Zusammenhang zwischen den Wandlungen der Binnenstruktur der Arbeiterschaft einerseits und den fertigungstechnischen und arbeitsorganisatorischen Innovationen andererseits zwar immer wieder betont, die Formen dieser Rationalisierungsbewegung jedoch nicht weiter beschrieben. Dies soll im folgenden am Beispiel der Fließfertigung in groben Zügen geschehen.

2. Funktion und Form der Rationalisierungsbewegung im ›Dritten Reich‹ – dargestellt am Beispiel der Fließfertigung[25]

2.1. Begriff, Formen und Voraussetzungen Frühgeschichte der Fließfertigung

Der Charakter betrieblicher Produktionsstrukturen wird entscheidend vom Fertigungsprogramm beeinflußt, also davon, ob Massenfertigung, Reihen- oder Serienfertigung oder Einzelfertigung vorliegt. Von *Massenfertigung* wird gesprochen, wenn ein Betrieb während eines längeren Zeitraumes die Herstellung großer Mengen gleichartiger Erzeugnisse plant und durchführt. Da die massenhafte Herstellung homogener Erzeugnisse besonders kostengünstig ist, geht in modernen Industriegesellschaften allgemein der Trend in Richtung Ausweitung der Massenfertigung. Bei dieser Art der Fertigung wiederholen sich die meisten Arbeitsgänge. Aus diesem Grund können hier weitgehend unqualifizierte Arbeitskräfte eingesetzt werden, die auf wenige Handgriffe spezialisiert sind. *Serien- oder Reihenfertigung* liegt vor, wenn ebenfalls eine große Menge gleichartiger Erzeugnisse hergestellt wird, die Produktion aber auf einen verhältnismäßig kurzen Zeitraum beschränkt bleibt. Von *Einzelfertigung* ist die Rede, wenn einzelne, qualitativ voneinander unterschiedene Erzeugnisse hergestellt werden. Der Produktionsprozeß trägt in diesem Fall weitgehend handwerklichen Charakter und wird entscheidend von der Tätigkeit vollqualifizierter Facharbeiter bestimmt.

Fließfertigung bedeutet wiederum nichts anderes, als daß ein Werkstück vom Beginn seiner Bearbeitung an ohne zeitliche Unterbrechung von einer Operation zur anderen geführt wird und bis zur endgültigen Fertigstellung in einem steten ›Fluß‹ bleibt. Der gesamte Herstellungsprozeß eines Produktes wird dabei in eine Vielzahl von Einzeloperationen zergliedert, die dann entsprechend ihrer zeitlichen Abfolge räumlich hintereinander – bei entwickelten Systemen: am Band – angeordnet werden. Ausgedehnte und umständliche Zickzackwege von einer Werkstatt zur anderen – und damit lange Produktionszeiten pro Stück – werden ersetzt durch ein (im Idealfall) Optimum an Durchlaufgeschwindigkeit des Arbeitsobjektes. Ursprünglich komplexe Arbeitsgänge, die nur von qualifizierten Arbeitern zu bewältigen waren, werden möglichst weitgehend unterteilt und auf wenige, leicht zu erlernende Handgriffe reduziert. Die Einführung von Fließfertigung oder Fließarbeit setzt im allgemeinen Massenfertigung voraus. In den Publikationen der zwanziger und dreißiger Jahre wurde Fließarbeit wiederum untergliedert in ›Taktarbeit‹ und ›Bandarbeit‹. Von ›*Taktarbeit*‹ sprach man, wenn unter weitgehender Anpassung an die bestehende betriebliche Organisation und die vorhandenen Betriebsmittel ohne ein die verschiedenen Produktionsprozesse verknüpfendes Transportband Fließarbeit erzeugt wurde. Die Kosten der Umstellung von traditionellen Herstellungsverfahren auf ›Taktarbeit‹ waren zwar verhältnismäßig gering. Allerdings war auch der betriebswirtschaftliche Effekt – die Erhöhung von Arbeitsleistung und Produktmenge bei gleichzeitiger Senkung der Produktionskosten – im Vergleich zur Bandarbeit relativ klein. ›Taktarbeit‹ stellte deshalb meistens nur eine Übergangsform auf dem Weg zur (Fließ-)*Bandarbeit* dar, bei der die verschiedenen Produktionsprozesse und Betriebsmittel durch mechanische Fördermittel – in der Regel Transportbänder – miteinander verbunden sind, die Arbeiter also ›am Band arbeiten‹.

2.2. Frühgeschichte der Fließfertigung (bis 1933)

In Walzwerken führte die »Rücksicht auf die Ausnutzung der einzelnen Hitzen«, in Gießereien »die notwendige Aufeinanderfolge der Vorgänge Formen, Kerne einlegen, Kisten zusammensetzen, Gießen, Abkühlen, Entleeren und Putzen« schon frühzeitig »von selbst zu einer Produktionsbeschleunigung im Sinne der Fließarbeit«.[26] Wenn man davon absieht, fanden Fließfertigungssysteme in der deutschen Industrie – unter Rückgriff auf entsprechende, vor allem in den USA entwickelte Verfahren – erst seit Mitte der zwanziger Jahre Anwendung. Die Automobilindustrie praktizierte »als erster mechanischer Industriezweig reine Fließarbeit«.[27] Opel begann bereits 1923 mit der Einführung des Fließbandes,[28] wenig später Brennabor. 1927/28 gab es dann »kaum eine maßgebende Autofabrik mehr, die nicht nach den Grundsätzen der Fließarbeit handelt(e)«.[29] Anwendung fand Fließfertigung in aller Regel jedoch immer nur in einzelnen Betriebsabteilungen, bis 1933 nie in ganzen Unternehmen. Nach einer Umfrage des DMV im Jahre 1931 wurde lediglich in 11,6% der Abteilungen größerer Automobil- und Fahrradunternehmen am Band gearbeitet; in weiteren 17,3% war die Produktion auf fließende Fertigung ohne Band umgestellt worden.[30] Größere Verbreitung fanden Fließfertigungssysteme bis zum Einbruch der Weltwirtschaftskrise außerdem in der Elektroindustrie;[31] hier arbeiteten nach derselben Erhebung 17,0% aller Betriebsabteilungen nach dem Prinzip der Bandarbeit und 18,3% nach dem der Taktarbeit.[32] Im Maschinen- und Apparatebau waren Band- und Taktarbeit mit 1,7% und 11,8% weit weniger verbreitet.[33] Schon 1927/28 hatte die Fließfertigung in der »Haus- und Küchengeräteindustrie, die zum größten Teil auf Massenfertigung eingestellt ist, ... bereits an verschiedenen Stellen zu beachtlichen Erfolgen geführt«.[34] In der Eisen- und Stahlwarenindustrie war Fließ- und Bandarbeit bis 1931 in jedem fünften Betrieb (20,8%), im Lokomotiv- und Waggonbau, der Uhren- sowie der feinmechanischen und optischen Industrie sogar fast in jedem vierten (24,8%, 23,9% bzw. 23,9%) eingeführt worden.[35] Vereinzelt gelangte die Fließfertigung bis 1930 außerdem in den Zweigen der Verbrauchsgüterindustrie, der Industrie der Steine und Erden sowie der Chemieindustrie zum Einsatz.[36] Wie wenig die fließende Fertigung in die deutsche Industrie insgesamt Eingang gefunden hatte, ist einer Erhebung Duvigneaus aus dem Jahre 1931 zu entnehmen: Danach fand diese Produktionsmethode nur in etwas mehr als einem Prozent aller größeren Industrieunternehmen Anwendung.[37] Lediglich in der Metallverarbeitung spielte sie mit insgesamt 21% aller Betriebe (davon 5,1% Bandarbeit) eine bedeutendere Rolle.[38]

Mit Einsetzen und Vertiefung der Wirtschaftskrise ab 1930/31 fand zwar auch die Ausweitung der Fließfertigung ihr vorläufiges Ende.[39] Die Krise – so wurde 1944 mit Blick auf den Landmaschinenbau retrospektiv festgestellt – bahnte indes

»eine starke Konzentration der Kräfte an, die selbstverständlich sichtende und siebende Wirkung hatte und damit konstruktiv und fertigungstechnisch leistungsunfähige Unternehmen ausschied. Das Ergebnis dieser technischen und wirtschaftlichen Umwälzungen ist eine überaus leistungsfähige deutsche Landmaschinenindustrie mit ausgedehnter Anwendung der fließenden Fertigung für ihre Erzeugung.«[40]

Bisher wurde lediglich pauschal von Fließfertigung gesprochen. Es konnten jedoch mannigfache Formen zur Anwendung gelangen. Zu unterscheiden ist nicht nur zwischen lediglich auf organisatorischem Wege hergestelltem Arbeitsfluß ohne Transportband (Taktarbeit) einerseits und der eigentlichen Fließbandarbeit andererseits. Auch die Fließbandarbeit selbst konnte in verschiedenen Formen ablaufen. So existierten einerseits – bis 1935/36 allerdings nur in Ausnahmefällen – weitgehend perfektionierte Fließbandsysteme, bei denen menschliche und maschinelle Produktionsfunktionen fast reibungsfrei ineinandergriffen und das Arbeitstempo von Fließbändern und teil- oder vollautomatisierter Maschinerie weitgehend bestimmt wurde. Auf der anderen Seite konnten so primitive Formen der Fertigung am Fließband zur Anwendung gelangen, wie sie 1933 am Beispiel eines kleinen Chemiebetriebes beschrieben wurden:

»Heute findet nun jeder Arbeiter einen Arbeitsplatz vor, der ihm erlaubt, nach Bedarf neben der Hauptarbeit am Bande eine zweite Arbeit auszuführen... Soweit die in Nebenarbeit erzeugten Mengen hinter dem notwendigen Bedarf zurückbleiben, werden sie auch weiterhin nach dem alten Verfahren, also separat, hergestellt. Die Arbeitsweise ist nun kurz die, daß zunächst jeder Arbeiter seine Hauptarbeit ausführt. Sobald nun aber eine Zeitpause zu entstehen droht, sei es, weil der Vordermann nicht genügend Arbeit weitergibt, sei es, weil kleine Stockungen und Betriebsstörungen eintreten, geht der betreffende Arbeiter praktisch ohne Zeitverlust dazu über, die vorgesehene Nebenarbeit in Angriff zu nehmen, und dies so lange, bis er mit der Hauptarbeit fortfahren kann. Auf diese Weise erreicht man eine vollständige Ausnützung der Arbeitszeit auch in Fällen kleinerer Stockungen und Störungen, und das schwierige Abstimmen der Arbeit aufeinander ist nur noch mit annähernder Genauigkeit notwendig. Selbstverständlich arbeiten sämtliche Personen im Gemeinschaftsakkord, der auch aus der erzeugten Menge der Nebenarbeiten berechnet wird. ...Der psychologische Zwang zur Arbeit bleibt [wie bei perfekteren Fließbandsystemen, R. H.] auch hier erhalten, doch steht es dem Arbeiter de facto frei, wie bei gewöhnlicher Akkordarbeit seiner Leistung entsprechend zu arbeiten.«[41]

Zwischen beiden Extremen gab es eine Vielzahl von Zwischenformen. Die bis 1933 eingerichteten Fließfertigungssysteme entsprachen im allgemeinen eher primitiveren als ›perfekten‹ Formen. Ausdruck davon waren die noch an vielen Stellen eingerichteten Materialpuffer, mit denen Produktionsstokkungen als Folge unzureichender Abstimmung der einzelnen Arbeitsgänge überbrückt werden sollten.[42] Auch in den fertigungstechnisch fortgeschrittenen Sektoren der Metallverarbeitung kamen bis zum Beginn der Wirtschaftskrise vielfach Mischformen zur Anwendung, die in den zeitgenössischen Publikationen als »wechselnde Fließarbeit« bezeichnet wurden und durch das Nebeneinander von entwickelter und unentwickelter Fließfertigung charakterisiert sind. In solchen Fällen gab es neben Produktionsschritten, bei denen der einzelne Arbeiter lediglich Hilfsverrichtungen ›für‹ halbautomatische Maschinen vorzunehmen hatte, auch »Teile, an denen zahlreiche Arbeitsoperationen verrichtet werden müssen. Für solche Teile ist es oft lohnend, einen eigenen Fließkreis einzurichten.«[43] Solche in sich geschlossenen Fließkreise, denen die dort tätigen Arbeitskräfte die zu bearbeitenden Produkte je nach Bedarf entnehmen konnten bzw. auf die sie diese nach Beendigung der einzelnen Arbeitsoperationen wieder zu legen hatten, waren durch kurze (schiefe) Rollbahnen nur locker mit dem Hauptband, durch das alle Produktionsprozesse miteinander verknüpft waren, verbunden. Oder Fließarbeit blieb in Form sog. Fließinseln auf wenige Operationen innerhalb des gesamten Produktionsprozesses beschränkt.[44] »Wechselnde Fließarbeit« in der einen oder anderen Form galt 1929 als die »meistverwendete Methode großer Teile der metallverarbeitenden Industrie«[45] und wurde insbesondere dort angewendet, wo neben großen Stückzahlen (Massenfertigung) eine begrenzte Menge anderer Teile (Fertigung in kleinen Serien) produziert werden mußte.

Während bei großen Stückzahlen die Einführung entwickelter Formen der Fließfertigung im allgemeinen problemlos war, bestand bei kleinen Serien häufig die »Notwendigkeit, auf dem gleichen Band mehrere Geräte gleichzeitig zu fertigen und oft schon nach kürzester Zeit an die ausgelaufenen Serien wieder mehrere andere anzuschließen«.[46] Zwar versuchten sich in solchen Fällen manche Betriebsleitungen dadurch zu helfen, daß sie einerseits eine multifunktionale Form der »Fließfertigung einrichte(te)n, bei der abwechselnd verschiedene Erzeugnisse oder verschiedene Typen desselben Erzeugnisses hergestellt werden« konnten[47], und andererseits den Produktionsprozeß »von vornherein in die Montage von Grundtypen und den Anbau stets wechselnder Einzelelemente« unterteilten.[48] Dem waren jedoch von der technischen und vor allem der wirtschaftlichen Seite her bestimmte Schranken gesetzt. Wirtschaftlich war Fließfertigung bei kleinen Serien erst ab einer – je nach Produkttyp differierenden – bestimmten Mindestzahl. Außerdem galt generell: Je größer die Stückzahlen, desto wirtschaftlicher die Fließfertigung, desto leichter konnte sie perfektioniert werden.

Bereits am 15. Sept. 1926 wurde auf einer Tagung des ›Ausschusses für

Wirtschaftliche Fertigung‹ beim ›Reichskuratorium für Wirtschaftlichkeit‹ (RKW) zum Thema Fließarbeit in Köln festgestellt, daß »bei der Behandlung der Fließarbeitsfragen... die *Absatzfrage* am wichtigsten (sei), denn technologisch sind die Schwierigkeiten nicht so groß«.[49] Infolge einer Überschätzung des Absatzes, der infolge des Auf und Ab der konjunkturellen Entwicklung starken Schwankungen unterworfen war, mußten in einigen Fällen Fließbänder sogar wieder stillgelegt werden.[50] Zudem waren *Normung, Typisierung und Spezialisierung* als »die ganz unerläßlichen Vorbedingungen zu einer erfolgreichen Einführung der fließenden Fertigung«[51] im Vergleich zu den USA nur wenig fortgeschritten. Statt zu einer Typenverminderung kam es zum Teil zu einer erheblichen Typenvermehrung.[52]

2.3. Rationalisierungsbewegung 1933 bis 1939

Die *Absatzfrage* war seit Einsetzen des rüstungskonjunkturellen Aufschwungs ›gelöst‹: Die Produktionskapazitäten waren ausgelastet; Betriebe, die Rüstungsgüter und Investitionsmittel herstellten, konnten die Nachfrage vielfach nicht befriedigen und brauchten sich jedenfalls keine Sorgen zu machen, ihre Produkte nicht absetzen zu können. Die fertigungstechnische Rationalisierung beschleunigende Interventionen des nationalsozialistischen Staates setzten deshalb im Bereich der *Normung* und *Typisierung* an. Neugeschaffene staatliche und halbstaatliche Institutionen brauchten nur steuernd einzugreifen. Lenkungsmaßnahmen zielten vor allem darauf ab, durch koordinierte Vergabe staatlicher Aufträge die Spezialisierung, die Beschränkung einzelbetrieblicher Produktion auf nur wenige Erzeugnisse, voranzutreiben. Auch auf dem Gebiet der Normung und Typisierung (auf überbetrieblicher Ebene) versuchte der nationalsozialistische Staat, bereits bestehende Organisationen und Initiativen durch die Errichtung einer Reihe neuer, koordinierender Instanzen zu bündeln und wirkungsvoller zu gestalten. Besondere Bedeutung kam schließlich den staatlicherseits angestoßenen Formen zwischenbetrieblichen ›Erfahrungsaustauschs‹ zu, der wesentlich zur Verallgemeinerung der fortgeschrittensten Methoden im Bereich der Fertigungstechnik und Arbeitsorganisation, im Rechnungs- und Vertriebswesen u. ä. m. beitrug. Im folgenden seien die wichtigsten dieser Maßnahmen kurz benannt.

Als »erster Markstein« galt der sog. ›Wirtschaftlichkeitserlaß‹ vom 12. Nov. 1936, mit dem der Reichswirtschaftsminister die Organisationen der gewerblichen Wirtschaft aufforderte, »ihre Mitglieder zu größtmöglicher Wirtschaftlichkeit und höchster Leistung für Volk und Staat zu erziehen«.[53] Kurz zuvor war beim RKW ein ›Reichsausschuß für wirtschaftlichen Vertrieb‹ gegründet worden. 1937 rief man außerdem einen ›Reichsausschuß für Betriebswirtschaft‹ (ebenfalls beim RKW) ins Leben, dessen Aufgabe darin bestand, die einzelnen Betriebe zu vereinfachter und effektivierter Buchhaltung und Kostenrechnung anzuleiten. Am 14. Dez. 1938 beauftragte dann Göring Reichswirtschaftsminister Funk, »alle Maßnahmen, die zur Leistungssteigerung der deutschen Wirtschaft erforderlich sind, anzuordnen und durchzuführen«, insbesondere durch die »Verbesserung der Betriebsanlagen, Produktionsmittel und Produktionsmethoden, sowie Steigerung des Leistungsvermögens der in der deutschen Wirtschaft Tätigen« die »deutsche Wirtschaftskraft« trotz bereits erreichtem »Volleinsatz aller Werktätigen« weiter zu erhöhen.[54] Bereits im Nov. 1938 war der Oberst und Amtsgruppenchef im Oberkommando des Heeres Adolf von Schell zum ›Generalbevollmächtigten für das Kraftfahrzeugwesen‹, einen Monat später der Geschäftsführer der Wirtschaftsgruppe Maschinenbau Karl Lange zum ›Bevollmächtigten für die Maschinenerzeugung‹ ernannt worden. Aufgabe dieser sowie weiterer, für andere rüstungswichtige Wirtschaftszweige bestimmter ›Generalbevollmächtigter‹[55] war es, im Rahmen des ›Vierjahresplanes‹ alle Behörden und Dienststellen mit Weisungen für die zur Durchführung der ›Mobilisierungsbereitschaft‹ notwendigen allgemeinwirtschaftlichen Maßnahmen zu versehen und damit auch Rationalisierungsinitiativen zu koordinieren und zu zentralisieren. Darüber hinaus wurde am 12. Jan. 1939 zusätzlich zu den bestehenden Ausschüssen ein ›Reichsausschuß für Leistungssteigerung‹ mit dem Leiter des RKW Georg Seebauer an der Spitze ins Leben gerufen.

Grob lassen sich folgende hauptsächliche Tätigkeitsbereiche der 1938/39 geschaffenen Institutionen abstecken:
– Der ›Bevollmächtigte für die Maschinenerzeugung‹ hatte die Rationalisierung und den Ausbau der Produktionskapazitäten der rüstungswichtigen Zweige des Maschinenbaus, insbesondere des Werkzeugmaschinenbaus sowie der vorgelagerten Industrie (z. B. Gießereien) voranzutreiben. Eine ›Reichsstelle für den Wirtschaftsausbau‹ war darüber hinaus durch einen Runderlaß des Reichsinnenministers vom 27. Dez. 1938 angewiesen worden, den Auftragsbestand von Betrieben der Maschinen- und Apparatebauindustrie, die für die Durchführung ›staatspolitisch dringlicher‹ Aufgaben von besonderer Bedeutung waren, zu sichten und die Reihenfolge der Auftragsabwicklung gemeinsam mit Lange und dessen Dienststellen festzulegen. Ziel war, das Chaos an Dringlichkeitsbescheinigungen aller Art und dadurch entstehende Störungen der Produktion einzudämmen sowie die Produktionsprioritäten im Maschinenbau zentral festzulegen.
– Die »Rationalisierungsfortschritte« sollten »möglichst schnell verallgemeinert« werden.[56] Dabei wurde von dem Grundsatz ausgegangen, daß der Staat »nur die Entwicklung fördern (brauche), die sich bei freier Wirtschaft... von selbst« schon angebahnt habe.[57] Die Verallgemeinerung betriebstechnologischer Entwicklungen allein dem »Zwang des Wettbewerbs« zu überlassen, hätte den Verlust allzuviel »kostbarer Zeit« bedeutet: Staatliche Maßnahmen sollten deshalb diese Verallgemeinerung beschleunigen.
– Wichtigster Hebel hierfür war die bereits 1937/38 ins Auge gefaßte, aber

erst kurz nach Kriegsbeginn durch eine Verordnung dem Reichswirtschaftsminister übertragene[58] Möglichkeit der Verbindlichkeitserklärung bereits bestehender und noch zu schaffender Normen. Nur dadurch könne der Normung von Produkten als elementarer Voraussetzung einer Produktion in großen Serien »zu einer Wirksamkeit verholfen (werden), die sie auf rein freiwilliger Grundlage nicht (hat) erlangen können«.[59] Bereits vorher war die allgemeine Einführung von Normen dadurch beschleunigt worden, daß die staatlichen Behörden »die Normen den Auftragsvergebungen der öffentlichen Hand zugrunde« legten.[60] Schon mit dem ›Wirtschaftlichkeitserlaß‹ vom Nov. 1936 hatte – rechtlich noch unverbindlich – die breite Anwendung bereits bestehender Normen durchgesetzt werden sollen. In der Folgezeit kam es vor allem im Bereich der metallverarbeitenden Industrie zu erheblichen Anstrengungen in dieser Hinsicht. Mit den Anfang 1939 gültigen mehr als 6400 Normblättern war der Stand von 1929 (knapp 3000 bezugsfertige Normblätter) um mehr als das Doppelte übertroffen.[61]

Nicht zufällig knüpfte man mit diesen Arbeiten an die Tätigkeit des während des Ersten Weltkrieges unter maßgeblicher Mitwirkung militärischer Dienststellen gegründeten ›Normenausschusses für den Maschinenbau‹ an, der noch 1917 zum ›Deutschen Normenausschuß‹ erweitert worden war.[62] Damals hatte man *während* des Krieges in einer letzten Anstrengung die Kriegsproduktion durch die Normung möglichst vieler Teile von Rüstungsgütern steigern wollen. 1938 sollten bereits *vor* Beginn des zielbewußt angestrebten Krieges wesentliche Voraussetzungen für eine drastisch gesteigerte Kriegsproduktion geschaffen werden.[63]

– Nach der Verordnung über die Typenbegrenzung in der Kraftfahrzeugindustrie vom 2. März 1939[64] war die Herstellung von Kraftfahrzeugen etc. der Genehmigung des ›Generalbevollmächtigten für das Kraftfahrzeugwesen‹ unterworfen. In einer Ausführungsbestimmung vom 15. März 1939 zu dieser Verordnung legte Oberst von Schell fest, daß bis zum 31. Dez. 1939 die Zahl der Kraftfahrzeugtypen von 335 auf 81 gesenkt werden sollte. Die Zahl der Lastwagen-Haupttypen wurde von 113 auf 19 reduziert. Einzelne große LKW-Fabriken durften fortan nur noch einen Typ herstellen. Bereits vorher war der Lokomotiv- und Waggonbau typisiert und normiert worden – mit dem Ergebnis, daß z. B. die ›Überholungszeit‹ einer Lokomotive von 110 auf 20 Tage verringert werden konnte. Auch in anderen Industriesektoren wurde die Typenbeschränkung forciert.[65]

– Bei der Vergabe von Rüstungsaufträgen wurden insbesondere solche Unternehmen bevorzugt, die kurze Lieferfristen und niedrige Herstellungskosten versprachen. Dies hatte – neben einer weiteren Konzentration der Produktion auf die großen Industriekonzerne – zur Folge, daß Betriebe, die ihre Fertigung weitgehend rationalisiert hatten, im allgemeinen eher staatliche Aufträge erhielten als solche mit veralteten Produktionsanlagen. Letztere wiederum sahen sich ihrerseits gezwungen, hier gleichzuziehen und ebenfalls zu rationalisieren.[66]

- Die staatlichen Initiativen beschränkten sich nicht nur darauf, die Produktion von der materiellen Seite her zu standardisieren und zu normieren. Weiterer Schwerpunkt des ›Reichsausschusses für Leistungssteigerung‹ und der nachgeordneten Gremien war die tayloristische ›Normung‹ menschlicher Arbeit, die gezielte »Förderung von Arbeits- und Zeitstudien zur Sicherung rationeller Arbeitsmethoden«.[67] Bei der Realisierung dieser Aufgabe – auf die an anderer Stelle noch ausführlich einzugehen sein wird – konnte auf die Aktivitäten des ›Reichsausschusses für Arbeitszeitermittlung‹ (Refa) zurückgegriffen werden, dessen Tätigkeitsfelder ausgebaut wurden. Technische und arbeitsorganisatorische Rationalisierung ergänzten einander: Grundlage für die angezielte Standardisierung und Normierung der gesamten Produktion war im Bereich der menschlichen Tätigkeit die Reduktion der einzelnen Arbeitsverrichtungen auf wenige, ebenfalls genormte Handgriffe.
- Bereits vor 1933, seit 1936/37 jedoch intensiviert, war durch die Aktivitäten des ›Amtes für Betriebsführung und Berufserziehung‹ in der DAF (ehem. DINTA) die Verallgemeinerung bestimmter Aspekte der Rationalisierung gefördert worden. Nicht wenige ›Führer‹ kleinerer und mittlerer Betriebe nutzten die Möglichkeit, vom ›Amt für Betriebsführung und Berufsführung‹ ›Ingenieurtrupps‹ anzufordern, die gegen ein Entgelt den betreffenden Betrieb systematisch ›durchleuchteten‹ und der Unternehmensleitung Rationalisierungsvorschläge vorwiegend arbeitsorganisatorischer Art unterbreiteten.[68]

Die Verachtfachung des Produktionsausstoßes der Werkzeugmaschinenindustrie zwischen 1932 und 1938 bzw. die Verdreifachung 1938 gegenüber 1929[69] sowie der steigende Anteil der Rationalisierungsinvestitionen an den seit 1933 sich gleichfalls vervielfachenden Ausgaben für Investitionen sind deutliche Indizien dafür, in welchem Ausmaß die Produktionsstätten der deutschen Industrie bereits vor Beginn des Krieges modernisiert worden waren. *Erschwert* wurden die Rationalisierungsbemühungen des NS-Regimes durch eine den Anforderungen eines entwickelten Industriekapitalismus nicht gerecht werdende Forschungs- und Wissenschaftspolitik. Dies fand seinen deutlichen Ausdruck in einer sinkenden Inventionsrate: Zwischen 1930 und 1939 ging die Zahl der angemeldeten Patente von 78 400 auf 47 555, die der erteilten Patente von 26 737 auf 16 525 zurück.[70] Auch Görings Verlangen nach »rastloser Mitarbeit aller Erfinder«,[71] das er und andere nach der Verkündung des ›Vierjahresplanes‹ immer wieder vorbrachte, änderte nichts an der Tatsache, daß infolge des Rückganges angemeldeter und erteilter Patente, sinkender Studentenzahlen auch an den technischen und naturwissenschaftlichen Fakultäten der Produktivitätsfortschritt auf lange Sicht im Vergleich zu anderen hochindustrialisierten Ländern stark in Frage gestellt war. Dies lag nicht nur an der stiefmütterlichen Behandlung, die Naturwissenschaften und Technik 1933 bis 1935/36 durch den NS-Staat erfuhren, und am nationalsozialistischen Rassismus, der zum massenhaften

Exodus vor allem jüdischer hochqualifizierter Physiker, Mathematiker, Betriebswirtschaftler usw. geführt hatte, sondern auch an der antiquierten Auffassung, daß sich der Fortschritt in Wissenschaft und Technik – wie Hitler formuliert hatte – in Abhängigkeit von der »schöpferischen Kraft und Fähigkeit der *einzelnen* Person« entwickele.[72] Moderne, *kooperative* Formen der Forschung waren damit zwar nicht grundsätzlich ausgeschlossen, wurden aber staatlicherseits zumindest bis Kriegsbeginn nicht gezielt gefördert. Die Modernisierung der Produktionsstätten der verarbeitenden Industrie während des ›Dritten Reiches‹ geschah – im Gegensatz zu wichtigen Bereichen der Grundstoffindustrien – in erster Linie auf Basis bereits *vor* 1933 entwickelter Technologien. Während diese jedoch in der Zeit der Weimarer Republik häufig nur in wenigen führenden Unternehmen zur Anwendung gelangten, wurden sie nach 1934/35 in weiten Teilen der Industrie eingeführt.[73] Berichte in den zeitgenössischen Fachzeitschriften über fertigungstechnische Neuerungen in der verarbeitenden Industrie vermitteln hier häufig einen falschen Eindruck. Denn – wie in den ›Vierteljahresheften zur Konjunkturforschung‹ Anfang 1937 vermerkt wurde – »gerade auf diesem Gebiet (sei) man allzu leicht geneigt, Einzelerscheinungen, die besonders imposant sind (und nur deshalb in die Öffentlichkeit dringen), zu verallgemeinern«.[74] Verbesserungen im Detail, die in der Summe durchaus einen fertigungstechnischen Modernisierungsschub bedeuten konnten, wurden dagegen zahlreich vorgenommen.[75]

Die Defizite nationalsozialistischer Forschungspolitik sollten jedoch nicht darüber hinwegtäuschen, daß schon wenige Jahre nach der Machtübernahme der Nationalsozialisten führende Repräsentanten der NS-Diktatur eine Modernisierung des Produktionsapparates ins Auge faßten[76] und »die Einführung fließender Fertigung in immer größerem Umfang im Sinne der Entwicklungslinien der deutschen Wirtschaft« forderten.[77] Ideologische Vorbehalte gegen das in den USA entwickelte, mithin also ›artfremde‹ System der Fließfertigung gab es nicht. Von Hitler wurde der positive Bezug auf den technologisch führenden Kriegsgegner Anfang 1942 dadurch gerechtfertigt, daß er die »Begründer der amerikanischen Technik« kurzerhand zu »fast lauter schwäbisch-alemannischen Menschen« machte.[78]

Angestoßen wurde der seit etwa 1935/36 beobachtbare Rationalisierungsschub durch den schnellen Abbau der Massenarbeitslosigkeit und namentlich den Mangel an qualifizierten Arbeitskräften, der die »häufigen rationalisierungsfeindlichen Äußerungen aus Parteikreisen«[79] während der ersten Jahre der nationalsozialistischen Diktatur schnell verstummen ließ. Eingeführt wurden vor allem Fertigungstechniken, die ›teure‹ Fachkräfte durch ›billige‹, unqualifizierte zu ersetzen bzw. generell Arbeitnehmer einzusparen versprachen. In den Jahresberichten der Siemens & Halske AG und der Siemens-Schuckertwerke beispielsweise finden sich seit 1934/35, nachdem in industriellen Ballungsgebieten wie Berlin ein allgemeiner Facharbeitermangel eingesetzt hatte, immer wieder und zunehmend gehäuft Hinweise darauf, daß nicht nur die Fertigungszeiten und knappe Werkstoffe eingespart wurden, sondern

»Methodenabteilung und Fabrikationsbüros... besonders damit beschäftigt (waren), die Arbeitsgänge und Arbeitsmethoden so umzustellen, dass Arbeiten anstelle von Facharbeitern durch angelernte Arbeiter oder durch Frauen verrichtet werden konnten. Hierzu sind eine grosse Zahl von Arbeitsvorrichtungen und Montageeinrichtungen geschaffen worden... in einem Umfange, wie wir es früher nicht durchgeführt haben.«[80]

Obgleich der Siemens-Konzern in fertigungstechnischer Hinsicht zweifelsohne eine Spitzenstellung einnahm, gilt der hier beschriebene Trend generell für alle Zweige der verarbeitenden Industrie. Bereits in den ersten vier Jahren der NS-Diktatur wurde die Fließfertigung erheblich ausgeweitet[81] und perfektioniert. So nahm im Nov. 1936 das Opel-Werk Brandenburg, in dem »auf 27 vollautomatischen Transportbändern, an deren Ende alles am Fertigmontageband eintrifft, ... Fließarbeit zum ersten Mal in der deutschen Industrie zu 100%« praktiziert wurde,[82] den Betrieb auf. Ebenfalls bereits 1936 begann die Keksfabrik Bahlsen in Hannover mit der vollkontinuierlichen Produktion von Salzstangen und Waffeln; das endlose Waffelband wurde automatisch gebacken, gefüllt, gedeckt, gekühlt und geschnitten.[82a] Der ›Vierjahresplan‹ brachte dann eine regelrechte Welle an Rationalisierungsinvestitionen. Zumindest mit Blick auf die rüstungswichtigen Bereiche der Metallverarbeitung erscheint es keineswegs übertrieben, wenn 1938 in der Zeitschrift ›Der Vierjahresplan‹ resümierend festgestellt wurde, daß der »Fortschritt der industriellen Fertigung... fast in allen Zweigen der Industrie eine Strukturwandlung hinsichtlich der Berufsgruppen der beschäftigten Arbeiter mit sich gebracht hatte«.[83] Der Geschäftsführer der Wirtschaftsgruppe Maschinenbau und Ende 1938 zum ›Bevollmächtigten für die Maschinenerzeugung‹ ernannte Karl Lange behauptete gar, daß seit 1936 der »technische Fortschritt in Deutschland ein Tempo angenommen (habe) wie nie zuvor«.[84]

In welchem Umfang in einer Reihe von Zweigen der verarbeitenden Industrie fertigungstechnische Neuerungen breiten Eingang fanden, läßt sich auch aus der Entwicklung der Arbeitsproduktivität als einem – wenn auch nur sehr groben – Indikator für das Ausmaß betriebstechnologischer Innovationen ablesen. In der Metallverarbeitung – als dem Zentrum der Rationalisierungsbewegung – stieg die arbeitszeitbereinigte Arbeitsproduktivität 1939 gegenüber 1929 um 32,2% – davon in den beiden Vorkriegsjahren allein um 17,4%. Auch die hohen Wachstumsraten in anderen Sektoren der verarbeitenden Industrie wie z. B. der Textilindustrie, wo die Arbeitsproduktivität zwischen 1929 und 1938 um 31,5% wuchs, dürften wesentlich auf die Ausweitung der Fließarbeit bzw. einen Prozeß der Kapitalkonzentration zurückzuführen sein, in dem sich die Unternehmen mit den fortgeschrittensten Fertigungstechnologien und damit relativ niedrigsten Produktionskosten durchsetzten. In industriellen Branchen wie der Eisen- und Stahlindustrie, in denen kein vergleichbarer Rationalisierungsschub stattfand, stagnierte dagegen die Arbeitsproduktivität.[85]

2.4. Rationalisierungsbewegung während des Zweiten Weltkrieges

Der Krieg, insbesondere der ›Westfeldzug‹ und dann der Einmarsch der deutschen ›Wehrmacht‹ in die Sowjetunion, stellte in Hinblick auf die Rationalisierungsbewegung und im besonderen die Fließfertigung insofern einen wichtigen Einschnitt dar, als die Massenproduktion von Waffen und die Schaffung eines europäischen Großraums unter nationalsozialistischer Herrschaft den Markt für serienreife Produkte erheblich erweiterte und damit die Voraussetzungen für eine Ausweitung der Massenfertigung nach amerikanischem Vorbild schuf.[86] Der Kriegsbeginn führte jedoch vorerst nicht zu grundsätzlichen, qualitativen Wandlungen der Rationalisierungsinitiativen von Industrie und Staat. Die einzelbetrieblichen Aktivitäten zur »weitgehenden Spezialisierung, Typisierung und Rationalisierung« im »gesamten Fertigungsprogramm« wurden allerdings im allgemeinen »durch den Krieg nicht unterbrochen«.[87] Auch die begonnenen Arbeiten staatlicher und halbstaatlicher Organe, die Voraussetzungen für eine weitere Rationalisierung innerbetrieblicher Produktionsprozesse zu schaffen, wurden weitergeführt, insbesondere die Zahl der Typen weiter reduziert. Die mit der Einsetzung des ›Generalbevollmächtigten für das Kraftfahrzeugwesen‹ Anfang 1939 eingeleitete Begrenzung der KFZ-Typen wurde während des Krieges fortgesetzt.[88] Besonders ausgeprägt war die Typenbereinigung im Maschinenbau.[89] Vorangetrieben wurde die Typenbeschränkung hier entscheidend durch eine Verordnung vom 28. Mai 1941, durch die die Meldepflicht für die Aufnahme bzw. Einstellung der Produktion insbesondere von Werkzeugmaschinen eingeführt wurde.[90] Manche Fabriken stellten in der Folgezeit nur noch ganz wenige bzw. einen einzigen Maschinentyp her.[91] Auch in den übrigen Sektoren der Metallverarbeitung wurde die Zahl der Typen drastisch herabgesetzt,[92] ebenso in anderen Zweigen der deutschen Industrie.[93] Obgleich die Voraussetzungen für eine erneute Ausweitung der Fließfertigung dadurch erheblich verbessert waren, war die Typisierung bis Ende 1942 keineswegs »nahezu abgeschlossen«.[94] Anfang 1943 wurde mit Blick auf die bisherige Typenverminderung im Maschinenbau konstatiert, daß das »Endziel durchaus noch nicht erreicht« sei.[95] Auch in den letzten Kriegsjahren wurde auf staatliche Initiative hin die Typenbeschränkung weiter fortgesetzt.[96] Die forciert vorangetriebene Spezialisierung und Typenverminderung, die sich gegenüber den Unternehmen nicht immer reibungslos durchsetzen ließ,[97] war im übrigen nicht spezifisch deutsch, sondern bei den Kriegsgegnern Deutschlands ähnlich stark ausgeprägt.[98]

Ebenso wurden die Normungs-Arbeiten während des Krieges konzentriert fortgesetzt.[99] An diesem Bereich staatlich induzierter Standardisierung insbesondere der Rüstungsproduktion wurden wegen der Einführung neuer Waffentechniken und der allgemeinen Typenbereinigung erhöhte Anforderungen gestellt. Noch am 24. Juni 1944 versuchte Speer durch einen Erlaß, in dem die Einrichtung einer Kommission für Typung und Normung unter dem Präsidenten des ›Deutschen Normenausschusses‹ Hanns Benkert bekanntgegeben wurde, die Arbeiten im Bereich der Normung und Typung zu zentralisieren und damit zu effektivieren.[100] Mit fortschreitender Normung gingen außerdem immer mehr Betriebe zur Anwendung des sog. Baukastensystems – der Verwendung gleicher Teile, vor allem von Grundelementen für verschiedene Produkttypen – über.[101]

Ab Mai 1940 wurde auf Initiative Todts, der kurz zuvor zum Minister für Bewaffnung und Munition ernannt worden war, der in sog. Erfahrungsgemeinschaften institutionalisierte, zwischenbetriebliche Austausch fertigungstechnischer Erkenntnisse eingeführt.[102] Parallel hierzu wurden besondere ›Prüfingenieure‹, die einer gleichfalls von Todt geschaffenen ›Arbeitsgruppe Leistungsprüfung‹ unterstanden, in ›leistungsschwache‹ Unternehmen entsandt. Der durch institutionalisierten Erfahrungsaustausch und ›Prüfingenieure‹, die sich in ihrer Arbeit an den technisch fortgeschrittensten Produktionsverfahren orientierten, weiter forcierte Prozeß der Verallgemeinerung bereits existierender Spitzentechnologien führte indes nicht dazu, daß die technisch führenden Unternehmen benachteiligt wurden; diesen wurde vielmehr staatlicherseits zusätzliche Gewinne garantiert.[103]

Trotz dieser Maßnahmen bestanden noch Mitte 1941 erhebliche Rationalisierungsdefizite; die staatlich forcierte Typenbereinigung zog nicht unmittelbar auch eine Umstellung auf fortgeschrittene Fertigungstechniken – vor allem die Fließfertigung – und moderne Formen der Arbeitsorganisation, als entscheidender Rahmenbedingung für die angezielte Ersetzung von Facharbeitern durch weniger qualifizierte Arbeitskräfte, nach sich. In größeren Maschinenbaubetrieben (mit 100 und mehr Beschäftigten), die bereits Serien- oder Massenfertigung eingeführt hatten, beispielsweise schwankten die Facharbeiteranteile zwischen 15% und 60%. In der Elektroindustrie, die in puncto Massen- und Fließfertigung auf eine vergleichsweise lange Rationalisierungstradition zurückblicken konnte, war die Zusammensetzung der Arbeiterschaft in den einzelnen Betrieben dagegen deutlich homogener.[104]

Durch einen Erlaß Hitlers vom 3. Dez. 1941 zur ›Vereinfachung und Leistungssteigerung unserer Rüstungsproduktion‹ und weitere Erlasse Todts sowie infolge der gleichzeitig durchgeführten Neuformierung und Kompetenzerweiterung der ›Wirtschaftlichen Selbstverwaltung‹ erhielten die Rationalisierungsbestrebungen erneuten Auftrieb.[105] Der staatliche Druck auf die Industrieunternehmen, Fertigung und Arbeitsorganisation zu rationalisieren, wurde vor dem Hintergrund des sich weiter verschärfenden Facharbeitermangels drastisch verstärkt. Lange drohte in seiner Funktion als ›Bevollmächtigter für die Maschinenerzeugung‹ und Vorsitzender des Hauptausschusses Munition Anfang 1942,

»daß Facharbeiteranteile, die nach den jetzt gegebenen Vergleichsziffern überdurchschnittlich hoch liegen, künftig nur noch geduldet werden können, wenn ihre Verringerung nach Art des Erzeugnisses oder aus zwingenden produktionstechnischen Gründen nachweisbar unmöglich ist. Vor allem wird eine unzulängliche produktionstechnische Ausrüstung und eine nicht rechtzeitig vorgenommene Rationalisierung des Betriebes einen zu hohen Facharbeiteranteil keinesfalls mehr entschuldigen können, sondern eher zu Erwägungen über eine Verlagerung der gesamten Produktion des Betriebes und seiner Arbeitskräfte in einen anderen Betrieb, der mit einem geringeren Anteil von Facharbeitern auskommt, Veranlassung geben.«[106]

In der Folgezeit wurden gerade im Maschinenbau Fließarbeitssysteme in verstärktem Maße eingeführt bzw. weiterentwickelt.[107] Auch die während des Krieges ausgebaute Waffenindustrie produzierte wesentlich nach dem Prinzip der Fließfertigung.[108] Selbst in der Verbrauchsgüterindustrie wurde die Fließfertigung ausgeweitet.[109] Auch die vorsichtige Behandlung der Eigentumsfrage gegenüber den in ausländischem (vor allem US-amerikanischen) Besitz befindlichen Unternehmen durch das Deutsche Reich – selbst während des Krieges (bis etwa 1942) – findet hier ihre Erklärung: Bei allzu rigiden Enteignungsmaßnahmen fürchtete man die Unterbindung des internationalen Technologie- und Patenttransfers, der bis 1941 – vor allem zwischen den USA und dem Deutschen Reich – nicht unerheblich zur Modernisierung industrieller Produktionsanlagen beigetragen hatte.[110] Noch am 14. Juni 1944 forderte Speer in einem Erlaß über die Konzentration der Rüstungs- und Kriegsproduktion die Unternehmerschaft zu weiteren produktionstechnischen und massenfabrikatorischen Vereinfachungen auf.[111]

Resultat dieser Bestrebungen war, daß einerseits die Produktion der verarbeitenden Industrien, insbesondere der Rüstungsendfertigung, von Anfang 1942 bis Ende 1943 erheblich heraufgesetzt[112] und andererseits anstelle der immer knapper werdenden Facharbeiter weniger qualifizierte Arbeitskräfte, insbesondere Frauen und ›Fremdarbeiter‹, eingesetzt werden konnten.[113] Das stärkere Gewicht weniger qualifizierter Arbeitskräfte war zum Teil allerdings auch Folge der seit 1942/43 verstärkt durchgeführten Konzentration der Produktion auf sog. Bestbetriebe und der Schließung von Werken mit veralteten Produktionsanlagen. Erleichtert wurde die Umschichtung der Arbeiterschaft in vielen Betrieben nicht nur der Werkzeugmaschinenindustrie durch die Einrichtung von ›Gefolgschaftskarteien‹ (häufig auf Basis von Lochkarten), weil sie den Unternehmensleitungen eine »laufende Beobachtung der Gefolgschaft, ihres Bestandes und ihrer Bewegung« ermöglichten und »Auskünfte nach außen« erleichterten.[114]

Abgesehen von den skizzierten Defiziten der nationalsozialistischen Forschungs- und Wissenschaftspolitik bis 1939, die auch durch politische Kraftanstrengungen während des Krieges nicht zu beheben waren und der Entwicklung neuer Produktionstechnologien zweifellos Grenzen setzten, war ein Haupthindernis für die Ausweitung der Massen- und Serienfertigung der geringe Bestand an Spezial- oder *Sondermaschinen*. Zwar wurde 1942 konstatiert:

»In den letzten Jahren sind in Deutschland zahlreiche Maschinen und Geräte entwickelt worden, mit denen man die vielgestaltigen Aufgaben der Massenfertigung in jeder Weise lösen kann. Auf diesem Gebiet hatten die Amerikaner, begünstigt durch die besonderen Verhältnisse nach dem Weltkrieg 1914/18 zunächst einen Vorsprung vor der deutschen Herstellung, doch ist dieser Vorsprung inzwischen weitgehend aufgeholt worden.«[115]

Diese Aussage trifft bestenfalls die Qualität, nicht jedoch die Quantität der für die Massenfertigung zur Verfügung stehenden Werkzeugmaschinen. In einem 1943 erschienenen Aufsatz wurde zugegeben, daß Sondermaschinen »im Werkzeugbau noch sehr selten« waren.[116] Im Gegensatz zu Universalmaschinen wurden Spezialmaschinen im allgemeinen auch noch nicht in Fließfertigung hergestellt.[117] Nach Milward waren gegen Kriegsende nur acht Prozent sämtlicher Werkzeugmaschinen – an denen in Deutschland an sich kein Mangel herrschte – für spezielle Tätigkeiten konzipiert.[118] Im Gegensatz zu den USA, dem neben dem Deutschen Reich auf der Welt führenden Werkzeugmaschinenproduzenten, hatte man in Deutschland überwiegend *Universalmaschinen* gebaut. Während der ›Blitzkriege‹ war diese Art der Werkzeugmaschinen in gewisser Hinsicht funktional gewesen; je nach Charakter des ›Feldzuges‹ konnte die Rüstungsproduktion relativ kurzfristig umgestellt werden. Spätestens nach dem Übergang vom ›Blitz-‹ zum Stellungskrieg wurde der reiche Bestand an Universalwerkzeugmaschinen zu einem Hemmnis für die angezielte Produktionssteigerung, da er die Umstellung auf Massenproduktion erschwerte.[119] Zwar konnten Universalmaschinen durch Umbauten zu Einzweckmaschinen umfunktioniert werden; sie waren jedoch nicht so leistungsfähig.[120] Auch die in den besetzten Ländern beschlagnahmten ›Beutemaschinen‹[121] und die Anstrengungen der Werkzeugmaschinenindustrie, nunmehr verstärkt auch Einzweckmaschinen herzustellen,[122] behoben diesen Engpaß nicht grundsätzlich. Hinderlich waren außerdem Kompetenzwirrwarr und -streitigkeiten, die auch während der ›Ära Speer‹ nicht vollständig beseitigt werden konnten, und Sonderwünsche einflußreicher militärischer und politischer Funktionsträger.[123] Daraus resultierender häufiger Typenwechsel und ständige Umstellungen in der Produktion beeinträchtigten erheblich die Einführung und Ausweitung der fließenden Fertigung.[124]

Trotz dieser Einschränkungen wurde die Fließfertigung zwischen 1936 und 1944 in einem bisher nicht gekannten Ausmaß ausgeweitet. Zu unterscheiden sind dabei mehrere Ebenen:
– Fließarbeit fand zunehmend auch in Industriezweige Eingang, in denen sie

vor der nationalsozialistischen ›Machtergreifung‹ kaum angewandt wurde.[125]
- Fließbänder wurden verstärkt auch in Kleinbetrieben eingeführt. Bis 1933 waren sie hier weitgehend unbekannt.[126]
- Insbesondere in der metallverarbeitenden Industrie wurden Fließfertigungssysteme zunehmend perfektioniert. An den Bändern kamen in immer stärkerem Maße teil- oder vollautomatische Maschinen zum Einsatz.[127]
- Namentlich in der Verbrauchsgüterindustrie fanden allerdings auch weiterhin unentwickelte Fließfertigungssysteme Anwendung. In einigen Fällen wurde Fließarbeit weiterhin ohne Fließbänder praktiziert.[128]

Auch in andere Wirtschaftssektoren fand die Rationalisierungsbewegung Eingang. Neben den Grundstoffindustrien, insbesondere der Chemieindustrie – die aufgrund der Autarkisierung der deutschen Wirtschaft geradezu um ganze Bereiche mit neuen Technologien erweitert wurde – ist auf die allmähliche Mechanisierung der Bauindustrie und der Landwirtschaft hinzuweisen.[129] In der Eisen- und Stahlindustrie wurden zwischen 1936 und 1942 mehrere vollkontinuierliche Walzstraßen fertiggestellt,[130] ohne daß es in diesem Industriesektor allerdings zu einer durchgängigen Rationalisierung kam. Zu einem wichtigen Schwerpunkt entwickelte sich ferner die Rationalisierung von Bürotätigkeiten.[131]

3. Rationalisierung, Sozialintegration und Disziplinierung

Vor dem Hintergrund fortschreitender ›Amerikanisierung‹ industrieller Produktion und rascher Veränderungen der innerbetrieblichen Sozialbeziehungen stießen Studien und Konzepte aus Wissenschaftsbereichen wie der Arbeitswissenschaft und -psychologie, der Industriesoziologie usw. auf breitere Resonanz, versprachen sie doch – auf Basis systematischer Analyse – eine möglichst reibungsfreie Steuerung sozialer Konflikte und insofern einen wichtigen Beitrag zur Verwirklichung sozialharmonischer ›Betriebsgemeinschaften‹ zu leisten.[132] Zwar waren diese ›Wissenschaften‹, in deren Zentrum die Analyse der Gründe unterschiedlicher individueller Arbeitsfähigkeit und innerbetrieblicher Sozialbeziehungen zum Zweck optimaler Einpassung der menschlichen Arbeitskraft in einzelbetriebliche Produktionsabläufe stand, nicht eigentlich nationalsozialistisch; Tätigkeitsfelder und Fragestellungen veränderten sich auch hier vielmehr mit den in der weiter bestehenden sozialökonomischen Grundstruktur angelegten Problemlagen. Die NS-›Machtergreifung‹ wurde jedoch von vielen Arbeitswissenschaftlern etc. »enthusiastisch« begrüßt, da sie »die Errichtung der faschistischen Diktatur als ihren eigenen theoretischen Konsequenzen gemäß auffassen konnten«.[133]

Die Aussicht, durch tiefgreifende Umwälzungen der Produktionsstrukturen den sozialen Konflikten ihre Sprengkraft nehmen zu können, machte auch für führende Nationalsozialisten die verschiedenen Aspekte der Rationalisierungsbewegung so attraktiv. Zwar war zweifelsohne die Absicht, Krieg zu führen, und die daraus resultierenden kriegswirtschaftlichen Zielsetzungen der Hauptgrund für die gerade auch bei Hitler selbst zu beobachtende positive Einstellung gegenüber fortgeschrittenen Produktionsmethoden. Er und andere hohe NS-Funktionsträger waren sich aber auch der *sozialintegrativen* Wirkungen bewußt, die von einer Ausweitung der Massenfertigung ausgehen konnten. In Hitlers Augen hatte hier der Personenkraftwagen geradezu Symbolcharakter: Wie »jede menschliche Erfindung« – so führte Hitler z. B. am 15. Febr. 1935 auf der Internationalen Automobilausstellung in Berlin aus – sei der Kraftwagen bisher ein »kostspieliges Luxusobjekt für einige wenige« gewesen. Verbilligung durch Massenfertigung müsse (wie zu diesem Zeitpunkt schon in den USA) aus dem Auto ein »Gebrauchsobjekt für alle«, für die »breiten Massen unseres Volkes machen«.[134] Der Kraftwagen sollte kein »klassentrennendes Mittel« mehr sein, sondern – als ›Volkswagen‹ – insbesondere in der Arbeiterschaft der ideologischen Fiktion einer klassenlosen ›Volksgemeinschaft‹ eine gewisse Realitätstüchtigkeit verleihen.[135] Zwar wurde der PKW im Gegensatz zu den USA während der Jahre der nationalsozialistischen Herrschaft, entgegen einem weit verbreiteten Eindruck, keineswegs zu einem Massenkonsumgut.[136] Die Begeisterung für den technischen Fortschritt war jedoch während der NS-Zeit ein allgemein-gesellschaftliches Phänomen; sie trug wesentlich zur Identifikation breiter Bevölkerungsschichten mit dem politischen System des Nationalsozialismus bei.[137] Es ist darüber hinaus unübersehbar, daß führenden Nationalsozialisten als langfristiges Ziel eine – rassisch selegierte – Konsumgesellschaft modernen Typs vorschwebte. Noch im vorletzten Kriegsjahr bezeichnete Hitler es als »eine Aufgabe, allmählich einen Artikel nach dem anderen des Seltenheitswerts durch eine rückständige Produktion zu entkleiden und zu einem Massenartikel zu machen, der möglichst breiten Volksschichten zugänglich wird«.[138]

Erwünscht war schließlich auch der *sozialdisziplinierende* Effekt, der von vielen Formen betriebstechnologischer Rationalisierung, insbesondere von der Ausweitung und Perfektionierung der Fließfertigung ausging. Lückenlose Fließfertigung – so konstatierte beispielsweise Hermann Böhrs 1943 – »(e)rleichterte Sicherung und Überwachung des Arbeitsablaufs« und damit auch des Arbeiters;[139] er werde »einfach mitgezogen«.[140] Fertigungstechnische Rationalisierung und Zergliederung der Arbeit zielten auch auf die Entmündigung der betroffenen Arbeiter; sie wurden – wie Adolf Geck 1935 formulierte – »um der Befreiung willen von der Abhängigkeit gegenüber den Arbeitern« durchgeführt.[141] Auch im ›Dritten Reich‹ – wie schon in der Weimarer Republik – war die Erkenntnis neuer industriesoziologischer Forschungen nicht unbekannt, daß »die Arbeitsdisziplinierung, die durch die technische Anlage erfolgt, ...äußerst wirksam« ist und »selbst den Effekt des Leistungslohnes, der weithin noch als das zentrale Disziplinierungsinstrument des Managements gilt«, übertrifft.[142]

Der am Fließband beschäftigte ›Spezialarbeiter‹ war, »in Verbindung mit einer Automatisierung«, in den wenigen Handgriffen, die er zu tun hatte, von einem »zwangsläufige(n) Arbeitsrhythmus« und »gesteuerte(n) Arbeitstempo« abhängig. Die »wertvolle Nebenerscheinung der Fließfertigung«, nämlich das »Hereinziehen der Arbeitenden in den ›Rhythmus‹ des Arbeitsflusses« und die »Erzwingung von Ordnung im Arbeitsgeschehen«, hatte zur Folge, daß es »nicht möglich (war), daß von einzelnen Leuten Pausen eingelegt werden, weil hierdurch der ganze Fertigungsablauf ins Stocken kommen würde«. »Die Überwachung der eingesetzten Menschen wird außerordentlich erleichtert.«[143] Bereits der ›Erfinder‹ des Fließbandes, Henry Ford – der auch im NS-Deutschland als fertigungstechnisches Vorbild galt[144] –, hatte die Fließfertigung so organisiert, »daß es völlig ausgeschlossen ist, den Leuten auch nur vorübergehend ihren Willen zu lassen«.[145] Damit war in betriebs- und allgemein-politischer Hinsicht ein entscheidendes Ziel der Fließfertigung formuliert. Die wenigen, kaum variierbaren Handgriffe führten nicht nur zu einseitiger Belastung von Körperfunktionen und Muskelsystem, sondern waren auch intellektuell in höchstem Maße anspruchslos und begünstigten geistige Abstumpfung und politische Apathie. Die starke räumliche und zeitliche Bindung an das Fließband mußte zerstörende Einflüsse auf die soziale Kommunikation ausüben; zwischen Fließbandarbeitern ist – so eine Erkenntnis der modernen Betriebssoziologie – »die Entwicklung spezifischer Gruppenbeziehungen üblicherweise nicht möglich«.[146] Daß dieser politisch gewollte Effekt offenbar auch während der NS-Zeit eintrat, machen die nur wenigen Berichte deutlich, die vom Arbeiterwiderstand gegen Fließfertigung (gegen ihre Einführung oder die Erhöhung der Bandgeschwindigkeit) überliefert sind.

4. ›Rationalisierungsproletariat‹ und Rassismus

So funktional deshalb Fließfertigung für das NS-Regime und die Industrie in politischer und wirtschaftlicher Hinsicht war, so verwerflich war es für manchen nationalsozialistischen Rasseideologen, daß »keinerlei Ansprüche an den Schöpferinstinkt«[147] des *deutschen* Fließbandarbeiters gestellt wurden. Denn – so wurde in einer 1941 im nationalsozialistischen Deutschland erschienenen Dissertation festgestellt – die Verrichtung weniger einfachster Handgriffe, »die jeweils nur Teilkräfte des schaffenden Menschen beanspruchen, (könne) dem deutschen Menschen in seiner rassisch-biologischen Bedingtheit, die auf die Ganzheit der Arbeitsweise und Einsatz der ganzen Persönlichkeit beim Arbeitsvollzuge abzielt, nicht artgemäß sein«.[148] Umgekehrt galt – so stellte das Arbeitswissenschaftliche Institut der DAF im gleichen Jahr fest – als »allgemeine Regel, daß der Nichtgelernte, insbesondere der Ungelernte, *biologisch* vielfach minderqualifiziert ist«.[149]

Dasselbe Institut war bereits zwei Jahre zuvor (kurz nach der gewaltsamen Besetzung Polens durch deutsche Truppen) nicht nur zu der Erkenntnis gelangt, daß »der vorwiegend ostische oder ostbaltische Mensch in der Regel recht gut, der vorwiegend nordische oder fälische Mensch dagegen weniger für Fließ- und im besonderen Bandarbeit geeignet ist«,[150] sondern hatte gleichzeitig auch den Weg zur ›Lösung‹ dieses Problems vorgeschlagen: Arbeitskräfte für die Fließfertigung sollten bevorzugt aus den »neuerdings ins Reich eingegliederten Gebiete(n)« angeworben werden.[151] In der hier schemenhaft erscheinenden Vision eines von den Nationalsozialisten ›neugeordneten‹, nach rassistischen Kriterien sozial strukturierten Europas sollte kein deutscher Arbeiter mehr unqualifizierte Arbeit machen müssen, sondern als Angehöriger einer arischen Arbeiteraristokratie nur noch ›hochwertige Facharbeit‹ verrichten.[152]

Teilweise verwirklicht wurde diese Vision seit 1942: Eine große Zahl von ›Fremdarbeitern‹ – insbesondere ›Ostarbeitern‹ – kam seither an den Fließbändern vor allem rüstungswichtiger Betriebe zum Einsatz.[153] War auf der einen Seite für Industrie und Staat die totale Verfügbarkeit über die ausländischen ›Arbeitssklaven‹ von Vorteil, so hatte der Arbeitseinsatz von Fremdarbeitern auf der anderen Seite den Nachteil, daß sie nur begrenzt qualifizierte Funktionen ausfüllen konnten bzw. sollten. Als ›Lösung‹ bot sich hier die Fließarbeit an.

»Technisch gesehen liegt der Nachteil bei der Beschäftigung von Ausländern darin, daß die noch nicht rationalisierten Werke oder Abteilungen erhebliche Schwierigkeiten haben. Der Ausländereinsatz hat nur dort den höchsten Wirkungsgrad, wo weitgehendste Spezialisierung der einzelnen Arbeitsverrichtungen erfolgt ist. Intensiver Ausländereinsatz setzt einen rationellen Arbeitsfluß überhaupt als Bedingung voraus.«[154]

Die Rekrutierung ziviler und kriegsgefangener Arbeitskräfte für die verarbeitende Industrie setzte also entwickelte Fließfertigungssysteme voraus, bei denen »die einzelnen Handgriffe narrensicher und gefahrlos ausgeführt werden können«.[155] Insofern forcierte der massenhafte ›Ausländer-Einsatz‹ die weitere Ausbreitung und Fortentwicklung der Fließfertigung erheblich. Gleichzeitig konnte der Einsatz von Fremdarbeitern jedoch eine Schranke für die Automatisierung betrieblicher Produktionsprozesse darstellen; denn es hat »keinen Zweck, die Automatisierung so weit zu treiben, daß ungelernte Arbeitskräfte weiter eingespart, der Bedarf an hochwertigen Einrichtungen aber erhöht wird«.[156]

Selbst auf dem Höhepunkt des ›Ausländer-Einsatzes‹ in der deutschen Kriegswirtschaft konnte die Industrie indes auch in der Fließfertigung auf deutsche Arbeitskräfte nicht verzichten. Der Tatbestand, daß selbst nach

1942 überwiegend und bis dahin fast ausschließlich deutsche Arbeiter an den Fließbändern beschäftigt waren, brachte das Arbeitswissenschaftliche Institut der DAF und andere nationalsozialistische Ideologen jedoch nicht in Verlegenheit. Das Arbeitswissenschaftliche Institut hatte mit Blick auf die deutsche Industriearbeiterschaft ausgemacht, »daß weibliche *Arbeiterinnen* gleichförmige Tätigkeiten besser vertragen..., also für monotone Tätigkeiten, mithin für Fließbandarbeit, gut bzw. besser geeignet sind als der Durchschnitt der männlichen Schaffenden«.[157] Wie nahe sich nationalsozialistischer Sexismus und Rassismus waren, läßt sich besonders deutlich anhand der Begründung des Arbeitswissenschaftlichen Instituts nachweisen, warum die Frau »grundsätzlich« für »die bis ins kleinste unterteilte und hier im besonderen für die Bandarbeit« prädestiniert sei:

»Die schnell erlernbaren Handgriffe, die auch bald bis ins kleinste beherrscht und fast automatisch ausgeführt werden, binden die Frau mit geringer Denkbarkeit nur lose an die Arbeit und vor allem nur lose an den Sinn der Arbeit. Sie kann sich während der Arbeit mit ihren privaten und häuslichen Freuden und Sorgen beschäftigen. ...Das zwangsläufige Arbeitstempo bei der Bandarbeit kommt den Wünschen der industriell tätigen Frau meistens auch entgegen, da ihr dadurch die Verantwortung einer eigenen Initiative in einer Tätigkeit erspart bleibt, deren Sinn ihr fremd ist.«[158]

Von der zeitgenössischen Betriebswirtschaft wurde dieses Argumentationsmuster übernommen und konkret gewendet:

»Da überhaupt die Gedanken der Frau leicht zum Haushalt oder zur Familie abschweifen, sollte ihre Tätigkeit am Arbeitsplatz in der Regel mehr mechanischer Art sein und keiner besonderen technischen Denkarbeit bedürfen. Sinnvolle Arbeitsvorbereitung, Unterteilung von Arbeitsgängen sowie zweckmäßige Arbeitsplatzgestaltung sind daher selbstverständliche Vorbedingungen für den Frauenarbeitseinsatz. ...Konstruktions- und Betriebsingenieure haben in der metallverarbeitenden Industrie in Erkenntnis der Grenzen einer planmäßigen Ausbildung und unter Berücksichtigung des körperlichen und geistigen Vermögens der Frau Arbeitsverfahren geändert, Anbauten an Maschinen üblicher Ausführung vorgenommen, Sondermaschinen, Vorrichtungen und Geräte geschaffen. Dadurch wurde ein schneller Fraueneinsatz ermöglicht; auf weitergehende, vertiefte Anlernung der Frau konnte in der Regel verzichtet werden.«[159]

Die deutliche Zunahme des Anteils der Arbeiterinnen an der Gesamtarbeiterschaft in den meisten Zweigen der verarbeitenden Industrie lief also nicht zufällig parallel zur gleichzeitigen Ausweitung der Fließarbeit. In einer Vielzahl einzelbetrieblicher Berichte wird der Zusammenhang zwischen verstärkter Arbeitszerlegung und Ausweitung der Fließfertigung einerseits und der vermehrten Einstellung und Beschäftigung von Frauen am Band anderseits explizit hergestellt.[160] Frauen arbeiteten in den Vorkriegsjahren verstärkt auch im unmittelbaren Produktionsbereich von Industriezweigen, die ihnen bis 1936 weitgehend verschlossen waren. In Gießereibetrieben beispielsweise, die lange vor der Automobil- und Elektroindustrie fließfertigungsähnliche Produktionsverfahren eingeführt hatten, waren sie in der Kernmacherei und in Nebenbetrieben tätig.[161] Die Verdoppelung des Anteils der Arbeiterinnen an der Gesamtheit der Arbeiter, die in der Eisen- und Metallgewinnung – dem Industriesektor, dem die Gießereiindustrie als Untergruppe zugeordnet war – beschäftigt waren, findet wesentlich hier ihre Erklärung. Allerdings bedingte Fließfertigung nicht immer auch einen hohen Prozentsatz an Frauenarbeit. Der Fahrzeugbau, in dem neben der Elektroindustrie Fließfertigungssysteme am weitesten entwickelt waren, ist hierfür ein eindrucksvolles Beispiel: Im 1. Halbjahr 1939 kamen hier auf eine Arbeiterin 15 männliche Arbeitskräfte; 1933 war dieses Verhältnis mit 1:11 noch etwas günstiger gewesen. Ferner waren auch im ›Dritten Reich‹ insbesondere in vielen Sektoren der Konsumgüterindustrie Frauen mit unqualifizierten Tätigkeiten befaßt, bei denen durch den traditionellen Stücklohn und nicht durch die gleichbleibende Geschwindigkeit eines Transportbandes hohe Arbeitsleistungen sichergestellt wurden. Trotz dieser Einschränkungen entwickelten sich die Industriearbeiterinnen seit 1936 immer mehr zum Kern der Fließbandarbeiterschaft; in einzelnen Industriesektoren waren sie es bereits vorher gewesen. Seit 1941/42 hatten sie diese Rolle mit den ›Fremdarbeitern‹ zu teilen. Ideologisierungen wie »die geringe Monotonieempfindlichkeit der Frau« als »Grundzug des weiblichen Wesens«[162] sollten diesen Prozeß lediglich im nachhinein legitimieren. Veranlaßt wurde die Ausweitung des Frauenanteils unter der Fließbandarbeiterschaft durch die niedrigen Lohnkosten und den sich verschärfenden Mangel an männlichen Arbeitskräften. Männliche Arbeiter, sofern sie nicht alt und deshalb nur beschränkt leistungsfähig oder »biologisch minderqualifiziert« waren,[163] wurden in immer stärkerem Maße aus unqualifizierten in vielseitigere, besser bezahlte Funktionen ›aufgeschult‹.

5. Umschulung und Aufstieg

Die Rationalisierungsbewegung veränderte nicht nur die Arbeitsinhalte der an- und ungelernten Arbeitskräfte, sondern auch die der Facharbeiter. Teil- und vollautomatisierte Maschinen und immer vollkommenere Fließfertigungsanlagen verlangten weniger den traditionellen Handwerker als vielmehr einen neuen Facharbeitertypus, dessen Aufgaben hauptsächlich in der Instandhaltung, Überwachung und Modifikation relativ komplexer Produktionsanlagen bestand.[164] Um über Facharbeiter verfügen zu können, die die jeweils spezifischen Konstruktions- und Funktionsweisen der betrieblichen Fertigungsanlagen beherrschten, waren viele Unternehmen bereits in der Weimarer Republik dazu übergegangen, eigene Lehrwerkstätten einzurichten.[165] Nach Einsetzen des konjunkturellen Aufschwungs ab 1934 wurden die Initiativen zu einer industriellen Lehrlingsausbildung intensiviert –

zum Teil mit Unterstützung des ›Amtes für Betriebsführung und Berufserziehung‹ in der DAF, zum Teil unter gleichzeitiger Abwehr von Versuchen der Arbeitsfront, die Lehrlingsausbildung an sich zu ziehen.[166]

Die große Nachfrage der Industrie nach qualifizierten Arbeitskräften konnte dadurch jedoch nicht annähernd befriedigt werden. Nachdem auch eine Verkürzung der Lehrzeit den Mangel an Facharbeitern nicht hatte beheben können, gingen immer mehr Industriebetriebe dazu über, Angelernte ›aufzuschulen‹. Die Fabrikleitung des Wernerwerks Funk der Siemens & Halske AG etwa berichtete 1935/36, daß allein während dieses Geschäftsjahres ca. 450 ›angelernte Facharbeiter‹, »die sich ausserordentlich bewähren«, in eigenen Umschulungswerkstätten herangebildet wurden, nachdem man vorher die »gesamte männliche (an- und ungelernte) Gefolgschaft... auf die Möglichkeit einer Nach- oder Umschulung« hin ausgesiebt hatte.[167] Das Landesarbeitsamt Westfalen berichtete, daß im gesamten Arbeitsamtsbezirk die größeren Industriebetriebe immer mehr dazu übergingen, benötigte Spezial- und Facharbeiter in eigenen Werkstätten auszubilden (Umschulung und Lehrlingsausbildung).[168] Auch in anderen Industriegebieten des Deutschen Reiches suchten die größeren Industriebetriebe vor allem der Metallverarbeitung durch »planmäßiges Anlernen« und »laufende Umschulung« den »fühlbaren Mangel an Fach- und Spezialarbeitern« zu beheben.[169] In besonderem Maße war die Rüstungsindustrie – und hier wiederum die neugegründeten Unternehmen – auf diese Form der Rekrutierung benötigter Fachkräfte angewiesen. In einzelnen Fällen (z. B. bei den 1935 gegründeten Arado-Flugzeugwerken GmbH) wurden offenbar fast alle qualifizierten Arbeitskräfte durch ›Aufschulung‹ angelernter Arbeiter gewonnen.[170] Daneben begannen auch Arbeitsämter bereits 1934/35, eigene Umschulungskurse einzurichten.[171]

Nach Kriegsbeginn, insbesondere seit Frühjahr 1941 – als die Rüstungsindustrie sich in zunehmendem Maße auf die Produktion in großen Serien einstellte und die entsprechenden Umstrukturierungen der Produktionsanlagen einen erhöhten Bedarf an angelernten Arbeitern und Facharbeitern ›neuen Typs‹ zur Folge hatten – wurden die Umschulungsmaßnahmen zur kurzfristigen Rekrutierung qualifizierter Arbeitskräfte ausgebaut.[172] Zu berücksichtigen ist allerdings, daß ein zunehmend höherer Prozentsatz an ›Umgeschulten‹ aus ›nicht kriegswichtigen‹ Branchen ›umgesetzt‹ wurde, weil dort die Betriebe stillgelegt wurden oder ihre Produktion einschränken mußten.

Daneben startete die Arbeitsfront verschiedene Initiativen, durch systematische und massenhafte ›Aufschulung‹ dem Mangel an qualifizierten Arbeitskräften abzuhelfen. So kündigte das Fachamt Eisen und Metall der DAF bereits Anfang 1940 an, daß es in Zusammenarbeit mit der Wirtschaftsgruppe Maschinenbau und dem RKW in diesem Sinne ein ›Berufserziehungswerk‹ institutionalisieren wollte; der gleichen Aufgabe diente der von der DAF veranstaltete ›Reichsberufswettkampf‹.[173] Auch der seit Okt. 1942 verbindlich für die metallverarbeitende Industrie eingeführte ›Lohnkatalog Eisen und Metall‹ (LKEM) erleichterte den Aufstieg vom ›Angelernten‹ zum ›Facharbeiter‹ weiter, da nicht mehr die durch die Lehre erworbene Qualifikation des einzelnen Arbeiters, sondern der ›Wert‹ der ausgeübten Tätigkeit zählte, so daß von da an generell Angelernte mit langjähriger Berufserfahrung auch formal ›ordnungsgemäß ausgebildeten‹ Facharbeitern gleichgestellt wurden.

So wie Angelernte zu Facharbeitern aufsteigen konnten, wurden auch Facharbeiter zu Technikern ›aufgeschult‹. Infolge sinkender Studentenzahlen an technischen und naturwissenschaftlichen Fakultäten war bereits 1935 in einzelnen Industrieregionen ein empfindlicher Mangel an Technikern zu verzeichnen, der schließlich während des Krieges »katastrophale« Ausmaße annahm.[174] Vor diesem Hintergrund lag es geradezu auf der Hand, Facharbeiter zu Technikern ›aufzuschulen‹. Während staatlicherseits Initiativen in diese Richtung erst relativ spät (1937/38) unternommen wurden[175] und offenbar in Ansätzen steckenblieben, führten einzelne Großunternehmen bereits kurz nach Einsetzen des Technikermangels entsprechende Umschulungsmaßnahmen in großem Maßstab durch. Um den »Mangel... insbesondere an guten Fertigungsingenieuren« zu beheben, wurden in den Berliner Werken der Siemens & Halske AG im Geschäftsjahr 1936/37 459 von 1994 oder 23,1% aller neu eingestellten technischen Angestellten »aus dem Arbeiterverhältnis übernommen«; 1937/38 erhöhte sich dieser Prozentsatz auf 24,1%.[176] In manchen Fällen fanden solche ›Aufschulungen‹ allerdings nur zum Schein statt und sollten – seit 1938 – lediglich den staatlichen Lohnstop unterlaufen. Einen Hinweis darauf, in welchem Umfang ›Aufschulungen‹ (echte und scheinbare) von Facharbeitern zu technischen Angestellten in der deutschen Industrie überhaupt stattfanden, gibt ein Vergleich der Berufszählungen 1933 und 1939: 1933 besaßen 0,05% der im Maschinen- und Apparatebau beschäftigten Monteure und Elektromonteure den Angestelltenstatus, 1939 waren es 4,81%. Von den im Land- und Luftfahrzeugbau beschäftigten Mechanikern zählten 1933 gleichfalls nur 0,05% zu den Angestellten, 1939 waren es 2,31%. Unter den in der Elektroindustrie beschäftigten Elektromechanikern und Elektroinstallateuren galten 1933 nur 0,07%, 1939 dagegen 3,42% als Angestellte. In anderen Facharbeiterberufen verlief die Entwicklung ähnlich. Wenn man sich gleichzeitig vergegenwärtigt, daß mit diesen Zahlen nur ein Bruchteil aller aufgestiegenen Facharbeiter erfaßt wurde, weil die meisten von ihnen pauschal der Kategorie Techniker subsumiert wurden, wird das ungefähre Ausmaß des intragenerativen Aufstiegs während dieses Zeitraumes deutlich.[177] Eine Reihe von Unternehmen richtete darüber hinaus Stiftungen zur ›Begabtenförderung‹ ein, um einem »künftigen Mangel an technischem Führernachwuchs« vorzubeugen.[178] Vor allem seitens der DAF wurden derartige Initiativen begrüßt, weil sie der Illusion eines jedem möglichen, sozialen Aufstiegs scheinbar Realitätstüchtigkeit verliehen.[179]

Die hier nur grob skizzierten Initiativen berufspolitischer Natur, die während der NS-Zeit für viele Angehörige der Arbeiterschaft einen sozialen Aufstieg zur Folge hatten, wie er zuvor in diesem Ausmaß nicht möglich war,[180] waren in erster Linie aus arbeitsmarktpolitischen Zwängen heraus geboren. Von nationalsozialistischen Organisationen wie der DAF propagandistisch eindrucksvoll in Szene gesetzte Veranstaltungen wie der ›Reichsberufswettkampf‹ ergänzten die einzelbetrieblichen Initiativen. Dahinter stand – neben der Absicht, arbeitsmarktpolitische Probleme zu lösen – auch die Intention, das traditionell dichotomische Weltbild, das in weiten Teilen der Arbeiterschaft herrschte, aufzuweichen, um an seine Stelle eine Art ›Aufstiegsmentalität‹ zu setzen, die zu einer größeren Akzeptanz auch der nationalsozialistischen Ideologeme von der sozialharmonischen, gleichzeitig aber leistungsbetonten ›Volks-‹ und ›Betriebsgemeinschaft‹ führen sollte.[181]

V. Lohnentwicklung und Lohnpolitik

Nach der Machtübernahme der Nationalsozialisten veränderte sich infolge der grundlegenden Wandlungen des deutschen Arbeitsrechts auch der Stellenwert der tariflichen Lohnsätze einerseits und der der Effektivlöhne (nominalen Bruttoverdienste) andererseits. Vor 1933 waren Tarifverträge zwischen Arbeitnehmer- und Arbeitgeberverbänden für eine bestimmte Laufzeit vereinbart worden. Dadurch konnten die tariflichen Lohnsätze periodisch – als Mindestlöhne – den effektiven Verdiensten angeglichen werden. Insofern gab die Tariflohnstatistik vor der nationalsozialistischen ›Machtergreifung‹ Aufschluß über Richtung und ungefähres Ausmaß der Lohneinkommen. Tarifordnungen, die nach 1933 an die Stelle der Tarifverträge traten, waren dagegen zeitlich nicht von vornherein limitiert. Eine regelmäßige Angleichung der tariflichen Lohnsätze an die tatsächlich gezahlten Löhne fand nicht mehr statt. Die Tariflohnstatistik verlor deshalb ihre ursprüngliche Aussagekraft. Lediglich in den ersten Jahren der nationalsozialistischen Diktatur wurden die tariflich festgesetzten Löhne in stärkerem Maße revidiert und insbesondere in der Konsumgüterindustrie und dem Baugewerbe im Vergleich zur Jahreswende 1932/33 weiter herabgesetzt. Danach blieben die Tariflöhne im wesentlichen unverändert. Spätestens ab 1935 nahmen dagegen die Effektivverdienste in den meisten Branchen einen ganz anderen Verlauf, als die konstanten tariflichen Lohnsätze nahelegen.

Ein grundsätzliches lohnstatistisches Problem muß in diesem Zusammenhang gleichfalls angesprochen werden: Nicht selten werden in Übersichten über die Entwicklung der nominalen Bruttostunden- bzw. Bruttowochenverdienste lediglich Zahlen über die Entwicklung im industriellen Durchschnitt herangezogen, ohne daß nach Branchen, Geschlecht, Arbeitergruppen etc. differenziert wird. Dabei wird leicht übersehen, daß hochaggregierte Lohnstatistiken die tatsächliche Entwicklung stark verzerren können. Wenn die Stundenverdienste aller Industriearbeiter im statistischen Durchschnitt nach den vom Statistischen Reichsamt veröffentlichten Angaben bald nach der nationalsozialistischen ›Machtergreifung‹ wieder anstiegen,[1] dann ist zu fragen, ob dies auf allgemein erhöhte Stundenverdienste zurückzuführen ist, oder nicht vielmehr Resultat bestimmter Verschiebungen der Beschäftigtenstruktur war (erhöhtes Gewicht der besser entlohnenden Investitions- und Produktionsgüterindustrien, sinkender Frauenanteil an der Gesamtarbeiterschaft u. a. m.). Auch aus diesem Grund ist im Rahmen einer systematischen Analyse der Effektivverdienste in der deutschen Industrie eine gründliche Untersuchung der verschiedenen Lohnsegmente unumgänglich.

1. Erhebungsmethoden: Von der Einzellohnerhebung zum Lohnsummenverfahren

Die geschwundene Aussagekraft der Tariflohnstatistik und das staatliche Bestreben, die effektiven Verdienste wirkungsvoll zu kontrollieren, ließen seit dem Frühjahr 1935 ein lohnstatistisches Erhebungsverfahren zur Anwendung gelangen, das kontinuierliche Auskunft über den jeweils aktuellen Stand der Stunden- und Wochenverdienste in den einzelnen Branchen geben konnte.

Die bis 1934/35 üblichen *Einzel-* oder *Individuallohnerhebungen* waren erstmals im Sept. 1927 für die Textilindustrie[2] und danach für alle wichtigen Industriezweige in Abständen von jeweils drei Jahren durchgeführt worden. Einzellohnerhebungen stellten an sich »für den Lohnstatistiker das erstrebenswerte Ideal« dar. Denn zumindest bei einer Vollerhebung (der Erfassung sämtlicher Arbeiter einer Branche) waren hier »die Ergebnisse durch keine auf andere Art durchgeführte Erhebung zu überbieten«, da die individuell erfaßten Arbeitnehmer je nach Erhebungsmerkmalen beliebig in ›Teilmassen‹ (Geschlecht, Alter, Familienstand, Lohnform, Beruf, Branche, Orts- und Betriebsgrößenklasse, Wirtschaftsgebiet usw.) untergliedert und auf diese Weise die auf die Lohnbildung einwirkenden Faktoren isoliert werden konnten.[3] Das Individualverfahren ließ also einerseits sehr detaillierte Einblicke in das zur Erhebungszeit bestehende Verdienstgefüge zu, hatte aber gleichzeitig den außerordentlichen Nachteil, daß es sehr arbeits- und kostenintensiv war. Die Aufarbeitung der gewonnenen Daten beanspruchte bei Erhebungen in ganzen Wirtschaftsgruppen meist ein volles Jahr, bei Erhebungen in den großen Schlüsselindustrien – wie z. B. der Metallverarbeitung – gelegentlich sogar noch längere Zeit. Zum Zeitpunkt der Veröffentlichung waren die erstellten Lohnstatistiken meist schon inaktuell und insofern »als Grundlage einer straff geführten Lohnpolitik praktisch nicht verwertbar«.[4]

Demgegenüber hatte das erstmals im März 1935 in der Schuhindustrie, seit Dez. desselben Jahres in allen wichtigen Industriezweigen praktizierte *Lohnsummenverfahren* den Vorteil, daß es eine *kontinuierliche* Beobachtung der Lohnentwicklung erlaubte. Bei dieser Erhebungsmethode wurde nicht mehr der Verdienst eines jeden Arbeiters einzeln erfragt. Die für die Erhebung ausgewählten Betriebe – die die Gesamtheit aller Arbeiter einer Branche zu repräsentieren hatten[5] – mußten nur mehr die Verdienst*summen* für ganze, hinsichtlich ihrer Tätigkeitsmerkmale so weit wie möglich homogene Arbeitergruppen (im allgemeinen: gelernte, angelernte und ungelernte männliche Arbeiter sowie die Gesamtheit der weiblichen Arbeiter) angeben. Auf diese Weise konnten mit relativ geringem Kosten- und Zeitaufwand Lohnangaben für eine vergleichsweise große Zahl an Arbeitnehmern laufend – in der Regel vierteljährlich – erfaßt und zu aktuellen Ergebnissen verarbeitet werden. Die summenmäßige Erhebung der Verdienste hatte freilich den Nachteil, daß Zeitlohn- und Akkordverdienste ebensowenig wie das Alter der betreffenden Arbeiter (u. a. m.) gesondert erfragt wurden, so daß sich aus den im Lohnsummenverfahren gewonnenen Lohnstatistiken nicht eindeutig ablesen läßt, worauf Veränderungen der Durchschnittsverdienste im einzelnen zurückzuführen waren – ob auf tatsächliche übertarifliche Lohnerhöhungen oder auf Leistungssteigerungen der Akkordarbeiter, auf die Gewährung tariflich nicht erfaßter Prämien oder Gratifikationen u. ä. m.

Der auf diese Weise geschaffene »lohnstatistische Eildienst« wurde vom Statistischen Reichsamt ergänzt durch zwei Einzellohnerhebungen in der metallverarbeitenden Industrie vom Juni 1938 und in der Forstwirtschaft vom Okt. 1939 bis Sept. 1940. Parallel dazu untersuchte auch das Arbeitswissenschaftliche Institut der DAF die Lohnverhältnisse in einzelnen Branchen und Regionen. Die Ergebnisse dieser Untersuchungen müssen freilich mit Vorsicht betrachtet werden, weil seitens der Industrie nur wenig Bereitschaft bestand, der Arbeitsfront Angaben über betriebliche Lohnentwicklungen zukommen zu lassen.[6]

2. Die Löhne in der Phase der Massenarbeitslosigkeit und der einsetzenden Vollbeschäftigung

2.1. Legalisierung untertariflicher Entlohnung (Staatliche Lohnpolitik bis 1936)

In zeitgenössischen Publikationen und in der neueren Forschung zur Geschichte des ›Dritten Reiches‹ wird im allgemeinen unterstellt, die tariflichen Lohnsätze hätten auch nach 1933 die Untergrenze der Effektivverdienste dargestellt. Dies war jedoch häufig nicht der Fall; gerade die Treuhänder der Arbeit, die die Einhaltung der tariflichen Lohnbestimmungen zu überwachen hatten, tolerierten erhebliche Unterschreitungen der tariflichen Lohnsätze nicht nur, sondern forcierten sie geradezu. Form und Inhalt der vom Treuhänder einseitig, ohne Mitsprache von Arbeitnehmer- und Arbeitgebervertretern zu erlassenden Tarifordnungen waren in diesem Zusammenhang von entscheidender Bedeutung. Zwar wurden die meisten Tarifverträge 1933 im Wortlaut meist unverändert als Tarifordnungen übernommen. Nachdem Anfang 1934 die Institution des Treuhänders der Arbeit fest etabliert war, erließen diese zunehmend auch gänzlich neu formulierte Tarifordnungen bzw. modifizierten die als Tarifordnungen weitergeltenden Tarifverträge an entscheidenden Punkten. Dabei wurde einmal das in den Tarifverträgen angelegte Element der Lohnegalisierung zunehmend abgeschwächt, indem die tariflichen Lohnsätze insbesondere stärker nach Alter und Region differenziert wurden.[7] Vor allem aber nutzten die Treuhänder der Arbeit ihre tariflichen Befugnisse zur Legalisierung untertariflicher Entlohnung. Die Formen, in denen dies geschah, waren vielfältig:

– Eine Reihe neuerlassener Tarifordnungen enthielt keine Lohnbestimmungen mehr. Stattdessen wurde ein Passus aufgenommen, daß die Löhne betrieblich festzusetzen seien.[8]
– In verschiedene Tarifordnungen bzw. Änderungen von Tarifordnungen nahmen die Treuhänder Formulierungen auf, nach denen tarifliche Bindungen dann außer Kraft gesetzt werden konnten, wenn die betreffenden Unternehmen längere Zeit Erwerbslose einstellten.[9] Mit derartigen Bestimmungen knüpften die Treuhänder an die nur bis Ende 1932 geltende Notverordnung der Papen-Regierung vom 4. Sept. 1932 an, nach der unter ähnlichen Bedingungen gleichfalls Tariflohnunterschreitungen erlaubt waren.[10]
– In einigen Fällen legten die Treuhänder der Arbeit in den Tarifordnungen gleich fest, wie tief die von ihnen zu genehmigenden Tariflohnunterschreitungen liegen sollten.[11]
– In einer Vielzahl von Tarifordnungen behielten sich die Treuhänder explizit vor, für den Fall, daß Betriebe ›notleidend‹ waren, Ausnahmen von den tariflichen Bestimmungen zuzulassen.[12]
– In anderen Fällen wurden Tarifordnungen bewußt unverbindlich formuliert, oder es war ein Passus enthalten, daß diese nur eine Richtschnur darstellten.[13]
– Nicht selten wurden als Tarifordnungen übernommene alte Tarifverträge annuliert, ohne daß eine neue Tarifordnung erlassen wurde.[14] In einem solchen Fall waren dann die Bestimmungen der einseitig vom ›Betriebsführer‹ zu erlassenden Betriebsordnung oder des Einzelarbeitsvertrages bindend. Mit Blick auf die hohe Arbeitslosigkeit und das niedrige Verdienstniveau konnte das für die ersten Jahre der nationalsozialistischen Herrschaft nur heißen, daß in einem solchen Fall den Unternehmern für untertarifliche Entlohnung Tür und Tor geöffnet wurden.
– In einer Verordnung vom 20. Okt. 1934 hatte der Reichsarbeitsminister den Treuhändern die Möglichkeit eingeräumt, per Anordnung einzelne Betriebe aus dem Tarifrecht herauszunehmen,[15] ein Recht, von dem die Treuhänder sehr häufig Gebrauch machten.[16]

Im Gegensatz zu den bisher genannten Formen des Tariflohnabbaus, die vom Statistischen Reichsamt nicht erfaßt wurden, waren die folgenden verantwortlich für den nach 1933 statistisch feststellbaren Abbau der tariflichen Lohnsätze:

– In einer Reihe von Fällen wurden Ortschaften in niedrigere Ortsklassen herabgestuft.[17]
– Vereinzelt kam es zu einer als formaler ›Berichtigung‹ deklarierten Senkung der tariflichen Lohnsätze.[18]
– Schließlich konnte der Erlaß neuer Tarifordnungen einen generellen Tariflohnabbau mit sich bringen.[19]

Mit der 14. Verordnung zur Durchführung des AOG vom 15. Febr. 1935[20] wurde die hier beschriebene Praxis der Legalisierung untertariflicher Entlohnung durch die Treuhänder nicht nur explizit nachträglich sanktioniert, sondern deren Befugnisse sogar noch erweitert: Tarifordnungen oder Anordnungen der Treuhänder, alle oder einzelne Bestimmungen einer Tarifordnung für einzelne Betriebe zu suspendieren, konnten auch rückwirkend erlassen werden. D. h. ursprünglich ohne Zustimmung des Treuhänders von Arbeitgebern quasi illegal vorgenommene untertarifliche Entlohnungen wurden nachträglich für rechtens erklärt. Entscheidungen der Treuhänder brauchten nicht mehr im Reichsarbeitsblatt veröffentlicht werden. Damit wurde das Minimum an Transparenz, das die entsprechenden Verlautbarungen im Reichsarbeitsblatt ermöglichten, weitgehend aufgehoben.[21]

Auffallend ist, daß die Treuhänder überwiegend für Zweige des Dienstleistungsgewerbes, der Verbrauchsgüterindustrie, des Baugewerbes und der Landwirtschaft, also arbeitsintensive Wirtschaftsbereiche, in denen kleine Betriebseinheiten dominierten und die Heimarbeit eine zum Teil nicht unwesentliche Rolle spielte, von ihrem Recht Gebrauch machten, neue Tarifordnungen zu erlassen, während in der Metallindustrie dies nur in Ausnahmefällen geschah. Die häufige pauschale oder partielle Suspendierung von tariflichen Lohnsätzen in der Konsumgüterindustrie, der Landwirtschaft und dem Einzelhandel dürfte in erster Linie darauf zurückzuführen sein, daß in diesen Wirtschaftszweigen die ökonomische Situation vieler Betriebe in den ersten Jahren nach 1933 schlecht blieb (z. B. starke Verluste und unausgelastete Produktionskapazitäten in der Konsumgüterindustrie, zunehmende Verschuldung vieler Landwirte, Einzelhändler und Handwerker), so daß der betreffende Treuhänder die Möglichkeit einer Unterschreitung der Lohntarife zulassen zu müssen glaubte.

Wenn es in der metallverarbeitenden sowie der Eisen- und Stahlindustrie nur selten zu *offenen* Tarifverschlechterungen kam, so machten die Treuhänder doch auch in diesen Sektoren der deutschen Wirtschaft von ihrem Recht, *einzelne* Betriebe von den tariflichen Bestimmungen zu suspendieren und auf die Weise eine Kürzung der tatsächlichen Verdienste unter die tarifliche Mindestgrenze zu ermöglichen, noch 1934/35 regen Gebrauch.[22] In einzelnen Unternehmen ließen sich (zeitlich begrenzte) untertarifliche Entlohnungen leichter durchsetzen. Gegen überzeugend vorgetragene vermeintliche oder reale betriebsspezifische ›Sachzwänge‹ als Begründung für (weiteren) Lohnabbau ließ sich breiterer Widerstand der Belegschaft nur schwer organisieren, zumal 1934 die Angst vor einem Arbeitsplatzverlust noch allgegenwärtig war. Obwohl die vielfältigen lohnpolitischen Aktivitäten der Treuhänder innerhalb der Arbeiterschaft offenbar aufmerksam registriert wurden,[23] blieb offene Auflehnung die Ausnahme. In aller Regel nahmen die Arbeiter untertarifliche Entlohnung nach außen widerspruchslos hin.

Mit ihrer Politik einer zunehmenden Aufsplitterung der tariflichen Lohnsätze und der teilweisen Aufhebung des Grundsatzes, die Tariflöhne als die

Untergrenze der Effektivverdienste zu nehmen – insbesondere in den Jahren 1933 bis 1935 –, handelten die Treuhänder weitgehend im Einklang mit den Intentionen der Schöpfer des ›Grundgesetzes des nationalsozialistischen Arbeitsrechtes‹: Diese hatten sich gegen eine »überbetriebliche Reglementierungssucht«, wie sie für das Tarif- und Schlichtungswesen der Weimarer Republik charakteristisch gewesen sei, gewandt und eine »Auflockerung allzu starrer Lohntarife« gefordert.[24] Über eine Verschlechterung der tariflichen Arbeitsbedingungen durch eine »Unzahl versteckter Einzelmaßnahmen«[25] versuchten die zuständigen staatlichen Institutionen einem grundlegenden Ziel nationalsozialistischer Lohnpolitik näher zu kommen: Die Arbeiterschaft über ihre Verdienste zu segmentieren und so kollektives Handeln derselben zu erschweren. Überdies bezog sich der meist unverändert übernommene Wortlaut der Tarifverträge in vielerlei Hinsicht auf nicht mehr geltendes Recht (Tarifvertragsordnung, Betriebsrätegesetz u. ä. m.). Die veränderte Rechtslage wirkte sich auch hier in aller Regel zu ungunsten der Arbeiter aus. Allein die Ersetzung der Betriebsräte durch die völlig rechtlosen Vertrauensräte machte beispielsweise alle tarifvertraglich abgesicherten Mitspracherechte des Betriebsrates hinfällig, da der Vertrauensrat nicht in die Rechte des ehemaligen Betriebsrates eintrat.

Die von den Treuhändern der Arbeit selbst geschaffenen Möglichkeiten, die Tariflöhne zu unterschreiten, gingen vielen, vor allem kleineren Unternehmern aber noch nicht weit genug. Es kam vielfach zu Tariflohnunterschreitungen, die ohne Zustimmung des zuständigen Treuhänders vorgenommen wurden. Die Treuhänder standen dieser offenbar weit verbreiteten Praxis ziemlich hilflos gegenüber: Die geringe personelle und finanzielle Ausstattung der Treuhänder-Büros gestattete nicht einmal ansatzweise eine Kontrolle und Verfolgung illegaler Tariflohnunterschreitungen. Es kam lediglich zu einigen exemplarischen Prozessen vor Arbeits- oder sozialen Ehrengerichten; und selbst in den wenigen Fällen, wo ›Betriebsführer‹ (meist Einzelhändler, Landwirte oder Handwerker) verurteilt wurden, waren die Geldbußen so geringfügig, daß sie kaum abschreckende Wirkung hatten.[26] Nur zum Teil resultierten illegale Tariflohnunterschreitungen aus der irrigen Rechtsauffassung, der ›Betriebsführer‹ könne nach Belieben Lohnsätze durch Erlaß einer neuen Betriebsordnung festsetzen. Viele Unternehmer spekulierten offenbar bewußt auf die Hilflosigkeit der Treuhänder, auf ihre faktische Unfähigkeit, die Einhaltung der tariflichen Lohnbestimmungen zu kontrollieren. »Zaghafte Ermahnungen« der Treuhänder an die ›Betriebsführer‹, Tarifverletzungen doch bitte zu unterlassen, waren eher an die Adresse der Arbeiter gerichtet und sollten hier allzu starker ›Unruhe‹ vorbeugen.[27] In einzelnen Fällen wurden die Arbeitgeber von Treuhändern der Arbeit geradezu ermuntert, die tariflichen Lohnbestimmungen zu mißachten und die tatsächlichen Verdienste bei ›wirtschaftlichen Härten‹ aus freien Stücken, ohne die formale Zustimmung des Treuhänders, herabzusetzen.[28] Die Furcht vor Entlassung war bis 1935/36 im allgemeinen so groß, daß die Belegschaften auch illegalen Lohnkürzungen kaum Widerstand entgegensetzten. Schon in den Jahren 1931/32 – noch vor Erlaß der Notverordnung vom 4. Sept. 1932, durch die untertarifliche Entlohnung in weitem Umfang rechtsgültig zugelassen wurde – hatten sich »viele Arbeitnehmer bereit(gefunden), unter Tariflohn zu arbeiten«.[29] Mit der Beseitigung der Gewerkschaften wurden 1933 dann entscheidende Barrieren beseitigt, die einer unkontrollierten Durchbrechung tariflicher Bestimmungen vorher häufig noch im Wege gestanden hatten. Von der DAF bzw. der NSBO erfuhren die Arbeiter meist keine Unterstützung. Trotz zum Teil verbalradikaler Forderungen von DAF- und NSBO-Vertretern suchten diese anscheinend nur selten durch unmittelbare Interventionen Tariflohnunterschreitungen zu verhindern. In vielen Fällen übernahmen sie die Argumentationsmuster von Unternehmern und staatlichen Funktionsträgern – insbesondere die immer wiederkehrende Begründung, Lohnkürzungen dienten der Schaffung neuer Arbeitsplätze – und legitimierten damit vor den Arbeitern weitere Tarifverschlechterungen.[30]

Nicht nur durch die Lohnpolitik der Treuhänder, auch durch die Preisfestsetzungen bei staatlichen Aufträgen wurde in den ersten Jahren der nationalsozialistischen Diktatur ein erheblicher Druck auf die Löhne ausgeübt.

In einem Rundschreiben an die obersten Reichsbehörden, die Landesregierungen und die Treuhänder der Arbeit vom 31. Dez. 1933 berichtete der Reichsarbeitsminister, bei der DAF »gingen immer wieder Klagen darüber ein, daß behördliche Stellen die Löhne drücken. Die Tariflöhne können bei der knappen Preisstellung der für Behörden auszuführenden Arbeiten vielfach nicht innegehalten werden. Andererseits drohten die Behörden mit der Zurückziehung des Auftrags, wenn der Preis, der sich bei der Zahlung der Tariflöhne nicht einhalten lasse, erhöht werden solle.«[31]

Einen offenen und allgemeinen Tariflohnabbau suchte der nationalsozialistische Staat dagegen möglichst zu vermeiden. Eine 1935 ins Auge gefaßte weitere Senkung des Tariflohnniveaus für Bauarbeiter wurde mit Blick auf die dann zu erwartende Verschlechterung der ›Stimmung‹ in der Arbeiterschaft wieder aufgegeben.[32] Die Wahl relativ versteckter Formen tariflicher Lohnverschlechterungen war von der Befürchtung diktiert, ein allzu offener Eingriff höchster staatlicher Instanzen des noch nicht fest etablierten nationalsozialistischen Staates würde möglicherweise Widerstand der Arbeiterschaft gegen Sozial- und Lohnabbau auf breiter Front provozieren. Erst als es zu nennenswerten Lohnerhöhungen in größeren Teilen der Industrie kam, sah sich das NS-Regime zu einer Umorientierung auf eine zentralistischere Lohnpolitik gezwungen.

2.2. Das Ausmaß untertariflicher Entlohnung und des Lohnabbaus bis 1936/37

Daß Methoden und Umfang untertariflicher Entlohnung in der nationalsozialistischen Presse nicht ausführlich thematisiert wurden, erklärt sich aus der Furcht vor negativen Wirkungen auf die ›Stimmung‹ in der Arbeiterschaft und ist insofern nicht weiter verwunderlich. Zwar gab 1937 die DAF immerhin zu, daß »zu Beginn des nationalsozialistischen Wirtschaftsaufbaues« untertarifliche Entlohnung zugelassen wurde;[33] und Anfang 1939 wurde in der vom Statistischen Reichsamt herausgegebenen Zeitschrift ›Wirtschaft und Statistik‹ konstatiert, daß der Anstieg der tatsächlichen Stundenverdienste in Industrie und Handwerk zwischen 1933 und 1938 zum »Teil auf (die) Beseitigung untertariflicher Entlohnung« zurückzuführen sei.[34] Über das genaue Ausmaß schwieg man sich jedoch wohlweislich aus. Dennoch läßt sich auf Basis der Angaben der amtlichen Statistik das Ausmaß untertariflicher Entlohnung in den Fällen relativ präzise bestimmen, wo zu den Angaben über die Höhe der Bruttostundenverdienste »gleichgewogene« und »nach gleicher Methode berechnete durchschnittliche Tariflohnsätze herangezogen« werden konnten.[35]

Während in der rüstungswichtigen metallverarbeitenden Industrie die tatsächlichen Verdienste zu keinem Zeitpunkt die tariflichen Lohnsätze unterschritten und selbst zwischen 1932 und 1935 die Bruttostundenverdienste deutlich über den Tariflöhnen lagen[36] und auch in anderen Branchen der Produktionsgüterindustrie während des gesamten, hier untersuchten Zeitraumes übertarifliche Löhne gezahlt wurden, war die Textilindustrie der restriktiven Lohnpolitik der Treuhänder in besonderem Maße ausgesetzt. Hier war untertarifliche Entlohnung nicht nur während der Phase allgemein hoher Arbeitslosigkeit, sondern noch zu einem Zeitpunkt üblich, als in weiten Teilen der deutschen Industrie bereits über drückenden Arbeitermangel geklagt wurde (Abb. 1). Noch am besten standen sich die männlichen Textilfacharbeiter. Ihre stündlichen Effektivverdienste erreichten im Juli 1935 ihr niedrigstes Niveau. Sie lagen damit jedoch noch um 8,0% über den tariflichen Lohnsätzen. Danach erhöhten sich die Bruttostundenverdienste dieser Arbeitergruppe und entsprechend auch die übertariflichen Lohnanteile. Männliche Hilfsarbeiter bekamen dagegen im Reichsdurchschnitt von Ende 1935 bis Sommer 1937 fast auf den Pfennig genau so viel, wie ihnen tariflich zugestanden war. Während für männliche Textilarbeiter wenigstens im statistischen Durchschnitt die tariflichen Lohnsätze die Untergrenze ihrer Effektivverdienste darstellten, wurden Textilarbeiterinnen von 1934 bis Sommer 1938 im Reichsdurchschnitt – zum Teil erheblich – unter Tarif entlohnt. Gelernten und angelernten Arbeiterinnen dieses Industriezweiges wurden im Dez. 1935 Stundenlöhne gezahlt, die um 2,6% oder 1,3 Rpf. unter den tariflichen Lohnsätzen lagen. Noch im März 1938 erhielten qualifizierte Textilarbeiterinnen 1,8% weniger, als ihnen nach den für sie gültigen Tarifordnungen zustand. Erst im Juni 1938 erreichten die Brutto-

Abbildung 1: Entwicklung der ›Lohndrift‹ in der Textilindustrie nach Arbeitergruppen 1928 bis 1939 (in Rpf.)

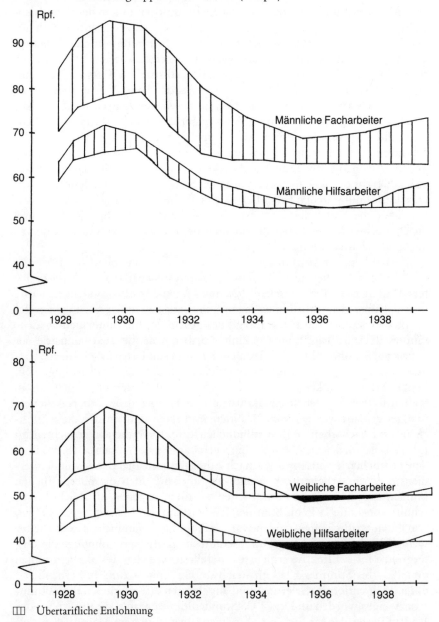

▦ Übertarifliche Entlohnung
■ Untertarifliche Entlohnung

Quelle: Statistische Jahrbücher für das Deutsche Reich 1928, S. 358; 1931, S. 281, 291; 1932, S. 281; 1933, S. 281; 1934, S. 276, 278; 1936, S. 302; 1937, S 315; 1938, S. 338; 1939/40, S. 347, 360.

stundenverdienste dieser Arbeitergruppe wieder das Niveau der tariflichen Lohnsätze (50,0 Rpf.). Noch krasser traf es die ungelernten, in der Textilindustrie beschäftigten Arbeiterinnen: Im Juli 1935 lagen die Bruttostundenverdienste der weiblichen Hilfsarbeiter dieser Branche 5,3% unter den entsprechenden tariflichen Lohnsätzen. Im Sept. 1936 waren die tatsächlichen Stundenlöhne der unqualifizierten Textilarbeiterinnen auf ihr niedrigstes Niveau gesunken; sie erhielten zu diesem Zeitpunkt Bruttostundenverdienste, die im Durchschnitt die für sie gültigen Tariflöhne um 6,3% unterschritten. Noch im März 1938 waren die effektiven Stundenverdienste 2,8% niedriger als die entsprechenden tariflichen Stundenlöhne bzw. Akkordrichtsätze. Erst 1939 wurden der durchschnittlichen Textilhilfsarbeiterin wieder übertarifliche Stundenlöhne gezahlt[37] – eine Entwicklung, die in erster Linie auf die Ausdehnung der Arbeitszeit und die damit verbundenen Mehrarbeitszuschläge zurückzuführen war.

Die Entwicklung der ›Lohndrift‹ in der Textilindustrie war im Bereich der Konsumgüterindustrie kein Sonderfall. Auch männlichen Hilfsarbeitern und Arbeiterinnen der Süß-, Back- und Teigwarenindustrie sowie der Bekleidungsindustrie wurden ebenso wie den Arbeitskräften in weiten Bereichen des Dienstleistungsgewerbes (Gaststätten, Hotels, Wäschereien etc.) und des Einzelhandels weit unter den tariflichen Lohnsätzen liegende Bruttostundenverdienste gezahlt.[38] In diesen Zweigen der deutschen Wirtschaft verdienten Arbeiter vielfach so wenig, daß sie die Grenze der Lohnsteuerbefreiung (100 RM monatlich) unterschritten.[39] Die lohnsteuerfreie Grenze war bereits so tief angesetzt, daß sich Überschneidungen mit den Sätzen der Wohlfahrtsunterstützungen ergeben konnten; verschiedentlich lagen die Effektivverdienste unter den Richtsätzen der Wohlfahrtsunterstützung.[40] Dadurch war in Teilen der Konsumgüterindustrie und des Dienstleistungsgewerbes »der Übergang zum Einkommen aus öffentlicher Unterstützung überhaupt gegeben«.[41] Hitlers Anfang Mai 1933 aufgestellte Forderung, die »demoralisierende Arbeitslosenunterstützung müsse aufhören«, die »Arbeitslosenunterstützung (sei) in Löhne umzuwandeln«,[42] wurde insofern für erhebliche Teile der Arbeitnehmerschaft in den ersten drei Jahren nationalsozialistischer Herrschaft Wirklichkeit.

Ferner hatte die Einstellung männlicher Arbeiter anstelle von Frauen und Jugendlichen bzw. die Umsetzung von Frauen auf schlechter bezahlte Arbeitsplätze in den ersten Jahren nach der NS-›Machtergreifung‹ eine starke Senkung des Lohnniveaus zur Folge: Die Neueingestellten mußten in der Regel für den oft sehr niedrigen Lohn der Entlassenen bzw. ›Umgesetzten‹ arbeiten[43] – eine Praxis, die von den Treuhändern unter Hinweis auf die Schaffung bzw. Erhaltung von Arbeitsplätzen meist umstandslos legitimiert wurde. Die Verschärfungen der Bedingungen für die Gewährung von Arbeitslosenunterstützung und -fürsorge taten ein übriges, um die betreffenden Arbeiter zur Annahme unterbezahlter Arbeitsplätze zu bewegen.

Alle bisherigen statistischen Angaben über das Ausmaß untertariflicher

Entlohnung bezogen sich auf Entwicklungen im Reichsdurchschnitt (immer ›Altreich‹). Zerlegt man diese Durchschnittsangaben nach bestimmten Kriterien, lassen sich weitere Unterschiede feststellen. Besonders auffällige Differenzen im Entlohnungsverhalten der Arbeitgeber lassen sich feststellen, wenn man in kleinere *(Handwerks-)* und größere (Industrie-)Betriebe unterscheidet: Während Großbetriebe »durchweg die Tariflöhne« zahlten, wurden »die Arbeiter und Angestellten in den kleineren Betrieben meist unter Tarif« entlohnt, weil »nach Ansicht der Inhaber dieser Betriebe... die Werke bei Zahlung der Tariflöhne nicht mehr rentabel arbeiten« konnten.[44] Sofern es zu gerichtlichen Auseinandersetzungen wegen von den Treuhändern nicht zugelassener untertariflicher Entlohnung kam, waren es in erster Linie ›Betriebsführer‹ kleinerer Unternehmen, gegen die Anklage erhoben wurde.[45] Vergleicht man fernerhin die durchschnittlichen Bruttostundenverdienste, die tariflichen Stundenlöhne und die daraus errechnete ›Lohndrift‹ einzelner *Regionen* und verschiedener *Ortsgrößenklassen* miteinander, lassen sich erhebliche Unterschiede feststellen. Nach der Einzellohnerhebung in der Textilindustrie vom Sept. 1933, als im Reichsdurchschnitt in diesem Industriezweig noch deutlich über den tariflichen Lohnsätzen liegende Effektivverdienste gezahlt wurden, war in einzelnen, vor allem grenznahen Regionen – so läßt sich selbst den veröffentlichten Angaben des Statistischen Reichsamtes entnehmen – bereits untertarifliche Entlohnung beträchtlichen Ausmaßes üblich.[46] Außerdem waren auffällige Unterschiede im Ausmaß unter- bzw. übertariflicher Entlohnung festzustellen je nachdem, ob ein Gebiet großstädtisch oder stärker agrarisch geprägt war: ›Auf dem Lande‹ war es in vielen Branchen offenbar weitgehend üblich, selbst qualifizierte Arbeitskräfte unter Tarif zu bezahlen.[47]

Daß im ersten Jahr nach der ›Machtergreifung‹ die Bruttoverdienste weiter sanken, ist unumstritten. Unklar ist allerdings das Ausmaß des Lohnabbaus.[48] Nach Angaben des Statistischen Reichsamtes sanken die je Stunde erzielten Effektivverdienste im industriellen Durchschnitt von 1932 auf 1933 um 3,1%, um sodann allmählich wieder anzusteigen.[49] Auch die aus den Beiträgen zur Invaliden- und Angestelltenversicherung errechnete Schichtung der Wocheneinkommen[50] und ein Vergleich der Entwicklung des Lohnsteueraufkommens mit der der Belegschaftszahlen[51] weisen unmißverständlich auf einen 1933/34 gegenüber 1932 fortgesetzten Lohnabbau hin. Ihnen läßt sich jedoch nicht entnehmen, welche Branchen und Arbeiterschichten hiervon besonders betroffen waren. Um ein zuverlässiges und differenziertes Bild über das Ausmaß des Lohnabbaus während der Jahre 1928/29 bis 1935/36 zu gewinnen, wurden die nach Lohnformen und zum Teil auch nach Alterskohorten differenzierenden Angaben der Einzellohnerhebungen so aggregiert, daß sie den gröberen Ergebnissen der seit 1935 durchgeführten Lohnsummenverfahren vergleichbar wurden.[52] Als Resultat dieses Vergleichs zeigt sich, daß Veränderungen auf dem Arbeitsmarkt unmittelbar auch die Verdienste beeinflußten und in den einzelnen Branchen

Lohnkürzungen weitaus größeren Ausmaßes vorgenommen wurden, als dies die Angaben über die Lohnentwicklung im industriellen Durchschnitt – die durch die Verschiebungen der Beschäftigtenstruktur zugunsten der weit überdurchschnittlich entlohnenden Rüstungs- und Investitionsgüterindustrien erheblich verzerrt werden – zum Ausdruck bringen.

Die effektiven Stundenverdienste der in der *Metallverarbeitung* beschäftigten *Facharbeiter* hatten ihren Tiefpunkt bereits um die Jahreswende 1933/34 erreicht.[53] Zu diesem Zeitpunkt begann sich in einzelnen Industrieregionen ein Mangel an qualifizierten Metallarbeitern abzuzeichnen. Die Folge dieser Veränderungen auf dem Arbeitsmarkt war, daß gelernte und angelernte Metallarbeiter zwischen Sommer 1935 und Sommer 1937 den Unternehmern im Reichsdurchschnitt Lohnzugeständnisse von mehr als fünf Prozent abtrotzen konnten. Demgegenüber wurde bei den *unqualifizierten* Arbeitern und den *Arbeiterinnen* desselben Industriezweiges der Lohnabbau zum Teil bis zur Jahreswende 1936/37 fortgesetzt.[54] Bis zu diesem Zeitpunkt war die Arbeitslosigkeit unter Hilfsarbeiter(inne)n noch relativ hoch; aus der Verbrauchsgüterindustrie in die Rüstungsindustrie abwandernde Arbeitskräfte übten einen zusätzlichen Druck auf die Bruttolöhne ungelernter Metallarbeiter und -arbeiterinnen aus. Erst nach Verkündung des ›Vierjahresplanes‹, als mit dem forcierten rüstungskonjunkturellen Aufschwung auch das Reservoir an Hilfsarbeiter(inne)n allmählich ausgeschöpft war, konnten diese Arbeiterschichten die für sie günstigen Veränderungen auf dem Arbeitsmarkt zu merklichen Verbesserungen ihrer Einkommen nutzen.

Daß sich der Anstieg der Bruttostundenverdienste selbst für die privilegierte Gruppe der Metallfacharbeiter in relativ engen Grenzen hielt, macht ein Vergleich mit den Einzellohnerhebungen vom Okt. 1931 und Okt. 1928 deutlich (Tab. 6). Noch 1937 lagen die stündlichen Effektivverdienste dieser Arbeiterschicht in der *Metallverarbeitung* beträchtlich unter dem Niveau der Krise (Okt. 1931), in einzelnen Sektoren der Metallverarbeitung wie dem Schiffsbau und der Metallwarenherstellung sogar um fast zwanzig Prozent. Einschneidender als bei den Facharbeitern war der Lohnabbau für die weniger qualifizierten Arbeiterschichten dieses Industriezweiges. Weitaus stärker als in der metallverarbeitenden Industrie war die Kürzung der je Stunde erzielten Bruttoverdienste in der *Eisen- und Stahlindustrie* von Okt. 1931 bis 1937 (mit Gießereiindustrie) zumindest für die ›1. Leute‹: Diese mußten während dieses Zeitraumes Lohneinbußen von knapp einem Viertel ihrer ursprünglichen Verdienste hinnehmen. ›3. Leute‹ erreichten dagegen 1937 wieder fast das Niveau vom Okt. 1931.[55] Im *Baugewerbe* wurden die effektiven Stundenverdienste aller Arbeitergruppen bis 1936 gleichfalls gegenüber dem Krisenniveau (Aug. 1932) weiter herabgesetzt. Auch in der *Chemieindustrie* blieben die Stundenverdienste aller Arbeiterschichten im Juni 1934 mit zehn bis zwanzig Prozent unter dem Niveau Juni 1931 – einem Datum, an dem der tiefste Punkt der Krise allerdings auch noch nicht erreicht war. Von 1934 bis 1937 kam es in diesem Industriezweig zu keinen nennenswerten Bewegungen der stündlichen Effektivverdienste.

Wenn es selbst in diesen an der Rüstungskonjunktur in besonderem Maße partizipierenden Branchen zu einem erheblichen Lohnabbau kam, dann resultierte dies wesentlich aus der Zerstörung der Gewerkschaften, der Beseitigung der Betriebsräte und der Novellierung der Arbeitsverfassung, durch die die Ausgangsbedingungen für Arbeitnehmer bei ›Lohnverhandlungen‹ erheblich verschlechtert wurden. Diese fanden meist »in völlig atomisierter, völlig individualistischer Form« statt:[56]

»Die Sache spielt sich ... so ab, daß ein einzelner qualifizierter Arbeiter einer Abteilung vorprellt und die Forderung stellt, in die nächst höhere Lohnstufe zu kommen. Hat er dies erreicht, dann kommt der Nebenarbeiter und fordert unter Hinweis auf seinen Kollegen ebenfalls die Höherstufung. Es stützt sich also einer auf den anderen, ohne jede geschlossene Handlung für die gesamte Abteilung.«[57]

»(D)ie Kollegen versuchen, sich beim Meister anzuschmieren, um dadurch einen besseren Lohn herauszuholen. Das hat natürlich demoralisierende Folgen und wirkt sich auf den Ton der Kollegen untereinander aus. Häufige Reibereien untereinander sind an der Tagesordnung.«[58]

Während die Arbeiter der bisher angesprochenen Branchen spätestens seit 1936/37 ein zumindest partielles Arbeitskräftedefizit zu meist geringfügigen Lohnaufbesserungen nutzen konnten, waren die lohnpolitischen Ausgangsbedingungen der Arbeiterschaft in der Konsumgüterindustrie durch die anhaltende ökonomische Stagnation dieses Wirtschaftssektors zusätzlich geschwächt. Noch 1937 herrschte in weiten Teilen der Konsumgüterindustrie kein Mangel an qualifizierten Arbeitskräften, so daß diese im Gegensatz vor allem zu ihren in der Metallindustrie beschäftigten Kollegen über keinen wirkungsvollen Hebel verfügten, ihre Einkommen aufzubessern, sondern stattdessen vielfach untertarifliche Entlohnung hinnehmen mußten. In der *Textil-* und in der *Süß-, Back- und Teigwarenindustrie* (in abgeschwächter Form auch in der *Bautischlerei und Möbelherstellung*) erzielten die meisten Arbeiter und Arbeiterinnen bis 1937 nicht annähernd die 1933/34 vom Statistischen Reichsamt festgestellten stündlichen Bruttoverdienste. Dabei waren in der Textilindustrie bereits zwischen Sept. 1930 und Sept. 1933 die Bruttostundenverdienste um etwa zwanzig Prozent gesenkt worden. In welcher Armut infolge derart niedriger Stundenverdienste viele Arbeiterfamilien leben mußten, wird beispielsweise aus einem Schreiben des Reichsarbeitsministers an den Staatssekretär der Reichskanzlei vom 29. April 1936 deutlich, in dem dieser eingestehen mußte, daß Anfang 1936 in der Textil- und Bekleidungsindustrie »zum Teil ungewöhnlich niedrige und für den Lebensunterhalt kaum ausreichende Wochenverdienste selbst von immerhin höher entlohnten Facharbeitern erreicht« wurden.[59] Ähnliche Beobachtungen fanden sich 1935 und 1936 – und auch noch später – in einer Reihe von Stimmungs- und Lageberichten lokaler und regionaler Parteigrößen und staatlicher Funktionsträger.[60]

Die Angaben über die *Bruttowochenverdienste* (Tab. 7) täuschen im Vergleich zu den Bruttostundenverdiensten eine größere Stabilität vor. Angemessen zu interpretieren sind die Daten über die Entwicklung der Wocheneinkommen jedoch nur, wenn gleichzeitig die Angaben zur Arbeitszeitentwicklung mit herangezogen werden.

Obwohl in der *Eisen- und Stahlindustrie* 1936 qualifizierte Arbeiter im Durchschnitt etwa acht Stunden oder gut zwanzig Prozent länger arbeiten mußten als auf dem Tiefpunkt der Krise 1932, lagen die Wocheneinkommen bei den ›1. Leuten‹ nur 12,6% über dem Niveau vom Okt. 1931. Auch in der *Metallverarbeitung* stiegen die Bruttowochenverdienste trotz rascher Ausdehnung der Arbeitszeiten nur langsam. Besonders eindrucksvoll läßt sich der Abbau der wöchentlichen Bruttoeinkommen bei gleichzeitiger Ausdehnung der Arbeitszeiten für die Branchen nachzeichnen, in denen 1931 und 1934 Einzellohnerhebungen durchgeführt wurden. Obwohl z. B. in der *Chemieindustrie* ein im Stücklohn beschäftigter Betriebshandwerker im Juni 1934 knapp zwei Stunden länger arbeiten mußte als im Juni 1931, war in diesen zwei Jahren sein Wochenverdienst um durchschnittlich 14,1% gesenkt worden. Noch ungünstiger entwickelte sich die Relation von wöchentlichen Einkommen und Arbeitszeiten für die Arbeiter in der Konsumgüterindustrie. In der *Bautischlerei und Möbelherstellung* waren die Wochenarbeitszeiten je nach Arbeiterschicht und Lohnform im März 1934 um 5,8% bis 12,4% gegenüber März 1931 verlängert worden; dennoch mußten die in diesem Industriezweig beschäftigten Arbeiter Kürzungen ihrer Bruttowochenverdienste zwischen 20,0% und 31,7% hinnehmen. Auch in der *Süß-, Back- und Teigwarenindustrie* waren die Arbeitszeiten zwischen März 1931 und März 1934 allgemein heraufgesetzt, die je Woche erzielten Einkommen dagegen um 14,6% bis 22,6% reduziert worden. Ähnlich verlief die Entwicklung im *Textilgewerbe*. Besonders deutlich wird dies, wenn innerhalb der Gruppe der Textilfacharbeiter die männlichen und weiblichen Spinner betrachtet werden: Für die männlichen Angehörigen dieser Berufsgruppe war die Arbeitszeit von Sept. 1930 bis Sept. 1933 um knapp eineinhalb Stunden (3,1%), für die Spinnerinnen sogar um fast fünf Stunden (11,9%) erhöht worden; die Wocheneinkommen dieser Facharbeitergruppe sanken dennoch im gleichen Zeitraum um 19,4% bzw. um 8,7%. Textilhilfsarbeiter mußten im Sept. 1933 zweieinhalb Stunden (5,5%) in der Woche länger arbeiten und gleichzeitig Lohneinbußen von 14,4% je Woche akzeptieren. Unqualifizierte Textilarbeiterinnen hatten gut drei Stunden längere Arbeitszeiten hinzunehmen; trotzdem wurden ihnen die wöchentlichen Bruttoeinkommen um durchschnittlich 13,6% gekürzt.[61] Wie stark die Textilarbeiterschaft benachteiligt war, läßt sich auch Berechnungen der Arbeitsfront über die monatlichen Arbeitereinkommen auf Basis der Beitragszahlungen entnehmen. Danach verdienten im Febr. 1934 ziemlich exakt die Hälfte, nämlich 50,1% aller in der Textilindustrie beschäftigten Arbeiter weniger als 80 RM monatlich; in der Metallindustrie lag dieser Prozentsatz bei nur

Tabelle 6: Entwicklung der Bruttostundenverdienste in verschiedenen Zweigen der deutschen Industrie nach Arbeitergruppen 1927 bis 1944 (in Rpf.).

	1927 (a)	1928 (b)	1929 (c)	1930 (d)	1931 (e)	1932 (f)	1933 (g)
Eisenschaffende Industrie (l)							
1. Leute	–	149,0	–	–	126,7	–	–
3. Leute	–	114,8	–	–	98,7	–	–
Platz- und Hilfsarbeiter	–	–	–	–	–	–	–
Gießereiindustrie							
Facharbeiter	–	110,7	–	–	91,7	–	–
Angelernte	–	100,0	–	–	85,7	–	–
Hilfsarbeiter	–	86,9	–	–	76,6	–	–
Arbeiterinnen	–	–	–	–	–	–	–
Metallverarbeitung insg.							
Facharbeiter	–	117,2	–	–	110,9	–	–
Angelernte	–	101,9	–	–	96,3	–	–
Hilfsarbeiter	–	84,7	–	–	82,4	–	–
Frauen	–	63,8	–	–	60,6	–	–
darunter:							
– *Maschinenbau*							
Facharbeiter	–	115,1	–	–	110,2	–	–
Angelernte	–	99,9	–	–	95,8	–	–
Hilfsarbeiter	–	80,9	–	–	79,7	–	–
Frauen	–	57,7	–	–	58,0	–	–
– *Bau von Land- u. Luftfahrz.*							
Facharbeiter	–	123,5	–	–	115,8	–	–
Angelernte	–	108,4	–	–	98,2	–	–
Ungelernte	–	86,4	–	–	86,2	–	–
Frauen	–	65,6	–	–	61,8	–	–
– *Schiffsbau*							
Facharbeiter	–	112,5	–	–	114,7	–	–
Angelernte	–	96,5	–	–	98,6	–	–
Ungelernte	–	81,8	–	–	86,0	–	–
– *Herstellung von Metallwaren*							
Facharbeiter	–	112,1	–	–	96,8	–	–
Angelernte	–	93,8	–	–	89,0	–	–
Ungelernte	–	80,4	–	–	74,9	–	–
Frauen	–	57,0	–	–	53,2	–	–
– *Elektroindustrie*							
Facharbeiter	–	121,5	–	–	116,8	–	–
Angelernte	–	103,1	–	–	99,0	–	–
Ungelernte	–	86,9	–	–	84,0	–	–
Frauen	–	65,5	–	–	64,7	–	–

1934 (h)	1935 (i)	1936	1937	1938 (j)	1939	1940	1941	1942	1943	1944 (k)
–	(92,0)	(92,3)	(95,2)	102,4	103,3	107,2	110,2	110,6	111,6	113,3
–	(87,2)	(85,9)	(89,6)	100,4	100,8	104,0	104,8	104,8	106,3	107,2
–	(76,4)	(74,8)	(75,8)	82,7	83,1	86,5	88,9	87,1	87,8	88,4
–	–	–	–	98,3	102,8	106,8	110,8	114,0	115,6	117,8
–	–	–	–	93,3	97,5	101,3	105,2	106,4	105,9	105,0
–	–	–	–	75,1	77,7	80,3	82,1	81,7	80,5	81,2
–	–	–	–	54,9	56,5	58,8	60,3	59,7	58,3	56,4
–	96,4	98,5	102,0	106,7	108,6	112,5	116,8	120,1	120,8	121,0
–	84,5	86,8	89,3	93,4	95,7	99,6	103,8	104,6	103,0	101,0
–	65,8	67,0	69,4	72,6	74,7	77,0	79,9	79,7	79,4	79,5
–	50,4	51,9	53,8	55,9	56,7	58,6	60,4	60,7	59,6	58,2
–	94,2	96,3	99,0	104,4	107,2	–	–	–	–	121,6
–	85,6	87,3	89,4	92,0	94,7	–	–	–	–	101,1
–	65,5	65,8	67,4	69,5	72,1	–	–	–	–	76,6
–	51,8	49,5	50,2	54,5	55,7	–	–	–	–	57,1
–	103,6	103,6	106,3	110,4	–	–	–	–	–	–
–	94,0	94,1	95,4	99,2	–	–	–	–	–	–
–	74,4	73,8	75,9	78,2	–	–	–	–	–	–
–	51,8	51,9	53,5	54,8	–	–	–	–	–	–
–	92,8	95,1	95,0	96,1	–	–	–	–	–	–
–	81,8	83,3	83,8	85,0	–	–	–	–	–	–
–	61,4	64,0	65,2	65,8	–	–	–	–	–	–
–	87,6	91,8	93,0	93,7	–	–	–	–	–	–
–	76,7	78,5	79,6	81,6	–	–	–	–	–	–
–	59,1	60,4	61,0	62,5	–	–	–	–	–	–
–	43,9	44,3	45,9	46,0	–	–	–	–	–	–
–	105,5	107,9	111,8	115,2	117,3	–	–	–	–	121,6
–	90,9	92,3	93,9	97,9	99,8	–	–	–	–	107,0
–	73,9	75,7	75,9	78,2	79,9	–	–	–	–	82,7
–	55,9	57,0	59,3	61,4	62,7	–	–	–	–	62,9

Tabelle 6 / Teil II	1927 (a)	1928 (b)	1929 (c)	1930 (d)	1931 (e)	1932 (f)	1933 (g)
– *Feinmechanik und Optik*							
Facharbeiter	–	121,8	–	–	111,9	–	–
Angelernte	–	112,2	–	–	99,8	–	–
Ungelernte	–	88,7	–	–	84,7	–	–
Frauen	–	66,1	–	–	58,5	–	–
Chemieindustrie (m)							
Betriebshandwerker	–	127,6	–	–	123,7	–	–
männl. Betriebsarbeiter (n)	–	100,8	–	–	98,6	–	–
männliche Hilfsarbeiter	–	–	–	–	–	–	–
weibl. Betriebsarbeiter (n)	–	62,0	–	–	62,2	–	–
Baugewerbe							
Maurer	–	–	146,6	–	–	85,4	–
Zimmerer, Einschaler, Zementfacharbeiter	–	–	141,5	–	–	86,0	–
Bauhilfs- u. Zementarb.	–	–	109,9	–	–	73,5	–
Tiefbauarbeiter	–	–	97,1	–	–	63,7	–
Ind. der Steine u. Erden (o)							
Facharbeiter	–	–	–	–	–	–	–
Angelernte	–	–	–	–	–	–	–
Hilfsarbeiter	–	–	–	–	–	–	–
Arbeiterinnen	–	–	–	–	–	–	–
Bautischlerei u. Möbelherstellung							
Facharbeiter	–	120,0	–	–	118,5	–	–
Angelernte	–	–	–	–	91,6	–	–
Ungelernte	–	89,4	–	–	89,1	–	–
Textilindustrie							
Männl. Facharbeiter (p)	84,5	–	–	93,8	–	–	73,2
Männl. Hilfsarbeiter	63,6	–	–	70,0	–	–	56,8
Weibl. Facharbeiter (p)	61,2	–	–	67,8	–	–	53,9
Weibl. Hilfsarbeiter	45,1	–	–	51,3	–	–	41,3
Bekleidungsindustrie							
Männl. Arbeiter (q)	–	–	–	–	–	–	–
Weibl. Arbeiter (q)	–	–	–	–	–	–	–
Schuhindustrie							
Männl. Fabrikarbeiter	–	–	99,6	–	–	84,5	–
Weibl. Fabrikarbeiter	–	–	66,4	–	–	56,3	–
Süß-, Back- u. Teigwarenind.							
Männl. Facharbeiter (p)	–	–	–	–	110,6	–	–
Männl. Hilfsarbeiter	–	–	–	–	84,3	–	–
Weibl. Facharbeiter (p)	–	–	–	–	57,6	–	–
Weibl. Hilfsarbeiter	–	–	–	–		–	–

1934 (h)	1935 (i)	1936	1937	1938 (j)	1939	1940	1941	1942	1943	1944 (k)
–	102,5	103,7	106,6	110,0	111,6	–	–	–	–	123,8
–	86,2	87,4	91,4	93,5	95,2	–	–	–	–	102,5
–	69,5	70,7	68,7	72,2	74,7	–	–	–	–	82,3
–	50,6	51,8	52,1	54,4	55,5	–	–	–	–	58,6
104,6	104,3	104,1	104,6	106,5	107,0	109,5	110,8	113,3	112,9	113,6
84,3	87,8	87,8	87,7	88,6	89,3	93,0	94,4	99,8	99,5	99,1
–	–	–	–	–	80,1	82,2	84,2	83,0	83,0	82,8
52,6	51,3	51,7	51,8	52,0	52,9	54,9	56,5	57,8	57,4	57,7
–	84,7	82,4	83,6	86,3	88,2	90,0	91,6	91,6	92,6	92,9
–	86,4	85,1	86,3	89,2	91,5	93,5	96,4	94,8	96,4	96,9
–	70,0	69,7	70,7	72,6	73,1	74,6	74,9	81,0	82,7	83,6
–	61,3	62,1	63,7	66,8	67,8	69,8	69,4	68,5	68,4	68,4
–	–	72,7	75,4	83,5	87,4	87,8	90,9	92,2	94,1	93,9
–	–			78,0	81,7	82,5	86,6	86,3	88,5	87,2
–	–	60,1	62,2	64,9	68,4	69,4	71,3	71,2	72,3	71,3
–	–	37,4	37,9	43,4	46,3	47,6	49,3	48,6	48,1	46,7
78,8	75,9	76,7	78,9	82,0	85,7	89,3	94,4	97,2	99,4	99,1
65,0	63,4	64,5	66,4	69,1	72,7	74,9	77,9	79,4	83,6	84,8
59,4	50,2	50,5	51,0	53,7	57,6	58,8	60,9	62,1	65,0	66,1
–	69,0	69,4	70,2	72,1	73,5	75,6	77,9	78,8	80,1	80,3
–	53,3	53,4	54,0	57,3	59,0	60,7	61,8	61,9	61,9	62,0
–	48,7	49,3	49,4	50,4	51,9	53,9	56,2	57,1	57,4	57,4
–	37,7	37,3	37,5	39,4	41,7	44,1	46,2	46,3	46,9	47,4
–	79,3	81,1	83,3	87,7	91,0	97,1	99,4	98,8	98,9	97,3
–	46,3	46,2	47,9	50,1	52,3	56,7	59,3	60,1	60,6	60,2
–	76,0	77,2	78,4	80,4	83,5	86,9	92,5	95,0	98,5	99,5
–	49,8	50,6	52,0	53,3	55,7	58,9	62,5	64,2	64,9	64,8
86,9	86,4	85,5	85,8	87,3	89,5	90,6	93,8	94,9	96,0	96,7
70,5	67,4	66,7	67,1	68,0	70,8	70,7	72,5	74,1	75,9	76,4
43,8	50,2	48,9	49,6	50,4	51,3	53,5	56,0	57,4	57,8	59,3
	43,0	43,2	43,4	44,4	45,7	47,4	49,3	49,8	50,6	50,8

Tabelle 6 / Teil III	1927 (a)	1928 (b)	1929 (c)	1930 (d)	1931 (e)	1932 (f)	1933 (g)
Braugewerbe							
Facharbeiter (p)	–	–	–	124,3	–	–	–
Hilfsarbeiter	–	–	–	109,6	–	–	–
Fahrpersonal	–	–	–	120,8	–	–	–
Arbeiterinnen	–	–	–	68,2	–	–	–
Papiererzeugung							
Facharbeiter (p)	–	–	–	93,4	–	–	–
Hilfsarbeiter	–	–	–	88,4	–	–	–
Arbeiterinnen	–	–	–	57,6	–	–	–
Buchdruckgewerbe							
Gehilfen	–	–	151,4	–	–	128,7	–
Männl. techn. Personal	–	–	127,1	–	–	106,1	–
Weibl. techn. Personal	–	–	69,3	–	–	56,1	–
Lithographie-, Offset- u. Steindruckgew.							
Gehilfen	–	–	137,5	–	–	115,1	–
Männl. techn. Personal	–	–	104,6	–	–	84,3	–
Weibl. techn. Personal	–	–	62,0	–	–	48,6	–

Anmerkungen zu Tabelle 6:

Seit 1935 einschließtlich Saarland, seit März 1939 einschließlich Österreich, seit Dez. 1941 einschließlich Sudetenland und der eingegliederten ›Ostgebiete‹.
Bis 1939 nur Arbeiter deutscher Staatsangehörigkeit, seit 1940 einschließlich ausländischer Zivilarbeiter ohne ›Ostarbeiter‹.
(a) Zeitpunkt der Erhebungen – Textilindustrie: Sept.
(b) Zeitpunkt der Erhebungen – Eisen- und Stahlindustrie, (Branchen der) Metallverarbeitung: Okt.; Chemieindustrie: Juni; Bautischlerei und Möbelherstellung: März.
(c) Zeitpunkt der Erhebungen – Baugewerbe: Aug.; Schuhindustrie: März; Buchdruck: Juni; Lithographie-, Offset- und Steindruckgewerbe: Juli.
(d) Zeitpunkt der Erhebungen – Textilindustrie: Sept.; Braugewerbe: Aug.; Papiererzeugung: Mai.
(e) Zeitpunkt der Erhebungen – Eisen- und Stahlindustrie, (Branchen der) Metallverarbeitung: Okt.; Chemieindustrie: Juni; Bautischlerei und Möbelherstellung sowie Süß-, Back- und Teigwarenindustrie: März.
(f) Zeitpunkt der Erhebungen – Baugewerbe: Aug.; Schuhindustrie: März; Buchdruck: Juni; Lithographie-, Offset- und Steindruckgewerbe: Juli.
(g) Zeitpunkt der Erhebungen – Textilindustrie: Sept.
(h) Zeitpunkt der Erhebungen – Chemieindustrie: Juni; Bautischlerei und Möbelherstellung sowie Süß-, Back- und Teigwarenindustrie: März; Baugewerbe (Maurer): Sept.

1934 (h)	1935 (i)	1936	1937	1938 (j)	1939	1940	1941	1942	1943	1944 (k)
–	104,8	104,5	104,6	104,8	103,9	103,9	102,4	100,9	101,9	101,5
–	91,0	91,1	91,7	91,8	91,1	90,2	87,8	86,7	88,3	88,7
–	105,1	104,5	106,2	107,1	108,5	108,0	108,4	107,6	109,6	109,2
–	–	–	–	–	–	–	–	–	–	–
–	70,9	71,1	72,1	73,0	73,8	77,2	79,4	80,6	81,8	82,3
–	64,2	64,8	65,8	67,1	68,2	70,8	72,3	72,9	74,4	73,4
–	41,7	42,1	42,5	43,0	45,1	47,8	49,7	50,7	51,5	51,4
–	120,2	120,1	119,5	120,5	120,5	123,0	127,9	129,5	129,8	130,3
–	98,8	99,0	99,2	101,4	100,5	102,1	106,4	107,8	108,9	109,0
–	51,5	50,6	50,5	50,9	51,4	52,4	54,2	55,1	55,5	55,8
–	112,9	113,7	115,8	118,6	120,6	123,3	–	129,0	–	–
–	78,0	76,8	78,2	80,5	82,4	84,3	–	88,4	–	–
–	44,3	44,3	44,6	45,6	47,0	48,2	–	–	–	–

(i) Zeitpunkt der Erhebungen – Eisen- und Stahlindustrie: Nov.; ansonsten: Dez.
(j) Zeitpunkt der Erhebungen – Bau von Land- und Luftfahrzeugen, Schiffsbau, Herstellung von Metallwaren: März; ansonsten: Jahresdurchschnitte.
(k) Zeitpunkt der Erhebungen – alle Industriezweige: März.
(l) Dez. 1935 bis 1937 mit Gießereiindustrie, sonst ohne Gießereiindustrie.
(m) Bis Juni 1934 und ab 1942 mit Kautschukindustrie, Dez. 1935 bis 1941 ohne Kautschukindustrie.
(n) Angelernte und Ungelernte.
(o) Dez. 1936, 1937 mit Baustoff-, Keramischer und Glasindustrie, danach ohne Baustoff-, Keramische und Glasindustrie. 1936: Dez.
(p) Gelernte und Angelernte.
(q) Gelernte und Angelernte.

Quelle: Statistische Jahrbücher für das Deutsche Reich 1928, S. 358; 1930, S. 291f.; 1931, S. 275ff.; 1933, S. 267ff.; 1934, S. 273ff.; 1935, S. 278ff.; 1936, S. 299f.; 1937, S. 315; 1938, S. 338; 1939/40, S. 347; 1941/42, S. 382; Statistisches Handbuch von Deutschland 1928–1944, S. 470f. (mit z. T. differierenden Angaben); Die Entwicklung der tatsächlichen Verdienste in den ersten Monaten des Jahres 1938, S. 5, in: BA Koblenz R 43 II/Bd. 541, Bl. 197 Rs.; Tilla Siegel, Leistung und Lohn. Zur Veränderung der Formen betrieblicher Herrschaft in der nationalsozialistischen Kriegswirtschaft, Frankfurt a. M. 1986, Statistischer Anhang.

19,4%. Noch schlechter als die Textilarbeiterschaft waren die in der *Tabakindustrie* beschäftigten Arbeiter dran; von ihnen erhielten mehr als neun Zehntel (90,6%) weniger als 80 RM im Monat.[62]

Die je nach Branchen unterschiedliche Entwicklung der Bruttostunden- und Bruttowochenverdienste erklärt auch den *Sog*, den insbesondere die metallverarbeitende Industrie – in abgeschwächter Form auch die Eisen- und Stahl- sowie die Chemieindustrie – auf viele in der Verbrauchsgüterindustrie beschäftigte Arbeitskräfte ausübte. Selbst für Facharbeiter aus den Zweigen der Konsumgüterindustrie war in vielen Fällen der Wechsel auf Arbeitsplätze in Unternehmen der rüstungswichtigen Metallindustrie, für die keine besonderen Qualifikationen benötigt wurden, mit Lohnverbesserungen verbunden: Im Dez. 1935 lagen beispielsweise in der Textilindustrie die Bruttostundenverdienste (gelernter und angelernter) Facharbeiter um 4,9% *über* denen der ungelernten Metallarbeiter, 1939 dagegen um 1,8% *darunter*. Noch stärker war die Anziehungskraft der metallverarbeitenden Industrie auf die unqualifizierten Arbeitskräfte der Konsumgüterindustrien. Der Abstand zwischen den effektiven Stundenlöhnen der Hilfsarbeiter der Konsumgüterindustrien und denen der unqualifizierten Metallarbeiter vergrößerte sich allerdings nur bis 1937/38 und begann sich danach wieder etwas zu schließen. Ganz offensichtlich sahen sich viele Unternehmer aus den Sektoren der Konsumgüterproduktion von diesem Zeitpunkt an veranlaßt, ihren unqualifizierten Arbeitskräften – die in allen Branchen in überdurchschnittlichem Maße zur Fluktuation neigten – Lohnzugeständnisse zu machen, um sie im Betrieb zu halten; denn inzwischen war auch das Reservoir an arbeitslosen Hilfsarbeitern weitgehend erschöpft und abgeworbene Angehörige dieser Arbeiterschicht nicht so leicht zu ersetzen. Erst in der zweiten Kriegshälfte wurde in dieser Hinsicht die bis 1933 herrschende Lohnhierarchie – und selbst zu diesem Zeitpunkt nicht ganz vollständig – wiederhergestellt.

Die für die effektiven Stundenverdienste konstatierte Sogwirkung gilt noch stärker für die Wocheneinkommen – deren Höhe für die Entscheidung von Arbeitern, von einer Branche in die andere zu wechseln, letztlich maßgeblich war. Bei alldem ist ferner zu berücksichtigen, daß es sich bei den bisher herangezogenen Lohnangaben nur um Durchschnitte handelt. Gliedert man die metallverarbeitende Industrie nach Sektoren und Regionen, waren die Lohnunterschiede vielfach weitaus größer. Darüber hinaus konnten gerade in der metallverarbeitenden Industrie, in der in vielen Unternehmen Umwälzungen im fertigungstechnischen und arbeitsorganisatorischen Bereich neue (angelernte) Qualifikationen erforderten und zudem ein ausgeprägter Mangel an qualifizierten Arbeitskräften bestand, unqualifizierte Arbeitskräfte häufig schon nach kurzer Zeit über Anlernkurse zu weitaus besser entlohnten ›Spezialarbeitern‹ aufsteigen. In solchen Fällen konnte es z. B. ehemaligen Textilhilfsarbeitern gelingen, stündliche wie wöchentliche Bruttoverdienste fast zu verdoppeln.

Tabelle 7: Bruttowochenverdienste in der Eisen- und Stahl-, der metallverarbeitenden und der Textilindustrie nach Arbeitergruppen 1927 bis 1944 (in RM).

	1927/28 (a)	1930/31 (b)	1933 (c)	1935 (d)	1936	1937	1938	1939	1940	1944 (e)
Eisen- und Stahlind. (f)										
1. Leute	58,59	42,09	–	47,40	47,39	49,03	55,37	56,80	60,13	74,40
3. Leute	51,49	37,55	–	43,94	43,70	45,38	51,97	52,65	55,97	67,68
Platz- u. Hilfsarbeiter	–	–	–	38,40	38,35	38,89	43,08	42,95	45,49	54,58
Metallverarbeitung										
Facharbeiter	56,08	44,20	–	47,81	49,28	51,25	55,11	56,02	59,48	63,43
Angelernte	48,58	37,94	–	41,43	42,96	44,50	47,41	48,74	51,82	51,92
Hilfsarbeiter	40,87	33,70	–	32,43	32,96	34,12	36,19	37,25	39,14	39,69
Arbeiterinnen	29,31	23,53	–	23,92	24,43	25,60	26,41	26,19	26,24	22,39
Textilindustrie										
männl. Facharbeiter (g)	42,22	40,79	30,56	27,31	29,49	31,44	34,02	34,29	36,73	39,10
männl. Hilfsarbeiter	33,78	31,80	23,68	22,97	23,12	24,96	27,64	28,05	29,74	29,83
weibl. Facharbeiter (g)	30,25	27,85	23,92	19,56	20,66	21,67	22,81	22,72	23,98	23,65
weibl. Hilfsarbeiter	22,40	22,06	19,07	15,62	15,82	16,45	17,89	18,33	19,61	18,93

(a) Textilindustrie: Sept. 1927; Eisen- und Stahl- sowie metallverarbeitende Industrie: Okt. 1928.
(b) Textilindustrie: Sept. 1930; Eisen- und Stahl- sowie metallverarbeitende Industrie: Okt. 1931.
(c) Textilindustrie: Sept. 1933.
(d) Eisen- und Stahlindustrie: Nov. 1935; Textil- und metallverarbeitende Industrie: Dez. 1935.
(e) März 1944.
(f) Okt. 1928, Okt. 1931 und seit 1938 ohne, 1935 bis 1937 mit Gießereiindustrie.
(g) Gelernte und Angelernte.

Quelle: wie Tab. 6.

3. Die Löhne in der Phase der Arbeitskräfteknappheit

3.1. Staatliche Lohnpolitik 1936 bis 1939

So sehr die aus den Lohnbewegungen resultierenden Verschiebungen der Beschäftigtenstruktur zugunsten der Investitions- und Produktionsgüterindustrien den rüstungspolitischen Zielen des NS-Staates entgegenkamen, so sehr waren gleichzeitig dieselben Ziele durch den sich allmählich beschleunigenden Anstieg der Effektivverdienste in weiten Teilen der Industrie gefährdet. Man begegne »steigenden Schwierigkeiten«, den Lohnstand des Jahres 1933 zu halten, konstatierte der Reichsarbeitsminister auf einer ›Chefbesprechung über die Lohnpolitik‹ am 2. Mai 1935.[63] Zwischen den an dieser Besprechung beteiligten Ministern wurde eine grundsätzliche – später auch von Hitler gebilligte[64] – »Übereinstimmung dahin erzielt, daß der bisherige Lohnstand mit der größtmöglichen Starrheit aufrechterhalten wird«. Die konkrete Umsetzung dieses Beschlusses wurde dem für ›Arbeitseinsatz‹ und Lohnpolitik verantwortlichen Reichsarbeitsminister überlassen. Festgelegt wurde am 2. Mai 1935 lediglich, daß sich dieser dabei an dem lohnpolitischen Grundprinzip zu orientieren habe: »Den Erfordernissen der Preisgestaltung, der Aufrüstung und des Exports müsse alles andere untergeordnet werden.«[65]

In der Tat, wollte der nationalsozialistische Staat seine politischen Hauptziele – Aufrüstung, militärische Überlegenheit und territoriale Expansion – in vollem Umfang verwirklichen, war er auf ›Lohnstabilität‹ auf möglichst niedrigem Niveau angewiesen. Denn hohe Löhne hätten

1. bei gegebener staatlich verfügter Einschränkung der Konsumgüterproduktion einen Kaufkraftüberhang zur Folge gehabt und damit die Gefahr einer Inflation heraufbeschworen. Da überdies die nationalsozialistische Rüstungskonjunktur nur mit Hilfe eines labilen Kreditgebildes (MEFO-Wechsel) in Gang gebracht worden war, drohte bei Verunsicherung weiter Teile der Bevölkerung (Inflationsfurcht!) und vor allem der Unternehmer, die großenteils mit den letztlich ungedeckten MEFO-Wechseln ›bezahlt‹ wurden, der wirtschaftliche und damit auch der politische Kollaps.

2. Eine Ausweitung der Konsumgüterproduktion aufgrund einer durch Lohnerhöhungen stimulierten Nachfrage nach Lebensmitteln hätte zwar zu einem ›normalen‹ (relativ ausgewogenen) konjunkturellen Aufschwung geführt, aber die Aufrüstung zumindest im intendierten Ausmaß unmöglich gemacht.

3. Hohe Löhne hätten außerdem entweder die Rüstungsaufträge verteuert (und damit das Rüstungsvolumen vermindert) oder die Gewinne der Unternehmer reduziert.

Eine Umsetzung des Beschlusses der ›Chefbesprechung über Lohnpolitik‹ vom Mai 1935 mußte indes auch die politischen Folgen eines zwangsweise niedrig gehaltenen Lohnniveaus mit einbeziehen – und hier verbot sich ein allzu rigides, »starres« Festhalten am überkommenen Lohnstand, wollte man nicht einen für das NS-Regime ungünstigen ›Stimmungs‹-Wandel innerhalb der Arbeiterschaft provozieren. Stagnierende oder gar sinkende Effektivverdienste mußten die Verelendung großer Teile der Arbeiterschaft weiter verschärfen, da zwischen 1933 und 1935 die Preise für überlebenswichtige Konsumgüter zum Teil erheblich gestiegen waren. Ein durch staatlichen Eingriff veranlaßtes Einfrieren der Effektivlöhne auf dem niedrigen Niveau der Jahre 1935 und 1936 hätte zu einer Verschlechterung der sowieso schon gedrückten ›Stimmung‹ mit für das NS-Regime unabsehbaren Folgen führen können. Auch dort, wo Arbeiter aufgrund des 1934/35 einsetzenden Arbeitskräftemangels begrenzte Einkommensverbesserungen durchzusetzen begannen, hätte ein pauschaler Lohnstop die Unzufriedenheit geschürt. Diesem Dilemma versuchten Reichsarbeitsminister und Treuhänder durch eine flexible, der jeweils konkreten Situation angepaßte Lohnpolitik zu begegnen. Sie setzten dabei auf mehreren Ebenen an.

Nachdem Versuche des Reichspreiskommissars, die Preiserhöhungen wieder rückgängig zu machen, offenkundig gescheitert waren und auch das 1935 erreichte Preisniveau nicht immer gehalten werden konnte, rangen sich die Treuhänder der Arbeit seit 1936 dazu durch, Tariflohnunterschreitungen fortan nur noch in Ausnahmefällen zuzulassen. Anfang 1937 forderte der Reichsarbeitsminister die Treuhänder per Erlaß auf, nunmehr nicht genehmigte untertarifliche Entlohnung »rücksichtslos zu ahnden«.[66] In der Folge kam es häufiger zu Prozessen gegen ›Betriebsführer‹, die Arbeiter ohne Erlaubnis des zuständigen Treuhänders unter Tarif entlohnt hatten. Zwar wurde die Praxis untertariflicher Entlohnung danach nicht vollständig unterbunden, aber doch allmählich zurückgedrängt.

Infolgedessen und weil darüber hinaus die Kurzarbeit in der Konsumgüterindustrie seit 1936 langsam verringert werden konnte, erreichten auch die meisten hier beschäftigten Arbeitskräfte wieder Wochenverdienste, die bei geringen Ansprüchen wenigstens einen ausreichenden Lebensunterhalt sicherstellten. Die Gefahr, daß in diesen Teilen der deutschen Industriearbeiterschaft eine aus der elenden materiellen Lage geborene schlechte Stimmung in ein gegen das NS-Regime gerichtetes Aufbegehren umschlagen konnte, war damit erst einmal gebannt.

Die seit 1934/35 insbesondere in der Rüstungsindustrie beobachtbaren ›echten‹ Lohnerhöhungen suchten die zuständigen staatlichen Stellen auf drei Ebenen einzudämmen:

Erstens wurden die Möglichkeiten, die Arbeitsstelle zu wechseln, erheblich erschwert. Damit verlor auch die Drohung der Arbeiter, zu kündigen, wenn ihren Forderungen nach Einkommensverbesserung nicht nachgegeben würde, an Gewicht. Da jedoch der Arbeitsmarkt nicht vollständig reglementiert wurde, blieben Arbeitsplatzwechsel und Kündigungsdrohung auch weiterhin grundsätzlich für die Arbeiterschaft ein wichtiger

Hebel, Lohnerhöhungen durchzusetzen. Je nach Wirtschaftszweig war diese Form der indirekten Lohnpolitik in unterschiedlicher Weise erfolgreich: Während in der Landwirtschaft und – mit Einschränkungen – im Baugewerbe die Lohnbewegungen durch die restriktive Arbeitsmarktpolitik stärker abgebremst werden konnten, war dies im Bereich der Metallwirtschaft weniger der Fall. Zwischen dem 1. Febr. 1937, als der Arbeitsstellenwechsel aller Metallarbeiter auch innerhalb eines Bezirks von der Zustimmung des zuständigen Arbeitsamtes abhängig gemacht worden war, und Jan. 1939 überstiegen hier nach Angaben der Arbeitsämter bei der Hälfte sämtlicher Fälle die beim neuen Arbeitgeber erzielten (Stunden-)Löhne die Verdienste, die auf der jeweils vorhergehenden Arbeitsstelle erreicht worden waren, um bis zu 25%; etwa 40 v. H. der Metallarbeiter, die während dieses Zeitraumes über Vermittlung durch das Arbeitsamt ihre Arbeitsstelle wechselten, erhielten beim neuen Arbeitgeber Effektivverdienste, die um 26 bis 50% über den vorher erzielten lagen; ein Zehntel dieser Arbeiter verbesserte sein Einkommen sogar um mehr als 50%.[67] Selbst die staatlichen Behörden, die die von den Repräsentanten des nationalsozialistischen Staates verlangte »größtmögliche Starrheit« der Effektivlöhne zu gewährleisten hatten, wagten dem Lohnauftrieb in der metallverarbeitenden Industrie kaum Widerstand entgegenzusetzen oder waren aufgrund von Arbeitsüberlastung dazu nicht in der Lage.

Zweitens versuchte der nationalsozialistische Staat über eine reglementierte Preisgestaltung und Verschärfung der Preiskontrollen die Spielräume der Unternehmer, Lohnerhöhungen zu gewähren, einzuschränken. Auch diese Art indirekter Lohnkontrolle war nur von begrenzter Wirkung: In den ›Leitsätzen für die Preisermittlung aufgrund der Selbstkosten für öffentliche Auftraggeber (LSÖ)‹ vom 15. März 1938 sowie in anderen ähnlichen Preisverordnungen[68] war zwar festgelegt, daß bei der Preisgestaltung ›an sich‹ die tariflichen Lohnsätze zugrunde gelegt werden sollten. Die Formulierungen der bis Ende 1941 für die meisten staatlichen Aufträge maßgeblichen LSÖ ließen aber auch Platz für Preisfestsetzungen auf Basis von »betriebsüblichen und branchenüblichen« Effektivverdiensten. Die kurzen Lieferfristen für staatliche Aufträge und eine mangelnde Koordination bei der Auftragsvergabe führten bei einem sich gleichzeitig verschärfenden Arbeitskräftemangel dazu, daß vielfach gerade die mit üppigen Rüstungsaufträgen ausgestatteten Firmen umfangreiche Lohnerhöhungen vornahmen – »vom öffentlichen Auftraggeber geduldet oder zum Teil sogar gefördert«, wie die Treuhänder der Arbeit bitter feststellten[69] – und dadurch die staatliche Preiskontrolle weitgehend ins Leere laufen ließen. Eine wahre Flut von Erlassen, Anordnungen usw. und ständige Modifikationen machten überdies das ganze System der Preiskontrolle so unübersichtlich, daß auch von dieser Seite einem echten Preisstop Grenzen gesetzt waren.

Da Preis- und Arbeitsmarktpolitik als Instrumente zur Begrenzung der Effektivverdienste allmählich an Wirkung verloren, sah sich der NS-Staat schließlich zur direkten Beeinflussung der Lohnhöhe veranlaßt. Diese *dritte* Form nationalsozialistischer Lohnpolitik setzte am 25. Juni 1938 ein, als durch den Reichsarbeitsminister die sog. Lohngestaltungsverordnung erlassen wurde. Im § 1 der Lohngestaltungsverordnung wurden die Treuhänder der Arbeit verpflichtet, »alle Maßnahmen zu treffen, die erforderlich sind, um eine Beeinträchtigung der Wehrhaftmachung und der Durchführung des Vierjahresplanes durch die Entwicklung der Löhne und der sonstigen Arbeitsbedingungen zu verhindern«. Die Treuhänder wurden insbesondere ermächtigt, in den vom Reichsarbeitsminister bestimmten Wirtschaftszweigen – auch unter Veränderung der Betriebs(Dienst-)ordnungen und Arbeitsverträge – Löhne mit bindender Wirkung nach oben und unten festzusetzen.[70] Durch Erlasse vom 3. und 15. Sept. 1938 legte der Reichsarbeitsminister fest, daß im Baugewerbe und in der gesamten Metallindustrie die Reichstreuhänder der Arbeit dieses lohnpolitische Ermächtigungsgesetz zur Anwendung gelangen lassen konnten.[71]

Mit dem als Generalklausel formulierten § 1 war das im AOG fixierte Prinzip der einzelbetrieblichen Lohnfestsetzung für die »Zeiten des Vierjahresplanes und der Wehrhaftmachung« außer Kraft gesetzt.[72] Mansfeld, der als Ministerialdirektor im Reichsarbeitsministerium auch für die Lohngestaltungsverordnung politisch mitverantwortlich war, betonte in diesem Zusammenhang ausdrücklich, daß es sich bei der Verordnung keineswegs um eine grundsätzliche Wende zu einer zentralistischen Lohnpolitik handelte, sondern lediglich um eine zur unmittelbaren Kriegsvorbereitung gedachten »Übergangsmaßnahme«.[73] Mit der Verordnung war den Treuhändern ein lohnpolitisches Instrumentarium zur Verfügung gestellt worden, das diesen ein flexibles Reagieren auf jeweils spezifische wirtschaftliche und rüstungspolitische Erfordernisse erlaubte. Von ihrer Befugnis, Höchstlöhne zu dekretieren, machten die Treuhänder bis Kriegsbeginn indes nur zurückhaltend Gebrauch.[74] Sie beschränkten sich auf die Überwachung (und gegebenenfalls Unterbindung) der Verhaltensweisen und Mechanismen, die Lohnerhöhungen zur Folge hatten: So mußten ihnen z. B. neuerlassene Betriebsordnungen zur Genehmigung vorgelegt werden. Ebenso waren Änderungen der Lohn- und Arbeitsbedingungen umgehend dem zuständigen Reichstreuhänder anzuzeigen. Es wurde verboten, im »ungekündigten Arbeitsverhältnis stehende Gefolgschaftsmitglieder durch Anbieten besserer Lohn- und Arbeitsbedingungen aus einem Betrieb abzuwerben«. Stellenanzeigen durften keine ›Locklöhne‹ enthalten, Kündigungsfristen wurden verlängert u. a. m.[75]

Wenn die Treuhänder von den ihnen übertragenen Befugnissen nur relativ zurückhaltend Gebrauch machten, dann war dies auf mehrere Gründe zurückzuführen:
– Eine allzu strikte Durchsetzung des Lohnstops hätte zweifelsohne breiten, rüstungsgefährdenden Unmut vor allem in der Metallarbeiterschaft provoziert.

– Wie der Reichsarbeitsminister in einem Erlaß vom 4. Juli 1939 feststellte, hatten die Treuhänder »lediglich konjunkturbedingte Ausschläge nach oben« zu verhindern. Grundsätzlich sollte der »tatsächlich vorhandene Lohnstand... als gegeben hingenommen« werden. Ein »starres Festhalten an einem nur noch fiktiven (tariflichen) Lohnstand« war also nicht intendiert.[76] Auch sollten die Treuhänder »keineswegs leistungsbedingte Einkommensverbesserungen abstoppen«.[77]
– Nicht zuletzt bei der praktischen Umsetzung ihrer Vollmachten waren den Treuhändern enge Grenzen gesetzt, die aus ihrem unzureichenden finanziellen und personellen Unterbau resultierten.

3.2. Die Grenzen der Tätigkeit der ›Treuhänder der Arbeit‹

Das Rechtsinstitut des Treuhänders der Arbeit war – folgt man den Intentionen der Verfasser des ›Gesetzes zur Ordnung der nationalen Arbeit‹ – in der durch das AOG eingeführten Form lediglich als »Zwischenlösung« für eine »Übergangszeit« konzipiert worden. Langfristiges Ziel der nationalsozialistischen Regierung war die Entstaatlichung der Sozialbeziehungen, die (Wieder-)Herstellung vollständiger innerbetrieblicher Autonomie des ›Betriebsführers‹ und damit eine Dezentralisierung der Lohn- und Sozialpolitik. Die Treuhänder sollten hierbei lediglich die Rolle der höchsten Schiedsinstanz spielen, die sich zentralistischer Eingriffe in die ›wirtschaftliche‹ und ›soziale Selbstverwaltung‹ möglichst zu enthalten hatten.[78] Diese Konzeption wurde bis mindestens 1942 nicht grundsätzlich aufgegeben.[79] Danach traten Pläne und Diskussionen um die langfristige Gestaltung der nationalsozialistischen Sozial- und Arbeitsverfassung zwangsläufig in den Hintergrund. Auch wenn offen bleiben muß, wie in dieser Hinsicht das Gesicht eines NS-Regimes von Dauer ausgesehen hätte, eines steht unzweideutig fest: Regelungen wie die Lohngestaltungsverordnung, die die Kompetenzen der Treuhänder zum Teil erheblich erweiterten, waren von den für die staatliche Lohnpolitik verantwortlichen Stellen nur für einen begrenzten Zeitraum – für die unmittelbare Kriegsvorbereitung und nach 1939 zur arbeitsmarkt- und lohnpolitischen Bewältigung kriegsspezifischer Zwänge – gedacht.

Aus diesem Grund hatte man staatlicherseits zumindest bis Kriegsbeginn keine Veranlassung gesehen, die Institution des Treuhänders der Arbeit mit einem starken behördlichen Unterbau zu versehen. Ihnen waren – auch nach Erweiterung ihrer Kompetenzen infolge der Lohngestaltungsverordnung Mitte 1938 – in der Regel nur zwischen drei und acht hauptamtlich Beauftragte unterstellt.[80] Sie waren infolgedessen auf die Unterstützung anderer Organisationen und Behörden angewiesen.

Am 17. Juli 1933 hatte der Reichsarbeitsminister die Treuhänder der Arbeit per Erlaß zur Zusammenarbeit mit den Wirtschaftsorganisationen aufgefordert.[81] Diese Anregungen nahmen die Treuhänder bereitwillig auf; sie gingen die Organisationen der gewerblichen Wirtschaft erstens um finanzielle Unterstützung an – mit dem Hinweis darauf, daß ihre »Tätigkeit von großer Bedeutung für die Wiederherstellung von Ruhe und Sicherheit im Wirtschaftsleben ist (und) die Handelskammern auch ihrerseits ein wesentliches Interesse am Erfolg dieser Tätigkeit« haben müßten.[82] Zweitens wurde die Bildung förmlicher Arbeitsgemeinschaften der Industrie- und Handelskammern zum Zweck der Zusammenarbeit mit den Treuhändern der Arbeit vereinbart. Aufgabe dieser Arbeitsgemeinschaften, die »anteilsmäßig« von den Kammern des jeweiligen Treuhänder-Bezirks finanziert werden sollten, war es, die »Arbeit des Treuhänders in organischen Zusammenhang mit der Wirtschaft zu bringen«; vorgesehen wurde, daß im Rahmen einer solch engen institutionalisierten Zusammenarbeit – die in Westfalen bereits im Herbst 1933 zustande kam – »dem Treuhänder die Erfahrungen, Sachkunde und Einrichtungen der Kammern zur Verfügung zu stellen« waren.[83] Aus der Erkenntnis heraus, »daß die Tätigkeit des Treuhänders eine solche ist, die im dringendsten Interesse der gesamten Wirtschaft liegt«,[84] und im Bewußtsein der Einflußmöglichkeiten, die in diesen Tätigkeiten angelegt waren, kam es in der Folgezeit zu einer entsprechend intensiven Zusammenarbeit zwischen beiden Seiten,[85] die sich vor allem auf statistische Erhebungen über die Zahl der Beschäftigten, die Höhe der Löhne, Vertrauensratswahlen etc., auf Lohn- und in diesem Zusammenhang auch Preisüberprüfungen sowie auf die Überprüfung der Berechtigung von Entlassungsanzeigen erstreckte.[86] Eine Ausweitung erfuhr die Zusammenarbeit zwischen der ›Selbstverwaltung der Wirtschaft‹ und den Treuhändern in Sachen Lohnkontrolle nach Erlaß der Lohngestaltungsverordnung vom 25. Juni 1938.[87] Letztere standen nämlich vor dem Problem, daß ihnen »irgendwelche genauen Unterlagen über den Stand der tatsächlich gezahlten Löhne bzw. Akkord- usw. Verdienste nicht zur Verfügung« standen. Um selbständig »betriebliche Überprüfungen durchzuführen«, war die Zahl der ihnen »zur Verfügung stehenden Mitarbeiter viel zu klein«. Industrie- und Handelskammern und die Handwerkskammern wurden gebeten, den Treuhändern »Auswüchse auf dem Gebiet der Lohnpolitik, insbesondere Fälle des Anbietens von Locklöhnen, umgehend mitzuteilen«.[88]

Zwar weiteten die Organisationen der ›Wirtschaftlichen Selbstverwaltung‹ danach bereitwillig ihre Zuarbeit für die Treuhänder der Arbeit aus. Ihre Unterstützung dieser wichtigen lohnpolitischen Institution des NS-Regimes war jedoch keineswegs uneigennützig, sondern aufgrund der spezifischen Interessenslage der Kammern ambivalent. Die Industrie-, Handels- und Handwerkskammern waren – trotz formaler Einbindung in das staatliche Gefüge – als Interessenvertretung der Arbeitgeber anzusprechen.[89] Mit einzelbetrieblichen Lohnüberprüfungen, wie sie die Treuhänder vornehmen sollten, wurden indes Voraussetzungen geschaffen, die innerbetriebliche Autonomie des ›Betriebsführers‹ in einem wichtigen Teilbereich, der Lohnfestsetzung, aufzuheben. Diesen Prozeß zu unterstützen, konnte nicht im Interesse der Kammern sein. Dagegen besaßen sie – als Vertretung der Gesamtheit der Unternehmerschaft – ein elementares Interesse an einer Stabilisierung der Effektivverdienste auf möglichst niedrigem Niveau (d. h. an niedrigen Lohnkosten als Voraussetzung profitablen Produzierens). Insofern mußten sie gleichzeitig daran interessiert sein, daß der Treuhänder seine lohnpolitischen Aufgaben erfolgreich bewältigte. Im Konkreten sah dies so aus, daß entweder lediglich kleine Unternehmen – meist Handwerksbetriebe – gemeldet wurden, während einflußreiche (Groß-)Unternehmen, die ›Locklöhne‹ zahlten, den Treuhändern im allgemeinen nicht denunziert wurden.[90] Oder die Industrie- und Handelskammern beschränkten sich auf die lapidare Feststellung, daß ihnen »Auswüchse auf dem Gebiet der Lohnpolitik (z. B. Fälle des Anbietens von Locklöhnen und dergleichen) nicht zur Kenntnis gelangt« seien.[91] In anderen Fällen teilten sie lakonisch mit, daß sie Erhebungen und Überprüfungen »nicht ohne Fühlungnahme mit einem Teil der Bezirksfirmen« vorzunehmen gedächten.[92] Den Treuhändern war bei der Umsetzung ihrer weitgesteckten lohnpolitischen Kompetenzen also auch von dieser Seite relativ enge Grenzen gesteckt.

Die Unfähigkeit, die ihnen gestellten Aufgaben aus eigener Kraft zu bewältigen, und ihre mit der Ausweitung ihrer Kompetenzen sich verstärkende Abhängigkeit von der Unterstützung der an den Interessen der Arbeitgeber orientierten ›Wirtschaftlichen Selbstverwaltung‹ unterhöhlte gleichzeitig in erheblichem Ausmaß die Autorität der Treuhänder der Arbeit. Diese Entwicklung trug entscheidend dazu bei, daß etwa der mit Blick auf die Unternehmerschaft formulierte Artikel des AOG, wonach derjenige sich strafbar machte, der sich den Anordnungen des Treuhänders widersetzte, ein »stumpfer Paragraph« blieb.[93] Von vielen Unternehmern wurden die ›höchsten sozialpolitischen Statthalter‹ des NS-Staates offenbar nicht sehr ernst genommen. So beklagte sich der Treuhänder der Arbeit für das Wirtschaftsgebiet Brandenburg Daeschner Anfang 1935 in der Zeitschrift ›Deutsches Arbeitsrecht‹ bitter darüber, daß viele der von den Treuhändern verfügten Anordnungen

»bei einer Anzahl von Betriebsführern aus Industrie und Handwerk auf eine Opposition (stießen), die beim höhnisch verzogenen Mundwinkel und geflüstertem Spott beginnt, die über den passiven Widerstand sich fortsetzt, um in einem in herausfordernder Form vorgetragenen Widerspruch und in glatter Obstruktion ihre schärfste Form zu zeigen.«[94]

Während des Krieges trat die Machtlosigkeit der Treuhänder den ›Betriebsführern‹ gegenüber noch deutlicher zutage; ihre lohnpolitischen Anordnungen wurden vielfach schlicht ignoriert: »angesichts der außerordentlichen Überlastung der im Personal durch Abzug zur Wehrmacht und zur Verwaltung im Osten bedeutend eingeschränkten RTdA.-Dienststellen und der allmählich bekannt gewordenen Unmöglichkeit einer nötigen Betriebskontrolle durch diese Dienststellen« hätten sich »besonders die zahlreichen Kleinbetriebe... bisher kaum an die bestehenden Vorschriften gehalten«.[95]

Noch spannungsgeladener war das Verhältnis der Treuhänder der Arbeit zur ›Deutschen Arbeitsfront‹. Schon Versuche des Reichsarbeitsministers, die Treuhänder beim Aufbau einer eigenen Behörde zu unterstützen, trachtete die DAF zu verhindern. Denn – so Ley in einem Schreiben an den Reichsarbeitsminister vom 21. Juni 1937 –

> das »Gesetz zur Ordnung der (n)ationalen Arbeit... bestimmt nicht, daß die Treuhänder... Abteilungen bezw. Unterabteilungen ihrer Dienststellen einrichten. Nach dem Gesetz der Ordnung der (n)ationalen Arbeit soll der Treuhänder lediglich oberster Sozialrichter sein. Mit der Errichtung von Unterabteilungen der Treuhänderbüros greifen sie in die Rechte der Deutschen Arbeitsfront ein, die der Führer in... seiner Verordnung vom 24. Okt. 1934 festgelegt hat.«[96]

Die Bestrebungen der DAF als einer Organisation, die dem Anspruch nach Arbeitnehmer- und Arbeitgeberinteressen gleichermaßen vertrat, liefen von Anfang an darauf hinaus, den Treuhänder der Arbeit als Institution zumindest faktisch auszuschalten und sich dessen Befugnisse selbst anzuzeigen. Bereits wenige Tage nach Gründung der DAF – am 16. Mai 1933 – waren aufgrund einer Verfügung von Ley aus den Reihen der DAF bzw. NSBO dreizehn ›Bezirksleiter der Wirtschaft und der Arbeit‹ ernannt worden,[97] die die Aufgabe haben sollten, die Tarifverhältnisse zu »ordnen« und die betrieblichen Arbeitsbedingungen zu überwachen. Durch das (erste) ›Gesetz über die Treuhänder der Arbeit‹ vom 19. Mai 1933 wurde diese Verfügung zwar außer Kraft gesetzt, die konkurrierenden Ansprüche der DAF blieben jedoch bestehen. »Bestrebungen auf weitestgehende Ausschaltung der Reichstreuhänder der Arbeit«[98] und Versuche von Dienststellen der Arbeitsfront, die Treuhänder und ihre Sachbearbeiter durch Drohungen mit Parteiausschluß- und Privatklageverfahren oder Dienstaufsichtsbeschwerden beim Reichsarbeitsminister einzuschüchtern und in ihrer Arbeit zu behindern, wurden in den folgenden Jahren fortgesetzt.[99] Erst eine 1939 zustandegekommene Vereinbarung zwischen Ley und Seldte beendete (vorläufig) die Kompetenzstreitigkeiten zwischen DAF und Treuhändern.[100]

Nicht gerade erleichtert wurde die Tätigkeit der Treuhänder schließlich dadurch, daß sie auch innerhalb der Ministerialbürokratie nicht den Rückhalt erhielten, der ihrer Funktion angemessen gewesen wäre. Ende 1936 mußte der Reichsarbeitsminister in einem Rundschreiben an die Reichsminister, die Reichsstatthalter und die Landesregierungen feststellen, daß die »hohe und verantwortliche Stellung der meiner Dienstaufsicht unterstellten Treuhänder der Arbeit... trotz ihrer mehr als dreijährigen Tätigkeit noch vielfach verkannt« werde.[101]

Bei bloßen Apellen konnte es der Reichsarbeitsminister jedoch nicht belassen, wenn er den Treuhändern nicht nur zu mehr Anerkennung, sondern ihrer Tätigkeit auch zu mehr Effektivität verhelfen wollte. Durch einen

Erlaß vom 31. Aug. 1936[102] machte der Reichsarbeitsminister die in vielen Fällen bereits vorher praktizierte Zusammenarbeit zwischen Treuhändern und *Gewerbeaufsichtsämtern* zur verbindlichen Pflicht. In der Folgezeit wurden zahlreiche Leiter der Gewerbeaufsichtsämter zu ›Beauftragten‹ der Treuhänder ernannt.[103] Die Zuarbeit der Gewerbeaufsichtsbeamten erstreckte sich auf alle wesentlichen Aspekte der Aufgaben der Treuhänder der Arbeit. Auch wenn auf diese Weise den Treuhändern seit 1936 rund 1000 Beamte und Angestellte zusätzlich zur Verfügung standen – eine wirkungsvolle Hilfe konnten die Gewerbeaufsichtsämter den Treuhändern nicht sein; denn diese hatten selbst unter »Schwierigkeiten durch Überlastung unserer Ämter« und einen allgemein »schleppenden Geschäftsgang« zu leiden.[104] In den Berichten der Gewerbeaufsichtsbeamten finden sich immer wieder Klagen über einen »untragbaren Mangel an Schreibkräften und geeigneten Büroleitern«.[105] Infolgedessen konnte die Kooperation zwischen Treuhändern und Gewerbeaufsicht lediglich zu »einer weitgehenden Ausschaltung der Doppelarbeit« führen.[106] Auch eine Verordnung des Reichsarbeitsministers vom 31. Juli 1937, mit der die Leiter der *Arbeitsämter* ebenfalls zu ›Beauftragten‹ der Treuhänder ernannt wurden,[107] brachte keinen grundlegenden Wandel. Zwar verfügten die Treuhänder damit nach außen hin über einen eindrucksvollen personellen Apparat;[108] indes hatten auch die Arbeitsämter schon genug Probleme, ihrer eigentlichen Aufgabe – der Arbeitsvermittlung – nachzukommen. Die nach dem Abbau der Massenarbeitslosigkeit rasch zunehmende Fluktuation der Arbeitskräfte und zusätzliche Aufgaben wie z. B. die Ausstellung der Arbeitsbücher verlangten den Einsatz aller personellen Kapazitäten der Arbeitsämter, zumal auch aus dieser Behörde Angestellte in immer stärkerem Maße in die Industrie oder in eine der zahlreichen neugeschaffenen Behörden abwanderten. Überdies hatten gerade die Arbeitsämter 1933 aus politischen Gründen einen personellen Aderlaß hinzunehmen, der sich auch nach 1936 noch stark bemerkbar machte. Ferner kam es insbesondere nach Erlaß der Lohngestaltungsverordnung zu einer engen Kooperation zwischen Reichstreuhänder und *Reichspreiskommissar*. Da die Aufgabengebiete beider sich lediglich ergänzten, vermochte diese Zusammenarbeit das Hauptproblem der Treuhänder – den fehlenden behördlichen Unterbau – nicht zu beheben.[109]

Von größerer Bedeutung war seit Mitte 1938 dagegen die Unterstützung der Treuhänder durch die *Statistischen Ämter*. Voraussetzung einer – in der Lohngestaltungsverordnung von den Treuhändern geforderten – effektiven Kontrolle der Entwicklung der tatsächlichen Verdienste war die genaue Kenntnis der von den einzelnen Betrieben gezahlten Löhne. Aufgrund der schlechten personellen Ausstattung der ihnen unterstellten Ämter waren die Treuhänder nicht in der Lage, selbst die hierfür notwendigen einzelbetrieblichen Lohnerhebungen vorzunehmen. Was lag angesichts dieser Situation näher, als auf die einzelbetrieblichen Angaben der vom Statistischen Reichsamt regelmäßig vorzunehmenden Lohnerhebungen zurückzugreifen?

Bereits die differenzierten Ergebnisse der Einzellohnerhebung in der metallverarbeitenden Industrie vom Juni 1938 waren den Treuhändern zur Feststellung eventueller ›Scheinakkorde‹ zur Verfügung gestellt worden. Wenige Wochen nach Kriegsbeginn wurde ihnen dann grundsätzlich gestattet,

> aufgrund einer »mit dem Statistischen Reichsamt getroffenen Vereinbarung... zunächst die dort vorliegenden einzelbetrieblichen Angaben aus der laufenden Lohnstatistik heranzuziehen. Ich empfehle, daß in Auswertung dieser Unterlagen sich die Reichstreuhänder der Arbeit zur Aufklärung gewisser Unausgeglichenheiten in den Arbeitsverdiensten mit den Betrieben unmittelbar in Verbindung setzten.«[110]

Die Tatsache, daß den Treuhändern »alle einzelbetrieblichen Angaben, die dem Statistischen Reichsamt laufend in Durchführung der Lohnstatistik zugehen, auf (i)hr Anfordern zur Verfügung« standen,[111] daß also die Pflicht zur Geheimhaltung von statistischen Angaben zum Zweck verschärfter Lohnkontrollen gebrochen werden konnte, mußte auch Folgen für die Aussagekraft der Lohnstatistiken selbst haben.

3.3. Zur Zuverlässigkeit lohnstatistischer Erhebungen

Besondere Rechtsvorschriften für die Durchführung lohnstatistischer Erhebungen wurden erst zu Beginn der Weimarer Republik erlassen.[112] Sie schrieben ausdrücklich eine Auskunftspflicht der Arbeitgeber und Arbeitnehmer vor, d. h. eine Pflicht zur Ausfüllung und Rücksendung der Erhebungsbögen; das mit der Durchführung der Erhebungen beauftragte Statistische Reichsamt erhielt außerdem das Recht, von den auskunftspflichtigen Betriebsleitern die Vorlage unternehmensinterner Unterlagen zur Nachprüfung der Angaben zu verlangen. Dem stand die Verpflichtung des Statistischen Reichsamtes gegenüber, die erhaltenen Einzelangaben geheimzuhalten.

Diese Rechtsvorschriften behielten auch während des ›Dritten Reiches‹ Gültigkeit. Auskunfts- und Geheimhaltungspflicht wurden durch eine Verordnung vom 8. Aug. 1938 ausdrücklich bestätigt.[113] Daß »mit der Wahrung des Dienstgeheimnisses die amtliche Statistik steht und fällt«,[114] war auch während der NS-Zeit den Statistikern klar. Denn – wie der Leiter des Statistischen Reichsamtes feststellte –

> »(d)ie Zuverlässigkeit der amtlichen Statistik hat zu allen Zeiten in der zivilisierten Welt auf der Überzeugung der befragten Personen beruht, daß ihre Angaben durch das sogenannte statistische Geheimnis geschützt sind, d. h. daß Einzelangaben, die sie machen, nur der statistischen Behörde für statistische Zwecke gemacht werden, niemals zu irgendwelchen Maßnahmen gegen den einzelnen Befragten verwendet werden dürfen.«[115]

Reichhardt spricht hier implizit ein grundsätzliches Problem der Statistik im ›Dritten Reich‹ an: In dem Maße, wie dem nationalsozialistischen Staat immer wichtigere Funktionen zuwuchsen, geriet dieser in Versuchung, individuelle oder einzelbetriebliche Angaben nicht mehr nur zur Analyse allgemeiner wirtschaftlicher etc. Tendenzen, sondern auch zur ›Durchleuchtung‹ der einzelnen Betriebe zu nutzen. (Bei personenbezogenen Daten trat diese Gefahr noch viel schärfer hervor.) Zwar standen auch vor 1933 die Statistischen Ämter häufig vor dem Problem, ob und inwieweit sie auf Anfragen von Behörden – insbesondere von Steuerbehörden und Gerichten – Angaben, auf deren Geheimhaltung der Auskunftspflichtige vertraut hatte, preisgeben sollten. In der Regel wurde aber die Amtsverschwiegenheit von den Behörden in der Zeit der Weimarer Republik gewahrt – eben aus der Einsicht heraus, daß ein Mißtrauen der Unternehmer gegen etwaige Nachteile, die sich aus dem ›statistischen Bekenntnis‹ hätten ergeben können, die Zuverlässigkeit von Statistiken grundsätzlich infrage gestellt hätte. Die Tendenz des ›Maßnahmestaates‹, nach rationalen rechtsstaatlichen Prinzipien arbeitende Institutionen zurückzudrängen und die von diesen gesetzten Normen zu durchbrechen, führte während des ›Dritten Reiches‹ dazu, daß die Verpflichtung der an statistischen Erhebungen beteiligten Beamten, die gewonnenen Einzeldaten geheimzuhalten, zunehmend mißachtet wurde. Dies läßt sich etwa für die ›Bewirtschaftungsstatistik‹ nachweisen, die weniger der statistischen Erfassung wirtschaftlicher Entwicklungen als vielmehr der behördlichen »Durchleuchtung der Einzelbetriebe« und dann als Grundlage für Maßnahmen gegen diesen Betrieb dienen konnte.[116] Auch die Ergebnisse lohnstatistischer Erhebungen mußten unzuverlässiger werden, wenn der Treuhänder der Arbeit alle einzelbetrieblichen Lohnangaben, die den statistischen Ämtern zugingen, zur Überprüfung des betrieblichen Lohnniveaus und jederzeit als Begründung für Lohn- und Preissenkungen verwenden, also gegen den betreffenden ›Betriebsführer‹ richten konnte.

Insbesondere nach Erlaß der Lohngestaltungsverordnung vom 25. Juni 1938 gingen vor allem kleinere Unternehmer dazu über, den Beauftragten der Treuhänder gegenüber die genauen Angaben über die tatsächlich gezahlten Löhne vorzuenthalten, indem »in den Lohnbüchern ordnungsgemäß der Tariflohn eingetragen wird und stillschweigend den Leuten weitere Bargünstigungen ausgezahlt werden«.[117] Auch in den Berichten der Reichstreuhänder der Arbeit für das 4. Vierteljahr 1938 wurde konstatiert, daß »die Feststellung der tatsächlich gezahlten Löhne auf größte Schwierigkeiten (stößt), weil in weitem Umfang schwarze Lohnlisten geführt werden«.[118] Zu solch illegalen Entlohnungsmethoden konnte es allerdings nur dort kommen, wo Lohnerhöhungen wesentlich erschwert oder sogar verboten worden waren: im Baugewerbe, in einzelnen Bereichen der Metallindustrie sowie in der durch eine Reihe indirekter lohnpolitischer Restriktionen gleichfalls lohnpolitisch reglementierten Landwirtschaft.

Die Möglichkeiten, den staatlichen Behörden die Angaben über die tatsächliche Höhe der Löhne vorzuenthalten, waren vielgestaltig: Es konnten schlicht falsche Eintragungen in die Lohnbücher vorgenommen (z. B. statt des tatsächlich ausgezahlten Lohnes nur der Tariflohn) oder Löhne für nicht geleistete Überstunden, Nacht- und Sonntagsschichten in den Büchern geführt und ausbezahlt werden. In anderen Fällen wurden Manipulationen an den Lohnabrechnungen im Nachhinein vorgenommen.[119] Die Lohnbuchhaltung vieler kleinerer Betriebe war so schlecht geführt, daß eine nachträgliche Kontrolle durch außerbetriebliche Stellen kaum mehr möglich war.[120]

Wenn sich Beispiele für Manipulationen solcher Art nur bei kleineren Unternehmen feststellen ließen, dann war dies kein Zufall: Bei den seit 1935 durchgeführten Erhebungen, auf deren einzelbetriebliche Detailunterlagen die Treuhänder zwecks Lohnüberwachung zugreifen durften, wurden nur die Lohnsummen für größere und grob kategorisierte Arbeitergruppen erfragt. ›Konjunkturlöhne‹ ließen sich auf Basis dieser Unterlagen für den einzelnen Arbeiter nicht nachweisen. Am ehesten mußten »Unausgeglichenheiten in den Arbeitsverdiensten« dort auffallen, wo die Lohnsummen relativ klein waren, weil nur wenige Arbeitnehmer beschäftigt wurden. Zudem mußten die Lohnübertretungen schon relativ gravierend sein, um Verdacht zu erregen. Außerdem verfügten Großunternehmen im Gegensatz zu Kleinbetrieben über andere Möglichkeiten, die staatliche Lohnkontrolle zu umgehen, ohne zu offenen Manipulationen greifen zu müssen. In größeren Industriebetrieben lag der Anteil der Akkordarbeiter in der Regel überdurchschnittlich hoch; entsprechend bestand hier eher die Möglichkeit, vom Treuhänder nur schwer überprüfbare ›Scheinakkorde‹ zu gewähren. Dagegen wurde in Kleinbetrieben überwiegend im von den Beauftragten der Treuhänder leichter zu kontrollierenden Zeitlohn gearbeitet. Überhaupt eignete sich die Akkordentlohnung für verschleierte Lohnerhöhungen in besonderem Maße. Gestiegene Stundenverdienste eines Akkordarbeiters ließen sich immer mit verbesserter Leistung begründen. Ob eine echte Leistungssteigerung vorlag, war von außerbetrieblichen Stellen kaum zu beurteilen. Solcherart verdeckte Lohnerhöhungen ließen sich für im Zeitlohn beschäftigte Arbeiter nur schlecht vornehmen, da Zeitlöhnern lediglich die Anwesenheitszeit bezahlt wurde und eine Erhöhung der Stundenverdienste nicht mit einer – vom nationalsozialistischen Staat grundsätzlich befürworteten – Erhöhung der individuellen oder kollektiven Leistung legitimiert werden konnte. Auch Ausmaß und Charakter der zusätzlichen sozialen Aufwendungen waren ein wesentlicher Grund, warum große Unternehmen nicht zu illegalen Methoden wie schwarze Lohnlisten, ›Frisieren‹ von Lohnabrechnungen usw. greifen mußten, um benötigte Arbeiter anzuwerben: Freiwillige Sozialleistungen als wichtige Form indirekter Lohnerhöhung wurden in der Großindustrie in weit größerem Umfang gewährt als in Kleinbetrieben.

Das genaue Ausmaß der ›schwarzen‹ Löhne läßt sich nicht feststellen.

›Schwarze‹ Löhne sind allerdings – ebenso wie indirekte Einkommen (Weihnachtsgratifikationen, Abschlußprämien u. ä.) – nur mit Vorbehalten zum Lohn im eigentlichen Sinn zu rechnen. Auf sie bestand kein Rechtsanspruch, sie konnten – da sie illegal waren – jederzeit zurückgenommen werden. Deshalb – und weil ›schwarze‹ Lohnlisten im eigentlichen industriellen Sektor kaum vorkamen – wird der Aussagewert der von den Statistischen Reichsämtern publizierten Statistiken durch die beschriebenen illegalen ›Lohn‹zahlungspraktiken nicht entscheidend beeinflußt.

3.4. Lohnentwicklung 1936 bis 1939

Bruttostundenverdienste wie auch Bruttowochenverdienste stiegen in den Zweigen der Produktions- und Konsumgüterindustrie 1937 bis 1939 deutlich schneller als während der vorausgegangenen Jahre (Tab. 6 und 7). In der Eisen- und Stahlgewinnung beispielsweise kletterten die Stundenverdienste der 3. Leute während dieser Jahre um mehr als zwölf Prozent, in der metallverarbeitenden Industrie die der männlichen Arbeitskräfte (gleich welcher Qualifikation) um immerhin sechs bis acht Prozent. Bei den *männlichen* Arbeitskräften erhöhten sich im allgemeinen die wöchentlichen Einkommen schneller als die effektiven Stundenverdienste: So lag der Anstieg der Wocheneinkommen bei den männlichen Metallarbeitern aller drei Qualifikationskategorien bei jeweils knapp zehn Prozent, bei den in der Eisen- und Stahlindustrie beschäftigten 1. und 3. Leuten sogar deutlich über fünfzehn Prozent. Auch bei männlichen Textilarbeitern kletterten die Wochenverdienste auffallend schneller als die Stundenverdienste. Ursächlich für diese Entwicklung waren in erster Linie die Ausdehnung der Arbeitszeiten und der Abbau der Kurzarbeit, die das Niveau der Wochenverdienste wesentlich stärker beeinflußten als das der Stundenverdienste. In der Metallverarbeitung hatte sich die Zahl der Überstunden ein Jahr vor Beginn des Zweiten Weltkrieges gegenüber Ende 1928 zum Teil mehr als verdoppelt.[121] Begonnen hatte die Ausweitung der Mehrarbeit bereits in den ersten Jahren nach der ›Machtergreifung‹.[122] Die wachsende Bedeutung der durch Mehr-, Sonn-, Feiertags- und Nachtarbeit erzielten Einkommen sollte allerdings nicht den Blick dafür verstellen, daß das Gewicht der durch Überstunden erzielten Einkommen geringer blieb als das der Überstunden an der gesamten wöchentlichen Arbeitszeit, da in weiten Teilen der Industrie die Bedingungen für die Bezahlung der Mehrarbeit zu ungunsten der Arbeiter verschlechtert worden waren.[123] Im Gegensatz zu ihren männlichen Kollegen hatten *Arbeiterinnen* in den meisten Branchen einen im Vergleich zu den Wocheneinkommen weitaus stärkeren Anstieg der Bruttostundenverdienste zu verzeichnen. Besonders ausgeprägt war diese Tendenz in der metallverarbeitenden Industrie: Metallarbeiterinnen erhielten 1939 Bruttostundenverdienste, die um 5,4% über denen des Jahres 1937 lagen; der Anstieg der

Wocheneinkommen während dieses Zeitraumes betrug dagegen nur 2,3%. Zurückzuführen ist dieses Phänomen unter anderem gleichfalls auf die Entwicklung der Arbeitszeiten: Während die Arbeitswoche eines männlichen Industriearbeiters in den Vorkriegsjahren stetig verlängert wurde, begann die der Arbeiterinnen im industriellen Durchschnitt seit 1938 zu sinken. Um weibliche Arbeitskräfte zur Neu- oder Wiederaufnahme der Erwerbstätigkeit zu bewegen, hatte seit der Jahreswende 1938/39 eine zunehmend größere Anzahl von Industrieunternehmen mit der Einführung von Halbtagschichten begonnen. Ein weiterer Grund für die relativ hohen Wachstumsraten der Bruttoverdienste weiblicher Arbeiter, aber auch der unqualifizierten männlichen Arbeitskräfte – vor allem im Bereich der Konsumgüterindustrie – ist das für diese beiden Arbeitergruppen besonders niedrige Verdienstniveau des Jahres 1937.

Die weitgehende Beseitigung untertariflicher Entlohnung und der Abbau der Kurzarbeit ließ während der Vorkriegsjahre vor allem in der *Textilindustrie* Bruttostunden- und Bruttowochenverdienste prozentual in einem Ausmaß steigen, das die Zuwachsraten in der Metallverarbeitung noch in den Schatten stellt. Von erträglichen Lohnverhältnissen kann für die Textilindustrie und andere Zweige der Konsumgüterindustrie dennoch auch bei Kriegsbeginn nicht gesprochen werden: 1939 erreichten die Bruttostundenverdienste in der Textilindustrie gerade wieder das für Herbst 1933 registrierte Niveau. In den anderen Branchen der Konsumgüterindustrie, für die Vergleichszahlen aus der Zeit der Weimarer Republik vorliegen, wurden im siebenten Jahr der NS-Herrschaft die auf dem Tiefpunkt der Krise 1931/32 registrierten effektiven Stundenverdienste auch nicht annähernd wieder erzielt; meist lagen sie um mehr als zwanzig Prozent darunter. Daß insgesamt die Lohnverbesserungen selbst in der von der Rüstungskonjunktur besonders begünstigten *metallverarbeitenden* Industrie im Reichsdurchschnitt – gerade auch vor dem Hintergrund der ›eigentlich‹ für die Arbeiter außerordentlich günstigen Arbeitsmarktlage – alles in allem mager blieben, zeigt ein Vergleich mit den im Okt. 1928 festgestellten stündlichen Bruttoverdiensten (Tab. 6): Danach wurden Facharbeitern und angelernten ›Spezialarbeitern‹ 1938 Stundenverdienste gezahlt, die noch um knapp zehn Prozent niedriger lagen als ein Jahrzehnt zuvor; bei männlichen Hilfsarbeitern und Arbeiterinnen lagen sie sogar um 14,3% bzw. 12,4% unter dem Niveau vom Okt. 1928. In einzelnen Branchen dieses Industriezweiges mußten männliche Hilfsarbeiter während dieses Zeitraumes Lohneinbußen von bis zu fast einem Viertel ihrer 1928 erzielten Stundenlöhne hinnehmen. Bei den wöchentlichen Einkommen hatten dagegen wenigstens qualifizierte Metallarbeiter Mitte 1938 infolge drastisch ausgeweiteter Arbeitszeiten wieder das Niveau vom Okt. 1928 erreicht. Dagegen blieben Bruttostunden- wie Bruttowochenverdienste in der *Eisen- und Stahlindustrie* auch in den Vorkriegsjahren deutlich unter den 1928/29 erzielten Löhnen. Auffällig ist hier die Stagnation der Bruttostunden- wie Bruttowochenverdienste 1935 und 1936.

Sie war Folge der sich in diesen Jahren zunehmend bemerkbar machenden Rohstoffverknappung[124] und einer vermehrten Verwendung schlecht verarbeitbarer inländischer Erze, die es den überwiegend im Akkord bzw. Prämienlohn arbeitenden Stahlarbeitern häufig schwer machten, ihre alten Verdienste zu halten. Auch in der *Chemieindustrie*, dem *Baugewerbe* und der *Industrie der Steine und Erden* stiegen die stündlichen Effektivverdienste in den Vorkriegsjahren kaum.

Daß es trotz aller Vorbehalte gerade auch die konkreten lohnpolitischen Initiativen des NS-Regimes waren, die zur Stabilisierung der Effektivverdienste (unter Beibehaltung bzw. Vertiefung vorhandener Lohndifferenzen) auf möglichst geringem Niveau und damit zum letztlichen Erfolg der nationalsozialistischen Lohnpolitik beitrugen, veranschaulicht Abb. 2. Selbst mit der bis Juni 1938 praktizierten Form indirekter Lohnpolitik gelang es dem NS-Regime, die Effektivlöhne auf einem für die Rüstungspolitik günstigen Niveau zu halten. Insbesondere nach Erlaß der Metallarbeiteranordnung vom 11. Febr. 1937 ist ein deutliches Abflachen aller Lohnkurven zu beobachten, obwohl sich seit 1936/37 die Lage auf dem Arbeitsmarkt auch bei weniger qualifizierten Arbeitskräften zuspitzte. Unter ›normalen‹ Verhältnissen hätten die effektiven Stundenverdienste wesentlich steiler ansteigen müssen. Die – allerdings nicht immer streng durchgesetzte – rigorose Beschränkung des Arbeitsplatzwechsels zeigte also durchaus auch in lohnpolitischer Hinsicht Wirkung. Die sich in der Folgezeit weiter verschärfende Arbeitskräfteknappheit und die intensivierte Aufrüstung, die insbesondere Rüstungsunternehmen zur Gewährung von ›Locklöhnen‹ veranlaßte, führte dann im Frühjahr 1938 zu einem erneuten Auftrieb der Effektivverdienste der Metallarbeiterschaft. Der nationalsozialistische Staat reagierte auf diese Entwicklung mit der Lohngestaltungsverordnung, durch die es – trotz zögernder Umsetzung der Bestimmungen dieser Verordnung – im Bereich der metallverarbeitenden Industrie gelang, den Lohnauftrieb deutlich abzubremsen.

Erfolgreich war diese Lohnpolitik, obwohl ihr kein stringentes Konzept zugrunde lag, sondern alle lohnpolitischen Interventionen während des ›Dritten Reiches‹ improvisierten Charakter besaßen und immer nur für den jeweils unmittelbar nächsten Zeitraum konzipiert waren. Eine planvolle und langfristig angelegte, zentralistische Lohnpolitik war schon aufgrund der Rivalitäten von Reichsarbeitsminister, Treuhändern und Industrie auf der einen Seite und der DAF sowie verschiedener Parteistellen auf der anderen Seite nur schwer zu realisieren. Sie hätte außerdem dem Grundgedanken des AOG widersprochen, der auf eine dezentrale, weitgehend einzelbetriebliche Lohnbildung zielte. Bis zumindest 1939 war eine für längere Zeiträume konzipierte Lohnpolitik auch gar nicht notwendig, da 1933 mit der gewaltsamen Auflösung der Gewerkschaften, der Beseitigung der Betriebsräte und der Schaffung der unkalkulierbaren Organe des nationalsozialistischen Maßnahmestaates die grundlegenden Voraussetzungen für eine relative Sta-

Abbildung 2: Die durchschnittlichen Bruttostundenverdienste in einigen Zweigen der metallverarbeitenden Industrie 1936 bis 1941 als Indikator für die Wirksamkeit der nationalsozialistischen Lohnpolitik (in Rpf.).

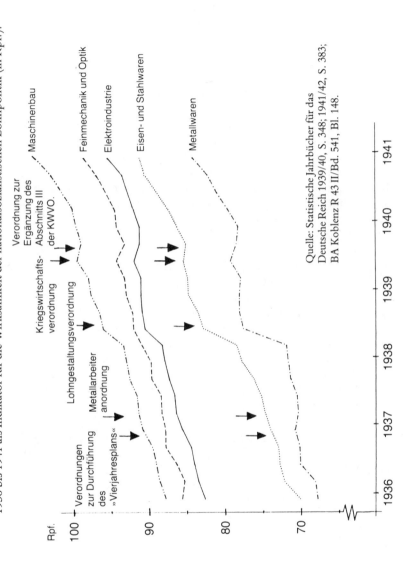

Quelle: Statistische Jahrbücher für das Deutsche Reich 1939/40, S. 348; 1941/42, S. 383; BA Koblenz R 43 II/Bd. 541, Bl. 148.

gnation der tatsächlichen Stundenverdienste auch in einer Zeit ausgesprochener Arbeitskräfteknappheit gelegt worden waren.

4. Lohnpolitik und Lohnentwicklung im Zweiten Weltkrieg

4.1. Staatliche Lohnpolitik seit 1939

Obwohl der nationalsozialistische Staat sein lohnpolitisches Hauptziel bis Kriegsbeginn weitgehend verwirklichen konnte, kam es in den ersten Kriegswochen zu weiteren Gesetzen und Erlassen, die nicht nur die Stabilität der Effektivverdienste sichern, sondern Lohnsenkungen für weite Teile der deutschen Industriearbeiterschaft einleiten sollten. Mit der Kriegswirtschaftsverordnung (KWVO) vom 4. Sept. 1939[125] wurde die Befugnis der Reichstreuhänder, Höchstlöhne festzusetzen, auf alle Wirtschaftszweige ausgedehnt und ihnen außerdem die Vollmacht erteilt, »als zu hoch anzusprechende« Löhne und Gehälter auf den »kriegsnotwendigen Stand« zurückzuführen.[126] Darüber hinaus wurden nicht nur sämtliche Arbeitszeitbeschränkungen und Urlaubsregelungen außer Kraft gesetzt, sondern auch die Zahlung von Zuschlägen für Mehr-, Sonntags-, Feiertags- und Nachtarbeit verboten. Die durch letztere Bestimmung eingesparten Lohnanteile mußten von den Unternehmern – zwecks Kriegsfinanzierung und Abschöpfung von Kaufkraft – unmittelbar an das Reich abgeführt werden.[127] Mit der Zweiten Verordnung zur Durchführung der KWVO vom 12. Okt. 1939 wurden schließlich die Löhne und Gehälter auf dem Stand vom 16. Okt. 1939 eingefroren.[128] Jedoch konnten die Reichstreuhänder und Sondertreuhänder Ausnahmen von dieser Regel zulassen. In einer Verwaltungsanordnung vom 7. Nov. 1939 legte der Reichsarbeitsminister darüber hinaus fest, daß es zum Aufrücken in eine höher entlohnte Altersstufe, Berufs- oder Tätigkeitsgruppe keiner besonderen Zustimmung des Reichstreuhänders bedurfte.[129] Damit war eine breite Palette von Möglichkeiten zur Umgehung des Lohnstops gelassen worden. Infolgedessen sanken die Durchschnittsverdienste in der Metallverarbeitung bis Ende 1939 nur leicht, um danach um so stärker wieder zu klettern (Abb. 2).

Daß auch nach Kriegsbeginn der nationalsozialistische Staat einer eher flexiblen Lohnpolitik den Vorzug gab, lag in der Furcht begründet, andernfalls könnte es zu »ungünstigen psychologischen Auswirkungen der den Arbeitern durch die Kriegswirtschaftsverordnung auferlegten Lasten« kommen.[130] Die offiziell legitimierte Durchlöcherung der Lohnbestimmungen rechtfertigt Petzinas These, daß der KWVO in ihrem lohnpolitischen Teil eine »stärker deklamatorische denn praktische Funktion« zukam.[131] Dies darf jedoch nicht darüber hinwegtäuschen, daß gerade die in den rüstungswichtigen Betrieben der Eisen- und Stahlindustrie und der Metallverarbeitung beschäftigten Arbeiter infolge der Streichung der Zuschläge für Mehrarbeit eine »fühlbare Einbuße im Lebensstandard« hinnehmen mußten, weil die Zuschläge hier einen »ins Gewicht fallenden Teil des Einkommens der Arbeiterschaft«[132] ausmachten und »schon seit längerem zur ständigen Gewohnheit« geworden waren.[133] Ergänzt wurden die lohnpolitischen Restriktionen dadurch, daß den Reichstreuhändern eine Ordnungsstrafgewalt übertragen wurde. Sie konnten fortan Geldstrafen »in unbegrenzter Höhe« verhängen und Gefängnis- oder Zuchthausstrafen beantragen.[134] Weitere Erlasse weiteten die Strafbefugnisse der Reichstreuhänder bzw. der ihnen unterstellten Behörden 1941/42 noch aus.[135] Nach Angleichung der Wirtschaftsgebiete an die Gaugrenzen seit Sommer 1943 wurden schließlich die meisten Präsidenten der (neugebildeten) Gauarbeitsämter gleichzeitig auch Reichstreuhänder der Arbeit.[136] Parallel dazu brachte die 1942 erfolgte Einsetzung eines ›Generalbevollmächtigten für den Arbeitseinsatz‹ (Saukkel) und die damit einhergehende – weitere – Entmachtung des Reichsarbeitsministers die Reichstreuhänder zunehmend unter die Kontrolle dieses Generalbevollmächtigten.

Wenn die Reichstreuhänder auch während des Krieges von den Befugnissen, die sie durch die KWVO erhalten hatten, nur relativ zurückhaltend Gebrauch machten, dann war dies nicht allein auf die Überlastung der ihnen unterstellten Verwaltungen zurückzuführen.[137] Entscheidend war vielmehr, daß den verantwortlichen Institutionen klar war, daß ein allzu rigider Lohnstop bei gleichzeitiger grundsätzlicher Beibehaltung der bestehenden Eigentums- und Produktionsverhältnisse

»einer längeren Belastung nicht gewachsen ist, weil er der auch im Kriege fortschreitenden natürlichen Entwicklung nicht Rechnung trägt und auch nicht tragen kann. Er muß deshalb, wie jede Zwangsregulierung auf allen Gebieten unseres wirtschaftlichen Lebens eines Tages scheitern, wenn er nicht elastisch, d. h. unter Anpassung an die jeweilige Lage gehandhabt wird.«[138]

Diese Erkenntnis, die der ›starke Mann‹ im Reichsarbeitsministerium Werner Mansfeld Anfang 1942 führenden Vertretern der deutschen Industrie vortrug, war nicht zuletzt auch aus Erfahrungen erwachsen, die Staat und Unternehmerschaft bereits in den ersten Wochen des Zweiten Weltkrieges machen mußten. Wie der Staatssekretär im Reichswirtschaftsministerium Posse auf einer Ressortbesprechung beim ›Generalbevollmächtigten für die Wirtschaft‹ am 10. Nov. 1939 konstatieren mußte, hatte das Verbot der Zahlung von Zuschlägen o. g. Art zu massenhaften »Verweigerungen von Überstunden, Nacht- und Sonntagsarbeit und zu förmlichen Sabotageerscheinungen geführt«.[139] Auch die Unternehmer mußten einsehen, daß mit Anträgen auf Ordnungsstrafen wegen ›Disziplinlosigkeiten‹ von Arbeitnehmern – mit denen die Reichstreuhänder nach Erlaß der KWVO förmlich überschüttet wurden – der innerbetrieblichen ›Unruhe‹ und Leistungsverweigerung allein nicht beizukommen war, zumal sich die Reichstreuhänder lediglich zur vereinzelten und exemplarischen Bestrafung ›disziplinloser‹ Arbeiter bereitfanden. Weil bei Gefängnisstrafen die den Reichstreuhändern unterstellten Arbeitsämter nur schwer Ersatz für inhaftierte Arbeitskräfte beschaffen konnten, wurden meist lediglich Geldbußen verhängt oder die Haftstrafe »zur Bewährung« ausgesetzt.[140]

Da ›Betriebsfrieden‹ und ›Leistungsbereitschaft‹ durch Disziplinierung der Arbeiter allein nicht erhalten werden konnten, verlangten Vertreter der rheinisch-westfälischen Stahlindustrie bereits am 7. Sept. 1939, also drei Tage nach Erlaß der KWVO, eine Aufhebung des Verbots der Zahlung von Zuschlägen für Überstunden sowie den Verzicht auf die angestrebte ›Neuordnung‹ der Löhne.[141] Ähnliche Beschwerden seitens der Unternehmer häuften sich in den folgenden Wochen.[142] Sie gipfelten in einer Initiative des Vorsitzenden der Reichsgruppe Industrie, der in einer Unterredung Anfang Okt. 1939 dem ›Generalbevollmächtigten für die Wirtschaft‹ nahelegte, die entsprechenden Bestimmungen der KWVO zurückzunehmen.[143] Auch mehrere Gauleiter, die über die sich verschlechternde ›Stimmung‹ innerhalb der Arbeiterschaft besorgt waren, drangen auf eine Aufhebung des Verbots der Zahlung von Mehrarbeitszuschlägen etc. oder sprachen sich gegen weitere Lohnkürzungen aus.[144] Aus den gleichen Gründen kritisierten Vertreter der DAF die lohnpolitischen Bestimmungen der KWVO. Nachdem schließlich außerdem im Wehrwirtschafts- und Rüstungsamt – dem in erster Linie daran gelegen war, daß die Rüstungsaufträge pünktlich erfüllt und mögliche Leistungshemmnisse aus dem Weg geräumt wurden – Bedenken gegen den Abschnitt III der KWVO laut geworden waren, war die Aufhebung der entsprechenden Bestimmungen kaum mehr aufzuhalten.[145] Um nach außen hin das Gesicht zu wahren und die politische Niederlage, die ihnen de facto von der Arbeiterschaft bereitet worden war, nicht offen eingestehen zu müssen, wurden die politisch entscheidenden Passagen nicht in einem Zuge, sondern scheibchenweise annulliert. Nach einem Erlaß des Reichsarbeitsministers vom 21. Nov. 1939 sollten die Reichstreuhänder von generellen Lohnsenkungen Abstand nehmen und sich auf exemplarische Bestrafungen bei Überschreitungen des Lohnstops beschränken.[146] Mit Wirkung vom 27. Nov. 1939 wurden die Zuschläge für Nacht-, Sonntags- und Feiertagsarbeit,[147] mit Wirkung vom 18. Dez. 1939 die Zuschläge für die über zehn Stunden hinausgehende Mehrarbeit erneut eingeführt.[148] Nachdem vom 1. Jan. 1940 an die Arbeitszeit prinzipiell – mit vielen Ausnahmemöglichkeiten – wieder auf zehn Stunden begrenzt[149] und seit dem 15. Jan. 1940 auch die Regelungen über den Urlaub wieder in Kraft gesetzt worden waren,[150] wurde schließlich mit der Wiedereinführung der Auszahlung von Zuschlägen für die neunte und zehnte Arbeitsstunde ab 8. Sept. 1940[151] de facto wieder der Zustand vor Erlaß der KWVO hergestellt. Erleichtert wurde die Rücknahme der lohnpolitischen Teile der KWVO durch den für die Nationalsozialisten zunächst günstigen Kriegsverlauf, der eine »Milderung« der materiellen Lasten der deutschen Arbeiterschaft erlaubte[152] (auch weil diese Lasten nunmehr zunehmend der Bevölkerung der besetzten Gebiete aufgebürdet werden konnten). Die Aufhebung des Verbots der Zahlung von Zuschlägen für Mehrarbeit etc. machte das NS-Regime in den Folgejahren nicht wieder rückgängig, so daß sich die verlängerten Arbeitszeiten auch unmittelbar in der Höhe der Bruttostunden- und vor allem der Bruttowochenverdienste niederschlagen mußten.[153]

Auf der anderen Seite verschärfte der Reichsarbeitsminister allerdings durch eine Anordnung vom 25. April 1941 den Lohnstop, indem er das »Aufrücken in höher entlohnte Altersstufen, Berufs- und Tätigkeitsgruppen« fortan von der Zustimmung des zuständigen Treuhänders abhängig machte.[154] Die Überlastung der meisten Reichstreuhänder machte freilich eine strikte Anwendung auch dieser Anordnung unmöglich; stattdessen kam es lediglich zu exemplarischen Bestrafungen.[155] Ihre exponierte Stellung ließ die Reichstreuhänder nicht selten in eine Zwickmühle geraten: Nicht wenige Unternehmer versuchten sich dem Druck ihrer Arbeitnehmer nach Einkommensverbesserungen dadurch zu entziehen, daß sie sich mit Lohnerhöhungen grundsätzlich einverstanden erklärten und es dem Reichstreuhänder überließen, diese abzulehnen – so daß sich dieser bei den Arbeitern unbeliebt machen mußte oder (bei Lohnzugeständnissen) mit vorgesetzten staatlichen Stellen in Konflikt geriet.[156] Von erheblicher Bedeutung für die Lohnentwicklung war ferner die Änderung der Preispolitik bei öffentlichen Aufträgen Ende 1941. Die Einführung von ›Festpreisen‹ statt der vorher üblichen ›Kostenpreise‹ verringerte die Bereitschaft der Unternehmer, ihren Arbeitern Lohnerhöhungen (in versteckter oder offener Form) zu gewähren und verstärkte ihr Interesse, die Lohnkosten zu senken, da reduzierte Kosten nicht mehr an den Staat abgeführt zu werden brauchten, sondern unmittelbar als erhöhter Profit zu Buche schlugen. Mitte 1942 wurde außerdem von Sauckel eine Aktion ›Tätige Reue‹ ins Leben gerufen. Mit ihr sollten die Unternehmer veranlaßt werden, angeblich überhöhte Effektivverdienste auf den ›gesetzlichen Stand‹ zurückzuführen.[157] Diese Initiative, deren Ziel letztlich eine allgemeine Senkung des Lohnniveaus war, war allerdings allem Anschein nach nicht von besonderem Erfolg gekrönt.[158]

Auch wenn viele der seit Sept. 1939 verfügten lohnpolitischen Maßnahmen und insbesondere die Tätigkeit der zuständigen Institutionen – in erster Linie der Reichstreuhänder – nicht so wirkungsvoll waren, wie die nationalsozialistische Propaganda nach außen hin behauptete – eines sollte nicht vergessen werden: Die Arbeiter verfügten über keine Institution oder Organisation, die ihnen die kollektive Artikulation und Durchsetzung ihrer Interessen erlaubt hätte. Sie mußten mehr noch als in ›Friedenszeiten‹ alles unterlassen, was ihnen den Vorwurf des ›Klassenkampfes‹ eintragen konnte. Forderungen nach Einkommensverbesserungen ließen sich – wenn überhaupt – im allgemeinen nur individuell vorbringen und durchsetzen. Der Druck, den die Arbeiter auf die Löhne ausüben konnten, war aus diesem Grund relativ schwach.

4.2. Lohnentwicklung seit 1939

Bis 1944 führte das Statistische Reichsamt weiterhin viertel- bzw. halbjährlich Lohnsummenerhebungen durch.[159] Auch wenn die Ergebnisse dieser Erhebungen seit 1941 nur eingeschränkt mit den Vorkriegsdaten vergleichbar sind, da seit 1941 das Sudetenland und die in das Deutsche Reich eingegliederten ›Ostgebiete‹ – in denen die Bruttoverdienste unter dem Reichsdurchschnitt lagen – sowie die zivilen ausländischen Arbeitskräfte *ausschließlich* der ›Ostarbeiter‹ einbezogen wurden, geben sie dennoch Aufschluß über die Entwicklung der Bruttoverdienste im industriellen Durchschnitt und in den wichtigsten Branchen.

Im industriellen Durchschnitt gelang es dem nationalsozialistischen Staat seit 1941, die Effektivlöhne zu stabilisieren, die Bruttowochenverdienste der Arbeiterinnen – hauptsächlich aufgrund vermehrter Einführung von Halbtagsschichten – sogar in nicht unbeträchtlichem Maße zu drücken.[160] Von Bedeutung für die weitgehende Stabilisierung der Effektivlöhne auf dem Vorkriegsniveau im industriellen Durchschnitt war einmal die Umschichtung der Arbeiterschaft: Der Anteil der Facharbeiter, die die höchsten Löhne erzielten, an der Gesamtarbeiterschaft sank, der der angelernten Spezialarbeiter, die deutlich niedriger als Facharbeiter entlohnt wurden, stieg. Zu vermuten steht, daß die Bruttoverdienste beider, vom Statistischen Reichsamt aus erhebungstechnischen Gründen zusammengefaßten Arbeitergruppen sich erhöht hatten, durch die statistische Aggregation jedoch der falsche Eindruck der Lohnstabilität für qualifizierte Arbeiter entsteht. Bestätigt wird dies insofern, als die Bruttostundenverdienste der gelernten wie der angelernten Industriearbeiter in der Mehrzahl der Branchen bis 1943, zum Teil sogar bis März 1944 stiegen. Zu einem erheblichen Teil – das zeigt ein Blick auf Tab. 6 und 7 – war die Stagnation der Verdienste im industriellen Durchschnitt Resultat gegenläufiger Entwicklungen in den einzelnen Industriezweigen.[161]

Betrachten wir zuerst die Entwicklung der Bruttostundenverdienste in der Produktionsgüterindustrie (Tab. 6). Je nach Qualifikation sind hier für die Zeit von 1940 bis März 1944 auffällige Unterschiede festzustellen: Gelernte Arbeitskräfte konnten – wie zuvor – absolut und relativ einen vergleichsweise starken Anstieg ihrer Stundenverdienste durchsetzen. Die in der Eisen- und Stahlindustrie beschäftigten 1. Leute verzeichneten während dieses Zeitraumes einen Verdienstzuwachs je Stunde von 5,7%, Metallfacharbeiter einen von 7,6% und die Facharbeiter in der Gießereiindustrie sogar einen von 10,3%; am geringsten fiel der Zuwachs für die in der Chemieindustrie beschäftigten Betriebshandwerker mit 3,7% aus. In allen vier Branchen schwächte sich der Anstieg der Stundenverdienste der qualifizierten Arbeitskräfte allerdings seit 1942 deutlich ab. Wesentlich geringer als bei den Facharbeitern wuchsen zwischen 1940 und Frühjahr 1944 die Stundenverdienste der angelernten Arbeiter. Von 1942 bis 1944 hatten die in der Gießerei- und der metallverarbeitenden Industrie beschäftigten Angelernten sogar einen signifikanten Rückgang ihrer effektiven Stundenlöhne hinzunehmen. Noch ausgeprägter war dieser Trend bei den in der Produktionsgüterindustrie tätigen männlichen Hilfsarbeitern und (überwiegend unqualifizierten) Arbeiterinnen. Die Stundenverdienste beider Arbeitergruppen erhöhten sich im Reichsdurchschnitt gleichfalls nur bis 1941 (Eisen- und Stahlindustrie, Gießereien) bzw. 1942 (Metallverarbeitung, Chemieindustrie). Danach stagnierten hier die stündlichen Bruttoverdienste; zum Teil – so für die in der Gießereiindustrie tätigen Arbeiterinnen – kam es sogar zu einem empfindlichen Lohnabbau. Verantwortlich für diese Entwicklungen waren eine Reihe von Gründen: Nicht unwesentlich wurden die Durchschnittsverdienste dadurch beeinflußt, daß von den durch die Erhebung erfaßten Arbeitern mehr als zehn Prozent ausländische Zivilarbeiter waren,[162] deren Löhne deutlich unter denen ihrer deutschen Kollegen lagen; zudem ließ sich das Potential an – vorwiegend unqualifizierten – ausländischen Arbeitskräften von Unternehmerseite nutzen, die Effektivlöhne deutscher Hilfsarbeiter und -arbeiterinnen zu drücken. Während an unqualifizierten Arbeitskräften tendenziell kein Mangel bestand, blieb das Defizit an Facharbeitern während des Krieges bestehen. Vor allem mit Blick auf diese Arbeiterschicht wurde auch während des Krieges vereinzelt noch von ›Konjunkturlöhnen‹ gesprochen.[163]

Wenn seit 1942 die Stundenverdienste aller Arbeitergruppen (auch die der qualifizierten) weitgehend stagnierten, dann war dies außerdem darauf zurückzuführen, daß sich die seit 1941/42 rigider gehandhabten Instrumente staatlicher Lohnkontrolle nachteilig für die Arbeiter auszuwirken begannen. In der metallverarbeitenden Industrie kam der ›Lohnkatalog Eisen und Metall‹ hinzu, der – obwohl bis 1944 nur in einer Minderheit aller Metallbetriebe eingeführt – in sinkenden Effektivverdiensten vor allem für Angelernte und Frauen bei gleichzeitig schwach steigenden Facharbeiterlöhnen seinen statistischen Ausdruck fand. Die sinkenden Bruttoverdienste der Frauen resultierten darüber hinaus wesentlich – wie gesagt – aus der vermehrten Einführung von Halbtagsschichten. Besonders deutlich wird dies, wenn wir die *Bruttowochenverdienste* der in der Metallverarbeitung beschäftigten Arbeiterinnen betrachten (Tab. 7): Diese sanken von 1940 bis März 1944 um 14,7%! Aber auch die Stundenverdienste wurden in ihrer Höhe durch den sinkenden Anteil von Überstundenzuschlägen etc. nicht unerheblich beeinflußt.

Abgeschwächt setzten sich die für die männliche Arbeiterschaft der Produktionsgüterindustrien seit 1940 konstatierten Trends auch im *Baugewerbe* und der *Industrie der Steine und Erden* durch. Während die effektiven Stundenverdienste der qualifizierten Arbeitergruppen in einem allerdings kaum merkbaren Umfang stiegen, sanken – vor dem Hintergrund des hier besonders starken Einsatzes ausländischer Arbeitskräfte – die stündlichen Effektivlöhne der Hilfsarbeiter (mit Ausnahme der Bauhilfs- und Zementarbeiter).

In den wichtigsten Zweigen der *Konsumgüterindustrie* wurden die Bruttostundenverdienste – vor allem der Arbeiterinnen – zwischen 1940 und

Frühjahr 1944 in einem über dem industriellen Durchschnitt liegenden Maße *herauf*gesetzt. Zurückzuführen ist dies in erster Linie darauf, daß hier die Effektivverdienste bis 1939 das Krisenniveau von 1931/32 kaum überschritten und die Arbeiter einen besonderen ›Nachholbedarf‹ hatten. Zudem dürfte sich hier auch die Stillegung kleinerer Betriebe, in denen das Lohnniveau in aller Regel unter dem Durchschnitt lag, statistisch als Erhöhung der Bruttoverdienste niedergeschlagen haben. Welch einschneidenden Lohnabbau dennoch gerade die in der Verbrauchsgüterindustrie beschäftigte Arbeiterschaft während der zwölf Jahre nationalsozialistischer Herrschaft hinnehmen mußte, läßt sich erst ermessen, wenn wir Vergleichszahlen aus der Zeit vor der Krise – den Jahren 1927 bis 1929 – hinzuziehen. In manchen Zweigen der Konsumgüterindustrie hatten selbst Fachkräfte Kürzungen ihrer Stundenverdienste von zwölf bis zwanzig Prozent während des hier untersuchten Zeitraumes zu akzeptieren.[164] Noch kräftiger war der Lohnabbau je Stunde von Okt. 1928 bis März 1944 für die ›1. Leute‹ in der eisenschaffenden Industrie;[165] je Woche wurden – infolge übermäßiger Ausdehnung der Arbeitszeiten – die Ende 1928 erzielten Verdienste hier allerdings deutlich übertroffen. Ähnlich stark blieben die Stundenverdienste während der Jahre 1940 bis 1944 in der *Chemieindustrie* unter dem Niveau der während der letzten Hochkonjunktur vor 1933 gezahlten Effektivlöhne.[166] Besonders einschneidend war der Lohnabbau in der Zeit der nationalsozialistischen Herrschaft im *Baugewerbe*: Maurer bekamen im Frühjahr 1944 nicht einmal zwei Drittel (63,4%) dessen, was ihnen im Aug. 1929 je Stunde gezahlt wurde. Fast genauso gravierend waren die Lohnkürzungen für die anderen Arbeitergruppen dieses Industriezweiges. Lediglich in den Zweigen der *metallverarbeitenden* Industrie erreichten die Stundenverdienste der gelernten und angelernten Arbeiter im März 1944 wieder das Niveau vom Okt. 1928; Hilfsarbeiter und Arbeiterinnen mußten dagegen auch in diesem Industriezweig mit niedrigeren effektiven Stundenlöhnen vorlieb nehmen. Einkommens*verbesserungen* konnten Metallfacharbeiter erzielen: In der Stunde erzielten sie ein Jahr vor Kriegsende 3,2%, in der Woche sogar 13,1% mehr als im Okt. 1928. Neben den bereits genannten Gründen (vor allem die weit überdurchschnittliche Ausdehnung der Arbeitszeit sowie der in diesem Industriezweig besonders ausgeprägte Arbeitskräftemangel, der Unternehmer zur Zahlung von ›Locklöhnen‹ veranlaßte) sind diese Spitzenverdienste auf einen weiteren Faktor zurückzuführen, der in der Zeit des Krieges zunehmend in den Vordergrund trat: Die hochtechnisierten Einheiten der Wehrmacht hatten einen außerordentlich starken Bedarf an qualifizierten Arbeitskräften aus dem Metallbereich. Da sie zudem einen recht hohen Wehrsold zahlten und einmal rekrutierte Metallfacharbeiter – trotz anders lautender Verfügungen auch höchster staatlicher Stellen – nur sehr ungern an Industriebetriebe abgaben, gingen nicht wenige Metallarbeitgeber vor dem Hintergrund des offiziellen Lohnstops zu (in der Lohnstatistik gleichwohl erfaßten) illegalen Entlohnungspraktiken über. Sie bezahlten Überstunden, die nicht geleistet worden waren; sie gewährten Schmutzzulagen, wo keine Schmutzarbeit getan werden brauchte u. a. m.[167] Erst als aufgrund der militärischen Wende gegen Ende 1942 die Wehrmacht für Metallarbeiter an Attraktivität verlor und bereits die Drohung mit einer Aufhebung der UK-Stellung disziplinierend wirkte, flachte der Lohnauftrieb für diese Arbeiterschicht zusehends ab.

Alles im allem waren die in NS-Publikationen vielbeklagten ›Konjunkturlöhne‹ »in ihrer tatsächlichen Größe... volkswirtschaftlich, finanz- und währungspolitisch ohne Belang«:[168] Sie konnten die Aufrüstung des nationalsozialistischen Regimes nicht entscheidend beeinträchtigen. Dies läßt sich nicht nur aus lohnstatistischen Vergleichen mit den Jahren vor 1930 oder auch nach 1945 schließen,[169] sondern auch aus der Gegenüberstellung wichtiger volkswirtschaftlicher Indikatoren ersehen: Während sich zwischen 1928 und 1938 die Zahl der abhängig Beschäftigten um 25,6% erhöhte und die industrielle Produktion sogar um 41,1% gesteigert werden konnte, wurde das Bruttojahreseinkommen der Arbeiterschaft um durchschnittlich 5,1% reduziert. Entsprechend sank die Lohnquote – als der Anteil der Bruttoeinkommen aus unselbständiger Arbeit am Volkseinkommen – von 60,3% im Jahr 1928 bzw. 64,6% 1931 auf 54,9% im Jahre 1938[170] – mit im Krieg weiter sinkender Tendenz.[171] Daß dies politisch gewollt war, die »Steigerung der Arbeitsverdienste... in den vergangenen Jahren bewußt zurückgehalten worden (ist), um einen immer größer werdenden Teil der volkswirtschaftlichen Arbeitsleistung der Rüstung zuführen zu können«, wurde – intern – unmißverständlich ausgesprochen.[172]

Allerdings war – so konnte nachgewiesen werden – die Stabilität der Effektivverdienste auf niedrigem Niveau wesentlich Resultat einer gleichzeitig verstärkten Lohndifferenzierung zwischen den Branchen. Als Folge sowohl gezielter politischer Eingriffe wie auch ›naturwüchsiger‹, rüstungskonjunkturell bedingter Arbeitsmarktentwicklungen klafften die Verdienste privilegierter Arbeitergruppen – vor allem der qualifizierten Metallarbeiter – und die benachteiligter Arbeiterschichten hauptsächlich in der Konsumgüterindustrie und im Baugewerbe immer weiter auseinander. Die fortschreitende Differenzierung der Löhne beschränkte sich jedoch nicht nur auf die Unterschiede zwischen den Branchen; sie erfaßte auch andere Ebenen der Entlohnung.

5. Lohn- und Einkommensdifferenzierung 1927 bis 1944

5.1. Lohn- und Einkommensdifferenzierungen nach Geschlecht

Im Vergleich zu den Jahren vor der nationalsozialistischen ›Machtergreifung‹ wurde in der Zeit von *1933 bis 1938* die geschlechtsspezifische Diskriminierung der Frauen bei der Entlohnung verschärft (Tab. 8). Insbesondere in der Textilindustrie, abgeschwächt aber auch in der metallverarbeitenden Industrie (als den beiden Branchen, die im folgenden als ›Repräsentanten‹ der Konsumgüter- und Produktionsgüterindustrie exemplarisch ausführlicher untersucht werden) vergrößerte sich die Spanne zwischen den stündlichen Effektivverdiensten der Männer und Frauen.[173]

In der *Metallverarbeitung* setzte sich dieser Trend aus den oben genannten Gründen – vor allem aufgrund der vermehrten Halbtagsschichten – *nach Kriegsbeginn* fort. Deutlicher als bei den Bruttostundenverdiensten wuchs der Abstand zwischen Männer- und Frauenlöhnen deshalb bei den Bruttowochenverdiensten: In der metallverarbeitenden Industrie beschäftigte Hilfsarbeiter verfügten im Okt. 1928 über wöchentliche Bruttoeinkommen, die um 39,4% höher lagen als die der (meist unqualifizierten) Metallarbeiterinnen, bis 1944 war diese Differenz auf 77,3% gestiegen. Verstärkt wurde die lohnpolitische Diskriminierung der Metallarbeiterinnen durch die Einführung des ›Lohnkataloges Eisen und Metall‹ (LKEM), durch den unter dem Postulat von mehr ›Lohngerechtigkeit‹ auch die Lohnabstände zwischen weiblichen und männlichen Arbeitskräften weiter auseinandergezogen wurden.

In der *Textilindustrie* kehrte sich dagegen die für die Jahre bis 1939 konstatierte Entwicklung nach Kriegsbeginn um. Bei den Textilhilfsarbeiterinnen war die Angleichung der Stundenverdienste an die ihrer männlichen Kollegen sogar so weit gediehen, daß die im Frühjahr 1944 festgestellten Lohnabstände erheblich geringer ausfielen als vor der nationalsozialistischen ›Machtergreifung‹. In diesem Industriezweig bestand – im Gegensatz zur metallverarbeitenden Industrie – kein gravierendes Facharbeiterdefizit; die Effektivverdienste der männlichen Arbeitskräfte hatten in der Textilindustrie deshalb selbst in den ersten Kriegsjahren kaum das auf dem Tiefpunkt der Krise erreichte Niveau überschritten. Selbst geringe Lohnerhöhungen – von manchen Textilunternehmern vorgenommen, um Frauen zur Aufnahme oder Beibehaltung von lohnabhängigen Tätigkeiten in der Industrie zu gewinnen – mußten sich deshalb vor dem Hintergrund des sehr geringen Ausgangsniveaus der Stundenverdienste der Textilarbeiterinnen 1938/39 statistisch relativ stark zu ihren Gunsten auswirken. Im Grundsatz wurde jedoch weder in der Textilindustrie noch in anderen Industriezweigen an den niedrigen Verdiensten der Arbeiterinnen gerüttelt; im allgemeinen war die geschlechtsspezifische Diskriminierung der Frauen in dieser Hinsicht selbst

Tabelle 8: Bruttostundenverdienste weiblicher Arbeiter in v. H. der Bruttostundenverdienste männlicher Arbeiter in der metallverarbeitenden und der Textilindustrie 1927 bis 1944.

	1927/28 (a)	1930/31 (b)	1933 (c)	1936	1938	1940	1942	1944 (d)
Metallverarbeitung								
männl. Angelernte	100,0	100,0	–	100,0	100,0	100,0	100,0	100,0
Frauen (e)	62,6	62,9	–	59,8	59,9	58,8	58,0	57,6
männl. Hilfsarbeiter	100,0	100,0	–	100,0	100,0	100,0	100,0	100,0
Frauen (e)	75,3	73,5	–	77,0	77,0	76,1	76,2	73,2
Textilindustrie								
männl. Facharbeiter (f)	100,0	100,0	100,0	100,0	100,0	100,0	100,0	100,0
weibl. Facharbeiter (f)	72,4	72,3	73,6	71,0	69,9	71,3	72,5	71,5
männl. Hilfsarbeiter	100,0	100,0	100,0	100,0	100,0	100,0	100,0	100,0
weibl. Hilfsarbeiter	70,9	73,3	72,7	69,9	68,8	72,7	74,8	76,5

(a) Textilindustrie: Sept. 1927; Metallverarbeitung: Okt. 1928.
(b) Textilindustrie: Sept. 1930; Metallverarbeitung: Okt. 1931.
(c) Textilindustrie: Sept. 1933.
(d) März.
(e) In der Metallverarbeitung wurden die Frauen ungeachtet ihrer Qualifikation zu einer Arbeitergruppe zusammengefaßt. Deshalb wurden die Stundenverdienste der Fauen sowohl zu denen der angelernten als auch zu denen der ungelernten männlichen Arbeiter in Beziehung gesetzt.
(f) Angelernte und gelernte Arbeiter.

Quelle: wie Tab. 6.

in der zweiten Kriegshälfte deutlicher als vor 1933 ausgeprägt. Zwar verlangte der Reichsarbeitsminister in einem Erlaß vom 15. Juni 1940, daß in bestimmten Fällen (hauptsächlich bei Akkordarbeit) gleiche Löhne für »schon seit langem gleiche Arbeit von Männern und Frauen« zu zahlen seien;[174] und die DAF entfachte – angesichts der weitgehend fehlgeschlagenen Mobilisierung zusätzlicher Frauen für die Industriearbeit – eine Kampagne für gleiche Entlohnung von Mann und Frau.[175] Die höchsten Stellen von Staat und NSDAP lehnten derartige Vorschläge jedoch auch während des Krieges entschieden ab, nicht nur weil dies der nationalsozialistischen Weltanschauung widersprochen hätte, sondern auch weil – wie der Reichsarbeitsminister in einem Schreiben an Göring vom 21. Dez. 1939 behauptete – dies zu »sozialen Erschütterungen«, d. h. zur ›Unruhe‹ in der um ihre lohnpolitische Privilegierung fürchtenden männlichen Arbeiterschaft hätte führen können.[176]

5.2. Lohn- und Einkommensdifferenzierungen nach Qualifikation

Eine Tendenz zunehmender Differenzierung nach Qualifikation läßt sich bis Kriegsbeginn für die metallverarbeitende Industrie nur konstatieren, wenn die Bruttoverdienste der Facharbeiter (und Angelernten) mit denen der *Hilfsarbeiter* verglichen werden (Tab. 9). Bereits bis 1935/36 hatte sich hier der Abstand zwischen den Stundenverdiensten beider Arbeitergruppen im Vergleich zu den Jahren 1927 bis 1929 spürbar vergrößert. Ihre Erklärung findet diese Entwicklung in dem besonders starken Mangel an Fachkräften und den daraus im Vergleich zu den unqualifizierten Arbeiter(inne)n resultierenden überdurchschnittlichen Lohnsteigerungen. Diese Entwicklung setzte sich während des Zweiten Weltkrieges fort. In welchem Umfang unqualifizierte Arbeitskräfte in der Metallverarbeitung durch rüstungskonjunkturell bedingte, ›naturwüchsige‹ Entwicklungen auf dem Arbeitsmarkt und durch lohnpolitische Maßnahmen des NS-Regimes benachteiligt wurden, macht ein Vergleich der für März 1944 errechneten qualifikationsbezogenen Lohnabstände mit denen aus der Zeit vor Einbruch der Weltwirtschaftskrise deutlich. Die Stundenverdienste der in der metallverarbeitenden Industrie beschäftigten Hilfsarbeiter lagen im Okt. 1928 ›nur‹ um 27,7% unter denen der Metallfacharbeiter; bis Anfang 1944 hatte sich diese Spanne auf 34,3% ausgeweitet. Der seit 1942 zu beobachtende Differenzierungsschub resultierte im wesentlichen aus der Einführung des LKEM seit Ende 1942, der die Arbeiter nach ihrer Tätigkeit in ingesamt acht Lohngruppen staffelte und die Verdienste qualifizierter Arbeitskräfte von denen unqualifizierter weitaus stärker als zuvor absetzte. Der mit dem LKEM einsetzende Prozeß einer außerordentlichen Ausweitung der Lohndifferenzierung kommt in Tab. 9 im übrigen nur eingeschränkt zum Ausdruck, da das Statistische Reichsamt die drei höchsten Lohngruppen zwecks Vergleichbarkeit mit den vorausgegangenen Erhebungen zur Gruppe der Facharbeiter, die beiden untersten zur Gruppe der Hilfsarbeiter zusammenfaßte. Auch in einigen anderen Industriezweigen vergrößerten sich die Abstände zwischen gelernten und ungelernten Arbeitern in ähnlichem Ausmaß.[177] Für das Baugewerbe[178] und – in stark abgeschwächter Form – für wichtige Bereiche der Konsumgüterindustrie (neben der Textilindustrie vor allem die Süß-, Back- und Teigwarenindustrie) galt dagegen der umgekehrte Trend.

Während sich in der metallverarbeitenden Industrie die Effektivverdienste ungelernter und gelernter Arbeiter beträchtlich auseinanderentwickelt hatten, glichen sich die tatsächlichen Stundenlöhne der *angelernten* oder ›Spezialarbeiter‹ bis 1942 an die der Facharbeiter an. Zurückzuführen ist die insgesamt allerdings nur geringfügige Einebnung der Einkünfte zwischen den beiden qualifizierten Arbeiterschichten erstens auf das unterschiedliche Gewicht der Lohnformen: Der Anteil der Akkord- und Fließbandarbeiter (die im Prämien- oder Pensumlohn entlohnt wurden) unter den Angelernten erhöhte sich; bei den Facharbeitern verloren dagegen diese Lohnformen an Bedeutung.[179] Da im Zeitlohn tätige Arbeiter geringere Verdienste erzielten als die im Akkord arbeitenden Angehörigen derselben Arbeitergruppen, mußten Veränderungen bei den Lohnformen auch die Höhe der Durchschnittsverdienste beeinflussen. Als zweiter Grund kam hinzu, daß in größeren Unternehmen, die den bei ihnen beschäftigten Arbeitskräften im allgemeinen höhere Löhne als kleine Firmen zahlten, der sowieso schon überdurchschnittliche Anteil der angelernten Arbeiter weiter ausgedehnt wurde. Die im Reichsdurchschnitt etwas schneller steigenden Verdienste der angelernten Arbeitskräfte sind deshalb auch auf das erhöhte Gewicht zurückzuführen, das die in den Großbetrieben beschäftigten Angehörigen dieser Arbeiterschicht erhielten. Abgeschwächt wurde dieser Prozeß dadurch, daß qualifizierte und berufserfahrene Metallfacharbeiter auf dem Arbeitsmarkt in besonderem Maße ›Mangelware‹ waren und deshalb unter allen Arbeiterschichten noch am leichtesten Lohnverbesserungen durchsetzen konnten. Zu keinem Zeitpunkt war indessen die mit Blick auf die metallverarbeitende Industrie formulierte Behauptung des Arbeitswissenschaftlichen Instituts der DAF gerechtfertigt, »(d)ie Verdienste der ungelernten, angelernten und gelernten Gefolgschaftsangehörigen überschneiden sich *vollkommen*«.[180] Selbst 1941/42, als sich die Effektivlöhne der angelernten denen der gelernten Metallarbeiter am stärksten angenähert hatten, blieb die übernommene Lohnhierarchie unzweideutig gewahrt. Übertreibungen wie die oben zitierte sollten vielmehr die Öffentlichkeit auf die für diesen Industriezweig geplanten ›lohnordnenden Maßnahmen‹ vorbereiten, die unter anderem die Verstärkung und Verfeinerung bestehender Lohnhierarchien zum Inhalt hatten. In der Tat brachte der LKEM für die Metallverarbeitung hier seit 1942 eine auffällige Vertiefung der Lohnunterschiede zwischen angelernten und gelernten Arbeitern, die in Tab. 9 aufgrund der vom Statistischen Reichsamt vorgenommenen Zuordnung der

Tabelle 9: Bruttostundenverdienste unqualifizierter in v. H. der Bruttostundenverdienste qualifizierter Arbeiter in der metallverarbeitenden und der Textilindustrie 1927 bis 1944.

	1927/28 (a)	1930/31 (b)	1933 (c)	1936	1938	1940	1942	1944 (d)
Metallverarbeitung								
Facharbeiter	100,0	100,0	–	100,0	100,0	100,0	100,0	100,0
Hilfsarbeiter	72,3	74,3	–	68,0	68,0	68,4	66,4	65,7
Facharbeiter	100,0	100,0	–	100,0	100,0	100,0	100,0	100,0
Angelernte	86,9	86,8	–	88,1	87,5	88,5	87,1	83,5
Textilindustrie								
Facharbeiter (e)	100,0	100,0	100,0	100,0	100,0	100,0	100,0	100,0
Hilfsarbeiter	75,3	74,6	77,6	76,9	79,5	80,3	78,6	77,2

(a) Textilindustrie: Sept. 1927; Metallverarbeitung: Okt. 1928.
(b) Textilindustrie: Sept. 1930; Metallverarbeitung: Okt. 1931.
(c) Textilindustrie: Sept. 1933.
(d) März.
(e) Angelernte und gelernte Arbeiter.

Quelle: wie Tab. 6.

Verdienste der einzelnen Lohngruppen zu den vorher üblichen Oberbegriffen nur unzureichend sichtbar wird.

5.3. Lohn- und Einkommensdifferenzierungen nach Betriebsgrößenklassen

Das Statistische Reichsamt hat für den uns interessierenden Zeitraum keine Zahlen veröffentlicht, die Aufschluß über die Entwicklung der Lohn- und Einkommensdifferenzierung nach Betriebsgrößenklassen geben. Um dennoch die Frage beantworten zu können, in welchem Ausmaß die Arbeitnehmereinkommen nach Unternehmensgröße während der NS-Zeit differierten, habe ich auf der Basis der von den deutschen Aktiengesellschaften veröffentlichten Gewinn- und Verlustrechnungen sowie der Angaben über die jeweiligen Belegschaftsgrößen eine entsprechende Erhebung vorgenommen.[181] Die Erhebung, die aus methodischen Gründen nur für den Maschinen- und Apparatebau sowie die Textilindustrie durchgeführt wurde,[182] umfaßt die Jahre 1932 bis 1938. Für die Jahre vorher wurden von den Aktiengesellschaften im allgemeinen keine Angaben über die Lohn- und Gehaltssummen gemacht. Während der Kriegsjahre unterblieb in aller Regel zumindest die Veröffentlichung der Belegschaftszahlen.[183] Ein Vergleich mit den Jahren vor 1933 und der Zeit des Krieges ist deshalb nicht möglich; ein Vergleich mit den Jahren nach 1945 hätte den Rahmen der Arbeit gesprengt und außerdem erhebliche methodische Probleme aufgeworfen. Ferner wurden Lohn- und Gehaltssummen von den Aktiengesellschaften nicht getrennt veröffentlicht; Aussagen über die Einkommensentwicklung sind deshalb nur für die *Gesamtheit* der Arbeitnehmer, nicht aber über die der Untergruppen der Arbeiter und Angestellten möglich.[184] Zwar sind in der Erhebung größere Unternehmen überrepräsentiert;[185] dennoch kann für alle auf der Erhebung basierenden Statistiken beansprucht werden, daß sie die Gesamtheit der Unternehmen beider Industriezweige zumindest im Hinblick auf Richtung und ungefähres Ausmaß der Einkommensdifferenzierungen während der Jahre 1932 bis 1938 repräsentieren.[186]

Die Abhängigkeit der Arbeitnehmereinkünfte von der Betriebsgröße war besonders stark im *Maschinen- und Apparatebau* ausgeprägt (Tab. 10). Die in einem Großbetrieb mit mehr als 5000 Arbeitnehmern beschäftigte durchschnittliche Arbeitskraft verdiente 1932 im Monat 36 RM oder 30,2 % mehr als der in einem Kleinunternehmen (unter 100 Beschäftigte) angestellte Arbeitnehmer. Bis 1938 hatte sich dieser Abstand auf 66,4 RM oder 42,8 % vergrößert. Außerdem erhielt der in einer kleineren Aktiengesellschaft beschäftigte Arbeitnehmer selbst 1938 mit 155,1 RM nicht einmal das Monatseinkommen, das das in einem Großunternehmen beschäftigte durchschnittliche Belegschaftsmitglied im Krisenjahr 1932 erhalten hatte (155,3 RM). Ferner fällt auf, daß 1938 in dieser Branche einerseits die in den beiden unteren Betriebsgrößenklassen (bis 250 Beschäftigte) und andererseits die in

Tabelle 10: Einkommensdifferenzierung nach Betriebsgrößenklassen im Maschinen- und Apparatebau sowie der Textilindustrie 1932 bis 1938 (RM; Arbeiter und Angestellte).

Betriebsgröße (Beschäftigte 1935)	(a)	1932	1933	1934	1935	1936	1937	1938	Anteil der Angestellten an der Gesamtbelegschaft (in v. H., 1935) (b)	
Maschinen- und Apparatebau										
unter 100 Beschäftigte	(4)	119,3	123,6	133,4	149,5	149,2	164,8	155,1	(1)	–
100 bis 249 Beschäftigte	(11)	124,5	116,8	128,0	146,2	146,1	156,1	164,6	(8)	15,7%
250 bis 499 Beschäftigte	(8)	129,2	153,8	165,0	173,9	181,0	179,1	198,8	(4)	16,2%
500 bis 999 Beschäftigte	(10)	132,9	154,5	171,4	170,3	178,6	196,2	207,8	(6)	20,5%
1000 bis 1999 Beschäftigte	(6)	153,3	139,8	174,8	187,6	191,1	201,0	211,4	(4)	17,7%
2000 bis 4999 Beschäftigte	(5)	138,6	155,1	173,6	183,4	187,7	196,1	200,9	(3)	14,5%
über 5000 Beschäftigte	(3)	155,3	189,1	193,0	198,2	189,9	213,7	221,5	(–)	–
Durchschnitt	(47)	145,9	163,8	179,0	186,7	186,4	201,9	210,2	(26)	16,5%
Textilindustrie										
unter 250 Beschäftigte	(9)	100,5	107,1	114,9	108,6	115,1	127,6	144,6	(7)	15,0%
250 bis 499 Beschäftigte	(14)	111,4	109,2	114,1	116,8	115,8	120,8	121,2	(10)	9,0%
500 bis 999 Beschäftigte	(15)	110,4	111,4	115,6	110,9	116,4	122,4	130,5	(10)	9,0%
1000 bis 1999 Beschäftigte	(14)	103,8	107,5	108,2	113,9	115,0	123,1	125,6	(8)	8,1%
2000 bis 4999 Beschäftigte	(4)	121,5	122,7	135,5	134,2	148,2	158,1	164,1	(2)	6,7%
über 5000 Beschäftigte	(4)	125,1	124,0	129,0	125,9	139,1	148,5	145,4	(2)	13,0%
Durchschnitt	(60)	114,9	117,9	121,0	121,1	128,6	137,1	139,0	(39)	10,0%

(a) Erfaßte Aktiengesellschaften.
(b) Erfaßte Aktiengesellschaften, die Angaben über Beschäftigte getrennt nach Arbeitern und Angestellten veröffentlichten.

mittleren und großen Unternehmen erzielten Monatseinkommen ziemlich dicht beieinander lagen. Dieser Bruch zwischen großen und kleinen Aktiengesellschaften begann sich erst 1933/34 auszuprägen; während der Krise war dieser Einkommensunterschied weitgehend eingeebnet worden. Im Vergleich zum Maschinen- und Apparatebau war die Einkommensdifferenzierung nach Betriebsgrößen in der *Textilindustrie* uneinheitlicher. In der Tendenz kam es in diesem Industriezweig für den hier betrachteten Zeitraum im Unterschied zum Maschinen- und Apparatebau eher zu einer Nivellierung der Einkommen nach Betriebsgrößenklassen.

Worauf sind diese Entwicklungen zurückzuführen? Daß größere Betriebe höhere Löhne und Gehälter zahlten, kann nicht überraschen: Sie hatten ihren Standort eher in größeren Städten und waren deshalb häufiger in höhere Ortsklassen eingestuft. Wenn sich dieser Abstand im *Maschinen- und Apparatebau* bis 1938 jedoch noch erheblich vergrößerte, dann müssen zusätzliche, NS-spezifische Faktoren zur Erklärung herangezogen werden: Großunternehmen waren überdurchschnittlich gewinnträchtig – nicht zuletzt weil an sie bevorzugt Rüstungsaufträge vergeben wurden –, so daß sie einen erheblich größeren Spielraum für Lohnzugeständnisse besaßen als kleine Betriebe; gleichzeitig waren lohnegalisierende Tendenzen mit dem Fortfall der Gewerkschaften und infolge der nach der ›Machtergreifung‹ veränderten rechtlichen und politischen Rahmenbedingungen erheblich abgeschwächt worden. Hinzu kam die meist kontinuierlichere Belieferung größerer Betriebe mit betriebsnotwendigen Rohstoffen, die gleichbleibend lange Wochenarbeitszeiten und entsprechend hohe Einkommen erlaubte. Kleinere Unternehmen waren demgegenüber häufiger aufgrund von Rohstoffknappheit zu Produktionsunterbrechungen und Kurzarbeit gezwungen. Seit 1936 partizipierten allerdings auch viele kleinere Unternehmen in den rüstungswichtigen Zweigen der Metallindustrie zusehends am wirtschaftlichen Aufschwung. Da seit 1935 insbesondere Fachkräfte auf dem Arbeitsmarkt kaum mehr vorhanden waren, wurden nunmehr auch solche Betriebe zur Gewährung höherer Einkommen gezwungen. Dies zeigt am Beispiel des Maschinen- und Apparatebaus ein Vergleich der Betriebsgrößenklassen II (100 bis 249 Beschäftigte) und VII (über 5000 Beschäftigte): 1932 bis 1934 wurden in den Unternehmen mit 100 bis 249 ›Gefolgschaftsmitgliedern‹ die Einkommen um lediglich 2,8% heraufgesetzt, in der höchsten Betriebsgrößenklasse dagegen um 24,3%; in den Jahren danach kehrte sich diese Entwicklung fast um.[187]

Wenn in der *Textilindustrie* die Einkommensdifferenzierung nach Betriebsgröße nicht so stark ausgeprägt war und bis Kriegsbeginn im Vergleich zur Krise sogar vermindert wurde, dann war dies in erster Linie Resultat der bewußten Benachteiligung dieses Industriezweiges durch die nationalsozialistische Wirtschaftspolitik, die (fast) alle Textilunternehmen – ungeachtet ihrer Größe – gleichmäßig traf. Noch 1935 bzw. 1936 war – vor allem aufgrund der weit verbreiteten Kurzarbeit und der teilweise untertariflichen

Entlohnung der minderqualifizierten Arbeitergruppen – in den meisten Betriebsgrößenklassen dieses Wirtschaftssektors das Verdienstniveau des Krisenjahres 1932 kaum überschritten; erst danach kam es hier zu nennenswerten Einkommenserhöhungen. Wie stark die Textilindustrie und die hier beschäftigten Arbeitnehmer im Vergleich zu den Branchen der Metallverarbeitung während der Herrschaft der Nationalsozialisten zurückgesetzt wurden, wird ersichtlich, wenn wir die Einkommensentwicklung der Aktiengesellschaften beider Branchen mit einer Belegschaft von 500 bis 999 miteinander vergleichen: Während die Monatsverdienste der Textilunternehmen dieser Betriebsgröße bis 1935 fast vollständig stagnierten (+ 0,5%), hatten die Arbeitnehmer in Maschinenbaugesellschaften derselben Größenordnung während desselben Zeitraumes mit + 28,1% einen deutlichen Einkommenszuwachs zu verzeichnen. Erst in den letzten Jahren vor Kriegsbeginn, als sich auch in der Textilindustrie ein leichter konjunktureller Aufschwung abzuzeichnen begann, konnten Textilarbeitnehmer dieser Betriebsgrößenklasse mit den Erhöhungen der monatlichen Einkommen ihrer in gleichgroßen Betrieben der Maschinenbauindustrie beschäftigten Kollegen prozentual (nicht absolut) in etwa gleichziehen.

5.4. Lohn- und Einkommensdifferenzierungen nach Ortsgrößenklassen

Die Frage, wie sich die Lohn- und Einkommensdifferenzierungen nach Ortsgrößenklassen während der ersten sechs Jahre der nationalsozialistischen Herrschaft entwickelten, kann im wesentlichen mit Hilfe der vom Statistischen Reichsamt durchgeführten Lohnerhebungen beantwortet werden (Tab. 11).

In der *metallverarbeitenden* Industrie wurde der Abstand bei den Bruttostundenverdiensten während der Jahre 1935 bis 1939 zwischen kleinen Ortschaften einerseits und Großstädten andererseits für alle Arbeitergruppen in auffälliger Weise verringert. Hatten im Dez. 1935 z. B. die in der Metallverarbeitung beschäftigten Hilfsarbeiter in Berlin und Hamburg noch um 27,9% höhere Stundenverdienste als die in Kleinstädten und Dörfern tätigen unqualifizierten Metallarbeiter erhalten, so war diese Spanne bis Kriegsbeginn auf 16,5% geschrumpft. Ähnlich stark verringerte sich auch der Vorsprung der Stundenverdienste der gelernten und angelernten Metallarbeiter in Großstädten mit einer Einwohnerschaft von 200 000 – 500 000 gegenüber dem ihrer Kollegen gleicher Qualifikation in kleinen Ortschaften unter 10 000 Einwohnern. Die für die Zeit der Krise zu konstatierende Einebnung der Verdienste der Metallarbeiter zwischen den Ortsgrößenklassen[188] wich also nur vorübergehend, bis etwa 1935/36, einer Vertiefung der Lohnunterschiede; danach kehrte sich dieser Trend wieder um. Die Gründe für diese Entwicklung sind in den skizzierten Veränderungen auf dem Arbeitsmarkt zu suchen: 1934/35 war der Mangel an (qualifizierten) Arbeitskräften noch auf einige wenige, großstädtisch geprägte Industrieregionen beschränkt gewesen. Nur hier hatten bis zu diesem Zeitpunkt vor allem gelernte und angelernte Metallarbeiter diese Situation zur Verbesserung ihrer Verdienste nutzen können. Bis 1938/39 hatte sich der Arbeitermangel dann auf alle Regionen (sowie Arbeiterschichten und Betriebsgrößen) verallgemeinert – mit dem Ergebnis, daß sich die Verdienste auch in den einzelnen Ortsgrößenklassen wieder annäherten. Um keine Arbeitskräfte an die durch die Einstufung in höhere Tarifklassen der sowieso privilegierten großstädtischen Metallindustrie zu verlieren, setzten seit 1936/37 die in kleineren Industriestädten angesiedelten Metallbetriebe die Verdienste in überdurchschnittlichem Maße herauf.

In der *Textilindustrie* verlief die Entwicklung genau umgekehrt. Für die sich zwischen Dez. 1935 und Kriegsbeginn zunehmend vergrößernden Abstände zwischen den Verdiensten nach Ortsgrößen war ebenfalls die – in dieser Branche ganz andere – Arbeitsmarktsituation verantwortlich: 1939 herrschte ebensowenig wie 1935 ein dem Arbeitskräftedefizit in der Metallindustrie vergleichbarer Mangel an Textilarbeitern. Die in Großstädten ansässigen Textilunternehmen waren dennoch zu deutlichen Lohnerhöhungen gezwungen, wenn sie verhindern wollten, daß die bei ihnen beschäftigten Arbeitskräfte in die – überwiegend in größeren Städten konzentrierte – Metallindustrie abwanderten. ›Auf dem Lande‹ ansässige Textilbetriebe sahen sich im allgemeinen zu solcher Lohnpolitik nicht veranlaßt, da die relativ hohen Verdienste der (fernen) Metallindustrie hier meist keine unmittelbare Anziehungskraft ausübten. Während 1939 im Reichsdurchschnitt die Bruttostundenverdienste der (angelernten und gelernten männlichen) Textilfacharbeiter die der in der Metallverarbeitung beschäftigten Hilfsarbeiter um 3,4% unterschritten, lagen sie in Großstädten (200 000 bis 1 Mio. Einwohner) mit 18,6% und 17,3% deutlich über dem Lohnniveau der in diesen Ortsgrößenklassen beschäftigten unqualifizierten Metallarbeiter.

Für das *Baugewerbe* lassen sich eher der Metallverarbeitung vergleichbare Lohnverschiebungen konstatieren, allerdings in deutlich abgeschwächter Form. Verantwortlich hierfür war erstens die Verallgemeinerung des Ende 1935 noch auf einzelne Großstädte begrenzten Mangels an Maurern und anderen Baufacharbeitern und zweitens die restriktive Arbeitsmarktpolitik des NS-Staates: Bis 1935/36 hatten insbesondere die auf dem Lande ansässigen Bauunternehmer benötigte Hilfsarbeiter überwiegend aus der abwanderungswilligen männlichen Landbevölkerung rekrutiert; durch die insbesondere nach Verkündung des ›Vierjahresplanes‹ verschärften arbeitsmarktpolitischen Beschränkungen war ihnen dies weitgehend unmöglich gemacht worden. Die Konkurrenz um das dadurch begrenzte Reservoir an unqualifizierten Arbeitskräften trieb danach auch in agrarisch geprägten Regionen die Verdienste der Bauhilfsarbeiter in die Höhe. Für andere Branchen liegen – mit Ausnahme der *Bau- und Möbeltischlerei*, wo die Entwicklung ähnlich verlief wie in der Textilindustrie[189] – keine vergleichbaren Zahlen vor. Für

Tabelle 11: Bruttostundenverdienste von Fach- und Hilfsarbeitern nach Ortsgrößenklassen in der Metallverarbeitung, im Baugewerbe sowie in der Textilindustrie im Sept. 1935 und Sept. 1939 (in Rpf.).

Orte (Einwohnerzahl)	Facharbeiter (a)		Hilfsarbeiter	
	Sept. bzw. Dez. 1935 (b)	Sept. 1939	Sept. bzw. Dez. 1935 (b)	Sept. 1939
Metallverarbeitung				
mehr als 1 Million	108,5	121,2	76,0	82,0
500 000 bis 1 Million	98,5	109,1	65,7	74,0
200 000 bis 500 000	96,3	106,7	65,5	73,2
100 000 bis 200 000	91,8	103,3	62,2	69,9
50 000 bis 100 000	95,3	103,0	61,1	71,8
25 000 bis 50 000	87,9	99,8	61,9	68,0
10 000 bis 25 000	94,6	103,9	60,2	69,9
unter 10 000	87,5	102,0	59,4	70,4
Reichsdurchschnitt	96,4	108,1	65,8	73,6
Baugewerbe				
mehr als 1 Million	–	117,6	92,8	93,6
500 000 bis 1 Million	90,2	97,1	75,9	78,4
200 000 bis 500 000	89,8	95,7	75,1	77,4
100 000 bis 200 000	84,5	91,9	71,1	73,3
50 000 bis 100 000	82,4	84,6	68,9	68,6
25 000 bis 50 000	78,1	83,7	65,4	68,3
10 000 bis 25 000	74,6	79,8	62,0	66,2
unter 10 000	71,0	78,4	60,4	64,4
Reichsdurchschnitt	80,2	86,3	68,0	71,0
Textilindustrie				
mehr als 1 Million	–	78,3	–	63,6
500 000 bis 1 Million	74,4	86,8	60,8	69,2
200 000 bis 500 000	74,8	86,8	62,1	70,1
100 000 bis 200 000	77,1	79,0	52,0	57,9
50 000 bis 100 000	68,6	74,5	52,7	56,4
25 000 bis 50 000	69,6	79,3	54,9	59,0
10 000 bis 25 000	66,4	66,5	53,8	58,7
unter 10 000	66,1	67,5	49,6	53,9
Reichsdurchschnitt	69,0	71,1	53,3	57,3

(a) Baugewerbe: Facharbeiter = Maurer; Textilindustrie: Gelernte und Angelernte.
(b) Metallverarbeitung und Textilindustrie: Dez. 1935; Baugewerbe: Sept. 1935.

Quelle: Wirtschaft und Statistik, Jg. 16, 1936, S. 285; Schreiben des Präsidenten des Statistischen Reichsamtes an den Reichsarbeitsminister vom 9. Mai 1940, in: BA Koblenz R 41/Bd. 66, Bl. 9.

die Zeit des Krieges lassen sich Angaben zur Differenzierung der Bruttostundenverdienste nach Ortsgrößenklassen lediglich für Sept. 1941 und auch nur für die gesamte verarbeitende Industrie – und nicht die einzelnen Branchen – machen. Da in dieser Erhebung die Verdienste der Arbeiter in den okkupierten, dem ›Großdeutschen Reich‹ eingegliederten Gebiete miterfaßt sind, ist ein Vergleich mit den Vorkriegsstatistiken nicht möglich.[190]

Auch *innerhalb* einer Ortsgrößenklasse waren die gezahlten Löhne keineswegs einheitlich. In den Großstädten des *Ostens* wurden weitaus geringere Bruttostundenverdienste gezahlt als im *Westen*: Ein im Zeitlohn beschäftigter *Holz*facharbeiter z. B. erhielt im März 1934 in Königsberg einen effektiven Stundenverdienst von 78,2 Rpf., in Breslau von 77,0 Rpf.; in Berlin und Hamburg lagen die Bruttostundenverdienste zum selben Zeitpunkt um mehr als zwanzig Prozent, in Bremen, Hannover, Stuttgart und München um fünf bis zehn Prozent darüber.[191] Ein in der Provinz Brandenburg ansässiger *Metall*facharbeiter bekam – so wurde in einer Denkschrift des Reichsarbeitsministers über ›Lohnentwicklung und Lohnlage im letzten Halbjahr 1935‹ festgestellt –, wenn er in einer Stadt mit 25 000 bis 50 000 Einwohnern beschäftigt war, ein durchschnittliches Wocheneinkommen von mehr als 55 RM; in Schlesien erreichten die Angehörigen derselben Arbeitergruppe zum selben Zeitpunkt in der gleichen Ortsgrößenklasse im Durchschnitt nur einen Bruttowochenverdienst von »etwas mehr als 32,- RM«.[192] Den regionalen Lohnunterschieden kam also eine erhebliche Bedeutung zu.

5.5. Lohn- und Einkommensdifferenzierungen nach Regionen

Verantwortlich für die erheblichen Einkommensunterschiede zwischen den Regionen (Tab. 12) war in erster Linie die jeweilige Wirtschaftsstruktur und damit die Zusammensetzung der Beschäftigten nach Branchen in den einzelnen Wirtschaftsregionen. Je stärker eine Region agrarisch geprägt und je größer das Gewicht der niedrigen Löhne der Land- und Forstarbeiter war, desto geringer fiel der durchschnittliche Arbeitsverdienst aus (Posen – Westpreußen, Ostpreußen, Oberfranken – Niederbayern). Überdurchschnittlich hoch waren die Einkommen in mehr oder weniger reinen Industrieregionen. Aber auch zwischen Industrieregionen konnten erhebliche Unterschiede bestehen, je nach dem, ob die Konsumgüterindustrie – in der die Arbeiterschaft meist schlecht bezahlt wurde – oder die Produktionsgüterindustrie dominierte. In Berlin beispielsweise, wo die metallverarbeitende Industrie mit ihren Löhnen eine Spitzenstellung einnahm, lagen die wöchentlichen Verdienste durchgängig weitaus höher als etwa in Sachsen, wo die – niedrige Löhne zahlende – Textilindustrie eine bedeutende Rolle spielte.

Diese Differenzen waren nicht neu, sondern schon vor 1933 vorhanden. Ein Vergleich der Verdienstniveaus fördert jedoch NS-spezifische Phäno-

Tabelle 12: Bruttowocheneinkommen in den wichtigsten Regionen des Deutschen Reiches nach den Angaben der Invalidenversicherung 1929 bis 1938 (in RM)

	1929	1930	1931	1932	1933	1934	1935	1936	1937	1938
Hansestädte	45,38	43,74	40,67	31,74	29,07	27,89	29,70	31,51	33,69	33,50
Rheinprovinz	38,32	36,54	33,26	25,52	24,48	25,32	26,60	27,93	29,25	30,74
Berlin	36,48	36,08	32,97	29,37	28,12	28,55	30,80	32,64	34,40	34,73
Sachsen	30,96	29,31	26,67	22,73	21,94	23,07	23,64	24,49	25,31	26,46
Württemberg	28,58	27,65	25,09	21,58	21,26	22,73	23,66	24,77	25,96	27,17
Schlesien	23,65	23,35	21,73	18,32	17,63	18,64	19,15	19,81	20,53	21,44
Oberpfalz-Niederbayern	21,87	21,66	19,86	16,93	15,71	16,06	17,10	17,64	18,85	20,39
Ostpreußen	18,64	18,86	18,43	16,06	15,17	16,09	16,99	17,68	18,38	19,22
Posen-Westpreusen	17,56	17,73	16,63	14,61	14,33	14,99	16,00	16,76	17,84	19,14
Deutsches Reich	31,19	30,57	27,73	22,88	21,88	22,83	24,04	25,25	26,50	27,84

(Quelle: Wirtschaft und Statistik, Jg. 16, 1936, S. 327; Jg. 17, 1937, S. 251; Jg. 18, 1938, S. 306; Jg. 19, 1939, S. 299.)

mene zu Tage: Der Abstand zwischen niedrigsten und höchsten Arbeitereinkommen wurde während dieses Zeitraumes deutlich verringert. 1929 erzielte ein in den Hansestädten ansässiger Arbeiter im Durchschnitt mehr als das zweieinhalbfache (+ 158,4%) als ein in Posen-Westpreußen beschäftigter Arbeiter. Bis 1938 war dieser Verdienstunterschied auf 75,0% geschrumpft, mithin mehr als halbiert worden. Lediglich in den beiden Wirtschaftsgebieten, in denen die Arbeitereinkommen am geringsten waren, lagen die Monatsverdienste 1938 über dem Niveau von 1929: In Posten-Westpreußen hatten die Arbeiter während dieses Zeitraumes einen durchschnittlichen Einkommenszuwachs von 9,0%, in Ostpreußen von 3,1% zu verzeichnen. In allen anderen Gebieten waren die Wochenverdienste zurückgegangen (obgleich in allen Landesarbeitsamtsbezirken 1938 die Arbeitslosenquote deutlich unter dem Stand von 1929 lag). Vor allem die Arbeiter der traditionellen Industrieregionen hatten in diesen zehn Jahren auffällige Einkommenskürzungen hinzunehmen: In den Hansestädten waren die wöchentlichen Bruttoverdienste gegenüber 1929 um durchschnittlich 26,2%, in der Rheinprovinz um 19,8% und in Sachsen um 14,5% gekürzt worden. In diesen drei Regionen lag der Lohnabbau beträchtlich über dem Reichsdurchschnitt (10,7%). Lediglich in Berlin waren die Wocheneinkommen nur wenig, um 4,8% geschrumpft.

Worauf ist die allmähliche Nivellierung der regionalen Einkommensunterschiede bis 1938 zurückzuführen? In allen Branchen war bis Kriegsbeginn das Niveau der Bruttostundenverdienste der Jahre 1927 bis 1930 bei weitem noch nicht wieder erreicht worden (Tab. 6). In den traditionellen Industriegebieten veränderte sich die Beschäftigtenstruktur (das relative Gewicht der Industriezweige) nur wenig. Hier mußten 1938/39 deshalb auch die durchschnittlichen Arbeitereinkommen am deutlichsten unter dem Niveau des Jahres 1929 liegen. In den Einkommensverbesserungen, die in den östlichen Gebieten des Deutschen Reiches zu verzeichnen waren, kommen demgegenüber die insbesondere seit 1936 eingeleiteten Versuche zum Ausdruck, hier aus rüstungs- und lohnpolitischen Gründen verstärkt auch Produktionsgüterindustrien anzusiedeln.[193] Dennoch blieben auch während der NS-Herrschaft – deutlich abgeschwächt – im Osten Deutschlands die Einkünfte der abhängig Beschäftigten allgemein niedriger als im Westen.

1929 wurden den Arbeitern der Hansestädte die höchsten Verdienste gezahlt; bis 1938 waren sie von den Berliner Arbeitern überflügelt worden. Dieser Verlust der Spitzenstellung der Hamburger, Bremer und Lübecker Arbeiter – deren Einkommen überdies, im Gegensatz zu allen anderen Wirtschaftsgebieten, erst 1934 den Tiefpunkt erreichte – ist auf die spezifische Form der nationalsozialistischen Wirtschaftskonjunktur zurückzuführen. Die im Zuge der Autarkiepolitik vollzogene weitgehende Abschottung der deutschen Wirtschaft vom Weltmarkt mußte die Nord- und Ostseehäfen als vormalige Dreh- und Angelpunkte des Außenhandels in beträchtlichem Maße benachteiligen. Die weitgehende Orientierung der deutschen Industrie auf den Binnenmarkt drängte diese Wirtschaftsgebiete geographisch und (in geringerem Maße auch) ökonomisch an den Rand. Demgegenüber stand die Berliner Industrie im Zentrum dieses Binnenmarktes. Außerdem hatten die in der Reichshauptstadt Berlin beheimateten Metallunternehmen überdurchschnittlich zahlreiche und umfängliche Rüstungsaufträge zu verbuchen, was den meisten Betrieben eine vergleichsweise starke Expansion bei relativ hohen Löhnen erlaubte. Zumindest das erste Kriegsjahr – dies läßt sich einer Erhebung des Arbeitswissenschaftlichen Instituts der DAF entnehmen – brachte keine entscheidenden Änderungen.[194] Für die Zeit danach fehlen vergleichbare Daten.

Auch innerhalb der einzelnen Branchen (so ergab eine eigene Erhebung) bestand ein Ost-West-Gefälle, allerdings in deutlich abgeschwächter Form. In der rheinländischen *Textilindustrie* z. B. erhielten Arbeitnehmer (Arbeiter und Angestellte) sowohl 1932 als auch 1938 ein um etwa ein Fünftel höheres Einkommen als ihre in der schlesischen Textilindustrie beschäftigten Kollegen.[195] Tab. 13 bestätigt, daß das Ost-West-Lohngefälle in dieser Branche während der Krise (1929 bis 1933) und den darauf folgenden Jahren konstant blieb. Im Vergleich mit den Jahren 1924 bis 1928 waren die regionalen Lohndifferenzen für Textilarbeiter in den ersten vier Jahren der nationalsozialistischen Herrschaft jedoch deutlich vermindert worden. Dies ist darauf zurückzuführen, daß die Textilindustrie durchgängig in allen Regionen durch die nationalsozialistische Wirtschaftspolitik benachteiligt wurde; Produktionsbeschränkungen und Arbeitszeitverkürzungen wegen Rohstoffverknappungen, Probleme bei der Umstellung auf Ersatzstoffe und Absatzschwierigkeiten mußten auch die rheinisch-westfälischen Textilunternehmen melden.[196] Für die anderen Branchen der Konsumgüterindustrie fehlen ähnlich detaillierte Angaben über einen längeren Zeitraum. Hier dürfte die Entwicklung in dieselbe Richtung gelaufen sein, da die ökonomischen Konstellationen im Grundsatz vergleichbar waren. Für die *Bauindustrie* ist eine Tendenz zur Nivellierung der Einkommen zwischen den einzelnen Regionen unübersehbar (Tab. 13): Während der Jahre 1929 bis 1933 erhielt ein norddeutscher Bauarbeiter ein durchschnittliches Einkommen, das um 58,5% über dem von den Bauarbeitern Schlesiens erreichten Verdienstniveau lag. Bis 1934–1937 war dieser Abstand auf 42,1% geschrumpft und damit auch gegenüber den Jahren vor der Krise verringert (47,5%). Dabei kommt in den Angaben von Grumbach und König der Trend zur Einkommensnivellierung im Baugewerbe noch unzureichend zum Ausdruck. In fast allen Wirtschaftsgebieten – so ist Angaben des Statistischen Reichsamtes zu entnehmen – waren die effektiven Stundenlöhne der Maurer und Tiefbauarbeiter von Aug. 1929 bis Sept. 1935 knapp halbiert worden. Lediglich in Berlin hielt sich der Lohnabbau während dieses Zeitraumes in vergleichsweise engen Grenzen. In der Reichshauptstadt kam die verstärkte Bautätigkeit – wenn man die Einkommensverhältnisse anderer Regionen zum Vergleich heranzieht – in gewisser Weise auch den hier beschäftigten Bauarbeitern zugute.[197]

Im *Maschinen- und Apparatebau* waren in den ersten sechs Jahren der nationalsozialistischen Herrschaft die regionalen Unterschiede in den Arbeitnehmereinkommen weitaus schwächer als in der Textilindustrie ausgeprägt. Bis 1938 hatten sie sich – vor dem Hintergrund des allgemeinen Metallarbeitermangels, der die in ›Niedriglohnländern‹ beheimateten Unternehmen zu überdurchschnittlichen Lohnerhöhungen zwang – in den wichtigsten Industrieregionen weitgehend angenähert. In Sachsen beispielsweise – so ergab eine eigene, in ihrer methodischen Anlage den anderen, oben ausführlicher beschriebenen, entsprechende Erhebung – lagen die im Maschinen- und Apparatebau erzielten monatlichen Arbeitnehmereinkommen 1932 bei 120,8 RM und 1938 bei 192,3 RM, in der Rheinprovinz bei 143,0 RM 1932 und 198,3 RM 1938, d. h. der Verdienstvorsprung der rheinischen Metallarbeiter dieses Industriezweiges hatte sich von 18,4% auf 3,1% verringert.

In der *Eisen- und Stahlindustrie* verstärkte sich dagegen die regionale Diffe-

Tabelle 13: Regionale Lohnunterschiede in der Eisen- und Stahlindustrie, dem Baugewerbe und der Textilindustrie 1924 bis 1937 (Reichsdurchschnitt = 100,0).

Regionen	1924 bis 1928	1929 bis 1933	1934 bis 1937
Eisen- und Stahlindustrie			
Schlesien	74,8	78,4	76,7
Mitteldeutschland (a)	95,2	92,2	91,6
Süddeutschland (b)	102,7	107,4	115,1
Rheinland-Westfalen	111,5	107,0	105,2
Baugewerbe			
Schlesien (Posen)	78,9	76,9	83,7
Thüringen	84,3	78,3	86,5
Sachsen	113,4	113,5	103,9
Bayern	97,4	94,5	99,2
Rheinland-Westfalen	100,7	100,4	103,0
Textilindustrie			
Schlesien (Posen)	79,1	83,3	86,0
Süddeutschland (c)	97,2	92,7	98,3
Sachsen	106,3	92,8	95,8
Rheinland-Westfalen	110,4	105,9	109,2

(a) ehem. Kgr. Sachsen, Thüringen, Reg.-Bez. Merseburg u. Erfurt.
(b) Württemberg, Baden, Hessen, Hessen-Nassau, Sigmaringen, Krs. Wetzlar, Bayern ohne Zweibrücken und Homburg.
(c) Bayern, Württemberg, Baden, Hessen, Sigmaringen.

Quelle: Franz Grumbach u. Heinz König, Beschäftigung und Löhne in der deutschen Industriewirtschaft 1888–1954, in: Weltwirtschaftliches Archiv, Bd. 79, 1957, II; S. 144.

renzierung der Arbeitereinkommen im Vergleich zu den Jahren der Weltwirtschaftskrise und auch zu der Zeit davor (Tab. 13). 1924 bis 1928 lagen die Verdienste in der führenden Stahlindustrie Rheinland-Westfalens durchschnittlich um 49,1% höher als in der eisen- und stahlerzeugenden Industrie Schlesiens. Während der wirtschaftlichen Depression verringerte sich die Differenz zwischen den beiden Regionen mit den höchsten und niedrigsten Einkommen auf 37,0%. Zwischen 1934 und 1937 erhöhte sich der Abstand zwischen der süddeutschen Stahlindustrie als neuem ›Spitzenreiter‹ und der schlesischen Stahlindustrie, die weiterhin ›Schlußlicht‹ blieb, dann auf 50,1%. Deutlich zurückgefallen waren die Einkommen der Stahlarbeiter in Rheinland-Westfalen – der Region, in der die Mehrheit der deutschen Stahlarbeiterschaft beschäftigt wurde –, die 1934 bis 1937 gegenüber ihren Kollegen in Schlesien einen Verdienstvorsprung von 37,2% auswiesen. Den Angaben von Grumbach und König – die (nicht immer nach sinnvollen Kriterien konjunktureller Entwicklung und politischer Einschnitte) aus jeweils vier Jahren Durchschnittswerte gebildet haben – ist freilich nicht zu entnehmen, daß spätestens nach dem Einmarsch deutscher Truppen in die vorher entmilitarisierten Teile des Rheinlands im März 1936 und der Verabschiedung des ›Vierjahresplanes‹ Ende desselben Jahres die rheinisch-westfälische Stahlindustrie ihre – auch mit Blick auf die Effektivverdienste – führende Stellung festigen konnte.

Während des Krieges baute die rheinisch-westfälische Stahlindustrie diese Spitzenstellung noch aus. Nach den Angaben von Recker zur regionalen Entwicklung der Effektivverdienste in der Eisen- und Stahlindustrie seit 1939 zahlte daneben die eisenschaffende Industrie Südwestdeutschlands insbesondere in der zweiten Kriegshälfte überdurchschnittliche Bruttostundenverdienste, während die Stundenlöhne der mitteldeutschen und schlesischen Eisen- und Stahlarbeiter demgegenüber während des Zweiten Weltkrieges deutlich unter dem Reichsdurchschnitt blieben.[198] Allem Anschein nach wurde ebenso in anderen Branchen das – auch vor 1939 nur schwach ausgeprägte – Lohngefälle zwischen dem Norden und dem Süden Deutschlands nach 1939 zunehmend eingeebnet.[199] Dagegen blieben die im Osten des Deutschen Reiches beschäftigten Industriearbeiter während des Krieges weiterhin benachteiligt. Auch um die Jahreswende 1940/41 konnte beispielsweise in Königsberg selbst ein qualifizierter Metallarbeiter – so berichtete ein auf einer dort ansässigen Seeschiffswerft tätiger Betriebsobmann – »bei dem gegenwärtigen Lohnniveau nur einigermaßen auskommen, wenn er im großen Umfange Überstunden leistet«.[200] Für seinen Berliner Kollegen galt dies nicht.

Zusammenfassend ist festzustellen, daß die Entwicklungslinien der Lohn- und Einkommensdifferenzierungen nach Qualifikation, Geschlecht und Ortsgrößenklassen sowie Regionen nicht so eindeutig waren wie die zwischen den Branchen und nach Betriebsgrößen. Mit einigen Vorbehalten lassen sich dennoch folgende allgemeine Aussagen treffen:

– Die Abstände zwischen den Verdiensten der Hilfs- und der Facharbeiter vergrößerten sich unzweideutig im hier untersuchten Zeitraum.
– Die Lohnspannen zwischen gelernten und angelernten Arbeitskräften wurden bis 1942 geringfügig eingeebnet. In der Metallindustrie brachte danach der LKEM einen grundlegenden Wandel: Die Effektivverdienste der Facharbeiter wurden deutlicher als zuvor von denen der ›Spezialarbeiter‹ abgesetzt. Auch in den vorausgegangenen Jahren geriet allerdings die traditionelle, qualifikationsbezogene Lohnhierarchie zu keinem Zeitpunkt in Gefahr, nivelliert oder gar umgestülpt zu werden.
– Die von 1933 bis 1939 sich gegenüber den vorausgehenden Jahren allgemein vergrößernden Lohnabstände zwischen weiblichen und männlichen (ungelernten) Arbeitskräften wurden während des Krieges in der Textilindustrie (und anderen Branchen) teilweise wieder zurückgenommen, in der metallverarbeitenden Industrie dagegen – vor allem infolge der Arbeitszeitverkürzungen für Frauen und der Einführung des LKEM – weiter ausgedehnt.
– In größeren Unternehmen stiegen die Arbeitnehmereinkommen zumindest bis 1939 schneller als in kleinen Betrieben, da größere Betriebe aufgrund ihrer besseren ökonomischen Lage eher zu – vor dem Hintergrund von Arbeitsmarktengpässen seit etwa 1936 meist relativ bereitwillig gewährten – Lohnzugeständnissen in der Lage waren. Besonders stark prägte sich diese Form der Einkommensdifferenzierung im Maschinen- und Apparatebau, kaum dagegen in der Textilindustrie aus. In letzterem Industriezweig wurden die Unternehmen weitgehend unabhängig von ihrer Größe durch die nationalsozialistische Wirtschaftspolitik benachteiligt.
– Nach Ortsgrößenklassen lassen sich für die Produktionsgüterindustrie einerseits und die Verbrauchsgüterindustrie andererseits bis 1939 gegenläufige Trends feststellen: In den Produktionsgüterindustrien wurden die Stundenverdienste in dieser Beziehung bis Kriegsbeginn – infolge des seit 1936/37 allgemeinen Arbeitskräftemangels – zusehends eingeebnet. In den Konsumgüterindustrien vergrößerte sich dagegen der Abstand zwischen den in kleinen und großen Städten erzielten Stundenverdiensten, da sich in erster Linie die in Großstädten beheimatete Verbrauchsgüterindustrie zu Lohnerhöhungen veranlaßt sah, um die Abwanderung von Arbeitskräften in die – in großstädtischen Ballungszentren konzentrierte – Rüstungsindustrie zu verhindern.
– Zwischen den Regionen wurden die Einkommensunterschiede eingeebnet. Begründet liegt diese Entwicklung in den hauptsächlich aus militärischen Gründen vom NS-Regime gewollten Industrieansiedlungen in vormals rein oder überwiegend agrarischen Regionen. Zwar wurde das Ost-West-Gefälle deutlich abgebaut, im Gegensatz zum – auch vor 1933 nur schwach ausgeprägten – Nord-Süd-Gefälle jedoch keineswegs aufgehoben.

Exkurs:
Zur Problematik der Berechnung der (Netto-) Realeinkommen für die Zeit des ›Dritten Reiches‹

Bisher wurden – und auch in den folgenden Kapiteln werden – ausschließlich die *nominellen Brutto*stunden- und Bruttowochenverdienste untersucht. Aus ihrer Entwicklung kann jedoch nur mit erheblichen Einschränkungen auf das Niveau der Lebenshaltung der deutschen Arbeiterschaft geschlossen werden. Um uns wenigstens ein ungefähres Bild hierüber machen zu können, soll im folgenden die quantitative und qualitative Bedeutung der gesetzlichen und außergesetzlichen *Abzüge vom Lohn*, danach die Entwicklung der (nominellen) *Nettoverdienste*, sodann die der Lebenshaltungskosten und die der *Realeinkommen* in groben Zügen skizziert werden.[1] Zweck dieses Exkurses ist allerdings weniger die Konstruktion entsprechender Zeitreihen; es soll vielmehr der Nachweis erbracht werden, daß sich vor allem die Lebenshaltungskosten (und damit auch die Realeinkommen) aufgrund prinzipieller methodischer Einwände letztlich einer exakten Berechnung entziehen und die vom Statistischen Reichsamt publizierten Angaben nur ein verzerrtes Bild der tatsächlichen Entwicklung geben können.

Wenn in der Literatur die Schätzungen über den Gesamtumfang der *Abgaben, die vom Bruttoverdienst der Arbeitnehmer einbehalten wurden,* beträchtlich schwanken,[2] dann ist dies vor allem darauf zurückzuführen, daß umstritten ist, was eigentlich zu den obligatorischen Lohnabzügen zu rechnen ist. Vom nationalsozialistischen Staat wurden lediglich Lohn- und Bürgersteuer sowie die Arbeitnehmerbeiträge zur Sozialversicherung hierunter subsumiert. Sie werden im folgenden als ›gesetzliche Abgaben‹ bezeichnet. Die gesetzlichen Abzüge machten jedoch nur einen Teil der Abgaben aus, die vom Bruttoverdienst eines jeden Arbeiters einbehalten wurden. Für weitere, hier ›außergesetzliche Abgaben‹ vom Lohn genannte Aufwendungen wird zu zeigen sein, daß ein bestimmter Mindestbetrag für jeden Arbeitnehmer obligatorisch war.

Nach der nationalsozialistischen ›Machtergreifung‹ stiegen die *gesetzlichen* Abgaben stetig (Tab. 14). Dies ist in erster Linie darauf zurückzuführen, daß die seit 1934 im industriellen Durchschnitt steigenden Effektivverdienste infolge der progressiven Lohnsteuersätze einen überproportionalen Zuwachs der als *Lohnsteuer* einbehaltenen Lohnanteile nach sich zogen. Auch der größte Teil der monetären Sozialleistungen, deren Anteil am gesamten

Arbeitereinkommen seit 1935/36 rasch wuchs, unterlag der Lohnsteuerpflicht. Mit Beginn des Zweiten Weltkrieges wurde außerdem für Monatseinkommen ab 235 RM ein Kriegszuschlag zur Lohnsteuer verlangt. Von dieser Kriegssteuer, die bei höheren Einkommen ein beträchtliches Gewicht erhalten konnte, war jedoch (da die Bruttoverdienste der übergroßen Mehrheit der Industriearbeiterschaft deutlich unter diesem Limit blieben) nur ein kleiner Prozentsatz der gesamten Industriearbeiterschaft betroffen, so daß sich die Erhöhung der gesetzlichen Lohnabgaben zwischen 1938 und 1940 in relativ engen Grenzen hielt. Nur wenig wurde die durchschnittliche Höhe der Lohnsteuern (in v. H. der Bruttostundenverdienste) ferner dadurch beeinflußt, daß das NS-Regime seit 1933 die Lohnsteuersätze im Vergleich zu den Jahren vorher wesentlich stärker auffächerte: Die Einkommen lediger Arbeitnehmer wurden außerordentlich belastet und umgekehrt die steuerlichen Abzüge der Verdienste kinderreicher Familienväter entsprechend ermäßigt. Die 1930 eingeführte und damals nur für eine kurze Zeit geplante *Bürgersteuer* wurde nach 1933 beibehalten und erst 1942 in die Einkommenssteuer integriert; sie lag 1933 ungefähr bei zwei Prozent des Bruttoverdienstes. Die *Arbeitnehmerbeiträge zur Sozialversicherung* blieben im wesentlichen konstant.[3]

Neben den gesetzlichen Abzügen vom Lohn wurden im ›Dritten Reich‹ im Vergleich zu den Jahren vorher vermehrt von jedem Arbeitnehmer Abgaben verlangt, die – wenn auch nicht ihrer äußerlichen Form nach, so jedoch faktisch – steuerähnlichen Charakter besaßen. Hierzu zählten – neben den weiterhin von der übergroßen Mehrheit der Bevölkerung gezahlten *Kirchensteuern* – vor allem die monatlichen Beiträge für die DAF und die Spenden an das ›Winterhilfswerk‹ (WHW). Die *Abzüge für die DAF*, die im Durchschnitt zwischen zwei und drei Prozent des Bruttoeinkommens ausmachten, blieben zwar formaliter freiwillig. Im Herbst 1935 hatte jedoch der Reichsarbeitsminister verfügt, daß Belegschaften in die Arbeitsfront einzutreten hatten, sofern der ›Betriebsführer‹ dies vorsah.[4] Aber auch die Belegschaften der Unternehmen, in denen keine Verpflichtung zum Eintritt in die DAF bestand, waren spätestens in den Vorkriegsjahren infolge des politischen Druckes fast hundertprozentig in der Arbeitsfront organisiert. Daß die Mitgliedsbeiträge an diese größte nationalsozialistische Massenorganisation de facto einer Steuer gleichzusetzen waren, wird überdies daran deutlich, daß sie in den meisten Betrieben von den Lohnbüros gleich einbehalten wurden.[5] All dies galt auch für ›*Spenden*‹ *an das WHW*. Seit Ende 1936 war das WHW rechtlich staatlichen Behörden gleichgestellt.[6] Daß von jedem Arbeitnehmer eine Mindest-›Spende‹ für das WHW zu entrichten war – andernfalls der betreffende Arbeitnehmer die Kündigung zu gewärtigen hatte –, wurde vom Reichsarbeitsgericht in einem Urteil 1937 ausdrücklich rechtlich sanktioniert.[7] Wie die Beiträge an die DAF wurden auch die ›Spenden‹ für die Winterhilfe in den meisten Betrieben nach festen

Sätzen – im allgemeinen um knapp zehn Prozent der Lohnsteuer – vom Lohnbüro automatisch abgebucht.[8]

Die Einbeziehung der außergesetzlichen, gleichwohl obligatorischen Abzüge vom Bruttoverdienst ergibt ein ganz anderes als das von der amtlichen Statistik (und ihrer Fortschreibung durch Livchen und Bry) gezeichnete Bild: Danach erhöhte sich das Gewicht sämtlicher Abzüge vom Lohn in den Jahren des Krieges gegenüber 1928 um mehr als die Hälfte. Entsprechend niedrig blieben auch die (nominellen) *Nettowochenverdienste:* Noch 1938 lagen sie (korrigiert) im industriellen Durchschnitt um knapp zwanzig Prozent, während des Krieges um etwa zehn Prozent unter dem Niveau von 1929 (Tab. 14). Wie drückend die Lohnabzüge waren, läßt sich am besten durch ein geflügeltes Wort kennzeichnen, das in Teilen der Arbeiterschaft die Runde machte: »Man sagt, sie sollen uns doch die Abzüge auszahlen und den Lohn einbehalten.«[9]

Auch die Höhe der nominalen Nettoverdienste gibt indes noch keinen unmittelbaren Aufschluß über die materielle Lage, die ›Lebenshaltung‹, der Arbeiterschaft im ›Dritten Reich‹. Dies ist nur möglich, wenn wir die Entwicklung der *Lebenshaltungskosten* mit einbeziehen, sie in Bezug zur Entwicklung der nominalen Nettoverdienste setzen und auf diese Weise Aufschluß über die Entwicklung der (Netto-)Realeinkommen erhalten. Einer exakten Berechnung des Reichsindex' für die Lebenshaltungskosten und damit der Realeinkommen stellen sich jedoch eine Vielzahl methodischer Probleme in den Weg. Die wichtigsten Gründe, warum der offizielle Index die tatsächliche Entwicklung der Lebenshaltung nicht zutreffend zum Ausdruck bringt, seien kurz benannt.

Genau genommen handelte es sich bei der Reichsindexziffer für die Lebenshaltungskosten um einen Gesamtindex der wichtigsten Einzelhandelspreise und nicht um einen ›Lebenshaltungskostenindex‹. Er spiegelte (neben den Mieten und den Kosten für Energie) lediglich die Entwicklung der Preise der vom Einzelhandel angebotenen Waren nach einem vorgegebenen, ›unveränderlichen‹ Mengenschema oder ›Warenkorb‹ wider. Zugrundegelegt waren dem Mengenschema seit 1934 die 1927/28 ermittelten Ausgaben einer fünfköpfigen Arbeiterfamilie. Die Verbrauchs- und damit die Ausgabenstruktur der meisten Arbeiterhaushalte veränderten sich während der NS-Zeit gegenüber 1927/28 jedoch in vielerlei Hinsicht grundlegend. Aufgrund der in der Autarkiepolitik begründeten, drastischen Einfuhrbeschränkungen für wichtige Nahrungsmittel kam es vor allem 1934 bis Ende 1935 zu einer Verknappung fast aller wichtigen Grundnahrungsmittel. Die Folge waren zum Teil drastische Preissteigerungen und ein Ausweichen vieler Konsumenten auf teurere Waren vergleichbarer Natur[10] (oder – dies gilt insbesondere für Arbeiterfamilien mit unterdurchschnittlichem Einkommen – Verarmung und beträchtliche materielle Entbehrungen). Infolgedessen mußten sich die Ausgaben für Nahrungsmittel im Vergleich zu den anderen Posten im Budget einer Arbeiterfamilie deutlich erhöhen.[11] Diese

Verschiebungen im Verbrauch, die sich als faktische Verteuerung der Lebenshaltung auswirkten, wurden aufgrund des statischen Mengenschemas von der amtlichen Statistik bei der Berechnung der Lebenshaltungskosten in keiner Weise berücksichtigt.[12] Nach Kriegsbeginn verschärften sich die Probleme mit dem der Indexberechnung zugrundeliegenden, statischen Mengenschema weiter, da immer mehr Lebensmittel rationiert wurden und die Konsumenten auf nicht bewirtschaftete, teurere Waren vergleichbarer Qualität auswichen. Zwar suchte das Statistische Reichsamt diese Form indirekter Preissteigerung durch die ›Verkettung‹ der Preise für zugeteilte Waren entsprechend der Menge, die der Familie zustand, mit den Preisen für nicht bewirtschaftete Waren mit ähnlicher materieller Struktur zu lösen. Der Gesamtumfang der faktischen Preissteigerungen wurde durch derartige Verknüpfungen jedoch nicht annähernd erfaßt.[13]

Im übrigen besaß der offizielle Lebenshaltungskostenindex auch als Index der Einzelhandelspreise insofern nur eine beschränkte Aussagekraft, als im allgemeinen nicht die »im strengen statistischen Sinne häufigsten«, sondern nur die »besonders einprägsamen« Preise beobachtet wurden.[14] Darüber hinaus beruhten die Preiserhebungen »auf der freiwilligen Mitarbeit der Berichtstellen«. Zwar wurde den betroffenen Einzelhändlern »zugesichert, daß die Angaben der Firmen nur zu statistischen Zwecken, also nicht für Zwecke der Besteuerung oder der Preisüberwachung verwandt« würden.[15] Derartige Versicherungen waren jedoch vor dem Hintergrund fast alltäglicher Mißachtung rechtlicher Normen durch das NS-Regime einerseits und der selbstgesetzten Verpflichtung, die Preisstabilität zu wahren, andererseits, nicht sehr hoch einzuschätzen. Vor allem aber wurden lediglich die *offiziellen* Preise ermittelt, die die staatlich festgesetzten Höchstgrenzen nicht überschritten. Die seit 1934 vielfach chronische Lebensmittelknappheit und die Bewirtschaftung lebensnotwendiger Waren während des Krieges hatten jedoch zur Folge, daß ›graue‹ bzw. ›schwarze‹ Märkte entstanden, auf denen stark nachgefragte Waren zu überhöhten Preisen angeboten wurden.[16] Dem Reichspreiskommissar und der ihm unterstellten Behörde war eine wirkungsvolle Preiskontrolle und Eindämmung des Schleichhandels weder bis 1939 noch danach möglich.[17]

Fast noch schwerwiegender als die quantitativen waren die *qualitativen* Änderungen, denen die meisten Produkte des unmittelbaren Lebensbedarfs unterlagen. Lage- und Stimmungsberichte waren voller Meldungen über meist gravierende Qualitätsverschlechterungen.[18] Daß »Qualitätsverschlechterungen als Folge der Umstellung auf andere Ausgangsstoffe... trotz gleichbleibender Preise im Grunde Preissteigerung und damit Steigerung der Lebenshaltungskosten« bedeuteten, dies jedoch im Lebenshaltungskostenindex »nur ungenügend zum Ausdruck« komme, wurde von Vertretern der amtlichen Statistik durchaus zugegeben,[19] Abhilfe jedoch nicht geschaffen.

Noch aus einem weiteren Grunde war der offizielle Lebenshaltungsindex viel zu niedrig angesetzt. Der *Mietindex* als Teilindex des Reichsindexes für die gesamten Lebenshaltungskosten basierte lediglich auf den ›Altbau‹-Mieten für vor Sommer 1918 fertiggestellte Wohngebäude, für die Mietpreisbindung bestand. Nicht einbezogen wurden die Mieten für Wohnungen, die nach dem Ersten Weltkrieg erstellt worden waren und die der Mietpreisbindung nicht unterlagen. Diese ›Neubau‹-Wohnungen, die zu Beginn des Zweiten Weltkrieges etwa ein Viertel des gesamten Wohnungsbestandes ausmachten, unterlagen infolge eines bereits zu Beginn der nationalsozialistischen ›Machtergreifung‹ vielbeklagten, sich in den Folgejahren weiter verschärfenden Wohnungsmangels erheblichen Mieterhöhungen, die die Einkommensverhältnisse vieler Arbeiterfamilien überstiegen. Außerdem kam im offiziellen Mietindex nicht zum Ausdruck, daß auch bei ›Altbau‹-Wohnungen vor dem Hintergrund der Wohnungsnot vom Mieter vielfach stillschweigend höhere Mieten als die staatlich festgesetzten akzeptiert wurden.[20] Klagen über hohe Stromkosten und steigende Kohlenpreise[21] legen ferner die Vermutung nahe, daß der Index für Heizung und Beleuchtung keineswegs sank, wie dies die amtliche Statistik unterstellte.

Daß der Lebenshaltungsindex »bei der gegenwärtigen Praxis der Indexrechnung« kein brauchbares Meßinstrument war und »einstweilen noch an... wesentlichen Mängeln« litt, hatte der Präsident des Bayerischen Landesamtes und spätere Ehrenpräsident der Deutschen Statistischen Gesellschaft Friedrich Zahn bereits 1933 deutlich zum Ausdruck gebracht.[22] In den Folgejahren – so sollten die vorstehenden Bemerkungen gezeigt haben – ließen eine Vielzahl von zusätzlichen methodischen Schwächen den amtlichen Index noch weitaus ungenauer werden. Unter staatlichen Funktionsträgern war es kein Geheimnis, daß der Index eine Stabilität der Lebenshaltungskosten vortäuschte, die der tatsächlichen Entwicklung auch nicht annähernd entsprach.[23] Da sich bestimmte, die Preisentwicklung beeinflussende Faktoren grundsätzlich der Quantifizierung entziehen, kann ein den tatsächlichen Gegebenheiten entsprechender Lebenshaltungsindex letztlich nicht zuverlässig berechnet werden. Wenn dennoch in Tab. 14 eine Schätzung auf Basis einer eher vagen Mutmaßung des Ministerialdirektors im Reichsarbeitsministerium Mansfeld vorgenommen wurde, dann nur deshalb, um einen Eindruck zu vermitteln, wie verzerrt das von der amtlichen Statistik entworfene Bild der Entwicklung der Lebenshaltungskosten war. Auch die Entwicklung der Brutto- und Nettorealeinkommen kann bestenfalls grob geschätzt werden. Bei allen Unwägbarkeiten machen die korrigierten Angaben in Tab. 14 immerhin eines deutlich: Bei Kriegsbeginn lagen die wöchentlichen Nettorealeinkommen mit hoher Wahrscheinlichkeit deutlich unter dem Niveau des Jahres 1929 (wobei längere Arbeitszeiten und höheres Arbeitstempo während der NS-Zeit unberücksichtigt bleiben mußten).

Bei den Angaben in Tab. 14 handelt es sich überdies um industrielle Durchschnittswerte. Die Lage vieler Arbeitnehmer insbesondere in den

Tabelle 14: Nettoverdienste und Realeinkommen in der deutschen Industrie 1929 bis 1944 (Index: 1932 = 100,0)

	1929	1932	1934	1936	1938	1940	1942	1944
Bruttowochenverdienst	149,4	100,0	109,7	116,6	126,4	135,2	145,2	143,8
Abzüge vom Bruttoverdienst (a)								
gesetzliche	12,0%	12,5%	13,0%	13,5%	14,0%	15,0%	15,0%	15,0%
außergesetzliche (b)	0,5%	0,4%	2,2%	2,9%	3,1%	3,1%	3,1%	3,1%
– zusammen	12,5%	12,9%	15,2%	16,4%	17,1%	18,1%	18,1%	18,1%
Nettowochenverdienst								
nach amtlichen Angaben (c)	150,3	100,0	109,0	115,2	124,2	131,3	140,8	140,0
korrigiert (d)	150,2	100,0	106,8	111,9	120,4	127,1	136,3	135,6
Lebenshaltungskostenindex								
nach amtlichen Angaben	127,7	100,0	100,4	103,2	104,1	107,9	113,3	117,2
korrigiert (e)	–	100,0	101,5	111,7	115,0	–	–	–
Wöchentl. Bruttorealeinkommen								
nach amtlichen Angaben	115,5	100,0	109,3	113,0	121,5	125,4	129,0	122,7
korrigiert (f)	–	100,0	108,1	104,4	110,3	–	–	–
Wöchentl. Nettorealeinkommen								
nach amtlichen Angaben (g)	117,7	100,0	108,6	111,6	119,4	121,7	124,3	119,5
korrigiert (h)	–	100,0	101,4	100,2	104,7	–	–	–

(a) In v. H. des Bruttoverdienstes.
(b) Bis 1932 nur Kirchensteuern; nach 1932 Kirchensteuern sowie ›Spenden‹ für das Winterhilfswerk und Spenden an die DAF (nach ›Organisationsgrad‹ gewichtet).
(c) Auf Basis der Angaben über gesetzliche Abzüge.
(d) Auf Basis der Angaben über gesetzliche und außergesetzliche Abzüge.
(e) Schätzung auf Basis einer Bemerkung Werner Mansfelds (Deutsche Sozialpolitik, in: Der Vierjahresplan 3. Jg./1939, S. 16), zwischen 1932 und 1938 habe sich die Lebenshaltung um »15 Prozent, wie manche Schätzungen lauten«, verteuert.
(f) Auf Basis des korrigierten Lebenshaltungsindexes.
(g) Zugrundegelegt wurde der auf Basis der amtlichen Angaben errechnete nominale Nettowochenverdienst sowie der amtliche Lebenshaltungskostenindexes.
(h) Auf Basis des korrigierten Lebenshaltungsindex und unter Einbeziehung der außergesetzlichen Abzüge vom Bruttoverdienst.

Quelle: Wirtschaft und Statistik, Jg. 18, 1938, S. 160f.; Rene Livchen, Net Wages and Real Wages in Germany, in: International Labor Review, Juli 1944, S. 47; Gerhard Bry, Wages in Germany 1871–1945, Princeton 1960, S. 58; Statistisches Handbuch von Deutschland 1928–1944, S. 463f., 467, 472.

Sektoren der Konsumgüterindustrie war weitaus schlechter – andererseits allerdings auch die verschiedener privilegierter Gruppen unter der Rüstungsarbeiterschaft wesentlich besser –, als die zitierten hochaggregierten Daten signalisieren. Welche Not in Teilen der Industriearbeiterschaft selbst bei Kriegsbeginn noch herrschte, läßt sich auch durch Lektüre der in bürokratischer Sprache abgefaßten Lage- und Stimmungsberichte staatlicher Institutionen letztlich nur erahnen. Was mögen wohl für Einzelschicksale hinter trockenen Äußerungen gestanden haben wie z. B. der Formulierung der Reichstreuhänder der Arbeit in ihrem Bericht für Mai/Juni 1938, daß in Teilen der schlesischen Textil- und Bekleidungsindustrie »leider viele Arbeiterinnen der gewerbsmäßigen Unzucht nachgehen, weil die Löhne zum Lebensunterhalt nicht ausreichen«?[24]

Vollends fragwürdig wird die Aussagekraft des Lebenshaltungskostenindexes – selbst die der realistischsten Schätzungen über seine Entwicklung – und mit ihm auch aller Angaben über die Entwicklung der Realeinkommen für die Zeit des Zweiten Weltkrieges. Der Eindruck, den die amtliche Statistik nahelegt, daß die Nettorealeinkommen mit Kriegsbeginn das Niveau von 1929 wieder überschritten hätten, läßt sich vielleicht am besten durch ein Zitat aus einem Vortrag von Mansfeld, den er am 10. Dez. 1941 im ›Haus der Industrie‹ hielt, widerlegen:

»Das starke Heer sowie die Rüstung und den gesamten Aufbau hat sich das deutsche Volk bewußt erhungert. In der bewußten Selbstbescheidung liegt also die Lohnpolitik der letzten Jahre.«[25]

Einem – neben den bisher genannten – weiteren zentralen Aspekt betrieblicher und staatlicher Lohnpolitik, der diese »Selbstbescheidung« mit erzwang, wollen wir uns nun zuwenden.

VI. Lohn und Leistung: Leistungsbezogene Lohnsysteme und Arbeiterbewertungsverfahren

1. ›Völkische Leistungsgemeinschaft‹ und ›Leistungsauslese‹ (Zur Ideologisierung leistungsbezogener Entlohnung während der NS-Diktatur)

Während des ›Dritten Reiches‹ waren Probleme der Leistungsentlohnung[1] Gegenstand intensiver Diskussion. Zumindest für die Zeit ab 1937 kann behauptet werden, daß in allen Veröffentlichungen zur Lohnproblematik der Leistungslohn im Zentrum der Ausführungen stand. Wenn dabei durchgängig dem Leistungslohn der Vorzug vor dem Zeitlohn gegeben wurde, dann waren hierfür neben ökonomischen und betriebspolitischen Gründen auch bestimmte Elemente des nationalsozialistischen Ideologienkonglomerats bestimmend. Im Zentrum des nationalsozialistischen Weltbildes stand die sozialdarwinistische Lehre von der natürlichen Ungleichheit und dem ›Kampf ums Dasein‹, in dem nur der stärkste überlebe. Dieses Ideologem von der ›Auslese der Besten‹ legitimierte nicht nur den Anspruch des nationalsozialistischen Deutschlands, als Kern der ›arischen Herrenrasse‹ ›minderrassige‹ Völker beherrschen zu wollen, sondern hatte nach NS-Auffassung als handlungsbestimmendes Prinzip auch im Zusammenleben der Angehörigen derselben Rasse innerhalb der ›Volks‹- und ›Betriebsgemeinschaft‹ zu gelten: »Jede Arbeitskraft findet in der unablässigen Auslese... ihren Platz.«[2] Noch deutlicher hieß es z. B. in den ›Richtlinien zur Beurteilung von Ehestandsdarlehensbewerbern‹: »Die Bewährung und das Versagen in der Leistung oder bei der Eingliederung in die Volksgemeinschaft sind häufig bessere Maßstäbe für die Bewertung einer Sippe als die Bewertung kurzer ärztlicher Untersuchung.«[3]

Das Prinzip der Leistungsauslese, das ein zentraler gemeinsamer Nenner für die in vielen anderen Fragen divergierenden Herrschaftsträger des nationalsozialistischen Gesellschaftssystems war, galt als »artgemäße Lebens- und Arbeitsform des deutschen Volkes«;[4] es war der Kern des »nationalsozialistischen Ethos von der Leistungsgemeinschaft« und das entscheidende Element der in den Betrieben zu verwirklichenden national-»sozialistischen Gerechtigkeit«. Einer solchen »sozialistischen Gerechtigkeit« – so führte der Direktor des Instituts für Arbeitspolitik an der Universität Köln Franz

Horsten 1941 in einem dickleibigen Werk über ›Leistungsgemeinschaft und Eigenverantwortung im Bereich der nationalen Arbeit‹ aus – sei »der Gedanke der Wohltätigkeit und des Mitleids fremd«. Als »höchster Ausdruck der sozialistischen Gerechtigkeit« galt ihm vielmehr die »Auslese nach völkischer Leistung«. Lohnpolitik sei hiervon »in allen ihren Aufgaben nur sinnfälliger Ausdruck« und habe die »Entfaltung der völkischen Persönlichkeit in der nationalsozialistischen Leistungsauslese« zu sichern.[5] Folgerichtig konnte ein anderer nationalsozialistischer Autor feststellen:

»Der Leistungslohn als das Kernstück nationalsozialistischer Lohnpolitik ist nicht ein Lohnsystem schlechthin, sondern er ist die Anwendung einer umfassenden Weltanschauung auf das Spezialgebiet des Lohnes.«[6]

Der ideologischen Überhöhung des Leistungslohnes, die ihren augenscheinlichen Ausdruck in der häufigen Gleichsetzung von ›Leistungslohn‹ und ›Lohngerechtigkeit‹ überhaupt fand, stand die Polemik gegen Forderungen nach gleicher Entlohnung und gegen den nivellierenden Zeitlohn gegenüber. So formulierte beispielsweise Hermann Böhrs (nach 1945 in der Bundesrepublik u. a. als Geschäftsführer des wiedergegründeten Refa-Verbandes von 1949 bis 1953 einer der führenden Leute auf dem Gebiet der ›wissenschaftlichen‹ Arbeits- und Zeitstudien und bereits im ›Dritten Reich‹ durch Arbeiten über das Refa-Verfahren und den Leistungslohn hervorgetreten):

»Der gleiche Lohn für alle entstammt marxistischer und kommunistischer Ideologie, die sich deckt mit asiatischer Bedürfnislosigkeit und Primitivitätsvergötterung. ... Gleicher Lohn für alle bedeutet Verzicht auf völkische Bestleistungen.«[7]

Ein Urteil darüber, ob Leistungskriterien und Leistungslohn ›gerecht‹ festgesetzt waren, stand nicht jedem zu; denn – so Böhrs weiter – das »Gerechtigkeitsempfinden ist an Blut und Rasse gebunden.«[8]

Noch aus einem anderen Grund stand mit dem Leistungslohn die ideologische Glaubwürdigkeit der Nationalsozialisten vor der Bewährung. »(K)aum ein Begriff der ganzen Sozialpolitik ist jemals so hart umstritten gewesen wie der Akkordlohn.«[9] Während der ›Weimarer Systemzeit‹ habe sich die Akkordentlohnung »zu einem sozialen Spannungsfeld erster Ordnung«[10] entwickelt und »den Arbeitsfrieden im Betriebe immer wieder gefährdet«.[11] Die »reinste Form des Leistungslohnes«, der traditionelle Akkordlohn als Hauptanlaß für Konflikte zwischen Arbeitgebern und Arbeitnehmern mußte in seiner ›klassenkämpferischen‹ Sprengkraft entschärft werden, wenn das Ideologem von der sozialharmonischen ›Betriebsgemeinschaft‹ nicht entscheidend an Glaubwürdigkeit einbüßen sollte. Schließlich sollte mit der verstärkten Einführung des Leistungsprinzips der »Verfälschung der Lohnbildung nach dem jeweiligen Überwiegen dieser oder jener Sonderinteressen ohne Berücksichtigung der übergeordneten Belange der Gesamtwirtschaft« vorgebeugt[12] und »das Marktprinzip bei der Lohnbildung überwunden werden«.[13] Dem Leistungslohn kam also auch eine ganz erhebliche Bedeutung bei dem Bestreben des NS-Regimes zu, die Effektivverdienste der Industriearbeiterschaft auf dem niedrigen Niveau der Krise zu halten.

2. Rechtlicher und tarifpolitischer Rahmen

2.1. Der Leistungslohn im ›Gesetz zur Ordnung der nationalen Arbeit‹ und in den Betriebsordnungen

Der Leistungslohn als die dem nationalsozialistischen Leistungsdenken adäquate Lohnform fand auch explizit in das AOG Eingang. Im § 29 heißt es, daß in die Betriebsordnungen, soweit sie Lohnbestimmungen enthielten, »Mindestlöhne mit der Maßgabe aufzunehmen (seien), daß für die seinen Leistungen entsprechende Vergütung des einzelnen Betriebsangehörigen Raum bleibt«. Mit diesem Artikel des AOG war, wie die Verfasser dieses ›Grundgesetzes der Arbeit‹ in aller Deutlichkeit feststellten, »gesetzlich die Durchführung des Leistungsprinzips zwingend festgelegt« worden.[14] Ausschlaggebend für die Aufnahme dieses Passus in das AOG waren freilich weniger die oben angesprochenen ideologischen Überlegungen und auch nicht unmittelbar drängende wirtschaftliche Probleme, da zum Zeitpunkt des Erlasses des AOG der Druck des noch millionenstarken Arbeitslosenheeres ausreichte, um die Arbeiter zu hoher Leistungsintensität zu zwingen, sondern lohn- und betriebspolitische Intentionen grundsätzlicher Art. Es sei das erklärte »Streben des Gesetzgebers« gewesen – so Mansfeld und Pohl –, »die Individualentlohnung... an die Stelle des schematischen Tabellenlohnes treten zu lassen«.[15] Nicht zufällig sollten nach dem Willen der Schöpfer des AOG langfristig auch die – eher lohnegalisierenden – Tarifordnungen durch derart nach dem Prinzip der Individualisierung ausgestaltete Betriebsordnungen ersetzt werden. Leistungsentlohnung als »logischer Bestandteil« des politischen Grundprinzips des »Teilens und Herrschens«, das »sich wie ein roter Faden durch die Arbeitspolitik des Regimes zieht«,[16] sollte an die Stelle der angeblich vor 1933 üblichen, ›undeutschen‹, ›willkürlichen‹ Gleichmacherei‹ treten.

Die Leistungsentlohnung war nicht nur zum Kernstück nationalsozialistischer Lohnpolitik erklärt worden, die »Grundsätze« für die Berechnung der Akkordarbeit waren darüber hinaus im Detail in die Betriebsordnungen aufzunehmen (§ 27(1) AOG) und wurden damit zur rechtsverbindlichen Grundlage für die Einzelarbeitsverhältnisse der betreffenden Belegschaftsangehörigen gemacht. Sie wurden von den Unternehmern nicht selten im Laufe der Zeit verändert und den Entwicklungen auf dem Arbeitsmarkt angepaßt. Während in den ersten Jahren nach der nationalsozialistischen ›Machtergreifung‹, also in der Phase noch relativ hoher Arbeitslosigkeit, manche ›Betriebsführer‹ mit Hilfe der Betriebsordnung eine Herabsetzung der betrieblichen Akkordsätze unter die tariflich festgelegten Akkordrichtsätze zu legitimieren versuchten,[17] bewog eine zunehmende Konkurrenz um die knapper werdenden Arbeitskräfte manchen Unternehmer ab 1936/37 dazu, Bestimmungen in die Betriebsordnung aufzunehmen, die ›ungerechtfertigte‹ Kürzungen des Akkordes bzw. Gedinges explizit verboten.[18] Obwohl in den Betriebsordnungen nur die betrieblichen Mindestbedingungen festgeschrieben waren und Abweichungen hiervon grundsätzlich nur zugunsten der Arbeitnehmer möglich waren,[19] darf der Schutzcharakter solcher Passagen nicht überbewertet werden. Der ›Betriebsführer‹ konnte die Betriebsordnung jederzeit ändern oder durch eine neue ersetzen, die schlechtere Mindestbedingungen enthielt.[20] Die meisten Unternehmer hielten es deshalb offenbar überhaupt für überflüssig, ausführliche Betriebsordnungen zu erlassen, deren Bestimmungen dann für sie rechtsverbindlich gewesen wären. Das Fachamt ›Eisen und Metall‹ der DAF sah sich deshalb Ende 1937 zu der Aufforderung an die ›Betriebsführer‹ veranlaßt, in die Betriebsordnungen inhaltlich »eindeutige Bestimmungen über die Grundsätze der Akkordarbeit« aufzunehmen, weil die »häufigsten Mißverständnisse und Streitigkeiten« durch eine »unklare Fassung« der Akkordbestimmungen hervorgerufen worden seien.[21] Noch 1941 mußte ein Mitarbeiter des Reichstreuhänders der Arbeit für das Wirtschaftsgebiet Rheinland mit Blick auf das »monotone Bild« der Betriebsordnungen feststellen, daß sich »die meisten Betriebsführer... auch gescheut (haben), zur Lohngestaltung in ihren Betrieben Stellung zu nehmen«.[22] U. a. aus diesem Grund mußte den Akkordregelungen in Tarifordnungen ein höherer Stellenwert zukommen als denen in Betriebsordnungen.

2.2. Der Akkord in den Tarifordnungen

In der zeitgenössischen Literatur wird übereinstimmend festgestellt, daß die Tarifordnungen im allgemeinen der Akkordarbeit »freundlich gesonnen« gewesen seien und häufig den ›Betriebsführer‹ verpflichteten, wo möglich seine ›Gefolgschaft‹ im Akkord arbeiten zu lassen. Die beiden Hauptarten überbetrieblicher Regelung der Akkorde waren aus den Tarifverträgen in die Tarifordnungen übernommen worden:[23]
– die vollständige bzw. weitgehende *Normierung* durch detaillierte Bestimmungen über Stückzahl, Qualität und Lohnhöhe,[24] die ›Spezialakkordabreden‹ zwischen Arbeitgebern und Arbeitnehmern überflüssig machte;
– die *Rahmenregelung* der Akkorde in Tarifordnungen, mit der lediglich grobe Eckdaten gesetzt und die konkrete Ausgestaltung der Akkordpreise der betrieblichen Lohnpolitik überlassen blieb.

Da die Akkordsätze infolge produktspezifischer und betrieblicher Eigenheiten auch vor 1933 sehr häufig nicht generell, sondern von Fall zu Fall in den einzelnen Betrieben festgesetzt wurden, kam der tarifvertraglichen Rahmenregelung im Vergleich zur detaillierten Normung seit jeher ein hoher

Stellenwert zu. Diese Form überbetrieblicher Akkordbestimmung wurde seit 1933 noch weiter ausgedehnt. Zentraler Bestandteil dieser Art betrieblicher Akkordregelung war (und ist) die Bestimmung des Akkordrichtsatzes. Der Akkordrichtsatz setzt(e) sich aus dem Akkordgrundlohn – oder der Akkordbasis –, der wiederum im allgemeinen dem tariflichen Zeitlohn entsprach, und einem bestimmten prozentualen Akkordzuschlag zusammen. Je nach Tarifordnung variierten die Akkordzuschläge zwischen 5% und 25% des Akkordgrundlohnes.[25]

Die genaue Angabe der Höhe des Akkordzuschlages, die keineswegs für jede Tarifordnung selbstverständlich war, garantierte dem einzelnen Arbeiter jedoch noch nicht, daß sein Verdienst entsprechend über dem des Zeitlöhners gleicher Qualifikation und gleicher Tätigkeit lag. Ein effektiver Akkordverdienst in Höhe des Akkordrichtsatzes war dem betreffenden Arbeiter nur dann sicher, wenn er eine ›durchschnittliche‹ oder ›normale‹ Arbeitsleistung nachweisen konnte. Verschiedentlich wurde dieses Kriterium nicht weiter präzisiert, so daß ein nahezu unbeschränkter Spielraum für die einzelbetriebliche Akkordfestsetzung blieb.[26] In vielen Fällen hatten die Treuhänder der Arbeit den Versuch gemacht, genauer einzugrenzen, was unter ›Normalleistung‹ zu verstehen war, indem sie in die Tarifordnungen den Passus hereinnahmen, daß nur ein bestimmter Prozentsatz aller Akkordarbeiter den tariflichen Akkordsatz zu erreichen brauchte, damit der betrieblich festgesetzte Akkord als richtig gelten konnte.[27] In anderen Fällen wurden die Zeiträume für die Berechnung der den Akkordrichtsätzen zugrunde liegenden Durchschnittsverdienste so ausgedehnt, daß es dem einzelnen Arbeiter kaum möglich war nachzuprüfen, ob der Unternehmer die Akkorde richtig festgelegt hatte[28] – ganz abgesehen davon, daß es ihm nach Beseitigung des Betriebsrates und der Gewerkschaften sowieso schwerer gefallen sein dürfte, erfolgreich auf einer Korrektur von als falsch erkannten Akkorden zu bestehen.

Der dehnbare Begriff der ›Durchschnittsleistung‹ war nicht der einzige in Tarifordnungen gebräuchliche Terminus, der der betrieblichen Akkordpolitik breiten Raum ließ. Auch der in neu erlassenen Tarifordnungen allgemein übliche Begriff der ›Minderleistung‹ erweiterte den lohnpolitischen Aktionsradius des einzelnen ›Betriebsführers‹ und erleichterte ihm vor allem eine stärkere Lohndifferenzierung. So wie einerseits in den meisten Tarifordnungen festgelegt worden war, daß eine Begrenzung des Leistungslohnes nach oben nicht statthaft sei, so zunehmend selbstverständlich wurde es, daß in Tarifordnungen ein gleich- oder ähnlich lautender Passus aufgenommen wurde wie:

»Gefolgschaftsmitglieder, die infolge ihrer körperlichen oder geistigen Beschaffenheit für die ihnen übertragenen Arbeiten minderleistungsfähig sind, können *unter* den tariflichen Lohnsätzen entlohnt werden. Die Minderentlohnung richtet sich nach dem Grad der Minderleistung.«[29]

Solcher Art Klauseln, die vom Reichsarbeitsgericht in einer Grundsatzentscheidung für rechtens erklärt[30] wurden, legitimierten die untertarifliche Entlohnung nicht unerheblicher Teile der Akkordarbeiter. Daneben besaßen die Treuhänder die Befugnis, einzelne Betriebe oder ganze Wirtschaftsregionen von tariflichen Bestimmungen zu suspendieren und so pauschal untertarifliche Entlohnung von Akkordarbeitern zuzulassen.

Die hier skizzierte Lohnpolitik der Treuhänder führte vielfach dazu, »daß – wie aus allen Betrieben übereinstimmend berichtet wird – das Arbeitstempo außerordentlich gesteigert« wurde.[31] Denn die Festsetzung der Leistungsnorm und damit auch die Bestimmung über den Grad der ›Minderleistung‹ blieb in aller Regel dem ›Betriebsführer‹ vorbehalten. Ob die Gründe für eine angebliche Minderleistung »nachweislich in der Person des Gefolgschaftsmitgliedes«[32] lagen, ob also ›zu Recht‹ untertariflich entlohnt wurde, oder ob sie in überhöhten Leistungsanforderungen des Arbeitgebers, Mängeln der Rohstoffe bzw. der Betriebsanlage u. ä. zu suchen waren, wurde – so stellte das Arbeitswissenschaftliche Institut der DAF 1940/41 fest – »einer ernsthaften Untersuchung gar nicht unterzogen«.[33] Im März 1937 hatte das Reichsarbeitsgericht dieses Verhalten der Unternehmer ausdrücklich gebilligt, als es feststellte, es sei nicht Sache des Unternehmers nachzuweisen, daß die Minderleistung des Beschäftigten in seiner Person begründet läge, sondern der Beschäftigte habe den Beweis zu erbringen, daß er den Akkordlohn infolge von Materialfehlern u. a. nicht habe erreichen können.[34] Bereits vorher waren die Bestimmungen über die Regelung von Akkordstreitigkeiten meist so abgefaßt worden, daß sie dem betreffenden Arbeitnehmer oder dem Vertrauensrat keine Akkordrevisionen gegen den erklärten Willen des ›Betriebsführers‹ erlaubten,[35] sofern dieses Problem in Tarifordnungen überhaupt thematisiert wurde.[36] Zumindest in den ersten Jahren nach der NS-›Machtergreifung‹ wirkten die tariflichen Akkordbestimmungen und die Handhabung derselben durch viele Unternehmer wie eine »ständige Drohung gegen (die) Arbeiter, die es wagen sollten, das Hetztempo nicht mitzumachen, sie würden einfach als minderleistungsfähig mit einem Lohnabzug bestraft«.[37] Gegen Kriegsende verschärfte das NS-Regime im Rahmen letzter, verzweifelter Kriegsanstrengungen die Restriktionen gegen vermeintlich leistungsunwillige Arbeiter weiter. Ungeachtet u. U. entgegenstehender Klauseln in Tarif- oder Betriebsordnungen wurde bei ›Minderleistung‹ die untertarifliche Entlohnung und der Entzug von Lebensmittelkarten durch eine Verordnung vom 2. Sept. 1944 zur Pflicht gemacht.[38]

Darüber hinaus machte die knappe personelle Ausstattung der Treuhänder-Dienststellen und der zugeordneten Behörden eine lückenlose Überwachung der Einhaltung der tariflichen Akkordrichtsätze nicht möglich. Um hier die ihnen obliegende Kontrolltätigkeit zu begrenzen, führten eine Reihe von Treuhändern sog. Meldegrenzen ein. Gemeint war damit, daß erst, wenn die betrieblichen Akkordrichtsätze einen bestimmten Prozentsatz unter den tariflichen lagen, sich die Treuhänder zum Einschreiten veranlaßt sahen.³⁹ Diese Meldegrenzen wurden nach Kriegsbeginn aufrechterhalten, so daß hier ein relativ weiter Spielraum für betriebliche Lohnpolitik blieb.⁴⁰

Im Akkord arbeitende *Frauen* blieben von geschlechtsspezifischer tariflicher Diskriminierung in einigen Fällen ausdrücklich verschont. Jedenfalls verlangten eine Reihe von Tarifordnungen, daß für Frauen bei gleicher Arbeitsleistung und gleicher Tätigkeit gleiche Akkordsätze festzusetzen seien.⁴¹ Die tariflichen Regelungen der Akkordarbeiten von *Jugendlichen* waren gleichfalls uneinheitlich. In einigen Tarifordnungen war Akkordarbeit von Jugendlichen explizit ausgeschlossen – und zwar weniger aus gesundheitlichen Erwägungen, sondern in erster Linie aus Gründen der ›Lohngerechtigkeit‹: Physisch unverbrauchte Jugendliche hätten bei gleichen Akkordsätzen meist wesentlich mehr verdient als ältere Arbeiter (und Familienväter). Aus dem gleichen Grund sahen andere Tarifordnungen ›Staffelakkorde‹ vor, d. h. Jugendliche erhielten nur einen bestimmten Prozentsatz der Akkordverdienste erwachsener Arbeiter.⁴² Für Arbeit am *Fließband* sollte nach den Bestimmungen in einigen Tarifordnungen ein pauschaler prozentualer ›Leistungszuschlag‹ auf den jeweiligen tariflichen Stundensatz gezahlt werden.⁴³ *Leistungsprämien* für Zeitlöhner fanden bestenfalls in Form rechtlich unverbindlicher Formulierungen in Tarifordnungen Eingang. Nach einem Urteil des Reichsarbeitsgerichts vom 7. April 1937 waren Leistungszulagen in jedem Fall freiwillige Zahlungen des Unternehmers, auf die der Arbeitnehmer keinen Rechtsanspruch geltend machen konnte.⁴⁴

Zusammenfassend kann festgestellt werden, daß die tarifliche Akkordgestaltung während des ›Dritten Reiches‹ die leistungspolitischen Möglichkeiten des ›Betriebsführers‹ im Vergleich zur Weimarer Republik noch erheblich erweiterten. Auch das Festhalten an dem niedrigen Tariflohnniveau der Jahreswende 1932/33 und das Ausbleiben von Versuchen, die Tariflöhne an die gestiegenen Effektivverdienste anzupassen, dürfte u. a. auf das staatliche Bestreben zurückzuführen sein, der Leistungsentlohnung und damit der innerbetrieblichen Lohndifferenzierung möglichst breiten Raum zu lassen.

3. Grundformen und Funktionen von Leistungslohn und Leistungsmessung

Die sozusagen klassische Form des Leistungslohnes ist der – ›reine‹ – *Akkord* oder *Stücklohn*. Bei Akkordentlohnung wird – im Unterschied zum Zeitlohn – nicht die Dauer der Arbeitszeit, sondern das Mengenergebnis der Arbeit entlohnt. Die Lohnhöhe steht in einem proportionalen Verhältnis zum quantitativen Arbeitsergebnis. Der Stücklohn existiert in zwei Erscheinungsformen: als Geldakkord und als Zeitakkord. Beide Formen unterschieden sich nur in formaler Hinsicht, nämlich in der Art und Weise der Lohnverrechnung. Während beim Geldakkord die tatsächlich produzierte

Stückzahl Grundlage für die Lohnabrechnung ist, ist dies beim Zeitakkord die für die produzierte Stückzahl aufgewandte Zeit. Spätestens mit der Inflation 1923/24 offenbarte sich die Störanfälligkeit insbesondere des Geldakkordes in aller Deutlichkeit; an die Stelle des traditionellen Akkordes trat in zunehmendem Maße der Zeitstudienakkord oder Pensumlohn.

Als *Zeitstudienakkord* wird eine Form der Akkordentlohnung bezeichnet, die ihrem Anspruch nach auf einer vergleichsweise exakten Leistungsmessung basiert, mit der dem Unternehmen möglichst genaue Kenntnis von Leistungsfähigkeiten und -möglichkeiten der Arbeiter verschafft und diesen eine eigenständige ›Akkordpolitik‹ insbesondere in Form des ›Akkordbremsens‹ vermehrt werden soll. In diesem Zusammenhang wird behauptet, daß dem Akkordbremsen der Anlaß genommen sei, da dem Anspruch nach beim Zeitstudienakkord die sog. Akkordschere unberechtigt keine Anwendung finden könne, weil die Vorgabezeiten objektiv ermittelt seien. Ein weiteres wesentliches Ziel der auf *Arbeits- und Zeitstudien* aufbauenden ›wissenschaftlichen‹ Leistungsmessung ist die Aufhebung der – beim traditionellen Akkord normalen – Diskontinuität der Arbeitsleistung durch Feststellung des (leistungs-)optimalen, langfristig durchhaltbaren Arbeitspensums. Da das in den USA zuerst von Frederick W. Taylor entwickelte System der Arbeits- und Zeitstudien in Deutschland in erster Linie von dem 1924 gegründeten ›Reichsausschuß für Arbeitszeitermittlung‹ (seit 1936: ›Reichsausschuß für Arbeitsstudien‹; kurz: Refa) verbreitet wurde und als – gegenüber Taylor und entwickelteren US-amerikanischen Verfahren etwas modifiziertes – Refa-Verfahren hier allgemeine Anwendung fand, kann ich mich auf eine Darstellung lediglich dieses Verfahrens beschränken.[45]

Grundsätzlich kann nur gleichförmige Arbeit Gegenstand von Arbeits- und Zeitstudien werden. Gleichförmige Tätigkeiten (»repetitive Teilarbeiten«) sind in Industrieunternehmen im allgemeinen nur dort möglich, wo in großen Serien produziert wird. Wie der Name bereits andeutet, werden bei Arbeits- und Zeitstudien zwei formal getrennte Prozesse durchlaufen. Bei dem dem ›Zeitstudium‹ zeitlich vorgelagerten ›Arbeitsstudium‹ werden die einzelnen Arbeitsschritte eingehend mit dem Ziel analysiert, die rationellsten Bewegungen und Arbeitsverrichtungen herauszufinden (Arbeitsbestgestaltung). Erst nachdem der unter leistungswirtschaftlichen Gesichtspunkten rationellste Arbeitsablauf festgestellt u. U. Modifikationen an Werkzeug, Sitzgelegenheiten etc. vorgenommen wurden, beginnt dann mit dem Zeitstudium die eigentliche Leistungsmessung. Bei der Zeitstudie beobachtet der Kalkulator oder Refa-Mann einen Arbeiter, der exemplarisch für die zu untersuchende Tätigkeit ausgewählt wurde, und ermittelt mit der Stopp-Uhr die sog. ›Ist-Zeit‹ des konkreten, beobachteten Arbeitsablaufes. Mehrere solcher ›Ist-Zeiten‹ werden anschließend genormt, d. h. auf eine fiktive, geschätzte Durchschnittsleistung bezogen, die sog. ›Normalleistung‹.[46] Da die ›Normalleistung‹ keine exakt meßbare Größe darstellt, kann auch nicht genau ermittelt werden, wie weit die ›Ist-Zeiten‹ von der

›Normalleistung‹ abweichen. Dieser Vorgang der ›Umrechnung‹ der ›Ist-Zeiten‹ auf die ›Normalleistung‹ wird deshalb auch als Leistungsgradschätzen bezeichnet. Erst danach wird die endgültige Vorgabezeit festgelegt. Abgekoppelt von der eigentlichen Leistungsmessung und -ermittlung erfolgt schließlich in einem letzten Schritt die Fixierung der Lohnhöhe. Diese durch das Refa-Verfahren ermöglichte Trennung der Lohn- von der Leistungspolitik hatte einen für die Unternehmerseite entscheidenden Effekt: Lediglich die Festlegung der reinen Lohnsätze war vor 1933 und ist seit 1945 Gegenstand der Verhandlungen zwischen den Tarifpartnern. Ebenso unterlagen während der NS-Zeit – auch nach der Lohngestaltungsverordnung vom 25. Juni 1938 – de facto nur die betriebsdurchschnittlichen Effektivlöhne, nicht aber die diesen vorgeschalteten Arbeits- und Zeitstudien der Kontrolle der Treuhänder der Arbeit. Die vermeintlich ›lohnpolitisch neutrale‹ Leistungsermittlung durch Refa wurde mit Verweis auf die ›Wissenschaftlichkeit‹ des Verfahrens der Einflußnahme der Treuhänder bzw. vor 1933 der Arbeitnehmervertreter entzogen.

4. Der Stellenwert der verschiedenen Formen leistungsbezogener Entlohnung

4.1. ›Akkordarbeiter‹ und ›Zeitlöhner‹: kategoriale Unschärfen und empirische Ergebnisse

Eine genaue Beantwortung der Frage, wie viele Arbeiter in den Jahren der nationalsozialistischen Herrschaft und während der Weltwirtschaftskrise im traditionellen Stücklohn, wie viele im ›Zeitstudienakkord‹, wie viele im Zeitlohn arbeiteten und wie viele leistungsbezogene Prämien erhielten, ist aus verschiedenen Gründen außerordentlich schwer.

Während die vom Statistischen Reichsamt publizierten Ergebnisse der *Einzel*lohnerhebungen bis 1934 meist Angaben über die Zahl der Arbeiter, die im Akkord einerseits und im Zeitlohn andererseits beschäftigt waren, enthielten, wurden entsprechende Zahlen nach Lohnformen vom Statistischen Reichsamt nur für die ersten Lohn*summen*erhebungen 1935 und 1936 veröffentlicht. Danach fehlen solche Angaben. Für die letzten Jahre vor Kriegsbeginn sind wir deshalb auf eine Statistik angewiesen, die einer ›vertraulichen‹ Denkschrift des Arbeitswissenschaftlichen Instituts der DAF entnommen wurde.[47] Für die Zeit des Zweiten Weltkrieges liegen keine für das gesamte Deutsche (Alt-)Reich oder einzelne Wirtschaftsregionen repräsentative Angaben vor, die unmittelbar Aufschluß über die Zusammensetzung der Arbeiterschaft nach Lohnformen geben könnten.

Erhebliche Probleme methodischer Art werden dadurch aufgeworfen, daß – von wenigen Ausnahmen abgesehen – die erfaßten Arbeiter nur alternativ dem ›Akkord‹ bzw. ›Stücklohn‹ und dem Zeitlohn zugeordnet werden, sofern die Lohnform bei den Erhebungen überhaupt Berücksichtigung fand. Aus den statistischen Veröffentlichungen wie auch aus den zeitgenössischen Aufsätzen über lohntheoretische und methodische Probleme geht nicht hervor, wie bei den Erhebungen mit den Arbeitern verfahren wurde, die – dem Zwangstakt des Fließbandes unterworfen – für die Erfüllung des vorgegebenen Arbeitspensums eine Prämie erhielten (Pensumlohn), ob sie den ›Akkordarbeitern‹ oder den ›Zeitlöhnern‹ zugerechnet wurden. Das Arbeitswissenschaftliche Institut stellte in diesem Zusammenhang lakonisch fest, daß genaues Ausmaß und Formen der Leistungsentlohnung »von außerbetrieblichen Stellen schwer zu ermitteln (seien), bzw. es liegen jedenfalls derartige allgemeine Ermittlungen nicht vor«.[48] Die die ›Lohnwirklichkeit‹ nicht (mehr) treffende rigide Zweiteilung in Akkord- und Zeitlohn wurde lediglich bei einzelnen Erhebungen in der Chemieindustrie (Juni 1931, Juni 1934, Sept. und Dez. 1935) und in der Schuhindustrie (März 1932 und Dez. 1935) aufgehoben und durch die Kategorien des ›Prämienlohnes‹ bzw. der ›Bandarbeit‹ erweitert.[49] Diese zusätzliche Differenzierung der Lohnformen macht deutlich, daß auch dem Statistischen Reichsamt bewußt geworden war, daß die Kategorie ›Stücklohn‹ für die bei modernen Produktionsprozessen vielfach üblich gewordenen Formen der Leistungsentlohnung nicht mehr paßte. Unklar bleibt, warum kategoriale Erweiterungen dieser Art nicht auch bei anderen Erhebungen eingeführt bzw. in der Chemie- und Schuhindustrie für die Zeit nach 1935 nicht durchgehalten wurden.[50]

Tab. 15 zeitigt einen auf den ersten Blick überraschenden, der Favorisierung leistungsbezogener Entlohnungssysteme durch die Nationalsozialisten scheinbar entgegenstehenden Trend: In den meisten in dieser Tabelle aufgeführten Industriezweigen nahm der Anteil der Akkordarbeiter zum Teil erheblich ab. Für die Jahre zwischen 1928 und 1933/34 ist der Grund für dieses Phänomen relativ leicht zu bestimmen: Während der Weltwirtschaftskrise wurden leistungsanreizende Lohnsysteme tendenziell obsolet, da die schweren Absatzprobleme eine Verringerung der Produktion nahelegten. Eine Intensivierung der Arbeit war in dieser Zeit ökonomisch meist nicht sinnvoll. Hohe Arbeitsleistungen waren überdies im allgemeinen durch den Druck, der von der Massenarbeitslosigkeit ausging, gewährleistet. Dieser Funktionsverlust leistungsanreizender Lohnsysteme drückte sich nicht nur in – im Vergleich zum Zeitlohn – überdurchschnittlich sinkenden Akkordverdiensten aus. Darüber hinaus wurden aus Kostengründen nicht selten die höheren Akkorde durch niedrigere Zeitlöhne ersetzt. Dieser Trend setzte sich partiell nach der Machtübernahme durch die Nationalsozialisten so lange fort, wie die Massenerwerbslosigkeit allein hohe Arbeitsleistungen zu garantieren schien.[51] In der Produktionsgüterindustrie ist diese Phase etwa 1935 abgeschlossen. Trotzdem verlor der Akkord in der Folgezeit weiterhin erheblich an Bedeutung. Um den nach Einsetzen der rüstungskonjunkturell bedingten Arbeitskräfteknappheit – als es für Staat und Industrie galt, aus einem Minimum an Arbeitern ein Maximum an Arbeitsleistung herauszupressen – sich fortsetzenden Rückgang des Anteils der Akkordarbeiter in solch wichtigen Branchen wie der Metallverarbeitung und der Chemieindustrie sowie weiten Teilen der Konsumgüterindustrie erklären zu können, müssen mehrere, die Entlohnungsformen wesentlich bedingende Faktoren genauer untersucht werden.

4.2. Fertigungstechnologie und Lohnform

Zwischen Lohnform und jeweiligem betriebstechnologischen Niveau bestand und besteht grundsätzlich ein enger Zusammenhang. In einem 1934 erschienenen Aufsatz wurden idealtypisch vier Stufen der Maschinisierung und die diesen adäquate Form der Entlohnung beschrieben:[52]

»*Erster Fall:* Die Maschine übernimmt die Formungskraft und Arbeitsgeschwindigkeit. Derartige automatisierte Maschinen hat man in fast jeder Industrie zu verzeichnen. Z. B. die Webstühle in den Webereien, Walzwerke, Papiermaschinen, Zigarettenmaschinen usw. Der Arbeiter hat hierbei keinen Einfluß auf die Arbeitsgeschwindigkeit, auch hat er keine körperlichen Kräfte für die Formung der Erzeugnisse aufzuwenden, beides wird von der Maschine übernommen. Ein Leistungszuschlag in Form von Zeitakkord kommt hier nicht in Frage. Je nach Güte und Erzeugungsmenge, auf die der Arbeiter durch Beobachtung einen Einfluß hat, zahlt man eine *Prämie*.
Zweiter Fall: Die Maschine übernimmt zwar die Formungskraft, aber man ist in hohem Maße von der Geschwindigkeit und der Tüchtigkeit des Arbeiters abhängig. Zu diesen Betrieben gehören die mechanischen Werkstätten mit ihren Werkzeugmaschinen. Bei den Dreh- und Bohrarbeiten kann man aus der Schnittgeschwindigkeit und dem automatischen Vorschub genau die Arbeitszeit berechnen, die eine Welle erfordert; aber die Genauigkeit und Güte der Arbeit fällt bei den Arbeitern sehr verschieden aus. Aus dem Grunde muß man eine Staffelung der Grundlöhne nach der Qualität durchführen. In der gleichen Weise muß man die Arbeitsgeschwindigkeit durch einen *Leistungszuschlag* abgelten. Von jeder Werkzeugmaschine muß man die Leistungsdaten durch Versuche aufnehmen. ... Die erforderlichen Zuschlagszeiten für die Nebenzeit und Verlustzeit legt man nach *Refa*grundlagen fest. ... Je nachdem der Arbeiter die vorgegebene Zeit unter- oder überschreitet, bekommt er einen höheren oder niedrigeren Leistungszuschlag auf seinen Stundenlohn.
Dritter Fall: Die Maschine übernimmt die Formungskraft und der Arbeiter übernimmt die Arbeitsgeschwindigkeit. Diese Art der Fertigung hat man in Gesenkschmieden, Preßwerken und Krafthammerwerken. Der Krafthammer übernimmt die Formungskraft. Im Gegensatz zur Werkzeugmaschine läßt sich hier in Bezug auf die Arbeitsgeschwindigkeit gar nichts berechnen. Eine gerechte Entlohnung macht hier die Gliederung der Fertigung durch *Zeitstudien* zur Pflicht.
Vierter Fall: Der Arbeiter übernimmt die Formungskraft und die Arbeitsgeschwindigkeit. Die gesamten handwerklichen Betriebe kommen für den vierten Fall in Frage. ... Für jede Grundlohngruppe muß man das Normalarbeitstempo durch

Zeitstudien ermitteln. ... Es ist ganz selbstverständlich, daß man in jeder Abteilung eine große Zahl von Leistungsaufnahmen machen muß, um einen möglichst einwandfreien mittleren Wert zu bekommen.«

Der jeweils unterschiedliche Stellenwert des Akkordes wie des Zeitlohnes in den einzelnen Branchen (Tab. 15) erklärt sich wesentlich aus den spezifischen, in den einzelnen Produktionszweigen dominierenden Produktionstechnologien. Grundsätzlich war für die deutsche Industrie seit etwa 1935/36 ein beträchtlicher Rationalisierungsschub zu konstatieren, der – nach dem o. g. Schema – in den meisten Sektoren der Industrie zu einem *Abbau direkt leistungsbezogener Lohnsysteme* führen mußte. Aufgrund technischer, arbeitsorganisatorischer und allgemein-wirtschaftlicher Spezifika, die hier nur in groben Umrissen skizziert werden können, verlief das Tempo dieser Entwicklung in den einzelnen Branchen jedoch recht unterschiedlich.

In der *Chemieindustrie* waren regelrechte Akkorde im eigentlichen Produktionsbereich häufig nicht sinnvoll, da – vor allem bei größeren Produktionseinheiten – die einzelnen Arbeitsgänge weitgehend durch die technischen Abläufe bestimmt waren und der Einfluß manueller Tätigkeiten auf den Produktionsfluß gering blieb. Die in technisch fortgeschrittenen Bereichen der chemischen Industrie beschäftigten eigentlichen Betriebsarbeiter erhielten deshalb überwiegend Prämienlöhne (Leistungszulage zum Zeitlohn). Dagegen wurden die Betriebshandwerker, die in den den Chemieunternehmen angeschlossenen Werkstätten arbeiteten oder mit Reparaturarbeiten befaßt waren, sowie die mit Transport- oder Verladearbeiten befaßten Arbeitskräfte zu einem erheblichen Teil im ›reinen‹ Akkord beschäftigt.[53] Der zwischen 1935 und 1938 beobachtbare drastische Rückgang des Anteils der Akkordarbeiter an der Gesamtarbeiterschaft der Chemieindustrie dürfte in erster Linie auf die im Zuge der Autarkiepolitik vor allem seit 1935/36 errichteten Werke zur Herstellung synthetischen Treibstoffs, Kautschuks etc. zurückzuführen sein,[54] in denen hochmoderne Anlagen den ›reinen‹ Akkord obsolet werden ließen. Auch die zwischen 1930 und 1936 lediglich unterbrochene fertigungstechnische Modernisierung in anderen Zweigen der Chemieindustrie trug zur Verdrängung des ›reinen‹ Akkords bei.

Im Bereich der *Eisen-, Stahl- und Metallgewinnung* war die menschliche Tätigkeit in Tempo und Arbeitsausführung gleichfalls weitgehend abhängig vom technischen Produktionsapparat. In seiner Grundstruktur typisch für viele Betriebe der Eisen- und Stahlindustrie war das Prämiensystem, das im Juni 1936 im Hochofen-Schmelzbetrieb der Hoesch AG Dortmund praktiziert wurde. Dort wurde zum Grundlohn von 30 Rpf. eine Gruppenprämie gezahlt, die sich nach der durchschnittlichen täglichen Ofenproduktion richtete. Diese Prämie, die je to. 0,235 Rpf. betrug, wurde nicht an alle Arbeiter gleichmäßig ausgeschüttet, sondern je nach Tätigkeit gestaffelt: Der 1. Schmelzer erhielt 100% der Prämie, der Hilfsoberschmelzer sogar

Tabelle 15: Der Anteil der im ›Stücklohn‹ beschäftigten Arbeiter an der Gesamtarbeiterschaft in den wichtigsten Industriezweigen 1928 bis 1939 (in v. H.)

	1928	1931	1932	1933	1934	1935	1936	1937 (c)	1938 (d)	1939 (d)
Eisen- u. Stahlindustrie	91,0(a)	88,1(a)	–	–	–	–	–	–	–	–
Metallverarbeitung	62,4(a)	62,3(a)	–	–	–	60,8(b)	–	60,3	60,4	58,4
Chemieindustrie	21,5(e)	20,5(e)	–	–	19,9(e)	23,8(b)	–	20,2	15,1	–
Bekleidungsindustrie	–	–	–	–	–	50,9(c)	–	45,6	46,2	45,4
Süß-, Back- u. Teigw.ind.	–	24,2(d)	–	–	21,2(d)	18,3(c)	–	17,8	19,9	18,1
Papierverarbeitung	–	–	–	–	–	34,5(d)	–	32,9	33,3	31,7
Baugewerbe	–	–	2,7(f)	–	3,1(f)	–	–	3,8	4,9	6,6
Bautischl. u. Möbelherst.	27,2(d)	26,2(d)	–	–	–	22,7(b)	–	25,9	25,5	28,1
Sägeindustrie	–	–	–	–	–	6,9(b)	–	10,2	10,9	14,1

(a) Okt.   (b) Sept.   (c) Dez.   (d) März.   (e) Juni.   (f) Aug.

Quelle: Statistische Jahrbücher für das Deutsche Reich 1928, S. 360; 1930, S. 291 f.; 1931, S. 275, 277; 1933, S. 267 ff.; 1934, S. 271; 1935, S. 281; Wirtschaft und Statistik, Jg. 15, 1935, S. 525; Jg. 16, 1936, S. 203 ff., 242, 285, 328 f., 366 f.; Arbeitswissenschaftliches Institut der DAF, Die lohnpolitische Lage, nach: Timothy W. Mason, Arbeiterklasse und Volksgemeinschaft, Opladen 1975, S. 1260.

110%, der 2. Schmelzer und der Pfannenbegleiter dagegen nur 85%. Am unteren Ende dieser Skala rangierten Hilfsarbeiter wie der Kanalreiniger und der Sandausgeber, die nur 51% dieser Prämie bekamen.[55] Im Gegensatz zur vergleichbaren Lohnform in der Chemieindustrie wurden die derart entlohnten Stahlarbeiter vom Statistischen Reichsamt den im (Gruppen-)Akkord tätigen Arbeitern zugerechnet. Ob leistungsbezogene Entlohnungssysteme nach 1933 in der Eisen- und Stahlindustrie ausgeweitet wurden oder an Bedeutung verloren, läßt sich nicht feststellen, da vom Statistischen Reichsamt diesbezüglich keine Erhebungen vorgenommen wurden.

Für eine Reihe anderer Branchen lassen sich zumindest für die ersten sechs Jahre der nationalsozialistischen Herrschaft jedoch eindeutige Trends konstatieren. In allen in Tab. 15 aufgeführten Zweigen der verarbeitenden Industrie – *Metallverarbeitung, Süß-, Back- und Teigwarenindustrie* sowie *Papierverarbeitung* – war ein auffälliger Bedeutungsschwund des Akkordes bzw. akkordähnlicher Lohnsysteme zu beobachten. Zurückzuführen ist diese Entwicklung in erster Linie auf die Einführung, Ausweitung und Perfektionierung der Fließfertigung in diesem Wirtschaftsbereich seit etwa 1935/36. Grundsätzlich gilt auch für die fließende Fertigung und die um das laufende Band gruppierten Maschinen, was allgemein zum Verhältnis von Maschine und Lohnform gesagt wurde: Je stärker das Arbeitstempo durch die technische Apparatur vorgegeben wurde, desto eher kamen dem Zeitlohn ähnliche Lohnformen zur Anwendung; je größer umgekehrt der Einfluß des Arbeiters auf seine Leistung war, desto wahrscheinlicher war die Anwendung unmittelbar leistungsbezogener Entlohnungstechniken.[56]

Vielfach waren nach Einführung der Fließfertigung die einzelnen Arbeitsgänge noch nicht exakt aufeinander abgestimmt. Dies betraf insbesondere die sog. ›Taktarbeit‹, d.h. die Umstellung von herkömmlichen Produktionsverfahren auf Fließarbeit lediglich auf organisatorischem Weg unter weitgehender Beibehaltung der vorhandenen Betriebsmittel, ohne Einführung eines die einzelnen Arbeitsprozesse verbindenden Fließbandsystems. Aber auch bei unentwickelten Formen der Bandarbeit – dort, wo zur Vermeidung von Produktionsstockungen die Errichtung von Zwischenlagern (Materialpuffer) notwendige Voraussetzung kontinuierlichen Produktionsflusses war, die einzelnen Arbeitsprozesse noch relativ komplex und nur locker durch das Band zusammengehalten waren – blieb die Arbeitsleistung noch stark vom Willen des einzelnen Arbeiters abhängig. Es wurden in diesen Fällen im allgemeinen deshalb leistungsproportionale *Akkorde* gezahlt oder Leistungszulagen, die je nach individueller oder Gruppenleistung in ihrer Höhe stärker variiert werden konnten. Waren die Arbeitsleistungen dagegen durch die technologischen Gegebenheiten, durch den ›Zwangstakt‹, weitgehend oder vollständig vorgegeben, kamen dem *Zeitlohn* ähnliche Lohnformen zur Anwendung. Auf die Arbeitsmenge bezogene *Prämien* besaßen hier eher den Charakter der Anerkennung: Der Pensumlohn – Zeitlohn plus Prämie – wurde gezahlt, wenn ein bestimmtes, vorgegebenes

Arbeitspensum erfüllt worden war, obschon die Intensität der Arbeit vom Arbeiter selber kaum zu beeinflussen war. Prämien konnten in solchen Fällen außerdem für die Qualität der Arbeit bezahlt werden.

Ebenso wenig wie sich die Ausweitung der Fließfertigung und die zur Anwendung gelangenden Fließbandsysteme im hier interessierenden Zeitraum quantifizieren lassen, läßt sich auch feststellen, ob bei Umstellung eines Betriebes auf Fließfertigung oder nach Perfektionierung des Fließbandsystems von der Unternehmensleitung immer das »psychologisch richtige Lohnsystem« gewählt wurde, d. h. ob der Grad der Leistungsbezogenheit der Entlohnung auch »dem Einfluß entspr(a)ch, den der Arbeiter persönlich auf seine Leistung ausüben« konnte.[57] Außerdem war die Zuordnung des Prämien- bzw. Pensumlohns zu den beiden vom Statistischen Reichsamt vorgegebenen Kategorien ›Stücklohn‹ und ›Zeitlohn‹ häufig willkürlich.[58] In den meisten Fällen wurde er dem Zeitlohn, manchmal auch dem Akkord zugerechnet. Obgleich die in der betrieblichen Praxis zur Anwendung gelangende Vielzahl von Lohntechniken, die Elemente des (leistungsproportionalen) Akkords wie des Zeitlohns miteinander vereinigten,[59] uneinheitlich kategorisiert wurden, kann – in Anlehnung an Feststellungen in zeitgenössischen Untersuchungen – davon ausgegangen werden, daß Arbeiter, die mit Tätigkeiten in entwickelten Fließbandsystemen befaßt waren, im allgemeinen (nicht ausnahmslos) den Zeitlöhnern subsumiert wurden. Bei primitiven Formen der Fließfertigung gelangten dagegen stücklohnähnliche Entlohnungstechniken zur Anwendung – und zwar in der Regel in Form des Gruppenakkords oder der Gruppenprämie.[60] Wenn dies zutrifft, kann aus der schwindenden Bedeutung der Akkordarbeiter in den verarbeitenden Industrien geschlossen werden, daß nicht nur die Fließfertigung überhaupt, sondern auch entwickeltere Formen der Fließarbeit, die ein reibungsloseres Ineinandergreifen von maschineller und menschlicher Bewegung ermöglichten, während des ›Dritten Reiches‹ erheblich ausgeweitet wurden. Umgekehrt war die Ausweitung der Fließfertigung vermutlich mitverantwortlich für den insbesondere im Bereich der Metallverarbeitung zu konstatierenden Anstieg der Effektivverdienste. In der zeitgenössischen Literatur wurde jedenfalls propagiert, daß die Einführung der Fließfertigung für die betreffenden Arbeiter mit einer Erhöhung der Löhne verbunden sein müsse.[61]

4.3. Die Ausbreitung des Refa-Verfahrens während der NS-Zeit

Den neben der fertigungstechnischen Rationalisierung zweiten Faktor, der die ›Modernisierung‹ und Differenzierung der Lohnformen bewirkte, bildeten die von Refa-Kalkulatoren durchgeführten ›wissenschaftlichen‹ Arbeits- und Zeitstudien (als Voraussetzung des ›Zeitstudienakkords‹). Nicht zufällig war die Ausweitung der Fließarbeit von einer vermehrten Anwendung des Refa-Verfahrens begleitet. Die Fließarbeit wäre

»nicht möglich gewesen ohne die neuzeitlichen Methoden der Akkordzeitbestimmung, nämlich ohne die Zeitaufnahme. Nur durch sie ist die genaue Bestimmung der vorzugebenden Arbeitszeit gelungen und vor allem die Zerlegung der Gesamtarbeitszeit in mehrere gleiche Teilarbeiten.«[62]

Arbeits- und Zeitstudien haben die Funktion, die menschliche Arbeitsleistung berechenbar zu machen, um sie dadurch möglichst reibungslos in den betrieblichen Produktionsablauf einpassen zu können. ›Fordismus‹ (Fertigung am fließenden Band) und ›Taylorismus‹ (Arbeits- und Zeitstudien) ergänzen insofern einander; beide Begriffe beschreiben nicht sich ausschließende Phänomene, sondern bezeichnen denselben Prozeß – nur auf unterschiedlichen Ebenen. Das Refa-Verfahren stellte insofern in gewisser Weise den organisatorischen Unterbau der fertigungstechnischen Rationalisierungsschübe 1924 bis 1929, 1935/36 bis 1941 und 1942 bis 1944 dar. Anordnung und Abstimmung der Arbeitsgänge am Band, der »zeitliche Aufbau der Fließarbeit (geschah) auf der Grundlage von Zeitaufnahmen«[63] selbst dann, wenn bei weitgehend perfektionierten Fließfertigungssystemen und der Einbeziehung teil- bzw. vollautomatisierter Maschinen das Arbeitstempo so stark vorgegeben war, daß der Zeitstudien*akkord* als Lohnform im Grunde obsolet geworden war und an seine Stelle der Pensumlohn trat.

Abb. 3 veranschaulicht, in welch starkem Maße die Tätigkeit des Refa mit Einsetzen der nationalsozialistischen Rüstungskonjunktur ausgedehnt wurde. 1929 waren etwa 1650 Zeitnehmer in Refa-Kursen ausgebildet worden; 1931 bis 1933 waren es jährlich nur noch knapp Tausend. Die infolge der Arbeitskräfteknappheit in allen Teilen der deutschen Industrie erheblich verstärkten Bemühungen zur Intensivierung der Arbeit ließen die Zahl der Teilnehmer an den Refa-Lehrgängen und die der Lehrgänge selbst seit 1935/36 geradezu in die Höhe schnellen. Die Anforderungen an die Kriegswirtschaft beschleunigten diese Entwicklung noch. 1943 wurde mit ungefähr 12000 Lehrgangsteilnehmern der Höhepunkt erreicht. Der seit 1942 für alle Metallbetriebe verbindliche ›Lohnkatalog Eisen und Metall‹ bewirkte in diesem Jahr noch einmal einen regelrechten Refa-Schub. Erst mit dem Ende der NS-Herrschaft kam die Arbeit des Refa (zeitweilig) zum Erliegen.[64]

Wie viele Betriebe von Refa-Leuten Arbeits- und Zeitstudien durchführen ließen und wie groß die Anzahl der Arbeiter war, die nach refa-ermittelten Zeitvorgaben arbeiten mußten, darüber wurden von Refa oder anderen Stellen für die NS-Zeit keine Angaben gemacht. Auch für die Jahre vor 1933 sind die Angaben spärlich. Lediglich aus einer Untersuchung des Deutschen Metallarbeiterverbandes für das Jahr 1931 geht hervor, daß bereits zu diesem Zeitpunkt zwei Drittel der von dieser Befragung erfaßten, im allgemeinen größeren Metallbetriebe das Refa-Verfahren eingeführt hatten.[65] In der *metallverarbeitenden* Industrie hatte die Refa-Tätigkeit von Anfang an ihren Schwerpunkt gehabt. Von der Berliner Metallindustrie war auch die Gründung des Refa ausgegangen.[66] Jedoch hatte die deutsche Version des Taylo-

Abbildung 3: Refa-Lehrgänge und -Lehrgangsteilnehmer 1922 bis 1950.

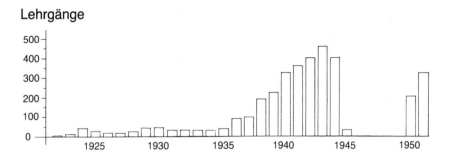

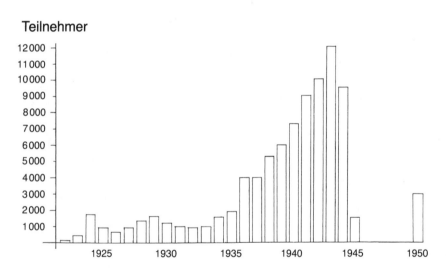

Anmerkungen:
- Vor Okt. 1924 Lehrgänge und Lehrgangsteilnehmer des Vorgängers des Refa, des »Ausschusses für Zeitstudien« innerhalb des »Ausschusses für Wirtschaftliche Fertigung« im »Verein Deutscher Ingenieure«.
- Die Zahlen für die letzten Jahre des Zweiten Weltkrieges wurden von Pechhold geschätzt, da die offiziellen Unterlagen des Refa verlorengingen.

Quelle: Engelbert Pechhold, 50 Jahre Refa, Darmstadt 1974, S. 67, 87, 121, 142.

rismus bereits vor der nationalsozialistischen ›Machtergreifung‹ auch in andere Branchen Eingang gefunden. In einer Reihe von Großbetrieben der *Chemieindustrie* waren bis 1932 ›Schätzakkorde‹ durch refa-ermittelte bzw. auf refa-ähnlichen Verfahren basierende Zeitvorgaben ersetzt worden.[67] Ende der zwanziger Jahre wurden außerdem Versuche unternommen, das von Refa für die Metallindustrie entwickelte Arbeitsstudium auf die *Textilindustrie*, das *Bauwesen* und die *Forstwirtschaft* zu übertragen. Der ebenfalls 1924 gegründete ›Ausschuß für Betriebswirtschaft‹ innerhalb des ›Vereins Deutscher Eisenhüttenleute‹ knüpfte ebenfalls enge Kontakte zu Refa und förderte die Einführung von Arbeits- und Zeitstudien insbesondere im *Gießereiwesen*.[68] Allgemeine Ausbreitung und weiteres schnelles Vordringen der Refa-Lehre wurden durch die wirtschaftliche Rezession vorübergehend gestoppt. Der Funktionsverlust von Leistungslohn und Leistungsmessung während der Krise ließen das Interesse der Unternehmensleitungen am Refa-Verfahren erlahmen.

In den ersten Monaten nach der NS-Machtübernahme kam es vereinzelt zu entschiedenem Widerstand einiger NSBO- und DAF-Vertreter gegen ›Stoppuhr‹ und Refa-Kalkulatoren. So stellten sich während einer Verhandlung von »Leitern der NSBO und der DAF« mit der Betriebsleitung eines niederrheinischen Unternehmens im Herbst 1933 »die Verbandsvertreter mit dem Betriebsrat auf den Standpunkt, es dürfe im nationalsozialistischen Staat weder mit der Stoppuhr kalkuliert werden noch im Akkord gearbeitet werden«; die DAF drohte sogar mit »passiver Resistenz«.[69] Auch z. B. auf einer Tagung des Verbandes schlesischer Metallindustrieller im Jan. 1934 wurde von »Angriffen gegen das Refa-System« gesprochen.[70] Danach verstummten jedoch derartige Meldungen rasch; spätestens um die Jahreswende 1934/35 trat ein deutlicher Umschwung ein. Bereits 1936 hatten sich die Refa-Kurse im Vergleich zu 1924 und 1929/30 – den Jahren, in denen die Refa-Tätigkeit während der Weimarer Republik ihren Höhepunkt erlebt hatte – mehr als verdoppelt und 1940 bis 1943 dann jeweils sogar fast verzehnfacht, ohne daß dadurch der Bedarf der Industrie an ausgebildeten Zeitnehmern wirklich befriedigt werden konnte.

Die rasche Ausweitung der Refa-Methode während der NS-Zeit war nicht zuletzt auf die veränderte Arbeitsmarktlage zurückzuführen: Mittels Arbeits- und Zeitstudien ließen sich die Intensität der Arbeit beträchtlich erhöhen und nicht selten auch knapp gewordene Arbeitskräfte einsparen. Ein weiterer »Hauptzweck« systematischer Zeitstudien und -vorgaben war die »Sicherung der Gestehenskostenberechnung, also sichere Kalkulation der Produktionskosten und -zeiten«.[71] Darüber hinaus war der auf dem Refa-Verfahren basierende Zeitstudienakkord nicht derart ›konjunkturanfällig‹ wie der traditionelle Akkord, obwohl auch der Refa-Akkord dem Druck des Arbeitsmarktes ausgesetzt war und zum ›Scheinakkord‹ werden konnte. Schließlich schien der Anspruch der ›Wissenschaftlichkeit‹ und der ›Objektivität‹ des Refa-Verfahrens die Chance zu eröffnen, über eine vermeintlich leistungsgerechte Entlohnung den ›Arbeitsfrieden‹ innerhalb der ›Betriebsgemeinschaft‹ dauernd zu sichern.

Auch während der NS-Herrschaft lag der Schwerpunkt der Refa-Aktivitäten in der überdurchschnittlich expandierenden *Metallindustrie*. Von 47 zwischen 1939 und 1945 zusätzlich zu den normalen Refa-Lehrgängen angebotenen dreiwöchigen Refa-Intensivkursen auf der DAF-Schule Augustaburg wurden allein 26 für Fertigungsgebiete aus dem Metallbereich veranstaltet. Daß die Refa-Lehre aber auch in anderen Industriezweigen größere Verbreitung fand, läßt sich u. a. daran ablesen, daß weitere sieben Intensivkurse für Teilnehmer der *Bekleidungsindustrie*, jeweils drei für die *Holz-* und *papiererzeugende* Industrie, zwei für die *Gießerei*industrie und jeweils einer für die *Glas-*, die *Gummi-*, die *keramische*, die *graphische* Industrie, den *Schiffs-* und den *Bergbau* veranstaltet wurden.[72] Überdies gelangte das Refa-Verfahren nach Feststellung der Zeitschrift ›Vierjahresplan‹ nicht mehr nur in Großbetrieben, sondern zunehmend auch in mittleren Unternehmen zur Anwendung.[73]

Wenn die Angaben des DMV zutreffen, daß bereits 1931 die Mehrzahl der größeren Metallbetriebe das Refa-Verfahren praktizierte, dann darf mit Blick auf die seit 1934/35 im Vergleich zu den zwanziger Jahren enorm gestiegenen Aktivitäten des Reichsausschusses (Abb. 3) behauptet werden, daß sich bis Kriegsbeginn die deutsche Version des Taylorismus fast vollständig in großen und mittleren Metallunternehmen – soweit diese in großen Serien produzierten – durchgesetzt hatte. (D. h. natürlich nicht, daß alle Arbeiter dieser Betriebe nach dem Refa-Verfahren arbeiteten. Viele Arbeiten waren nicht ›refa-fähig‹.) Daß dies selbst für Zweige der metallverarbeitenden Industrie galt, in denen systematische Arbeits- und Zeitstudien auf zum Teil erhebliche Hindernisse stießen, soll am Beispiel des Schiffsbaus illustriert werden.

Im kriegswichtigen Seeschiffsbau wurden um die Jahreswende 1940/41 unter der Federführung des für diesen Industriezweig zuständigen Sondertreuhänders detaillierte Untersuchungen über die Arbeits- und Lohnbedingungen der größeren Werftbetriebe durchgeführt. Im Zentrum des Interesses standen die Probleme, die mit der ›Modernisierung‹ des bereits vor 1933 in diesem Sektor der metallverarbeitenden Industrie weitverbreiteten Leistungslohnes[74] einhergingen. Aus den Berichten und Niederschriften über die Sitzungen des zuständigen Sachverständigenausschusses geht hervor, daß erst während der NS-Herrschaft verstärkt Anstrengungen unternommen wurden, das Refa-Verfahren auf deutschen Seeschiffswerften einzuführen. Bis Anfang 1941 hatte dann das Refa-Verfahren – mit Ausnahme einiger kleinerer Werften – fast überall Einzug gehalten.[75] Obgleich die meisten Unternehmensleitungen mit dem Refa-Verfahren vertraut waren, war die deutsche Werftindustrie jedoch »von einer vollständigen refamäßigen Erfassung noch sehr weit entfernt«. Die »Schwierigkeiten einer genauen Berechnung der Akkorde« resultierten daraus, daß traditionell »die Zeiten für die großen Akkordverdienste sehr lang sind, sie ziehen sich oft über Wochen hin« und konnten deshalb im allgemeinen nur auf relativ grob geschätzten Zeitvorgaben aufbauen. Dieses Problem suchten die Betriebsleitungen dadurch zu lösen, daß sie nach dem Vorbild anderer Zweige der metallverarbeitenden Industrie »die Arbeit mehr und mehr zu unterteilen« und die »bisherigen Erfahrungswerte auf richtig ermittelte Akkordzeiten zurück«zuführen begannen. Neben jahreszeitlichen Einflüssen wurde die Einführung genauer Zeitstudienakkorde auch »durch das ständige Umdisponieren seitens der Kriegsmarine außerordentlich erschwert«. Infolge der »kriegsmäßigen Anforderungen« war »eine gründliche Arbeitsvorbereitung fast unmöglich, da immer wieder dringende Arbeiten vorgezogen und damit der normale Arbeitsgang gestört« wurde.[76] Schließlich fehlte es »im jetzigen Kriege an dem notwendigen Personal in den Akkordbüros«. Nur in wenigen Werften konnte deshalb in vollem Umfange nach Refa gearbeitet werden.[77]

Die in den meisten anderen Industriezweigen komplikationsloser verlaufende Ausbreitung des Refa-Verfahrens wiederum war begleitet von einer intensiven Diskussion und Darstellung der verschiedenen Aspekte der Arbeits- und Zeitstudien.[78] Trotz ihrer US-amerikanischen Herkunft wurden Taylor und seine ›Wissenschaft‹ von den deutschen Arbeitswissenschaftlern auch während des ›Dritten Reiches‹ positiv rezipiert. Bramesfeld – von 1953 bis 1963 Geschäftsführer des Refa-Verbandes – etwa sprach 1942 blumig vom Taylorismus als einer der positiven »Früchte jener nordamerikanischen Vereinigung von rauher Betriebsnotwendigkeit und gesundem Menschenverstand«.[79] Zudem wurde die Refa-Methode qualitativ ausgeweitet. Wie die im März 1936 erfolgte Umbenennung des ›Reichsausschusses für Arbeitszeitstudien‹ in ›Reichsausschuß für Arbeitsstudien‹ bereits andeutete, verschob sich der Schwerpunkt der Refa-Tätigkeit von der – weiter verfeinerten – Zeitstudie auf die umfassendere *Arbeitsstudie*. Böhrs konstatierte 1942, daß die »Praxis des betrieblichen Arbeits- und Zeitstudiums... erst seit 1933 eine ständig wachsende psychologische Unterbauung und Durchdringung«[80] erfahren hatte. Von besonderer Bedeutung war hier ein – in der Hauptsache bereits während der Weimarer Republik entwickelter arbeitspsychologische und -physiologische Erkenntnisse in verständlicher Form zusammenfassender – ›Leitfaden‹ über ›seelische und körperliche Voraussetzungen der menschlichen Betriebsarbeit‹.[81] Eine Neubearbeitung des ›Refa-Buches‹ gelang bis 1945 dagegen nicht mehr.[82]

Darüber hinaus kam es zu einer inhaltlichen Annäherung und auch engeren Kooperationen mit den Organisationen und Institutionen, die sich intensiv mit den verschiedenen Teilbereichen der Arbeitswissenschaft befaßten. An erster Stelle ist hier das ›*Amt für Betriebsführung und Berufserziehung*‹ (AfBuB) innerhalb der DAF zu nennen, das 1935 aus dem ›*Deutschen Institut für Technische Arbeitsschulung*‹, kurz: Dinta (1933–1935: ›Deutsches Institut für Nationalsozialistische Arbeitsschulung‹), hervorgegangen war. Das

Dinta hatte zwar den Schwerpunkt seiner Tätigkeit auf die Ausbildung von ›hochwertigen‹ und ›wendigen‹ Facharbeitern sowie die Anlernung von unqualifizierten Arbeitskräften zu ›Spezialarbeitern‹ gelegt, auf Tätigkeitsfelder also, die keinen unmittelbaren Bezug zur Refa-Arbeit besaßen. Daneben hatte das Dinta jedoch bereits Ende der zwanziger Jahre ein Konzept von Arbeitsanalysen und psychotechnischen Eignungsprüfungen entwickelt, das darauf abzielte, einerseits die »für jede Arbeitsverrichtung als optimal anzusehende Arbeitsmethode« und andererseits »aus dem zur Verfügung stehenden Menschenmaterial(!) den für den untersuchten Betriebsposten bestgeeigneten Mann herauszufinden«. Ganz ähnlich wie die Arbeitsstudien des Refa sollten die ›Arbeitsuntersuchungen‹ des Dinta »Einblicke in Mängel und Verbesserungsmöglichkeiten des Arbeitsprozesses« vermitteln und die »Ursachen für Arbeitsschwankungen, Ermüdungserscheinungen und damit Minderleistungen« aufdecken.[83] Darüber hinaus hatte das Dinta – parallel zu Refa und mit Schwerpunkt auf die von Refa kaum erfaßte Eisen- und Stahlindustrie – »Verfahren ausgearbeitet, nach denen die Bemessung eines gerechten Leistungslohnes auf der Grundlage der Zeitstudie möglich« sein sollte.[84] Ebensowenig fehlte beim Dinta die Betonung der »Unentbehrlichkeit« des Prinzips »Lohn nach Leistung«. Vertreter des Refa wie des Dinta sprachen sich für »bewußt große Unterschiede in den Verdiensten«[85] und gegen die Begrenzung des Leistungslohnes nach oben aus, um »lohnpsychologische Hemmungen... auszuschalten«.[86] Die Tätigkeit beider Institutionen war auf das Grundziel der »Verbesserung und Verbilligung« der industriellen Produktion durch »industrielle Menschenführung«[87] bzw. »Bewirtschaftung« des »Kostenfaktors menschliche Arbeitskraft«[88] ausgerichtet.

Die bereits vor 1933 begonnene Kooperation zwischen Refa und Dinta[89] erhielt durch ein am 5. Okt. 1935 vom Vorsitzenden des seit 1933 dem ›NS-Bund Deutscher Technik‹ unterstellten Refa Knoop und dem Leiter des AfBuB und Gründer des Dinta Arnhold unterzeichnetes Abkommen formellen Charakter.[90] Refa-Lehrgänge wurden von beiden Institutionen fortan gemeinsam durchgeführt. Mit der Gestaltung des Unterrichts und der Stellung von Lehrkräften und Lehrmitteln wurde Refa beauftragt. Für Werbung und Erfassung der Teilnehmer war das AfBuB zuständig.[91] Der vergleichsweise große personelle Apparat, der dem AfBuB zur Verfügung stand, trug wesentlich dazu bei, daß es seit 1935 gelang, die Aktivitäten des Refa so stark auszudehnen (Abb. 3).[92] Daneben war es Refa weiterhin erlaubt, allein oder mit anderen Partnern Seminare abzuhalten. Überhaupt gelang es Refa, »wahrscheinlich unter dem Einfluß der Reichsgruppe Industrie«, die organisatorische und inhaltliche Autonomie weitgehend zu wahren.[93]

4.4. Herausbildung des ›Kontraktlohnes‹ seit 1941/41

Auch dort, wo vom einzelnen Arbeiter infolge der Struktur des betrieblichen Produktionsprozesses vielseitige Tätigkeiten gefordert wurden, waren nicht selten Formen leistungsbezogener Entlohnung eingeführt worden. Aufgrund der Vielfalt der Tätigkeit, die die Anwendung des Refa-Verfahrens zumindest erschwerte, und daraus resultierender häufig unklarer Akkordgrundlagen hatte es besonders in diesen Fällen »in der Praxis des alltäglichen Arbeitslebens« häufig »Verärgerung, Mißtrauen und Unfrieden« auf seiten der Arbeiter gegeben. Immer wieder kam es hier zwischen Arbeitgebern und Arbeitnehmern zu einem »hartnäckigen Kampf beim Akkord«,[94] zu Versuchen der Unternehmer, die Akkordsätze zu drücken, denen die Arbeiter mit gezielter Leistungszurückhaltung (›Bremsen‹) zu begegnen suchten.

Vor allem um dem ›Akkordbremsen‹ die Grundlage zu entziehen, wurde in den Kölner Werken der Klöckner-Humboldt-Deutz AG ein Jahr nach Kriegsbeginn eine Form leistungsbezogener Entlohnung eingeführt, die in neueren bundesdeutschen betriebssoziologischen Arbeiten als »gänzlich neue Lohnform« bezeichnet wurde,[95] in der Bundesrepublik Deutschland seit Mitte der sechziger Jahre breitere Anwendung findet und heute unter der Bezeichnung ›*eingefrorener Akkord*‹ oder ›*Kontraktlohn*‹ bekannt ist. In mehreren, Anfang der vierziger Jahre veröffentlichten Aufsätzen der ›Zeitschrift für Organisation‹ wurde die damals als ›Leistungslohn‹ bezeichnete Lohnform von einem ›Betriebsführer‹ der Klöckner-Humboldt-Deutz-Werke einer breiteren Öffentlichkeit vorgestellt und wie folgt definiert:

»Der Leistungslohn baut sich wie beim normalen Stundenlohn auf aus Grundlohn, Zuschlag für das Arbeitsergebnis (Erfolg) und Zuschlag für Einsatz und Haltung (Wollen). Der Zuschlag für die Arbeitsleistung lehnt sich an das bisher erzielte Akkordergebnis. Der Leistungslohn wird also im allgemeinen dem bisher erzielten Akkorddurchschnitt entsprechen. ... Eins ist unseren Leistungslöhnern indessen eigentümlich – und hierdurch unterscheiden sie sich gegenüber dem Stundenlöhner, der aus betriebstechnischen Gründen im Lohn arbeitet –: ihr Arbeitserfolg wird von Zeit zu Zeit einer Prüfung und Messung unterzogen... Der Leistungslöhner hat sich verpflichtet, eine gleichwertige Leistung, wie er sie vorher im Akkord brachte, auch weiterhin beizubehalten. Er muß also die gleiche Summe an Vorgabezeiten bringen wie früher. Jedoch hat ein gelegentliches Schwanken der Leistung, ein Plus oder Minus, keinerlei Einfluß auf den Leistungslohn... Würde seine Leistung auf die Dauer absinken, was durch die erwähnten Stichproben seiner gebrachten Vorgabewerte zutage treten würde, so müßte sein Leistungslohn herabgesetzt werden oder er müßte in den Akkord zurückkehren... Kann der Gefolgschafter... nachweisen, daß die Summe der von ihm gebrachten Vorgabewerte nicht nur vorübergehend steigt, so kann er Anspruch auf Erhöhung seines Leistungslohnes erheben, der ihm nicht versagt bleibt.«[96]

Dreierlei Vorteile besaß der ›eingefrorene Akkord‹ für die Unternehmer gegenüber dem traditionellen und auch dem (normalen) Zeitstudienakkord:
- die Anlässe für Akkordstreitigkeiten wurden reduziert;
- die Lohnkosten waren präziser und längerfristig kalkulierbar;
- das Eigeninteresse des Arbeitnehmers an langandauernder Steigerung der Arbeitsleistung wurde erhöht.

Während der ›Kontraktlohn‹ seit Beginn des Zweiten Weltkrieges offenbar erfolgreich erprobt wurde, gelangten sog. ›Freizeitakkorde‹ nur in Ausnahmefällen »bei minderleistenden Ausländergruppen« zur Anwendung.[97] Im Grunde handelte es sich bei dieser Art des Pensumlohnes nur um eine verkappte Form, ausländische Arbeitskräfte zu unbezahlter Mehrarbeit zu zwingen; deutschen Arbeitskräften gegenüber ließ sich der ›Freizeitakkord‹ jedenfalls in dieser Weise nicht durchsetzen.[98]

4.5. Leistungsprämien und traditioneller Akkord

Neben dem seit 1940/41 quasi experimentell und bis Kriegsende nur vereinzelt eingeführten ›Kontraktlohn‹ oder ›gefrorenen Akkord‹ und dem in immer größeren Teilen der verarbeitenden Industrie Anwendung findenden, auf der Grundlage von Refa-Zeitstudien festgesetzten ›Zeitstudienakkord‹ – bei Zwangstakt: Prämien- oder Pensumlohn – bestanden in weiten Teilen der Metallindustrie auch weiterhin Formen des traditionellen Akkordes fort (Stücklohn oder grob geschätzte Zeitakkorde). Insbesondere in kleinen, aber auch in mittleren Metallunternehmen scheint die alte Version des Akkordes vorgeherrscht zu haben.[99] Vielfach dürften bei kurzfristig wechselnden Aufträgen selbst Großunternehmen auf systematische Arbeits- und Zeitstudien verzichtet haben, weil in solchen Fällen der erhebliche Aufwand hierfür in keiner betriebsökonomisch sinnvollen Relation zum Ergebnis stand. Arbeits- und Zeitstudien wurden nicht selten auch durch Mängel des Rohmaterials und durch daraus resultierende erhebliche Leistungsschwankungen behindert oder unmöglich gemacht.

In solchen Fällen, aber auch bei qualifizierten Tätigkeiten, die nicht ›akkordfähig‹ waren (z. B. Reparaturarbeiten), zahlten Unternehmen häufig als leistungsbezogen deklarierte *Prämien*. Vor allem im Zeitlohn tätige Facharbeiter erhielten vielfach *Akkordausgleichszulagen,* die im allgemeinen mit ihren quantitativ nicht meßbaren Arbeitsleistungen begründet wurden und finanzielle Nachteile für diese – in der Industrie heftig umworbene – Arbeitergruppe ausgleichen sollten.[100] Qualitätsbezogene Prämien konnten ebenso an Akkordarbeiter ausgeschüttet werden. Nach einem Urteil des Reichsarbeitsgerichts durften die Arbeiter auf Leistungszulagen allerdings keinen Rechtsanspruch geltend machen. Derartige Prämien konnten jederzeit abgeschafft werden, da sie den Charakter freiwilliger Leistungen besaßen.[101] Allgemeine statistische Ergebnisse liegen zwar nicht vor, eine Vielzahl von Einzelbeispielen legt aber den Schluß nahe, daß in den rüstungsrelevanten Zweigen der metallverarbeitenden ebenso wie in der Chemieindustrie die *auf die Qualität bezogene Prämienentlohnung* eine zunehmende Ausbreitung erfuhr.[102] Aus einzelbetrieblichen Angaben ist ferner zu schließen, daß in der Eisen- und Stahlindustrie der häufig als ›Akkord‹ bezeichnete, auf die Leistungsmenge bezogene Prämienlohn noch eindeutiger als bereits vor 1933 zur beherrschenden Lohnform wurde.[103]

Während des Krieges wurden daneben in allen Zweigen der deutschen Industrie Prämien für bestimmte Tätigkeiten gezahlt, die nicht auf die unmittelbare Produktion bezogen waren, sondern die Behebung von Gebäude- und Maschinenschäden belohnten (Prämien für das Löschen von Brandbomben, für Aufräumarbeiten u. a. m.).[104] Gesondert prämiert wurde außerdem der sparsame Verbrauch der zunehmend knapperen Rohstoffe und der sorgfältige Umgang mit betrieblichen Produktionsmitteln.[105]

Im Baugewerbe, in der Bau- und Möbeltischlerei sowie der Sägeindustrie – also in Branchen, in denen Maschinen nur in geringem Maße den Ablauf des Produktionsprozesses bestimmten und die Arbeitsintensität noch wesentlich vom einzelnen Arbeiter beeinflußt wurde – dominierte auch weiterhin, soweit leistungsbezogene Lohnsysteme zur Anwendung gelangten, der traditionelle, *leistungsproportionale Einzel- und Gruppenakkord*. In diesen Wirtschaftszweigen wurde mit Eintritt der Vollbeschäftigung eine ganze Reihe von Tätigkeiten durch stärkere Arbeitsteilung und weitere Vereinfachung akkordfähig gemacht,[106] so daß hier der Anteil der Akkordarbeiter an der Gesamtarbeiterschaft deutlich stieg (Tab. 15). Seit 1937 waren außerdem vom Fachamt Bau der DAF entwickelte ›Leistungsrichtsätze‹ in einigen Baubetrieben probeweise eingeführt worden. Diese ›Leistungsrichtsätze‹ beinhalteten die »Festsetzung von Zeitwerten für sämtliche im Bau anfallenden wiederkehrenden Leistungen« auf der Grundlage »angenommener Erfahrungswerte«.[107] Die von der DAF hier betriebene primitive Form der Taylorisierung begünstigte zweifelsohne die auch von den Reichstreuhändern der Arbeit beobachtete »wachsende Ausbreitung des Akkordsystems« im Baugewerbe,[108] auch wenn die Leistungsrichtsätze selbst bis Kriegsbeginn nur in relativ wenigen Bauunternehmen zur Anwendung gelangten.[109]

Erst mit der am 6. Juni 1942 verabschiedeten Reichstarifordnung über den Leistungslohn im Baugewerbe wurde ab 1. Jan. 1943 ein ähnlich gearteter Leistungslohn zur verbindlichen Lohnform auf allen größeren Baustellen eingeführt. Wie bei den Leistungsrichtsätzen des Fachamtes Bau der DAF wurden für die spezifischen, im Baugewerbe anfallenden Tätigkeiten der einzelnen Berufsgruppen ›Bauleistungswerte‹ reichseinheitlich festgesetzt, die zur Grundlage der Lohnberechnung gemacht werden mußten.[110] Nach den Berichten des SD stieß die einzelbetriebliche Umsetzung der ›Bauleistungswerte‹ in vielen Fällen auf erhebliche Probleme, u. a. weil es den »Baubetrieben an ausreichend geschulten Fachkräften nicht nur auf den Baustellen zur Feststellung der Bauleistungswerte, sondern auch in den

Büros zur Durchführung der Entlohnungsarbeiten« fehlte.[111] Überdies lagen die ›Leistungswerte‹ nur für einen Teil der üblichen Bauarbeiten vor, und selbst diese ließen sich aufgrund baulicher Spezifika häufig nicht verwirklichen. Insbesondere kleinere Bauunternehmen wurden deshalb von der Verpflichtung zur Einführung des Bauleistungslohnes entbunden.[112] Der Staatssekretär im Reichsarbeitsministerium Syrup resümierte gegen Kriegsende, das dem Leistungslohn im Baugewerbe seit 1943 zugrunde liegende Bewertungssystem sei »im Ganzen gesehen wenig befriedigend« gewesen.[113]

4.6. Zur Ausweitung des Gruppenakkords

Vor allem in den letzten Jahren vor Kriegsbeginn und während des Krieges kam es zu einer Ausweitung des Gruppenakkords gegenüber dem Einzelakkord[114] und gleichzeitig zur allmählichen Ersetzung des groben Gruppengeldakkords durch den refa-ermittelten Gruppenzeitakkord.[115] Darüber hinaus zog die Einführung der Fließfertigung im allgemeinen die Anwendung des Gruppenakkords dann nach sich, wenn »keine zwangsläufige Bindung an ein genau vorgegebenes Pensum, etwa durch Fördermittel besteht«.[116]

Von den Nationalsozialisten wurde diese Akkordform befürwortet, weil sie erhebliche Leistungssteigerungen nicht nur einzelner Arbeiter, sondern jeweils ganzer Arbeitergruppen zur Folge hatte und zu einer besseren Ausnutzung der Produktionsanlagen führte.[117] Zudem war eine Leistungskontrolle von außen kaum nötig, »da hier das eine Gefolgschaftsmitglied an der Leistung des anderen interessiert ist, um eine möglichst hohe Gesamtleistung und einen entsprechend hohen Leistungsverdienst zu erzielen«.[118]

Der Gruppenakkord »verbürgt eine laufende Leistungssteigerung durch die in diesem System gelegenen erzieherischen Einflüsse... (D)er mit seiner Leistung zurückbleibende (wird) durch die Kameraden mit feineren und gröberen Mitteln zur schnelleren Mitarbeit angeregt. Bei der heutigen Stillegung von Kaufkraft... ist es erklärlich, daß der eine oder andere Arbeiter – bei Entlohnung im Einzelakkord – mit seiner Leistung etwas zurückhält, während beim Gruppenakkord das angedeutete erzieherische Moment den einzelnen zur gleichen oder steigenden Leistung bewegt, denn Minderleistungen Einzelner werden von den Beteiligten der Gruppe schärfer beurteilt als vom Aufsichtspersonal«.[119]

Arbeiter, die dennoch leistungsintensive Arbeit innerhalb einer Akkordgruppe verweigerten, konnten gerichtlich bestraft werden.[120]

Aber nicht nur die in der Tendenz im Gruppenakkord angelegte Auflösung solidarischen Verhaltens der Arbeiter untereinander – und damit die Erschwerung des ›Akkordbremsens‹ – lag im Interesse der Unternehmer; überdies konnte der Gruppenakkord »auch eine qualitative Verbesserung herbei(führen), denn es wird jeder bestrebt sein, durch sein Verschulden den Kameraden keinen Schaden zuzufügen«.¹²¹ Allerdings nivellierte diese Akkordform zum Bedauern mancher nationalsozialistischer Ideologen die Arbeitsleistungen und ließ den besonders ›leistungswilligen‹ und ›-tüchtigen‹ Arbeiter angeblich in der geschmähten ›Masse‹ untergehen. In einem Vortrag über ›Leistungssteigerung im Baubetrieb durch Menschenführung und Menschenerziehung‹ wurde indes lakonisch konstatiert, es sei oft »nur nötig, einen einzigen Arbeiter auszumerzen«, um dem Problem, daß die »Leistungsausbeute einer Arbeitsgruppe« dazu neige, »sich derjenigen ihres leistungsschwächsten Mitgliedes anzupassen«, beizukommen.¹²² Überdies konnten beim Gruppenakkord Einzelleistungen durch abgestufte, zusätzliche Prämien gesondert honoriert werden.¹²³ Grundsätzlich ließ sich gerade der Gruppenakkord ausgezeichnet mit der nationalsozialistischen Ideologie vereinbaren: Für die Verwirklichung des Ideologems von der ›Volks- und Leistungsgemeinschaft‹ und die »ethische Fundierung der Arbeit« galt »die Gemeinschaftsleistungsentlohnung, der Gruppenakkord, als besonders geeignete Lohnform«, da sie einen außerordentlichen »erzieherischen Wert durch Kameradschafts- und Gemeinschaftsstärkung« besitze; insofern war der Gruppenakkord ein zentrales Element, um die »ideale Arbeitsordnung zu verwirklichen«.¹²⁴

5. Akkordverdienste 1927 bis 1938

Wenn für die folgende Darstellung der Entwicklung der Akkordverdienste während der NS-Diktatur in zwei Perioden unterschieden wird, dann bedarf dies der Begründung. Der Schnitt ist in erster Linie mit der 1938 vollzogenen Wende der staatlichen Lohnpolitik, die auch die Akkorde erfaßte, zu rechtfertigen. Bis zur Lohngestaltungsverordnung vom 25. Juni 1938 beschränkte sich der NS-Staat darauf, eine Erhöhung der Verdienste indirekt, durch die Beschränkung der Mobilität der Arbeitskräfte und durch das Festhalten an den tariflichen Lohnsätzen, zu begrenzen. Die Entwicklung der Akkordverdienste wurde in dieser Phase durch die betriebliche Lohnpolitik bestimmt. Der sich infolge der Arbeitskräfteknappheit seit etwa 1937 allmählich beschleunigende Anstieg vor allem der Leistungslöhne – ein Phänomen, das von staatlichen Behörden mit dem irreführenden Begriff ›Scheinakkorde‹ gekennzeichnet wurde – führte dann seit Juni 1938 zu einer grundlegenden Umorientierung der Lohnpolitik; die Lohngestaltungsverordnung stellte mit Blick auf die staatliche Kontrolle auch der Akkordverdienste einen wichtigeren lohnpolitischen Einschnitt als die zu Kriegsbeginn erlassenen Gesetze und Verordnungen dar. Erst der ›Lohnkatalog Eisen und Metall‹ brachte auch hinsichtlich der Entlohnungssysteme eine erneute tiefgreifende Wende der staatlichen Lohnpolitik.

Im Juni 1938 wurde außerdem in der metallverarbeitenden Industrie eine Einzellohnerhebung durchgeführt, die eine für das gesamte Deutsche Reich repräsentative Darstellung der Verdiensthöhe getrennt nach Lohnformen gestattet. Der Zeitpunkt der Erhebung war ebenso wie der untersuchte Wirtschaftssektor nicht zufällig gewählt: Die Metallindustrie war der rüstungspolitisch relevanteste und überdies ein rasch expandierender Industriezweig, in dem die höchsten Verdienstzuwächse registriert wurden. Seit 1935, als die Erhebungsform der Einzellohnerhebung zugunsten der Lohnsummenerhebung – bei der Zeitlohn und Akkorde zu einem Durchschnittsverdienst zusammengefaßt wurden – aufgegeben wurde, herrschte bei wirtschafts- und lohnpolitischen Institutionen jedoch Unkenntnis über die genaue Höhe der in diesem wie den anderen Industriezweigen erzielten Akkordverdienste.[125] Die Ergebnisse der Erhebung vom Juni 1938 sollten die empirische Grundlage für die neue Lohnpolitik abgeben, die wesentlich unter dem Druck steigender Effektivverdienste in der metallverarbeitenden Industrie formuliert war, und konkrete Anhaltspunkte liefern, wo und in welchem Ausmaß direktere staatliche Interventionen angezeigt schienen.

In den Jahren der Krise kam es – nicht zuletzt vor dem Hintergrund hoher Arbeitslosigkeit und der Angst vor Entlassung, die die noch beschäftigten Arbeiter ungeachtet der Lohnform ›freiwillig‹ zu einem hohen Arbeitstempo veranlaßten – zu einem generellen Funktionsverlust des Leistungslohnes. Diese ›Krise des Leistungslohnes‹ fand ihren Ausdruck auch in der je nach Lohnform unterschiedlichen Verdienstentwicklung. Insbesondere in den von der Rezession besonders betroffenen Sektoren der metallverarbeitenden Industrie sanken die Akkordverdienste nach den vom Statistischen Reichsamt erhobenen Daten bis Ende 1931 erheblich schneller als die im Zeitlohn erzielten Stundenverdienste.[126] Aus einzelbetrieblichen Beispielen kann gefolgert werden, daß sich dieser Trend bis zur NS-›Machtergreifung‹ weiter fortsetzte.[127] Ähnlich stark ausgeprägt war diese Entwicklung in der gleichfalls von der Krise stark in Mitleidenschaft gezogenen Eisen- und Stahlindustrie sowie der Gießereiindustrie,[128] kaum dagegen in den meisten anderen Industriezweigen.[129]

In den ersten beiden Jahren der nationalsozialistischen Diktatur wurden lediglich drei Erhebungen vorgenommen, in denen nach Lohnformen differenziert wurde und die einen lohnstatistischen Vergleich mit Erhebungen aus der Zeit vor 1933 zulassen. Danach wurden zwischen 1931 und 1934 in der *Chemieindustrie*, der *Bautischlerei und Möbelherstellung* und in der *Süß-, Back- und Teigwarenindustrie* alle Lohnformen vom Abbau der Verdienste relativ gleichmäßig erfaßt.[130] Zurückzuführen ist dies darauf, daß in diesen Wirtschaftszweigen sich die Akkordverdienste bereits um die Jahreswende 1931/32 den Zeitlöhnen so weit angenähert hatten, daß bei einer überproportionalen Kürzung diese ihre leistungsanreizende Funktion gänzlich eingebüßt hätten. Im übrigen hatte der generelle Lohnabbau für Zeitlöhner wie für Akkordarbeiter mit dem Tiefpunkt der Wirtschaftskrise 1932/33 noch keineswegs sein Ende gefunden; nach der nationalsozialistischen ›Machtergreifung‹ setzte er sich vielmehr verstärkt fort. Insbesondere in der Konsumgüterindustrie sanken die Verdienste der Akkordarbeiter nicht nur aufgrund häufiger Kurzarbeit, sondern zum Teil auch wegen fortgesetzter Senkungen der betrieblichen Akkordsätze.[131] Erst etwa 1936 hörte hier der Abbau der Akkordverdienste auf.[132] In der Chemieindustrie begannen dagegen die effektiven Akkord- und Prämienlöhne etwa seit 1934/35 allmählich wieder zu steigen. Schwieriger ist es, die Entwicklung der Akkordverdienste in der *metallverarbeitenden* sowie der *eisen- und stahlerzeugenden Industrie* für die ersten Jahre der nationalsozialistischen Herrschaft nachzuzeichnen, da keine nach Lohnformen differenzierenden, für das gesamte deutsche Reich repräsentativen Lohnstatistiken vorliegen. Einzelbetriebliche Daten geben indes einige Hinweise und erlauben darüber hinaus eine nach Regionen differenzierende Betrachtungsweise.

In den Werken des Siemens-Konzerns, die für Tab. 16 herangezogen wurden, hatten die Arbeiter (bzw. Lohngruppen) in den Jahren 1931 und 1932 die stärksten Lohneinbußen zu verzeichnen. Danach verlief die Entwicklung uneinheitlich. Im Dynamowerk Siemensstadt der Siemens-Schuckertwerke, in dem seit 1928 die Arbeiterschaft in eine Reihe von Lohngruppen gegliedert war, stiegen die Verdienste der Akkordarbeiter bereits seit 1933/34 – in überdurchschnittlichem Maße die der in die hohen Lohngruppen eingestuften Arbeiter, weil die zunehmend schärfere Konkurrenz der relativ großen Zahl elektrotechnischer Unternehmen im Berliner Industrieraum um die knappen Fachkräfte hier die Akkordverdienste stärker in die Höhe trieb.[133] Die Lohnverhältnisse in der Berliner Elektroindustrie waren jedoch nicht typisch für die Verdienstentwicklung im gesamten Deutschen Reich. In den in Nürnberg und Plauen gelegenen Werken des Siemens-Konzerns blieben die im Akkord erzielten Stundenverdienste aller Arbeitergruppen bis Ende 1936 im auffälligen Gegensatz zum Siemensstädter Dynamowerk zum Teil sogar erheblich unter dem niedrigen Niveau des Krisenjahres 1932. In beiden Städten brauchte nicht mit vergleichbar großen und prosperierenden Elektrounternehmen um Facharbeiter konkurriert zu werden. Außerdem stellten die im agrarischen Umland bzw. der benachbarten Textilindustrie beschäftigten Lohnabhängigen ein nahezu unerschöpfliches Reservoir an unqualifizierten, billigen Arbeitskräften dar. Daß die Lohnverhältnisse in der Berliner Metallindustrie eine Ausnahme darstellten und bis 1935 in der gesamten deutschen Metallindustrie – von wenigen Industriezentren abgesehen[134] – zum Teil erhebliche Akkordsenkungen an der Tagesordnung waren, läßt sich auch aus weiteren Berichten über einzelne Metallbetriebe schließen.[135] Selbst danach wurden in mehreren, meist fernab der metallindustriellen Ballungszentren liegenden Gebieten vor allem Sachsens, Schlesiens und Bayerns in einer Reihe überwiegend kleinerer Metallunternehmen die betrieblichen Akkordsätze zuungunsten der Arbeiter verändert.[136] Auch in der Eisen- und Stahlindustrie – so ist aus einzelbe-

Tabelle 16: Stündliche Akkordverdienste im Dynamowerk Berlin-Siemensstadt, dem Nürnberger Transformatorenwerk und dem Plauener Leitungswerk der Siemens-Schuckertwerke nach Arbeiterschichten bzw. Lohngruppen 1928 bis 1941 (in Rpf.; jeweils Sept.)

	1928	1930	1932	1934	1936	1938	1940
Dynamowerk Siemensstadt							
– Lohngruppe A1	134,7	139,9	112,3	113,0	123,9	136,8	143,0
A	123,2	132,4	112,1	114,0	117,5	131,0	140,0
B1	118,8	125,1	105,5	108,7	111,0	128,3	134,0
B	113,2	123,4	104,2	111,9	110,0	118,2	129,8
C (Männer)	100,6	110,1	91,6	94,5	96,0	104,5	111,2
D (Männer)	90,8	96,9	79,6	88,1	90,3	96,7	106,4
C (Frauen)	–	–	–	65,5	67,1	69,0	73,6
D (Frauen)	–	–	–	60,7	63,0	64,0	70,0
Transformatorenwerk Nürnberg							
– Facharbeiter	124,2	125,3	102,5	100,8	100,3	100,3	103,3
– Angelernte	112,6	113,9	91,7	92,4	90,4	93,8	95,8
– Hilfsarbeiter	–	109,5	87,8	83,9	82,1	79,8	80,0
– Arbeiterinnen	72,1	75,8	62,5	61,4	62,4	61,4	62,7
Leitungswerk Plauen							
– Arbeiter	84,6	93,6	85,2	85,4	76,4	86,2	95,6
– Arbeiterinnen	57,9	55,4	48,2	47,0	48,1	51,6	52,0

Quelle: SAA 15 Lg 562.

trieblichen Angaben zu schließen – setzten die Betriebsleitungen bis 1936/
37 nicht selten die Akkordschere an.[137] Zumindest stagnierten hier die um
die Zulagen für Mehrarbeit u. ä. bereinigten Bruttoverdienste insbesondere
der unqualifizierten Akkord- und Prämienarbeiter seit der ›Machtergreifung‹; gegenüber den Jahren vor 1933 waren sie häufig deutlich gesunken.[138]

Noch im Jahresbericht 1937 des Zentralbüros der DAF wird von Akkordsenkungen gesprochen, die so weit gingen, daß »nicht nur der Richtsatz, sondern sogar der Zeitmindestlohn von keinem Gefolgschaftsmitglied mehr erreicht werden konnte«.[139] Dabei ließ sich nicht einmal jede Senkung der betrieblichen Akkordsätze auch bei einzelbetrieblichen Angaben lohnstatistisch nachvollziehen. In vielen Fällen versuchten nämlich die Arbeiter den Akkordabbau durch gesteigertes Arbeitstempo auszugleichen. Überdies wurden die Akkordsätze meist nicht offen, sondern in verschleierter, weniger angreifbarer Form herabgesetzt. So konstatierten etwa die preußischen Gewerbeaufsichtsbeamten, daß die »Arbeitspausen... bei Akkordarbeitern oftmals nicht eingehalten (werden), wenn die Akkordlöhne niedrig liegen«.[140] Dem Treuhänder für Hessen wiederum war »verschiedentlich aufgefallen«, daß »bei Akkordarbeit die tatsächlich geleistete Arbeitszeit nicht in das Lohnbuch eingetragen« worden war, so daß »die Nachprüfung der Akkordverdienste« durch den Treuhänder bei Verdacht staatlich nicht legitimierter Akkordkürzungen »zum Nachteil der Gefolgschaftsmitglieder« nicht möglich war.[141] Nach Feststellungen der DAF wurden Akkordkürzungen nicht selten dadurch verschleiert, daß Betriebsleitungen dazu übergingen, »die Berechnung der Stücklöhne so zu komplizieren, daß eine Nachrechnung schlechterdings unmöglich ist«.[142] In anderen Fällen wurden die »Bestimmungen über den Ausschuß verschärft..., so daß Stücke, die sonst unbeanstandet durchgingen, heute als schlecht erklärt und nicht bezahlt werden«.[143] Die DAF berichtete außerdem von Betrieben, in denen ein »häufiger Wechsel zwischen Akkord- und Zeitlohn stattfindet, und die im Akkord erzielten Höchstleistungen auch im Stundenlohn eingehalten werden sollen«.[144] Eine offensichtlichere Form der Akkordsenkung wurde in den ersten Monaten nach der nationalsozialistischen ›Machtergreifung‹ praktiziert, indem im Gruppenakkord tätige Arbeitergruppen durch Neueinstellungen vergrößert wurden, die Gesamtlohnsumme der Gruppe jedoch gleich blieb.[145] In manchen Betrieben erhielten neu eingestellte Arbeiter schlechteres Werkzeug oder reparaturanfällige Maschinen und gelangten deshalb nur zu geringen Akkordverdiensten.[146] Der Reichsarbeitsminister sprach in einem Erlaß vom 7. Nov. 1936 von »einzelnen Fällen..., die Arbeitsgeschwindigkeit bei der zwangsweise geregelten Arbeit übermäßig zu steigern«, die staatlicherseits nicht hätten verfolgt werden können, da in den Tarifordnungen »eine Beschränkung der Arbeitszeit bei Fließarbeit nicht festgelegt« worden war.[147] Schließlich fand auch das Refa-Verfahren als »moderne Methode der Lohndrückerei«

Anwendung. Der Gauleiter der DAF für Württemberg-Hohenzollern schrieb Ende 1933 in den ›Monatsheften für NS-Sozialpolitik‹,

daß »in verschiedenen Großfirmen der Automobilbranche, der Textilbranche usw.... sich die Kalkulatoren, die meist gerissene Praktiker sind, zur Zeitaufnahme nicht etwa einen Arbeiter oder eine Arbeiterin mit einer Durchschnittsleistung aussuchen, ... sondern den tüchtigsten und gewandtesten und intelligentesten Arbeiter oder Arbeiterin. Sie nehmen dann diese Leistung als Norm für alle an«.[148]

In diesem Aufsatz wurde auch der Anspruch des Refa bestritten, die von ihm ausgebildeten Zeitnehmer seien betriebspolitisch neutrale Instanzen, und mit quasi gewerkschaftlichem Ductus festgestellt, die Refa-Leute würden ihre »in der Praxis erworbenen Findigkeiten in ungünstiger Weise auf die Arbeiter anwenden und einseitig zugunsten der Firma ausnutzen«.[149] Derartig deutliche Formulierungen gegen Refa waren allerdings bereits 1933 eine Seltenheit und danach in keiner Publikation mehr zu finden.

Nicht selten war außerdem vor allem in der Stahl- und Textilindustrie »der Durchschnittslohn der Akkordarbeiter sehr zurückgegangen«, weil »das angelieferte Rohmaterial sehr schlecht war und sich entsprechend schlecht verarbeiten ließ, wodurch die Leistung des einzelnen Arbeiters und damit auch sein Akkordlohn geringer wurde«.[150] Eine ungünstige Wirkung nicht nur auf das Niveau der Akkordverdienste, sondern in einigen Fällen auch auf das Sozialverhalten der Arbeiter untereinander übte darüber hinaus der in vielen Unternehmen zeitweise auftretende Mangel an produktionsnotwendigen Rohstoffen aus. Von einer Holzwaren- und Möbelfabrik, deren Belegschaft Mitte 1937 wegen Rohstoffknappheit kurzarbeiten mußte, wurde berichtet, daß nach dem Eintreffen einer Holzsendung »sich die Arbeiter gegenseitig das Holz weggenommen haben(;) es ist deshalb sogar schon zu Schlägereien gekommen«, weil »im Akkord gearbeitet wird und Wartezeiten wegen Rohstoffmangel nicht bezahlt werden«.[151]

Mitteilungen über Akkordkürzungen standen seit 1936 gehäuft Berichte gegenüber, in denen von steigenden Akkordverdiensten oder der Einführung und Erhöhung von Leistungsprämien die Rede ist.[152] Die meisten dieser Berichte bezogen sich auf rüstungswichtige Unternehmen der Metallindustrie, vereinzelt auch der Stahlindustrie. In manchen Fällen waren steigende Akkordverdienste Ergebnis einer Art ›Akkordpolitik‹ seitens qualifizierter Arbeitskräfte. Während der Krise hatten sie mit der Arbeitsleistung zurückgehalten, um nicht eine Senkung der Akkordsätze durch die Betriebsleitungen zu provozieren. Vor dem Hintergrund einer seit 1935/36 für sie günstigen Arbeitsmarktlage gaben diese Arbeiter ihre ursprünglich geübte Leistungszurückhaltung auf und – so wußte beispielsweise die Hauptverwaltung der Gutehoffnungshütte Ende 1938 zu berichten – erzielten Verdienststeigerungen, die

Tabelle 17: Im Stück- und Zeitlohn erzielte Bruttowochen- und Bruttostundenverdienste in der metallverarbeitenden Industrie im Okt. 1928, Okt. 1931 und Juni 1938 (in Rpf.).

	(b)	Okt. 1928	Okt. 1931	Juni 1938	Differenz Juni 1938 gegenüber Okt. 1928 (in v. H.)
		Bruttostundenverdienste (Rpf.) (a)			
Facharbeiter	Z.	107,4	105,1	95,5	−11,1%
	St.	120,1	113,8	106,6	−11,2%
Angelernte Arbeiter	Z.	87,7	85,7	78,8	−10,1%
	St.	107,9	101,6	95,0	−12,0%
Hilfsarbeiter	Z.	79,1	78,8	67,2	−15,0%
	St.	95,7	93,5	76,1	−20,5%
Arbeiterinnen	Z.	55,7	53,0	46,6	−16,3%
	St.	66,7	63,3	59,0	−11,5%
		Bruttowochenverdienste (RM)			
Facharbeiter	Z.	53,61	43,93	50,49	− 5,8%
	St.	57,24	44,34	55,91	− 2,3%
Angelernte Arbeiter	Z.	43,74	35,70	41,54	− 5,0%
	St.	51,21	39,13	48,65	− 5,0%
Hilfsarbeiter	Z.	39,19	32,63	34,87	−11,0%
	St.	45,34	37,32	37,98	−16,2%
Arbeiterinnen	Z.	25,58	22,03	22,39	−12,5%
	St.	30,78	24,07	28,24	− 8,3%
		Wochenarbeitszeit (Std.) (c)			
Facharbeiter	Z.	49,25	41,68	51,6	+ 4,8%
	St.	47,25	38,91	51,3	+ 8,6%
Angelernte Arbeiter	Z.	49,00	41,52	51,4	+ 4,9%
	St.	47,00	38,47	50,2	+ 6,8%
Hilfsarbeiter	Z.	48,75	41,30	50,8	+ 4,2%
	St.	47,00	39,86	49,1	+ 4,5%
Arbeiterinnen	Z.	45,75	41,54	47,6	+ 4,0%
	St.	46,00	38,01	47,6	+ 3,5%

(a) *Ohne* Überstundenzuschläge etc.
(b) Lohnformen: Z. = Zeitlohn; St. = Stücklohn/Akkord.
(c) Ohne Ausfälle durch Urlaub, Krankheit und Arbeitsplatzwechsel.

Quelle: Statistische Jahrbücher für das Deutsche Reich 1930, S. 292; 1933, S. 267; 1939/40, S. 350f.

»auf entsprechenden Leistungssteigerungen beruhen, ohne daß die Akkorde grundsätzlich geändert worden sind. In unseren hiesigen Betrieben sind beispielsweise die Lohn- und Akkordregelungen seit 1930 unverändert und trotzdem sind die Verdienste infolge der hohen Leistungen gegenüber 1933 erheblich gestiegen«.[153]

Daß selbst mit Blick auf die Gesamtheit der Metallarbeiterschaft allenfalls kleine Arbeitergruppen hohe Zuwachsraten ihrer stündlichen Akkordverdienste erzielen konnten, nicht jedoch die große Mehrheit der Metallarbeiter, geht aus Tab. 17 hervor. Gegenüber Okt. 1928 waren die (um die Zuschläge für Mehrarbeit usw. bereinigten) Stundenverdienste aller Metallarbeitergruppen im Jahre 1938 im Reichsdurchschnitt um mindestens zehn Prozent gesunken.[154] Überdurchschnittliche Lohnverluste hatten die Arbeiterinnen und die männlichen Hilfsarbeiter hinzunehmen. Es fällt zudem auf, daß die Stundenverdienste der männlichen Akkordarbeiter unabhängig von ihrer Qualifikation stärker zurückgingen als die ihrer im Zeitlohn beschäftigten Kollegen. Seine Erklärung findet dieses Phänomen u.a. in der im Vergleich zum Okt. 1928 überdurchschnittlichen Verlängerung der Arbeitszeit für Akkordarbeiter, die diese Arbeiter schneller an die Grenzen ihrer physischen Leistungskraft stoßen ließ und seit etwa 1936 zumindest in Teilbereichen der Metallverarbeitung zu einem Absinken der Intensität der Arbeit führte. Wenn dennoch die (arbeitszeitbereinigte) Arbeitsproduktivität in der metallverarbeitenden Industrie erheblich stieg, dann war dies hauptsächlich auf fertigungstechnische und arbeitsorganisatorische Rationalisierungen zurückzuführen.[155] Verantwortlich für die relativ niedrigen Akkordverdienste waren außerdem die genannten ›Minderleistungsklauseln‹ in vielen Tarifordnungen, die bei deutlich unterdurchschnittlicher Arbeitsleistung auch untertarifliche Entlohnung erlaubten, während bis 1932/33 Akkordarbeitern in aller Regel ein übertariflicher Mindestverdienst garantiert war. Auch eine im Vergleich zu den Zeitlohnsätzen häufig überdurchschnittliche Kürzung der Akkordsätze während der ersten Jahre der NS-Diktatur bewirkte einen starken Rückgang der effektiven Leistungslöhne. Die im Vergleich zu den im Zeitlohn arbeitenden Frauen geringere Kürzung der Stundenverdienste der Akkordarbeiterinnen findet ihre Erklärung vor allem darin, daß die halbtags beschäftigten Arbeiterinnen durchweg im Akkord entlohnt wurden,[156] während des nur vier- oder sechs-stündigen Arbeitstages zu höherer Leistungsintensität in der Lage waren und so bessere Stundenverdienste erzielen konnten.

Das Statistische Reichsamt veröffentlichte für einzelne Wirtschaftsgebiete oder für die verschiedenen Sektoren der metallverarbeitenden Industrie keine Ergebnisse der Einzellohnerhebung vom Juni 1938. Daß je nach Arbeitsmarktlage sich die Akkordverdienste auch während der Vorkriegsjahre in den verschiedenen Regionen sehr unterschiedlich entwickelten, läßt sich exemplarisch anhand eines Vergleichs der Entwicklung der Verdienstniveaus in den Berliner, Nürnberger und Plauener Siemensbetrieben nachweisen (Tab. 16). Danach konnten die in Berliner Siemens-Betrieben tätigen Metallarbeiter ihre Spitzenstellung noch ausbauen; bei Kriegsbeginn erreichten ihre Akkordverdienste wieder ungefähr das Niveau der Jahre 1929/30, die ihrer in Nürnberg beheimateten Kollegen lagen nach wie vor deutlich darunter. In Nürnberg erreichten die meisten Siemens-Arbeiter selbst 1938 kaum das Niveau vom Sept. 1932. Das zwischen den verschiedenen Betrieben des größten deutschen Konzerns der elektrotechnischen Industrie beobachtbare Akkordgefälle war kein Sonderfall, sondern in der Tendenz für die gesamte Metallindustrie typisch. Noch 1942 wurde betont, daß die in der Reichshauptstadt erzielten »tatsächlichen Verdienste der in der Metallindustrie... beschäftigten Gefolgschaftsmitglieder in den seltensten Fällen den persönlichen Leistungsverschiedenheiten entsprechen, noch sich in einem vernünftigen Verhältnis zu den Verdienstdurchschnitten anderer Industrien und... zur Metallindustrie im Reiche befinden«.[157]

Wenn es bis Kriegsbeginn nur kleinen Gruppen der Akkordarbeiter gelang, ihre Stundenverdienste wieder auf das Niveau der Jahre 1928 bis 1930 zu heben und die übergroße Mehrheit selbst der im Vergleich zu anderen Branchen privilegierten, im Akkord arbeitenden Metallarbeiter beträchtliche Einkommenseinbußen zu verzeichnen hatte, dann resultierte dies einmal daraus, daß es der Staat weitgehend den Unternehmern überließ, die betrieblichen Akkordsätze nach eigenem Gutdünken festzusetzen. Die ›Betriebsführer‹ wiederum nutzten die Rechtlosigkeit der Arbeiter und das Fehlen jeglicher eigenständiger Arbeitnehmervertretungen, die Akkordlöhne auch nach Einsetzen der Arbeitskräfteknappheit weitgehend auf dem niedrigen Krisenniveau zu halten. Die niedrigen Akkordverdienste finden ihre Erklärung darüber hinaus aber auch in der raschen Ausbreitung des Refa-Verfahrens und der hierauf aufbauenden, vermeintlich ›objektivierten‹ Akkordvorgabe.

Begleitet wurde die Einführung des Refa-Systems von lohnpolitischen Zweckbehauptungen wie: Der Zeitnehmer sei eine über Arbeitnehmern und Arbeitgebern stehende »neutrale Schiedsinstanz«,[158] der – »dem Gedanken der Volksverbundenheit« verpflichtet – »wahre und gerechte Zeitwerte« als Voraussetzung gerechter Leistungsentlohnung ermittele.[159] Bei »gerechter Handhabung der Zeitvorgabemessung« müsse auch »die heute noch zum Teil hörbare und schlagwortmäßig vertretene, durch den Marxismus geförderte Parole ›Akkordlohn ist Mordlohn‹ von selbst in sich zusammenfallen«.[160] Derartige Ideologisierungen, die im übrigen nicht NS-spezifisch waren, sondern mit ähnlichem Pathos bereits vom Gründer der ›wissenschaftlichen‹ Arbeits- und Zeitstudien F. W. Taylor vorgetragen wurden[161] und auch bei der Gründung des deutschen Refa Pate standen, sollten die Refa-Lehre unangreifbar machen und insbesondere den Widerstand der Arbeiter gegen die Anwendung des Refa-Verfahrens schwächen. Insofern dienten solche Behauptungen auch dazu, die unbestreitbare ›Konjunkturanfälligkeit‹ des refa-ermittelten Zeitstudienakkords bzw. Pensumlohns auf ein Minimum zu reduzieren. Denn ›Konjunkturanfälligkeit‹ bedeutet ja nichts anderes, als daß die Arbeiter eine für sie günstige Arbeitsmarktlage ausnützen, um eine Revision der Zeitvorgaben und damit eine Verbesserung der Akkordverdienste zu erzwingen. Eine derartige ›Akkordpolitik‹ seitens der Arbeiter setzt jedoch ein Bewußtsein darüber voraus, daß Zeitvorgaben keineswegs objektiv und damit unantastbar, sondern in Abhängigkeit von den konkreten innerbetrieblichen Machtverhältnissen durch Druck veränderbar sind.

Wenn trotz aller Bemühungen der Arbeitgeberseite, durch ›Verwissenschaftlichung‹ der Akkorde diese der Kritik der Arbeiter zu entziehen, der Refa-Kalkulator häufig Konflikte provozierte,[162] dann vor allem deshalb, weil der Kern der Refa-Zeitstudien, das ›*Leistungsgradschätzen*‹, häufig mit einer Willkürlichkeit praktiziert wurde, die dem Anspruch der ›Objektivität‹ Hohn sprach. Eine 1939/40 durchgeführte Befragung von Refa-Zeitnehmern brachte dies in aller Deutlichkeit zutage. Auf die grundlegende Frage, welche Leistung »der ›richtige‹, geübte Arbeiter bei höchstem Willens- und Krafteinsatz, aber ohne gesundheitliche Schädigung auf die Dauer erreichen können« sollte, wurden ebenso die unterschiedlichsten Antworten gegeben wie auf die Frage nach dem von den Zeitnehmern bisher jemals geschätzten höchsten und niedrigsten Leistungsgrad; selbst bei simplen Vorgängen wie »Gehen« waren die Leistungsbeurteilungen völlig unterschiedlich.[163] Entsprechend willkürlich mußte auch die Fixierung der ›*Normalleistung*‹ sein. Selbst bei relativ präzise ermittelten ›Ist-Zeiten‹, auf Basis derer dann die ›Normalleistung‹ festgelegt wurde, blieb – so mußte einer der führenden Refa-Theoretiker feststellen – die »normale, menschliche Leistungskapazität« eine »Fiktion«.[164] Was als ›Normalleistung‹ zu gelten hatte, wurde immer »von betriebswirtschaftlichen, praktischen Gesichtspunkten aus bestimmt, nicht von dem der menschlichen Leistungskapazität«;[165] insofern war der Refa-Mann »Stütze des Betriebsführers im Kampf gegen Verschwendung, Zeitvergeudung und sonstige Verlustquellen«.[166] Der erst 1933 eingeführte Begriff der ›Normalleistung‹ gestattete den Unternehmensleitungen im Gegensatz zum vorher üblichen Terminus der ›Höchstleistung‹ eine viel direktere Kontrolle der Akkordverdienste und die Revision vermeintlich überhöhter Akkorde. Es reichte festzustellen, daß die menschliche Arbeitsleistung maximal etwa 125 Prozent der ›Normalleistung‹ betragen könne; Akkordverdienste von mehr als 125 Prozent des Akkordrichtsatzes konnten bei dieser Prämisse nur durch ›ungerechte‹, großzügige Vorgabezeiten zustande gekommen sein und folglich eine nicht tolerierbare Bevorzugung einzelner Arbeiter und entsprechende Benachteiligung ihrer Kollegen bedeuten. Solche, auf das Gerechtigkeitsgefühl der Arbeiter zielende Rechtfertigungen von Akkordkürzungen[167] waren nicht möglich gewesen, solange man sich an den durch Zeitstudien ermittelten Höchstleistungen orientierte; die tatsächlichen Akkordverdienste lagen bei diesem Verfahren in jedem Fall unter dem als Orientierungspunkt vorgegebenen Höchstlohn. Lutz hat in diesem Zusammenhang zu Recht festgestellt, daß »es wohl kein Zufall« gewesen sei, daß die Einführung des Begriffes ›Normalleistung‹ als zentrales Element der »entwickelten Zeitstudiensysteme in Deutschland« mit dem Beginn der nationalsozialistischen Diktatur zusammenfällt.[168] Nach 1933 mußte es den Arbeitern wesentlich schwerer fallen, sich gegen diese »Erziehung zur Leistung« (Bramesfeld) auf ›wissenschaftlicher‹ Grundlage zur Wehr zu setzen.

6. Zum Phänomen der ›Scheinakkorde‹

In allen einschlägigen nationalsozialistischen Zeitschriften wurde, sofern Aspekte der Lohnentwicklung und -politik thematisiert wurden, seit 1937 regelmäßig und meist pauschal oder mit Hinweis auf die Lohnverhältnisse in der Metallindustrie über »Scheinakkorde«, »Überakkorde«, »ungerechtfertigte Leistungslohnerhöhungen« etc. geklagt.[169] Am Beispiel der metallverarbeitenden Industrie, die im Vergleich zu allen anderen Sektoren der deutschen Wirtschaft die höchsten Zuwachsraten der Bruttoverdienste aufzuweisen hatte, konnte nachgewiesen werden, daß derartige Behauptungen einer empirischen Überprüfung nicht standhalten. So stellte z. B. der südwestdeutsche Reichstreuhänder der Arbeit, dessen Mitarbeiter eine große Zahl einzelner Betriebe auf »ungerechtfertigte Konjunkturlöhne« hin überprüft hatten, Anfang 1940 fest, daß trotz scharfer Kriterien nicht einmal in zehn Prozent der kontrollierten Betriebe »überhöhte Akkordverdienste« vorlagen.[170] Überhaupt war der Terminus ›Scheinakkord‹ oder ›Überakkord‹ eher ein Begriff der politischen Propaganda, der der Einschüchterung der ›Betriebsführer‹ wie der ›Gefolgschaften‹ diente, als eine Charakterisierung der tatsächlichen Lohnverhältnisse. Darüber hinaus waren die vielfachen Warnungen vor einer angeblichen »Pervertierung der Leistungsentlohnung« und undifferenzierte Verallgemeinerungen einzelner Fälle auch Ausdruck von Befürchtungen, die Entwicklung der Akkordverdienste könne allmählich der staatlichen Kontrolle entgleiten und die Kriegsvorbereitung empfindlich stören, wenn dem nicht rechtzeitig genug vorgebeugt würde. In der Tat hob der allgemeine Mangel an Arbeitskräften seit der Jahreswende 1937/38 die lohnpolitischen Wirkungen der restriktiven Arbeitsmarktpolitik sukzessive auf und auch der im Hintergrund immer drohende staatliche Terrorapparat konnte viele Arbeiter nicht mehr von der Forderung nach höheren Effektivlöhnen abhalten. In den Augen des NS-Staates mußte es ein alarmierendes Zeichen sein, daß vereinzelt selbst Refa-Akkorde unter dem Druck der sich verschärfenden Arbeitskräfteknappheit ›konjunkturanfällig‹ zu werden begannen.[171]

Das sich abzeichnende ›Verwässern‹ von effektiven Leistungslöhnen aufgrund des immer stärkeren Drucks, der von den Entwicklungen auf dem Arbeitsmarkt ausging, brachte bei gleichzeitig weitgehend stabilen Zeitlöhnen ein weiteres Problem mit sich:

Die »hochwertigen Facharbeiter, die infolge der Eigenart ihrer Tätigkeit nur im Zeitlohn arbeiten können, verdienen in sehr vielen Fällen weniger, und zwar teilweise viel weniger als gelernte Facharbeiter, die nur einfache Tätigkeiten verrichten können, oder angelernte und schließlich sogar ungelernte Arbeiter, nur weil diese im Stücklohn arbeiten und dadurch einen wesentlich höheren Verdienst erzielen können als die im Zeitlohn tätigen hochwertigen Facharbeiter. Es ist demgegenüber durchaus nicht allgemein üblich, diesen hochwertigen Arbeitern zum Ausgleich Leistungszulagen zu geben. Soweit dies der Fall ist, bleiben sie überwiegend immer noch hinter den Verdiensten der Stücklohnarbeiter zurück.«[172]

Bereits 1938 war das hier vom Arbeitswissenschaftlichen Institut der DAF beschriebene Phänomen von den Reichstreuhändern der Arbeit beobachtet worden;[173] 1942/43 diente es als wesentliche Begründung, um die Einführung des LKEM zu rechtfertigen.[174] Zwar überschnitten sich die Stücklohnverdienste der weniger qualifizierten Arbeitergruppen im Sommer 1938 tatsächlich mit den Bruttoverdiensten der im Zeitlohn beschäftigten Angehörigen der nächst höheren Arbeitergruppe.[175] Das Phänomen der ›Lohnungerechtigkeit‹ in der vom Arbeitswissenschaftlichen Institut der DAF beschriebenen Form war jedoch nicht neu. Im Gegenteil: 1928 waren derartige Überlappungen zwischen Zeitlohn- und Akkordverdiensten größer gewesen (Tab. 17). So verdiente ein im Zeitlohn beschäftigter Metallfacharbeiter im Okt. 1928 0,5% *weniger* als ein angelernter Akkordarbeiter, im Juni 1938 waren es dagegen 0,5% *mehr*. Noch stärker waren in der metallverarbeitenden Industrie die Überschneidungen der Verdienste bei Un- und Angelernten: Im Herbst 1928 erhielt ein im Akkord beschäftigter Hilfsarbeiter einen um 9,1% *höheren* Stundenverdienst als ein im Zeitlohn tätiger Angelernter; Mitte 1938 bekam ein ungelernter Akkordarbeiter dagegen 3,4% *weniger* als ein Angelernter im Zeitlohn. Auch in den 1950er und 1960er Jahren verschoben sich die Effektivverdienste vielfach in ähnlicher Weise zuungunsten der qualifizierten Zeitlöhner.[176] Lediglich während der Krise 1930 bis 1933, als die Akkordverdienste überdurchschnittlich herabgesetzt worden waren, konnte die Lohnhierarchie in der Weise als ›geordnet‹ gelten, wie dies der DAF als lohnpolitisches Ideal vorschwebte. Abgesehen von der grundsätzlichen Schwierigkeit, Lohnhierarchien als ›gerecht‹ oder ›ungerecht‹ zu klassifizieren – schon weil bei Akkordarbeitern auch die wesentlich höhere Arbeitsintensität berücksichtigt werden müßte –, ist ganz allgemein der variable Akkord im Gegensatz zum einmal fixierten Zeitlohn viel stärker dem konjunkturellen Wandel ausgesetzt. Zwar waren die Akkorde auch 1938 einem konjunkturellen Lohnauftrieb ausgesetzt, dieser war jedoch wesentlich schwächer als 1928/29 (obgleich zu diesem Zeitpunkt im Gegensatz zu den beiden letzten Jahren vor Kriegsbeginn die Arbeitslosigkeit relativ hoch war). Wenn die ›Konjunkturanfälligkeit‹ der Akkordverdienste 1938 in auffälligem Maße geringer war, dann ist dies neben den durch die NS-Diktatur geschaffenen rechtlichen und politischen Verhältnissen auch der Ausbreitung des Refa-Akkordes – der im Vergleich zum ›Schätz-Akkord‹ stabilere, d. h. niedrigere Leistungslöhne garantierte – und schließlich dem Vordringen betrieblicher Fertigungsverfahren wie dem Fließband geschuldet, die den Spielraum für eine eigenständige ›Akkordpolitik‹ der Arbeiter einengten.

Die Lohngestaltungsverordnung vom 25. Juni 1938 sollte den rechtlichen Rahmen abgeben, vermeintliche ›Scheinakkorde‹ wirkungsvoll zu unterbinden und gleichzeitig das Lohngefüge neu zu ordnen. In Abwendung von der bis dahin praktizierten Leistungslohnpolitik gestattete es diese Verordnung den Treuhändern grundsätzlich, auch die Akkordverdienste unmittelbarer zu reglementieren und insbesondere angeblich überhöhte Akkorde herabzusetzen. Von dieser Befugnis machten die Treuhänder jedoch nur vorsichtig Gebrauch. Dem Ziel einer Neuordnung des Lohngefüges kam man in der folgenden Zeit kaum einen Schritt näher. Akkordkürzungen wurden auf Initiative der Reichstreuhänder nur in relativ wenigen Fällen veranlaßt; neben den Bauarbeitern einzelner Wirtschaftsgebiete[177] waren davon Arbeiter mehrerer thüringischer und schlesischer Metallbetriebe betroffen.[178] Ursächlich für die Zurückhaltung der meisten Reichstreuhänder war weniger die unzureichende personelle Ausstattung der ihnen unterstehenden staatlichen Behörden,[179] sondern in erster Linie die zögernde Haltung des den Reichstreuhändern unmittelbar vorgesetzten Reichsarbeitsministers. Zwar hatte der Reichsarbeitsminister in einem wenige Tage nach der Lohngestaltungsverordnung herausgegebenen Erlaß[180] die Reichstreuhänder einerseits bestimmt, auf Basis der diesen »zum Teil schon zugegangenen oder in den nächsten Wochen noch zugehenden Ergebnissen der sehr eingehenden Lohnerhebung in der metallverarbeitenden Industrie vom Juni 1938... die überhöhten Verdienste alsbald« abzubauen. Andererseits wurde im gleichen Erlaß betont, auch weiterhin müsse die »richtige Akkordfestsetzung... dem Betrieb selbst überlassen bleiben«.

Die vom NS-Regime bis Sept. 1939 ausgegebene lohnpolitische Leitlinie – »Stabilitätsgebot und Leistungsgrundsatz«[181] – wurde auch nach Beginn des Zweiten Weltkrieges beibehalten. Anfängliche Versuche des Reichsarbeitsministers, in den ersten Tagen des Krieges eine restriktive Akkordpolitik durchzusetzen, nahm man nach kurzer Zeit wieder zurück. Der ›Generalbevollmächtigte für die Wirtschaft‹ (Göring) betonte, der durch die Kriegswirtschaftsverordnung (KWVO) verbindlich gewordene Lohnstop sei ebensowenig wie das Verbot der Änderung festgesetzter und »ausgeprobter« Akkorde als Aufforderung zur generellen Begrenzung der effektiven Akkordverdienste zu verstehen.[182] Göring wies darüber hinaus den Reichsarbeitsminister explizit an, keine allgemeinen Akkordsenkungen vornehmen zu lassen. Im »Gesamtdurchschnitt« sollten entgegen ursprünglichen Plänen auch nach der »Neuordnung der Löhne« die Effektivverdienste »dem heute erreichten durchschnittlichen Lohnstande entsprechen«.[183] Selbst von der unmittelbaren Revision der ›Scheinakkorde‹ wurde abgesehen. Diese sollten lediglich langfristig und »zunächst nur in größeren Betrieben, die über geschulte Zeitmesser und Akkordingenieure verfügen«, gegebenenfalls nach unten ›korrigiert‹ werden.[184] Den Berichten der Reichstreuhänder der Arbeit ist zwar zu entnehmen, daß es bis Anfang 1940 in einer Reihe von Betrieben zu »Akkordbereinigungen« kam.[185] Das Ausmaß des von den Reichstreuhändern veranlaßten Lohnabbaus sollte jedoch nicht überbewertet werden. Diese schienen mit ihren Berichten über Lohnkürzungen vor allem betonen zu wollen, daß sie die ihnen zugewiesene Aufgabe der Beseitigung von ›Scheinakkorden‹ überhaupt in Angriff genommen hatten. Insgesamt fielen die Akkordsenkungen kaum ins Gewicht. Die relative Stagnation der durchschnittlichen Bruttostundenverdienste im ersten Kriegsjahr war weniger auf die lohnpolitischen Eingriffe der Reichstreuhänder als vielmehr auf die zeitweilige Streichung der Überstundenzuschläge etc. zurückzuführen.

Obwohl die Kooperation mit dem Statistischen Reichsamt und dem Reichspreiskommissar seit Kriegsbeginn intensiviert worden war, hatten die Reichstreuhänder dennoch »vor allem große Schwierigkeiten (mit) der Überprüfung der Akkordverdienste des Metallgewerbes«,[186] also gerade des Industriezweiges, in dem die meisten ›Scheinakkorde‹ registriert worden waren. Von erheblicher Bedeutung für die zögernde Haltung der Reichstreuhänder war außerdem ihre Abhängigkeit vom guten Willen der Gauleiter der NSDAP. Die Akkordsenkungen in der thüringischen Rüstungsindustrie Anfang 1939 z. B. hätte der für dieses Wirtschaftsgebiet verantwortliche Reichstreuhänder ohne die massive Unterstützung durch Sauckel schwerlich realisieren können.[187] Mit dem Erlaß des Reichsarbeitsministers an die Reichstreuhänder vom 1. Nov. 1939, der diese zur engen Kooperation mit den »Hoheitsträgern der Partei« verpflichtete, wurden die hier bestehenden Abhängigkeiten lediglich formal festgeschrieben.[188] Mehrere NS-Gauleiter hatten sich bereits in den ersten Kriegswochen gegen eine »angestrebte starre Beschränkung der Akkordverdienste« ausgesprochen.[189] Nicht zuletzt dem Einfluß der um ihre Popularität besorgten NS-Gauleiter war es zuzuschreiben, daß in den Erlassen und Anordnungen des ›Generalbevollmächtigten für die Wirtschaft‹ und des Reichsarbeitsministers zum Thema »Neuordnung der Löhne« die Aufforderung immer wiederkehrt, bei den ›Korrekturen‹ selbst der ›Scheinakkorde‹ in jedem Fall Vorsicht walten zu lassen, um die ›Arbeitsfreude‹ und den ›Leistungswillen‹ der ›Gefolgschaft‹ nicht zu hemmen.[190] Darüber hinaus waren auch viele Unternehmer nicht bereit, Kürzungen der Leistungslöhne vorzunehmen, da sie einen Rückgang der Arbeitsleistung, zunehmende ›Pflichtvergessenheit‹, ›Bummelantentum‹ u. ä. befürchteten.

7. Konflikte um Lohn und Leistung: ›Akkordbremsen‹ und Streit um Refa

Neben Streiks, die sich in der verarbeitenden Industrie häufig an Konflikten um die Akkordentlohnung entzündeten, verbalen Protesten bei ›Betriebsappellen‹ und (Drohung mit) Massenkündigung war das ›Akkordbremsen‹ – die bewußte Zurückhaltung mit der Arbeitsleistung bzw. die gezielte Produktion von ›Ausschuß‹ – ein zentrales Mittel der Akkordarbeiter, Lohnverbesserungen durchzusetzen oder eine Herabsetzung der Akkordsätze zu verhindern.[191] Bereits die bekanntgewordenen Fälle[192] deuten darauf hin, daß das vielfach als ›Leistungssabotage‹, ›passive Resistenz‹ usw. umschriebene Akkordbremsen auch während der NS-Diktatur eine weit verbreitete Erscheinung war. Sie dürften indes mit ziemlicher Sicherheit nur die Spitze des Eisberges darstellen. Während nämlich Streiks und offene Proteste schnell die Kontroll- und Verfolgungsinstanzen des NS-Staates auf den Plan riefen und offene Arbeitskonflikte in besonderem Maße die Aufmerksamkeit der Informanten des politischen Exils fanden, so daß dem Historiker eine Vielzahl schriftlicher Spuren hinterlassen wurden, blieb das Akkordbremsen aus einer Reihe von Gründen ›unsichtbar‹. Schwankungen in der Arbeitsleistung waren keineswegs immer auf gezieltes Bremsen zurückzuführen. Leistungsrückgang oder -stagnation konnten sehr unterschiedliche Ursachen haben: neben bewußter Leistungszurückhaltung auch physische Erschöpfung aufgrund verlängerter Arbeitszeiten, schlechtere Rohstoffe u. a. m. Von Außenstehenden, auch von der Betriebsleitung, war in aller Regel nur schwer zu beurteilen, welche Ursache für einen bestimmten Leistungsrückgang verantwortlich war. Der von den Nationalsozialisten häufig benutzte Begriff der ›Sabotage‹ oder des ›Bummelantentums‹ sollte hier nicht verwirren. Mit solchen Vorwürfen waren Vertreter des NS-Regimes schnell bei der Hand; sie überprüften im allgemeinen nicht (und konnten es meist auch nicht), ob ›bummelnde‹ Arbeiter physisch überfordert waren und einfach ›nicht mehr konnten‹ (was m. E. meist der Fall war) oder ob ›Bummelei‹ ein bewußter Akt war. Außerdem haben die Arbeiter, die sich über informelle Vereinbarungen zum Akkordbremsen entschlossen, dies selbstredend nicht schriftlich dokumentiert. Selbst bei mündlichen Absprachen mußte man Vorsicht walten lassen. Andernfalls hätten sich die beteiligten Arbeiter leicht den Repressalien, die ›Leistungsverweigerern‹ drohten, ausgesetzt. Einige Fälle des Akkordbremsens sind nur deshalb bekannt geworden, weil Denunzianten von derartigen Absprachen oder Aufforderungen erfuhren.[193] Möglich ist in diesen Fällen aber auch, daß Akkordbremsen von der Gestapo lediglich unterstellt und als Kommunisten oder Sozialdemokraten bekannte Arbeiter für Leistungsrückgänge grundlos verantwortlich gemacht wurden.[194] Bemerkenswert ist in diesem Zusammenhang, daß sich häufig auch ›alte Kämpfer‹, insbesondere SA-Leute, solidarisch verhielten und am Akkordbremsen beteiligten.[195] Taten sie es nicht, wurden sie u. U. sozial isoliert und dadurch ›weichgeklopft‹.[196] Derartige informelle Normen wurden dort, wo sie unter dem Druck der Massenarbeitslosigkeit und des politischen Systems sich noch nicht aufgelöst hatten, von neu eingestellten Arbeitern schnell erfahren.

Bei einer »zunehmenden Ungunst der Streikchancen« – so hat Max Weber einmal festgestellt – gewinne das Akkordbremsen an Bedeutung. Es fände sich vor allem dort, wo einerseits gewerkschaftliche Organisationen fehlten und andererseits weiterhin »irgendwelches Solidaritätsgefühl in einer Arbeiterschaft« existiere. Beide Bedingungen wurden bekanntlich während des ›Dritten Reiches‹ in extremer Weise erfüllt: Streiks waren ›undenkbar‹, Gewerkschaften verboten. Über die unmittelbaren Ziele wie die Durchsetzung besserer Akkordsätze oder die Verhinderung einer Erhöhung des Arbeitstempos hinaus könne (so Weber) das Akkordbremsen auch der »Ausdruck einer ihrer Provenienz nach mehr oder weniger deutlich bewußten allgemeinen Mißstimmung sein«. In jedem Falle stelle es »die unvermeidliche Reaktion dar auf die ebenso unvermeidliche Akkordpolitik des Unternehmers«. Eine derartige ›Akkordpolitik‹ seitens der Arbeiter würde verstärkt dann praktiziert, wenn es zu vermehrten Umstellungen in der betrieblichen Produktion käme und Akkordsätze neu bestimmt würden. Auch dies war infolge der Rationalisierungsschübe ab 1936 und 1941/42 sowie aufgrund häufig veränderter Prioritätensetzung und ständig neuer Sonderwünsche der Wehrmacht während des Krieges in besonderem Maße der Fall. Schließlich dürfte das Akkordbremsen während der NS-Zeit zu der von den Arbeitern bevorzugten Form der Auseinandersetzung um die Leistungsentlohnung geworden sein, weil keine formelle Organisation und keine den Streikgeldern vergleichbare Unterstützung notwendig war, da die Arbeiter – jedenfalls nach dem von Weber skizzierten Modell – ihr (wenn auch reduziertes) Einkommen behielten. Zudem sei »der Gegner keineswegs immer in der Lage..., dem einzelnen nachzuweisen, daß und wie stark er tatsächlich ›gebremst‹ hat«.[197]

Die Chancen für erfolgreiches Akkordbremsen waren schließlich an die konjunkturelle Entwicklung geknüpft. Insbesondere in Phasen der Arbeitskräfteknappheit erhöhten sich die Chancen, relativ risikolos auf diese Weise die ›Akkordschere‹ zu verhindern oder die Akkordverdienste zu verbessern. Die ›Konjunkturabhängigkeit‹ ist auch während des hier behandelten Zeitraumes zu beobachten: Während der Massenarbeitslosigkeit blieb infolge der Drohung mit Entlassung akkordbremsenden Arbeitern der Erfolg versagt. Bereits 1935 gelang es jedoch vor allem Arbeitskräften in der Metallindustrie erfolgreich, den Abbau der Akkordverdienste durch gezielte Leistungszurückhaltung zu unterlaufen.[198]

Indessen war auch nach Beseitigung der Erwerbslosigkeit Akkordbremsen nicht so risikolos, wie in dem oben skizzierten Weber'schen Modell unterstellt. Die verstärkten Rüstungsanstrengungen veranlaßten Staat und Unternehmer, die Intensivierung der Arbeit voranzutreiben. In dem Maße, wie die Drohung mit Entlassung an Wirkung verlor, gingen NS-Regime und Arbeitgeber vor allem in rüstungswichtigen Betrieben zu unmittelbaren Formen der Repression über. In vielen Fällen wirklich oder angeblich gezielter Leistungszurückhaltung durch Akkordarbeiter wurde die Gestapo gerufen, manchmal nur um einzuschüchtern, häufiger um Verhaftungen vorzunehmen.[199] Zum Teil genügte bereits die Drohung mit der Verfolgung durch den nationalsozialistischen Maßnahmestaat, um Arbeiter zum Abbruch des Akkordbremsens zu bringen. Das Vorgehen der Gestapo u. a. war nicht systematisch, aber gerade die Unberechenbarkeit dieser Organe verfehlte ihre Wirkung, die Arbeiterschaft einzuschüchtern, nicht.[200] In ähnlicher Weise agierten auch die Arbeitsgerichte. Sie verurteilten exemplarisch

Arbeiter, die sich angeblich des Akkordbremsens schuldig gemacht hatten. Die Urteile wiederum wurden, damit sie auch abschreckend wirken konnten, unter der Arbeiterschaft breit bekanntgemacht.[201] Bewußte Leistungszurückhaltung von Akkordarbeitern ließ sich schließlich auf einer weiteren Ebene maßregeln: Die in viele Tarifordnungen eingeführten ›Minderleistungsklauseln‹, die untertarifliche Entlohnung dann erlaubten, wenn die Gründe für die Minderleistung in der Person des ›Gefolgschaftsmitgliedes‹ lagen, konnten komplikationslos auch als Disziplinierungsinstrument gegen ›bremsende‹ Akkordarbeiter verwandt werden.

Trotz der relativ zahlreichen Berichte über Akkordbremsen oder andere Formen kollektiven Handelns von Arbeitern zwecks Verbesserung der Lohn- und Arbeitsbedingungen sollte nicht übersehen werden, daß solidarisches Verhalten innerhalb der Arbeiterschaft keineswegs durchgängig war. Der Druck innerhalb einer Akkordgruppe, niedrige Einkommen, die Furcht vor dem ›Sabotage‹-Vorwurf und den daraus resultierenden Repressalien[202] führten dazu, daß es (wie in einem der SOPADE zugegangenen Bericht etwas zu pauschal formuliert wurde)

»eine Solidarität unter den Arbeitskollegen wie früher ... heute nicht mehr (gibt). Früher pflegten sich z. B. die Arbeiter bei Akkordlöhnen darüber zu verständigen, wie viel sie leisten wollten, um nicht gegenseitig zu Akkorddrückern zu werden. Das gibt es heute nicht mehr. Jeder leistet so viel wie er irgend kann.«[203]

»Jetzt haben die Nationalsozialisten den Arbeiter so weit, daß er oft einzeln zum Meister läuft, um eine Lohnverschlechterung, vor allem bei den Akkordsätzen abzuwenden, und er sich vom Meister ein Zugeständnis machen läßt unter der Bedingung, daß er seinen Arbeitskollegen nichts davon erzählt.«[204]

Gleichwohl blieb der Akkord mehr als der Zeitlohn eine Lohnform, die Ansatzpunkte zu kollektiver Durchsetzung von Lohnforderungen bot. Wenn ab 1938 die Nachrichten über das ›Akkordbremsen‹ spärlicher wurden,[205] dann dürften – neben Lücken in den Quellen – folgende Gründe dafür verantwortlich gewesen sein:

Die Ausweitung des *Gruppenakkords* auf Kosten des Einzelakkords erschwerte im allgemeinen das ›Akkordbremsen‹.[206] Bewußte Leistungszurückhaltung ließ sich vor allem dann kaum realisieren, wenn eine Akkordgruppe nicht mehr quasi autonom zusammengewachsen war, sondern von der Unternehmensleitung zusammengestellt, d. h. gezielt mit betriebsloyalen, besonders ›leistungswilligen‹ Arbeitern durchsetzt wurde; durch die massenhaften Neueinstellungen ab 1933 wurde eine derartige Betriebspolitik erheblich erleichtert. Darüber hinaus entzog die Ausbreitung des *Refa-Verfahrens* – als Versuch der Unternehmensleitungen, sich genauere Kenntnisse von den Leistungsfähigkeiten und -möglichkeiten der Arbeiter zu verschaffen und so einer eigenständigen ›Akkordpolitik‹ der Arbeitermenge enge Grenzen zu setzen – und vor allem die Einführung des *Fließbandes* (die Steuerung des Arbeitstempos durch maschinelle Abläufe) dem ›Akkordbremsen‹ weitgehend die Grundlage.

Dennoch hatten – so wurde vier Jahre nach der ›Machtergreifung‹ resümierend festgestellt – »in Deutschland selbst die wissenschaftliche Arbeitsbemessung und die Zeitstudie den Akkordstreit nicht beseitigt«.[207] Parallel zur Ausbreitung des Refa-Verfahrens häuften sich vielmehr die Konflikte um ›Stoppuhren‹ und Kalkulatoren. In ihren Sozialberichten für das 4. Vierteljahr 1938 notierten die Reichstreuhänder:

»Schon jetzt haben in zahlreichen Fällen Kalkulatoren nur unter Schwierigkeiten die notwendigen Feststellungen für eine Revision der Akkorde durchführen können. So ist z. B. einem Kalkulator von seinen SA-Kameraden, die gleichzeitig Gefolgschaftsmitglieder waren, nahe gelegt, entweder sein Amt als Kalkulator niederzulegen oder aus der SA auszuscheiden. In einem anderen Betrieb hat sich ein Arbeiter geweigert, eine Maschine zusätzlich zu bedienen, da er nicht ›zum Verräter an seinen Arbeitskameraden werden wolle‹.«[208]

Bereits 1934 wurde während einer Refa-Schulungswoche lakonisch festgestellt:

»Der Arbeiter steht dem Refa-System mit ähnlichen Gefühlen gegenüber wie der Bürger dem Finanzamt. Es wird deshalb nie gelingen, ihn den Refa-Gedanken lieben zu lehren.«[209]

Daß diese Distanz gewissermaßen zeitlos war und selbst unter den verschärften Bedingungen des Krieges die Anwendung des Refa-Verfahrens konfliktgeladen sein konnte, machte ein SD-Bericht vom Herbst 1942 deutlich:

»So würde bei dem Bekanntwerden, daß am nächsten Tage der Stopper zu erwarten sei, zunächst innerhalb der Arbeitskameraden die Frage geklärt, wer die Arbeit auszuführen hätte. Um einen guten Preis zu erzielen, würde immer derjenige Arbeiter vorgeschoben, der am umständlichsten arbeitet. Es sei eine feststehende Tatsache, daß innerhalb der Arbeiterschaft die Ansicht besteht, das Stoppen werde nur angewandt, um die Arbeiter auszubeuten.«[210]

Die Reaktionen der Arbeiter reichten von »einem regelrechten Handgemenge« zwischen Arbeitnehmern und ›Stoppern‹, der Weigerung, Prüfobjekt für den Zeitnehmer abzugeben und direktem Druck auf Refa-Leute, ihre Tätigkeit einzustellen, über folgenlose Beschwerden gegen ständig neue Kalkulationen bis zum Verhalten von Arbeitern, die aus Angst vor Entlassung und anderen Repressalien »schuften, was das Zeug hält, so daß dann sehr niedrige (Akkord-)Preise herauskommen«.[211] Ob ›widerständiges‹ Verhalten gegen Refa-Zeitstudien wirklich so relativ weit verbreitet war, wie die oben zitierte Feststellung der Reichstreuhänder der Arbeit nahelegt, oder ob nicht eher Anpassung an die Leistungserwartung der Betriebsleitung und der Zeitnehmer dominierte, kann aufgrund der Quellenlage nicht schlüssig beantwortet werden. Unzweideutig ist dagegen, daß die während der NS-Zeit erheblich ausgedehnte Fertigung am Fließband nur in seltenen Fällen zu Arbeitskonflikten führte,[212] da Widerstand gegen Lohnsenkungen oder die Erhöhung der Bandgeschwindigkeit (bzw. Kürzung der Pausen) hier viel stärker den Charakter eines offenen Arbeitskonfliktes trug, als ›Klassenkampf‹ denunziert und als ›Sabotage‹ mit schärfsten Strafen belegt werden konnte.

8. Akkordpolitik 1938 bis 1942

Gewissermaßen mit ›Zuckerbrot und Peitsche‹ versuchte der nationalsozialistische Staat die latenten Akkordkonflikte unter Kontrolle zu halten und nicht zum offenen Ausbruch gelangen zu lassen. Außer den bereits angesprochenen negativen Sanktionen wurde – nach dem Grundsatz: Divide et impera – vor und nach 1939 immer auch Raum gelassen für die Erhöhung der Akkordverdienste kleinerer Arbeitergruppen. Begrenzungen der Akkordverdienste zielten nur auf die Lohnsummen größerer Belegschaftsteile oder ganzer ›Gefolgschaften‹, sie galten in aller Regel nicht dem einzelnen Arbeitnehmer. Nicht zufällig betonte der für die nationalsozialistische Lohnpolitik bis 1942 verantwortliche Ministerialdirektor im Reichsarbeitsministerium Mansfeld wiederholt in seinen zahlreichen Aufsätzen, es dürfe keine Höchstgrenze für Leistungslöhne geben.[213] Begründet war die relative Konzessionsbereitschaft des NS-Regimes auch nach der Lohngestaltungsverordnung vom 25. Juni 1938 weniger in der Angst vor offener Rebellion oder einer Streikbewegung größeren Ausmaßes als vielmehr in der Furcht, die im Akkord beschäftigten Teile der Arbeiterschaft würden in einer Zeit mit ihrer Arbeitsleistung zurückhalten, in der der NS-Staat sich mitten in den unmittelbaren Vorbereitungen seiner expansionistischen Feldzüge befand und zu diesem Zweck ein Maximum an Rüstungsproduktion benötigte.

Bis 1942 wurden die skizzierten Formen staatlicher Akkordpolitik nicht entscheidend verändert. An die Reichstreuhänder erging die Aufforderung, »der Lohngestaltung in den Betrieben den erforderlichen Spielraum zu lassen« und lediglich die betrieblichen Höchstdurchschnittslöhne« der verschiedenen Arbeiter- bzw. Tätigkeitsgruppen zu überwachen. Die »Bewertung besonderer Leistungen« einzelner Arbeiter sollte auch weiterhin »dem Ermessen des Betriebsführers überlassen« bleiben. Generelle Lohnsenkungen waren nach dem Willen des Reichsarbeitsministers nicht vorzunehmen, sondern lediglich vermeintliche Locklöhne herabzusetzen.[214] Die in den Jahren vor 1939 geübte Praxis, bei ›Minderleistung‹ untertarifliche Löhne zu zahlen, wurde beibehalten.[215] Im letzten Kriegsjahr wurden die Unternehmer sogar verbindlich verpflichtet, bei einer ›Minderleistung‹ von unter 85% des betrieblichen Durchschnitts den betreffenden Arbeitern die Zulagekarten vorzuenthalten.[216] Hinzu kam, daß die während des ersten Kriegsjahres verschärften lohnpolitischen Rahmenbedingungen von vornherein dem Wachstum der Effektivverdienste relativ enge Grenzen setzten.

Für das gesamte Deutsche Reich repräsentative Lohnstatistiken, bei denen nach Lohnformen differenziert würde, liegen für die Kriegsjahre nicht vor. Einzelbetriebliche Angaben erlauben jedoch den Schluß, daß sich auch nach Kriegsbeginn der für die Jahre 1937 bis 1939 konstatierte Trend fortgesetzt hat: Obwohl in allen in Tab. 16 angeführten Betrieben der Siemens-Schukkertwerke die stündlichen Akkordverdienste weiter stiegen, lagen sie nur im Dynamowerk Siemensstadt über den vor der nationalsozialistischen ›Machtergreifung‹ erzielten Spitzenverdiensten. In Nürnberg und (mit Einschränkungen) in Plauen blieben dagegen die effektiven Leistungslöhne in den ersten Kriegsjahren erheblich unter dem Niveau vom Sept. 1930.[217] In welch unterschiedlichem Ausmaß die jeweiligen regionalen Arbeitsmärkte die Höhe der Akkordverdienste beeinflußten, wird noch deutlicher, wenn wir die Lohnabstände zwischen dem Dynamowerk Siemensstadt und dem Nürnberger Transformatorenwerk je nach Arbeitergruppe eingehender betrachten. Im Sept. 1930 erhielt ein im Dynamowerk Siemensstadt beschäftigter Facharbeiter (Lohngruppe A1) einen um 11,7% höheren Akkordverdienst je Stunde als ein im Transformatorenwerk beschäftigter Kollege; bis Sept. 1941 hatte sich diese Effektivlohnspanne auf 35,9% ausgewachsen. Bei den Angelernten und Hilfsarbeitern kam es sogar zu einer Umkehrung der zwischen beiden Betrieben bestehenden Lohnabstände: Im Sept. 1930 verdienten im Transformatorenwerk Nürnberg beschäftigte Angelernte 3,5% und Hilfsarbeiter sogar 13,0% mehr als die Angehörigen der vergleichbaren Lohngruppen (C und D) im Dynamowerk Siemensstadt. Im Sept. 1941 lagen dagegen die im Leistungslohn erzielten Stundenverdienste der im Dynamowerk Siemensstadt beschäftigten un- und halbqualifizierten Arbeitskräfte wesentlich, nämlich um 27,1% und 16,2% höher als die ihrer mit der Herstellung von Transformatoren beschäftigten Nürnberger Kollegen.[218] Auch in Betrieben anderer Zweige der Metallindustrie erreichten Akkordarbeiter zumindest in den ersten Kriegsjahren nicht wieder die Verdienste der Jahre 1929/30.[219]

Für die in einzelnen Betrieben bzw. ganz wenigen industriellen Ballungsgebieten beobachtbaren relativ starken Akkorderhöhungen konnten eine Reihe von Faktoren maßgeblich sein. Formen der Akkordmanipulation, die in den ersten Jahren nach der NS-›Machtergreifung‹ zum Abbau der effektiven Leistungslöhne genutzt wurden, ließen sich ebenso zur Erhöhung der Akkordverdienste nutzen. Z.B. konnte die Verarbeitung minderwertigen Rohmaterials oder die Einführung von Ersatzstoffen dem Reichstreuhänder gegenüber als Begründung angeführt werden, die betrieblichen Akkordsätze heraufzusetzen.[220] Ebenso konnten Refa-Akkorde zugunsten der Belegschaft verändert werden.[221] Auch das Chaos bei der Vergabe und Prioritätensetzung von Rüstungsaufträgen, das zumindest in der ersten Phase der

Kriegswirtschaft vielfach herrschte, und die hierdurch veranlaßten häufig kurzfristigen Umstellungen der Produktionsprogramme ließen den Betriebsleitungen großen Spielraum für eine staatlicherseits kaum zu kontrollierende Akkordpolitik und eine relativ ›elastische‹ Anpassung an Arbeitsmarktlagen. Gleichfalls breiten Raum für eine von außen schwer zu kontrollierende Neufestsetzung der Akkorde konnten sich Unternehmer durch betriebstechnologische Änderungen verschaffen. In einem Erlaß vom 31. März 1941 berichtete der Reichsarbeitsminister – offenbar unter Bezug auf kurz zuvor vom SD zusammengestellte Meldungen[222] – den Reichstreuhändern der Arbeit, daß derartige Akkordmanipulationen in mehreren Regionen des Reiches beobachtet worden seien.[223] Ähnliche Beobachtungen hatte der brandenburgische Reichstreuhänder der Arbeit bereits Anfang 1940 gemacht.[224]

Akkordmanipulationen wurden jedoch keineswegs nur zugunsten der Arbeiter vorgenommen: Anfang März 1941 war vom SD festgestellt worden, daß in einer Reihe von Unternehmen »der Wille zu Leistungssteigerung... durch das Senken der Akkorde (Akkordschere usw.) gelähmt worden« sei.[225] Das Ausmaß mittelbarer Akkorderhöhungen sollte schon deshalb nicht überschätzt werden, weil die im Vergleich zu ›normalen‹ Zeiten sehr restriktive Arbeitsmarkt- und Lohnpolitik die Unternehmensleitungen nur begrenzt zwang, dem konjunkturellen Druck nachzugeben und zu den geschilderten Mitteln der Akkordmanipulation zugunsten der Arbeiter zu greifen. Außerdem wurden die Reichstreuhänder in dem Erlaß des Reichsarbeitsministers vom März 1941 zur schärfsten Kontrolle der betrieblichen Akkordvorgaben verpflichtet. Schließlich ließ sich seit 1941/42 zusätzlich zum immer lauernden NS-Terrorapparat auch Facharbeitern gegenüber mit der Aufhebung der UK-Stellung drohen. Die Angst vor einer möglichen Einberufung zur Front reichte nach der Wende im Kriegsgeschehen in den meisten Fällen wahrscheinlich aus, um auch ohne Erhöhung der Akkordsätze Arbeiter zu höherer Leistung anzustacheln oder von einem Arbeitsplatzwechsel abzuhalten. Bestenfalls in einzelnen Zentren der metallverarbeitenden Industrie wie Berlin dürften – wenn überhaupt – ›Scheinakkorde‹ eine größere Rolle gespielt haben. Seit 1942 suchte das NS-Regime in Zusammenarbeit mit den Wirtschaftsorganisationen auch hier, die Akkordverdienste zu drücken – mithilfe ›lohnordnender Maßnahmen‹, deren Charakter und Vorgeschichte im folgenden darzustellen sein wird.

9. Arbeitsbewertung und Lohnkatalog ›Eisen und Metall‹

9.1. Arbeitsbewertung und tätigkeitsbezogene Einstufung in Lohngruppen: Definition und erste Anfänge

Die Zuordnung der Arbeiter wie der Angestellten zu den verschiedenen Lohngruppen erfolgte bis in die dreißiger, in vielen Branchen bis in die sechziger Jahre überwiegend auf Basis eines meist tariflich fixierten Kataloges von Qualifikationsmerkmalen, die sich jeweils den Hauptkategorien ›gelernt‹, ›angelernt‹ und ›ungelernt‹ subsumieren ließen. Unterstellt wurde bei dieser an der persönlichen Qualifikation des einzelnen Arbeiters orientierten Form der Einstufung, die auch die Erhebungen des Statistischen Reichsamtes strukturierte, daß zwischen der durch Lehre oder langjährige Berufserfahrung erworbenen Qualifikation und den konkreten Arbeitsanforderungen ein unmittelbarer Zusammenhang bestand. Die Unmittelbarkeit dieses Zusammenhangs wurde indes in dem Maße aufgelöst, wie

(a.) die während der Lehrzeit vermittelten Qualifikationen, die infolge der Dominanz des Handwerks bei der Lehrlingsausbildung noch stark von vorindustriellen Formen der Fertigung geprägt waren, nicht mehr den Anforderungen technologisch fortgeschrittener Industriebetriebe entsprach und

(b.) die konkreten Anforderungen an den einzelnen Arbeiter sich infolge gehäufter technologischer Innovationen relativ rasch änderten bzw. sich in zunehmendem Maße spezifizierten.

Anfänglich behalf man sich damit, daß man zusätzlich zu den Grundqualifikationen spezifische Anforderungen, die aus der Struktur des Arbeitsplatzes resultierten, besonders honorierte, das traditionelle Lohngruppenschema also unter der Hand ausdifferenzierte. Von da bis zur ausschließlichen Bewertung der Arbeit – und nicht mehr des Arbeiters – war es nur noch ein Schritt. Auf überbetrieblicher Ebene wurde in Deutschland zuerst im Herbst 1919 in einem Tarifvertrag für die Berliner Metallindustrie ein Lohngruppenkatalog aufgestellt, in dem die wichtigsten Tätigkeiten, die in den insgesamt 44 Sektoren der metallverarbeitenden Industrie auszuüben waren, je nach ihrer Schwierigkeit fünf Lohnklassen zugeordnet wurden. Gleichwohl sprach man in diesem Tarifvertrag noch von der Eingruppierung des Arbeiters. Erst im Tarifvertrag vom 16. Juli 1928 für die in der Berliner Metallindustrie beschäftigten Arbeiter und Arbeiterinnen, mit dem der Tarifvertrag von 1919 nur geringfügig abgeändert wurde (statt fünf nunmehr vier Lohngruppen) hieß es dann, daß die Zuweisung zu den verschiedenen Lohngruppen »unter ausschließlicher Bewertung der tatsächlich zu verrichtenden Arbeit (erfolgen solle), die Ausbildung des die betreffende Arbeit verrichtenden Arbeiters ist auf die Einteilung ohne Einfluß«.[226] In die Tarifordnung für die Berliner Metallindustrie vom 19. März 1936, die den Tarifvertrag vom Juli 1928 pro forma ersetzte, wurden dieses Grundprinzip wortidentisch und die 1919 bzw. 1928 aufgestellten Tätigkeits- und Lohngruppenkataloge nahezu unverändert aufgenommen.[227] Die Lohngruppe A war in der Tarifordnung vom März 1936 ebenso wie im Tarifvertrag vom Juli 1928 für »hochwertige Facharbeiten«, B für »normale Facharbeiten«, C für »einfache Facharbeiten« und D für »einfache, angelernte Tätigkeiten« vorgesehen.[228]

Die ersten Versuche, zu einer systematischen (analytischen) Bewertung der Arbeit als Voraussetzung einer begründeten tätigkeitsbezogenen Zuordnung der Arbeitskräfte zu den verschiedenen Altersgruppen zu gelangen, wurden von Bedaux[229] unternommen. Die Wertigkeit der einzelnen Arbeitsverrichtungen wurde nach seinem Verfahren mit Hilfe einer Schätztafel festgestellt, die nach vier Grundkriterien gegliedert war: I. Vorbildung, Geschicklichkeit und Erfahrung, II. Verantwortung und Geistesfähigkeit, III. physische Anforderungen und IV. Risiko. Jeder dieser Faktoren wurde wiederum unterteilt und die zu bewertende Tätigkeit anhand dieses Kriterienkataloges mit einer bestimmten Anzahl von Punkten benotet. Je nach der insgesamt erreichten Punktzahl, die vom Arbeitsbewerter geschätzt und insofern immer nach subjektiven Gesichtspunkten ›errechnet‹ wurde, wurde die bewertete Tätigkeit und damit der Arbeiter, der sie auszuüben hatte, einer von insgesamt zehn Lohngruppen zugeordnet.[230]

Zum Teil darauf aufbauend, zum Teil parallel zum Bedaux-System, das in seinen grundlegenden Elementen noch heute international Anwendung findet,[231] entwickelten einzelne Großunternehmen auch außerhalb des Berliner Industrieraumes einzelbetriebliche Verfahren der Arbeitsbewertung. In einigen Unternehmen wurde bereits um die Jahrhundertwende mit der Entwicklung von Arbeitsbewertungsverfahren begonnen.[232] Dennoch fanden Arbeitsbewertungssysteme nur allmählich in der Weimarer Republik Verbreitung, in größerem Umfang dann seit Mitte der dreißiger Jahre. In den Werken des Automobilunternehmens *Opel* – das sich seit 1930 in US-amerikanischem Besitz befand und in dem deshalb relativ rasch in den USA entwickelte arbeitsorganisatorische und technische Innovationen zur Anwendung gelangten – war die Arbeiterschaft in fünf Hauptlohnkategorien unterteilt worden. Ebenso wie beim Bedaux-Verfahren wurde hier der einzelne Arbeiter mithilfe eines tätigkeitsbezogenen Anforderungskataloges je nach erreichter Punktzahl einer dieser Lohnklassen, die jeweils wiederum in fünf bis acht Untergruppen untergliedert wurden, zugeordnet.[233] Bei *Daimler-Benz* wurde die Arbeiterbelegschaft seit 1938 tätigkeitsbezogen in acht Lohngruppen eingestuft.[234] Die von der *Klöckner-Humboldt-Deutz AG* beschäftigten Arbeiter wurden auf Basis eines betrieblichen Anforderungskataloges in fünf große ›Schwierigkeitsgruppen‹ unterteilt, die als Grundlage für die Lohnbemessung dienten.[235] Ähnliche, arbeitsplatzbezogene Einstufungsverfahren gelangten bis 1939 in einer Reihe weiterer Großunternehmen zur Anwendung.[236]

Auf überbetrieblicher Ebene setzte die Diskussion um die Arbeitsbewertung schon relativ frühzeitig ein; in den o. g. Tarifverträgen für die Berliner Metallindustrie fand sie einen ersten formalisierten Niederschlag. Außerdem wurde 1927/28 innerhalb der ›Arbeitsgemeinschaft Deutscher Betriebsingenieure‹ ein ›Ausschuß für qualitative Wertung der Arbeit‹ eingerichtet und hier 1932 ein detaillierter Punktbewertungsplan zur Beurteilung der verschiedensten Tätigkeiten entwickelt. 1935 entstand dann im ›Ausschuß für Betriebswirtschaft‹ im ›Verband Deutscher Eisenhüttenleute‹ ein analytisches Arbeitsbewertungsverfahren, das in einigen Betrieben zur Anwendung gelangte, später von der Reichsgruppe Industrie übernommen wurde und als Grundlage des LKEM diente.[237]

Von nationalsozialistischer Seite wurde die allgemeine Einführung der Arbeitsbewertung als »Mittel zur totalen Durchsetzung des nationalsozialistischen Leistungsprinzips auf dem Gebiete der Arbeit«, als wichtiger Schritt zur »Schaffung eines allumfassenden Wertgefüges der Arbeit des deutschen Menschen« und damit »zur totalen Erfassung des völkischen Leistungszusammenhanges« gefordert und ideologisch gerechtfertigt.[238] Wenn sich bis 1942 ein generell anerkanntes Arbeitsbewertungsverfahren jedoch nicht in größerem Maßstab durchsetzen konnte, dann war dies u. a. auch auf die Unsicherheit zurückzuführen, ob man sich für ein summarisches oder analytisches Verfahren entscheiden sollte. Beide Verfahren sollen kurz charakterisiert werden:

Bei der *analytischen Arbeitsbewertung* wird die einzelne Tätigkeit mit Hilfe eines festgelegten Kataloges der Einzelanforderungen beschrieben. Danach werden die verschiedenen Arbeitsbeschreibungen getrennt nach einzelnen Anforderungsarten miteinander verglichen und in die Skala unterschiedlicher Anforderungsgrade eingeordnet. Die einzelnen Anforderungsarten werden dann mittels bestimmter Gewichtungsfaktoren (Punkte) zueinander in Beziehung gesetzt. Der ›Arbeitswert‹ einer Tätigkeit wird schließlich durch die Addition der für die einzelnen Anforderungsarten vergebenen Punkte oder ›Wertzahlen‹ ermittelt. Der so ermittelte Arbeitswert ist dann die Grundlage für die Lohngruppenzuweisung. Die Anzahl der Lohnklassen wird durch das Verfahren selbst nicht vorgegeben, sondern ist Gegenstand betrieblicher oder staatlicher Lohnpolitik (bzw. von Tarifvereinbarungen). Die analytische Arbeitsbewertung stellt aber nicht nur die Basis für die innerbetriebliche Lohndifferenzierung dar, sondern ermöglicht – dem Anspruch nach – außerdem die Ermittlung rationeller Arbeitsverfahren durch Schwierigkeitsvergleiche. Sie erleichtert schließlich eine im Interesse der Unternehmer funktionsmäßige Gliederung und Verteilung der Arbeitskräfte und ist insofern ein wichtiges Instrument zur Planung und Steuerung des innerbetrieblichen Arbeitskräfteeinsatzes bzw. für die Auslese und Anpassung der Arbeitskräfte an die betrieblichen Produktionsstrukturen.[239]

Im Gegensatz zur analytischen wird bei der *summarischen Arbeitsbewertung* auf eine differenzierte Untergliederung und Bewertung der Schwierigkeiten der Tätigkeiten verzichtet. Die zu bewertende Arbeit wird als ganze mit anderen Tätigkeiten verglichen und aufgrund dieses Vergleichs bewertet (›Ganzheitsbewertung‹). Das einfachere summarische Verfahren ist zwar im Vergleich zum analytischen erheblich kostengünstiger. Es hat jedoch den gravierenden Nachteil, daß es letztlich keine exakten Arbeitsanalysen gestattet. Weil beim summarischen Vergleich von Tätigkeiten keine detaillierten Anforderungsprofile entwickelt werden, können einzelne Schwierigkeitsmerkmale übersehen oder überschätzt werden; insofern bieten sich hier offensichtliche Anlässe für Kritik der Arbeiter und Konflikte mit der Betriebsleitung. Von Nachteil ist für die Unternehmer ferner, daß aus einer bloß summarischen Arbeitsbewertung unmittelbar keine Maßnahmen zur ›Arbeitsbestgestaltung‹ resultieren. Ebensowenig wird hierdurch eine funktionale, innerbetriebliche Allokation der Arbeitskräfte erleichtert. Heute wird deshalb überwiegend die analytische Arbeitsbewertung praktiziert.

9.2. Vorarbeiten und Entstehungsgeschichte des LKEM

Seit 1938 fand die zuerst auf die Berliner Metallindustrie angewandte Bestimmung, Arbeitnehmer nicht mehr nach Qualifikation, sondern nach der ausgeübten Tätigkeit einzustufen, vereinzelt auch in andere Tarifordnungen eingang; sie wurde außerdem nicht nur auf Arbeiter, sondern ebenso auch auf Angestellte angewandt.[240] Für die überwiegende Zahl der Tarifordnungen wurde jedoch die traditionelle, qualifikationsbezogene Dreiteilung der Arbeiterschaft beibehalten. Da diese Tarifordnungen »wegen ihrer unzureichenden Aufspaltung keine ausreichende Bewertung (insbesondere) aller in der Metallwirtschaft vorkommenden Arbeitsvorgänge« erlaubten, wies der Reichsarbeitsminister die Reichstreuhänder der Arbeit in zwei Erlassen vom 21. Aug. und 4. Sept. 1939 an, den Betrieben der metallverarbeitenden Industrie grundsätzlich das Recht auf eine differenzierte Lohngruppeneinteilung einzuräumen und bei Abfassung künftiger Tarifordnungen gleichfalls möglichst eine »Gruppierung nach der Art der Arbeit« in insgesamt sechs Lohnklassen vorzunehmen.[241] Die damit angeregten Vorarbeiten für Tarifordnungen für die metallverarbeitende Industrie, wo ›lohnordnende Maßnahmen‹ nach Auffassung der maßgeblichen staatlichen Stellen besonders dringlich waren, waren für einige Wirtschaftsgebiete bis Anfang 1940 bereits relativ weit fortgeschritten. In einem Erlaß vom 9. Febr. 1940 verlangte der Reichsarbeitsminister, sie seien »jetzt beschleunigt abzuschließen«, damit die neuen Tarifordnungen dann in allen Wirtschaftsgebieten »gleichzeitig veröffentlicht« und so reichseinheitlich eine Basis für die geplante Neuordnung der Lohnverhältnisse in der Metallindustrie geschaffen werden könne.[242] Nach dieser Verfügung waren nunmehr insgesamt sieben Tätigkeitsgruppen zu schaffen, in die »die Gefolgschaftsmitglieder nach der Art der ausgeübten Arbeit« eingeteilt werden sollten. Mit der hierdurch bewirkten Differenzierung der Arbeiterschaft glaubte man einerseits die angeblichen ›Lohnungerechtigkeiten‹ zwischen Zeitlöhnern und Akkordarbeitern beseitigen, andererseits »dem Arbeiter eine bessere Aufstiegsmöglichkeit bieten und damit den Anreiz zu weiteren Leistungssteigerungen auslösen« zu können. Aus dem gleichen Grund galt die Begrenzung der Löhne nach oben nur für betriebliche Lohnsummen und nicht für den einzelnen Arbeiter. Grundsätzlich sollte den Betrieben für die eigene Lohngestaltung, insbesondere für die »Bewertung besonderer Leistungen« der »erforderliche Spielraum« gelassen werden. Um keine Leistungsverweigerungen zu provozieren, hatten im übrigen generelle Lohnsenkungen durch die Reichstreuhänder zu unterbleiben, und »Korrekturen« sich »auf die sogenannten(!) Locklöhne« zu beschränken.

Wenn dieser Erlaß, der nach Angaben Reckers weitgehend den Vorstellungen der Fachgemeinschaft Eisen und Metall der Reichsgruppe Industrie entsprach,[243] bis 1942 (wie in den Richtlinien zur Durchführung des ›Lohnkatalogs Eisen und Metall‹ rückblickend festgestellt wurde) »seinerzeit nicht allgemein in die Praxis umgesetzt worden« war,[244] sondern lediglich in modifizierter Form in Tarifordnungen für die Wirtschaftsgebiete Hessen und Saarpfalz seinen Niederschlag fand,[245] dann war dies unter anderem auf partielle Interessendivergenzen zwischen der Reichsgruppe Industrie und dem Reichsarbeitsminister auf der einen Seite und der DAF auf der anderen Seite zurückzuführen.

1938 hatte das Arbeitswissenschaftliche Institut der DAF im Zusammenhang mit einer sehr eingehenden Darstellung des Bedaux-Systems konstatiert, daß »unseres Erachtens die Arbeitsbewertung nach den von Bedaux angegebenen Gesichtspunkten zumindest als Grundlage einer... weiteren Erörterung dienen« und insbesondere die hier praktizierte »Punktbewertung... als Diskussionsgrundlage für die Feinaufteilung der tariflichen Mindestlöhne eventuell verwendet werden« könne.[246] Das DAF-Institut ließ es nicht bei dieser allgemeinen Forderung bewenden, sondern begann seit 1939 in einer Reihe von Betrieben vor allem der Metallindustrie verschiedene Formen der Arbeitsbewertung »auszuproben«.[247] Im Jahrbuch 1940/41 des Arbeitswissenschaftlichen Instituts der Arbeitsfront wurde dann ein umfänglicher, Anfang 1940 verfaßter »Diskussionsbeitrag« zum Thema Arbeitsbewertung als zentrales Element der geplanten »Lohnneugestaltung« vorgelegt. Ausgangspunkt der Überlegungen war auch hier, daß »jeder Versuch einer neuen Arbeitsgruppierung, der auf dem veralteten Einteilungsprinzip [›gelernt‹, ›angelernt‹, ›ungelernt‹, R.H.] aufbaut, ... von vornherein als aussichtslos erscheinen (muß), da er den Vielfältigkeiten der heutigen beruflichen Tätigkeiten in keiner Weise mehr gerecht zu werden vermag«.[248] Das »manchen Tarifordnungen« zugrunde liegende »Einteilungsprinzip nach Arbeitsschwierigkeiten« stelle allein noch keine Lösung dar, da ohne ein ausgewiesenes (analytisches) Arbeitsbewertungssystem eine Bewertung der verschiedenen Tätigkeiten nur durch (summarische) »Schätzungen möglich« sei, die im allgemeinen »zu einem unbrauchbaren Ergebnis führen« müsse. Statt solcher »Grobverfahren« wären »die Arbeitsanforderungen in ihrer Gesamtheit in einzelne Teilanforderungen zu zerlegen, die dann gesondert erfaßt und bearbeitet werden müßten«.[249] Offenbar auf Basis dieses »Diskussionsbeitrages« wurde gleichfalls Anfang 1940 vom Fachamt Eisen und Metall der DAF ein Entwurf für die Einführung eines Arbeitsbewertungsverfahrens vorgelegt.[250] Dieser Entwurf enthielt neben dem Vorschlag einer tätigkeitsbezogenen Gliederung der Arbeiterschaft in sieben Lohngruppen bereits »eine Zusammenstellung der verschiedensten Arbeitsaufgaben in sogenannten ›Leistungsgruppen‹ für alle wichtigen Sparten der Eisen- und Metallindustrie« sowie ein in diesem Zusammenhang anzuwendendes grobes Arbeitsbewertungssystem.[251] Offenbar in Anlehnung an diese Vorschläge erließ der Chef der Zivilverwaltung des Elsaß im Okt. 1940 eine Tarifordnung für das Metallhandwerk und die Metallindustrie, die eine Aufgliederung der männlichen Metallarbeiterschaft in sieben und der weiblichen Lohnempfänger in zwei Tätigkeitsgruppen vorsah.[252] Im Gegensatz zu der vom Reichsarbeitsminister und der Reichsgruppe Industrie geäußerten Auffassung sollte die Einstufung in die verschiedenen Tätigkeitsgruppen nicht mehr allein den Betriebsleitungen überlassen bleiben, sondern nach einem vorgegebenen »wissenschaftlichen Punktesystem« erfolgen.[253] Damit ist angedeutet, in welcher Hinsicht die Interessen von Reichsgruppe Industrie und Reichsarbeitsminister einerseits und der DAF andererseits kollidierten:

Die politischen Repräsentanten der deutschen Industrie wollten um jeden Preis die Autonomie der ›Betriebsführer‹ wahren und insbesondere verhindern, daß die DAF in ihrem »Totalitätsstreben«[254] über ein von ihr entwickeltes Arbeitsbewertungssystem Einfluß- und Kontrollmöglichkeiten auf das einzelbetriebliche Einstufungs- und Entlohnungsverfahren gewann. Außerdem befürchteten die Vertreter der Industrie, daß eine überstürzte Einführung eines noch wenig erprobten, komplexen analytischen Arbeitsbewertungsverfahrens, das auf einzelbetriebliche Besonderheiten nur wenig Rücksicht nehmen konnte, zu Störungen des ›Betriebsfriedens‹ führen und insofern auch die ›Leistungsbereitschaft‹ der Arbeiter mindern mußte. In der Sache selbst – nämlich Ablösung des alten, auf die Qualifikation des einzelnen Arbeiters bezogenen durch das arbeitsbewertende Einstufungsverfahren – bestanden zwischen beiden Seiten keine gravierenden Differenzen.[255] Ohne diese grundsätzliche Einigkeit über die Richtung der ›Lohnneuordnung‹ hätte der ›Lohnkatalog Eisen und Metall‹ als »Gemeinschaftsarbeit« des Sozialwirtschaftlichen Ausschusses der Fachgemeinschaft Eisen und Metall der Reichsgruppe Industrie und des Fachamtes Eisen und Metall der DAF auch nicht fertiggestellt werden können.[256]

9.3. Funktion und Umsetzung des LKEM

Der LKEM, der auf den oben angesprochenen Vorarbeiten von DAF, Reichsgruppe Industrie und Reichsarbeitsminister beruhte und in der dann vorliegenden Form auf eine Anregung des Ministeriums für Bewaffnung und Munition hin entstanden war,[257] wurde im März 1942 der Öffentlichkeit vorgestellt und im Okt. desselben Jahres als verbindliche Richtlinie in der metallverarbeitenden Industrie eingeführt. Dieser Lohnkatalog war nur der lohnpolitische Teil eines umfassenden, von Speer initiierten Programms zur Steigerung der Leistung der Kriegswirtschaft.[258] Die Verantwortlichkeit für den lohnpolitischen Teil der leistungssteigernden Maßnahmen – und damit auch des LKEM – war vom Reichsminister für Bewaffnung und Munition an den Reichsarbeitsminister delegiert worden, der wiederum die zuständigen Fachämter der Reichsgruppe Industrie und die DAF mit der konkreten Ausarbeitung beauftragte. Die Kompetenzen zwischen den staatlichen Stellen, die für die Arbeitsmarkt- und Lohnpolitik Zuständigkeit beanspruchten, waren freilich nicht eindeutig geklärt. Während der Einflußbereich des Reichsarbeitsministers immer weiter zurückgedrängt wurde, suchte Sauckel, der am 21. März 1942 (also nach Veröffentlichung des LKEM) zum ›Generalbevollmächtigten für den Arbeitseinsatz‹ ernannt worden war, seine Stellung auszubauen. Ihm gelang es denn auch, seit Sommer 1942 die Lohnpolitik allgemein entscheidend zu bestimmen und damit auf die konkrete Umsetzung des LKEM wesentlichen Einfluß zu nehmen.

Der Lohnkatalog gruppierte die Metallarbeiterschaft in insgesamt acht Lohngruppen.[259] Die höchsten Lohngruppen 6 bis 8 waren ausschließlich männlichen Arbeitern vorbehalten; Frauen sollten nach dem Willen Sauckels bestenfalls Lohngruppe 5 erreichen können.[260] Die lohnpolitische Diskriminierung der Frauen ging jedoch noch weiter: Aus »sozialen Gründen«, wie zynisch formuliert wurde, sollte bei Frauen außerdem ein Lohnabschlag »von 25%–30% der entsprechenden Männerlohnsätze« vorgenommen werden.[261] Die Eingruppierung war anhand bestimmter »Schwierigkeitsfaktoren« vorzunehmen.[262] Um die Zuordnung der verschiedenen Tätigkeiten zu den Lohngruppen zu erleichtern, war für die Mehrzahl der in der Metallverarbeitung gängigen Arbeiten der Schwierigkeitsgrad und – »normale Betriebsverhältnisse« vorausgesetzt – die Zugehörigkeit zu einer bestimmten Lohngruppe festgelegt worden. Bereits Ende 1942 waren ca. 850 »Arbeitsbeispiele« für 64 Tätigkeiten beschrieben und den einzelnen Lohngruppen zugeordnet worden; bis Ende des folgenden Jahres waren es 71 Tätigkeiten mit fast 2000 Arbeitsbeispielen.[263]

»Untrennbar verbunden« mit der Einteilung in die acht »Wertigkeitsstufen« – wenn auch formal strikt davon getrennt – war die »vorherige Schaffung sauberer« Akkordverhältnisse mithilfe des Refa-Verfahrens.[264] Gemeint war die Senkung der Vorgabezeiten, die »heute als überhöht zu

bezeichnen sind und damit ein Leistungshemmnis darstellen«.²⁶⁵ Außerdem hatte den lohnordnenden Maßnahmen »eine Überprüfung des Standes der Fertigung in Bezug auf Arbeitsbestverfahren« vorauszugehen.²⁶⁶
Welche hauptsächlichen Ziele wurden mit dem LKEM verfolgt?

(a.) Zu allererst sollte der LKEM vor dem Hintergrund der sich seit Ende 1941 abzeichnenden Wende im Weltkrieg zur *kurzfristigen* Mobilisierung aller ›Leistungsreserven‹ beitragen.²⁶⁷ Die auf die schnelle Steigerung der Kriegsproduktion gerichtete Zielsetzung erklärt, warum der LKEM in einzelnen Teilbereichen unfertig blieb und seine konkrete Umsetzung eine ganze Reihe (bei längerem Vorlauf vermeidbare) Probleme aufwarf. Gleichwohl stellt der LKEM – wie in einer neueren betriebssoziologischen Arbeit festgestellt wurde – »historisch wohl den entscheidenden Schritt dar für den Übergang vom traditionellen, an beruflicher Qualifikation orientierten Einstufungsschema zum modernen Verfahren der analytischen Arbeitsbewertung«.²⁶⁸

(b.) Das Verfahren der aufgrund des Zwanges zur kurzfristigen Realisierung nur *summarischen* Arbeitsbewertung und die tätigkeitsbezogene Eingruppierung erlaubte außerdem eine stärker leistungsbezogene Entlohnung auch der im Zeitlohn tätigen Arbeitskräfte. Auf Basis der parallel zum LKEM durchgeführten Refa-Zeitstudien konnte darüber hinaus auch Zeitlöhnern das Arbeitspensum vorgegeben und die (Über-)Erfüllung desselben mit einer zusätzlichen Leistungsprämie entlohnt werden.²⁶⁹

(c.) Ein weiterer entscheidender Zweck des LKEM war die wesentlich stärkere *Auffächerung* der stündlichen Effektivverdienste bei gleichzeitig konstanter einzelbetrieblicher Lohnsumme. Denn es »lehrt die Erfahrung, daß nur bei weiterer Aufgliederung der Löhne der Lohnstand wirksam gehalten werden kann«.²⁷⁰ Angezielt war, daß »trotz erhöhter Leistung der Arbeiter keinen größeren Anteil am Sozialprodukt erhält«;²⁷¹ die Höhe der Stundenverdienste sollte »unabhängig von konjunkturellen Schwankungen sein«.²⁷² Als Voraussetzung der Differenzierung der Effektivverdienste wurden die Grundlöhne »weitaus stärker als bisher auseinandergezogen«:²⁷³ Im LKEM war festgelegt worden, daß die Grundlöhne reichseinheitlich für »höchstwertige Facharbeiten« (Lohngruppe B) um 77,3% über denen für »einfachste (Hilfs-)Arbeiten« (Lohngruppe 1) liegen mußten.²⁷⁴ Nach den vom Statistischen Reichsamt auf Basis der traditionellen, qualifikationsbezogenen Dreigliederung errechneten reichsdurchschnittlichen Tariflöhnen hatten Metallfacharbeiter im Dez. 1940 dagegen ›nur‹ um 27,2% höhere Grundlöhne als die in der metallverarbeitenden Industrie beschäftigten männlichen Hilfsarbeiter zu verzeichnen.²⁷⁵ Die Differenz zwischen höchstem und niedrigstem Grundlohn war durch den LKEM also fast verdreifacht worden. Im LKEM war zwecks »Auflockerung der Leistungsreserven« keine Obergrenze für den Akkordverdienst des einzelnen Arbeiters festgesetzt worden. Da jedoch die Gesamtlohnsumme nicht verändert werden sollte, mußten hohen Verdiensten zwangsläufig entsprechend niedrige gegenüberstehen.

(d.) Dadurch daß die meist im Zeitlohn ausgeführten »hochwertigen« und »höchstwertigen« Facharbeiten den höchsten Lohngruppen zugewiesen wurden, sollte das vermeintlich in Unordnung geratene Lohngefüge wieder ›leistungsgerecht‹ gestaltet werden. Zum gleichen Zweck wurde festgelegt, daß nicht nur die tatsächlichen Stundenverdienste der Akkordarbeiter, sondern auch die der Zeitlöhner einschließlich Leistungszulagen im betrieblichen Durchschnitt in der Regel um 15% über dem Grundlohn liegen sollten.[276]

(e.) Außerdem sollte »ganz allgemein der Wille zu beruflichem *Aufstieg* gefördert (werden), wenn der Arbeiter ständig die Stufenleiter der acht Lohngruppen vor sich sieht«.[277] Deutschen Arbeitern standen theoretisch

»alle Aufstiegsmöglichkeiten innerhalb der acht Lohngruppen und darüber hinaus offen. ... Der Aufstieg zeigt sich nicht nur in steigenden Verdiensten, sondern der Betriebsführer kann außerdem die Verleihung der entsprechenden Berufsbezeichnung des Lehrberufes anordnen. So kann z. B. ein Schlosserhelfer, der zum Hilfsschlosser angelernt wurde, im Laufe der Jahre eines Tages bei genügenden Kenntnissen und Erfahrungen als Maschinenschlosser anerkannt werden. ... (F)ür besonders Befähigte (ist) die Übernahme auch ins Angestelltenverhältnis möglich.«[278]

Der LKEM sollte Initiativen wie dem ›Reichsberufswettkampf‹, dem ›Berufsbildungswerk‹ u. ä. m. eine breitere materielle Grundlage verschaffen und den innerbetrieblichen Aufstieg dadurch erleichtern, daß die Binnendifferenzierungen innerhalb der Metallarbeiterschaft verfeinert wurden und die Grenzen zwischen den Arbeiterschichten gleichzeitig an Schärfe verloren. Die Möglichkeiten zum sozialen Aufstieg – gar zum ›Totalaufstieg‹ – standen allerdings nicht jedem offen; auch hier wurde nach den bekannten rassistischen Kriterien selektiert: »im Zuge des Fraueneinsatzes und des Ersatzes deutscher Arbeiter durch Ausländer... (sollten) die deutschen Arbeiter für höher qualifizierte Arbeiten« freigestellt und entsprechend besser entlohnt werden.[279] Mithilfe des LKEM sollte also die Fraktionierung der Metallarbeiterschaft nach Rasse und Geschlecht vertieft und mit Verweis auf die ›Wissenschaftlichkeit‹ des angewandten Arbeitsbewertungsverfahrens zudem objektiviert werden.

(f.) Dieser Privilegierung der (männlichen) ›arischen‹ Arbeitskräfte entsprach die lohnpolitische Diskriminierung der in sich wiederum vielfältig gegliederten ausländischen Arbeitskräfte. Für sie waren in erster Linie die unteren Lohngruppen vorgesehen. Außerdem hatten sie nur Anspruch auf einen bestimmten Prozentsatz des Lohnsatzes, der deutschen Arbeitskräften zustand; Sozialzulagen und die meisten anderen Zusatzleistungen, die deutschen Metallarbeitern ausgezahlt wurden, blieben der Mehrheit der ›Fremdarbeiter‹ und den Kriegsgefangenen in der Regel vorenthalten. Für Juden und für (andere) KZ-Häftlinge bestanden überhaupt keine Lohnregelungen;

›Ostarbeiter‹ hatten keinen Anspruch auf Mehr-, Nacht- und Sonntagsarbeitszuschläge, Trennungsgelder usw.[280]

(g.) Der LKEM sollte ferner vor dem Hintergrund der Bemühungen, die Kriegsproduktion um jeden Preis zu steigern, den Vergleich zwischen den Betrieben mit gleichartigen Erzeugnissen und ähnlichen Produktionsanlagen ermöglichen. Dabei war festzustellen, wieviel Arbeitszeit für die Herstellung desselben Produktes in den einzelnen Betrieben verausgabt wurde, wo noch »Leistungsreserven« bestanden, technische Mängel vorlagen und »unberechtigte Lohnunterschiede zwischen den Betrieben mit gleichen Arbeitsanforderungen« existierten.[281] Da lediglich die einzelbetrieblichen Lohnsummen konstant gehalten werden brauchten, wurde auch die lohnpolitische Kontrolltätigkeit der Reichstreuhänder der Arbeit erleichtert.[282]

Der Erlaß des LKEM als lohnpolitische Richtlinie konnte nur ein erster Schritt hin auf die beabsichtigte Neuordnung des Lohngefüges in der Metallindustrie sein. Sie war jeweils durch einzelbetriebliche Lohngruppenkataloge zu spezifizieren und zu ergänzen. Die Aufstellung eines Betriebslohngruppenkataloges und die damit verbundenen ›lohnordnenden Maßnahmen‹ mußten vom Reichstreuhänder für jedes einzelne Unternehmen gesondert angeordnet werden. Dieser hatte auch den fertiggestellten betrieblichen Lohngruppenkatalog zu genehmigen, bevor die Neuordnung der Löhne in Angriff genommen werden konnte. Dennoch blieb den Unternehmensleitungen ein relativ großer Spielraum, da (a.) nicht alle Tätigkeiten im LKEM erfaßt werden konnten und (b.) die Zuordnung zu einzelnen Lohngruppen nach den in den Arbeitsbeispielen konkretisierten Tätigkeiten nur dann verbindlich vorgeschrieben war, wenn »normale Betriebsverhältnisse« vorlagen. Damit war prinzipiell der ›Konjunkturanfälligkeit‹ auch beim Einstufungsverfahren die Tür geöffnet: Besonders nachgefragte Arbeitergruppen konnten mit Verweis auf einzelbetriebliche Besonderheiten, die sich immer finden ließen, in höhere Lohngruppen eingestuft werden. Die Berechtigung der vorgebrachten Argumente konnten die Reichstreuhänder schon aus personellen Gründen nicht überprüfen.

Von Bedeutung war ferner, daß die Einführung der ›lohnordnenden Maßnahmen‹ durch Refa-Männer getragen werden sollte. Diese hatten nicht nur Arbeits- und Zeitstudien durchzuführen, sondern auch die »Einstufung der Arbeit ihrem Werte nach« vorzunehmen.[283] Damit war nicht nur der »durchschlagende Erfolg der lohnordnenden Maßnahmen vom Einsatz wirklich sachverständiger Refa-Leute abhängig« gemacht,[284] sondern auch der Aufgabenbereich des Refa erheblich erweitert worden. Bis zu diesem Zeitpunkt hatte es nicht zu den Aufgaben des Refa-Mannes gehört, Arbeiten zu bewerten und damit auf die Einstufung der Arbeiter in die einzelnen Lohngruppen Einfluß zu nehmen. Obgleich Refa bei der Umsetzung des LKEM zu enger Kooperation mit der DAF verpflichtet war und die Arbeitsfront hierüber ihren politischen Einfluß in den Betrieben auszudehnen suchte,[285] scheint es deshalb nicht zu größeren Konflikten zwischen Refa-Leuten und Unternehmensleitungen gekommen zu sein.

Die Arbeitsfront mußte allerdings auch insofern in die ›lohnordnenden‹ Maßnahmen einbezogen werden, als sie innerhalb der Arbeiterschaft den Boden für die ›Neuordnung der Löhne‹ vorbereiten sollte[286] und die Erstellung des Betriebslohngruppenkataloges »in Zusammenarbeit mit dem Betriebsobmann der DAF vorzunehmen« war.[287] Hauptsächlich in kleineren und mittleren Betrieben besaß »die DAF einen sehr starken Einfluß, nicht nur auf die äußerliche Form des Kataloges, sondern auch auf seinen Inhalt in Bezug auf die Eingruppierung und Bewertung der Arbeiten«.[288]

Die Furcht vor einer stärkeren Einflußnahme der DAF auf die betriebliche Lohnpolitik ist jedoch nur ein Grund, warum der LKEM zu Anfang lediglich schleppend realisiert wurde. Ein weiteres Problem bestand darin, daß nicht genügend Refa-Leute zur Verfügung standen, obwohl die Zahl der von Refa ausgebildeten Zeit- und Arbeitsstudienleute seit Kriegsbeginn drastisch erhöht worden war. In den Lageberichten des SD wurde wiederholt konstatiert, in

»vielen Teilen des Reiches trete im Zuge der lohnordnenden Maßnahmen in der Metallindustrie nach wie vor das Fehlen von ausgebildeten Refa-Fachkräften sehr stark in Erscheinung. Obwohl man versucht habe, zur Wehrmacht eingezogene derartige Fachkräfte freizumachen und auch aus den Betrieben herausgezogene Kräfte weiterhin in Lehrgängen und Refa-Kurskursen zu Refa-Bearbeitern umschule, sei das Ergebnis doch äußerst gering.«[289]

Selbst seitens des ›refa-erfahrenen‹ Siemens-Konzerns, dem nach eigenem Bekunden gut geschulte Refa-Männer zur Verfügung standen,[290] mußte festgestellt werden, es bestände

»leider... keine Zeit mehr, um etwa durch Schulung [die für die einzelbetriebliche Umsetzung des LKEM notwendigen, R. H.] zusätzliche(n) Refa-Männer heranzubilden, da dies Jahre erfordert. Die Aufschulung und Ausrichtung der vorhandenen Refa-Männer [auf die neue Tätigkeit der Arbeitsbewertung, R. H.] ist Aufgabe genug.«[291]

Es waren aber nicht nur zu wenige »Arbeits- und Leistungsbewerter« vorhanden; die verfügbaren waren auch häufig so schlecht ausgebildet, daß sie die ihnen gestellten Aufgaben nicht zu bewältigen vermochten.[292] Geringe Anzahl und schlechte Ausbildung der Refa-Leute warfen eine Reihe von Folgeproblemen auf:
– Der LKEM sah – um kurzfristig die Arbeitsleistungen in der Metallverarbeitung steigern zu können – lediglich ein summarisches Arbeitsbewertungsverfahren vor. Die Zuordnung der Arbeiter wurde anhand der laufend erweiterten »Arbeitsbeispiele« im Anhang des LKEM vorgenommen. Die Einstufung der Arbeiter entsprechend ihrer Tätigkeit war deshalb zwangsläufig grob und häufig ungenau, was wiederum Mißstimmung unter den Arbeitern über vermeintlich oder real ungerechte Behandlung hervorrufen konnte.

– Auf große Schwierigkeiten stieß die Realisierung des LKEM dort, wo nicht in großen Serien produziert wurde, wo vielmehr bei »laufend wechselnden Fertigungen« ein einzelner Arbeiter eine Vielzahl von Tätigkeiten verrichten mußte, die jeweils verschiedenen Lohngruppen zuzuordnen waren (»Wechselarbeit«).[293]
– Auch die erstrebte ›Bereinigung‹ der Akkordverdienste mit Hilfe der Refa-Zeitstudien ließ sich – ohne ›Unruhe‹ in der Belegschaft zu provozieren – selbst in den Betrieben, die bereits lange Jahre das Refa-System praktizierten, kaum verwirklichen. Vom Siemens-Konzern beispielsweise wurde berichtet, daß »inzwischen sich auch bei den intelligentesten und bestgeschulten Stückzeitplanern die für eine richtige Zeitbildung unumgängliche Klarheit der Begriffe getrübt hat«. Überdies sei die »Arbeit der Richtigstellung wegen der Unzahl von Akkorden von Haus aus so außerordentlich umfangreich, daß sie von den wenigen in den Stückzeitplanungen noch vorhandenen guten Arbeitskräften – parallel zu den stets neu hinzukommenden Tagesaufgaben – nur nach und nach erledigt werden« könne. Die »Ermittlung der richtigen Stückzeiten« würde eine »unverhältnismäßig lange Zeit, d. h. Jahre, in Anspruch nehmen«.[294]
– In den Regionen wo – wie in der Berliner Metallindustrie – die Effektivverdienste infolge der außerordentlichen Arbeitskräfteknappheit in weit überdurchschnittlichem Maße gestiegen waren, warf die Anweisung des ›Generalbevollmächtigten für den Arbeitseinsatz‹, die effektiven Akkord- und Zeitlöhne dürften im Durchschnitt nicht mehr als 15% über den tariflichen Stundensätzen liegen, zusätzliche Probleme auf. In einem Bericht der Siemens & Halske AG vom Herbst 1942 wurde vor diesem Hintergrund die Frage aufgeworfen, »ob innerhalb Berlins überhaupt ein einzelnes Werk eine nennenswerte lohnordnende Maßnahme durchführen kann, ohne in die allergrößten Schwierigkeiten mit seiner Belegschaft zu geraten«, eine Frage, die die Siemens-Betriebsleitung »aufgrund unserer Erfahrungen… jedenfalls glatt verneint(e)«.[295]

In der Tat ergab eine Lohnerhebung vom März 1942 in 32 Firmen der Berliner Metallindustrie, daß 7,0% aller Akkordarbeiter dieser Unternehmen die von Sauckel als ›Richtlinie‹ vorgegebene Obergrenze der effektiven Stundenverdienste um mehr als fünfzig Prozent und 70,6% dieses Limit um mehr als zwanzig Prozent überschritten; selbst die Akkordarbeiter der Berliner Metallindustrie mit den niedrigsten Verdiensten lagen noch um deutlich mehr als zehn Prozent über dieser Richtlinie. Auch von den Zeitlöhnern hätte mindestens ein Drittel – wären Sauckels Vorstellungen in der Reichshauptstadt in vollem Umfang verwirklicht worden – zum Teil erhebliche Lohnkürzungen hinnehmen müssen.[296] Da derart drastische Lohnsenkungen den ›Betriebsfrieden‹ empfindlich gestört hätten, wurde in Berlin von einer ›Akkordbereinigung‹ vollständig abgesehen (Tab. 18). Wenn auch in anderen Regionen nur relativ wenige ›Akkordüberprüfungen‹ erfolgreich abgeschlossen werden konnten, dann offenbar deshalb, weil man staatlicherseits die gleichzeitige Neuordnung der Grundlöhne durch den LKEM nicht gefährden wollte: Nach Angaben des SD wertete die Metallarbeiterschaft in allen Teilen des Deutschen Reiches nicht nur die ›Akkordüberprüfungen‹, sondern den LKEM generell in angeblicher »Verkennung des eigentlichen Zweckes dieser Aktion« als »Versuch, die Löhne herabzusetzen«. Die Arbeiter »sprechen sich, je nach ihrer Einstellung und der besonderen Lage ihrer Verhältnisse, mehr oder weniger scharf dagegen aus«.[297] Trotz dieser Schwierigkeiten, die viele Metallarbeiter in offenbar zutreffender Einschätzung der Funktion des LKEM Behörden und ›Betriebsführer‹ bereiteten, warteten Sauckel u. a. mit Erfolgsmeldungen auf:

Bis Jan. 1943 war an ca. 1500 Betriebe die Anweisung zur Einführung des LKEM ergangen. Im Dez. 1943 waren 7600 Betriebe, d. h. ca. ein Drittel aller in Frage kommenden Metallbetriebe mit ungefähr der Hälfte aller in der Metallindustrie beschäftigten Arbeiter (da die ›Lohnneuordnung‹ zuerst einmal in den größeren Unternehmen anlief) mit der Erstellung eines betrieblichen Lohngruppenkataloges befaßt.[298] Wie schwierig sich indes die faktische Umsetzung des LKEM gestaltete, läßt sich einer Aufstellung Sauckels vom Nov. 1944 entnehmen (Tab. 18): Zwar war bis zu diesem Zeitpunkt 10 710 Metallbetrieben die Auflage der Erstellung eines betrieblichen Lohngruppenkataloges erteilt worden. Nach den vom SD zusammengetragenen ›Meldungen aus dem Reich‹ verzögerte jedoch eine große Zahl von Metallarbeitgebern aus (berechtigter) Angst vor ›stimmungsverschlechternder Wirkung‹ bewußt die Umsetzung des LKEM.[299] Nur jeder sechste Betriebslohngruppenkatalog war bis Herbst 1944 für »in Ordnung befunden« worden und nur in jedem achten Metallbetrieb lief die Umgruppierung der Arbeiter nach den acht Lohngruppen auch wirklich an. Je nach Region gelang die ›Neuordnung‹ der Grundlöhne allerdings höchst unterschiedlich. In Thüringen, wo der ›Generalbevollmächtigte für den Arbeitseinsatz‹ Sauckel seit 1927 als NSDAP-Gauleiter und seit 1933 als Reichsstatthalter waltete und deshalb besonders starken Druck auf die Betriebe ausüben konnte, wurde der LKEM offenbar relativ reibungslos durchgesetzt. Umgekehrt stieß in der Berliner Metallindustrie die ›Neuordnung‹ der Grundlöhne aus den skizzierten Gründen auf besonders große Schwierigkeiten. Berücksichtigt man, daß nur bis Jan./Febr. 1945 die Realisierung des LKEM – seit Mitte 1944 allerdings anscheinend verstärkt – vorangetrieben werden konnte, dürften insgesamt maximal 1800 Metallbetriebe bis Kriegsende die geforderte Einstufung der Arbeiter in acht Lohngruppen auch tatsächlich realisiert haben.

Nach 1945 fand der LKEM in weiten Teilen der bundesdeutschen Metallindustrie weiterhin Anwendung. Noch 1955 wurde nach einer Erhebung der IG Metall der LKEM in 6,2% der erfaßten Betriebe (mit ca. zehn Prozent der Arbeiter) unverändert praktiziert. 6,5% der in die Erhebung einbezogenen Metallunternehmen, die etwa 20% der Arbeiter beschäftigten, hatten den LKEM weiter ausgebaut und – wie von den Initiatoren auch ursprünglich intendiert – analytische Arbeitsbewertungsverfahren eingeführt.[300]

Tabelle 18: Verwirklichung des ›Lohngruppenkataloges Eisen und Metall‹ und der ›Akkordüberprüfungen‹ bis Nov. 1944 – Anzahl der Betriebe nach Regionen (Auswahl; Deutsches Reich einschl. Österreich, Sudetenland und Westpreußen/Danzig).

	Anordnung (a)	Betriebslohngruppenkataloge					
		Meldung (b) absolut v.H. (e)		Genehmigung (c) absolut v.H. (e)		Umsetzung (d) absolut v.H. (e)	
Berlin	1832	566	30,9%	199	10,9%	0	–
Sachsen	499	227	45,5%	138	27,7%	120	24,0%
Thüringen	286	278	97,2%	231	80,8%	176	61,5%
Köln-Aachen	520	306	58,8%	192	36,9%	119	22,9%
Baden	544	295	54,2%	153	28,1%	119	21,9%
Dt. Reich insg.	10710	3755	35,1%	1783	16,6%	1317	12,3%

	Anordnung (f)	Akkordüberprüfungen			
		Überprüfung (g) absolut v.H. (i)		Genehmigung (h) absolut v.H. (i)	
Berlin	1846	0	–	0	–
Sachsen	487	107	22,0%	54	11,1%
Thüringen	349	98	28,1%	95	27,2%
Köln-Aachen	460	147	32,0%	112	24,3%
Baden	544	423	77,8%	138	25,4%
Dt. Reich insg.	11676	2022	17,3%	1116	9,6%

(Wortlaut der Fragen der Erhebung:)
(a) Wieviel Betrieben wurde bisher die Auflage zur Erstellung des betrieblichen Lohngruppenkataloges erteilt?
(b) Welche Betriebe haben den Betriebslohngruppenkatalog eingereicht?
(c) Bei welchen Betrieben wurde der Betriebslohngruppenkatalog in Ordnung befunden?
(d) Welchen Betrieben ist die Anordnung zur Einführung der Betriebslohnordnung erteilt?
(e) Jeweils in v. H. der »Auflagen zur Erstellung des betrieblichen Lohngruppenkataloges«.
(f) Wieviel Betrieben wurde bisher die Anordnung vom 20. April 1942 (zur Akkordüberprüfung) zugestellt?
(g) Welche Betriebe haben die Durchführung der Akkordüberprüfung gemeldet?
(h) Bei welchen Betrieben ist diese Meldung nachgeprüft und in Ordnung befunden worden?
(i) Jeweils in v. H. der Auflage zur »betrieblichen Akkordüberprüfung« (f).

Quelle: BA Koblenz R 41/Bd. 61, Bl. 83 Rs. und 84.

Die nationalsozialistischen Tageszeitungen und Zeitschriften brachten eine ganze Reihe von Berichten, in denen von für die NS-Kriegswirtschaft positiven Auswirkungen des LKEM die Rede war: Viele »falsch eingesetzte« Fachkräfte seien durch angelernte ersetzt worden;[301] der Wunsch nach Aufstieg in höhere Lohngruppen habe bei vielen Arbeitern zu erheblichen Leistungssteigerungen geführt[302] u. a. m. Den Effektivlohnstatistiken einzelner Betriebe ist zu entnehmen, daß die Verdienstspannen zwischen höchster und niedrigster Lohngruppe vor allem bei Zeitlöhnern beträchtlich waren: »Meisterliche« Facharbeiter erzielten um 80% höhere Stundenverdienste als die mit »einfachsten« Hilfsarbeiten beschäftigten Männer. Nach den vorliegenden einzelbetrieblichen Produktionsergebnissen wurde jedoch ein Ziel, mit dem die Einführung des LKEM begründet wurde, nicht erreicht: Selbst die in den höchsten Lohngruppen 7 und 8 beschäftigten *Zeitlöhner* blieben in den meisten Fällen unter den Stundenverdiensten, die die vormaligen Angelernten im *Akkord* in den Lohngruppen 3 bis 6 erreichten.[303] Die Verteilung der männlichen Arbeiterschaft auf die acht Lohngruppen war zudem höchst unterschiedlich auch dann, wenn das Produktionsprogramm in den Betrieben ähnlich war.[304]

Das tat jedoch den Erfolgsmeldungen von offizieller Seite keinen Abbruch. Bereits für die Erprobungsphase des LKEM zwischen März und Okt. 1942 wußte Sauckel von einer »Reihe von Betrieben« zu berichten, es seien durchschnittliche Leistungssteigerungen erzielt worden, die in der Regel bei 20%, sehr oft jedoch bei wesentlich höheren Prozentsätzen gelegen hätten.[305] Mitte 1944 wurde seitens des Sozialwirtschaftlichen Ausschusses der Reichsgruppe Industrie konstatiert, daß »selbst dort, wo ursprünglich keine Leistungssteigerungen erwartet wurden, diese dann (doch) eingetreten sind«.[306] Auch wenn diese Berichte nicht überbewertet werden sollten, da die NS-Presse lediglich Erfolgsmeldungen verbreiten durfte und Behörden sowie ›Wirtschaftliche Selbstverwaltung‹ unter Erfolgszwang standen, so scheint dennoch grundsätzlich eingetroffen zu sein, was hier behauptet wurde: Seit 1942 wurden die Arbeitsleistungen in der Rüstungsindustrie weiter erhöht, während die effektiven Stundenverdienste im Durchschnitt erfolgreich stabilisiert und gleichzeitig – aufgrund der differenzierten Gliederung der Arbeiterschaft – breiter gestreut wurden.[307]

Trotz seines etwas irreführenden Namens (›Lohngruppenkatalog Eisen und Metall‹) galt der LKEM lediglich für metall*verarbeitende* Industrie. Den Repräsentanten der Eisen und Stahl *erzeugenden* Industrie gelang es, die Einführung eines für alle Betriebe dieses Wirtschaftszweiges verbindlichen Lohngruppenkataloges oder eine entsprechende Ausweitung des LKEM zu verhindern.[308] Zwar ordnete Speer noch am 14. März 1944 in einem Erlaß die ›Durchführung der lohnordnenden Maßnahmen‹ auch für die eisenschaffende Industrie an.[309] Bereits ein Vierteljahr später war jedoch klar, daß an die Aufstellung eines Lohngruppenkataloges für diesen Industriezweig während des Krieges nicht mehr zu denken war.[310] ›Lohnordnende Maßnahmen‹ mit dem Ziel der Leistungssteigerung waren auch in der Eisen- und Stahlindustrie nicht so dringlich wie in der Metallverarbeitung, da hier wenige große Konzerne dominierten (während in der Metallverarbeitung die überwiegende Zahl der Unternehmen von kleiner und mittlerer Größe war) und in den meisten Hochofen-, Stahl- und Walzwerken bereits seit langem die Arbeiter je nach ausgeübter Tätigkeit einer Vielzahl von Lohngruppen zugeordnet wurden. Zudem wurden die verschiedenen Arbeitsgänge in den Eisen und Stahl erzeugenden Betrieben meist weitgehend durch die technischen Abläufe bestimmt. Da der einzelne Arbeiter kaum Einfluß auf Arbeitstempo und Produktionserfolg hatte, hätte hier eine ›Neuordnung‹ der Löhne in aller Regel keine Leistungssteigerung bewirkt. Darüber hinaus scheinen die Eisen- und Stahlkonzerne eine Kürzung vermeintlich überhöhter Akkorde weitgehend verhindert zu haben. Sie fürchteten zu recht, (weitere) Senkungen der Leistungsprämien würden zu ›Unruhe‹ innerhalb der Belegschaften und damit zu Störungen der Produktionsprozesse führen.[311]

Dagegen waren für mehrere Zweige der *Textilindustrie* bereits bis Herbst 1943 Lohngruppenkataloge fertiggestellt worden. Für die Baumwollwebereien wurden »sämtliche Tätigkeiten im Hinblick auf Umwelteinflüsse, Grad der Verantwortung und vorgesehene Ausbildungszeit verzeichnet«.[312] Da die Kataloge jedoch eine Reihe von Mängeln aufwiesen und überdies auf erbitterten Widerstand der meisten Textilunternehmer stießen, wurde von einer Neuordnung der Löhne in der Textilindustrie schließlich abgesehen.[313] In anderen Industriezweigen wurden bestenfalls Teilkataloge erstellt (glas- und holzverarbeitende Industrie) bzw. Entwürfe für Lohngruppenkataloge vorgelegt (Papier-, Pappen-, Zellstoff- und Holzerzeugung, Steine und Erden, Druckindustrie).[314] In der *Chemieindustrie* war zwischen den zuständigen Fachämtern von DAF und Reichsgruppe Industrie bis Jan. 1945 lediglich Einigkeit über die »Methode« erzielt worden, wie die Arbeiten zu einer Lohnneuordnung »vorwärtsgetrieben« werden sollten.[315] Die für das *Baugewerbe* seit dem 1. Jan 1943 verbindlich festgelegten, reichseinheitlichen ›Leistungsrichtsätze‹ waren mit dem LKEM nicht vergleichbar, da sie »im Gegensatz zur Metallindustrie, wo die Lohnbewertung auf die Arbeit abgestellt ist, auf die Ausbildung des Arbeiters ausgerichtet« und die ›Bauleistungswerte‹ gesondert für jede Berufsgruppe aufgestellt waren.[316]

Die vom LKEM ausgehenden, für das NS-Regime positiven Wirkungen sollten alles in allem nicht überbewertet werden. Für die Wahrung von Lohnstabilität und ›Arbeitsfrieden‹ einerseits und die Steigerung der Arbeitsleistungen andererseits war der LKEM nicht allein verantwortlich. Der Stellenwert der ›Neuordnung der Löhne‹ mußte vielmehr in dem Maße sinken, wie der Lohn gegen Kriegsende immer stärker seine leistungsanreizende Funktion verlor. Leistungssteigerung und gleichzeitige ›Bändigung‹ der Industriearbeiterschaft in der zweiten Kriegshälfte waren einem ganzen Bündel von Faktoren geschuldet. Neben einer verbesserten Abstimmung bei der Auftragsvergabe während der ›Ära Speer‹ und damit der Vermeidung von Ausfallzeiten, Verstetigung der Produktion und den Veränderungen der organisatorischen Rahmenbedingungen kamen den vielfältigen, abgestuften Repressalien, mit denen der nationalsozialistische Maßnahmestaat angebliches ›Bummelantentum‹ und ›Leistungssabotage‹ von Arbeitern bestrafte, entscheidende Bedeutung zu. Dazu gehörte einmal die (hier nicht thematisierte) offen terroristische Dimension der Repression des NS-Regimes, die zwar nur eine kleine Minderheit der *deutschen* Arbeiter traf und in der Einweisung in ein Konzentrationslager gipfelte, jedoch in ihrer Unkalkulierbarkeit auf die Einschüchterung der Gesamtheit der Industriearbeiterschaft zielte. Quantitativ bedeutungsvoller waren subtilere Formen der Disziplinierung, die im folgenden ausführlicher behandelt werden. Zuvor muß allerdings der Frage nachgegangen werden, in welchem Ausmaß die Arbeitsleistungen während der verschiedenen Phasen der NS-Herrschaft überhaupt gesteigert werden konnten.

VII. Arbeitsleistung und Gesundheitsverschleiß

1. Zur Intensivierung und Erhöhung der Produktivität der Arbeit

Ausweitung und Formveränderungen des industriellen Leistungslohnes zielten in erster Linie darauf ab, die Arbeitsproduktivität durch die Intensivierung der Arbeit zu erhöhen, ohne daß es zu Störungen im kontinuierlichen Ablauf der betrieblichen Produktionsprozesse kam. Von einer Reihe einzelner Betriebe bzw. Betriebsabteilungen wurde berichtet, daß dies erfolgreich gelang – sei es, daß nach der Ersetzung des Zeitlohnes durch ein Akkordsystem die Intensität der Arbeit weitaus stärker habe erhöht werden können als die Lohnkosten gestiegen seien[1] oder daß die Einführung des Refa-Systems (so meldete ein größerer elektrotechnischer Betrieb) fast zur Verdoppelung der Arbeitsleistung geführt habe.[2] Daß es zu zum Teil beachtlichen Leistungssteigerungen kam, läßt sich neben Berichten über einzelne Betriebe – insbesondere aus dem Bereich der Metallverarbeitung, der Eisen- und Stahlgewinnung sowie des Textilgewerbes[3] – auch den Feststellungen des Statistischen Reichsamtes entnehmen.[4] Derartigen Erfolgsmeldungen stand jedoch vor allem seit 1938 eine Vielzahl entgegengesetzter Meldungen gegenüber. In der Eisen- und Stahlindustrie »einzelner Gebiete« Westfalens und Mitteldeutschlands wurden »bedenkliche Leistungsrückgänge« registriert.[5] Die Reichstreuhänder der Arbeit und andere staatliche Institutionen klagten seit 1937 regelmäßig über einen Rückgang der Leistungen in allen Teilen des Reiches. Neben dem Bergbau und der Eisen- und Stahlgewinnung lag das Schwergewicht – legt man die in ihren Formulierungen zweifellos übertrieben dramatisierenden Berichte staatlicher Stellen zugrunde – im Bereich ›Bau, Steine und Erden‹; aber auch Betriebe der metallverarbeitenden Industrie waren Gegenstand der Klage.[6] Ob (und in welchem Ausmaß) es zu nennenswerten Leistungsrückgängen kam oder ob es Unternehmern und NS-Regime vielmehr gelang, in der gesamten Industrie oder einzelnen Branchen die Arbeit (weiter) zu intensivieren, ist schwer zu beurteilen: Der Grad der Intensität der Arbeit ist selbst nicht meßbar. Lediglich bestimmte Indikatoren erlauben mit Vorbehalten Rückschlüsse auf das Ausmaß der Intensivierung der Arbeit.

Der wichtigste dieser Indikatoren, der Index der *Arbeitsproduktivität*, läßt sich grundsätzlich auf zweierlei Weise berechnen: Der Index der industriellen Nettoproduktion wird entweder durch die Zahl der Arbeiter (bzw.

Beschäftigten) oder durch die der Arbeitsstunden dividiert. Im ersten Fall würde die Entwicklung der Arbeitsproduktivität wesentlich von der Arbeitszeit abhängig gemacht. Welche Ergebnisse dieser Indikator (Produktion je Arbeiter oder Beschäftigten) für den hier interessierenden Zeitraum zeitigt, liegt auf der Hand: Während der Krise, als es in allen Teilen der Industrie zu drastischen Arbeitszeitkürzungen kam, sank zwangsläufig auch die Produktion je Arbeiter. Mit Ausdehnung der Arbeitszeit nach Einsetzen des rüstungskonjunkturellen Aufschwungs erhöhte sich ebenso zwangsläufig das Produktionsvolumen je Arbeiter.[7] Da in der vorliegenden Untersuchung jedoch vor allem die Intensität der Arbeit, also die ›Arbeitsdichte‹ innerhalb einer konstanten Zeiteinheit interessiert, ist das zweite Verfahren, das die Veränderung der Arbeitsproduktivität durch Kurzarbeit oder Teilzeitbeschäftigung ausschaltet, zu bevorzugen.

Die Entwicklung der ›arbeitszeitbereinigten‹ Arbeitsproduktivität zeigt einen ganz anderen Verlauf als die Produktion je Arbeiter. Einer (relativ groben) Schätzung des Instituts für Konjunkturforschung Anfang 1937 ist zu entnehmen, daß die Produktivität je Arbeitsstunde in den Jahren der Wirtschaftskrise wesentlich stärker erhöht wurde als während der vorausgegangenen Hochkonjunktur: 1927 und 1928 stieg die arbeitszeitbereinigte Produktivität danach um 1,5% bzw. 1,0%, 1929 bis 1932 dagegen im Jahresdurchschnitt um 5,7%. Die nationalsozialistische ›Machtergreifung‹ markiert dann eine Wende; 1933 und 1934 ging das je Stunde erarbeitete Produktionsquantum um etwa insgesamt zwei Prozent zurück.[8] Die Angaben der Tab. 19, bei denen es sich gleichfalls um Schätzungen handelt,[9] entsprechen in der Grundtendenz der Schätzung des Instituts für Konjunkturforschung: Danach erhöhte sich die industrielle Arbeitsproduktivität zwischen 1929 und 1932 jährlich um durchschnittlich 4,5%; 1933 und 1934 sank sie dann deutlicher als nach den Berechnungen des Instituts für Konjunkturforschung. Zwischen 1935 und 1938 wuchs die ›arbeitszeitbereinigte‹ Arbeitsproduktivität wieder, die Wachstumsraten blieben jedoch im Durchschnitt deutlich unter denen, die vor 1933 erzielt worden waren. Über die Ursachen dieses Prozesses läßt sich allein auf Basis der Angaben für die Gesamtindustrie nicht viel aussagen. Der dort erkennbare Trend kann weitgehend oder ausschließlich auf Verschiebungen der Beschäftigtenstruktur und damit u. U. auf ein erhöhtes Gewicht der produktiveren Industriezweige zurückzuführen sein. Oder in den einzelnen Industriezweigen sehr unterschiedliche Entwicklungen der Arbeitsproduktivität könnten sich im industriellen Durchschnitt weitgehend aufgehoben und zu einem nur geringen Wachstum der Produktion je Arbeitsstunde summiert haben. Ich habe deshalb zusätzlich die Entwicklung der ›arbeitszeitbereinigten‹ Produktivität in den wichtigsten Branchen berechnet (Tab. 19). Für die in den einzelnen Industriezweigen sehr unterschiedliche Entwicklung der Arbeitsproduktivität waren neben dem Grad der Intensität der Arbeit eine Vielzahl weiterer Faktoren verantwortlich. Die wichtigsten seien kurz genannt.

Tabelle 19: Arbeitsproduktivität je Arbeitsstunde in verschiedenen Industriezweigen 1929 bis 1939 (1936 = 100,0).

	1929	1932	1933	1934	1935	1936	1937	1938	1939
Industrie insgesamt	85,4	96,9	96,1	91,2	98,1	100,0	101,2	102,9	–
Eisen- u. Metallgewinnung	97,1	83,0	86,7	89,4	95,4	100,0	99,2	104,0	95,5
Metallverarbeitung	92,9	114,9	103,2	91,4	93,5	100,0	104,6	110,3	122,8
Chemieindustrie	–	–	–	93,0	95,2	100,0	118,5	121,2	–
Textilindustrie	83,4	96,3	101,4	97,4	102,3	100,0	100,1	109,7	–
Nahrungs- u. Genußmittelind.	98,9	103,9	95,7	97,3	95,4	100,0	102,1	110,6	–
Holzverarbeitung	92,4	100,3	103,4	96,1	105,2	100,0	96,6	95,4	–
Ind. d. Steine und Erden	122,6	99,5	86,8	84,0	103,1	100,0	97,4	94,4	–
Bauindustrie	–	–	–	–	–	100,0	92,4	81,7	–

Quelle: Statistisches Jahrbuch für das Deutsche Reich 1939/40, S. 384f.; Walther G. Hoffmann. Das Wachstum der deutschen Wirtschaft seit der Mitte des 19. Jahrhunderts, Berlin usw. 1965, S. 392ff.

Während der *Krise* wurde die (im folgenden immer: arbeitszeitbereinigte) Produktivität in allen verarbeitenden Industriezweigen erhöht. Die hauptsächlichen Gründe hierfür waren die – zumindest zeitweilige – Stillegung unproduktiver, technisch veralteter Anlagen sowie die Intensivierung der Arbeit als Folge verkürzter Arbeitszeiten und der Angst vor Arbeitsplatzverlust. Wenn im Gegensatz zu den meisten anderen Industriezweigen in der Eisen- und Metallgewinnung bis 1932 die Produktivität je Arbeitsstunde deutlich zurückging, dann lag dies daran, daß hier technische Anlagen nicht ohne Schaden über längere Zeit einfach stillgelegt werden konnten, sondern zu ihrer Wartung eine größere Zahl von Arbeitskräften ›unproduktiv‹ beschäftigt werden mußte.

Zwischen 1932 und 1938 entwickelte sich die Arbeitsproduktivität in den einzelnen Industriesektoren sehr unterschiedlich. Für die Zweige der *Konsumgüterindustrie* ist bis 1937 eine weitgehende Stagnation der Produktion je Arbeitsstunde festzustellen. Ursächlich hierfür waren mehrere Faktoren, die sich in ihren gegensätzlichen Wirkungen tendenziell aufhoben: Einerseits gingen auch in den ersten Jahren nach der nationalsozialistischen ›Machtergreifung‹ nicht wenige unprofitable, technisch veraltete Unternehmen dieses Wirtschaftszweiges in Konkurs. Überdies mußte bis in die letzten Vorkriegsjahre ein großer Prozentsatz der in den Verbrauchsgüterindustrien beschäftigten Arbeiter(innen) weiterhin kurzarbeiten. Beide Faktoren mußten zu einer Erhöhung der Produktivität je Arbeitsstunde führen. Andererseits wurden jedoch große Teile der Verbrauchsgüterindustrie gezwungen, statt mit herkömmlichen, aus dem Ausland eingeführten Rohstoffen auf Basis häufig qualitativ noch nicht ausgereifter Ersatzstoffe zu produzieren. Resultat dieser Umstellungen waren nicht nur Fertigwaren von schlechter Qualität (schnellerer Verschleiß von Kleidung, Schuhen usw.), sondern auch vermehrte Störungen in der Produktion (z. B. schnelleres Reißen von Fäden in der Textilindustrie) und damit sinkende Leistungen je Arbeiter. Zudem bewirkte der Rohstoffmangel nicht selten zusätzliche Stockungen der Produktion. Erst die in den letzten Jahren vor Kriegsbeginn einsetzende Ausbreitung der Fließfertigung und moderner Verfahren der Arbeitsorganisation führten in der Textil- sowie der Nahrungs- und Genußmittelindustrie zu einem Anstieg der Produktivität.

Auch in der *Eisen- und Stahlindustrie* stagnierte die Arbeitsproduktivität seit 1933 weitgehend. Verantwortlich für diese Entwicklung waren auf der einen Seite minderwertige (einheimische) Erze, stockende Rohstoffversorgung[10] und die Wiederinbetriebnahme veralteter Produktionsanlagen. Nach Landes stammten von 418 Walzwerken, die sich 1938 im Deutschen Reich im Betrieb fanden, 300 aus der Zeit *vor* dem Ersten Weltkrieg. Lediglich 18 waren in den dreißiger Jahren errichtet worden[11] – darunter allerdings mehrere vollkontinuierliche Walzstraßen, in denen ein ungelernter Arbeiter genausoviel produzierte wie fünf bis zehn ›Facharbeiter‹ in einem Blechwerk alten Stils.[12] Produktivitätssteigernd wirkte – neben offenbar erfolgreichen

Initiativen, die Arbeit zu intensivieren – auch die weitgehende Auslastung der Produktionskapazitäten infolge der rüstungskonjunkturell bedingten, enorm gestiegenen Nachfrage nach Roheisen und Rohstahl. Ohne die letztgenannten Faktoren wäre die Arbeitsproduktivität in der Eisen- und Stahlindustrie sogar gesunken.

In der *metallverarbeitenden* Industrie wurden infolge des konjunkturellen Aufschwungs seit 1933/34 gleichfalls veraltete Produktionsanlagen wieder in Betrieb genommen, so daß schon aus diesem Grund die Produktivität je Arbeitsstunde in den ersten drei Jahren der NS-Diktatur zurückgehen mußte. 1935/36 setzte dann in diesem rüstungswichtigen Industriezweig ein Modernisierungsschub ein, der durch staatliche Maßnahmen, die in erster Linie auf die Einführung von Serienproduktion in großem Maßstab und auf die Verallgemeinerung bereits vorhandener, fortgeschrittener Technologien zielten, abgestützt wurde. Auch die wesentlich durch Refa und das ›Amt für Betriebsführung und Berufserziehung‹ in vielen Metallbetrieben veranlaßten Modernisierungen der Arbeitsorganisation trugen zur Umkehrung des von 1932 bis 1934/35 beobachtbaren Trends bei: Zwischen 1934 und dem 1. Halbjahr 1939 stieg die arbeitszeitbereinigte Arbeitsproduktivität um beachtliche 34,4%. Der Produktivitätsanstieg wäre noch höher ausgefallen, wenn sich nicht auch hier der Rohstoffmangel manchmal störend auf den Produktionsfluß ausgewirkt hätte; außerdem stand die übermäßige Ausdehnung der Arbeitszeit nicht selten einer (weiteren) Intensivierung der Arbeit und damit der Erhöhung der Produktivität je Arbeitsstunde entgegen. Ein Produktivitätswachstum von ähnlicher Größenordnung wie in der Metallindustrie hatte lediglich die *chemische* Industrie zu verzeichnen. Es resultierte hauptsächlich aus dem Ausbau bzw. der Modernisierung alter und der Errichtung neuer, großer Chemiebetriebe im Rahmen der nationalsozialistischen Autarkiepolitik.

Während in den meisten Zweigen der verarbeitenden Industrie die Arbeitsproduktivität seit 1936 zum Teil beträchtlich erhöht wurde, sank sie in einigen anderen Wirtschaftssektoren. In dem Bereich ›*Steine und Erden*‹ und der *Bauindustrie* hatte »ganz im Sinne der Arbeitsbeschaffung sich das Schwergewicht der Produktion nach besonders arbeitsintensiven Arbeiten (Straßenbau!) verlagert«.[13] Der Rückgang der Arbeitsproduktivität von 1937 auf 1938 hier war außerdem durch die seit Sommer 1938 vorgenommenen Dienstverpflichtungen verursacht: Die Arbeitsleistungen der zwangsweise zum Westwall- und Autobahnbau etc. verpflichteten Arbeitskräfte lagen deutlich niedriger als die ihrer auf dem ›freien‹ Arbeitsmarkt rekrutierten Kollegen. Auch in der *holzverarbeitenden* Industrie und vor allem dem *Bergbau* – der in der vorliegenden Arbeit nicht weiter untersucht wird – kam es zu einem beträchtlichen Rückgang der Arbeitsproduktivität.[14] Für die gesamte Industrie gültige Trends lassen sich also nicht konstatieren. Keineswegs kann von einem *allgemeinen* Absinken der Arbeitsproduktivität gesprochen werden.[15] Zumindest in den meisten Sektoren der verarbeitenden

Industrie wurde bis 1938 nicht nur die Arbeitsproduktivität heraufgesetzt, sondern scheint auch die Intensität der Arbeit erhöht worden zu sein.

Nicht unbeträchtlich dürfte die Entwicklung der Arbeitsproduktivität in den einzelnen Industriezweigen von dem sehr unterschiedlichen Spielraum, der den Arbeitern zur Beeinflussung des von ihnen ausgeübten Arbeitstempos – und damit auch für eine bewußte Zurückhaltung ihrer Arbeitsleistung – zur Verfügung stand, abhängig gewesen sein. Während z. B. in der metallverarbeitenden Industrie den Arbeitern infolge der Ausweitung der Fließfertigung und anderer arbeitsorganisatorischer und technischer Neuerungen immer mehr die Möglichkeit genommen wurde, ihr Arbeitstempo selbst zu steuern und die Arbeitsleistung u. U. gezielt zu ›bremsen‹, blieben der Bauarbeiterschaft diese Handlungsmöglichkeiten weitgehend erhalten. Neben den in den vorangegangenen Kapiteln dargestellten leistungs- und lohnpolitischen Maßnahmen, die alle auch darauf abzielten, die Intensität der Arbeit zu erhöhen, war für das Leistungsverhalten der Industriearbeiterschaft außerdem von nicht zu unterschätzender Bedeutung, daß erst 1936 die Massenarbeitslosigkeit endgültig beseitigt worden war. Mindestens bis zu diesem Zeitpunkt war die Furcht vor einem Arbeitsplatzverlust ein entscheidendes Moment für viele Arbeitnehmer, die von den Unternehmensleitungen geforderte Arbeitsintensität auch tatsächlich einzuhalten.[16] Darüber hinaus erschwerte die Beseitigung jeglicher Arbeitnehmervertretung gemeinsamen Widerstand der Arbeiter gegen Intensivierungen der Arbeit. Eine eigenmächtige Drosselung des Arbeitstempos durch die Arbeiter konnte jederzeit mithilfe von Generalklauseln aus dem nationalsozialistischen Arbeitsrecht als ›gemeinschaftsfeindlich‹ u. ä. gebrandmarkt und entsprechend verfolgt werden.

Die Intensivierung der Arbeit ließ sich jedoch nicht beliebig fortsetzen. Seit 1938 mußten Vertreter von Industrie und Staat konstatieren, daß »insbesondere in den Investitions- und Produktionsgüterindustrien... die Verlängerung der Arbeitszeit... zum Teil zu Überbeanspruchungen (Folge: Zunahme des Krankenstandes und Unfallhäufigkeit) und zu einem Absinken der Produktionsleistungen in der 9. und 10. Stunde (führt), wodurch die mit Mehrarbeitszuschlägen belastete Produktion teuer und unergiebig wird.«[17] Die Treuhänder der Arbeit konstatierten besorgt, daß die Ableistung von Überstunden »des öfteren mit der Begründung der Übermüdung abgelehnt« wurde.[18] Auch in den einschlägigen Zeitschriften wurde vor einer grenzenlosen Ausdehnung der Arbeitszeit gewarnt, weil sie zu Lasten der Intensivierung der Arbeit gehe.[19] Sie war ein wesentlicher Grund, warum die Arbeitsproduktivität während der NS-Zeit trotz einer Vielzahl technologischer Innovationen keine den vorausgegangenen Jahren vergleichbaren Zuwachsraten aufwies.

Für die Zeit des *Krieges* sind nur grobe Schätzungen über die Entwicklung der Arbeitsproduktivität möglich. Nach Milward wurde die Produktion je Industriearbeiter im Deutschen Reich um 10 bis 12% gegenüber dem Vor-

Tabelle 20: Arbeitsproduktivität je Beschäftigten und je Arbeitsstunde in der deutschen Industrie 1939 bis 1944 (1939 = 100,0).

Arbeitsproduktivität je Beschäftigten	1939	1940	1941	1942	1943	1944
Grundstoffindustrie	100,0	104,1	114,6	113,5	108,7	87,6
Rüstungsindustrie	100,0	87,6	–	99,6	131,6	mind. 160,0
Konsumgüterindustrie	100,0	115,9	133,3	121,1	124,7	132,3
Gesamtindustrie	100,0	106,6	104,2	109,9	115,5	111,0
Arbeitsproduktivität je Arbeitsstunde						
Gesamtindustrie	100,0	105,5	101,5	108,6	113,7	–

Quelle: Dietrich Eichholtz, Geschichte der deutschen Kriegswirtschaft 1939–1945, Bd. II: 1941–1945, Berlin 1985, S. 265 f.; Tab. 6.

kriegsstand erhöht.[20] Eichholtz kommt für die Gesamtindustrie zu einem ähnlichen Ergebnis (Tab. 20). Nach seinen (auf den Angaben von Wagenführ basierenden) Schätzungen[21] entwickelte sich das Produktionsvolumen je Beschäftigten in den verschiedenen Industriesektoren jedoch sehr unterschiedlich. Während in den Grundstoffindustrien die Arbeitsproduktivität seit 1941 beträchtlich sank, konnte in der Rüstungsindustrie die Produktion je Beschäftigten seit 1941/42 erheblich gesteigert werden. ›Arbeitszeitbereinigt‹ fallen die Wachstumsraten der Arbeitsproduktivität zwar geringer aus, da insbesondere in der Rüstungsindustrie die Arbeitswoche weiter ausgedehnt wurde. Dennoch wird deutlich, daß die nach der Kriegswende 1941/42 eingeleiteten Rationalisierungsmaßnahmen einen erheblichen Produktivitätsschub nach sich zogen.

Verursacht wurde der Produktivitätsanstieg während der Kriegsjahre hauptsächlich durch die Ausweitung der Serienproduktion, die damit zusammenhängenden Rationalisierungsmaßnahmen technischer und arbeitsorganisatorischer Art insbesondere in der Rüstungsindustrie bei gleichzeitiger Stillegung technisch veralteter Werke und durch die ›Umsetzung‹ von Arbeitskräften der Konsumgüter- in die Rüstungsindustrie.[22] Der Produktivitätsanstieg wäre noch höher ausgefallen, wenn nicht ausländische Zivilarbeiter und Kriegsgefangene, deren Arbeitsleistungen infolge ihrer elenden Lebens- und Arbeitsbedingungen beträchtlich unter der der deutschen Arbeitskräfte lag, miterfaßt worden wären. Nach einer Berechnung des Arbeitswissenschaftlichen Instituts der DAF erzielten ›Ostarbeiter‹ im Durchschnitt eine Arbeitsleistung von 80% der »deutschen Regelleistung«.[23]

Wie sich die Intensität der Arbeit entwickelte und auf das Produktivitätswachstum auswirkte, ist auch für die Zeit des Krieges eindeutig nicht festzustellen. Auf der einen Seite begünstigten die weiter forcierte Ausweitung des Refa-Verfahrens und die Einführung des LKEM seit Ende 1942 eine Intensivierung der Arbeit insbesondere in der rüstungswichtigen Metallverarbeitung. In den letzten Kriegsjahren fördert u. U. auch ein in seinen konkreten Auswirkungen nur schwer faßbarer, steigender ›Durchhaltewillen‹ (der nicht mit einer positiven Identifikation mit dem NS-Regime gleichzusetzen ist) die Leistungsbereitschaft von Teilen der Industriearbeiterschaft. Auf der anderen Seite deuten Bemerkungen von industrieller und staatlicher Seite[24] darauf hin, daß die Intensität der Arbeit infolge der weiteren Ausdehnung der Arbeitszeit, schlechter Ernährung usw. im Vergleich zu den Vorkriegsjahren sank. Für den deutschen Seeschiffsbau beispielsweise wurde bereits Anfang 1941, als die wöchentliche Arbeitszeit noch keineswegs ihre größte Ausdehnung erreicht hatte und die Versorgung mit Nahrungsmitteln im Vergleich zu den beiden letzten Kriegsjahren noch günstig war, konstatiert:

»Schon die jetzige Arbeitszeit erbringt einen hohen Prozentsatz an Ausfällen wegen Erkrankungen. Das Tempo während einer zehnstündigen Arbeitszeit ist außerdem keineswegs dasselbe wie bei einer achtstündigen Arbeitszeit. Bei der gegenwärtigen Ernährungslage sind hierin keine Reserven mehr zu erblicken.«[25]

Die hier beklagten »Ausfälle wegen Erkrankungen« können in der Tat einigen Aufschluß über das ungefähre Ausmaß der physischen und psychischen Beanspruchung, dem die deutsche Industriearbeiterschaft während der nationalsozialistischen Herrschaft ausgesetzt war, geben.

2. Arbeitsbedingter Gesundheitsverschleiß

2.1. Krankenstand bis zu Beginn des Zweiten Weltkrieges

Nach den Feststellungen der gesetzlichen Krankenversicherung blieb der Krankenstand[26] nach 1933 relativ niedrig; selbst 1938 und 1939 konnte er noch deutlich unter dem Niveau von 1929 gehalten werden (Tab. 21). Gleichzeitig wurde die *Dauer der Arbeitsunfähigkeit* je Krankheitsfall deutlich reduziert: Sie lag 1935 bis 1937 mit 22,9, 22,2 und 22,6 Tagen deutlich unter dem niedrigen Niveau von 1929 (23,7 Tage); in den Vorkriegsjahren stieg sie zwar an (1939: 25,2 Tage), ohne jedoch das Niveau der Jahre 1930 bis 1932 (29,3 Tage) wieder zu erreichen. Je nach Geschlecht und Altersgruppe bestanden auffällige Unterschiede: Frauen waren vor wie nach 1933 durchweg häufiger und länger krank. Seinen Hauptgrund hatte dies darin, daß auch Wöchnerinnen unter Erkrankte gerechnet wurden. Ältere Arbeitnehmer wiederum waren einerseits seltener, andererseits länger krank als jüngere.[27] Sie ließen sich nur bei schweren Krankheiten arbeitsunfähig schreiben, um nicht betriebliche Konsequenzen des Alterns zu provozieren: Umsetzungen und möglicherweise Abstufungen in schlechtere Lohngruppen. Bei Entlassung drohte ihnen, aufgrund altersbedingt schwindender Körperkraft auch von anderen Unternehmen nicht mehr eingestellt zu werden. Signifikante Differenzen bestanden ferner in einzelnen Unternehmen zwischen den meist hochqualifizierten Stammarbeitern und den (überwiegend un- oder angelernten) Neueingestellten. Bei letzteren lagen die Krankenstände deutlich über dem Durchschnitt;[28] ihnen unterschob man relativ schnell fehlenden ›Arbeitswillen‹ und größere Neigung zum ›Krankfeiern‹. Die hier nur angedeuteten geschlechts-, qualifikations- und altersspezifischen Differenzierungen in den Krankenständen bestanden ganz ähnlich auch in den Jahren vor 1933 und lassen sich zum Teil heute noch beobachten.[29]

Tabelle 21: Krankheitsfälle in v. H. der Mitglieder der gesetzlichen Krankenversicherung 1926 bis 1939 (ohne Ersatzkassen)

1926	46,1%	1933	36,1%
1927	54,8%	1934	35,6%
1928	56,1%	1935	40,5%
1929	59,2%	1936	41,4%
1930	42,5%	1937	41,6%
1931	37,3%	1938	43,4%
1932	31,3%	1938	47,6%

Quelle: Sozialgeschichtliches Arbeitsbuch, Bd. III: Materialien zur Statistik des Deutschen Reiches 1918–1945, hg. von Dietmar *Petzina* u. a., München 1978, S. 156; Statistik des Deutschen Reiches, Bd. 529, S. 28.

Überraschen muß dagegen, daß die durchschnittlichen Krankenstände nach der ›Machtergreifung‹ auch nicht annähernd wieder das Niveau der Jahre bis 1929 erreichten (Tab. 21), obwohl die Arbeitsmarktverhältnisse seit 1937 die umgekehrte Entwicklung nahegelegt hätten: In dem Maße, wie die Angst vor Entlassung schwindet, steigt ›normalerweise‹ die Neigung zum ›Krankfeiern‹. Hinzu kam, daß die Arbeitszeit bis 1939 weit über das 1928/29 erreichte Maß hinaus verlängert und damit die physische Belastung großer Teile der Arbeiterschaft außerordentlich erhöht wurde. Bereits 1934 berichteten die Gewerbeaufsichtsbeamten von »erschreckenden Zeichen der Überanstrengung«[30] als Folge der Ausdehnung der Arbeitswoche. Darüber hinaus deuten alle Anzeichen darauf hin, daß parallel dazu die Industriearbeit bis 1938 weiter intensiviert wurde. Die Gewerbeaufsichtsbeamten wiesen auf weitere Umstände hin, die zusammen mit den vorgenannten Faktoren die Krankenstände bis 1939 wesentlich über das Niveau der Jahre 1928/29 hätten treiben müssen:

»Bei der anhaltenden Besserung der Wirtschaftslage wurden mitunter stillgelegte Fabriken mit zum Teil unzureichenden gewerbehygienischen Verhältnissen wieder benutzt. Außerdem führten Mehreinstellungen in vielen Gewerbezweigen zu Überbesetzungen der Arbeitsräume und verschlechterten die bis dahin noch ausreichenden gewerbehygienischen Zustände.«[31]

Die 1938/39 sich häufenden Klagen von staatlichen Stellen und Arbeitgebern über ›unberechtigt‹ hohe Krankenstände scheinen vor diesem Hintergrund zumindest übertrieben. Noch unwahrscheinlicher ist es, daß ein bedeutender Teil der arbeitsunfähig Geschriebenen Krankheiten lediglich simulierte. Derartige Behauptungen, wie sie vor Kriegsbeginn etwa von den Reichstreuhändern der Arbeit geäußert wurden,[32] sollten nicht für bare Münze genommen werden.[33] Pauschale Unterstellungen wie: Die Arbeiter nützten die günstige Arbeitsmarktlage, um ›krank zu feiern‹, und die These vom ›Mißbrauch‹ der Krankenversicherungen gehören seit jeher zum »ideologischen Rüstzeug« der Arbeitsmedizin, der Arbeitgeber und der zuständigen staatlichen Stellen.[34] Sie waren für die Zeit der NS-Diktatur ungerechtfertigter als jemals zuvor oder danach. Im Mitteilungsblatt der Reichsbetriebsgemeinschaft ›Eisen und Metall‹ der DAF wurde Anfang 1939 offen zugegeben, daß »das befürchtete Anwachsen des Simulantentums... nicht eingetreten« sei.[35] Warum blieb der Krankenstand in den ersten sieben Jahren der nationalsozialistischen Herrschaft so erstaunlich niedrig?

Bis 1934/35 war der niedrige Krankenstand in erster Linie der Massenarbeitslosigkeit geschuldet. In Zeiten hoher Arbeitslosigkeit kurieren Arbeiter im allgemeinen leichtere Krankheiten ›im Stehen‹ – am Arbeitsplatz – aus, weil sie befürchten müssen, andernfalls ihre Arbeitsstelle zu verlieren. Die Angst, entlassen zu werden, hielt im hier untersuchten Zeitraum auch noch an, *nachdem* die größte Arbeitslosigkeit beseitigt war; denn viele Arbeiter waren gezwungen, »Schulden abzuzahlen und Neuanschaffungen zu machen. Diese Ausgaben sind oft recht schwer, und die Befürchtung, den Arbeitsplatz zu verlieren, läßt Krankheits- und Erschöpfungsempfindungen unterdrücken und veranlaßt auch große Zurückhaltung bei der Frage des Gewerbearztes nach Betriebsschädigungen.«[36] Zusätzlich wurde der Krankenstand ab 1933 durch die Angst vieler Frauen gedrückt, aufgrund der von Teilen der NS-Bewegung inszenierten Kampagne gegen ›Doppelverdiener‹ gekündigt zu werden:

»Arbeitsplätze mit guten Verdienstmöglichkeiten werden von Frauen mit Zähigkeit festgehalten. Beschwerden werden verneint, auch wenn gar nicht zu bezweifeln ist, daß es sich um Arbeiten handelt, für welche eine Frau nicht geeignet ist.«[37]

Lediglich bei schweren Erkrankungen ließen sich die (noch oder gerade wieder) Beschäftigten arbeitsunfähig schreiben. Aus diesem Grunde stieg während der Krise die Dauer der Arbeitsunfähigkeit je Krankheitsfall.

Diese Faktoren allein erklären jedoch weder das starke Absinken der Krankenstände 1930 gegenüber 1929 noch ihr niedriges Niveau nach 1933. Der in Tab. 21 beobachtbare Bruch in der Entwicklung der Krankenstände 1929/30 geht wesentlich auf den vom Präsidialkabinett Brüning durchgeführten Abbau der staatlichen Sozialleistungen, insbesondere auf die mit der Notverordnung vom 26. Juli 1930[38] vollzogene Einschränkung der Kassenleistungen zurück. Mit dieser Verordnung wurden Gebühren für Krankenscheine und die Selbstbeteiligung der Versicherten an den Kosten der Arzneimittel eingeführt. Beide Bestimmungen beinhalteten erhebliche finanzielle Belastungen für viele Arbeiterhaushalte bei gleichzeitig rapide sinkenden Einkommen. Noch folgenschwerer war eine in derselben Notverordnung enthaltene Bestimmung, die die Krankenkassen zu Nachuntersuchungen durch ärztliche Prüfstellen und Vertrauensärzte verpflichtete.

2.2. Zur Funktion und Entwicklung der Arbeitsmedizin während des ›Dritten Reiches‹

Seit der Notverordnung vom 26. Juli 1930 wurden alle krankgeschriebenen Kassenmitglieder vom *Vertrauensarzt* zu einer ›Nachuntersuchung‹ vorgeladen. Erklärtes Ziel war es, mittels der vertrauensärztlichen ›Begutachtung‹ der Arbeitsunfähigkeitsbescheinigungen, die von den Kassenärzten, die die Versicherten aufgesucht hatten, ausgestellt worden waren, den Krankenstand zu senken.[39] Der Vertrauensarzt wurde »ein Kontrollorgan... mit der ausschließlichen Aufgabe, Leistungen abzuwehren«.[40]

»Bei den Krankenkassen hat man bis zum 27. Juli 1969[41] in der Zusammenarbeit mit dem VäD [Vertrauensärztlicher Dienst, R.H.] vom sog. ›Vorladegewinn‹ gesprochen. Damit war gemeint, daß der hohe Prozentsatz der auf die Vorladung zum VäD nicht Erschienenen aus dem Krankenbestand gestrichen wurde... Die Arbeitgeberverbände haben ihrerseits den Standpunkt der Krankenkassen unterstützt. Sie waren und sind der Meinung, daß die heute hohen Krankenstände nur durch eine vertrauensärztliche Kontrolle reguliert werden können.«[42]

Zielte die Notverordnung in erster Linie auf die finanzielle Konsolidierung der Krankenkassen, so wurde nach 1933 unter weitgehender Beibehaltung des rechtlichen Rahmens aus der »überwiegend fiskalisch« motivierten Bestimmung eine »Kontrollfunktion«,[43] die einen grundlegenden Wandel des vertrauensärztlichen Dienstes, der Aufgaben der (Arbeits-)Medizin[44] und der Stellung der Ärzte während der Herrschaft der Nationalsozialisten überhaupt anzeigt.[45]

Vertrauensärzte hatten ebenso wie Kassen- und Betriebsärzte den einzelnen Versicherten »nicht als Individuum, sondern als Glied der Volksgesamtheit und Teil des Fundaments für die Weiterentwicklung der Rasse zu betrachten«.[46] An die Stelle der ›Gesundheitsfürsorge‹ der Weimarer Republik, die »begriffsmäßig abgestellt auf das Schwache« war, weil für sie die »Sorge um Hilfsbedürftige... (und) die Versorgung volksbiologisch wertlosester Menschen« im Mittelpunkt stand,[47] trat die ›Gesundheitsführung‹. Gemeint war damit »die Unterordnung von Freizeitgestaltung und Lebensführung unter den Primat der Leistungserbringung am Arbeitsplatz mit Hilfe gesundheitserzieherischer Zugriffe«.[48] Ebenso wie für die Lohn- und Sozialpolitik wurde auch für die Gesundheitspolitik seit 1933 ›Leistung‹ zur zentralen Kategorie.[49] Aufgabe der Arbeitsmedizin sollte es sein, im Interesse von Rüstungs- und Expansionspolitik die »volksbiologische Kraft der

schaffenden Teile unseres Volkes«, d. h. die Leistungsfähigkeit der Arbeitnehmer, zu erhalten und zu erhöhen.[50] Damit war den Krankenkassen und den Ärztegruppen, mit denen die Arbeitnehmer in der einen oder anderen Weise konfrontiert waren, neben traditionellen eine Reihe neuer Tätigkeitsfelder vorgegeben:
– Minimierung des Krankenstandes bei gleichzeitiger, häufig rassistisch aufgeladener Stigmatisierung vermeintlicher Simulanten;
– Gesundheitsvorsorge und Unfallverhütung unter dem Gesichtspunkt der Erhaltung und Steigerung der Arbeitsfähigkeit;
– Verschiebung des ›Leistungsknicks‹ (Absinken der Leistungsfähigkeit) vom 40. Lebensjahr ins hohe Lebensalter;
– möglichst totale Erfassung aller Gesundheits- und Lebensdaten;
– Mitwirkung an der möglichst lückenlosen sozialen Kontrolle der Arbeitnehmer.

Die Maßnahmen des NS-Regimes, die diesen Zwecken dienten, waren vielfältig. Mithilfe des ›Gesetzes zur Wiederherstellung des Berufsbeamtentums‹ vom 7. April 1933[51] wurden nach der nationalsozialistischen ›Machtergreifung‹ erhebliche Teile des Personales der Krankenkassen (insbesondere der Ortskrankenkassen) entlassen, Vorstände und Ausschüsse der Kassen in ihrer personellen Zusammensetzung grundlegend verändert und die freigemachten Stellen mit ›alten Kämpfern‹ besetzt.[52] Vor allem diese ›Säuberungen‹ erklären, warum die meisten Kassen sich offenbar relativ widerspruchslos zum gesundheitspolitischen Instrument der Nationalsozialisten machen ließen und ihre Kriterien für die Gewährung der verschiedenen Leistungen sukzessive einengten. Am organisatorischen Aufbau der Sozialversicherung wurde dagegen – wenn man von der Durchsetzung des Führerprinzips bei gleichzeitiger Aufhebung der Selbstverwaltung einmal absieht – nicht entscheidend gerüttelt.[53]

Erleichtert wurde die restriktive Tätigkeit der Krankenkassen dadurch, daß der Begriff des Krankenstandes ein »Tatbestand des Sozialversicherungsrechts und nicht der medizinischen Krankheitslehre« war (und ist)[54] und damit breiten Raum für restriktive Anregungen ließ. Was noch als krank gelten konnte, was schon dem Simulieren zuzurechnen war, unterlag nicht allein dem Gutdünken der zuständigen Krankenkassenangestellten bzw. dem für die Nachuntersuchung zuständigen Vertrauensarzt. Die »rigorose Verwaltungspraxis«[55] war zu einem erheblichen Teil auch Resultat des Druckes, der von einer dem Sozialdarwinismus und Biologismus verpflichteten nationalsozialistischen Leistungsmedizin ausging. In der Tendenz wurde die Tätigkeit der Kassen und der von ihnen abhängigen Ärzte zu einer Unterfunktion der nationalsozialistischen ›Arbeitseinsatz‹-Politik degradiert: Je stärker der Druck, der vom Arbeitsmarkt ausging, desto enger wurde der Krankheitsbegriff ausgelegt. Rechtsform erhielten die gesundheitspolitischen Restriktionen überwiegend allerdings erst während des Krieges. Bis 1939 waren die für Gesundheitspolitik und Sozialversicherung zuständigen staatlichen Institutionen im allgemeinen »darauf bedacht, nicht durch allgemeine Verschlechterungen allgemeine Mißstimmungen zu erzeugen, sondern auch die Mißstimmung zu atomisieren«.[56] Kaschiert wurde dies durch die propagandistisch groß herausgestellte Ausweitung der Versichertenpflicht auf bestimmte Gruppen von Angestellten bzw. Selbständigen sowie Kriegshinterbliebenen, durch die nur partielle und relativ späte Aufhebung der mit den Notverordnungen eingeführten Beschneidungen der Kassenleistungen und durch einige unter bevölkerungspolitischen Gesichtspunkten vorgenommene Verbesserungen.[57]

Indirekt wurde die Höhe des Krankenstandes in erheblichem Maße auch dadurch beeinflußt, daß der Reichsarbeitsminister in einer wenige Monate nach der NS-›Machtergreifung‹ ergangenen Verordnung einem großen Teil der ›Nichtarier‹ sowie denjenigen, die sich im »kommunistischen Sinne« betätigt hatten, die kassenärztliche Tätigkeit verbot.[58] Diese Maßnahmen, die bis Ende 1933 2800 Ärzte oder acht Prozent (in Berlin sogar mehr als ein Viertel) aller Kassenärzte traf,[59] wurde ergänzt durch Listen ›staatsfeindlicher Ärzte‹, die vom Verband privater Krankenversicherungen verschickt wurden. An die Stelle ›nichtarischer‹ und mit der Arbeiterbewegung sympathisierender Ärzte rückten überwiegend der nationalsozialistischen Leistungsideologie verpflichtete Jungärzte.[60] Damit jedoch nicht genug: Die Repressionen jüdischen und sozialistisch-kommunistischen Ärzten gegenüber mußten auch die (noch) praktizierenden Kassenärzte in hohem Maße einschüchtern und davon abhalten, Arbeitsunfähigkeitsbescheinigungen auszustellen, die auch nur den Verdacht eines ›Gefälligkeitsattestes‹ wecken konnten.

Daneben gelang es den meisten Krankenkassen vor allem mithilfe verschärfter Kontrollen durch die Vertrauensärzte, denen zum Teil nachgesagt wurde, daß sie »Halbtote gesund« geschrieben hätten,[61] und die infolgedessen nicht selten ›Animositäten‹ durch Arbeitnehmer ausgesetzt waren,[62] erfolgreich, den Krankenstand auf niedrigem Niveau zu halten und gleichzeitig die Dauer der durchschnittlichen Arbeitsunfähigkeit je Krankheitsfall zu reduzieren. Aufgrund des sog. Aufbaugesetzes vom 5. Juli 1934, das den Landesversicherungsanstalten die ›Gemeinschaftsaufgaben‹ der Krankenversicherung und damit auch den vertrauensärztlichen Dienst übertrug, und eines Erlasses vom 30. März 1936 wurde das Vertrauensarztwesen der Pflichtkrankenkassen – »mit der beherrschenden Blickrichtung auf die Notwendigkeiten des Arbeitseinsatzes«[63] – organisatorisch gestrafft und erheblich ausgebaut.[64] Allein von 1936 auf 1937 erhöhte sich infolgedessen der Aufwand für den vertrauensärztlichen Dienst von insgesamt 1,3 Mio. RM auf 8,5 Mio. RM.[65] In den letzten Jahren vor Kriegsbeginn verschärften Betriebskrankenkassen in vielen Fällen zudem ihre Bestimmungen: Im Leunawerk mußte die Arbeitsunfähigkeit erst von zwei Ärzten bestätigt werden, ehe sie anerkannt wurde.[66] Andere Betriebskrankenkassen gingen nach Berichten des SD Anfang 1939 dazu über, Kassenmitglieder nur noch nach

Untersuchung durch den Vertrauensarzt krank zu schreiben.[67] Arbeitssuchenden durften nach einer Anordnung des stellvertretenden Reichsärzteführers Bartels vom 14. Dez. 1938 keine privatärztlichen Zeugnisse mehr ausgestellt werden.[68] Wegen eines angeblich »bedrohlichen Ansteigens der Krankenziffern« nach Kriegsbeginn verbot der Reichsarbeitsminister durch Erlaß vom 6. Juni 1940 die Krankenscheinerteilung durch »bestimmte, dem Beschäftigten als krankenscheinfreudig bekannte Ärzte«.[69] Seit Herbst 1942 war generell die Arbeitsunfähigkeitsbescheinigung eines Kassenarztes nur dann rechtsgültig, wenn der Vertrauensarzt sie bestätigt hatte.[70]

Nach Kriegsbeginn wurden zudem »sog. vertrauensärztliche Stoßtrupps eingerichtet, deren Aufgabe es ist, Betriebe zu überprüfen, bei denen ein plötzliches und auffälliges Ansteigen der Krankenziffern zu bemerken ist«.[71] Mithilfe derartiger, massenhafter »Musterungen« durch Vertrauensärzte gelang es in manchen Großbetrieben schon nach wenigen Tagen, den Krankenstand mehr als zu halbieren.[72] Außerdem sollten seit Anfang 1941 »die Herren Vertrauensärzte... die Arbeitsämter in ihrer Aufgabe, Arbeitsvertragsbrüchige zu verfolgen, in der Richtung unterstützen, daß sie Gefolgschaftsmitglieder, die das ›Blaumachen‹ wiederholt und offensichtlich in Form des Erkrankens verkleiden, den Arbeitsämtern in ihrer Eigenschaft als Beauftragte des Reichstreuhänders [der ›Delinquenten‹ entweder selbst bestrafen oder der Gestapo überstellen konnte, R. H.] unter genauer Angabe des Tatbestandes melden«.[73] Nach einem Erlaß des Reichsarbeitsministers vom 16. Okt. 1941 konnten Vertrauensärzte darüber hinaus nebenamtlich Betriebsärzte werden und umgekehrt Betriebsärzte im eigenen Betriebe als Vertrauensärzte fungieren; Vertrauens- und Betriebsärzte wurden zudem verpflichtet, der jeweils anderen Seite Auskunft über die eigenen Patienten zu erteilen.[74]

Die Institution ›Betriebsarzt‹ war 1936 geschaffen worden. Alle in Industriebetrieben tätigen Werksärzte wurden in den Folgejahren zu ›Betriebsärzten‹, sofern sie von der DAF für würdig gehalten wurden, diese Bezeichnung zu tragen. Sie waren nämlich zwar formal weiterhin dem Unternehmer unterstellt, in dessen Betrieb sie tätig waren; in ihrem ärztlichen Handeln waren sie jedoch dem ›Haupt- und DAF-Amt für Volksgesundheit‹ verantwortlich[75] – ein Faktum, das immer wieder zu Konflikten zwischen der Reichsgruppe Industrie und ihren Unterorganisationen auf der einen Seite und der DAF (die diese Regelung als Hebel zu Interventionen in innerbetriebliche Angelegenheiten zu nutzen suchte) auf der anderen Seite führte.[76] Die gleichzeitige Abhängigkeit der Betriebsärzte von den Arbeitgebern und der Arbeitsfront hatte zur Folge, daß diese nicht nur die ›klassischen‹ Funktionen des Werksarztes auszufüllen hatten, nämlich den Ausfall von Arbeitskräften durch Unfallschutz u. a. m. mehr möglichst zu unterbinden – d. h. kostensparend zu wirken – und außerdem unter medizinischen Gesichtspunkten die optimale Nutzung der vorhandenen Arbeitskräfte durch Voruntersuchungen bei Neueinstellungen usw. sicherzustellen. Dar-

237

über hinaus waren sie auch den sozialdarwinistischen und ›rassehygienischen‹ Prinzipien der NS-Ideologie verpflichtet. U. a. sollten von ihnen die – mit dem Stigma des rassisch ›Minderwertigen‹ belegten – »Asozialen und Drückeberger rücksichtslos und folgerichtig als solche herausgestellt und dementsprechend beurteilt werden«.[77] Die Zahl der Betriebsärzte, die ebenso wie Vertrauensärzte in der Arbeiterschaft als ›Gesundschreiber‹ verschrien und ziemlich verhaßt waren,[78] erhöhte sich – trotz des kriegsbedingten Ärztemangels – sprunghaft von 972 Anfang Juli 1939 auf 4100 1942 und etwa 7500 im Juni 1944.[79]

Bereits im Zusammenhang mit dem Bau des Westwalles und der zu diesem Zweck vorgenommenen Dienstverpflichtungen von Arbeitskräften wurde seit Mitte 1938 eine spezifische Form des Betriebsarztes, der Lager- oder Revierarzt eingeführt. Dieser hatte – so wurde unmißverständlich formuliert – »für eine vom gesundheitlichen Standpunkt aus möglichst restlose Ausnutzung der Arbeitskraft aller Eingesetzten Sorge zu tragen«.[80] Für Westwall-Arbeiter wurde die freie Ärztewahl aufgehoben und der ›Revierzwang‹ eingeführt: »Nach militärischem Vorbild werden Krankenreviere eingerichtet, in denen die stationäre Behandlung der bettlägerig Kranken für einen gewissen Zeitraum durchgeführt wird.«[81] Die offensichtlichen Erfolge dieses Systems – niedrige Krankenstände – veranlaßten die zuständigen Institutionen, es während des Krieges und vor dem Hintergrund des massenhaften ›Arbeitseinsatzes‹ ziviler Fremdarbeiter auszuweiten; Ende 1942 kam es »zu einer Vereinbarung zwischen der Kassenärztlichen Vereinigung Deutschlands und dem Amt Gesundheit und Volksschutz der Deutschen Arbeitsfront, mit der den haupt- und nebenamtlichen Betriebsärzten die revierärztliche Behandlung in den Rüstungs- und Wehrwirtschaftsbetrieben übertragen« wurde.[82] Durfte der Betriebsarzt bis dahin nur diagnostizieren bzw. ›Erste Hilfe‹ leisten, wurde das Tätigkeitsfeld des Revierarztes nun auch auf die Therapie ausgedehnt und die freie Arztwahl (auch für deutsche Arbeiter) weitgehend aufgehoben:[83]

»Es ist viel einfacher und rationeller, wenn der Arzt in den Betrieb geht und dort sozusagen auf Abruf die Einzelnen vom Arbeitsplatz ins Untersuchungszimmer kommen läßt, als daß 50 oder gar 100 Rüstungsarbeiter stundenlang zum Aufsuchen des Arztes Tag für Tag Urlaub nehmen müssen.«[84]

Verfügte ein Unternehmen nicht über einen Betriebs- oder Revierarzt, war es bei hohen Krankenständen

»Aufgabe des Betriebsführers, unter genauer Tatbestandsangabe das Arbeitsamt zu verständigen... (E)ine Vorladung [angeblicher Simulanten, R. H.] zum Arbeitsamt, und zwar in die Abteilung, die die Aufgaben des Beauftragten des Reichstreuhänders wahrnimmt, muß nun erfolgen. Eine amtsärztliche Untersuchung kann in Zweifelsfällen sich anschließen. Je nach Sachlage wird der Betroffene dann verwarnt oder, insbesondere im Wiederholungsfalle, strafrechtlich verfolgt. Die Arbeitsbuchkartei, die seit einiger Zeit auch die Vorgänge gegen die Arbeitsdisziplin enthält, ist dabei eine wertvolle Unterlage. Das Ziel muß sein, daß die Gefolgschaftsmitglieder, die einige Zeit untätig zu Hause sitzen, während ihre Kameraden arbeiten, beunruhigt werden und daß ihnen zu Bewußtsein kommt, daß die zuständigen Stellen zusammenarbeiten, um ihnen das Handwerk zu legen.«[85]

Alle diese Maßnahmen zielten darauf ab, das ›eigentlich‹ nur für die Krise typische Verhalten vieler Arbeitnehmer, aus Angst vor einem Arbeitsplatzverlust Krankheiten ›im Stehen‹ auszukurieren, auch nach Beseitigung der Massenarbeitslosigkeit zu erhalten. Kranke Arbeiter, die keine offenen oder schwerwiegenden Krankheitssymptome zeigten, wurden zu Simulanten erklärt und von Vertrauensärzten gesundgeschrieben; günstigstenfalls wies man ihnen leichtere Arbeitsplätze zu. Ärztliche Aufgabe war es, »Vorwände zu durchbrechen und, wenn es sein muß, mit allen zu Gebote stehenden Mitteln zuzufassen«.[86] Krankschreibungen von Ärzten, die medizinisches und soziales Verantwortungsgefühl zeigten, wurden als ›Gefälligkeitsatteste‹ verteufelt.[87] Im Elsaß mußten 1944 Vertrauensärzte, wenn sie angeblich unbegründete Krankschreibungen entdeckten, ihre dafür verantwortlichen Kollegen der Ärztekammer und der Gestapo melden; den denunzierten Ärzten drohte dann ein Strafverfahren wegen ›Feindbegünstigung‹.[88] Und in einer Mitteilung der Hamburger Ärztekammer hieß es:

»Ärzte, die bereits verwarnt worden waren und denen schon mitgeteilt worden war, daß ihr Krankenstand zu hoch sei, haben nicht nur ihre Praxis verloren, sondern sind schweren Freiheitsstrafen zugeführt worden... Sollte es in Zukunft noch einen Arzt geben, der in Bezug auf Arbeitsunfähigkeitsschreibung nicht die selbstverständliche notwendige Härte aufbringt, oder sollte es einen Arzt geben, der dieser für den Sieg wichtigen Frage gleichgültig gegenübersteht, so kann er bei der heutigen Lage der Dinge seine Bestallung verlieren, neben schwersten Geldbußen und härtesten Freiheitsstrafen. Der vertrauensärztliche Dienst ist angewiesen worden, solche Ärzte zur Meldung zu bringen, damit gegen diese mit aller Härte eingeschritten werden kann.«[89]

Dabei mußten selbst betriebliche Vertrauensärzte zugeben, daß viele der Gesundgeschriebenen unter ›normalen Verhältnissen‹ hätten krankgeschrieben werden müssen. Im Tätigkeitsbericht der ärztlichen Dienststelle der GHH für die Zeit vom 1. April bis 1. Juli 1939 heißt es beispielsweise:

»Nur wegen des großen Arbeitermangels und des zwingenden Bedarfs der Betriebe kann man es noch verantworten, den einen oder anderen Arbeiter vom ärztlichen Standpunkt noch zur Arbeit zuzulassen, wenn es auch in jedem Falle mit einem großen Risiko verbunden ist.«[90]

Selbst seitens der nationalsozialistischen Bewegung wurde eingestanden, daß es sich bei der betriebs- und vertrauensärztlichen Tätigkeit »mehr um ein Gesundschreiben um jeden Preis als um wirkliche gesundheitliche Betreuung« handelte.[91]

Nicht nur Kranke, auch Verletzte wurden vielfach lediglich an leichtere Arbeitsplätze versetzt und durften ihre Verletzungen nicht in Ruhe auskurieren. Als besonders vorbildlich galten in dieser Beziehung die ›Hermann-Göring-Werke‹. In diesem Unternehmen, das gewissermaßen ein Experimentierfeld für nationalsozialistische Gesundheits- und Leistungspolitik abgab, wurde seit 1938 »jeder Patient, so weit wie möglich, einer betriebsgebundenen Behandlung zugeführt«.[92] Die ›National-Zeitung‹ wußte am 3. März 1939 ihren Lesern zu berichten, daß infolgedessen die Arbeitsunfähigkeit im Krankheitsfall in diesem nationalsozialistischen ›Musterbetrieb‹ auf 8 Tage gegenüber 26 Tagen im Reichsdurchschnitt gesenkt werden konnte.[93] Vor diesem Hintergrund stellte der stellvertretende Reichsärzteführer Bartels lakonisch fest, die »betriebsgebundene Behandlung« sei zweifelsohne »eine der am meisten die Produktion steigernden Maßnahmen«.[94] Die gesundheitspolitischen Praktiken der ›Hermann-Göring-Werke‹ wurden dann während des Krieges auch von anderen Unternehmen übernommen.[95]

Daß der im Krieg immer stärker durchgesetzten Militarisierung der Arbeit auch eine Militarisierung der Arbeitsmedizin folgen sollte, macht ein Artikel der ›Frankfurter Zeitung‹ vom 17. Febr. 1943 deutlich. Dort wurde verlangt, daß »die bisher übliche Schonungstherapie einer Trainingsbehandlung Platz machen müsse«. Dabei könne die »neuzeitliche Amputiertenpflege der Wehrmacht... auf das ganze Arbeitsleben übertragen« werden.[96] Bereits 1939 hatte Ley einen Plan vorgelegt, der vorsah, »durch Unterbringung von allen sich arbeitsunfähig meldenden Personen in sog. Gesundheitshäusern... den Krankenstand zu reduzieren«.[97] Während des Krieges wurde zwar von einer Kasernierung aller Arbeitsunfähigen abgesehen. Ebensowenig wurden Pläne der DAF verwirklicht, die »die Verpflichtung zur Annahme von Arbeit (vorsahen), solange keine Arbeitsunfähigkeit vorliegt, auch wenn das 65. Lebensjahr erreicht ist«.[98] Dafür wurden andere gesundheitspolitische Instrumente reaktiviert, mit denen es schon vor 1933 erfolgreich gelungen war, den Krankenstand auf ein Mindestmaß zu senken.

Mit Einsetzen der Vollbeschäftigung ab 1936 und dann verstärkt seit 1942/43 wurden »wirksame *Krankenkontrollen*« auf weite Teile der deutschen Industrie ausgedehnt, um (wie der Präsident der Reichsknappschaft formulierte) effektiver »Schädlinge ausmerzen« zu können.[99] Mit Krankenkontrollen ließen sich Fehlzeiten vermindern und gleichzeitig die Ausgaben der Versicherungen reduzieren. Die auf Initiative einzelner Krankenkassen und Betriebe reaktivierte bzw. ausgebaute Krankenkontrolle wurde in einem Erlaß des ›Generalbevollmächtigten für den Arbeitseinsatz‹ vom 17. März 1943 deshalb ausdrücklich begrüßt[100] und am 22. Sept. 1944 durch die ›Zweite Anordnung zur Sicherung der Ordnung in den Betrieben‹ des ›Generalbevollmächtigten für den Arbeitseinsatz‹ sogar zur Pflicht gemacht.[101] Auch die DAF versuchte mit den ihr zur Verfügung stehenden Mitteln zur Intensivierung der Krankenkontrolle beizutragen.[102]

Als weiteren Hebel, den Krankenstand zu reduzieren, suchte man die in einer Reihe von Tarifordnungen vielen Betrieben verbindlich auferlegten

Zuschüsse zum von den Kassen gewährten *Krankengeld* zu reduzieren. Diese tariflich abgesicherten, betrieblichen Krankenzuschüsse sollten für einen bestimmten Zeitraum die Differenz zwischen den Leistungen der Krankenkassen und meist 80 bis 90% des Mindestlohnes ausgleichen. Dieser Prozentsatz mag hoch erscheinen. Es sollte jedoch nicht vernachlässigt werden, daß die Löhne, nach denen sich die absolute Höhe der Krankengeldzuschüsse bestimmte, für große Teile der Arbeiterschaft sehr niedrig blieben. Selbst wo Krankengeld und -zuschüsse nur 10 bis 20% unter den normalen Einkommen lagen, konnten sich viele Arbeiter (vor allem Verheiratete mit Kindern) Arbeitsunfähigkeit einfach nicht leisten, da dies zu erheblichen Einschränkungen im Haushalt oder zu Verschuldung geführt hätte. Die Dauer der Gewährung betrieblicher Zuschüsse zum Krankengeld war überdies meist nach ›Werkstreue‹ gestaffelt: Je länger ein Arbeitnehmer einem einzelnen Unternehmen angehörte, desto länger erhielt er auch einen betrieblichen Zuschuß zum Krankengeld.[103] Diese tariflichen Bestimmungen, die meist aus den Tarifverträgen der Weimarer Republik übernommen waren,[104] waren insbesondere während des Krieges der politischen Vertretung der Industrie ein Dorn im Auge.[105] In einer Eingabe der Reichsgruppe Industrie an den Reichsarbeitsminister, den ›Generalbevollmächtigten für den Arbeitseinsatz‹, an Speer u. a. vom Juni 1944 wurde allerdings nicht etwa ein Verbot dieser Krankengeldzuschüsse verlangt, sondern vorgeschlagen, die »Gewährung von Krankengeldzuschüssen umzustellen von der Grundlage des rechtlichen Zwanges auf die der freiwilligen Barleistungen in besonderen Einzelfällen, in denen der Betriebsführer zu entscheiden hat«.[106] Nach diesen dann nicht mehr verwirklichten Vorstellungen sollten Krankengeldzuschüsse also vom Wohlverhalten des einzelnen Arbeitnehmers abhängig gemacht werden.

Zentrales Anliegen der nationalsozialistischen ›Gesundheitsführung‹ war der Ausbau der betrieblichen *Gesundheitsvorsorge*. Diesem Ziel dienten z. B. systematische, von der DAF auf breiter Ebene durchgeführte Reihenuntersuchungen.[107] Auch der *Betriebssport* wurde zunehmend dem Gesichtspunkt der Gesundheitsvorsorge und Leistungssteigerung untergeordnet: Er hatte – u. a. zum Ausgleich einseitiger körperlicher Beanspruchung im Arbeitsprozeß – parallel zur Rationalisierungsbewegung und der damit einhergehenden Monotonisierung manueller Tätigkeiten schon in der Zeit der Weimarer Republik einen erheblichen Aufschwung erlebt. Nach 1933 wurde die Palette sportlicher Betätigungsfelder in vielen Betrieben ausgeweitet und ursprünglich nur Angestellten vorbehaltene Sportarten wie Fechten und Tennis auch Arbeitern zugänglich gemacht.[108] Intentionen, auf diese Weise Arbeiter besser sozial integrieren zu können, traten allerdings relativ bald in den Hintergrund. Seit 1938/39 wurde der Betriebssport vor allem unter dem Gesichtspunkt der ›Leistungsertüchtigung‹ und der ›Erhöhung der Schlagkraft des Heeres‹ erheblich ausgebaut und gleichzeitig militarisiert.[109] Während des Krieges, als die Teilnahme an ›Betriebssportappellen‹ in vielen

Unternehmen für jeden Arbeiter obligatorisch wurde,[110] mußte der SD allerdings berichten, daß »der weitaus größere Teil der Gefolgschaft völlig uninteressiert« war bzw. zu »erheblich negativen Stimmungsausbrüchen« neigte, wenn betriebliche Sportveranstaltungen anstanden.[111]

Voraussetzung effektiver Gesundheitsvorsorge war die systematische statistische Erfassung aller in Frage kommenden Arbeitskräfte. Zu diesem Zweck war die Einführung eines ›Gesundheitspasses‹ bzw. ›Gesundheitsstammbuches‹ für jeden Arbeitnehmer geplant. In diesem ›Gesundheitspaß‹, mit dessen Hilfe man Datenbestände zu erhalten hoffte, »wie sie sich der Statistiker nicht besser erträumen könnte«,[112] sollten nicht nur Angaben über Krankengeschichte, Körperbau und körperliche Fehler, sondern neben den Personalien auch eine ›Ahnentafel‹ enthalten sein.[113] Seit 1936 wurden ›Krankenkartotheken‹, die laufend geführt und ergänzt wurden, nach dem Vorbild der 1919 von der Kruppschen Betriebskrankenkasse eingeführten vertrauensärztlichen ›Untersuchungskarte‹ erst von einzelnen vertrauensärztlichen Dienststellen installiert, seit Okt. 1937 dann verbindlich für alle Kassen vorgeschrieben;[114] sie enthielten neben eigenen Untersuchungsberichten auch »sämtliche andernorts durchgeführten Untersuchungsergebnisse, Krankenhausbefunde usw.« und erlaubten insofern gründliche, »aufklärende Beantwortung rückfragender anderer Dienststellen«.[115] Parallel dazu wurden die Betriebe angehalten, ›Gefolgschaftskarteien‹ einzurichten, in denen im übrigen nicht nur Zahl der Erkrankungen und der Fehltage sowie Dauer der Krankheiten verzeichnet sein, sondern auch Auskunft über »Leistung und Führung« und »arische Herkunft« gegeben werden sollten.[116] Hauptzweck derartiger Karteien war es erstens, »schnell diejenigen (zu) erkennen, die Krankheiten vortäuschen, um der geregelten Arbeit auszuweichen«.[117] Mithilfe möglichst vollständiger Erfassung der Gesundheitsdaten eines jeden Arbeitnehmers und durch systematische Gesundheitsvorsorge sollten zweitens die therapeutischen Leistungen langfristig »auf das schicksalhaft gegebene und biologisch unabwendbare Mindestmaße« reduziert[118] werden. »Das Endziel ist die Steigerung und Erhaltung der Leistungsfähigkeit zu einer Höhe, die von keinem anderen Volk der Erde mehr überboten wird!«[119]

In diesen Zusammenhang gehört – neben Experimenten mit leistungsstimulierenden Medikamenten[120] – auch die Diskussion um die Heraufsetzung des ›*Leistungsknicks*‹, d. h. des Gipfels der individuellen Leistungsfähigkeit, der beim durchschnittlichen Arbeitnehmer etwa um das 40. Lebensjahr lag und danach deutlich absank. Zwischen der DAF und der Reichsgruppe Industrie bestand Einigkeit, daß »die Arbeitsleistung bis ins höchste Alter nicht nur zu sichern(,) sondern zu steigern« sei.[121] In dem Entwurf der DAF zu einem Führer-Erlaß über das ›Gesundheitswerk des deutschen Volkes‹ war zu lesen:

»Im strengen Sinne biologisch und deswegen ein erstrebenswertes Ziel für die Gesundheitsführung ist aber erst der Zustand, wenn der Zeitpunkt des allmählichen Kräfteschwundes kurz vor dem Eintritt des physiologischen Todes liegt und der endgültige Kräfteverfall mit ihm zusammenfällt.«[122]

Die Versorgung alter Arbeitnehmer wurde immer offener der ›Arbeitseinsatz‹-Politik, der Devise: »entweder Leistungsfähigkeit oder natürliche Ausmerze«, untergeordnet: Nach Erreichen der Vollbeschäftigung wurde der während der Krise aus finanzpolitischen Gründen erleichterte Rentenentzug beibehalten und verstärkt.[123] Nur in Ausnahmefällen wurden seit 1935 Invalidenrenten vor dem 65. Lebensjahr gewährt.[124] Unter anderem weil »Heilverfahren der Rentenversicherung nicht in Frage« kamen, wenn (wie der Präsident der Landesversicherungsanstalt Lübeck formulierte) »eine Erhaltung oder Wiederherstellung der Arbeitseinsatzfähigkeit nicht mehr zu erwarten ist«,[125] ging die Zahl der Kuren und anderer Formen medizinischer Vorsorge und Nachbehandlung drastisch zurück: 1936 und 1937 kamen mit insgesamt 27 000 Personen im Vergleich zum Krisenjahr 1930 (89 613) nicht einmal mehr ein Drittel in den Genuß der als ›Krankheitsverhütung und Genesendenfürsorge‹ bezeichneten ärztlichen Maßnahmen,[126] wobei zu berücksichtigen ist, daß seit 1934 auch die Kosten für Zwangssterilisierung unter ›Krankheitsverhütung und Genesendenfürsorge‹ verbucht wurden.

Das verhängnisvolle ›Gesetz zur Verhütung erbkranken Nachwuchses‹ vom 14. Juli 1933 war u. a. wesentlich von der Absicht getragen, langfristig »mittels staatlicher Intervention Krankheit tendenziell abzuschaffen«.[127] Der diesem Gesetz zugrunde liegende Gedanke, bestimmte, vom NS-Regime nicht akzeptierte Verhaltensformen seien ererbt und durch Sterilisierung zu ›neutralisieren‹, mußte darüber hinaus in der Arbeitnehmerschaft eine unbestimmte und tiefgehende Furcht erzeugen und Konformität erzwingen. Der nationalsozialistische Rassismus wendete sich nämlich – das wird häufig übersehen – nicht nur nach außen (gegen andere, ›minderwertige‹ Völker), sondern auch nach innen; Leistungsbegriff und Rassismus wurden verschmolzen und zur Hierarchisierung und Selektion innerhalb der ›deutscharischen Volksgemeinschaft‹ verwendet. Nach den Feststellungen des offiziösen Organs der Reichsanstalt für Arbeitsvermittlung und Arbeitslosenversicherung z. B. war Arbeitsleistung »im Erbgut anlagemäßig vorhandene... Leistungsdisposition‹, der »Arbeitseinsatz« wurde »somit zugleich zu einem rassischen Ausleseproblem«.[128] Bei ›Minderleistungsfähigkeit‹ und vor allem bei rasch als ›asozial‹ denunzierter sozialer Nonkonformität lief ein Arbeiter leicht Gefahr, rassistisch stigmatisiert zu werden. Als »asozial« etwa galt, wer infolge »staatsfeindlicher und querulatorischer Neigungen fortgesetzt mit den Strafgesetzen der Polizei und Behörden in Konflikt gerät«, »wer arbeitsscheu (und) trotz Arbeitsfähigkeit schmarotzend von sozialen Einrichtungen lebt«.[129] Bereits längere unterdurchschnittliche Akkordleistungen oder schlichte Überarbeitung reichten in manchen Fällen hin, um einen Arbeitnehmer potentiell zum Opfer des Gesetzes zur Verhütung erbkranken Nachwuchses zu machen.[130] Vor dem Hintergrund der willkürlichen Gleichsetzung von ›Drückebergern‹, ›Bummelanten‹, ›Leistungsschwachen‹ usw. mit ›rassisch Minder-‹ oder ›Unwerten‹ durch nationalsozialistische ›Rassenhygieniker‹ kann es nicht verwundern, daß es neben Frauen mit ›liederlichem Lebenswandel‹ vor allem unqualifizierte Arbeiter(innen) waren, die sterilisiert oder von Zwangssterilisation bedroht wurden[131] – also Arbeitergruppen, die in weit überdurchschnittlichem Maße mit ihren Arbeitsverhältnissen unzufrieden waren und deshalb besonders häufig z. B. zu einem Arbeitsstellenwechsel neigten.

Daß das hier nur in groben Zügen skizzierte Bündel gesundheitspolitischer Repressalien, dem die Arbeiterschaft während der NS-Herrschaft ausgesetzt war, auch während des Krieges die Höhe des Krankenstandes grundlegend beeinflußte, liegt auf der Hand.

2.3. Krankenstand 1939 bis 1944

In den beiden letzten Vorkriegsjahren konnte der Krankenstand auf relativ niedrigem Niveau gehalten werden; in den ersten Kriegsjahren stieg er allerdings beträchtlich an (Tab. 22).[132] Ursächlich für die hohen Krankenstände bis 1943 waren:
– das weiter erhöhte, »ungewohnte Arbeitstempo, das besonders bei Terminlieferungen für die Wehrmacht äußerst gesteigert werden müsse«;[133]
– die insbesondere für männliche Arbeitskräfte gleichzeitig weiter verlängerten Arbeitszeiten.[134] Aber auch bei Arbeiterinnen, die von den kriegsbedingten Arbeitszeitverlängerungen nicht so betroffen waren wie ihre männlichen Kollegen, wurden »beängstigende körperliche und nervöse Erschöpfungszustände«, »rapides Sinken der Leistungsfähigkeit« u. ä. m. bereits zu Beginn des Krieges konstatiert.[135]
– Seit 1942 führte dann die sich allmählich verschlechternde Ernährung zu Körpergewichtsverlusten und einer erhöhten Anfälligkeit für Krankheiten.[136]
– Hinzu kam schließlich, daß seit 1941/42 »durch die häufigen nächtlichen Störungen infolge von Fliegeralarm und durch den zur längeren Arbeitszeit noch hinzukommenden Luftschutzdienst eine wesentliche Ursache mit liegt, daß die körperliche Widerstandskraft und Leistungsfähigkeit zurückgegangen ist, zumal der durch den verkürzten Schlaf entstandene Energieverlust nahrungsmäßig nicht kompensiert werden kann.«[137]

Seit der Jahreswende 1942/43 begannen dann die in den ersten Kriegsjahren verfügten gesundheitspolitischen Restriktionen zu fassen; die Krankenstände konnten erheblich gedrückt werden, obwohl die oben genannten Faktoren in der zweiten Kriegshälfte noch beträchtlich an Bedeutung gewannen. Tab. 22 ist ferner zu entnehmen, daß der durchschnittliche Kran-

Tabelle 22: Krankenstand nach Angaben der Betriebskrankenkassen und Reichsknappschaft 1929 bis 1944 (1938 = 100,0).

	Betriebskrankenkassen		Reichsknappschaft
	Industrie insgesamt	nur metallverarbeitende Industrie (a)	
1938	100,0	100,0	100,0
1939	94,9	110,6	106,3
1940	100,0	–	97,9
1941	107,8	–	108,5
1942	120,5	117,0	134,0
1943	91,8 (b) 101,5 (c)	97,9	–
Okt. 1943	104,0(c)	107,0	–
Okt. 1944	104,6(c)	107,4	–
Zum Vergleich:			
1929	132,6	–	141,9
1932	60,2	–	71,0
1935	82,7	–	75,8

(a) Schätzung auf Basis der Angaben von insgesamt 25 Betriebskrankenkassen (vgl. Tab. 23, E.II).
(b) Umrechnung nach den Daten von Werner (die allerdings in sich widersprüchlich sind).
(c) Schätzung auf Basis einer Erhebung des Reichsverbandes der Betriebskrankenkassen vom Nov. 1944 (vgl. Tab. 23, E.II).

Quelle: wie Tab. 23, außerdem: Wolfgang Franz Werner, »Bleib übrig«. Deutsche Arbeiter in der nationalsozialistischen Kriegswirtschaft, Düsseldorf 1983, S. 163, 307; Statistische Jahrbücher für das Deutsche Reich 1931, S. 382; 1934, S. 390; 1937, S. 436; 1939/40, S. 477.

kenstand selbst 1942 nicht die Höhe des Jahres 1929 erreichte – obwohl 1929 Arbeitsbedingungen und Ernährungslage ungleich besser waren. Vor diesem Hintergrund relativieren sich auch die bis Kriegsende anhaltenden Klagen über ein angebliches ›Krankfeiern‹.[138] Daß die Krankenstände keineswegs überhöht waren, wurde intern durchaus zugegeben. So stellte beispielsweise der SD in einem seiner geheimen Lageberichte fest, daß die »Haltung und Arbeitsleistung [der ›werktätigen Bevölkerung‹, R.H.] im großen und ganzen als günstig angesehen werden« müsse und »statistische Angaben, z.B. von Krankenziffern... sich nur bedingt für die Beurteilung der Arbeitsmoral« eigneten.[139] Letztere, auf den zwischenbetrieblichen Vergleich gemünzte Bemerkung relativiert sich, wenn wir die einzelbetrieblichen Angaben aggregieren (Tab. 22 und 23): Selbst im letzten Kriegsjahr konnte der Krankenstand auf einem vergleichsweise niedrigen Niveau gehalten werden.[140] In einigen wichtigen Industriezweigen wie der Eisen-, Stahl- und Metallgewinnung, dem Schiffs- und Maschinenbau, der Metall-

Tabelle 23: Krankenstand in den wichtigsten Zweigen der deutschen Industrie 1938 bis 1944 (in v. H. der Gesamtbelegschaften).

		(a)	1938	1939	1942(b)	1943	Okt. 1943	Okt. 1944
Eisen-, Stahl- und								
Metallgewinnung	E.I	(28)	–	–	–	5,3%	5,4%	4,8%
	E.II	(4)	4,2%	5,0%	6,5%	5,4%	–	–
Metallverarbeitung								
(insgesamt)	E.I	(54)	–	–	–	4,7%	4,9%	5,1%
	E.II	(25)	4,7%	5,2%	5,5%	4,6%	5,0%	5,0%
darunter:								
– Fahrzeugbau	E.I	(12)	–	–	–	4,8%	4,7%	5,7%
	E.II	(5)	–	–	5,8%	4,4%	4,4%	6,3%
– Werften	E.I	(9)	–	–	–	4,3%	5,2%	4,8%
	E.II	(4)	2,9%	3,3%	4,7%	4,8%	5,3%	4,5%
– Elektroind.	E.I	(5)	–	–	–	4,6%	5,2%	4,7%
	E.II	(4)	4,6%	4,5%	5,7%	4,3%	5,1%	5,4%
– Maschinenbau	E.I	(25)	–	–	–	4,8%	4,9%	4,7%
u. Metallw.ind.	E.II	(12)	5,4%	6,2%	5,7%	4,7%	5,2%	4,9%
Chemieindustrie	E.I	(19)	–	–	–	4,4%	4,9%	5,5%
Textilindustrie	E.I	(18)	–	–	–	4,4%	4,2%	3,6%
Papierindustrie	E.I	(10)	–	–	–	3,9%	4,2%	3,3%
Industrie, Verwaltung,								
Handel und Verkehr								
(insgesamt)	E.I	(154)	–	–	–	4,8%	4,9%	4,9%

(a) Erfaßte Unternehmen.
(b) Überwiegend errechnet auf Basis der einzelbetrieblichen Jahresdurchschnitte (wie 1938, 1939 und 1943). Lediglich den Zahlen für den Fahrzeugbau (vollständig) und den Maschinenbau/Metallwarenindustrie (7 von 12) – und insofern auch der Metallverarbeitung (12 von 25) – liegen einzelbetriebliche Angaben für Jan. 1942 zugrunde.

Quellen:
E.I (= Erhebung I): Mitteilung des Reichsverbandes der Betriebskrankenkassen über den Krankenstand der angeschlossenen Verbandskassen vom 24. Nov. 1944, in: BA Koblenz R 12 I/Bd. 336.
E.II (= Erhebung II): wie E.I (nur die Betriebe, für die Angaben auch für die Jahre vor 1943 vorlagen) außerdem: »Meldungen aus dem Reich«. Die geheimen Lageberichte des SD, Herrsching 1984 (vom 8. Okt. 1942), S. 4303; HA GHH 4080/14; SAA 15/Lc 774, 15/Lc 815, 15/Lg 977; HA Krupp WA 41/3-740b.

waren-, der Textil- und der Papierindustrie wurde er zwischen Okt. 1943 und Okt. 1944 sogar weiter gedrückt. Nur die Chemieindustrie hatte im Okt. 1944 gegenüber dem Vorjahr deutlich mehr Kranke zu verzeichnen. Alles in allem blieb bis zum Ende der NS-Diktatur – wie noch 1945 festgestellt wurde – »trotz aller zeitbedingten Erschwerungen der Krankenstand erfreulich niedrig«.[141]

Unter den ›gesundheitspolitischen‹ Restriktionen des NS-Regimes ging insbesondere von der Intensivierung der *vertrauensärztlichen Kontrolluntersuchungen* eine erhebliche Wirkung aus: 1939 wurden 62% aller krankgeschriebenen Arbeitnehmer vom vertrauensärztlichen Dienst der reichsgesetzlichen Versicherungen zu einer Nachuntersuchung vorgeladen; 1941 waren es bereits 76%, 1942 80% und 1943 schließlich mehr als 85%.[142] Von den Arbeitern, die zur Kontrolluntersuchung geladen wurden, erschien in den Jahren nach Kriegsbeginn ein immer höherer Prozentsatz gleich am Arbeitsplatz, ohne überhaupt den Vertrauensarzt aufgesucht zu haben. Bei der Gutehoffnungshütte stieg der Anteil dieser Arbeiter von 36,4% im Jahr 1939 auf 41,8% 1941.[143] Die Behauptung vom ›Krankfeiern‹ wird dadurch nur scheinbar bestätigt. Ursächlich für diese Entwicklung war in erster Linie die immer restriktivere Krankschreibung der Vertrauensärzte. In dem gleichen schwerindustriellen Großunternehmen schrieb der zuständige Vertrauensarzt 1939 noch 64,6% aller von ihm nachuntersuchten Arbeitnehmer krank; zwei Jahre später waren es nur noch 46,3%.[144] Die Vertrauensärzte der Kruppschen Krankenkassen hielten es ähnlich: Sie schrieben 1937 von den vorgeladenen ›Gefolgschaftsmitgliedern‹ fast zwei Drittel (65,1%) arbeitsunfähig, 1940 dagegen nicht einmal mehr die Hälfte (49,7%).[145] Beide Beispiele entsprechen in etwa dem gesamtindustriellen Trend.[146] Insbesondere wurde »in vielen Fällen, wo man die Betriebsärzte mit den Funktionen des Vertrauensarztes hätte verkoppeln können, u. a. beim Volkswagenwerk und bei Blohm & Voss, der Krankenstand erheblich heruntergedrückt«.[147] Ähnlich lautende Erfolgsmeldungen wurden nach Einführung des Revierarzt-Systems verbreitet.[148]

Während des Krieges häuften sich zwar Klagen über einen hohen Krankenstand vor allem von Frauen und Jugendlichen.[149] In den meisten Branchen waren Arbeiterinnen – jedenfalls im letzten Kriegsjahr – jedoch seltener krank als ihre männlichen Kollegen.[150] Zurückzuführen ist dies vor allem auf die Ausweitung der Teilzeitarbeit für Frauen sowie den – wesentlich aus ›rasse-‹ und bevölkerungspolitischen Gründen vorgenommenen – Ausbau des besonderen Arbeitsschutzes für weibliche Arbeitskräfte seit 1935 und die relativ strenge Überwachung der Arbeitsschutzbestimmungen für Frauen durch die Gewerbeaufsicht auch während des Krieges.[151]

Tabelle 24: Angezeigte und entschädigte Arbeitsunfälle und Berufskrankheiten 1929 bis 1939.

	Gemeldete Verletzte und Erkrankte		Neuzugänge an Empfängern von Renten, Kranken- und Sterbegeld	
	absolut (in 1000)	in v. H. der Versicherten	absolut (in 1000)	in v. H. der gemeldeten Verletzten und Erkrankten
1929	1502	5,5	168	11,2
1930	1237	4,5	164	13,2
1931	974	3,8	136	14,0
1932	827	3,4	88	10,7
1933	930	3,7	74	7,9
1934	1174	4,4	82	6,9
1935	1354	4,7	89	6,5
1936	1527	5,1	87	5,7
1937	1799	5,7	96	5,3
1938	2007	6,0	103	5,1
1939	2254	5,9	118	5,2

Quelle: Sozialgeschichtliches Arbeitsbuch, Bd. III: Materialien zur Statistik des Deutschen Reiches 1914–1945, hg. von Dietmar Petzina u. a., München 1978, S. 158 f.; Statistisches Jahrbuch für das Deutsche Reich 1938, S. 462; 1939/40, S. 480; 1941/42, S. 516.

2.4. Unfallhäufigkeit

Während des ›Dritten Reiches‹ war die deutsche Arbeiterschaft einem im Vergleich zu den vorangegangenen Jahren erhöhten Unfallrisiko ausgesetzt. Der wichtigste Indikator für den Grad des Unfallrisikos ist die Zahl der Meldungen über Verletzungen und Berufskrankheiten in v. H. der Unfallversicherten.[152] Nach den Feststellungen des Statistischen Reichsamtes lag der Prozentsatz der angezeigten Betriebsunfälle und Berufskrankheiten für die Gesamtheit der Versicherten (einschließlich der landwirtschaftlichen Unfallversicherung) 1938 mit 6,0% deutlich über dem bis 1933 erreichten Spitzenwert des Jahres 1929 mit 5,5% (Tab. 24). Noch eindeutiger ist dieser Trend, wenn wir lediglich die gewerblichen Unfallanzeigen betrachten: Hier erreichte vor der nationalsozialistischen ›Machtergreifung‹ die Entwicklung ihren Höhepunkt 1928 mit 8,8 Unfallanzeigen auf 100 Versicherte (1929: 8,5%) und ihren Tiefpunkt 1932 mit 5,6%. 1938 lag die gemeldete Unfallhäufigkeit in Industrie und Handwerk mit 9,8% erheblich über den für die Jahre 1928 und 1929 registrierten Quoten.[153] Tab. 23 ist außerdem zu entnehmen, daß gleichzeitig die Zahl der (erstmals) entschädigten Arbeitsunfälle und Berufskrankheiten in v. H. der Anzeigen seit 1931 rapide um fast zwei Drittel zurückging. Wie lassen sich beide Trends erklären?

Bis zum 9. März 1942 – dem Tag des Inkrafttretens des ›6. Gesetzes über Änderungen der Unfallversicherung‹[154] – war nicht die Gesamtheit aller Unternehmen und Belegschaften unfallversichert. Die Unfallversicherung bestand nur für Betriebe und Tätigkeiten, die besonderen und spezifischen Unfallgefahren ausgesetzt waren; versichert wurden dann alle in diesen Betrieben beschäftigten Arbeitnehmer. Versicherungsträger waren die zuständigen Berufsgenossenschaften. Die Beiträge für die Versicherung entrichteten die Unternehmer; bis 1951 wurde deshalb die Unfallversicherung von den Unternehmern in Selbstverwaltung geführt. Dies bedeutete zunächst folgendes: Die Zahl der Versicherten war nicht konstant, sondern konnte – ebenso wie die Leistungen der Versicherung – durch gesetzliche Maßnahmen ausgedehnt oder eingeengt werden. Für die Zeit der nationalsozialistischen Diktatur war hier vor allem die 3. Berufskrankheiten-Verordnung vom 16. Dez. 1936[155] von Bedeutung; durch sie wurden die versicherungspflichtigen Berufskrankheiten u. a. auf Haut- und Staublungenerkrankungen ausgedehnt. Eine derartige Ausweitung lag nahe, da (infolge der auf Autarkie ausgerichteten Wirtschaftspolitik) in größerem Umfang qualitativ schlechtere Rohstoffe als zuvor verarbeitet werden mußten und die durch die Verordnung entschädigungspflichtig gewordenen Berufskrankheiten gehäuft auftraten. In den Jahresberichten der Gewerbeaufsichtsbeamten wird dies ziemlich unverblümt zum Ausdruck gebracht:

»Die Zahl der Augenerkrankungen in den Kunstseide-, Zellwolle- und Kunstdarmfabriken ist in verschiedenen Bezirken stark angestiegen... Der Grund für dieses

Anwachsen ist darin zu finden, daß bei der im Jahre 1935 einsetzenden großen Steigerung der Erzeugung nicht gleichzeitig in ausreichendem Maße den Erfordernissen des Gesundheitsschutzes Rechnung getragen wurde.« »Der starken Verwendung des deutschen Flachses wurden Hauterkrankungen zur Last gelegt, die sich in einer Leinenspinnerei und -weberei zeigten.«[156]

Auf die Arbeit mit gesundheitsschädlichen Ersatzstoffen ist der steile Anstieg der Zahl der gemeldeten und entschädigten Berufskrankheiten während der ersten sechs Jahre der nationalsozialistischen Diktatur zurückzuführen: 1932 wurden 4340 und 1933 4479 Berufskrankheiten den gewerblichen Berufsgenossenschaften gemeldet; 1937 waren es dann 13556[157], 1939 wurden insgesamt 22918 Berufskrankheiten registriert.[158] Gegenüber 1929 mit 8230 gemeldeten Berufskrankheiten hatten sich danach die beruflich bedingten Erkrankungen mehr als verdoppelt.[159] Zu berücksichtigen ist allerdings, daß eine Krankheit nur dann als berufsbedingt galt, wenn sie in einem Betrieb auftrat, der nach den pathophysiologischen Theorien eine solche Krankheit mit besonderer Wahrscheinlichkeit erwarten ließ. Ausgeschlossen blieben damit alle Krankheiten »mit multifaktoreller Genese – der größte Teil der organischen und alle psychischen Erkrankungen«.[160] Die »Bindung der Anerkennung eines Arbeitsschadens an einen juristisch eng definierten Zusammenhang zwischen Krankheit und Produktionsprozeß hatte zur Folge, daß gerade die krankheitsverursachende Wirkung von Belastungen durch technisch-organisatorische Veränderungen überhaupt nicht erfaßt werden können und damit für die Unfallversicherung entfallen«[161] – ein Tatbestand, der aufgrund der forcierten Rationalisierung seit 1936 erheblich an Bedeutung gewann und u. a. in der Zunahme von Kreislauferkrankungen, nervösen Störungen, Magenerkrankungen etc. (die nicht als Berufskrankheiten anerkannt wurden) seinen Ausdruck fand.[162] Gleichzeitig gingen ebenso wie bei den Arbeitsunfällen auch bei den beruflich bedingten Erkrankungen die Zahl der von der Unfallversicherung bewilligten Entschädigungen in v. H. der Anzeigen seit der nationalsozialistischen Machtübernahme erheblich zurück: In den Jahren 1931 und 1932 wurden 17,4% bzw. 18,5% aller den gewerblichen Berufsgenossenschaften gemeldeten Berufskrankheiten entschädigt, seit 1935 waren es dagegen deutlich unter zehn Prozent.[163] Insgesamt fielen die Meldungen ebenso wie die Entschädigungen von Berufskrankheiten gegenüber den Betriebsunfällen indessen kaum ins Gewicht: Sie machten 1929 bis 1939 nicht einmal ein Prozent der Gesamtheit der bei der Unfallversicherung eingegangenen Meldungen bzw. Entschädigungen aus. Die Ausweitung der Entschädigungspflicht von Berufskrankheiten durch die Verordnung vom Dez. 1936 verzerrt deshalb bestenfalls geringfügig die in Tab. 23 erkennbaren Trends.

Die in Tab. 24 erkennbare Tendenz zu einer restriktiven Entschädigungspraxis, die auch für die einzelnen Industriezweige nachweisbar ist,[164] erklärt sich wesentlich aus den relativ großen Ermessensspielräumen der Sachbearbeiter der Unfallversicherung. Obgleich 1933 in diesem Versicherungsbereich kaum personelle Veränderungen vorgenommen wurden, wurden während der NS-Diktatur verstärkt Unfallrenten gekürzt, gestrichen oder gar nicht erst gewährt und die auf diese Weise gewonnenen Beträge der Rüstungsfinanzierung zur Verfügung gestellt.[165] Erleichtert wurde dies dadurch, daß nach Auflösung der Arbeitnehmerorganisationen und der Einführung des nationalsozialistischen Arbeitsrechts die betroffenen Arbeiter ihre Rechte nicht mehr wirkungsvoll zur Geltung bringen konnten. Überdies wurden die durch die Notverordnungen vom 8. Dez. 1931 und 14. Juni 1932 reduzierten bzw. aufgehobenen Leistungen auch der Unfallversicherung[166] während der NS-Diktatur erst spät (seit 1938) und nicht vollständig wieder zurückgenommen.[167] Der seit 1932 beobachtbare Anstieg der Leistungen pro Entschädigungsempfänger[168] erklärt sich in erster Linie daraus, daß in diesem Jahr die Beseitigung der Entschädigung von ›Bagatellfällen‹ verfügt worden war. Obwohl die restriktive Entschädigungspraxis zweifelsohne viele (theoretisch) Anspruchsberechtigte davon abhielt, Verletzungen und beruflich bedingte Erkrankungen den Unfallversicherungen überhaupt zu melden, war der für die gesamte Wirtschaft zu konstatierende Anstieg der Unfall- und Berufskrankheits-Anzeigen (Tab. 24) keineswegs hauptsächlich etwa einer rüstungsbedingt verschobenen Beschäftigtenstruktur hin zu den eisen- und stahlerzeugenden und metallverarbeitenden Industriesektoren, die traditionell überdurchschnittliche Unfallhäufigkeiten aufwiesen, geschuldet, sondern ebenso in den einzelnen Branchen zu beobachten. Vor allem die Arbeiter waren offenbar einem verstärkten Unfallrisiko ausgesetzt, die in den Industriezweigen beschäftigt waren, in denen die Produktion aufgrund der Autarkiepolitik am einschneidendsten umgestellt werden mußte: In der Textilindustrie hatten sich die Unfall- und Berufskrankheitsanzeigen in v. H. der Versicherten von 2,9% im Jahr 1929 (1932: 2,4%) auf 5,2% im Jahr 1939 und in Chemieindustrie von 8,6% 1929 (1932: 6,7%) auf 9,3% 1939 erhöht. Aber auch dort, wo – wie in der metallverarbeitenden Industrie – die Arbeitszeit überdurchschnittlich verlängert und das Arbeitstempo erhöht wurde, häuften sich die während der Arbeit erlittenen Verletzungen.[169] In den bis 1938 relativ kritischen Jahresberichten der Gewerbeaufsichtsbeamten wurden als weitere Gründe für den beobachteten Anstieg der Betriebsunfälle häufige Nachtschichten, die Einstellung älterer und betriebsfremder Arbeitskräfte und »die Zusammenballung zahlreicher Arbeitskräfte in kleinen Räumen« genannt.[170] Außerdem stieg die Zahl der Arbeitsunfälle infolge der Ausweitung leistungsbezogener Entlohnungssysteme: Da die Einhaltung von Unfallschutzvorschriften Zeit und damit im Akkord Geld kostete, wurden die entsprechenden Bestimmungen häufig übertreten. Zu einem derartigen Verhalten wurden viele Arbeiter bei den niedrigen Leistungslöhnen geradezu gezwungen, wollten sie sich und ihrer Familie ein einigermaßen erträgliches Auskommen sichern. Nach Feststellungen der Gewerbeaufsicht trug schließlich nicht zuletzt »die größere Hast bei der Arbeit, welche die Folge dringender Aufträge zu sein pflegt, und auch die dadurch leichter eintretende Ermüdung zu der Steigerung der Unfallzahlen bei«.[171]

Dennoch läßt sich aus der hohen Zahl an Arbeitsunfällen nicht unbedingt auf einen allgemeinen »Mißerfolg aller Arbeitsschutzkampagnen« schließen.[172] Ohne Arbeits- und Unfallschutzkampagnen sowie Präventivmaßnahmen von Gewerbe- und Betriebsärzten, ›Unfallvertrauensmännern‹ und betrieblichen ›Sicherheitsingenieuren‹ wäre die Zahl der Unfallopfer vor dem Hintergrund verlängerter Arbeitszeiten, des erhöhten Arbeitstempos, des häufigen Umgangs mit Ersatzstoffen und der Einführung neuer Technologien, die nach Gressners allein schon »Tausende von Arbeitsunfallsopfern und Invaliden« forderten,[173] noch weitaus höher ausgefallen. Die Tätigkeit der ›Unfallvertrauensmänner‹ war zwar nach Bekunden staatlicher Stellen nur von geringem Wert.[174] Und Sicherheitsingenieure waren zumindest bis Kriegsbeginn nur in wenigen Großbetrieben vorhanden, insbesondere in der Eisen-, Stahl- und chemischen Industrie.[175] Dagegen scheinen Betriebs- und Gewerbeärzte in weiten Teilen der Industrie relativ erfolgreich für wirksamen Unfallschutz gesorgt zu haben.[176]

Wie sich die Quote der Betriebsunfälle in der gesamten Industrie oder einzelnen Branchen während des Krieges entwickelte, läßt sich – abgesehen vom Steinkohlenbergbau[177] – nicht eindeutig feststellen.[178] Seit 1940 wurden zudem ›Fremdarbeiter‹ und Kriegsgefangene miterfaßt, so daß ein Vergleich mit den Jahren bis 1939 zumindest problematisch wird.[179] Ebensowenig lassen sich Angaben machen, ob Verbesserungen im Bereich der Unfallversicherung, die 1942/43 unter dem Eindruck der Kriegswende zur Befriedung der ›Heimatfront‹ vorgenommen wurden,[180] den Anteil der entschädigten an den gemeldeten Arbeitsunfällen und Berufskrankheiten wieder steigen ließen.

Wenn hier offen bleiben muß, wie sich die Quote der Betriebsunfälle während des Krieges entwickelte, so ist immerhin der Befund bei den Krankenständen eindeutig: Sie blieben vor dem Hintergrund verlängerter Arbeitszeiten, tendenziell erhöhten Arbeitstempos sowie einer sich während des Krieges verschlechternden Ernährung und häufig katastrophaler Wohnverhältnisse auf einem erstaunlich niedrigem Niveau. Wenn man von der 1936 geschaffenen Institution des ›Betriebsarztes‹ – und ihrer seit 1938 eingeführten Sonderform des ›Revierarztes‹ – absieht, geschah dies weitgehend unter Einsatz eines in den Grundzügen bereits vor 1933 bestehenden gesundheits- und sozialpolitischen Instrumentariums. Dessen Wirkungsweise hatte sich jedoch infolge fundamental veränderter politischer, rechtlicher und personeller Rahmenbedingungen sowie aufgrund des verschärften Druckes, dem die Akteure – vor allem die Kassen-, Vertrauens-, Betriebs- und Gewerbeärzte sowie das Verwaltungspersonal der Krankenkassen – ausgesetzt waren, grundlegend verändert. Nicht nur die wirtschafts- und leistungspolitischen Aufgaben, die der Arbeitsmedizin und dem Gesundheitswesen von NS-Regime und Industrie gesetzt worden waren, konnten infolgedessen weitgehend erfüllt werden, sondern auch die ›Rassenhygiene‹ erhielt immer stärker das Gewicht, das ihr im Rahmen der Arbeitsmedizin zukommen sollte. Die hier nur grob skizzierten gesundheits- und sozialpolitischen Restriktionen, denen die deutsche Industriearbeiterschaft ausgesetzt war, wurden im übrigen nicht von einer Zentralinstanz durchgesetzt, sondern von verschiedenen, teilweise konkurrierenden Institutionen vorgenommen. Die Effektivität der Maßnahmen behinderte dies freilich nicht; auch hier scheinen Konkurrenz und Kompetenzgerangel zwischen der DAF auf der einen Seite und dem Reichsarbeitsministerium sowie den Wirtschaftsorganisationen auf der anderen Seite zumindest mit Blick auf den angezielten ökonomischen Hauptzweck (Senkung der Krankenstände und Erhöhung der individuellen Arbeitsleistung), der zwischen beiden Kontrahenten unumstritten war, eher eine Verdichtung der Restriktionen bewirkt zu haben, denen der einzelne Arbeitnehmer immer weniger entrinnen konnte.

VIII. Zusätzliche betriebliche Sozialleistungen: Umfang und Funktionswandlungen

Den folgenden Ausführungen liegt nicht die Intention zugrunde, die vielfältigen Formen zusätzlicher betrieblicher Sozialleistungen vollständig und im Detail aufzulisten. Im Vordergrund steht vielmehr die Frage, welchen Wandlungen die betriebliche Sozialpolitik vor dem Hintergrund einschneidender Veränderungen der staatlichen Arbeitsmarkt-, Lohn- und Sozialpolitik während des Dritten Reiches unterworfen war und welchen Ausdruck dies in den zusätzlichen Sozialaufwendungen der industriellen Unternehmen fand.

Die Wurzeln eigenständiger Sozialpolitik industrieller Betriebe reichen bis weit ins letzte Jahrhundert zurück. Einige Großunternehmen begannen bereits Mitte des 19. Jahrhunderts mit der Errichtung von Institutionen, über die sich betriebliche Sozialpolitik entfalten konnte.[1] In der Zeit der Weimarer Republik schufen darüber hinaus namentlich das 1928 gegründete und 1934 aufgelöste ›Institut für Betriebssoziologie und soziale Betriebslehre‹ an der Technischen Hochschule Berlin sowie das 1926 ins Leben gerufene ›Deutsche Institut für technische Arbeitsschulung‹ wesentliche ideologisch-theoretische Grundlagen zur Legitimierung und Ausweitung betrieblicher Sozialpolitik.[2] Dies muß hier deshalb betont werden, weil in der nationalsozialistischen Publizistik häufig der Eindruck geweckt wurde, »vor der Machtübernahme spielten die freiwilligen Sozialleistungen keine wesentliche Rolle«;[3] »erst der Durchbruch der nationalsozialistischen Gedanken... (habe) die Voraussetzung für fruchtbare Überlegungen auf diesem Gebiet geschaffen«.[4] Zumindest Großunternehmen knüpften nach 1933 meist an lange vorher entwickelte Traditionen betrieblicher Sozialpolitik an. Allerdings konnte sich die betriebliche Sozialpolitik – so wird im folgenden zu zeigen sein – nach 1933 in vielerlei Hinsicht ungehinderter entfalten, nicht zuletzt weil die gewerkschaftlichen Kritiker ausgeschaltet und die Tendenz zu einer rechtsverbindlichen ›Verstaatlichung‹ freiwilliger betrieblicher Sozialleistungen zurückgedrängt werden konnte. Zudem konnten sich politische Funktionsträger jetzt unverblümter zur betrieblichen Sozialpolitik bekennen.

Unter ›zusätzlichen betrieblichen Sozialleistungen‹ werden im folgenden in Anlehnung an die Definition Reichweins alle diejenigen geldlichen Aufwendungen der Unternehmensleitungen für ihre Arbeitnehmer verstanden, die nicht als regulärer Lohn bzw. Gehalt anzusprechen sind. Dazu gehören beispielsweise Weihnachtsgratifikationen und Abschlußprämien auch dann, wenn sie in den Gewinn- und Verlustrechnungen nicht unter ›freiwillige Sozialleistungen‹, sondern unter ›Lohn- und Gehaltssumme‹ (oder ›Zuweisung zu Rücklagen‹ u. ä.) verbucht werden. Sozialleistungen gelten nur so lange als ›freiwillige‹ oder ›zusätzliche‹, wie sie nicht durch Gesetze, Verordnungen oder Tarifordnungen vorgeschrieben und damit rechtlich verbindlich gemacht wurden.[5] Betriebliche Sozialpolitik, die in den zusätzlichen Sozialleistungen industrieller Unternehmen ihren materiellen Ausdruck findet, nutzt Defizite der staatlichen Sozialpolitik. Eine Darstellung betrieblicher Sozialpolitik muß deswegen auch die Entwicklungslinien der staatlichen Sozialpolitik und der gesetzlichen Sozialleistungen wenigstens in groben Zügen umreißen. Wenn schließlich im folgenden weniger von ›freiwilligen‹, sondern meist von ›zusätzlichen‹ betrieblichen Sozialleistungen gesprochen wird, dann deshalb, weil ›Freiwilligkeit‹ in dieser Hinsicht 1936/37 zunehmend nur noch formal bestand, da vor allem die Verhältnisse auf dem Arbeitsmarkt und die auf Einkommensbegrenzung angelegte Lohnpolitik des nationalsozialistischen Staates die meisten Unternehmensleitungen zum Ausbau betrieblicher Sozialleistungen geradezu zwang. Von der politischen Seite wurde die Freiwilligkeit betrieblicher Sozialleistungen dagegen nicht substantiell eingeschränkt.

1. Betriebliche Sozialpolitik, nationalsozialistisches Arbeitsrecht und die Rolle der ›Deutschen Arbeitsfront‹

In einer unlängst erschienenen Dissertation zum Thema betriebliche Sozial- und Personalpolitik ist behauptet worden, »während der Zeit des Nationalsozialismus (könne) kaum von betrieblicher Sozialpolitik gesprochen werden, da durch das Gesetz zur Ordnung der nationalen Arbeit vom 20. 1. 1934 ein wesentlicher Teil der freiwilligen Sozialleistungen gesetzlich festgelegt wurde«.[6] Diese Feststellung, die sich auf den im § 2 des AOG formulierten ›Fürsorgegedanken‹ des ›Betriebsführers‹ gegenüber seiner ›Gefolgschaft‹ bezieht, ist irrig. Denn während die im selben Artikel des AOG verankerte ›Treuepflicht‹ der Arbeitnehmer diese zum unbedingten, durch keinerlei Mitspracherechte eingeschränkten Gehorsam gegenüber dem ›Betriebsführer‹ verpflichtete, war »die Verpflichtung des neuen Fürsorgegedankens keine Frage der Begründung unmittelbarer Rechte« des Arbeitnehmers gegenüber dem Arbeitgeber – wie Mansfeld und Pohl in ihrem Kommentar zum § 2 des von ihnen maßgeblich beeinflußten AOG unmißverständlich feststellten.[7] An die Stelle konkreter Rechte setzten die Verfasser des AOG den pathetischen, gleichwohl leerformelhaften Appell an die »ehrenhafte Gesinnung« und die »sittliche Pflicht« des Arbeitgebers zur »Sorge um das

Los der Geführten«.⁸ Folgerichtig waren zum gesamten Komplex der betrieblichen Sozialpolitik in das AOG keine konkreten Bestimmungen aufgenommen worden – im Gegensatz zur ›Treuepflicht‹ der ›Gefolgschaft‹, die in eine Vielzahl konkreter Einzelpflichten verdichtet wurde. Unter nationalsozialistischen Arbeitsrechtlern bestand weitgehend Einigkeit darüber, daß die ›Fürsorgepflicht‹ nach § 2 des AOG auch keine unmittelbare Auswirkung auf das Einzelarbeitsverhältnis habe.⁹ Zu Recht ist deshalb festgestellt worden, daß die ›Fürsorgepflicht‹ des ›Betriebsführers‹ »in etwa der Alimentationspflicht des Feudalismus« entsprach.¹⁰

Sozialleistungen sollten nicht mehr – wie in der Weimarer ›Systemzeit‹ – überbetrieblich ›reglementiert‹, sondern möglichst weitgehend dezentralisiert und an den betriebspolitischen Bedürfnissen und ökonomischen Möglichkeiten des einzelnen Unternehmens ausgerichtet werden. Angezielt war, mit sozialpolitischen Initiativen der autonomen ›Betriebsführer‹ die Arbeiter an ›ihr‹ Unternehmen zu binden und damit deren Orientierung an den Arbeitnehmerorganisationen als den Repräsentanten der gemeinsamen sozialen und politischen Interessen der Arbeitnehmerschaft durch die Loyalität dem einzelnen Unternehmen gegenüber abzulösen. Diese Intention – die seit jeher der betrieblichen Sozialpolitik industrieller Großunternehmen zugrunde gelegen hatte – sollte nach Beseitigung der ›Novembermächte‹ und gewerkschaftlichen ›Sozialbürokraten‹ auf breiter Ebene erst richtig zur Wirkung gelangen können. In der nationalsozialistischen Zeitschrift ›Deutsche Volkswirtschaft‹ wurde deshalb von der betrieblichen Sozialpolitik als »des künftig wichtigsten Teiles der allgemeinen Sozialpolitik« gesprochen.¹¹ Bezweckt war mit der Erweiterung des Spielraums für die von »staatlicher Reglementierungssucht« befreite betriebliche Sozialpolitik insofern auch die Paralysierung des die Macht der Nationalsozialisten potentiell bedrohenden politischen Faktors ›Arbeiterschaft‹.¹² U. a. vor diesem Hintergrund wurde betriebliche Sozialpolitik zum »notwendigen Postulat unseres völkischen Gemeinschaftslebens« erklärt.¹³ Um dieses Ziel einer betriebsbezogenen Harmonisierung der sozialen Gegensätze zwischen Arbeitnehmern und Arbeitgebern nicht zu gefährden, hatte nach den Vorstellungen der meisten nationalsozialistischen Arbeitsrechtler auch der Staat nicht in die betriebliche Sozialpolitik hineinzureden.¹⁴

Formen und Ausmaß zusätzlicher Sozialleistungen brauchten überdies in den Betriebsordnungen nicht erwähnt oder gar genauer beschrieben zu werden. Von dieser Möglichkeit machte die Unternehmerschaft, von wenigen Ausnahmen abgesehen, offenbar allgemeinen Gebrauch.¹⁵ Eine Fixierung betrieblicher Sozialleistungen in den Betriebsordnungen hätte diesen nämlich einen rechtsverbindlichen Charakter gegeben, auf den sich jeder Belegschaftsangehörige hätte berufen können. Zudem wäre der DAF dadurch Gelegenheit geboten worden, sich zu einem quasi gewerkschaftlichen Kontrollorgan über die Einhaltung dieser betriebsinternen sozialpolitischen ›Gesetze‹ aufzuschwingen und damit in die durch das AOG sanktionierte innerbetriebliche Autonomie des Arbeitgebers einzubrechen. Versuchen der DAF, Unternehmer zur »Verbesserung« bzw. »Überprüfung der bestehenden Betriebsordnungen« mit dem Ziel der Schaffung von Rechtsansprüchen der Belegschaft auf betriebliche Sozialleistungen zu veranlassen,[16] waren deshalb zumindest in industriellen Großunternehmen im allgemeinen kein durchschlagender Erfolg beschieden.

Die DAF versuchte indes noch von einer anderen Ebene aus, die unbeschränkte sozialpolitische Gestaltungsmacht des ›Betriebsführers‹ einzuengen: Aus § 1 des AOG, der die ›Betriebsgemeinschaft‹ dem »Nutzen von Volk und Staat unterordnete«, leitete die DAF ihre Forderung ab, daß es in einem nach nationalsozialistischen Grundsätzen geführten Betrieb »keine Sozialleistung geben (dürfe), die nicht einem wohldurchdachten Nutzen im Interesse des Volksganzen dient«.[17]

Als nationalsozialistische Massenorganisation, die Arbeitnehmer und Arbeitgeber zu ihren Mitgliedern zählte, nahm die DAF für sich in Anspruch, die Interessen des ›Volksganzen‹ gegenüber dem ›Betriebsführer‹ zu vertreten. Dieser nach Mitgliedern stärksten Organisation des NS-Regimes waren allerdings (zumindest bis 1942) im Rahmen der staatlichen Sozialpolitik keine rechtlich abgesicherten Aufgaben zugewiesen worden; um so mehr suchte sie auf die betriebliche Sozialpolitik Einfluß zu gewinnen. Obwohl der DAF formaliter keine Möglichkeiten zur Verfügung standen, vom einzelnen Unternehmer die Einführung zusätzlicher Sozialleistungen zu erzwingen, suchte sie dennoch massiven politischen Druck in diese Richtung auszuüben. Wichtigstes Mittel hierbei war der seit 1937 mit großem propagandistischen Aufwand in Szene gesetzte ›Leistungskampf der Betriebe‹.[18] Zwar wartete die DAF mit eindrucksvollen Angaben über die Zahl der teilnehmenden Betriebe auf.[19] Jedoch verweigerten gerade eine Reihe der Unternehmen die Teilnahme an diesem Wettbewerb, die hinsichtlich ihrer betrieblichen Sozialpolitik als besonders vorbildlich galten (u. a. Krupp, Gutehoffnungshütte, Stumm).[20] Auch vom Siemens-Konzern wird berichtet, daß er an keinem der von der DAF inszenierten ›Leistungskämpfe der Betriebe‹ teilnahm. Funktionäre der Arbeitsfront, die sozialpolitische Forderungen ihrer Organisation vortragen wollten, wurden mit den Worten abgekanzelt: »Hier gibt es nichts auszurichten, hier können Sie höchstens etwas lernen.«[21] Hinter einem solchen Verhalten von Unternehmensleitungen stand der Wille, alle Versuche der DAF, von den Betrieben aus eigener Initiative häufig schon lange vor 1933 eingeführte soziale Sonderleistungen propagandistisch als Resultat der sozialpolitischen Aktivitäten der Arbeitsfront zu reklamieren, abzuwehren. Andere Unternehmen wiederum, die sich am ›Leistungskampf der Betriebe‹ beteiligten, erhielten die Auszeichnung ›nationalsozialistischer Musterbetrieb‹ für betriebliche Sozialleistungen, die lange vor 1933 eingeführt worden waren.[22] Absicht der DAF war es, von Unternehmen aus freien Stücken eingeführten, zusätzlichen Sozialleistungen gewissermaßen den Stempel der Arbeitsfront aufzudrücken, um so in der Arbeiterschaft die für die Legitimierung der eigenen Existenz dringend benötigte positive Resonanz zu finden.[23] Dies gilt jedenfalls für weite Teile der Großindustrie. Bevor der Frage nachgegangen werden kann, ob demgegenüber die DAF bei Klein- und Mittelbetrieben durch politischen Druck unmittelbar zur Ausweitung der betrieblichen Sozialpolitik beitrug, ist die Entwicklung von Umfang und Formen der zusätzlichen Sozialleistungen näher zu untersuchen.

2. Umfang der zusätzlichen betrieblichen Sozialleistungen nach Branchen, Betriebs- und Ortsgrößenklassen

Die Ermittlung des Umfanges zusätzlicher Sozialleistungen industrieller Unternehmen stößt für den hier interessierenden Zeitraum auf eine Reihe methodischer Probleme. Nur ein Teil aller Industriebetriebe veröffentlichte Angaben über die Höhe ihrer als ›freiwillig‹ deklarierten sozialen Aufwendungen. Auch die Aktiengesellschaften, die zur Offenlegung ihrer Bilanzen und Gewinn- und Verlustrechnungen verpflichtet waren, legten nur zum Teil diesbezüglich konkrete Zahlen vor. Erst mit der Aktienrechtsnovelle von 1961 wurde die Publikation der zusätzlichen Sozialleistungen verbindlich gemacht. Bis zu diesem Zeitpunkt blieb es den Aktiengesellschaften selbst überlassen, ob sie Angaben zur ›Sozialbilanz‹ veröffentlichten oder nicht. Immerhin erhöhte sich nach einer Untersuchung des Arbeitswissenschaftlichen Instituts der DAF über 987 größere Unternehmen die Publikationsfreudigkeit in dieser Hinsicht erheblich: 1932 waren es ganze 12%, 1934 22%, 1936 dann 44% und 1937 immerhin 76% der erfaßten Gesellschaften, die über betriebliche Sozialpolitik berichteten.[24] In einer weiteren Erhebung mußte das Arbeitswissenschaftliche Institut feststellen, daß von 1560 erfaßten Aktiengesellschaften zwar ca. 90% zusätzliche Sozialleistungen in irgendeiner Form erwähnten, aber nur etwa ein Drittel auch genaue Zahlen vorlegte.[25] Überdies mußte konstatiert werden, »daß so gut wie keine Aktiengesellschaft *kleineren* Umfanges etwas über ihre freiwilligen Sozialleistungen aussagte«.[26] Die im folgenden vorgelegten Statistiken können deshalb – mit Einschränkungen[27] – Repräsentativität lediglich für größere Industrieunternehmen beanspruchen. Noch schwerer wiegt, daß dort, wo konkrete Angaben gemacht wurden, die zusätzlichen sozialen Aufwendungen nicht nach einheitlichen Grundsätzen offengelegt wurden. Vielfach wurden Weihnachtsgratifikationen und Abschlußprämien nicht unter ›freiwillige soziale Aufwendungen‹ gefaßt, sondern den Lohn- und Gehaltssummen zugeschlagen.[28] In anderen Fällen wurden ›Zuwendungen an Dritte‹ (Winterhilfswerk, ›Adolf-Hitler-Spende der deutschen Wirtschaft‹ u. ä. m.) unter ›zusätzliche betriebliche Sozialleistungen‹ subsumiert. Umgekehrt konnten

»in verschiedenen anderen Soll-Posten der Gewinn- und Verlustrechnung und sogar in der Bilanz erhebliche freiwillige Aufwendungen enthalten sein... Ein für soziale Zwecke errichtetes Gebäude muß z. B. unter ›Anlage‹ ausgewiesen werden. Schreibt man den Betrag sofort ab, so muß er in der Gewinn- und Verlustrechnung unter Abschreibungen erscheinen.«[29]

Ferner wurde auch während der nationalsozialistischen Herrschaft »der *Begriffsinhalt* der freiwilligen Sozialleistungen... nicht erschöpfend geklärt«.[30] Strittig war z. B., ob Aufwendungen für Unfallschutz, den Betriebsarzt, ›Schönheit der Arbeit‹ u. ä. m. den zusätzlichen Sozialleistungen zuzurechnen waren oder nicht. Je nach Standpunkt wurden sie diesem oder anderen Posten zugeschlagen.[31] Erschwerend kommt außerdem hinzu, daß in den Geschäftsberichten nur selten über die *Zusammensetzung* der Sozialleistungen Auskunft gegeben wird, so daß die von den Betrieben nach unterschiedlichen Kriterien erfaßten freiwilligen Sozialaufwendungen unberichtigt in meine Erhebungen ebenso wie die der DAF aufgenommen werden mußten. Die in diesen Erhebungen gewonnenen Zahlen sind in ihrer absoluten Höhe vor diesem Hintergrund zu relativieren; sie können nur auf Trends hinweisen.[32] Die Angaben über die Höhe der freiwilligen sozialen Aufwendungen wurden von den Aktiengesellschaften darüber hinaus nicht getrennt nach den Aufwendungen für Arbeiter und Angestellte veröffentlicht. Auch die im folgenden als Bezugsgrößen dienenden Lohn- und Gehaltssummen wurden nur pauschal für die Gesamtbelegschaft angegeben. Die aus den folgenden Tabellen ablesbaren Trends beziehen sich also jeweils auf die *Gesamtheit* der Beschäftigten.

Nach Erhebungen des Arbeitswissenschaftlichen Instituts der DAF wurden in fast allen Zweigen der deutschen Industrie die Aufwendungen für zusätzliche Sozialleistungen in v. H. der Lohn- und Gehaltssummen – ohne Zuweisungen an Sozialfonds – zwischen 1937 und 1938 zum Teil erheblich heraufgesetzt. Auffällig ist, daß sie in der Konsumgüterindustrie besonders stark stiegen: So erhöhte sich das Gewicht der zusätzlichen Sozialleistungen in der Textilindustrie von 7,6% auf 10,6%, in der Nahrungs- und Genußmittelindustrie von 8,8% auf 10,3% und in der Bekleidungs- und Lederindustrie von 5,3% auf 8,2%. Vergleichsweise schwach wuchs dagegen der Anteil der freiwilligen betrieblichen Sozialleistungen in der metallerzeugenden und -verarbeitenden Industrie: In der Eisen- und Metallgewinnung erhöhte sich nach Angaben des Arbeitswissenschaftlichen Instituts der Anteil der zusätzlichen betrieblichen Sozialleistungen an der Lohn- und Gehaltssumme zwischen 1937 und 1938 von 5,5% auf 6,1%, in der zu einer Gruppe zusammengefaßten Fahrzeug-, feinmechanischen, optischen und elektrotechnischen Industrie sowie dem Maschinen- und Apparatebau von 5,8% auf 6,0%, in der Eisen- und Metallwarenindustrie von 6,4% auf 7,1%.[33] Der Eindruck der quantitativen Stagnation, den diese Zahlen nahelegen, täuscht freilich; er ist zu erheblichen Teilen gravierenden Veränderungen der Bezugsgröße geschuldet: Im Gegensatz zu den Konsumgüterindustrien verzeichneten die Zweige der metallverarbeitenden Industrien einen seit 1934 fast explosionsartigen Beschäftigtenzuwachs; gleichzeitig wurden in diesen rüstungswichtigen Industriezweigen Löhne und Gehälter überdurchschnittlich erhöht, während in der Konsumgüterindustrie auch 1938 noch außerordentlich niedrige Einkommen gezahlt wurden. Entsprechend rasch wuchsen in der Metallverarbeitung und -erzeugung die Lohn- und Gehaltssummen, während sie in den Zweigen der Verbrauchsgüterindustrie stagnierten oder gar zurückgingen. Die Beschäftigtenentwicklung ist allerdings nur ein Faktor, der die Höhe und Entwicklung der zusätzlichen betrieblichen Sozialleistungen in den einzelnen Industriezweigen beeinflußte. Das relativ hohe Niveau an Aufwendungen für zusätzliche Sozialleistungen in den Konsumgüterindustrien erklärt sich außerdem aus dem hohen Prozentsatz an Arbeiterinnen in diesen Branchen; die verstärkte Beschäftigung von Frauen und die zunehmende Konkurrenz auch um weibliche Arbeitskräfte ließ es vielen Unternehmen geraten erscheinen, eine entsprechende innerbetriebliche ›soziale Infrastruktur‹ in Form von Kindergärten, Stillstuben u. ä. m. zu schaffen oder auszubauen. Weitere Ursachen für die in den einzelnen Branchen je spezifische quantitative Entwicklung der zusätzlichen betrieblichen Sozialleistungen lassen sich besser erkennen, wenn wir längere Zeiträume betrachten.

Aus Tab. 25, die auf einer eigenen Erhebung basiert,[34] ist abzulesen, wie sich die Ausgaben für zusätzliche betriebliche Sozialleistungen zwischen 1932 und 1938 relativ zur Lohn- und Gehaltssumme in verschiedenen Branchen der metallverarbeitenden, der eisen-, stahl- und metallerzeugenden sowie der Textilindustrie entwickelten. Die Tabelle ist in mehrfacher Hinsicht aufschlußreich.

In den meisten Branchen erhöhten sich die Aufwendungen für zusätzliche Sozialleistungen beträchtlich; in den Metallhütten- und -halbzeugwerken, der Automobilindustrie, im Schiffsbau und in der Textilindustrie hatten sie sich in den ersten sechs Jahren der nationalsozialistischen Herrschaft mehr als verdreifacht. Die von den erfaßten Gesellschaften der elektrotechnischen Industrie ausgewiesenen freiwilligen Sozialaufwendungen nahmen dagegen in v. H. der Lohn- und Gehaltssummen seit 1933 kontinuierlich ab. Besonders ausgeprägt war dieser relative Rückgang der Ausgaben für zusätzliche Sozialleistungen bei den zum größten deutschen elektrotechnischen Unternehmen gehörenden Siemens-Schuckertwerken. Zwischen 1932/33 und 1938/39 verringerten sich hier die freiwilligen Sozialaufwendungen in v. H. der Lohn- und Gehaltssumme von 17,4% auf 7,9% (Abb. 4); ähnlich verlief die Entwicklung auch bei der Siemens & Halske AG und der AEG.[35] Diese Konzerne dominierten quantitativ die Elektroindustrie; auf sie ist der relative Bedeutungsschwund der betrieblichen Sozialleistungen in diesem Industriezweig zurückzuführen (Tab. 25). Ohne sie hätte sich auch in der Elektroindustrie ein den anderen Branchen vergleichbarer Trend durchgesetzt.

Zwar erhöhten sich die von den Siemens-Schuckertwerken als zusätzliche Sozialleistungen ausgewiesenen Aufwendungen[36] absolut von 10,7 Mio. RM 1932/33 auf 16,5 Mio. RM 1938/39, die der Siemens & Halske AG von 4,6 Mio. 1932/33 auf 7,6 Mio. 1937/38 und die der AEG während des gleichen Zeitraumes von 6,5 Mio. auf 9,5 Mio. Da jedoch die Belegschaft aller drei elektrotechnischen Riesenunternehmen sich in den ersten sechs Jahren der NS-Diktatur verdoppelte bzw. verdreifachte und die Gesamtlohn- und -gehaltssumme noch etwas stärker stieg, war die Relation hierzu ein Bedeutungsverlust der Aufwendungen für betriebliche Sozialleistungen die Folge. Andere Unternehmen der Elektroindustrie oder anderer Sektoren der Metallverarbeitung hatten dagegen im allgemeinen keinen derartig rasanten Anstieg der Beschäftigtenzahlen zu verzeichnen. Außerdem waren die drei großen Elektrokonzerne für ihre traditionell hohen zusätzlichen Sozialleistungen bekannt; sie mußten sie nicht – wie die meisten anderen Unternehmen – überproportional erhöhen, um Arbeitskräfte anzulocken. Ferner trug auch die selektive Gewährung nach Dauer der Betriebszugehörigkeit und nach innerbetrieblichem Status vor dem Hintergrund der großen Zahl an Neueinstellungen dazu bei, daß die Gesamtsumme der zusätzlichen Sozialleistungen (vorerst) relativ niedrig gehalten werden konnte. Schließlich hatten die beiden Siemens-Gesellschaften und AEG die für eine entwickelte betriebliche Sozialpolitik notwendigen institutionellen und materiellen Rahmenbedingungen überwiegend bereits vor 1933 geschaffen, während kleinere Unternehmen diese Bedingungen, wie z. B. Gebäude für Kindergärten, Werksbüchereien, Kantinen usw. erst errichten mußten. Auf die drei letztgenannten Aspekte wird an anderer Stelle noch ausführlich zurückzukommen sein.

Die für die Elektroindustrie angeführten Gründe waren auch verantwortlich für den nur langsamen Anstieg der freiwilligen sozialen Leistungen in den großen schwerindustriellen Unternehmen in v. H. der Lohn- und Gehaltssummen. Erst in den beiden letzten Vorkriegsjahren – als sich der Beschäftigtenzuwachs in diesem Wirtschaftssektor allmählich abschwächte – ist hier eine beträchtliche Erhöhung der freiwilligen Sozialaufwendungen festzustellen (Tab. 25). Abb. 4 verdeutlicht am Beispiel der Gutehoffnungshütte (GHH), daß die relative Stagnation der Aufwendungen für nichtgesetzliche soziale Leistungen bis 1936/37 – ähnlich der Entwicklung bei den Siemens-Schuckertwerken – auffällig mit der Vergrößerung der Belegschaft korrespondiert. Auch im Maschinenbau, der Branche, der innerhalb der Metallverarbeitung das größte Gewicht zukam, ist der vergleichsweise geringfügige Anstieg der relativen Ausgaben für zusätzliche Sozialleistungen in erster Linie auf die besonders starke Zunahme der Beschäftigtenzahlen zurückzuführen, im Waggonbau dagegen vor allem auf die relativ schlechte Ertragslage der meisten Unternehmen dieser Branche.

Abb. 4 ist darüber hinaus zu entnehmen, daß die Spitzenwerte (immer relativ zur Lohn- und Gehaltssumme) nicht während des ›Dritten Reiches‹

Tabelle 25: Zusätzliche soziale Aufwendungen industrieller Unternehmen in ausgewählten Industriezweigen 1932 bis 1938 (bzw. 1940) in v. H. der Lohn- und Gehaltssummen.

	(a)	1932	1933	1934	1935	1936	1937	1938	1939	1940	(b)
Eisen- und Stahlindustrie (einschl. Steinkohlebergbau) (c)	(8)	4,2%	4,7%	4,4%	4,6%	4,9%	6,3%	7,7%	–	–	(22765)
Vereinigte Stahlwerke	(1)	–	–	4,2%	3,9%	4,3%	4,9%	5,0%	–	–	(145544)
Eisen- und Stahlindustrie (d)	(9)	–	3,4%	3,1%	3,7%	3,0%	3,7%	5,0%	–	–	(6324)
Metallhütten und -halbzeugwerke	(7)	3,6%	6,3%	6,6%	7,8%	11,4%	11,4%	12,4%	–	–	(3900)
Maschinenbau	(16)	4,6%	4,0%	3,6%	3,5%	3,9%	4,7%	5,6%	–	–	(2920)
Automobilindustrie	(8)	2,0%	1,2%	2,7%	2,9%	3,8%	5,4%	6,4%(e)	6,8%(e)	10,0%(e)	(9835)
Waggonbau	(4)	–	–	3,1%	3,1%	3,9%	4,0%	4,1%	–	–	(2190)
Schiffsbau	(4)	–	–	–	–	1,2%	3,8%	5,0%	–	–	(4641)
Metallwarenherstellung	(7)	–	–	4,7%	7,8%	8,2%	8,8%	8,3%	–	–	(1358)
Elektroindustrie	(12)	11,2%	12,5%	9,1%	8,6%	7,9%	7,4%	7,2%	–	–	(14408)
Textilindustrie	(25)	2,7%	3,2%	4,1%	4,9%	6,1%	7,9%	9,7%	–	–	(1934)

(a) Erfaßte Aktiengesellschaften.
(b) Durchschnittliche Betriebsgröße = Belegschaft im Jahre 1935.
(c) Den hier erfaßten acht größten Stahlkonzernen außerhalb der Vereinigten Stahlwerke gehörten jeweils auch eine Reihe Zechen, zum Teil auch metallverarbeitende Betriebe. Deshalb wurden diese Aktiengesellschaften (Krupp, Hoesch, GHH, Klöckner, Mannesmann, Rheinische Stahlwerke, Ilseder Hütte, Mitteldeutsche Stahlwerke) zu einer eigenen Gruppe zusammengefaßt.
(d) Ohne Zechen.
(e) Einschl. Steyr-Daimler-Puch (nach: Monatshefte für NS-Sozialpolitik, Jg. 6, 1939, S. 92; Jg. 7, 1940, S. 209; Jg. 9, 1942, S. 161). Meine eigene Berechnung für 1938 (ohne Steyr-Daimler-Puch) ergab nur unwesentliche Differenzen (6,3%).

Abbildung 4: Zusätzliche soziale Aufwendungen in v. H. der Lohn- und Gehaltssumme und Beschäftigtenentwicklung bei den Siemens-Schuckertwerken und der Gutehoffnungshütte 1930/31 bis 1950/51.

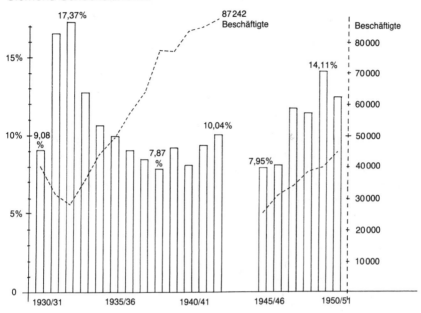

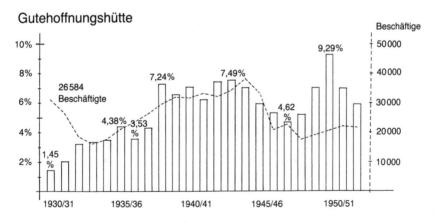

Quelle: SAA 14/Lf 939; HA GHH 400 1320/6.

erreicht wurden, sondern in Zeiten wirtschaftlicher Krise und großen sozialen Elends (1931—1933 und 1947—1950). In diesen Jahren waren einerseits niedrige Belegschaftszahlen und damit vergleichsweise geringe Lohn- und Gehaltssummen zu verzeichnen, andererseits ließen sich die fixen Bestandteile der Ausgaben für zusätzliche Sozialleistungen (wie Pensionszahlungen, Unterhalt von Gebäuden usw.) während der Krise kaum reduzieren; hinzu kamen bestimmte ›krisenspezifische‹ Sozialleistungen wie Notspeisungen u. ä. Diese Tendenz galt allerdings nicht für die gesamte Industrie, sondern (wie noch zu zeigen sein wird) nur für Unternehmen mit einer spezifischen Zusammensetzung ihrer zusätzlichen betrieblichen Sozialleistungen, insbesondere für solche, die – wie die Siemens-Schuckertwerke und die GHH – in weit überdurchschnittlichem Maße Ausgaben für betriebliche Renten tätigten.

Trotz dieser Einschränkungen ist ein grundsätzlicher Zusammenhang zwischen Profitabilität und der Höhe der für zusätzliche betriebliche Sozialleistungen bereitgestellten Geldmittel unübersehbar. Die nach 1933 rasch einsetzende Besserung der Ertragslage führte vor allem in den von der Rüstungskonjunktur begünstigten Industrien und hier wiederum besonders in den Großunternehmen parallel zur verstärkten Rücklagenbildung und Investitionstätigkeit auf Basis zunehmender Eigenfinanzierung auch zu einer steten Erhöhung der finanziellen Mittel, die für die betriebliche Sozialpolitik zur Verfügung standen. Je größer der Gewinn bzw. die Dividende, desto höher waren im allgemeinen auch die Aufwendungen für zusätzliche betriebliche Sozialleistungen. Nach einer Untersuchung des Arbeitswissenschaftlichen Instituts der DAF wandten industrielle Aktiengesellschaften, die 1937 keine Dividende ausschütteten, für zusätzliche betriebliche Sozialleistungen nur einen Betrag von 3,9% der von ihnen ausgewiesenen Lohn- und Gehaltssumme auf, während Gesellschaften mit einer Dividende von acht bis zehn Prozent 8,1% und Gesellschaften mit einer Dividende von über zehn Prozent sogar 10,5% für soziale Zwecke zur Verfügung stellten.[37]

Die Frage, wie sich die zusätzlichen Sozialaufwendungen während des Krieges entwickelten, läßt sich genauer nur für bestimmte Industriesektoren und im wesentlichen auch nur für die Jahre 1939 und 1940 beantworten. Die Automobilindustrie verzeichnete in den ersten beiden Kriegsjahren eine weitere deutliche Erhöhung der Aufwendungen für soziale betriebliche Zusatzleistungen (Tab. 25). Daß nach Beginn des Zweiten Weltkrieges trotz zunehmender staatlicher Kontrolle und einer restriktiveren Genehmigungspraxis seitens der Reichstreuhänder die Ausweitung zusätzlicher betrieblicher Sozialleistungen offenbar nicht sehr nachhaltig eingedämmt wurde, läßt sich auch für den südwestdeutschen Maschinen- und Apparatebau nachweisen.[38] Abb. 4 und weiteren einzelbetrieblichen Angaben zufolge wurden sie in den Folgejahren weiter heraufgesetzt.[39] Noch Anfang 1944 klagte der ›Generalbeauftragte für den Arbeitseinsatz‹ in einem Schreiben an den Reichsjustizminister, daß Unternehmer trotz des Lohnstops versuchten, den Umfang der freiwilligen betrieblichen Sozialaufwendungen zu erhöhen, um die weiterhin knappen Arbeitskräfte anzuwerben.[40] In einem Erlaß vom 31. März 1941 an die Reichstreuhänder hatte der Reichsarbeitsminister konstatiert, daß viele Industriebetriebe die Bestimmungen zur Begrenzung zusätzlicher sozialer Aufwendungen relativ offen übertraten und nicht einmal pro forma beim Reichstreuhänder um die (rechtlich notwendige) Erteilung von Ausnahmegenehmigung nachgesucht hätten, »weil die Überlastung dieser Dienststellen allgemein bekannt sei«. Zudem seien »bei festgestellten Verletzungen nicht immer der böse Wille«, sondern vielfach auch unklare Formulierungen der verschiedenen Bestimmungen verantwortlich gewesen.[41] Einschränkend muß hier allerdings darauf hingewiesen werden, daß während des Krieges spezifische Formen freiwilliger Sozialleistungen hinzutraten, von denen zumindest ein Teil nur mit großen Vorbehalten als ›soziale Leistungen‹ anzusprechen sind. Derartige Aufwendungen konnten den Gesamtposten ›zusätzliche betriebliche Sozialleistungen‹ derart aufblähen, daß ein Vergleich mit den Angaben vor 1939 nur sehr eingeschränkt möglich ist.[42]

Bevor auf die verschiedenen Formen betrieblicher Sozialpolitik und damit die Ursachen der hier skizzierten Entwicklungen genauer eingegangen werden kann, müssen die Gesamtausgaben für betriebliche Sozialleistungen auf ihre Abhängigkeit insbesondere von der Betriebs- und Ortsgröße hin untersucht werden.[43] In beiden für Tab. 26 exemplarisch als ›Repräsentanten‹ der Rüstungs- und Investitionsgüterindustrie (Maschinen- und Apparatebau) einerseits und der Konsumgüterindustrie (Textilindustrie) andererseits für die Erhebung ausgewählten Industriezweigen war der Umfang zusätzlicher betrieblicher Sozialleistungen in erheblichem Maße von der Größe der Belegschaften abhängig: Je größer eine Aktiengesellschaft, desto höher die freiwilligen sozialen Aufwendungen.[44] Bestimmte Aufwendungsarten wie Kantinen, Werksküchen, Kindergärten, Werkswohnungen, Einrichtungen des betrieblichen Gesundheitswesens waren erst ab einer bestimmten Unternehmensgröße sinnvoll.[45] Daß mit steigender Betriebsgröße sich das Gewicht der zusätzlichen Sozialleistungen erhöhte, läßt sich nicht nur für die Gesamtheit dieser Aufwendungen, sondern auch für die verschiedenen Teilbereiche beobachten. Z. B. wurden bestimmte, familienbezogene Zuwendungen – so läßt sich einer Erhebung des Arbeitswissenschaftlichen Instituts der DAF vom 1. Juli 1938 entnehmen, die diese in den ›Gauen‹ Halle-Merseburg und Süd-Hannover-Braunschweig durchführte – in großen Unternehmen auffallend häufiger gewährt als in kleinen und mittleren.[46]

Seit Kriegsbeginn kehrte sich dieser Trend allerdings um. Nach einer Umfrage, die die Wirtschaftsgruppe Maschinenbau Anfang 1941 in sämtlichen süddeutschen Maschinenbauunternehmen durchführte, verzeichneten die großen Unternehmen mit Abstand relativ den geringsten Zuwachs an Aufwendungen für zusätzliche Sozialleistungen. Die größten Zuwachsraten hatten dagegen die mittleren Maschinenbauunternehmen (mit einem Um-

Tabelle 26: Zusätzliche soziale Aufwendungen industrieller Unternehmen im Maschinen- und Apparatebau und der Textilindustrie in v. H. der Lohn- und Gehaltssummen nach Betriebsgrößenklassen 1937.

Betriebsgröße-Belegschaft	Maschinenbau (a)		Textilindustrie (a)	
weniger als 250 Beschäftigte	(5)	3,1%	(7)	5,1%
250 bis 499 Beschäftigte	(16)	4,5%	(8)	6,4%
500 bis 999 Beschäftigte	(18)	4,1%	(21)	6,4%
1000 bis 1999 Beschäftigte	(12)	4,1%	(25)	7,2%
2000 bis 4999 Beschäftigte	(12)	5,3%	(13)	7,1%
5000 und mehr Beschäftigte	(5)	5,6%	(2)	10,6%

(a) Erfaßte Aktiengesellschaften.

satz von 500 000 RM bis 2 Mio. RM) zu verzeichnen: Hier waren die Ausgaben für freiwillige soziale Leistungen in v. H. der Jahresumsätze zwischen 1938 und 1940 fast verdoppelt worden.[47] Für diese Trendwende waren im wesentlichen vier Gründe, auf die in den folgenden Kapiteln noch ausführlicher einzugehen sein wird, maßgeblich:

a) Anläßlich des Weihnachtsfestes 1940 führten kleinere Unternehmen, die bis dahin noch keine Gratifikationen ausgeschüttet hatten, mit ausdrücklicher Erlaubnis des Reichsarbeitsministers Sonderzuwendungen ein oder erhöhten diese auf das ›gewerbeübliche‹ Niveau. Bei Großunternehmen, die in der Regel bereits vor 1939 Weihnachtsgratifikationen in beträchtlichem Umfang ausgeschüttet hatten, gelangten dagegen die Verfügungen über ›Lohnstop und Weihnachtsgratifikationen‹ etc. voll zur Anwendung.

b) Auch der Einführung und dem Ausbau betrieblicher Einrichtungen zur Altersversorgung war staatlicherseits grundsätzlich kein Riegel vorgeschoben worden. Die etwa 2300 Unterstützungseinrichtungen, die zu diesem Zweck zwischen 1936 und 1943 neu geschaffen wurden, gingen in erster Linie auf das Konto von kleineren und mittleren Industriebetrieben.[48]

c) Um den Krankenstand zu senken, die Leistungsfähigkeit der Arbeitnehmer zu erhöhen und um die Nahrungsmittelversorgung zu rationalisieren,[49] wurden seit Kriegsbeginn in großem Umfange Werksküchen eingerichtet. 1939 existierten nur etwa 2700 derartige Einrichtungen, fast ausschließlich in Großbetrieben.[50] 1943 waren es mit 17 500 Kantinen fast siebenmal so viele. Die Zahl der von Betriebsküchen Verpflegten stieg während dieses Zeitraumes von 800 000 auf 4,5 Mio.[51] In den letzten Jahren des Krieges erhöhte sich der Stellenwert werkseigener Kantinen weiter, da die häusliche Zubereitung warmer Mahlzeiten durch die Einbeziehung von immer mehr Frauen in den industriellen Produktionsprozeß sowie infolge der Beschädigung oder Zerstörung von Wohnhäusern und Energieversorgungsanlagen durch Luftangriffe und schließlich die Evakuierung von Frauen und Kindern erheblich erschwert oder unmöglich gemacht wurde.[52]

d) Die verstärkten Versuche zur Mobilisierung von Frauen, die Kinder zu versorgen hatten, zur industriellen Erwerbstätigkeit beeinflußten auch in anderer Hinsicht die Entwicklung der zusätzlichen Sozialaufwendungen nach Betriebsgrößenklassen. Während Großunternehmen häufig lange vor 1939 über Kindergärten u. ä. verfügten,[53] setzte sich der Gedanke der Notwendigkeit der Einrichtung von Betriebskinderkrippen und -gärten in mittleren Industrieunternehmen erst seit 1938/39 »allmählich durch«.[54] Unter dem Druck der sich verschärfenden Arbeitskräfteknappheit sahen sich nach Kriegsbeginn immer mehr kleinere Betriebe gezwungen, derartige Einrichtungen neu aufzubauen und hierfür vergleichsweise umfangreiche Geldmittel zur Verfügung zu stellen, wollten sie überhaupt die Grundvoraussetzung schaffen, die Müttern die Aufnahme industrieller Erwerbstätigkeit erlaubte. Allerdings stieß der Aufbau von Kindergärten und -krippen hier häufig »auf technische Schwierigkeiten, da vorhandene Räume nur selten freigemacht und neue kaum gebaut werden können«.[55] Kleinbetrieben, die keine eigenen Werkskindergärten unterhalten konnten, war es nach einem Erlaß des Reichsarbeitsministers vom 15. Aug. 1941 ausdrücklich erlaubt, Frauen, die ihre Kinder zwecks Arbeitsaufnahme in öffentlichen Kindergärten untergebracht hatten, die hierfür zu leistenden Gebühren zu erstatten.[56]

Tabelle 27: Zusätzliche soziale Aufwendungen industrieller Unternehmen im Maschinen- und Apparatebau und der Textilindustrie in v. H. der Lohn- und Gehaltssummen nach Ortsgrößenklassen 1937.

Ortsgröße	Maschinenbau (a)		Textilindustrie (a)	
unter 5000 Einwohner	(2)	3,9%	(10)	7,1%
5000 bis 10000 Einwohner	(4)	3,1%	(12)	5,6%
10000 bis 20000 Einwohner	(8)	5,0%	(11)	8,2%
20000 bis 50000 Einwohner	(8)	3,5%	(8)	8,3%
50000 bis 100000 Einwohner	(4)	5,9%	(–)	–
100000 bis 200000 Einwohner	(6)	6,2%	(14)	7,0%
200000 bis 500000 Einwohner	(14)	4,9%	(6)	6,3%
500000 bis 1 Million Einwohner	(9)	3,6%	(7)	8,0%
über 1 Million Einwohner (b)	(9)	5,5%	(3)	9,1%

(a) Erfaßte Aktiengesellschaften.
(b) Nur Berlin.

Kaum ausgeprägt war (zumindest bis Kriegsbeginn) die Abhängigkeit der Höhe der sozialen Aufwendungen einer Aktiengesellschaft von der Einwohnerzahl des *Ortes*, in dem diese – bzw. die Hauptverwaltung[57] – ansässig war (Tab. 27). Dies ist u. a. darauf zurückzuführen, daß viele kleinere Gemeinden im Einzugsgebiet größerer Industriezentren lagen und – vermittelt über den Arbeitsmarkt – die freiwilligen sozialen Aufwendungen hier eine Höhe erreichten, die eher für großstädtische Unternehmen typisch war. Außerdem mußten in kleinen Gemeinden angesiedelte Betriebe – vor allem solche mit einem hohen Frauenanteil – häufig bestimmte soziale Defizite der Kommunen (fehlende Kinderhorte u. ä.) ausgleichen, um Frauen mit Kindern die Aufnahme der Erwerbstätigkeit möglich zu machen. Nach *Regionen* differenziert lassen sich gleichfalls keine wesentlichen Abstufungen in der Höhe der freiwilligen sozialen Aufwendungen konstatieren.[58]

3. Die ›Monetisierung betrieblicher Sozialpolitik‹: Zur Zusammensetzung der zusätzlichen Sozialleistungen

Der Umfang der zusätzlichen Sozialleistungen eines Unternehmens wurde – so haben die vorstehenden Ausführungen gezeigt – wesentlich bestimmt durch deren Zusammensetzung und durch die Wandlungen, denen die betriebliche Sozialpolitik unterworfen war. Der Versuch, sich ein genaues Bild über die Wandlungen der Zusammensetzung der freiwilligen Sozialaufwendungen zu machen, stößt allerdings auf Schwierigkeiten: Nur in Ausnahmefällen machten Unternehmen kenntlich, wie sich die Ausgaben für zusätzliche Sozialleistungen auf die einzelnen Posten verteilten. Derartige Aufstellungen lassen sich über längere Zeiträume nur für den Siemens-Konzern (Siemens & Halske und Siemens-Schuckertwerke), die Gutehoffnungshütte (GHH) und die Vereinigten Stahlwerke rekonstruieren (Abb. 5).

Vorweg einige methodische Anmerkungen: Von der Unternehmensleitung der GHH wurde intern festgestellt, daß Aufwendungen für das betriebliche Gesundheitswesen und den Unfallschutz sowie für die Ausbildung von Lehrlingen an sich nicht unter freiwillige soziale Aufwendungen zu verbuchen seien, weil sie »vorwiegend im Interesse der Firma zur Ersparung von Beitrags- und sonstigen Kosten« dienten bzw. »zur Erzielung genügenden Facharbeiternachwuchses im Interesse der Firma notwendig« wären.[59] Auch das Arbeitswissenschaftliche Institut der DAF war der Meinung, daß Leistungen zur »Pflege der Arbeitskraft«, also Unfall- und Gesundheitsschutz, ›Schönheit der Arbeit‹ u. ä. m., betriebswirtschaftlich auf »die gleiche Stufe« zu stellen seien wie »die Sorge um bessere Werkzeuge, bessere Betriebsorganisation, wie Pflege, Erhaltung und Verbesserung der Maschinen« und insofern auch nicht den zusätzlichen betrieblichen Sozialleistungen im engeren Sinne zuzurechnen seien.[60] Auch ›Spenden an Dritte‹ (Winterhilfswerk, NSDAP etc.) konnten beim besten Willen nicht als freiwillige Sozialleistungen für die eigene Belegschaft angesehen werden. Trotz der von der Betriebsleitung der GHH selbst vorgenommenen plausiblen Eingrenzung des Begriffes ›freiwillige Sozialleistungen‹ wurden von diesem und vielen anderen Unternehmen Aufwendungen für den betrieblichen Unfallschutz, das Gesundheits- und Ausbildungswesen unter zusätzliche Sozialleistungen subsumiert; ›Spenden an Dritte‹ wurden von der GHH erst seit

Ende 1940 nicht mehr als freiwillige Sozialleistungen ausgewiesen.[61] Um wenigstens gröbste Verzerrungen zu vermeiden, wurden für Abb. 5 Spenden der GHH und der Vereinigten Stahlwerke an Dritte von der Gesamtsumme der zusätzlichen Sozialaufwendungen abgezogen. In den offiziellen Aufstellungen des Siemens-Konzerns über die Zusammensetzung der freiwilligen sozialen Leistungen wurden wiederum die Aufwendungen für Weihnachtsgratifikationen, Abschlußprämien und besondere Zuwendungen nicht den zusätzlichen Sozialleistungen zugerechnet, sondern in die Lohn- und Gehaltssumme aufgenommen. Da auf die Gratifikationen aber kein Rechtsanspruch bestand, sie also auch im weiteren Sinne nicht zu ›Löhnen‹ erklärt werden können, und sie überdies in der ›Sozialbilanz‹ von Siemens getrennt ausgewiesen wurden, konnten sie für Abb. 5 den freiwilligen sozialen Aufwendungen zugerechnet werden.[62]

Abb. 5 bringt zwei gegenläufige Trends deutlich zum Ausdruck: Während der Krise dominierten die betrieblichen *Pensionszahlungen*. Bei Siemens machten sie 1932/33 etwa drei Viertel aller zusätzlichen Sozialaufwendungen (einschließlich Weihnachtsgratifikationen etc.) aus; bis 1938/39 war dieser Anteil auf gut ein Drittel zurückgegangen. Ähnlich verlief die Entwicklung bei der GHH und den Vereinigten Stahlwerken. Wenn im Gegensatz zu den meisten anderen Bereichen betrieblicher Sozialpolitik die Aufwendungen für von den Unternehmen gezahlte Renten seit 1933/34 absolut weitgehend stagnierten und prozentual deutlich zurückgingen, dann war dies wesentlich auf den krisenbedingten Anstieg der Zahl anspruchsberechtigter Pensionäre zurückzuführen: Von Mitte der zwanziger Jahre bis 1933/34 hatte sich die Zahl der Arbeitnehmer, die Zuwendungen durch die betriebliche Altersfürsorge erhielten, bei Siemens mehr als verdoppelt und bei der GHH sogar verdreifacht, da viele ältere Beschäftigte infolge Arbeitsmangels frühzeitig pensioniert wurden.[63] Nach 1933/34 kehrte sich dieser Trend um. In dem Maße, wie die Massenarbeitslosigkeit abgebaut wurde und ein allgemeiner Mangel an Arbeitskräften eintrat, blieben an sich pensionsberechtigte Arbeitnehmer weiter in den industriellen Produktionsprozeß eingegliedert. Schon 1934/35 nahmen überdies etwa hundert während der Krise vorzeitig Pensionierte in den Siemens-Betrieben die Arbeit wieder auf.[64] Für die Zeit nach 1933 ist deshalb eine leichte Abnahme der Zahl der Siemens-Pensionäre zu beobachten.[65] Das starke Gewicht der betrieblichen Altersfürsorge unter den gesamten betrieblichen Sozialaufwendungen, das vor allem bei Siemens und der GHH zu konstatieren ist, war allerdings nicht repräsentativ für die gesamte deutsche Industrie. Nur Industriebetriebe, die auf eine lange Tradition als Großunternehmen zurückblicken konnten, bereits frühzeitig betriebliche Pensionseinrichtungen geschaffen hatten und deshalb einer großen Zahl betrieblicher Pensionäre verpflichtet waren, wiesen ähnlich umfangreiche Ausgaben für ›betriebliche Altersfürsorge‹ auf. Solche Unternehmen waren in erster Linie in der Eisen- und Stahlindustrie sowie der elektrotechnischen Industrie zu finden.[66]

Abbildung 5: Zusammensetzung der vom Siemens-Konzern, der Gutehoffnungshütte und den Vereinigten Stahlwerken gewährten zusätzlichen Sozialaufwendungen 1928/29 bis 1940/41 (in v. H. sämtlicher zusätzlichen Sozialaufwendungen).

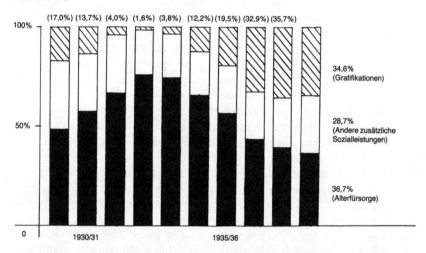

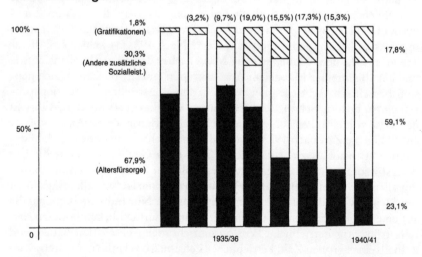

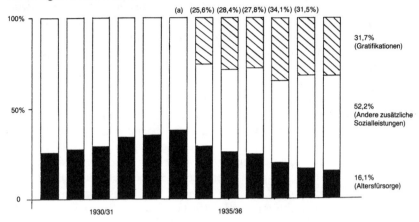

(a) Bis 1933/34: Gratifikationen nicht gesondert aufgeführt.

Quelle: SAA 15/Lc 774; HA GHH 400 1025/17 bzw. 400 1025/26; Statistische Monatsberichte der Vereinigten Stahlwerke; THA VSt/171–172.

Während mit Blick auf die betriebliche Altersfürsorge also in gewisser Weise von einer Sonderrolle der Elektro- und Schwerindustrie gesprochen werden kann, gilt die aus Abb. 5 ablesbare Tendenz der ›Monetisierung‹ freiwilliger Sozialleistungen für die deutsche Industrie generell.[67] Unter ›Monetisierung‹ zusätzlicher sozialer Leistungen industrieller Betriebe soll im folgenden in Anlehnung an Reichwein die im Vergleich zu anderen sozialpolitischen Sparten überproportionale Zunahme der mehr oder weniger regelmäßigen Geldleistungen eines Unternehmens an die Belegschaft, in erster Linie der Weihnachtsgratifikationen und Abschlußprämien, verstanden werden. Reichwein hat in diesem Zusammenhang konstatiert, daß man die von den Betrieben meist zu Weihnachten oder zum Jahresende gewährten Gratifikationen als »marktbedingte Sozialleistungen« bezeichnen könne, da ihr (von Reichwein erst für die fünfziger und sechziger Jahre konstatierter) außerordentlicher Bedeutungszuwachs vor allem auf der »angespannten Arbeitsmarktlage« beruhe.[68] Weil sie den in Zeiten allgemeinen Personalmangels benötigten Arbeitskräften zusätzliche materielle Anreize bieten soll, ist »monetisierte Sozialpolitik... sehr viel unmittelbarer den Funktionen und Zielen betrieblicher Lohnpolitik zugeordnet« als die anderen Bereiche der zusätzlichen Sozialleistungen.[69] Diese Feststellungen, die mit Blick auf die Wandlungen der Sozialpolitik bundesdeutscher Unternehmen getroffen wurden, gelten in mindestens dem gleichen Maße auch für die Zeit der nationalsozialistischen Herrschaft. Denn bis Kriegsbeginn hatte der Arbeitskräftemangel ein Ausmaß erreicht, das selbst in Zeiten bundesdeutscher Hochkonjunktur nicht verzeichnet wurde. Vor allem aber – das wiegt noch schwerer – ließ die insbesondere in den beiden letzten Vorkriegsjahren zunehmend restriktivere Lohnpolitik des NS-Staates *direkte* Lohnerhöhungen nicht mehr zu. Die Lohnverordnung vom 25. Juni 1938 ermöglichte es den Reichstreuhändern der Arbeit zwar grundsätzlich, nicht nur die Lohnhöhe, sondern auch die »sonstigen Arbeitsbedingungen«, also auch die freiwilligen Sozialaufwendungen zu begrenzen. In der Praxis ließ sich dies aber schwerer als bei den Löhnen realisieren, da sich – wie Mansfeld 1939 feststellte – »nur wenige sog. ›Nebenleistungen‹... für eine kollektive Behandlung, d. h. eine allgemein gültige Normierung durch den Staat« eigneten.[70] Erst der Kriegsbeginn markiert hier den entscheidenden Einschnitt; seit Ende 1939 wurde der Lohnstop auch auf Gratifikationen ausgeweitet. Dieser zunehmend wichtiger werdenden Form ›freiwilliger‹ Sozialleistungen werden wir uns nun zuwenden.

4. Die wichtigsten Formen der zusätzlichen betrieblichen Sozialleistungen

4.1. Lohnähnliche Sozialleistungen

Die entscheidenden Anstöße zur ›Monetisierung der betrieblichen Sozialpolitik‹ gingen nicht von der DAF und dem von ihr inszenierten ›Leistungskampf der Betriebe‹ aus; vielmehr war »das soziale Herz mancher Unternehmer proportional zur Verknappung der Arbeitskräfte gewachsen«.[71] So zwang die Krupp-Gußstahlfabrik, die 1934 vor dem Hintergrund der einsetzenden Vollbeschäftigung als erster großer Stahlkonzern des Ruhrreviers Weihnachtsgratifikationen zahlte, die gesamte rheinisch-westfälische Schwerindustrie nachzuziehen, um keine Arbeitskräfte zu verlieren.[72] Eine ähnliche Vorreiterrolle spielten in Mitteldeutschland die ›Stahlwerke Riesa‹.[73] Auch aus anderen Branchen wurde berichtet, daß die Arbeitskräfteknappheit die Verallgemeinerung der Weihnachtsgratifikationen auf alle Unternehmen beschleunigte.[74] Nur selten mußten Belegschaften durch »Zusammenrottungen« o. ä. die Gewährung von Weihnachtsgratifikationen erzwingen oder Vertrauensräte in dieser Sache initiativ werden;[75] die meisten Unternehmen fanden sich freiwillig bereit, Weihnachtsgratifikationen oder Abschlußprämien zu zahlen, um dringend benötigte Arbeitskräfte halten oder erfolgreich anwerben zu können. In den Vorkriegsjahren wurde in den Unternehmen der deutschen Industrie »von dieser Form zusätzlichen Lohnes... fast überall Gebrauch gemacht«[76] sowie die hierfür aufgewendete Summe »erheblich erhöht«.[77] Lediglich Handwerksbetriebe und kleinere

Firmen insbesondere des Baugewerbes verzichteten zu diesem Zeitpunkt noch häufiger auf die Zahlung derartiger Gratifikationen.[78] Die Arbeitsfront scheint nur in solchen Fällen unmittelbaren Druck auf Betriebsleitungen in dieser Hinsicht ausgeübt zu haben. Allerdings gab die DAF mit ihrem ›Leistungskampf der Betriebe‹ auch den übrigen Unternehmensleitungen ideologisch-politische Argumente an die Hand, gegenüber staatlichen Institutionen – die als Resultat einer Ausweitung betrieblicher Sozialaufwendungen Preiserhöhungen und damit Verteuerungen der Rüstungsaufträge befürchteten – den Ausbau der betrieblichen Sozialpolitik zu legitimieren.[79]

Zwar schütteten seit 1937/38 fast alle Industrieunternehmen Weihnachtsgratifikationen u. ä. aus, je nach Ertragslage differierten diese in ihrer Höhe jedoch häufig erheblich. Große Unternehmen zahlten meist ein Vielfaches von dem, was kleine Betriebe an Weihnachtsgratifikationen ausschütteten.[80] In solchen Fällen war dann vielfach »eine starke Unzufriedenheit der Gefolgschaft die Folge«.[81] Seitens der Reichsgruppe Industrie wurde besorgt festgestellt, »daß ein Run der Arbeitskräfte vom Lande zur Stadt und da wieder vom Klein- und Mittelbetrieb zum Groß- und Konzernbetrieb zu beobachten (sei), weil dort höhere zusätzliche Sozialleistungen gewährt werden«.[82]

Obgleich Gratifikationen häufig als »getarnte betriebliche Lohnzulagen«[83] angesprochen wurden, waren sie nicht dem Arbeitsentgelt im engeren Sinne zuzurechnen. Denn auf Gratifikationen bestand im allgemeinen kein Rechtsanspruch. Dieser konnte nach einem Urteil des Reichsarbeitsgerichts formaliter zwar dann entstehen, wenn monetäre Zuwendungen »ohne Hinweis auf die Freiwilligkeit« »wiederholt« gezahlt wurden.[84] Die Unternehmensleitungen hüteten sich jedoch in aller Regel, derartige Rechtsansprüche entstehen zu lassen und betonten explizit den »Schenkungscharakter« dieser Gratifikationen.[85] Monetäre Sozialleistungen konnten deshalb auch meist ohne Einschränkungen vom Wohlverhalten der betroffenen Arbeiter abhängig gemacht werden. Der fehlende Rechtsanspruch erlaubte es auch, Gratifikationen gewissermaßen als lohnpolitische ›Konjunkturpuffer‹ einzusetzen: Verschlechterte sich die wirtschaftliche Lage, konnte die Zahlung von Weihnachtsgratifikationen, Abschlußprämien u. ä. ohne juristische Komplikationen zurückgenommen werden.[86]

Monetäre Sozialleistungen wurden im allgemeinen nicht gleichmäßig, sondern in erster Linie nach Betriebszugehörigkeit und Familienstand ausgeschüttet. Familienväter, die ihrem Werk über Jahrzehnte ›treu‹ geblieben waren, erhielten häufig ein Vielfaches von dem, was neueingestellte Arbeiter bekamen.[87] Die Koppelung der Höhe der Weihnachtsgratifikationen an die Dauer der Betriebszugehörigkeit zielte auf die Bindung des Arbeitnehmers an ›sein‹ Werk. Außerdem lagen die den Arbeitern gewährten Gratifikationen meist deutlich unter dem Niveau der an die Angestellten ausgeschütteten Zuwendungen. Zumindest in Großunternehmen blieb in dieser Hinsicht der relative Abstand zwischen Arbeitern und Angestellten – trotz vehementer Ablehnung einer derartigen Privilegierung der Angestellten durch die DAF[88] – während des ›Dritten Reiches‹ im Vergleich zu den Jahren vor 1933 im allgemeinen gewahrt.[89] In manchen Betrieben wurde zusätzlich noch nach Lohngruppen bzw. innerbetrieblichen Funktionen differenziert; am unteren Ende der Hierarchie befanden sich – wie beim ›echten‹ Lohn – die Arbeiterinnen.[90]

Eine politisch-ideologische Sonderrolle spielte in diesem Zusammenhang die ›Gewinnbeteiligung‹. Im Programm der NSDAP von 1920 war unter Punkt 14 die »Gewinnbeteiligung in Großbetrieben« gefordert worden. Was darunter zu verstehen war und wie diese Forderung umgesetzt werden sollte, wurde freilich – auch späterhin – offengelassen.[91] Die Forderung nach ›Gewinnbeteiligung‹ war »als Kampfmittel gegen die drohende Sozialisierung«[92] und »Köder, für die Arbeiterschaft, nicht nur manchen, sondern einfach jeden Nachteil aus dem Arbeitsverhältnis zu schlucken«[93], im übrigen keine originelle Schöpfung der NSDAP, sondern lag gewissermaßen im Zug der Zeit. Auch dachten die meisten maßgeblichen Nationalsozialisten nicht ernsthaft an eine Realisierung dieser wie anderer, diffus anti-kapitalistischen Forderungen. Dennoch wurde von der DAF unter Berufung auf diese Passage des NSDAP-Programms eine Diskussion um die Einführung einer ›Gewinnbeteiligung‹ entfacht.[94] Einigkeit darüber, was unter ›Gewinnbeteiligung‹ zu verstehen war, konnte allerdings auch nach 1933 nicht hergestellt werden. Vielfach wurde der Begriff, um wenigstens formal Übereinstimmung mit diesem Programmpunkt der NSDAP zu erzielen, als »kollektive Gewinnbeteiligung« auf *alle* zusätzlichen Sozialaufwendungen ausgedehnt.[95] Nur wenige Unternehmen verwirklichten ›Gewinnbeteiligung‹ im engeren Sinne und stellten einen unmittelbaren Zusammenhang zwischen monetären Zuwendungen und der Höhe des betrieblichen Reingewinns her.[96] Die große Mehrheit der Unternehmer und auch die Reichsgruppe Industrie blieben Gewinnbeteiligungssystemen gegenüber vor allem deshalb skeptisch, weil sie fürchteten, die DAF würde dies zu Eingriffen in die innerbetriebliche Autonomie der ›Betriebsführer‹ nutzen.[97] In der ›Deutschen Sozialpolitik‹ 1944 wurden Gewinnbeteiligungssysteme im engeren Sinne sogar rundheraus abgelehnt, weil sie nicht nur »zu einer gefährlichen Zweideutigkeit der Unternehmerstellung führen« würden, sondern auch mit dem Leistungsgrundsatz »unvereinbar« seien.[98]

Nach Beginn des Zweiten Weltkrieges wurden für die meisten Formen monetärer Sozialleistungen dem Lohnstop vergleichbare Bestimmungen erlassen.[99] Weihnachtsgratifikationen unterlagen 1939 im Gegensatz zu den Jahren vorher nicht nur der Lohnsteuer, sondern auch dem Kriegszuschlag zur Einkommensteuer sowie der Wehrsteuer,[100] um zu verhindern, daß die Nachfrage nach Verbrauchsgütern auf Kosten der Kriegsproduktion stieg.[101] An Versuchen, mittels Begrenzung monetärer Sozialleistungen die Kaufkraft der Arbeiter zu schwächen, hatte es zwar vorher nicht gefehlt; der Kriegsbeginn schien jedoch ein ausgezeichneter Vorwand zu sein, auch die Entwicklung zusätzlicher betrieblicher Sozialleistungen unmittelbarer staatlicher Kontrolle zu unterwerfen. Indessen war – ähnlich wie bei den Überstundenzuschlägen etc. – auch in dieser Hinsicht ein Zurückweichen des NS-Staates und eine »gewisse Lockerung« der Begrenzung monetärer Sozialleistungen zu beobachten: Nach einem Erlaß des Reichsarbeitsministers vom 24. Nov. 1940 waren Weihnachtsgratifikationen nur noch lohnsteuer-, nicht jedoch mehr kriegssteuerpflichtig.[102] Wenige Tage zuvor hatte der Reichsarbeitsminister bestimmt, daß darüber hinaus Unternehmer, die 1939 noch keine Weihnachtsgratifikationen gewährt hatten, anläßlich des Weihnachtsfestes 1940 Sonderzuwendungen einführen durften, sofern der Betrag bei Arbeitern unter einem Wochenlohn, bei Angestellten unter 25% des Monatsgehalts blieb.[103] Der von Reichwein für die Bundesrepublik konstatierte Trend der Umschichtung von Aufwendungen aus dem Bereich traditioneller Sozialleistungen zugunsten der direkten Bargeldzuwendungen, der auf breiter Basis seit der Verkündung des ›Vierjahresplanes‹ eingesetzt hatte, kehrte sich mit Kriegsbeginn also nicht um, sondern setzte sich zumindest bis 1942 – allerdings stark abgeschwächt – fort. Nach wie vor sahen sich die Unternehmer vor dem Hintergrund der Arbeitskräfteknappheit veranlaßt, ihren Belegschaften finanzielle Sonderzuwendungen zu gewähren. Der nationalsozialistische Staat konnte sich auch bei monetären Sozialleistungen nicht zu einem strikten Lohnstop entschließen. Erst als in der zweiten Kriegshälfte Lohn und lohnähnliche Sozialaufwendungen – vor dem Hintergrund einer immer mehr alle Lebensmittel erfassenden Rationierung, akuter materieller Notlagen (die durch Geld nicht zu beheben waren) und der Drohung, Arbeiter bei fehlender Leistungsbereitschaft an die Front zu versetzen – ihre leistungsstimulierende Funktionen verloren, verschärfte das NS-Regime die Bestimmungen über die Gewährung monetärer Sozialleistungen.

Wenn hier konstatiert wird, daß sich der Trend der Monetisierung betrieblicher Sozialleistungen abgeschwächt fortsetzte, dann gilt dies nur für *deutsche* Industriearbeiter. Für ausländische ›Zivilarbeiter‹ wurden – darauf kann hier nur hingewiesen werden – abgestufte rassistische Diskriminierungen eingeführt; Juden, Sinti/Roma und ›Ostarbeiter‹ erhielten in der Regel keine Gratifikationen, andere ›Fremdarbeiter‹ unter bestimmten Bedingungen.[104] Für alle diese Menschen kann im übrigen von *Sozial*politik – auch wenn dieser Begriff kritisch gefaßt wird – in irgendeinem Sinne nicht gesprochen werden; das Attribut ›sozial‹ würde hier (vollends) zynisch.

4.2. Frauenspezifische zusätzliche Sozialleistungen der Unternehmen

Die Entwicklung auf dem Arbeitsmarkt beschleunigte nicht nur die ›Monetisierung‹ der betrieblichen Sozialpolitik. Nachdem seit 1936 die Versuche intensiviert wurden, *Frauen* für die Aufnahme industrieller Erwerbstätigkeit zu gewinnen, wurden von immer mehr industriellen Unternehmen Werkskindergärten und Stillstuben eingerichtet, Kinderzulagen, Geburtsbeihilfen u. ä. m. gezahlt.[105] Oben war konstatiert worden, daß vor allem in den Branchen, in denen überdurchschnittlich viele Frauen beschäftigt waren, die zusätzlichen Sozialleistungen erheblich ausgedehnt worden waren. Ein entscheidender Grund hierfür waren die auf die Doppelrolle vieler Frauen als Arbeitnehmerin und Mutter zielenden ›Sozialinvestitionen‹ wie der – während des Krieges freilich durch Materialmangel u. ä. erschwerte – Bau oder die Erweiterung von Kindergärten und -heimen, Säuglingskrippen und Stillstuben sowie monetäre Zuwendungen wie Geburtsbeihilfen, Kinderzulagen usw., die die Frauen auch nach Heirat und Mutterschaft zur industriellen Erwerbstätigkeit anreizen sollten. Während des Krieges wurde eine Reihe weiterer betrieblicher Sozialleistungen eingeführt, die es Frauen ermöglichen sollten, in der Industrie beruflich tätig zu werden:

– Nach einem Erlaß des Reichsarbeitsministers vom 11. Dez. 1940 konnten berufstätige Frauen bei einem Fronturlaub ihres Ehemannes Sonderurlaub erhalten.[106]
– In einer Anordnung vom 1. Nov. 1943 verfügte derselbe Minister, daß Frauen mit eigenem Hausstand, soweit sie 48 Wochenstunden oder länger in der Industrie arbeiten mußten und mindestens ein Kind unter 14 Jahren zu versorgen hatten, alle zwei Wochen Anspruch auf einen unbezahlten ›Hausarbeitstag‹ besaßen.[107] In Vorwegnahme dieser staatlichen Initiative konnten z. B. bei Siemens beschäftigte Frauen bereits seit 1940 zweimal im Monat ›dienstfreie Waschtage‹ ohne Bezahlung nehmen.[108]
– In anderen Betrieben wurden Industriearbeiterinnen »häusliche Aufgaben etwa durch Übernahme von Besorgungen auf Beauftragte des Betriebes«[109] oder der NSV[110] abgenommen.
– Eine Reihe von Unternehmen baute während des Krieges den Mutterschutz aus (Erhöhung der finanziellen Zuwendungen für Hochschwangere bzw. bei der Geburt, Ausweitung der Stillzeiten während der Arbeitszeit u. ä. m.).[111]
– Schließlich wurde die Zahl der ›betrieblichen Sozialarbeiterinnen‹, deren Aufgabe u. a. in der möglichst reibungslosen Einpassung der Frauen in den betrieblichen Produktionsprozeß bestand, während des Krieges mehr als verdreifacht.[112]

Dennoch wäre es verfehlt, die starke Ausweitung frauenspezifischer Sozialleistungen seit 1939 ausschließlich auf den Krieg zurückführen zu wollen: Die stärkere Betonung der auf Frauen in ihrer Funktion als Mütter und Hausfrauen zielenden Sozialleistungen läßt sich tendenziell immer für Zeiten der Hochkonjunktur beobachten, wenn die Arbeitsmarktverhältnisse eine stärkere Einbeziehung von Frauen in den industriellen Produktionsprozeß notwendig erscheinen lassen. Die Not- und Mangelsituationen während des Krieges verstärkten diesen Trend allerdings erheblich.

Nicht nur mit der Einrichtung von Kindergärten, auch in anderer Hinsicht kam es zur *Ergänzung der kommunalen durch betriebliche* Sozialpolitik. Dieses Phänomen, das nicht nur für die Zeit des ›Dritten Reiches‹ zu beobachten ist, war offenbar besonders ausgeprägt in kleineren Gemeinden, die im allgemeinen die größten sozialpolitischen Defizite aufwiesen; jedenfalls erhöhten die Unternehmen, die in kleineren Städten und Landgemeinden ansässig waren, in den Vorkriegsjahren die Aufwendungen für zusätzliche betriebliche Aufwendungen in weit überdurchschnittlichem Maße.[113] Betriebliche Sozialpolitik mit quasi kommunalem Charakter wurde nicht nur von Unternehmen mit einem hohen Anteil an Arbeiterinnen an der Gesamtbelegschaft praktiziert und konnte selbstredend auch andere als frauenspezifische, sozialpolitische Bereiche einschließen.[114] Sie nahm in manchen Fällen die Form von Spenden an die Gemeinden für den Bau oder Erhalt kommunaler Einrichtungen – die von den betreffenden Unternehmen dann bevorzugt genutzt werden konnten – an.[115] Im Geschäftsbericht der Werksfürsorge der GHH für 1936/37 wurde es als eine »Aufgabe der Werksfürsorge« bezeichnet, die von den Gemeinden hinterlassenen sozialpolitischen »Lücken zu schließen«.[116]

4.3. Betriebliche Sozialpolitik und die Defizite staatlicher Sozialpolitik: das Beispiel betriebliche Altersfürsorge

Dies war in der Tat eine – neben der ›Monetisierung‹ der zusätzlichen Sozialleistungen – zweite, zentrale Funktion der betrieblichen Sozialpolitik. Seit Beginn ihrer Existenz wurde die betriebliche als »notwendige Ergänzung staatlicher Sozialpolitik«[117] aufgefaßt, besetzte diese Nischen, in die der im Deutschen Reich bis 1929 in ständiger Ausweitung begriffene Sozialstaat nicht hineinreichte. In der letzten Phase der Weimarer Republik wurden dann die staatlichen Sozialleistungen durch eine Reihe von Notverordnungen der Präsidialkabinette Brüning und v. Papen drastisch beschnitten.[118] Nach der nationalsozialistischen ›Machtergreifung‹ wurde zwar das übernommene System der Sozialversicherung in seiner Grundstruktur kaum angetastet,[119] zugleich jedoch die Leistungen erheblich zurückgeschraubt. Zum Ausdruck kam z. B. dies in der sinkenden Zahl der bewilligten Alters- und Invalidenrenten bei gleichzeitig steigendem Anteil alter Menschen an der Gesamtbevölkerung und erhöhtem Unfallrisiko.[120] Die mit großem propagandistischen Aufwand inszenierten und durch Sammlungen finanzierten Aktivitäten der sozialpolitischen Sonderorganisationen der NSDAP und der DAF (insbesondere die ›Nationalsozialistische Volkswohlfahrt‹ und deren Unterorganisationen wie z. B. das ›Winterhilfswerk‹) konnten den Abbau behördlicher Sozialleistungen nur teilweise ausgleichen.

Die dadurch aufklaffenden Lücken staatlicher Sozialpolitik erweiterten zwangsläufig den Raum für betriebliche Sozialpolitik. Dies wurde staatlicherseits nicht nur deutlich gesehen, sondern auch explizit angezielt.[121] Es gelang der betrieblichen Sozialpolitik allerdings nur eingeschränkt, diese Defizite auszugleichen. Zwar besaßen 1937 und 1938 die zusätzlichen betrieblichen Sozialaufwendungen mit 47,2% und 45,2% in v. H. sämtlicher Sozialleistungen ein deutlich stärkeres Gewicht gegenüber den gesetzlichen und tariflichen Sozialleistungen, als dies in der Bundesrepublik der Fall war:

Nach 1945 sank hier der Anteil der zusätzlichen betrieblichen Sozialleistungen an der Gesamtheit aller Sozialaufwendungen von 40,7% 1949 und 36,2% 1957 auf 16,3% 1976. In v. H. der Lohn- und Gehaltssummen blieben die freiwilligen ›Sozialkosten‹ bis 1938/39 jedoch deutlich unter dem Niveau selbst des Jahres 1976, obwohl zu diesem Zeitpunkt ein großer Teil vieler ehemals ›freiwilliger‹ Sozialleistungen infolge tariflicher Bestimmungen bzw. gesetzlicher Vorschriften zu obligatorischen geworden war. 1937 wurden von den Aktiengesellschaften, die hierüber genauere Angaben machten, für gesetzliche wie außergesetzliche, ›freiwillige‹ Sozialleistungen 19,3% und 1938 16,8% in v. H. der Lohn- und Gehaltssummen aufgewendet. 1949 lag dieser Wert in der Bundesrepublik bereits bei 33,2%, er stieg dann auf 40,9% 1957 und 62,0% 1976.[122] In welcher Weise industrielle Unternehmen bis 1939 die Beschneidung staatlicher Sozialleistungen zu eigenen sozialpolitischen Initiativen nutzten und wo hier die Grenzen lagen, soll anhand zweier Zentralbereiche betrieblicher Sozialpolitik, nämlich der betrieblichen Altersfürsorge und dem Werkswohnungsbau, genauer untersucht werden.

Die staatliche Altersversorgung könne »nicht als ausreichend angesehen werden«,[123] sie sei »schon lange als unzulänglich anerkannt«[124] und könne »höchstens... eine Existenzgrundlage auf knappster Basis bieten«.[125] Derartige Feststellungen, wie sie vor allem von der DAF vorgetragen wurden,[126] weisen darauf hin, daß offenbar ein erheblicher Teil der Menschen, die in erster Linie aus Altersgründen nicht mehr arbeitsfähig waren, in großer Armut lebten. Was die DAF u. a. verschwiegen: Im Vergleich zur Weimarer Republik war die durchschnittliche Invaliden- und Altersrente in der Zeit des ›Dritten Reiches‹ noch beträchtlich geschrumpft. 1929 erhielt ein Arbeiter-Rentner den – auch damals kaum zum Leben ausreichenden – monatlichen Betrag von 34,44 RM, 1932 waren es immerhin noch 33,38 RM, 1938 dagegen nur noch 30,97 RM.[127] Die Rente eines Arbeiters lag damit ein Jahr vor Kriegsbeginn um 31,9% unter dem von der DAF errechneten Erwachsenen-Existenzminimum von 45,45 RM monatlich »bei niedrigster Lebenshaltung«.[128] Noch schlechter war die Situation für Witwen, nur wenig besser für Angestellte, die aus Alters- oder gesundheitlichen Gründen ihre berufliche Tätigkeit aufgeben mußten.[129] Für alle Rentnergruppen dürfte sich die Lage während des Krieges eher noch verschlechtert haben. Der betrieblichen Altersfürsorge als Ergänzung der staatlichen mußte nach der nationalsozialistischen ›Machtergreifung‹ also ein gegenüber der vorausgegangenen Zeit erhöhter Stellenwert zukommen.[130]

Nach einer Erhebung der Reichsgruppe Industrie aus dem Jahre 1936 wiesen 5292, d. h. etwa ein Viertel aller in der Reichsgruppe Industrie organisierten Unternehmen entsprechende Unterstützungseinrichtungen auf.[131] Bis 1943 waren es »mehr als 8000 Unternehmungen«, die in irgendeiner Form über zusätzliche Altersversorgung verfügten.[132] Zwar wurde noch 1938/39 beobachtet, daß sich Arbeitskräfte u. a. deshalb von Großbetrieben anwerben ließen, weil diese mit einer günstigeren Altersversorgung lockten.[133] Aber gerade um hier nicht ins Hintertreffen zu geraten und dringend benötigte Arbeitskräfte nicht zu verlieren, gingen auch Unternehmen mit kleineren Belegschaften – soweit ihre Ertragslage es zuließ – dazu über, Einrichtungen zur Versorgung alter, in den ›Ruhestand‹ tretender Arbeitnehmer zu schaffen. Dies kam indirekt in den Formveränderungen dieser Einrichtungen zum Ausdruck. Nach Angaben der Gewerbeaufsicht ging eine zunehmende Zahl der »weniger kapitalkräftigen« Inhaber meist kleinerer Unternehmen dazu über, für einzelne Arbeitnehmergruppen oder die gesamte Belegschaft bei Versicherungsgesellschaften Lebensversicherungen auf Rentenbasis abzuschließen.[134] Bis 1940 war einem großen Teil der Industriearbeiterschaft durch solche ›Gefolgschaftsversicherungen‹ eine zusätzliche Altersversorgung verschafft worden.[135] In anderen Fällen erfolgte diese durch eine Höherversicherung der Belegschaft bei der gesetzlichen Sozialversicherung. Daß vom Reichsarbeitsminister in einem Runderlaß an die Reichstreuhänder der Arbeit vom 10. Aug. 1937 gerade diese Formen betrieblicher Alterssicherung als besonders förderungswürdig vorgeschlagen wurden,[136] ist kein Zufall: Insbesondere im letzteren Fall ließen sich die für die zusätzliche Altersversorgung aufgewendeten Beträge direkt der Rüstungsfinanzierung zuführen. Wieder andere Unternehmen mit kleinen Belegschaften gründeten zum gleichen Zweck Gruppenpensionskassen. 1937 bestanden für immerhin 5,9 Mio. Arbeitnehmer (meist Angestellte) solche gemeinsamen Versorgungseinrichtungen.[137]

Dagegen schwand die Bedeutung der Pensionskassen, soweit sie rechtlich selbständige Versorgungsvereine waren. Diese Kassen, die die ursprüngliche Form freiwilliger, betriebsbezogener Altersversorgung darstellten und als Selbsthilfeeinrichtungen der Arbeiter, zu denen die Unternehmer nur Zuschüsse leisteten, entstanden waren,[138] waren vielfach bereits während der Inflation oder der Weltwirtschaftskrise zusammengebrochen. 1936 bestanden nur noch 102 dieser rechtlich selbständigen Pensionskassen.[139] Wenn diese Pensionskassen, die ihren Mitgliedern einen Rechtsanspruch auf Versorgungsleistungen bzw. – bei vorzeitigem Ausscheiden aus dem Betrieb – häufig auch auf Rückzahlung der eingezahlten Beträge einräumten,[140] in den Folgejahren ihre alte Bedeutung nicht wieder zurückerlangen konnten,[141] dann lag dies an der Ausweitung der ursprünglich nur für diese Versicherungsform vorgesehenen steuerlichen Privilegien auch auf andere Arten betrieblicher Pensionseinrichtungen.[142] In einem Erlaß vom 15. Dez. 1938 bestimmte der Reichsfinanzminister, daß »in Zukunft auch solche Einrichtungen des Betriebes steuerbegünstigt sind, die Renten ohne Rechtsanspruch gewähren«. Auch die »lediglich in Aussicht gestellten, aber nicht versprochenen und nicht einklagbaren Renten werden steuerlich begünstigt«.[143] Zwar mußte der für die betriebliche Altersfürsorge vorgesehene Betrag formal vom sonstigen Betriebsvermögen getrennt werden. Aber da eine solche Pensionsrückstellung oder ›Unterstützungskasse‹ (die nicht mit der oben angesprochenen Pensionskasse verwechselt werden darf) »in der

Anlage ihres Kassenvermögens nicht an Vorschriften gebunden ist,[144] kann sie ihr Vermögen an den Betrieb gegen entsprechende Schuldverpflichtungen wieder ausleihen, im Konkursfalle des Betriebes ist die Kasse kein bevorrechtigter Gläubiger«.[145] Zuweisungen an diese Kassen galten als Betriebsausgaben und wurden vom steuerpflichtigen Einkommen abgezogen. Derartige Unterstützungskassen und Pensionsrückstellungen – formaljuristisch Fremdkapital – erweiterten den Kreditspielraum des Unternehmens zu günstigen Bedingungen und dienten überdies – als Gewinnversteck – der Steuerersparnis.[146] Mitte 1940 wurden diese Bestimmungen weiter gelockert und vom Reichsminister der Finanzen die Steuerfreiheit für Pensions- und Unterstützungseinrichtungen explizit auch dann garantiert, wenn die dafür aufgewendeten Beträge »im Betrieb arbeiteten«, also nur zum Schein für die betriebliche Altersversorgung zurückgestellt waren.[147]

Allerdings wurde nach Kriegsbeginn die staatliche Kontrolle auf diesen Bereich betrieblicher Sozialpolitik ausgedehnt: In einem Erlaß des Reichsarbeitsministers über ›Lohnstop und betriebliche Altersfürsorge‹ vom 26. März 1940[148] wurde die Einrichtung bzw. der Ausbau der betrieblichen Altersfürsorge von der Genehmigung der Reichstreuhänder der Arbeit abhängig gemacht, jedoch keineswegs gänzlich unterbunden. In Anfang 1942 erlassenen Richtlinien wies der Reichsarbeitsminister die Reichstreuhänder sogar ausdrücklich an, Anträgen auf den »Ausbau einer betrieblichen Altersfürsorge... im allgemeinen zu(zu)stimmen«.[149] Zwischen 1942 und 1944 kam es deshalb zu einem »starken Anwachsen der Zahl dieser Einrichtungen«.[150] Gegen Kriegsende wurden die diesbezüglichen Bestimmungen insofern noch weiter gelockert, als betriebliche Renten auch dann weiterbezahlt werden konnten, wenn die betreffenden ›Werkspensionäre‹ die Arbeit im Zuge der letzten Anstrengungen zur Steigerung der Rüstungsproduktion wieder aufgenommen hatten.[151]

Die Verfügungsgewalt über Pensionseinrichtungen ließen sich die Unternehmensleitungen – in Übereinstimmung mit den Ende 1938 ergangenen Bestimmungen des Reichsfinanzministers[152] – in der Regel nicht durch verbindliche Zusagen an die Belegschaften beschränken: Bis Kriegsbeginn räumte nicht einmal jeder fünfte aller ›Betriebsführer‹, die zusätzliche Altersfürsorgeeinrichtungen geschaffen hatten, der ›Gefolgschaft‹ einen Rechtsanspruch auf Versorgungsleistungen ein.[153] Es bedurfte nicht erst der Aufforderung durch die Organe der ›Selbstverwaltung der Wirtschaft‹, einen Abschnitt über die *Freiwilligkeit* der Zahlung betrieblicher Renten in die Satzungen der Pensionseinrichtungen aufzunehmen.[154] In der Regel hatten die Unternehmensleitungen bereits aus eigenem Antrieb derartige Bestimmungen formuliert.[155] Bis Kriegsende blieb es dabei, daß den Arbeitnehmern ein gesetzlicher Anspruch auf (zusätzliche) Altersversorgung gegenüber dem Unternehmer nicht eingeräumt wurde,[156] obwohl das staatlicherseits gewährte Altersruhegeld auch nach 1939 kaum zur Sicherung des Existenzminimums ausreichte. Der Grund dafür, warum die Unternehmer hier hart blieben: Nur wenn kein Rechtsanspruch auf betriebliche Pensionsleistungen auch bei Arbeitsplatzverlust bestand, konnten diese zusätzlichen Sozialleistungen als Instrument zur Belohnung von Wohlverhalten und umgekehrt die Drohung mit Entzug als Disziplinierungsmittel eingesetzt werden.

Freiwillige Altersfürsorge fesselte die betreffenden Arbeitnehmer an das jeweilige Unternehmen. Die Pensionseinrichtungen – so hat bereits Werner von Siemens in seinen ›Lebenserinnerungen‹ festgestellt – hätten sich »außerordentlich bewährt«, weil sie entscheidend dazu beitrugen, daß die Arbeitnehmer »sich als dauernd zugehörig zur Firma« betrachteten und »die Interessen derselben mit ihren eigenen« identifizierten. Die Arbeitnehmer wurden dadurch an »die Firma« gebunden und insofern der »Streikmanie« ein Riegel vorgeschoben, als sie bei einem Arbeitsstellenwechsel keinen Anspruch mehr auf Versorgungsleistungen durch Pensionseinrichtungen ihres ehemaligen Betriebes hatten.[157] Darüber hinaus waren die betrieblichen ›Ruhegelder‹ in aller Regel nach der *Dauer der Betriebszugehörigkeit* gestaffelt.[158] Erst nach einer bestimmten ›Wartezeit‹, die je nach Betrieb sehr unterschiedlich ausfallen konnte,[159] erwarb sich der Beschäftigte einen Anspruch auf Zuwendungen durch die betriebliche Altersfürsorge. Je länger er danach ununterbrochen in dem jeweiligen Unternehmen tätig war, desto höher fiel die betriebliche Zusatzrente aus. Zwar wurde die Gewährung fast aller zusätzlichen Sozialleistungen – Gratifikationen, Werkswohnungen, Geschenke bei ›Dienstjubiläen‹[160] u. ä. m. – von der Dauer der Betriebszugehörigkeit abhängig gemacht.[161] Besonders wirkungsvoll scheint jedoch gerade die Staffelung der betrieblichen Alterszuwendungen die Arbeitnehmer an den Betrieb gefesselt zu haben. Dort nämlich, wo die betrieblichen ›Ruhegelder‹ besonders hoch waren, war auch die ›Werkstreue‹ am ausgeprägtesten. Das galt in erster Linie für die Eisen- und Stahlindustrie des Ruhrreviers.[162] In diesem wichtigen Zweig der Rüstungsindustrie verschob sich auch in den letzten drei Jahren die Struktur der Belegschaft nach Dauer der Werkszugehörigkeit trotz zum Teil rascher Vergrößerung der Belegschaften kaum. Die Zahl der besonders ›werkstreuen‹ Arbeitnehmer nahm sogar relativ noch zu: 1936 lag der Anteil der Arbeiter, die im Ruhrgebiet länger als fünfundzwanzig Jahre in dem gleichen Stahlunternehmen beschäftigt waren, bei 9,3%; bis 1939 war der Anteil dieser Arbeiter – trotz des Beschäftigtenzuwachs in der Stahlindustrie – auf 9,7% gestiegen. Der Anteil der neueingestellten Arbeiter (bis fünf Jahre) hatte sich während dieses Zeitraumes gleichfalls (von 48,4% auf 52,2%) erhöht; dagegen war der Anteil der rheinisch-westfälischen Stahlarbeiter, die fünf bis fünfundzwanzig Jahre in einem Werk beschäftigt waren, aufgrund der Massenentlassungen während der Weltwirtschaftskrise und der anschließenden Neueinstellungen von 1936 bis 1939 deutlich gesunken.[163] Auch in Großunternehmen anderer Branchen, die für ihre betriebliche Sozialpolitik bekannt waren und beträchtliche Gelder insbesondere für die betriebliche Altersfürsorge aufwandten, wie z. B. Siemens und AEG, lag die Dauer der Betriebszugehörigkeit beträchtlich über dem jeweiligen Durchschnitt.[164] Auffällig ist außerdem, daß Angestellte im Durchschnitt deutlich länger als Arbeiter in demselben Unternehmen beschäftigt waren: In der rheinisch-westfälischen Eisen- und Stahlindustrie beispielsweise lag der Anteil der Angestellten, die ohne Unterbrechung länger als fünfundzwanzig Jahre in einem Unternehmen beschäftigt waren, 1936 bei 19,0% und 1939 bei 18,7%.[165] Dies lag wesentlich daran, daß Angestellte neben umfangreicheren Weihnachtsgratifikationen auch höhere betriebliche Pensionszahlungen als Arbeiter zu erwarten hatten.[166] Die Höhe der in Aussicht gestellten betrieblichen ›Ruhegelder‹ konnte darüber hinaus wie bei Siemens – und wahrscheinlich auch anderen Unternehmen, die viele Frauen beschäftigten – noch nach Geschlecht differenziert werden.[167] Bei langer ›Werkstreue‹ erreichten die Zahlungen mancher Betriebe an einen in den ›Ruhestand‹ getretenen Arbeiter oder Angestellten einen Umfang, der sogar deutlich über dem der staatlichen Durchschnittsrente lag. Dies blieb während der NS-Zeit jedoch eher die Ausnahme. Die große Masse der Betriebe, die sich überdies häufig erst aufgrund der vom Arbeitsmarkt her wirkenden Zwänge seit etwa 1934/35 zur Schaffung betrieblicher Altersfürsorgeeinrichtungen veranlaßt sah, gestand der Arbeiterschaft nach Feststellungen der DAF »meistens nur geringe Beträge« zu.[168] Die Defizite staatlicher Rentenpolitik wurden – so kann zusammenfassend festgestellt werden – durch betriebliche Zusatzrenten im allgemeinen nicht kompensiert.

4.4. Werkswohnungsbau und allgemeine Wohnungsnot

Obgleich in den ersten Jahren der nationalsozialistischen Diktatur vor allem aufgrund der staatlichen Arbeitsbeschaffungsmaßnahmen die Wohnungsbautätigkeit intensiviert wurde (Tab. 28), mußte auch in Zeitschriften wie der ›Deutschen Volkswirtschaft‹ z. B. Anfang 1935 zugegeben werden, es bestände »in vielen Großstädten« ein »so großer Mangel an kleinen und billigen Wohnungen, daß man vielfach von einer ausgesprochenen Wohnungsnot sprechen muß«.[169] Die gleiche Zeitschrift meldete wenig später »ein neues Zurückbleiben der Zahl neugebauter Wohnungen hinter der Zunahme der Haushaltungen«.[170] Allein in den ersten drei Jahren der nationalsozialistischen Diktatur hatte sich das *Wohnungsdefizit* im Deutschen Reich um ungefähr eine halbe Million vergrößert.[171] In den Vorkriegsjahren ging die Zahl der neugebauten Wohnungen dennoch rasch zurück, weil der Bau kriegswichtiger Einrichtungen und industrieller Anlagen Priorität besaß. Staatliche Zwangseingriffe waren meist nicht nötig, um diese Prioritäten durchzusetzen; die Marktmechanismen reichten hierfür häufig aus: Nicht selten lehnten Baufirmen es z. B. ab, »die knapp kalkulierten Wohnungsbauten zu übernehmen, weil sie bei anderen öffentlichen Bauten erheblich höhere Kubikmeterpreise erhalten konnten«.[172] In anderen Fällen führte der Rohstoffmangel dazu, daß Wohnungsbauten nicht fertiggestellt wurden.[173] Die eindeutige Benachteiligung des Wohnungsneubaus wird besonders deutlich, wenn wir die baugewerbliche Produktion in Teilbereiche untergliedern: Die Bedeutung des Wohnungsbaus ging von 28% im Jahre 1933 auf 23% 1937 zurück; im gleichen Zeitraum wurde der Anteil des öffentlichen Hoch- und Tiefbaus (Rüstungs- und Repräsentativbauten, Autobahnen etc.) von 53% auf 61% erhöht. Das Gewicht des Neubaus gewerblicher, vor allem industrieller Anlagen blieb weitgehend konstant.[174] In den folgenden Jahren verstärkte sich diese Entwicklung noch. Während »Bauvollendungen« im »Nichtwohnungsbau« 1938 gegenüber 1937 um 0,7% (qm umbauter Raum) gegenüber dem Vorjahr zunahmen, ging die Zahl der fertiggestellten Wohnungen deutlich zurück.[175]

Mit einem »objektiven Wohnungsfehlbestand« (Zahl der Haushaltungen ohne selbständige Wohnung) von knapp eineinhalb Millionen Anfang 1938 hatte sich das Wohnungsdefizit gegenüber 1929 fast verdreifacht.[176] Andere Angaben aus den beiden letzten Vorkriegsjahren über das Ausmaß der Wohnungsnot lagen noch wesentlich höher. Besonders drückend war der Wohnungsmangel in den Großstädten, insbesondere denen des Ruhrgebiets. Differenziert man nach Wohnungsgrößen, waren für Arbeiter erschwingliche Wohnungen besonders knapp, während bei großen und teuren Wohnungen ein Überangebot bestand.[177] Darüber hinaus waren um die Jahreswende 1938/39 nur im ›Altreich‹ etwa 900000 Wohnungen überfüllt und rund 400000 abbruchreif.[178] Besonders schwierig waren seit Auslaufen des ›Wohnungsmangelgesetzes‹ vom 31. März 1933 an die Verhältnisse für kinderreiche Familien. Bis zu diesem Zeitpunkt hatten die Gemeinden Familien, die obdachlos geworden waren, in beschlagnahmte Altbauten einweisen können. Staatlichen Initiativen, die Obdachlosigkeit – die infolge langanhaltender Massenerwerbslosigkeit und dramatisch sinkender Einkommen während der Krise größere Bevölkerungsteile erfaßt hatte – durch die Errichtung von Not- und Behelfswohnungen zu beseitigen,[179] blieb offenbar ein durchschlagender Erfolg versagt. Zumindest in den ersten Jahren der NS-Herrschaft litten minderbemittelte Familien vielfach weiterhin unter »ungeheuren Nöten«.[180] Erst seit Frühjahr 1939 kam es erneut zu einer rechtlichen Privilegierung kinderreicher Familien: Nach einer ›Verordnung zur Erleichterung der Wohnungsbeschaffung für kinderreiche Familien‹ vom 20. April 1939 konnten Vermieter veranlaßt werden, »eine angemessene Zahl von Wohnungen bei Freiwerden an kinderreiche Familien zu vermieten«.[181]

Der katastrophale Wohnungsmangel, der für das ›Dritte Reich‹ charakteristisch ist und zu erheblicher Kritik in der Bevölkerung führte,[182] erklärt sich nur zum Teil aus dem Rückgang der Bautätigkeit während der Wirtschaftskrise. Mehrere der nationalsozialistischen Rüstungs- und Bevölkerungspolitik geschuldete Faktoren vergrößerten das schon vor 1935 bestehende Wohnungsdefizit rasch:

Tabelle 28: Wohnungsneubau 1929 bis 1943 (Reinzugang, Umbau, Bauträger).

	Reinzugang (incl. Umbauten)	darunter: durch Umbau (in v. H.)	Vom Reinzugang an Wohnungen (a) wurden erbaut von (in v. H.)		
			öffentl. Körperschaften u. Behörden	gemeinnütz. Wohnungsunternehmen	privaten Bauherren
1929	317 682	7,3%	9,6%	35,0%	55,4%
1930	310 971	7,2%	8,9%	39,8%	51,3%
1931	233 648	8,7%	8,0%	40,3%	51,7%
1932	141 265	19,8%	8,7%	20,9%	70,4%
1933	178 038	38,9%	9,8%	14,8%	75,4%
1934	283 995	45,5%	13,6%	15,9%	70,5%
1935 (b)	238 045	20,9%	8,1%	18,9%	73,0%
1936 (b)	305 856	15,8%	5,4%	25,3%	69,3%
1937 (b)	315 698	9,8%	4,7%	29,7%	65,6%
1938 (c)	282 788	9,5%	5,4%	35,3%	59,3%
1939 (d)	206 229	7,7%(e)	5,1%	41,5%	53,4%
1940 (d)	115 622	9,8%(e)	–	–	–
1941 (d)	61 293	10,5%(e)	–	–	–
1942 (d)	38 364	8,3%(e)	–	–	–
1943 (d)	29 427	–	–	–	–

(a) Nur Reinzugänge, die in Wohnhäusern verzeichnet wurden. (Die Gesamtheit aller Reinzugänge liegt geringfügig darüber.)
(b) Zwecks Vergleichbarkeit: ohne Saarland.
(c) Ohne Saarland, mit Sudetenland.
(d) Ohne Saarland, mit Sudeten- und Memelland.
(e) Errechnet auf Basis der etwas differierenden Angaben im ›Statistischen Handbuch von Deutschland‹.

Quelle: Statistische Jahrbücher für das Deutsche Reich 1930, S. 142f.; 1931, S. 132f.; 1933, S. 144f.; 1934, S. 156f.; 1935, S. 160f.; 1936, S. 174f.; 1937, S. 182f.; 1938, S. 198f.; 1939/40, S. 203f.; Statistisches Handbuch von Deutschland 1928–1944, S. 339ff.

– Durch die nationalsozialistische Bevölkerungspolitik, insbesondere durch die Einführung des Ehestandsdarlehens und die damit verbundene Zunahme der Eheschließungen, wurde die Nachfrage nach Wohnungen drastisch erhöht. Umgekehrt wurden allerdings auch Ehe- und Kinderwünsche wegen fehlender oder zu kleiner Wohnungen zurückgestellt.[183]
– Durch die aus ›wehrpolitischen‹ Gründen vorgenommenen Industrieverlagerungen nach Mittel- und Ostdeutschland entstand ein zusätzlicher Wohnungsbedarf.[184]
– Vor allem die Errichtung militärischer, politisch-repräsentativer und industrieller Großbauten führte zum verstärkten Abriß von Altbauwohnungen.[185] Abrißmaßnahmen konnten aber auch von politischen Kriterien bestimmt sein und auf die handfeste Zerstörung gewachsener proletarischer, dem NS-System gegenüber weitgehend resistenter Lebenszusammenhänge abzielen.[186]

Daß der hier nur grob skizzierte außerordentliche Wohnungsmangel zu erheblichen *Mietsteigerungen* führen mußte, liegt auf der Hand. Dem offiziellen Mietindex ist dies allerdings nicht zu entnehmen. Die Angaben des Statistischen Reichsamtes suggerieren vielmehr eine erstaunliche Stabilität der Wohnungsmieten. In den offiziellen Mietindex – der in erheblichem Maße auch den Lebenshaltungskostenindex beeinflußte, d. h. in einer für die Nationalsozialisten günstigen Weise verzerrte – flossen allerdings nur die ›Altbaumieten‹ für bis zum Juli 1918 erstellte Wohnungen ein. Für diese Altbauten bestand Mietpreisbindung. Nicht berücksichtigt wurden vom Statistischen Reichsamt die nach 1918 erstellten Wohnungen, die bei Kriegsbeginn knapp ein Viertel des gesamten Wohnungsbestandes ausmachten.[187] Warum für diese Wohnungen keine Mietpreisbindung bestand und welche Intentionen dieser Politik – die auch in den Folgejahren nicht grundlegend verändert wurde[188] – zugrundelagen, begründete der Reichsarbeitsminister Seldte in einem Schreiben an den Führer der DAF Ley vom 27. Nov. 1936 folgendermaßen:

»Bei den Neubauwohnungen besteht kein Mieterschutz. Die Reichsregierung hat im Frühjahr d. J. bei der Neufassung des Reichsmietengesetzes und des Mieterschutzgesetzes[189] ausdrücklich beschlossen, hieran auch weiter festzuhalten, da die Ausdehnung des Mieterschutzes auf Neubauwohnungen zur Folge haben kann, daß die Neubautätigkeit zurückgeht und damit die Beseitigung der Wohnungsknappheit erschwert wird. Dadurch, daß für Neubauwohnungen ein Mieterschutz nicht besteht, ist selbstverständlich die Gefahr von Mietsteigerungen gegeben.«[190]

Daß dieses Kalkül zumindest in einer Hinsicht aufging, ist Tab. 28 zu entnehmen: Vor allem auf die Aktivitäten der *privaten* Bauherren war es zurückzuführen, wenn 1937 fast genau so viel Wohnungen wie 1929 gebaut wurden. Dagegen ging der Anteil der von staatlichen und gemeinnützigen Wohnungsbauunternehmen erstellten Neubauwohnungen deutlich zurück. Nachdem der von öffentlichen Körperschaften finanzierte Wohnungsbau nach der nationalsozialistischen ›Machtergreifung‹ als Teilbereich der staatlichen Arbeitsbeschaffungsmaßnahmen kurzfristig an Bedeutung gewann, jedoch selbst 1934 nicht das Niveau der Jahre 1929 und 1930 erreichte, wurden die hierfür bereitgestellten Mittel nach Beseitigung der Massenarbeitslosigkeit drastisch gekürzt. 1937, dem Jahr, in dem unter der nationalsozialistischen Herrschaft die meisten Wohnungen gebaut wurden, erstellten die öffentlichen Körperschaften nicht einmal halb so viele Neubauwohnungen wie 1929.[191] Auch die gemeinnützigen Wohnungsunternehmen, von denen ein großer Teil seit 1933 in den Besitz der DAF übergegangen war, reduzierten ihre Bautätigkeit während des ›Dritten Reiches‹ erheblich.[192]

Der katastrophale Wohnungsmangel, die nationalsozialistische Mietpolitik und die erhöhte Bedeutung der durch die Vorschriften des Gesetzgebers im Gegensatz zu den öffentlichen Körperschaften und gemeinnützigen Wohnungsgesellschaften in der Mietfestsetzung kaum gebundenen privaten Bauherren hatten beträchtliche Mietsteigerungen für Neubauwohnungen zur Folge. In Städten mit mehr als 100 000 Einwohnern – also dort, wo das Wohnungsdefizit am größten war – mußte 1937 für eine Neubauwohnung mit zwei Zimmern und Küche 49,50 RM im Monat gezahlt werden, in Gemeinden bis 5000 Einwohnern dagegen nur 27,93 RM. Bei Altbauwohnungen gleicher Größe lagen die (gebundenen) Mieten zum gleichen Zeitpunkt dagegen bei 34,09 RM in Großstädten bzw. 20,24 RM in kleinen Ortschaften.[193] Dies bedeutet, daß in Großstädten ansässige Arbeiterfamilien 23,6% ihres Gesamteinkommens für die Miete einer Zwei-Zimmer-Wohnung aufwenden mußten, wenn sie in einem Neubau wohnten. Lebten sie in dörflichen Verhältnissen, lag dieser Prozentsatz bei 14,8%.[194] Größere Wohnungen waren für Arbeiterfamilien im allgemeinen nicht zu finanzieren. Nach 1937 stiegen die Neubaumieten weiter. In der von der DAF herausgegebenen Zeitschrift ›Monatshefte für NS-Sozialpolitik‹ wurde 1939 berichtet,

> daß es »leider eine nicht wegzuleugnende Tatsache (sei), daß die Mietpreise, insbesondere für Neubauten, eine Höhe erreicht haben, die weit über das Maß des für die Mieten zugebilligten Lohnanteils hinausgeht. Für Wohnungen mittlerer Größe, d. h. mit drei bis fünf Zimmern, müssen heute Preise bezahlt werden, deren Durchschnitt über der 100-Mark-Grenze liegen dürfte. Aufgrund des amtlich ermittelten Arbeiter- und Angestellteneinkommens im Jahre 1937 hat man berechnet, daß der Arbeiter eigentlich nur eine Höchstmiete von 29 RM, der Angestellte von 49 RM tragen könne... (T)rotz der zweifellos gegebenen Einkommenssteigerung (seien) die Mieten der Neubauten für die minderbemittelten Volkskreise nicht erschwinglich.«[195]

In einzelnen Industrieregionen lagen die Mieten besonders hoch, in Berlin z. B. um 46,1% über dem für Großstädte errechneten Durchschnitt.[196] Kaum bezahlbare Mietsteigerungen wurden auch aus anderen Teilen des Reiches gemeldet.[197] Darüber hinaus waren die Wohnungen, die von Arbeiterfamilien bewohnt wurden, nach Feststellungen der DAF nur zu einem kleinen Teil überhaupt mit Energie- und Wasseranschlüssen ausgestattet.[198] Trotz dieser für viele Arbeitnehmerhaushalte dramatischen Wohnsituation versuchte man erst seit Ende 1937 den Mietsteigerungen für Neubauwohnungen Einhalt zu gebieten.[199] Sehr wirkungsvoll scheinen diese Maßnahmen, die keine strikte Mietbegrenzung, sondern nur verstärkte Kontrolle von Neubaumieten vorsahen, nicht gewesen zu sein. Auch danach rissen die Berichte über weitere Mieterhöhungen nicht ab.

Vor diesem Hintergrund mußte schon aus arbeitsmarktbedingten Gründen das betriebliche Wohnungswesen[200] immer stärker ins Zentrum betrieblicher Sozialpolitik rücken. Seit 1937 häuften sich die Berichte, daß Arbeitskräfte dorthin abwanderten, wo (billige) Wohnungen angeboten wurden.[201] Nach Angaben Lütges lag der Bestand an Werkswohnungen 1937 und 1938 bei ungefähr einer halben Million,[202] davon waren 130000 bis 140000 seit der ›Machtergreifung‹ gebaut worden.[203] Nur für die Jahre 1935 bis 1938 läßt sich genauer feststellen, in welcher Weise sich der Werkswohnungsbau nach Formen quantitativ entwickelte und welchen Anteil er am gesamten Wohnungsbau hatte (Tab. 29). Nach diesen Angaben, die auf einer Erhebung der Reichsgruppe Industrie basieren, gewann der Werkswohnungsbau – in zum Teil veränderter Rechtsform[204] – seit 1936 deutlich an Gewicht. Verantwortlich für diese Entwicklung war neben dem Druck, der vom sich rasch vergrößernden Defizit vor allem an qualifizierten Arbeitskräften ausging, die staatlicherseits seit 1937 vollzogene »scharfe Wendung zum Arbeiterwohnstättenbau«, die der Erkenntnis entsprang, daß »auf dem deutschen Arbeitsmarkt in erster Linie Arbeiterwohnungen fehlen«.[205] Durch mehrere Erlasse wurde besonders der Bau von werkseigenen und werksgeförderten Wohnungen gezielt erleichtert.[206] Initiativen der Reichsgruppe Industrie ergänzten diese Maßnahmen.[207] Der sprunghafte Anstieg des Werkswohnungsbaus insbesondere von 1936 auf 1937 wurde auch dadurch kaum gebremst, daß bis zu diesem Zeitpunkt die Verfügungsgewalt der Unternehmer über die in ihrem Besitz befindlichen Wohnungen noch nicht vollständig wiederhergestellt war; ›erst‹ mit einer Verordnung Mitte 1938,[208] die während des Krieges durch weitere Erlasse ergänzt wurde,[209] wurde der in der Weimarer Republik eingeführte partielle Kündigungsschutz für Mieter von Werkswohnungen wieder aufgehoben.

Obgleich der Mangel an Arbeitskräften und Rohmaterialen auch den Werkswohnungsbau im letzten Vorkriegsjahr stagnieren ließ,[210] ist die Vorliebe der Nationalsozialisten für den Werkswohnungsbau nicht zu übersehen. Sie resultierte nicht nur aus ökonomischen Erwägungen, sondern findet ihre Erklärung auch in den ähnlichen Wurzeln konservativ-patriarchalischer und nationalsozialistischer Ideologie. Wenn z. B. Hitler in ›Mein Kampf‹ – offenbar unter dem Einfluß Gottfried Feders[211] – Großstädte als »verödet« bezeichnete, sie als »ein Zeichen unserer sinkenden Kultur und unseres allgemeinen Zusammenbruchs« nahm und die »geringe Verbundenheit, die unser heutiges Großstadtproletariat mit seinem Wohnort besitzt«,

Tabelle 29: Werkswohnungsbau 1935 bis 1938 (Rohzugang, Wohnformen und Kosten).

	1935	1936	1937	1938
Rohzugang an werks*eigenen* Wohnungen				
– absolut	17250	21666	27976	26506
– in v. H. des Rohzugangs an Wohnungen insgesamt	6,6%	6,6%	8,3%	8,7%
Rohzugang an werks*eigenen* und *-geförderten* Wohng.				
– absolut	20000	24000	35000	33000
– in v. H. des Rohzugangs an Wohnungen insgesamt	7,7%	7,3%	10,4%	10,9%
Kosten des Werkswohnungsbaus (in Mio. RM)				
– unmittelbare Förderleistung	40,0	45,0	71,1	85,0
– Zuschüsse und Kapitalbeleihungen an gemeinnützige Wohnungsbauunternehmen	?	?	6,5	4,2
Werkswohnungsbau nach Wohnformen				
– Mietwohnungen	40,3%	39,4%	51,9%	57,0%
– Kleinsiedlungen	44,6%	33,9%	26,9%	29,0%
– Eigenheime	15,1%	26,7%	21,2%	14,0%

Quelle: ›Fortschreitender Arbeiterwohnstättenbau in der Industrie‹, in: Der Deutsche Volkswirt vom 20. Mai 1938 (1937/38, S. 1635); ›Der Arbeiterwohnungsbau in der Industrie‹, in: Der Deutsche Volkswirt vom 2. Dez. 1938 (1938/39, S. 380); ›Industrie bekennt sich zum Arbeiterwohnstättenbau‹, in: Der Deutsche Volkswirt vom 27. Okt. 1939 (1939/40, S. 106); Rolf Spörhase, Wohnungsbau als Aufgabe der Wirtschaft, Stuttgart 1956, S. 190.

beklagte,[212] oder wenn Alfred Rosenberg das »volksmordende Einströmen von Land und Provinz zu den Großstädten« als den »Vorposten des bolschewistischen Niedergangs« »durch den bewußten Abbau unserer Weltstädte« und die Gründung neuer agrarindustrieller Kleinstädte unter dem Zeichen der »Entproletarisierung der Nation« eindämmen und umkehren wollte,[213] dann sprachen sie nur ideologisch überspitzt aus, was in konservativen und reaktionären Kreisen allgemein geäußert wurde. Winschuh z. B. stellte 1923 mit Blick auf die Arbeiterschaft fest:

»Je elender ein Arbeiterviertel, je park- und grünloser, je grauer und proletarierhafter es aussieht, je abstoßender und ungesunder das Innere der Wohnungen ist, um so wurzelloser, verbitterter und radikaler wird die Gesinnung der Insassen sein müssen. Schlechte Wohnverhältnisse sind mitverantwortlich für den (linken) Radikalismus.«[214]

Insbesondere die Werkssiedlung bot sich hier als ideale Lösung an, wie Heinrichsbauer 1936 mit Hinweis auf entsprechende Aktivitäten der rheinisch-westfälischen Schwerindustrie konstatierte:

»Sinn des Marxismus war die Zerstörung der Werte und Zusammenhänge des Volkstums. ...Den Kampf gegen den Marxismus und seine Begleiterscheinungen hat mit an erster Stelle die westfälische Industrie aufgenommen, allen Angriffen zum Trotz. Zu ihm gehörte auch eine bewußte und großzügige Siedlungspolitik.«[215]

Die »Abschwächung oder gar Aufhebung der proletarischen Existenz« und damit »sozialrevolutionärer Bewegungen« durch die »Förderung des Eigenbesitzes«,[216] die »Wiederverwurzelung der schaffenden deutschen Menschen im deutschen Heimatboden«,[217] die »Aufgliederung« der Arbeiterschaft in eine auch wohnungspolitisch privilegierte Stammarbeiterschaft und eine mobile, weniger qualifizierte Randbelegschaft, waren indes nur ein Grund, warum die Nationalsozialisten insbesondere die »agro-industrielle Siedlung als organische Zusammenfassung aller erzeugenden Stände«[218] favorisierten. Hinzu kam weiter, daß geschlossene Werkssiedlungen wesentlich leichter politisch zu kontrollieren waren.[219] Die siedlungspolitischen Aktivitäten des NS-Regimes in den ersten Jahren nach der nationalsozialistischen ›Machtergreifung‹ sind außerdem auch als Versuch zu verstehen, agrarromantische Vorstellungen, die vor dem Hintergrund der in großstädtischen Ballungszentren besonders ausgeprägten Massenarbeitslosigkeit eine zunehmend größere Zahl an Befürwortern gefunden hatten,[220] ideologisch zu integrieren. Siedlungsprogramme ließen sich ferner vorzüglich mit dem nationalsozialistischen Rassismus vereinbaren. Dem Führer des ›Reichsbundes Deutscher Kleingärtner und Kleinsiedler‹ etwa diente die Siedlung der »Seßhaftmachung des volklich wertvollen deutschen Menschen in dem deutschen Raum, um die rassen-, bevölkerungs- und ernährungspolitische Grundlage für ein starkes und widerstandsfähiges Volk zu schaffen«. Kleingärtner wurden zum »Träger des Blut- und Bodengedankens in der Stadt«.[221] Darüber hinaus ließ sich das Siedlungsprogramm gut mit der Autarkiepolitik vereinbaren, »denn Bauen und Siedeln setzt nur wenig Einfuhr voraus«.[222] Siedler und Kleingärtner trugen durch Gemüse- und Obstanbau zur Reduzierung der Einfuhr von Nahrungsmitteln aus dem Ausland bei.[223] Mit dem Hinweis auf die teilweise Selbstversorgung von Siedlern und Kleingärtnern ließen sich zudem niedrige Löhne rechtfertigen.[224] Gleichzeitig sollte – wie der Siedlungsbeauftragte und Leiter des 1934 ins Leben gerufenen ›Reichsheimstättenamtes‹ Wilhelm Ludovici konstatierte – die Abschöpfung von Kaufkraft durch »Erziehung zum echten Sparen erfolgen, wobei ich über kein besseres Erziehungsmittel verfüge als über die Siedlung«.[225]

Bereits um die Jahreswende 1931/32 war aufgrund der Notverordnung vom 6. Okt. 1931[226] mit der Errichtung von Erwerbslosensiedlungen, die – aus Reichsmitteln finanziert – im wesentlichen in Eigenarbeit erstellt werden sollten, an der Peripherie einzelner Großstädte begonnen worden. Angezielt war damit vor allem, daß die Erwerbslosen und ihre Familien auf dem dazu gehörenden Land einen Teil der wichtigsten Lebensmittel für den Eigenbe-

darf selbst erzeugen und dadurch von Arbeitslosen- und Krisenunterstützung unabhängiger werden sollten.[227] Unternehmen wie Siemens, Carl-Zeiss/Jena, IG Farben und Krupp »haben diesen Gedanken der Nebenerwerbssiedlung aufgenommen, aber in bewußter Ablehnung der damaligen Erwerbslosensiedlung von Anfang an als Werkssiedlung für ihre Kurzarbeiter durchgeführt«.[228] Unter der Anleitung der Bauabteilung der jeweiligen Gesellschaft führten die hierfür ausgewählten Kurzarbeiter, die als qualifizierte ›Stammarbeiter‹ für den Betrieb erhalten werden sollten, die Bauarbeiten selbst aus. Nach Beseitigung der Kurzarbeit mußte von den betreffenden Arbeitern dann an Stelle der Siedlerarbeit Eigenkapital in bestimmter Höhe aufgebracht werden. Seitens des Unternehmens wurden den zur Kernbelegschaft gehörenden Siedlern verbilligtes Gelände und günstige Darlehen zum Bau von Eigenheimen zur Verfügung gestellt und außerdem die Kosten für Straßenbau, Kanalisation etc. übernommen.[229] Diese von den Unternehmen geübte Praxis, hauptsächlich oder ausschließlich (neben Angestellten) ›Stammarbeiter‹ als Siedler vorzusehen, wurde 1935 durch mehrere Erlasse des Reichsarbeitsministers ausdrücklich festgeschrieben.[230] Obgleich bei Siedlern nicht wie bei Mietern von Werkswohnungen Arbeits- und Mietvertrag unmittelbar miteinander verknüpft waren (so daß Entlassung meist die Kündigung der Wohnung nach sich zog), ist auch bei ihnen die Bindung an das betreffende Unternehmen hoch anzusetzen:
– Erst nach dreijähriger ›Probezeit‹, während der der Siedler besonderes Wohlverhalten zu zeigen hatte, ging das Eigenheim in das Eigentum des Siedlers über.
– Sofern der Siedler nach zehn Jahren noch nicht über sein Haus als Eigentum verfügte und (was zu erwarten war) das vom Betrieb gewährte Darlehen noch nicht vollständig zurückgezahlt hatte, konnte er bei fristloser Entlassung aufgrund von Verstößen gegen die ›Ehre der Betriebsgemeinschaft‹ u. a. m. enteignet werden.[231]
– Von Bedeutung war schließlich auch der soziale Druck. Ein Siedler, der kündigte, geriet mit seiner Familie in der Regel zweifelsohne in eine scharfe Form sozialer Isolation innerhalb der aus besonders ›werkstreuen‹ Stammarbeitern bestehenden Siedlungsgemeinschaft.

Die Begeisterung des NS-Regimes für kleinstädtisch-agrarische Arbeitersiedlungen hielt allerdings nur die ersten Jahre nach 1933 an. Allgemeine Wohnungsnot und industrielle Expansion ließen seit 1936 Forderungen nach raschem und billigem Massenwohnungsbau für Arbeiter in den Vordergrund treten.[232] Infolgedessen war zwischen 1935 und 1938 ein auffälliger Rückgang des Baus von werksgeförderten Kleinsiedlungen und Eigenheimen zu beobachten (Tab. 29). Überdies verlangte die mit der Vollbeschäftigung einhergehende übermäßige Ausdehnung der Arbeitszeit, die Erhöhung des Arbeitstempos und – wie Ludovici Anfang 1938 ausführte – die hieraus resultierende verstärkte

»Notwendigkeit der Erhaltung der Leistungsfähigkeit eine gewisse Zurückhaltung gegenüber der Kleinsiedlung. Denn ein guter Spezialarbeiter, der heute vielfach Überstunden machen müsse, verfüge nicht über genügend Kraftreserven, um in der Freizeit noch ein großes Grundstück von einem halben bis einem ganzen Morgen zu bearbeiten.«[233]

Darüber hinaus wurde der Bau solcher Kleinsiedlungen, der im Ruhrrevier bereits im 19. Jahrhundert einsetzte und dort besonders ausgeprägt war, weil die Zechen (und damit meist auch die mit ihnen verbundene Eisen- und Stahlindustrie) über große landschaftliche Flächen verfügten, durch einen »umständlichen Kleinkrieg mit den Bewilligungs- und Förderungsbehörden« erschwert, während demgegenüber beim Bau von Werkswohnungen in mehrgeschossigen Häusern »noch die relativ höchste Bewegungsfreiheit« gelassen wurde.[234] Zwar begann der nationalsozialistische Staat seit Mitte 1935 – offenbar unter dem Eindruck der in diesem Jahr einsetzenden latenten Ernährungskrise – bürokratische Hemmnisse abzubauen und die Errichtung von Kleinsiedlungen zu erleichtern.[235] Die Zahl der Arbeiter mit landwirtschaftlichem Nebenberuf blieb jedenfalls bis 1939 gegenüber 1925 weitgehend konstant.[236]

Die Bindung der Arbeiter an die ›Scholle‹ wurde schließlich seit 1938 für den NS-Staat in Grenzen sogar dysfunktional: Mit den Dienstpflichtverordnungen hatte sich das NS-Regime ein Instrument verschafft, je nach rüstungs- und kriegswirtschaftlichen Bedürfnissen Arbeitnehmer für kürzere oder längere Zeiträume in unterschiedliche Teile des Reiches zu verpflanzen. Auch die ›naturwüchsige‹ Fluktuation der Arbeitskräfte wurde vom NS-Regime nicht ungern gesehen, solange sie der Rüstungsindustrie zugute kam. Die Existenz eines durch Eigenbesitz vertieften ›Heimat‹-Gefühls konnte hier nur hinderlich sein. Dennoch wurde seit 1938 und verstärkt nach Kriegsbeginn der Ausbau der Nebenerwerbswirtschaft, insbesondere die Anlage von Gemüse- und Obstgärten sowie die Kleintierhaltung durch Maßnahmen des Gesetzgebers gezielt gefördert, um von Nahrungsmitteleinfuhren unabhängiger zu werden.[237] Diese staatlichen Initiativen waren offenbar erfolgreich: 1942 erntete etwa eine Million Kleingärtner rund 700 Mio. kg. Gemüse; 1939 waren es erst 400 Mio. kg. Gemüse gewesen.[238]

Je nach Wirtschaftszweig und Betriebsgröße entwickelte sich der Werkswohnungsbau höchst unterschiedlich. Nach einer Untersuchung des Arbeitswissenschaftlichen Instituts der DAF aus dem Jahre 1937 war jedoch kein eindeutiges Gefälle zwischen Konsumgüter- und Produktionsgüterindustrien in dieser Hinsicht festzustellen. Am unteren Ende der Skala lagen Branchen aus beiden Sektoren der deutschen Industrie: Von den erfaßten Aktiengesellschaften, die überhaupt Angaben zur betrieblichen Sozialpolitik machten, berichteten aus dem Bereich der Holzverarbeitung lediglich 8,3%, aus der Eisen- und Metallwarenindustrie 13,5%, aus dem Nahrungs- und Genußmittelgewerbe 13,8% und aus der Bauindustrie 17,2% über betriebli-

ches Wohnungswesen. In der Chemieindustrie waren die Aktivitäten der erfaßten Gesellschaften im Bereich der betrieblichen Wohnungsfürsorge mit 19,4% allerdings nur scheinbar gering: Der in diesem Industriezweig dominierende Riesenkonzern der IG Farben war in diesem Sektor betrieblicher Sozialpolitik nicht zuletzt infolge von Betriebsneugründungen und -verlagerungen ausgesprochen rege und verfügte über einen umfangreichen werkseigenen und werksgeförderten Wohnungsbestand.[239] Die Gesellschaften der Textilindustrie und Metallverarbeitung (ohne Eisen- und Metallwarenindustrie), von denen jede vierte (25,8%) eigene Werkswohnungen erwähnte, lagen gleichauf im ›Mittelfeld‹.[240] Eindeutig an der Spitze standen zwei Wirtschaftszweige, die in diesem Bereich betrieblicher Sozialpolitik auf eine lange Tradition zurückblicken konnten: die Eisen- und Stahlindustrie mit 42,3% und der Bergbau mit 61,3%.[241] Die Ergebnisse der Erhebung des Arbeitswissenschaftlichen Instituts der DAF sagen indessen noch nichts über die Entwicklung des Wohnungsbaues während des uns hier interessierenden Zeitraumes in den verschiedenen Wirtschaftszweigen aus, da Angaben z. B. über das Baujahr von Werkswohnungen fehlen. Um uns zumindest ein grobes Bild darüber machen zu können, wieviele Wohnungen durch industrielle Unternehmen in den wichtigsten Branchen während der ersten sechs Jahre der NS-Herrschaft gebaut wurden – und ob dadurch die allgemeine Wohnungsnot gelindert werden konnte –, wurden für einige wichtige Industriezweige Angaben von Aktiengesellschaften über ihren Bestand an Werkswohnungen in den Jahren 1932 und 1939 miteinander verglichen und in Relation zur Beschäftigtenentwicklung gesetzt.[242] In Tab. 30 sind nur Gesellschaften erfaßt, die sowohl 1932 als auch 1938 Angaben über ihren Wohnungsbestand machten und die deshalb nur mit Einschränkungen das quantitative Ausmaß der betrieblichen Wohnungsfürsorge in den jeweiligen Branchen repräsentieren.[243] Dennoch gibt die Tabelle Aufschluß über die Trends, denen dieser Bereich betrieblicher Sozialpolitik unterlag:
– In allen erfaßten Branchen wurde das Gros der Werkswohnungen *vor* 1933 fertiggestellt. Am ausgeprägtesten war dies in den Wirtschaftszweigen, die über einen weit überdurchschnittlichen Bestand an Werkswohnungen verfügten: im Bergbau und in der Eisen- und Stahlindustrie.[244]
– Die Branchen dagegen, die nur vergleichsweise wenige Werkswohnungen besaßen (Textilindustrie, Maschinen-, Apparate- und Fahrzeugbau), verzeichneten zwischen 1932 und 1939 relativ den größten Zuwachs an Werkswohnungen. Unter ihnen scheinen wiederum überdurchschnittlich expandierende, rüstungswichtige Industriezweige wie die Kraftfahrzeugindustrie und der Flugzeugbau wohnungspolitisch besonders aktiv gewesen zu sein.[245] Zu berücksichtigen ist freilich, daß in Tab. 29 nur größere Unternehmen erfaßt werden konnten, von denen »der Arbeiterwohnungsbau bisher vorwiegend... gepflegt wurde, während die kleineren und mittleren Unternehmen nur in einem ganz geringen Ausmaße daran beteiligt« wa-

ren.[246] Zwar legte die DAF im Sommer 1938 ein ›Wohnungsfinanzierungsprogramm‹ der Öffentlichkeit vor, das kleineren Unternehmen die Errichtung von ›Arbeiterwohnstätten‹ erleichtern sollte.[247] Vor allem aufgrund des Mangels an Bauarbeitern und fehlender Rohmaterialien dürfte dieses Programm jedoch nicht mehr zur Wirkung gelangt sein.[248]
– Die in den ersten sechs Jahren der nationalsozialistischen Diktatur neugebauten, betriebseigenen Wohnungen hielten – mit Ausnahme der Textilindustrie – auch nicht ansatzweise mit der Beschäftigtenentwicklung Schritt.[249]

Tatsächlich war das Verhältnis von Werkswohnungen zu Beschäftigten noch weitaus ungünstiger als die Angaben in Tab. 30 signalisieren. In vielen, im Eigentum von Industrieunternehmen befindlichen Wohnungen lebten ›Werksfremde‹: in erster Linie Pensionäre, Witwen und Waisen, während der Wirtschaftskrise entlassene Arbeiter, dagegen nur in relativ seltenen Fällen Arbeitskräfte, die zu anderen Unternehmen abgewandert waren. In den Wohnungen der Concordia Bergbau AG beispielsweise lebten 1931 und 1932 aufgrund von Entlassungen nicht einmal zur Hälfte aktive Belegschaftsangehörige. Zehn Jahre später waren es gerade zwei Drittel (67,0%). Ähnlich verlief die Entwicklung bei der Krupp-Gußstahlfabrik: Hier erhöhte sich der Anteil Wohnungen, die von aktiven Belegschaftsangehörigen bewohnt wurden von 67,0% 1934 auf 89,7% 1940. Bei der GHH lag der Anteil der ›Werksfremden‹ 1933 bei ca. 38%. Bis Juli 1937 konnte der Prozentsatz an ›Werksfremden‹ in Wohnungen der GHH zwar auf 12%, bis Juli 1939 sogar auf 9% gesenkt werden. Obgleich bei Krupp wie bei der GHH jedoch seit Kriegsbeginn neun von zehn Wohnungsmietern aktive Belegschaftsmitglieder waren, war die Gesamtheit der in beiden Konzernen beschäftigten Arbeitnehmer nur unzureichend mit Werkswohnungen ausgestattet: 1939 war nur etwa jeder sechste ›Kruppianer‹ (17,0%) mit seiner Familie in einer firmeneigenen Wohnung untergebracht; 1934 war es noch jeder vierte gewesen (26,4%). Auf 100 Beschäftigte der GHH kamen 1933 noch 30,1 Werkswohnungen, 1939 dagegen nur 15,9. Von der Gesamtbelegschaft der Concordia Bergbau AG lebte 1942 nur jeder vierte (26,7%) – gegenüber 34,0% 1932 – in einer Wohnung dieser Zeche.[250] Auch in der gesamten deutschen Industrie verschlechterte sich die Relation Beschäftigte – Werkswohnungen. Überdies war der Anteil der von ›Werksfremden‹ besetzten Wohnungen allgemein hoch; er lag 1937 im industriellen Durchschnitt bei etwa einem Drittel.[251] Vor dem Hintergrund der Wohnungsnot in den meisten Städten des rheinisch-westfälischen Industriegebietes verwundert es nicht, daß z. B. die Verwaltung der Kruppschen Werkswohnungen von einem »immer stärker werdenden Ansturm auf die Werkswohnungen« berichtet.[252] Bei der GHH überstiegen »die Anmeldungen zu den Werkswohnungen... um ein Vielfaches (die) Anzahl der neuen Wohnungen«.[253] Ähnliche Probleme hatten auch Unternehmen anderer Industrieregionen.[254]

Tabelle 30: Werkseigene Wohnungen und Beschäftigtenentwicklung in ausgewählten Zweigen der deutschen Industrie 1932 und 1938/39.

		Werks-wohnungen (1932 = 100)	Beschäftigte (1932 = 100)	Werkswohnungen in v. H. der Beschäftigten	
	(a)	1939	1938	1932	1938/39
Bergbau					
– Steinkohle	(11)	106,2	126,0	56,8%	40,0%
– Braunkohle	(3)	114,3	150,7	40,6%	36,8%
Eisen- und Stahlindustrie					
– mit Bergbau u. Verarb.	(6)	107,3	208,8	50,9%	26,1%
– ohne Bergbau	(5)	101,6	216,3	28,1%	13,2%
Maschinen-, Apparate-und Fahrzeugbau	(9)	165,1	273,9	26,4%	15,9%
Textilindustrie	(6)	168,2	152,4	16,0%	17,6%

(a) Erfaßte Aktiengesellschaften.

In einigen Fällen versuchten Betriebe den weiter steigenden Wohnungsbedarf dadurch besser zu befriedigen, daß sie durch Teilungen von Großwohnungen eine größere Anzahl kleinerer Wohnungen schafften.[255] Häufiger – so klagte die DAF in einer im Herbst 1938 verfaßten Denkschrift – gingen Unternehmen »dazu über, ihre Arbeitsveteranen, die 30 Jahre und länger auf ein und derselben Zeche gearbeitet haben, aus den Werkswohnungen zu entfernen, ohne Rücksicht auf ihr weiteres Schicksal zu nehmen«.[256] Eine derart rigorose betriebliche Wohnungs›fürsorge‹ ließ sich seit Mitte 1938 staatlicherseits eher realisieren als zuvor, weil bei werkseigenen und »werkswohnungsähnlichen« Wohnungen die Kündigungsmöglichkeiten erleichtert worden waren. Die Schwierigkeiten der Betriebe, freie Wohnräume für angeworbene Arbeitskräfte zu finden, wurden dadurch jedoch kaum gemindert.

Die katastrophale allgemeine Wohnungsnot hatte zur Folge, daß auch die industrieeigenen Wohnungen häufig überbelegt waren. Die DAF ermittelte, daß in werkseigenen Wohngebäuden »vielfach 2 oder gar 3 Familien in 2- und 3-Zimmer-Wohnungen hausten«.[257] Mehr noch waren die Wohnverhältnisse auf dem ›freien‹ Wohnungsmarkt »sozial und hygienisch untragbar«.[258] Die Zimmer waren vielfach »feucht und ungesund«, bei größeren Familien mußten »die Eltern halberwachsene Kinder bei sich im Bett haben«.[259] Ganz allgemein – so stellte z. B. die Werksfürsorge der GHH 1938 fest – war die Wohnungsnot, die durch den von den Unternehmen inspirierten Wohnungsbau auch nicht ansatzweise kompensiert wurde, »das größte Übel..., unter dem unsere Gefolgschaft leidet«.[260] Nach Kriegsbeginn nahmen die Meldungen noch zu, daß es vielerorts infolge überbelegter Wohnungen zum Teil zu erheblichen Gesundheitsschäden gekommen sei.[261]

Die außerordentliche Nachfrage nach Werkswohnungen war nicht allein Folge des allgemeinen Wohnungsdefizits. Betriebseigene Wohnungen waren auch deshalb so begehrt, weil die hierfür zu zahlenden *Mieten* im allgemeinen deutlich unter dem Niveau des auf dem freien Wohnungsmarkt üblichen lagen. Werkswohnungen der Gutehoffnungshütte beispielsweise kamen 1937 die Mieter um 38,7% (Altbau) bzw. 50,4% (Neubau) billiger als sonstige Privatwohnungen.[262] Ein eher untergeordneter Grund für die besondere Attraktivität dieses Wohnungstyps waren – jedenfalls in dieser Zeit des allgemeinen Wohnungsmangels – die kurzen Anmarschwege zum Arbeitsplatz.

›Werkstreue‹ und Qualifikation bzw. betriebs-sozialer *Status* – die Zugehörigkeit zur ›Stammarbeiterschaft‹ also – waren auch ausschlaggebend bei der Vergabe der Werkswohnungen: Arbeitnehmer mit langer Betriebszugehörigkeit und hier wiederum Angestellte, Meister und Facharbeiter erhielten bevorzugt Werkswohnungen.[263] Besonders ausgeprägt war diese Selektion bei der Vergabe der Siedlerstellen. Entsprechend den zwischen Industrie und ›Reichsheimstättenamt‹ ausgehandelten Richtlinien wurde zudem z. B. bei der ›Junkers Flugzeug- und Motorenwerke AG‹ die »politische, charakterliche, gesundheitsmäßige und erbanlagenmäßige« Eignung zum Auswahlkriterium gemacht.[264]

Während des *Krieges* kam der Wohnungsbau allgemein und damit auch der Werkswohnungsbau faktisch zum Erliegen (Tab. 28),[265] so daß sich die Wohnungsnot weiter verschärfen mußte.[266] Nach Angaben des Vorsitzenden des Wohnungs-, Siedlungs- und Planungsausschusses der Reichsgruppe Industrie Eugen Vögler fehlten 1940 »insbesondere im allgemeinen Wohnungsbau 2 Mio. Wohnungen«, ein Defizit, das »erst in 20 Jahren« aufgeholt werden könne.[267] Staatlicherseits festgesetzte Mietgrenzen wurden vielfach nicht eingehalten.[268] Nach den intensivierten Flächenbombardements verschlechterte sich die Wohnsituation weiter. Auf dem Gebiet der heutigen Bundesrepublik Deutschland wurde im Zweiten Weltkrieg ungefähr jede fünfte Wohnung durch Luftangriffe und andere Kampfhandlungen zerstört.[269] Von den Werkswohnungen der Gutehoffnungshütte wurde fast der gleiche Prozentsatz (21,2%) vernichtet, lediglich 12,0% überstanden den Krieg völlig unbeschadet.[270] In der letzten Phase des Krieges erhöhte sich im übrigen die wohnungspolitische Bedeutung der Unternehmen wieder: Durch eigene ›Betreuungsstellen‹ halfen viele Betriebe bei der Bearbeitung von Schadensersatzanträgen, stellten Notunterkünfte zur Verfügung und boten Ausgebombten lebensnotwendige, sozialpolitische Dienstleistungen an.[271]

Wenn gilt, daß die zwangsweise Bindung der Belegschaftsmitglieder durch Werkswohnungen an den Betrieb stärker wird, je größer die allgemeine Wohnungsnot ist,[272] dann war die Bindungsfunktion dieses Bereichs betrieblicher Sozialpolitik während des ›Dritten Reiches‹ außerordentlich groß – zumal auch in der Zeit der nationalsozialistischen Herrschaft die

Vermietung werkseigener Wohnungen meist umittelbar mit dem Arbeitsvertrag verknüpft war[273] und ein Arbeitsstellenwechsel dann oft die automatische Kündigung und Zwangsräumung der Wohnung nach sich zog.[274] Die »unsichtbaren, aber eisenharten Fesseln«, in die viele Arbeitnehmer geschlagen wurden, weil sie auf Werkswohnungen angewiesen waren,[275] wurden in der Zeit der NS-Diktatur enger als zuvor.

4.5. Andere Formen betrieblicher Sozialleistungen

Weitere Aspekte der betrieblichen Sozialpolitik sollen im folgenden lediglich kurz und nur, soweit hier für die NS-Zeit bemerkenswerte Veränderungen zu beobachten waren, angesprochen werden. Die Bereiche betrieblicher Personal- und Leistungspolitik, für die das Etikett ›Sozial‹ besonders fragwürdig ist (wie z. B. betriebliche ›Gesundheits‹-Politik), sind an anderer Stelle behandelt worden.[276]

Die *Urlaubsdauer* war nicht nur durch staatliche Initiativen – insbesondere durch die Aufnahme entsprechender Bestimmungen in die Tarifordnungen – seit 1933 erheblich ausgedehnt und der Urlaub für Arbeiter zu einem Gewohnheitsrecht gemacht worden.[277] Viele Unternehmen gewährten über den tariflich gesicherten Urlaub hinaus – meist nach Betriebszugehörigkeit gestaffelt – betrieblichen Zusatzurlaub.[278] Seit 1935 beobachteten DAF und Gewerbeaufsicht außerdem, daß »Betriebe, deren wirtschaftliche Lage eine Bezahlung der Feiertage zuläßt, ... immer mehr dazu über (gehen), ohne daß es besonderer Anordnungen bedarf, freiwillig die *Feiertagsbezahlung* durchzuführen«.[279] Bis zur Verordnung Görings vom 3. Dez. 1937, mit der die Bezahlung von fünf arbeitsfreien Feiertagen eingeführt wurde,[280] waren nur wenige Arbeitgeber durch Tarifordnung zur Bezahlung von Feiertagen verpflichtet worden.[281]

Die vermehrte Errichtung bzw. der Ausbau von ›Kameradschafts-‹ bzw. Gefolgschaftshäusern‹ und die Abhaltung von ›Gemeinschaftsfeiern‹ dürften dagegen weniger den Verhältnissen auf dem Arbeitsmarkt, sondern eher einer vor allem politisch-ideologisch begründeten, verstärkten »*Pflege der Betriebsgemeinschaft*« geschuldet gewesen sein. Zum Teil mögen Belegschaftsabende und -ausflüge sowie andere Formen der Freizeitgestaltung von den Unternehmen auch in der Absicht angeboten worden sein, nach der Zerschlagung kollektiv-proletarischer Lebenszusammenhänge einen eher unpolitischen Ersatz hierfür anzubieten. Die zu diesem Zweck ausgewiesenen Beträge wurden jedenfalls bis Kriegsbeginn beträchtlich erhöht: Der Anteil der für »gemeinsame Feiern« aufgewendeten Beträge an den Gesamtausgaben für zusätzliche Sozialleistungen erhöhte sich z.B. bei der GHH von 2,2% im Geschäftsjahr 1935/36 auf 5,1% 1938/39. Mit 7,3% 1938/39 gegenüber 4,6% 1935/36 erhielt dieser Posten auch bei Siemens ein relativ stärkeres Gewicht unter den Gesamtausgaben für zusätzliche Sozialleistungen;[282] die Accumulatorenfabrik (Berlin) wendete 1934 für die Errichtung und den Unterhalt von »Kameradschaftshäusern« sowie für ›Kameradschaftsfeiern‹ 2,2% und 1937 6,2% aller Aufwendungen für zusätzliche Sozialleistungen auf.[283] In anderen Unternehmen waren die für derartige Zwecke bereitgestellten Beträge zum Teil noch höher.[284] Übersehen werden sollte allerdings nicht, daß Betriebsfeste u. ä. zur Vertiefung der Identifikation mit dem Unternehmen auch vor 1933 keineswegs unüblich waren und in bundesdeutschen Unternehmen nach wie vor praktiziert werden.[285]

Andere, eher traditionelle Fürsorgeeinrichtungen industrieller Unternehmen schrumpften oder wurden sogar auf zentrale staatliche Initiative hin aufgehoben. Im § 27 des Reichsgesetzes über das Kreditwesen vom 5. Dez. 1934[286] wurde bestimmt, daß *Werkssparkassen* bis spätestens Ende 1940 aufgelöst und die Spareinlagen auf ein öffentliches Kreditinstitut überführt werden sollten. Diese Maßnahme, die mit dem Verlust von Einlagen bei Werkssparkassen infolge des wirtschaftlichen Zusammenbruchs mancher Unternehmen während der Krise, zum Teil auch unter Hinweis auf die Inflation begründet wurde,[287] diente in erster Linie dazu, die hier angesammelten, in einigen Fällen nicht unbeträchtlichen Geldsummen[288] über die öffentlichen Kreditinstitute der Rüstungsfinanzierung zugänglich zu machen.

Die Aktivitäten des Ende 1933 gegründeten, anfänglich auf den Berliner Industrieraum beschränkten, seit Ende 1934 dann reichsweit tätigen DAF-Amtes ›*Schönheit der Arbeit*‹ und die mit ihnen korrespondierenden einzelbetrieblichen Aufwendungen haben in den letzten Jahren die verstärkte Aufmerksamkeit der historischen Forschung gefunden;[289] sie sollen hier deshalb – und weil sie nur mit Vorbehalten der betrieblichen Sozialpolitik zu subsumieren sind – lediglich in groben Zügen umrissen werden. Die mit dem Namen ›Schönheit der Arbeit‹ verbundenen Initiativen richteten sich darauf, durch ›mehr Licht‹, ›weniger Lärm‹, ›mehr Grün‹ oder ›mehr Sauberkeit‹ die ›Arbeitsfreude‹ zu heben. Auch in dieser Hinsicht gilt im wesentlichen, was an anderer Stelle grundsätzlich zu den Aktivitäten der DAF gesagt wurde: Die Unternehmen hatten vielfach bereits aus eigenem Antrieb entsprechende Verbesserungen der Arbeitsbedingungen ihrer Belegschaften vorgenommen,[290] ehe die Arbeitsfront diesen Bereich als politisch-propagandistisches Betätigungsfeld entdeckte. In dem Maße, wie das Arbeitskräftedefizit zunahm und die nationalsozialistische Lohnpolitik restriktiver wurde, wurden von den Unternehmern erträgliche (›schöne‹) Arbeitsbedingungen wie ausreichende Lüftung, Beleuchtung und Heizung, hygienische Wasch-, Duschund Umkleidegelegenheiten, freundliche Speise- und saubere Arbeitsräume »aus eigenem Antrieb« geschaffen,[291] um benötigte Arbeitskräfte anzuwerben oder vom Arbeitsstellenwechsel abzuhalten. Das DAF-Amt ›Schönheit der Arbeit‹ gewährte hier nur »tatkräftige Unterstützung«;[292] es war nicht der eigentliche Motor dieser Aktivitäten, auch wenn das Amt versuchte, alle positiven Ergebnisse, die in dieser Hinsicht registriert wurden, auf das eigene Konto zu verbuchen.²⁹³ Durch ›Schönheit der Arbeit‹ in ihren verschiedenen Formen ließ sich die Intensivierung und vielfache Monotonisierung der Arbeit erträglicher gestalten. Die mit diesem Etikett versehenen Verbesserungen der Arbeitsbedingungen ergänzten und überschnitten sich insofern mit den oben beschriebenen arbeitsorganisatorischen Rationalisierungsinitiativen und leistungs- und gesundheitspolitischen Aktivitäten. Die Interessen von Industrie und NS-Regime bzw. DAF waren von der inhaltlichen Zielsetzung her gleich; das Amt ›Schönheit der Arbeit‹ – das letztlich nur traditionelle Tätigkeitsfelder der Gewerbeaufsichtsbeamten übernahm²⁹⁴ – fand mit seinen Kampagnen deshalb bei den meisten Unternehmern offene Ohren. Im Aufstieg Albert Speers vom Leiter des Amtes ›Schönheit der Arbeit‹ zum Reichsminister für Bewaffnung und Munition wird diese enge inhaltliche Beziehung deutlich personifiziert.

Ein enger Zusammenhang zwischen konjunktureller Entwicklung, Arbeitsmarktlage und Lohnentwicklung einerseits und Struktur der zusätzlichen, betrieblichen Sozialleistungen andererseits ist nicht nur für die Phase des konjunkturellen Aufschwungs und der Arbeitskräfteknappheit festzustellen, sondern auch für die Jahre der *Krise 1929 bis 1932*. In dem Maße, wie sich die Wirtschaftskrise vertiefte und das soziale Elend immer schlimmere Dimensionen annahm, wurden bestimmte, eher traditionelle Fürsorgeeinrichtungen ausgeweitet. Hierzu gehörten z. B. die von Siemens seit 1931 eingeführten »Notspeisungen« für entlassene Arbeitnehmer; diese und weitere ähnliche Maßnahmen ließen die Ausgaben für als »Unterstützung« ausgewiesene Fürsorgeleistungen im Krisenjahr 1931/32 auf 14,1% aller vom Siemens-Konzern als ›freiwillig‹ deklarierten Sozialaufwendungen anwachsen. Nach Einsetzen des konjunkturellen Aufschwungs und der daraus resultierenden Verbesserung der Einkommensverhältnisse der meisten Arbeiterfamilien konnten derartige Sozialleistungen dann wieder abgebaut werden. 1934 wurden die »Notspeisungen« des Siemens-Konzerns eingestellt und andere vergleichbare Maßnahmen abgebaut.²⁹⁵ Ähnliche »Notlagenunterstützungen« wurden während der Krise auch von einer Reihe anderer Industrieunternehmen gewährt.²⁹⁶

Der Beginn des *Zweiten Weltkrieges* markiert einen wichtigen Einschnitt auch in der betrieblichen Sozialpolitik. Neben den bereits angesprochenen Gründen (vor allem der zwangsweisen, weitgehenden Einstellung des Werkswohnungsbaus, dem weitgehenden Stop für Gratifikationen, der Ausweitung frauenspezifischer Sozialleistungen und der vermehrten Errichtung von Werksküchen und -kantinen) sind weitere zu nennen: *Zuwendungen an Einberufene* und deren Familien erhielten seit 1939 ein erhebliches Gewicht innerhalb der für freiwillige Sozialleistungen ausgewiesenen Gesamtbeträge. Bei der Gutehoffnungshütte beispielsweise erhöhte sich dieser Posten von 0,04% im letzten Vorkriegsjahr 1938/39 auf 11,9% im ersten Kriegsjahr und 16,2% 1940/41. In ähnlicher Größenordnung bewegten sich die für diesen Zweck getätigten Ausgaben auch bei anderen, größeren und mittleren Unternehmen.²⁹⁷ Im Gegensatz z. B. zu Weihnachtsgratifikationen unterlagen ›Zuschüsse des Betriebes zum Familienunterhalt der zum Wehrdienst einberufenen Gefolgschaftsmitglieder‹ explizit nicht dem Lohnstop.²⁹⁸ Der von Staat und Betrieb gewährte Familienunterhalt sollte insgesamt allerdings nicht mehr als 90% des vormals erzielten Nettoeinkommens ausmachen. Die Unternehmen gliederten die Einberufenen-Zuschüsse in ihrer Höhe häufig nach Familienstand und der Kinderzahl, in vielen Fällen zusätzlich noch nach der Dauer der Betriebszugehörigkeit.²⁹⁹ Von manchen Unternehmen erhielten die ›einberufenen Gefolgschaftsmitglieder‹ weitere Zuwendungen, z. B. ›Feldpostpäckchen‹.³⁰⁰ Zugrunde lag diesen häufig sehr freigiebigen Geschenken die Intention, insbesondere betriebsökonomisch wertvolle Stammarbeiter nach deren Rückkehr ins Zivilleben dem betreffenden Unternehmen zu erhalten.

5. Disziplinierung durch betriebliche Sozialpolitik

Insbesondere in den letzten beiden Kriegsjahren waren NS-Regime und Arbeitgeber bestrebt, die zusätzlichen betrieblichen Sozialleistungen noch unmittelbarer als zuvor dem Ziel einer weiteren Intensivierung der Arbeit unterzuordnen. »Maßnahmen, die diese Wirkung nicht haben, werden nicht als kriegsbedeutsam anerkannt und treten in den Hintergrund.«³⁰¹ Gleichwohl ist es verfehlt, für die Zeit des Zweiten Weltkrieges von einer grundlegenden »Umstellung von den ›konsumfördernden‹ auf ›produktionsfördernde‹ Leistungen zu sprechen«.³⁰² Abgesehen davon, daß bei vielen betrieblichen Sozialleistungen ›konsumfördernde‹ und ›produktionsfördernde‹ Wirkungen untrennbar verknüpft waren, standen auch vor 1939 die ›produktions-‹ und ›gemeinschaftsfördernden‹ Ziele betrieblicher Sozialpolitik im Vordergrund. Daß frühzeitig betriebene Sozialpolitik industrieller Unternehmen sich ›atmosphärisch‹ und deshalb immer auch ›produktionsfördernd‹ im Krieg ›auszahlte‹, wurde nach 1939 offen zugegeben:

»Daß Sozialpolitik eine Waffe ist, wissen wir nicht erst seit gestern. Sozialpolitik, im Frieden betrieben, macht die Gefolgschaft einiger und gesünder und zum Durchstehen im Kriege stärker. ... Im Kriege erntet der Betrieb die Früchte seiner Sozialpolitik im Frieden.«³⁰³

Ohne Zweifel trug die betriebliche Sozialpolitik erheblich dazu bei, daß die (deutsche) Arbeiterschaft die Ausdehnung der Arbeitszeit und die Erhöhung des Arbeitstempos physisch besser verkraftete als vorher anzunehmen war. So hieß es noch wenige Wochen vor Kriegsende in einer angesehenen sozialpolitischen Zeitschrift:

»Wenn in diesem Krieg die Arbeitsleistungen nicht nur nicht abgesunken, sondern wesentlich gestiegen und nach mehr als fünf Kriegsjahren in den Menschen noch weitere Reserven für Mehrleistungen vorhanden sind, so sind an diesem Erfolg... auch die freiwilligen Sozialleistungen der Betriebe beteiligt. Sie haben daran mitgewirkt, daß in den deutschen Arbeitern und Angestellten die geistigen, seelischen und körperlichen Kräfte lebendig blieben, die sie befähigen, jetzt in der Stunde der höchsten Bewährung jedes Einzelnen ihre Arbeitsleistungen noch mal zu steigern.«[304]

In einer anderen Publikation wurde 1942 festgestellt, daß »vorbildlich geführte Betriebe mit... guten sozialen Einrichtungen... nur selten über jugendliche AB [Arbeitsbummler, R. H.] unter ihren Gefolgschaftsmitgliedern« klagten.[305]

Diese für Industrie und NS-Regime positiven Wirkungen resultierten freilich aus dem *Doppelcharakter* betrieblicher Sozialpolitik. Neben der leistungsstimulierenden und bindenden Funktion war die *Disziplinierung* der Arbeitnehmer eines der »ältesten Motive« der betrieblichen Sozialpolitik und »ein Grundzug, der sie im ganzen prägt«.[306] Diese zweite Seite gelangte während der Kriegsjahre verschärft zur Anwendung. Seit 1940 wurden zwecks Erhaltung der ›Arbeitsdisziplin‹ und der Bekämpfung des ›Bummelantentums‹ eine ganze Reihe von Instrumenten zur Disziplinierung der Arbeiter reaktiviert bzw. neu geschaffen: Sie reichten von der Streichung der Feiertagsbezahlung bei unentschuldigtem Fehlen, der Anrechnung von Fehlzeiten auf den tariflichen Urlaub, der Verhängung von Geldbußen bzw. dem Entzug von Schwerstarbeiterzulagen über die Drohung mit der Aufkündigung der UK-Stellung bis zur Verhängung von Gefängnisstrafen und Einweisung in Arbeitserziehungs- oder gar Konzentrationslager.[307] Schwere Strafen wurden jedoch insbesondere bei qualifizierten, nicht leicht ersetzbaren Arbeitskräften nur in seltenen Fällen verhängt.[308]

Offenbar mit Blick auf diese Arbeiter forderte der Reichsarbeitsminister bzw. der ›Generalbeauftragte für den Arbeitseinsatz‹ die Unternehmer seit 1940 wiederholt und zunehmend dringlicher dazu auf, bei »pflicht- und ordnungswidrigem Verhalten« Arbeitnehmern insbesondere die Zahlung von Weihnachtsgratifikationen zu verweigern.[309] ›Notorischen Bummelanten‹ sollten außerdem die Trennungszulage gestrichen, Genußmittel- und Raucherkarten u. a. Sozialleistungen vorenthalten werden. Von diesen Disziplinarmaßnahmen wurde offenbar in großem Umfange Gebrauch gemacht.[310]

Welche Wirkung hiervon ausging, ist schwer zu beurteilen. Zwar wurde auch in den letzten Kriegsjahren von den staatlichen Kontrollorganen immer wieder über fortgesetztes ›Bummelantentum‹ u. ä. geklagt;[311] diese Klagen sollten jedoch (auch vor dem Hintergrund der Ausführungen über Arbeitsleistung und Krankenstand in Kap. VII) nicht überbewertet werden. Das genaue Ausmaß des von NS-Funktionsträgern behaupteten Leistungsrückgangs, ›Krankfeierns‹ und ›Bummelantentums‹ ist – mit Ausnahme des

Ruhrbergbaus[312] – nur schwer zu ermitteln. Selbst amtliche Stellen mußten zugeben, daß ›Bummelei‹ und ›Krankfeiern‹ nicht in »besorgniserregendem« Ausmaß verbreitet waren: Eine von den Gauarbeitsämtern des Ruhrgebiets 1943 vorgenommene Umfrage ergab, »daß die von den Betrieben aufgestellten Behauptungen (über das ›Bummelantenunwesen‹) bei weitem übertrieben seien«.[313] Die »Haltung und Arbeitsleistung« der deutschen Arbeiterschaft – so der SD in seinem Bericht vom 8. Okt. 1942 – müsse als »im großen und ganzen günstig angesehen werden«.[314] Die Funktionalisierung der betrieblichen Sozialpolitik zur offenen Disziplinierung der Belegschaften war hier freilich nur ein Faktor unter vielen. So überaus wirkungsvoll, wie die obigen Zitate nahelegen, konnte die betriebliche Sozialpolitik seit 1933 nur im Zusammenspiel mit den repressiven Rahmenbedingungen, die vom NS-Regime gesetzt wurden, den geschilderten lohn- und leistungspolitischen Wandlungen sowie den strukturellen Veränderungen der Produktionsverhältnisse und den damit einhergehenden Umschichtungen innerhalb der Arbeiterschaft sein.

IX. Schlußbemerkung

In den letzten Jahren sind in der historischen Forschung Kontinuitäten zwischen dem ›Dritten Reich‹ und der Weimarer Republik bzw. der Bundesrepublik Deutschland insbesondere in wirtschaftlicher und sozialer, aber auch z. B. in rechtlicher Hinsicht stärker betont worden.[1] Zweifellos war die ›Stunde Null‹ im Mai 1945 Fiktion; ebensowenig waren die Umwälzungen seit 1933 so grundlegend, daß von einer ›braunen Revolution‹ gesprochen werden kann. Indes läuft man bei einer Überakzentuierung der Kontinuitäten leicht Gefahr zu übersehen, daß es gerade die spezifischen Formen der Verknüpfung der übernommenen sozioökonomischen Strukturen mit den neu geschaffenen politischen und rechtlichen Verhältnissen waren, die die Basis für eine Gewaltherrschaft schufen, die im 20. Jahrhundert ihresgleichen sucht. Weil bei dem mit der nationalsozialistischen ›Machtergreifung‹ einsetzenden »Stoß in die Modernität«[2] soziale und politische Rücksichten nur eine untergeordnete Rolle spielten, konnten in der Weimarer Republik begonnene Entwicklungen – so hat die vorliegende Untersuchung gezeigt – in vielerlei Hinsicht geradezu entfesselt und gleichzeitig unmittelbarer als zuvor Herrschaftsinteressen dienstbar gemacht werden.

Die fertigungstechnische und arbeitsorganisatorische Rationalisierungsbewegung, die in den Jahren bis 1929 nur relativ kleine Bereiche der deutschen Industrie erfaßt hatte und während der Krise zum Stillstand gekommen war, wurde seit 1935/36 forciert wieder aufgenommen. Erst während der Herrschaft der Nationalsozialisten kamen entwickelte Fließfertigungssysteme in der verarbeitenden Industrie in größerem Umfang zur Anwendung. Ebenso gelang dem Refa-Verfahren als der deutschen Version des Taylorismus erst während des ›Dritten Reiches‹ der volle Durchbruch. Mit dem 1942 fertiggestellten – und in der Bundesrepublik noch Anfang der sechziger Jahre weit verbreiteten – ›Lohnkatalog Eisen und Metall‹ wurden das erste Mal Arbeitsbewertungsverfahren in weiten und zentralen Bereichen der deutschen Industrie eingeführt. Parallel dazu kam es zu einer grundlegenden ›Modernisierung‹ der Lohnformen, d. h. zur Anwendung differenzierter Formen der Leistungsentlohnung und der Anpassung der Lohnsysteme an entwickelte Produktionstechnologien.

Ohne die aktive und vorbehaltlose Unterstützung durch das NS-Regime wäre es nicht zu diesem Modernisierungsschub gekommen. Erst durch den kontinuierlichen Absatz, den Kriegsvorbereitung und Rüstungspolitik des

NS-Regimes garantierten, und durch die staatlicherseits systematisch vorangetriebene Standardisierung und Typisierung wurden Massenproduktion und Rationalisierungsbewegung überhaupt auf breiter Basis möglich. Ohne die Hilfestellung halbstaatlicher Organisationen wie der DAF wäre die rasche Ausweitung des Refa-Verfahrens undenkbar gewesen. Auch an der Konzipierung des LKEM und der diesem zugrundeliegenden Arbeitsbewertungsverfahren war die DAF maßgeblich beteiligt; die allgemeine Einführung des LKEM wiederum verdankt sich nicht zuletzt dem Drängen staatlicher Stellen.

Diese massive Unterstützung durch staatliche Institutionen und halbstaatliche Organisationen war nicht uneigennützig. Die Nationalsozialisten beförderten die vielfältigen Modernisierungs- und Rationalisierungsbewegungen nicht nur, weil sich ohne moderne Industrie kein Krieg gewinnen ließ; viele von ihnen wußten auch um die herrschaftsstabilisierenden Effekte dieser Prozesse. Die positive Rezeption der taylorschen ›time and motion studies‹ im NS-Deutschland und die fast explosionsartige Ausdehnung der Refa-Aktivitäten seit 1934 erklären sich nicht zuletzt aus dem Versprechen des Taylorismus, innerbetriebliche soziale Konflikte ›wissenschaftlich‹ bewältigen und minimieren und insofern einen entscheidenden Beitrag zur Realisierung der von den Nationalsozialisten angezielten sozialharmonischen ›Betriebsgemeinschaften‹ leisten zu können. Nationalsozialistischen Funktionsträgern, ›Betriebsführern‹ und Betriebswirtschaftlern blieben die sozialdisziplinierenden Wirkungen, die vor allem von komplexen Fließbandanlagen ausgehen konnten, ebenso wenig verborgen wie das Potential an sozialer Integration, das – als Folge der Einführung moderner Fertigungstechniken im Bereich der Verbrauchsgüterproduktion – der Massenkonsum von Waren wie PKWs, elektrische Haushaltsgeräte etc. mit sich bringen konnte, die vormals kleinen, privilegierten Bevölkerungsschichten vorbehalten waren. Zwar waren weder die verschiedenen Formen der ›Rationalisierung‹ noch die sie begleitenden wissenschaftlichen Lehren – trotz mancher ideologischer Überformungen – originär nationalsozialistisch oder faschistisch; sie ließen sich jedoch vorzüglich für die sozialpolitischen Zielsetzungen des NS-Regimes instrumentalisieren. Dadurch, daß es dem NS-Regime gelang, gerade die dynamischen und modernisierenden Elemente des entwickelten Industriekapitalismus weitgehend reibungslos für die eigene Gewaltherrschaft zu funktionalisieren, machte es die repressive Seite vielfach heute noch wirkender, »schon lange vorher angelegte(r) problematische(r) Modernisierungstendenzen und Sozialpathologien« in aller Deutlichkeit sichtbar.[3] Vor allem deshalb konnte das NS-Regime – nachdem eigenständige Organisationen und Interessenvertretungen der Arbeitnehmerschaft, die hier bremsend hätten eingreifen können, zerstört worden waren – der Industrie gegenüber weitgehend ›die Zügel schleifen‹ lassen und der Unternehmerschaft Freiräume zugestehen, wie sie andere gesellschaftliche Gruppen nicht besaßen.

Nicht zufällig war zudem die für das nationalsozialistische Herrschaftssystem charakteristische polykratische Struktur in den hier untersuchten Bereichen besonders ausgeprägt. Die staatlichen Institutionen steckten im arbeits-, lohn- und leistungspolitischen Bereich lediglich grobe Rahmenbedingungen ab; innerhalb dieser Grenzen erhielten die ›Betriebsführer‹ eine nahezu unbeschränkte Autonomie. Sie mußten nach 1933 keineswegs »auf die Freiheit in der Lohngestaltung verzichten«[4] – im Gegenteil: Nicht einmal die in den Tarifordnungen festgelegten tariflichen Lohnsätze bildeten definitive Untergrenzen der Effektivverdienste; die Treuhänder der Arbeit ließen in den Anfangsjahren der nationalsozialistischen Diktatur untertarifliche Entlohnung in weit größerem Ausmaß zu als selbst während der Zeit zwischen Sept. und Dez. 1932, als das Präsidialkabinett von Papen die Unterschreitung der Tariflöhne durch eine Notverordnung ausdrücklich sanktioniert hatte. Erweitert wurde der lohnpolitische Spielraum der Unternehmer jedoch vor allem dadurch, daß die Tarifordnungen meist unverändert blieben; mit ihnen wurden die tariflichen Lohnsätze auf dem niedrigen Krisenniveau starr fixiert und nicht mehr wie ehedem regelmäßig den Effektivlöhnen (als deren Untergrenze) angeglichen. Infolgedessen vergrößerte sich mit einsetzender Vollbeschäftigung und steigenden Bruttoverdiensten die Spanne zwischen Tarif- und Effektivlöhnen und damit der Teil der Effektivverdienste, der ohne staatliche Einmischung zwischen ›Gefolgschaft‹ und ›Betriebsführer‹ ausgehandelt wurde. Erst seit Mitte 1938 – als das drückende Defizit an Arbeitskräften einen unkontrollierten Lohnauftrieb nach sich zu ziehen drohte, der weder im Interesse des NS-Staates noch der Industrie sein konnte – begannen die Treuhänder Höchstlohngrenzen für Effektivverdienste festzulegen. Sie ließen allerdings so zahlreiche Lücken, daß auch danach ein erheblicher Spielraum für betriebliche Lohnpolitik blieb – mit allerdings verschobenen Schwerpunkten: Mit Einsetzen der Vollbeschäftigung kam es zu einer – von der bundesdeutschen Betriebswirtschaft erst für die letzten Jahrzehnte konstatierten – ›Monetisierung‹ betrieblicher Sozialpolitik. Lohnähnliche freiwillige Sozialleistungen wurden seit etwa 1936 in der deutschen Industrie allgemein eingeführt; ihr Stellenwert innerhalb der gesamten betrieblichen Sozialpolitik wuchs in der Folgezeit rasch. Diese Entwicklung erklärt sich nicht allein – und nicht einmal in erster Linie – aus den lohnpolitischen Restriktionen des NS-Staates, die seit den Vorkriegsjahren für offene Lohnerhöhungen immer weniger Raum liessen. Hauptgrund für diesen Funktionswandel der betrieblichen Sozialpolitik war, daß es sich hierbei um die für die Unternehmen funktionalste Form von (indirekten) Lohnzugeständnissen handelte. Auf Weihnachtsgratifikationen, Abschlußprämien oder finanzielle Gewinnbeteiligungen bestand im allgemeinen kein Rechtsanspruch; sie konnten in Krisenzeiten jederzeit wieder rückgängig und zudem vom Wohlverhalten der Arbeiter abhängig gemacht werden. Die Industriearbeiterschaft hatte dieser für sie nachteiligen (weil nicht rechtsverbindlichen) Form (indirekter) betrieblicher Lohnpolitik nicht viel entgegenzusetzen. Die DAF war auch nicht ansatzweise eine den Gewerkschaften vergleichbare Organisation, die Vertrauensräte besaßen keinerlei Mitbestimmungsmöglichkeiten; beide fielen als wirkungsvolle Organe kollektiver Interessenvertretung der Industriearbeiterschaft aus. Ein Ausdruck dieser schwachen Position war es, daß selbst in Zeiten drückenden Arbeitskräftemangels Arbeitnehmer dem ›Betriebsführer‹ gegenüber in aller Regel lediglich als Einzelpersonen Lohnerhöhungen durchsetzen konnten. Da sich vor allem qualifizierte Rüstungsarbeiter den Unternehmern gegenüber in einer vergleichsweise günstigen Position befanden, mußten sich auch deshalb die Lohndifferenzen zwischen den verschiedenen Arbeitergruppen, Industriezweigen und Betriebsgrößen verstärken.

Die staatliche Lohnpolitik wiederum beschränkte sich bis 1938 bewußt weitgehend darauf, die sich ›naturwüchsig‹ vollziehende Vertiefung der Lohnunterschiede, die wesentlich aus der einseitigen staatlichen Begünstigung der rüstungsrelevanten Großindustrie resultierte, wohlwollend zu tolerieren und lediglich ›Lohnauswüchse‹ auf indirektem Wege – über arbeitsmarktpolitische Restriktionen – zu unterbinden. Lohnpolitisches Ziel war es, über die materielle Heraushebung kleiner, relativ privilegierter Arbeitereliten einerseits und der Schaffung randständiger, niedriglohnter Arbeitergruppen andererseits, das (Effektiv-)Lohnniveau der Jahre 1932/33 im gesamtindustriellen Durchschnitt möglichst zu halten.[5] Der Umverteilung der Lohneinkommen innerhalb der Industriearbeiterschaft zugunsten einer relativ kleinen Schicht privilegierter Rüstungsarbeiter entsprach eine entsprechende Differenzierung der zusätzlichen betrieblichen Sozialleistungen, die immer stärker die Form ›indirekten Lohnes‹ annahmen. Alles in allem gesehen war diese Politik – die mit sozialdarwinistischen Versatzstücken der Weltanschauung des Nationalsozialismus ideologisch legitimiert wurde – erfolgreich, obgleich sie zu keinem Zeitpunkt (auch nicht im letzten Vorkriegsjahr und während des Krieges) auf einem konsistenten Konzept basierte. An der relativen Effizienz der staatlichen Lohnpolitik änderte im Grundsatz auch die Kompetenzkonkurrenz zwischen den verschiedenen staatlichen Institutionen sowie Teilen der NS-Bewegung nichts, obgleich etwa die konkrete Tätigkeit der ›Treuhänder der Arbeit‹ durch die DAF und andere Institutionen erheblich behindert wurde. Die polykratische Struktur des NS-Staates besaß vielmehr den Vorteil, daß ökonomische Zielsetzungen besser durch psychologische Erwägungen ergänzt werden konnten. So war es nicht zuletzt dem Einfluß ›ressortfremder‹ Stellen und ihrer Furcht vor breiter, systemdestabilisierender ›Arbeiteropposition‹ (›Novembersyndrom‹) zuzuschreiben, daß kein rigider Lohnstop durchgesetzt wurde, sondern die verschiedenen lohnpolitischen Maßnahmen in der Praxis ›elastisch‹ umgesetzt wurden.

Zwar wurden die vorhandenen Unterschiede zwischen den verschiedenen Arbeiterschichten weiter vertieft und die Industriearbeiterschaft während des Zweiten Weltkrieges noch zusätzlich nach rassistischen Kriterien gespalten. Dennoch blieb sie jedenfalls im wirtschaftssoziologischen Sinne weiterhin eine Klasse.[6] Während des relativ kurzen Zeitraumes, den die Nationalsozialisten in Deutschland die politische Herrschaft innehatten, hätten sie soziale Klassen auch gar nicht vollständig auflösen können. Sie konnten ›lediglich‹ die Artikulation von Klasseninteressen verbieten und Prozesse sozialer Auflösung initiieren oder beschleunigen. Den Industriearbeitern wurde die Artikulation von Klasseninteressen als mit dem Ideologem der ›Volks-‹ und ›Betriebsgemeinschaft‹ unvereinbar verboten; den Unternehmern als den ›Betriebsführern‹ blieb sie dagegen – wenn auch in anderen institutionellen Formen als vor 1933 – weiterhin erlaubt. Da Klasseninteressen von Arbeitnehmern nicht mehr kollektiv formuliert, geschweige denn durchgesetzt werden durften, konnte der Eindruck der Auflösung dieser Klasse entstehen – ein Eindruck, der aus einsichtigen Gründen von der NS-Propaganda gepflegt wurde, den tatsächlichen Verhältnissen jedoch nicht entsprach. Das von den Nationalsozialisten intendierte Aufgehen der Industriearbeiterschaft in sozialharmonischen ›Betriebsgemeinschaften‹ blieb Fiktion. Zwar ist unübersehbar, daß das auch vor 1933 niemals vollständige ›Eingeschlossensein im Arbeiterdasein‹ nach der NS-›Machtergreifung‹ aufgebrochen wurde; (intragenerative) soziale Aufstiege über die Klassenlinie hinweg blieben jedoch auch nach 1935/36 der übergroßen Mehrheit der Industriearbeiterschaft versperrt. Relativ stark war dagegen die Aufstiegsmobilität über klasseninterne Differenzierungslinien (vom Hilfsarbeiter zum Angelernten und vom Angelernten zum Facharbeiter). Die gemeinsame Klassenlage der Industriearbeiterschaft verlor dadurch, daß konkurrierende Strukturen wie Berufs- und Branchenzugehörigkeit, im Krieg zudem die Zugehörigkeit der deutschen Arbeiter zur ›arischen Herrenrasse‹ stärker hervortraten, als bewußtseins- und handlungsbestimmendes Moment tendenziell an Bedeutung. Insofern kann für den hier interessierenden Zeitraum von einem Prozeß fortschreitender sozialer Heterogenisierung gesprochen werden, ohne daß jedoch der Klassenbegriff obsolet wurde. Überdies war die Entwicklung allmählicher Klassenauflösung nicht eindeutig. Gleichzeitig ließen sich Prozesse beobachten, die die Distanz der Arbeiterschaft zu höheren Sozialschichten spürbar vertieften. So wurden seit 1933 infolge zunehmender Wohnungsnot und explodierender Neubaumieten die ohnehin beengten proletarischen Wohnverhältnisse noch drückender; große Teile der Industriearbeiterschaft konnten sich im Gegensatz zu höheren Sozialschichten während der Nahrungsmittelknappheit 1934 bis 1936 oder während des Krieges nicht auf ›grauen‹ oder ›schwarzen‹ Märkten mit teuren Lebensmitteln versorgen, sondern mußten aufgrund niedriger Reallöhne spürbar ›kurztreten‹; überhaupt partizipierten die Industriearbeiter – wenn überhaupt – in viel begrenzterem Maße als andere Bevölkerungsschichten am rüstungskonjunkturell bedingten Wohlstand.

Hatte die Arbeiterklasse ›an sich‹ auch während des ›Dritten Reiches‹ Bestand, so war sie als ›Klasse für sich selbst‹, die anderen in gemeinsamem

(politischen) Klassenhandeln gegenübertritt, dagegen nicht (mehr) existent: Die Industriearbeiterschaft – oder auch nur größere Teile davon – hatte nach der Machtübernahme der Nationalsozialisten schon deshalb kaum Chancen, sich zur ›Klasse für sich‹ zu konstituieren, weil mit der Zerstörung der Arbeiterparteien und Gewerkschaftsbewegung wesentliche organisatorische Voraussetzungen hierfür beseitigt waren; durch die rechtlichen und politischen Einschnitte war seit 1933 jeglicher ›Klassenkampf‹ illegalisiert worden und drohte schärfstens verfolgt zu werden. Selbst für ›unpolitische‹ Formen des Klassenhandelns blieb während der Herrschaft der Nationalsozialisten kaum Raum:
– Mit Hilfe einer repressiven Arbeitsmedizin, die vom Ziel möglichst vollständiger sozialer Kontrolle und rassistischer Selektion bestimmt war, wurde echtes ›Krankfeiern‹ in größerem Umfang systematisch unterbunden. Zwar fehlte auch in diesem Bereich nationalsozialistischer Sozialpolitik eine koordinierende Zentralinstanz; Kompetenzkonkurrenz behinderte jedoch nicht die Wirksamkeit der getroffenen Maßnahmen, sondern zog das Netz gesundheitspolitischer Restriktionen nur noch dichter. Die im Vergleich zu den Jahren bis 1930 niedrigen Krankenstände selbst der Vorkriegs- und Kriegsjahre sind hierfür ein beredtes Zeugnis.
– Gezielte Leistungszurückhaltung (›Akkordbremsen‹) als die von vielen Arbeitern nach 1933 anfangs bevorzugte Form verdeckter, betrieblicher ›Arbeiteropposition‹ – die im Gegensatz zur offenen Arbeitsniederlegung nicht sofort die Organe des nationalsozialistischen ›Maßnahmestaates‹ auf den Plan rief – wurde mit der Ausweitung des Refa-Verfahrens, dessen Ziel u. a. in der Feststellung des ›objektiven‹ Leistungsvermögens der Arbeiterbelegschaften bestand, offenbar immer erfolgreicher unterbunden. Wenn es – wie im Baugewerbe, der Industrie der Steine und Erden und vermutlich auch Teilen der Metallindustrie – zu einem Rückgang der Arbeitsleistung kam, dann war dies in erster Linie auf physische Erschöpfung infolge der Ausdehnung der Arbeitszeiten bei gleichzeitig schweren Arbeitsbedingungen zurückzuführen und nur in Ausnahmefällen Resultat politisch begründeten Handelns. Insbesondere in der Metallindustrie konnten überdies partiell sinkende Arbeitsleistungen durch Rationalisierungsmaßnahmen mehr als kompensiert werden. Zudem banden viele der in der verarbeitenden Industrie breit eingeführten modernen Fertigungstechniken – entwickelte Fließfertigungssysteme, halbautomatische Werkzeugmaschinen u. a. m. – die betroffenen Arbeitnehmer in hohem Maße in den betrieblichen Produktionsprozeß ein und nahmen ihnen die Spielräume, das eigene Arbeitstempo zu beeinflussen.
– Ordneten sich Arbeiter nicht freiwillig ökonomischen oder produktionstechnischen ›Sachzwängen‹ unter, stand ein umfangreiches Instrumentarium zur Verfügung, das empfindliche materielle Restriktionen nonkonformer oder auch nur wenig leistungsfähiger Arbeitskräfte erlaubte: Hierzu zählten z. B. die in vielen Tarifordnungen verankerten und in weiten Teilen

der deutschen Industrie angewendeten ›Minderleistungsklauseln‹, die die untertarifliche Entlohnung von Akkordarbeitern, die ein vorgegebenes Arbeitsquantum nicht erfüllten, zuließen, oder der Entzug von Weihnachtsgratifikationen u. ä. bei ›Bummelei‹ oder vermeintlichem ›Krankfeiern‹. Individuelles Wohlverhalten und Leistungsbereitschaft wurden demgegenüber mit Verweis auf das sozialdarwinistische Ideologem von der Notwendigkeit immerwährender ›Leistungsauslese‹ in vielfältiger Form belohnt und die Herausbildung eines ›modernen‹, individualistischen und leistungsorientierten Arbeitertypus begünstigt.

Neben den politischen und rechtlichen Umwälzungen, die die ›Machtergreifung‹ der Nationalsozialisten mit sich brachte, waren also strukturelle, grundsätzlich in modernen industriekapitalistischen Gesellschaften angelegte Faktoren für die ›Lähmung‹ der Industriearbeiterschaft verantwortlich. Beide Seiten ergänzten und verstärkten einander: Die Beseitigung inner- und überbetrieblicher Arbeitnehmervertretungen erlaubte eine ungehinderte Entfesselung moderner industriekapitalistischer Produktionsmethoden. Umgekehrt erleichterten – neben einer Vielzahl anderer Faktoren – die sozialintegrativen und -disziplinierenden Wirkungen, die von einer sich weitgehend ungebremst entfaltenden Dynamik industriekapitalistischer Produktionsweisen ausgingen bzw. ausgehen konnten, den Nationalsozialisten den Verzicht auf gewerkschaftliche bzw. gewerkschaftsähnliche Organisationen. Ob die ersatzlose Beseitigung von Gewerkschaften allerdings von Dauer gewesen wäre, muß bezweifelt werden. Überlegungen führender Vertreter der Großindustrie und hoher nationalsozialistischer Funktionsträger, nach einem nationalsozialistischen ›Endsieg‹ eine weitgehend entstaatlichte Tarifpolitik und mit ihr wieder gewerkschaftsähnliche Organisationen zu rekonstruieren, sprechen dagegen. Führenden Repräsentanten des NS-Staates wie Zangen, Pietzsch, Dierig, Göring, Krohn usw. war bewußt, daß mit offener Repression Konflikte sich nur über *kurze* Zeiträume unterdrücken ließen. Zudem war der Versuch einer autoritären staatlichen Regulierung der Sozialbeziehungen zwischen Unternehmern und Industriearbeiterschaft gescheitert: Die Tätigkeit der Treuhänder der Arbeit hatte »hinlänglich gezeigt« (so der ehemalige Präsident des Bundesarbeitsgerichts Müller 1985 in einem Gutachten zum bundesdeutschen Arbeitskampfrecht), daß »der Staat« mit einer autoritären Regulierung der »Fragen der Entgeltordnung« und anderer Aspekte der Tarifpolitik »überfordert« war.[7] Das Konfliktpotential, das in den seit 1935/36 beobachtbaren, rudimentären innerbetrieblichen Auseinandersetzungen sich anzukündigen schien, konnte zu einer Gefährdung der *langfristigen* ökonomischen Interessen von Großindustrie und nationalsozialistischer Diktatur heranwachsen. Bedenklich schien, daß die technisch immer komplexeren Produktionsanlagen zunehmend anfälliger für Störungen durch unzufriedene Arbeiter wurden. Welche ungünstigen sozialen und politischen Auswirkungen die tiefgreifenden Wandlungen der Struktur der betrieblichen Produktionsprozesse für Großindustrie und NS-Regime neben den offenkundig positiven langfristig hätten haben können, war jedenfalls für die Zeitgenossen nicht absehbar. Überdies war die Industriearbeiterschaft hinsichtlich ihrer Konfliktbereitschaft und -fähigkeit solange nicht kalkulierbar, wie verläßliche Organe fehlten, die Unzufriedenheit seitens der Arbeiterschaft und mögliche Konfliktformen den Unternehmern und NS-Machthabern frühzeitig genug anzeigen konnten. So dauerhaft modernisierend die nationalsozialistische Herrschaft hinsichtlich der ökonomischen und sozialen Strukturen wirkte, so wenig waren andererseits die meisten politischen Institutionen des NS-Regimes sowie zumindest die meisten der hier untersuchten Aspekte des nationalsozialistischen Rechts für lange Zeit gemacht. Sie waren – wie die ›Treuhänder der Arbeit‹ oder die Arbeitsmarkt- und Lohnpolitik – häufig von vornherein für einen begrenzten Zeitraum konzipiert oder hatten sich – wie z. B. das AOG – in zentralen Elementen als undurchführbar erwiesen. Wäre die NS-Diktatur von Dauer gewesen – was allerdings schon allein aufgrund der zentrifugalen Kräfte innerhalb des nationalsozialistischen Herrschaftssystems unwahrscheinlich gewesen wäre –, hätten die politischen Institutionen und wesentliche Bereiche der rechtlichen Verfassung möglicherweise ein Gesicht bekommen, das in mancherlei Hinsicht dem anderer moderner industriekapitalistischer Gesellschaften nicht unähnlich gewesen wäre.

Anmerkungen

I. Einleitung: Fragestellungen, Begriffe, Methoden, Quellenlage

1 Vgl. Ian *Kershaw*, »Widerstand ohne Volk?« Dissens und Widerstand im Dritten Reich, in: Der Widerstand gegen den Nationalsozialismus. Die deutsche Gesellschaft und der Widerstand gegen Hitler, hg. von Jürgen *Schmädeke* u. Peter *Steinbach*, München 1985, S. 779 ff., insbesondere S. 789; *ders.*, Alltägliches und Außeralltägliches: ihre Bedeutung für die Volksmeinung 1933–1939, in: Die Reihen fast geschlossen. Beiträge zur Geschichte des Alltags unterm Nationalsozialismus, hg. von Detlev *Peukert* u. Jürgen *Reulecke*, Wuppertal 1981, S. 273 ff., insbesondere S. 290; Detlev *Peukert*, Volksgenossen und Gemeinschaftsfremde, Köln 1982, insbesondere, S. 122 ff.; *ders.*, Der deutsche Arbeiterwiderstand 1933–1945, in: Karl-Dietrich *Bracher* u. a. (Hg.), Nationalsozialistische Diktatur 1933–1945. Eine Bilanz, Bonn 1983, S. 633 ff., insbesondere S. 635 ff. und 650 ff. (sowie weitere Aufsätze dess.); Timothy W. *Mason*, Die Bändigung der Arbeiterklasse im nationalsozialistischen Deutschland. Eine Einleitung, in: Carola *Sachse* u. a., Angst, Belohnung, Zucht und Ordnung. Herrschaftsmechanismen im Nationalsozialismus, Opladen 1982, S. 12 ff., insbesondere S. 34; Martin *Broszat*, Resistenz und Widerstand. Eine Zwischenbilanz des Forschungsprojekts, in: Bayern in der NS-Zeit, Bd. IV: Herrschaft und Gesellschaft im Konflikt, hg. von *dems.* u. a., München/Wien 1981, S. 691 ff.; *ders.*, Zur Sozialgeschichte des deutschen Widerstands, in: VfZ, Jg. 34, 1986, S. 300 ff.

2 Ralf *Dahrendorf*, Gesellschaft und Demokratie in Deutschland, Stuttgart/Hamburg 1965, S. 442; vgl. David *Schoenbaum*, Die braune Revolution, München 1980 (EA 1968), S. 338 ff.

2a Diese Feststellung gilt seit neuestem nurmehr eingeschränkt: Die DDR-Historiographie hat mit: Geschichte der Produktivkräfte in Deutschland von 1800 bis 1945, Bd. III: 1917/18 bis 1945, hg. von Rudolf *Berthold* u. a., Berlin [DDR] 1988, ein Werk vorgelegt, in dem die *fertigungstechnische* Seite der Rationalisierung ausführlich für alle wichtigen Industriezweige dargestellt wird. (Kap. V meiner eigenen Arbeit kann hierzu als Ergänzung begriffen werden. Die in meinen Untersuchungen im Zentrum stehenden arbeitsorganisatorischen und lohnbezogenen Aspekte der Rationalisierung, deren Auswirkung auf Binnenstruktur, Sozialverhalten, Gesundheitszustand etc. der Industriearbeiterschaft, auf Arbeitsmarkt- und Lohnentwicklung bzw. -politik usw. werden dagegen in ›Geschichte der Produktivkräfte‹ nur beiläufig – und ohne daß hier neue Erkenntnisse zu gewinnen wären – angesprochen.)

3 Unter ›Rationalisierung‹ werden im folgenden ganz allgemein alle Maßnahmen organisatorischer und technischer Natur verstanden, die auf die Steigerung industrieller Produktivität gerichtet waren und gleichzeitig auf die Senkung der Produktionskosten zielten.

4 So z. B. Henry Ashby *Turner* jn., Faschismus und Antimodernismus, in: *ders.*, Faschismus und Kapitalismus in Deutschland, Göttingen 1980, S. 171 ff. Nipperdey spricht differenzierter von einer »Modernität der Mittel« bei gleichzeitig »antimodernen Zielsetzungen« (Thomas *Nipperdey*, Probleme der Modernisierung, in: Saeculum, Jg. 30, 1979, S. 301 f.) Die Frage nach der ›Modernisierung wider Willen‹ zielt auf die Jahre *nach* 1933. Nicht infrage gestellt wird die These vom Nationalsozialismus als einer »radikal antimodernistischen« Bewegung für die Zeit der Weimarer Republik.

5 Industriearbeit – oder präziser: Formen und Bedingungen lohnabhängiger Tätigkeit in

Anmerkungen zu S. 15—16

industriellen Betrieben – ist im Gegensatz zu handwerklicher Arbeit wesentlich von der Struktur der meist dominierenden, ›fabrikmäßigen‹ Produktionstechnik bestimmt; technischer wie arbeitsorganisatorischer Wandel verändern deshalb zwangsläufig auch die Formen der Industriearbeit. Typisch für industrielle Arbeit ist eine im Vergleich zum Handwerk viel stärker entwickelte Spezialisierung als Resultat ausgeprägter innerbetrieblicher Arbeitsteilung. Charakteristisch für moderne Industriearbeit ist ferner, daß sie seitens der Betriebsleitung systematisch vorbereitet und genau auf den gesamten betrieblichen Produktionsprozeß abgestimmt wird. (Dieser Prozeß war 1933 noch nicht abgeschlossen; inwieweit dies während der NS-Zeit geschah, ist ein Thema der vorliegenden Untersuchung.)

Industrielle Produktionsweisen unterscheiden sich von handwerklichen aber nicht nur durch ein unterschiedliches Verhältnis von Arbeit und Produktionstechnik, sondern auch dadurch, daß Leitung und Ausführung der Produktion voneinander getrennt sind und der Unternehmer nicht mehr – wie der Handwerksmeister – unmittelbar im Produktionsprozeß gestaltend tätig ist. In der Praxis ist allerdings die Trennung zwischen Industrie und Handwerk häufig schwierig, sind die Grenzen schwimmend; im allgemeinen (insbesondere bei den für die folgende Untersuchung häufig maßgeblichen Erhebungen des Statistischen Reichsamtes und anderer Institutionen) gelten Betriebe mit weniger als zehn Beschäftigten als Handwerks-, mit zehn und mehr Beschäftigten als Industriebetriebe. (Diese Abgrenzung ist insofern nicht ganz korrekt, als es auch während des ›Dritten Reiches‹ bereits ein – insgesamt allerdings nicht sehr ins Gewicht fallendes – ›Großhandwerk‹ mit häufig wesentlich mehr als zehn Beschäftigten gab (vgl. WuSt, Jg. 22, 1942, S. 361 ff.).)

6 Arbeiter unterscheiden sich von Angestellten dadurch, daß sie überwiegend körperlich und meist in ausführenden, produktiven Funktionen tätig sind, während Angestellte stärker arbeitsleitende, konstruktive oder analysierende, verwaltende oder merkantile Funktionen wahrnehmen. In modernen Industriebetrieben verschwimmt diese Unterscheidung allerdings zunehmend, so daß eine Trennung in qualifizierte Facharbeiter und technische Angestellte tendenziell willkürlich wird. Dagegen ist die Unterscheidung nach der Art der Gewährung des Entgelts in Lohn- bzw. Gehaltsempfänger eher formal. Wenn im folgenden von (Industrie-) Arbeiterschaft und nicht von Arbeiterklasse gesprochen wird, dann nicht deshalb, weil der Klassenbegriff als untauglich angesehen wird, sondern um eine wichtige Fragestellung der Untersuchung: Blieb die Arbeiterschaft während des ›Dritten Reiches‹ im sozioökonomischen Sinne eine relativ homogene Großgruppe oder nicht? – nicht im Vorgriff zu beantworten (vgl. Schlußbemerkung).

7 Wenn im folgenden von ›Nationalsozialismus‹ und nicht von ›Faschismus‹ gesprochen wird, dann nur, weil in der vorliegenden Arbeit deutsche Verhältnisse untersucht werden. Es soll damit keineswegs einer isolierenden Betrachtung des Nationalsozialismus das Wort geredet werden. Eine vergleichende Untersuchung hätte jedoch den Rahmen dieser Untersuchung bei weitem gesprengt.

8 Rudi *Schmiede* u. Edwin *Schudlich*, Die Entwicklung der Leistungsentlohnung in Deutschland, Frankfurt/New York 1978³, S. 1. Schmiede/Schudlich (ebd., S. 288–313) selbst beschäftigen sich fast ausschließlich mit den Plänen einzelner NS-Institutionen bzw. -Organisationen (insbesondere dem Arbeitswissenschaftlichen Institut der DAF) für eine neue Lohnordnung. Die jeweils konkreten Formen, die im ›Dritten Reich‹ Anwendung fanden, sowie Umfang und Entwicklung der Leistungsentlohnung werden dagegen von ihnen nur oberflächlich untersucht. Lutz (Burkart *Lutz*, Krise des Lohnanreizes, Frankfurt 1975, S. 135–146) thematisiert lediglich die Leistungsentlohnung in der Eisen- und Stahlindustrie anhand einiger, von ihm untersuchter Werke; vgl. für die Hüttenwerke der GHH und der Krupp-Gußstahlfabrik jetzt auch: Hisashi *Yano*, Hüttenarbeiter im Dritten Reich. Die Betriebsverhältnisse und soziale Lage bei der Gutehoffnungshütte Aktienverein und der Fried. Krupp AG 1936–1939, Stuttgart 1986, S. 109–113. Hanf stützt seine Ausführungen im wesentlichen nur auf archivalische Unterlagen der Siemens & Halske AG, der Siemens-Schuckertwerke und von Krauss-Maffei,

deren betriebliche Lohnpolitik jedoch keineswegs repräsentativ für die gesamte deutsche Industrie war (Reinhard *Hanf*, Möglichkeiten und Grenzen betrieblicher Lohn- und Gehaltspolitik 1933–1939 (Diss.), Regensburg 1975, S. 141–182). Siegel (Tilla *Siegel*), Lohnpolitik im nationalsozialistischen Deutschland, in: *Sachse* u. a., Angst, S. 124–129) kann auf fünf Seiten nur einen (instruktiven) Überblick über den Stellenwert der ›Leistungsentlohnung‹ im Dritten Reich geben. Lediglich Formen, Funktionen und Entwicklung des Gedinges sind für die Zeit 1933 bis 1939 am Beispiel des Ruhrbergbaus von Wisotzky einer fundierten Analyse unterzogen worden (Klaus *Wisotzky*, Der Ruhrbergbau im Dritten Reich: Studien zur Sozialpolitik im Ruhrbergbau und zum sozialen Verhalten der Bergleute in den Jahren 1933 bis 1939, Düsseldorf 1983, S. 78 ff., 144 ff., 167–179, 250–264); auf eine Darstellung der Leistungsentlohnung im Bergbau kann deshalb hier verzichtet werden. Für die Zeit 1933 bis 1939 vgl. außerdem: Rüdiger *Hachtmann*, Beschäftigungslage und Lohnentwicklung in der deutschen Metallindustrie 1933 bis 1939, in: HSR No. 19, 1981, S. 50–55. In den verdienstvollen Arbeiten von Bry und Mason wird der Leistungs- und Stücklohn lediglich erwähnt, jedoch keiner näheren Betrachtung für wert befunden (vgl. Gerhard *Bry*, Wages in Germany 1871–1945, Princeton 1960, S. 237, 239; Timothy W. *Mason*, Sozialpolitik im Dritten Reich, Opladen 1977, S. 251 Anm. 126, S. 257; ferner *ders.*, Bändigung, S. 29 f.; etwas ausführlicher dagegen Jürgen *Kuczynski*, Die Geschichte der Lage der Arbeiter unter dem Kapitalismus, Bd. 6, Berlin [DDR] 1964, S. 206, 298 ff., 302; René *Livchen*, Wartime Developments in German Wage Policy, in: International Labor Review 2/1942, S. 139, 143).

9 Immerhin sind in jüngster Zeit drei Arbeiten erschienen, in denen für die Zeit des *Zweiten Weltkrieges* vor allem die den staatlichen (mit dem LKEM teilweise verwirklichten) Plänen zur ›Lohnneuordnung‹ zugrunde liegenden politischen Intentionen ausführlicher thematisiert wurden (vgl. Marie-Luise *Recker*, Nationalsozialistische Sozialpolitik im Zweiten Weltkrieg, München 1985, insbesondere S. 87 ff., 223 ff., 234 ff.; Tilla *Siegel*, Leistung und Lohn. Zur Veränderung der Form betrieblicher Herrschaft in der nationalsozialistischen Kriegswirtschaft (Ms.), Frankfurt Dez. 1986, insbesondere, S. 164 ff., 224 ff., 287 ff. sowie Wolfgang Franz *Werner*, Bleib übrig! Deutsche Arbeiter in der nationalsozialistischen Kriegswirtschaft, Düsseldorf 1983, insbesondere S. 113 ff., 224 ff.)

10 Zum Leistungsbegriff in der Medizin vgl. vor allem Walter *Wuttke-Groneberg*, Leistung, Verwertung, Vernichtung – Hat NS-Medizin eine innere Struktur?, in: Medizin im Nationalsozialismus, Evangelische Akademie Bad Boll, Protokolldienst, 23/1982, S. 228, 231 ff. sowie Kap. VII.2.2. der vorliegenden Arbeit.

11 SOPADE-Berichte 1935, S. 1185.

12 Franz *Neumann*, Behemoth. Struktur und Praxis des Nationalsozialismus 1933–1944 (EA 1942 bzw. 1944), Köln/Frankfurt 1977, S. 501; vgl. auch *ders.*, Mobilisierung der Arbeit in der Gesellschaftsordnung des Nationalsozialismus, in: ders., Wirtschaft, Staat, Demokratie. Aufsätze 1930–1954, hg. von Alfons *Söllner*, Frankfurt 1978, S. 259.

13 *Neumann*, Behemoth, S. 501.

14 Zu Recht stellt z. B. Tilla Siegel fest, daß »der reale Prozeß der Differenzierung der Löhne im nationalsozialistischen Deutschland noch kaum erforscht ist« und »wir heute noch über sehr wenig Information zur Differenzierung der Löhne im nationalsozialistischen Deutschland verfügen« (*Siegel*, Lohnpolitik, S. 135 f.).

15 *Bry*, Wages, S. 245 ff.; *Siegel*, Lohnpolitik, S. 116 ff.

16 Mit Ausnahme von: Franz *Grumbach* u. Heinz *König*, Beschäftigung und Löhne in der deutschen Industrie, in: Weltwirtschaftliches Archiv 1/1957, insbesondere S. 149. (In diesem Aufsatz werden die regionalen Einkommensdifferenzierungen für einige wichtige Branchen bis 1937 untersucht).

17 Ausführlicher behandelt sind Formen und Funktionswandlungen freiwilliger betrieblicher Sozialleistungen bei Hanf (*Hanf*, Möglichkeiten, S. 196–218, vgl. einschränkend die Bemerkung in Anm. 8). Angesprochen werden sie außerdem bei Mason, der sich vor allem für

die Rolle der DAF in diesem Zusammenhang interessiert (*Mason*, Sozialpolitik, insbesondere S. 187—189) und bei Siegel (*Siegel*, Lohnpolitik, S. 126—128), die sich in ihren Ausführungen im wesentlichen an Hanf anlehnt. Ein wichtiger Aspekt betrieblicher Sozialpolitik, die Rolle der betrieblichen Sozialarbeiterinnen, ist von Sachse ausführlich behandelt worden (Carola *Sachse*, Hausarbeit im Betrieb. Betriebliche Sozialarbeit im Nationalsozialismus, in: dies. u. a., Angst, S. 209—274). Da sie überdies im Rahmen ihrer Dissertation (Carola *Sachse*, Betriebliche Sozialpolitik als Familienpolitik in der Weimarer Republik und im Nationalsozialismus. Mit einer Fallstudie über die Firma Siemens, Hamburg 1987) die verschiedenen Aspekte betrieblicher Familienpolitik am Beispiel Siemens untersucht, kann dieser Bereich betrieblicher Sozialpolitik in der vorliegenden Untersuchung ausgespart werden. Ein längerer Überblick über die Sozialpolitik der Krupp-Gußstahlfabrik und der GHH ist zu finden bei: *Yano*, Hüttenarbeiter, S. 119—140; vgl. ferner *Hachtmann*, Beschäftigungslage, S. 55—58. Wisotzky hat eingehend die betriebliche Sozialpolitik des Ruhrbergbaus während der Jahre 1933 bis 1939 dargestellt (*Wisotzky*, Ruhrbergbau, S. 91 f., 146—150, 179—210), so daß auf eine Darstellung der für die Gesamtindustrie im übrigen untypischen Sozialpolitik dieses Industriezweiges hier verzichtet werden kann. Betriebswirtschaftliche Untersuchungen zum Thema betriebliche Sozialpolitik gehen, auch wenn sie Genesis und historische Entwicklung ausführlicher nachzeichnen, nur ganz am Rande auf die NS-Zeit ein (noch am ausführlichsten: Horst *Buhl*, Ausgangspunkte und Entwicklungslinien der freiwilligen sozialen Leistungen in industriellen Unternehmungen (Diss.), Berlin 1965, S. 108 f., 151 f., 180 ff., 214).

18 Die meisten der hier interessierenden Aspekte sind für den Ruhrbergbau für die Jahre bis 1939 in der Arbeit von Wisotzky eingehend analysiert worden. Auch Werner stützt sich in seiner Darstellung der Sozialgeschichte der deutschen Arbeiterschaft im Zweiten Weltkrieg weitgehend auf empirisches Material aus dem Ruhrbergbau.

19 Ausführlich hierzu vor allem Ulrich *Herbert*, Fremdarbeiter. Politik und Praxis des ›Ausländer-Einsatzes‹ in der Kriegswirtschaft des Dritten Reiches, Berlin/Bonn 1985.

20 In den Vereinigten Stahlwerken waren 1938 genau 34,00%, bei Krupp (nur Gußstahlfabrik) 9,19%, in den Werken der GHH 5,91% und bei Hoesch 5,84% aller Eisen- und Stahlarbeiter beschäftigt (nach: Statistisches Handbuch der Friedr. Krupp AG, Essen 1943, S. 112 f.; St. Handb. von Dt. 1928—1944, S. 288).

21 Zur *GHH* gehörten (bzw. die GHH war mehrheitlich beteiligt an): Maschinenfabrik Augsburg – Nürnberg (MAN); Maschinenfabrik Esslingen; Deutsche Werft, Hamburg; Schwäbische Hüttenwerke GmbH, Wasseralfingen; Fritz Neumeyer AG, Nürnberg; Deggendorfer Werft und Eisenbau AG; Hackethal Draht- und Kabelwerk AG, Hannover; Kabel- und Metallwerke Neumeyer AG, Nürnberg; Osnabrücker Kupfer- und Drahtwerke AG; Eisenwerk Nürnberg AG vorm. J. Tafel & Cie.; Zahnräderfabrik Augsburg vorm J. Renk. Zu den *Vereinigten Stahlwerken* gehörten (bzw. mehrheitliche Beteiligung): Dortmunder Union Brückenbau AG; Eisenwerk Rothe Erde GmbH, Dortmund; Kettenwerke Schlieper GmbH, Grüne/Westf.; Kleineisen- und Schraubenfabrik Steele GmbH, Essen-Steele; Gebr. Knipping Nieten- und Schraubenfabrik GmbH, Altena/Westf.; Nordseewerke Emden GmbH (Werft) sowie diverse Gießereien. Zu *Krupp*: Grusonwerk AG, Magdeburg-Buckau; Germaniawerft AG, Kiel-Gaarden.

22 Das Arbeitswissenschaftliche Institut (AWI) der DAF wurde Mitte 1935 gegründet. Im Dez. 1936 wurde die Statistische Zentrale der DAF dem Institut angegliedert. Bei eigenen Erhebungen bediente sich die Statistische Zentrale der örtlichen Gliederungen der Arbeitsfront. Die Industrie stand statistischen Erhebungen der DAF eher ablehnend gegenüber. Nicht leicht zu beantworten ist deshalb – auch vor dem Hintergrund der häufig schwachen sozialen Verankerung der Arbeitsfront – die Frage nach der Repräsentativität dieser Untersuchungen. Die zahlreichen und umfänglichen Publikationen des AWI der DAF sollten zudem nicht dazu verführen, das wirtschaftspolitische Gewicht dieses Instituts zu überschätzen. Das AWI übernahm als zentrale sozialwissenschaftliche ›Auswertungsstelle‹ der DAF den größten Teil des

wissenschaftlichen Apparates der Gewerkschaften einschließlich der Archive und Bibliotheken, der den Nationalsozialisten nach der Zerstörung der Arbeitnehmerorganisationen in die Hände gefallen war. Das AWI war insofern »ungeplantes Nebenprodukt des Raubes« gewerkschaftlichen Eigentums (vgl. Margit *Schuster* u. Helmuth *Schuster*, Industriesoziologie im Nationalsozialismus, in: Soziale Welt, Jg. 35, 1984, S. 99, 111). Infolge fehlender konkreter Aufgabenstellungen war es zu ständiger Selbstlegitimation gezwungen, deren materiellen Ausdruck nicht zuletzt die Unmengen bedruckten Papiers sehr unterschiedlicher wissenschaftlicher Qualität darstellen. Unter Industriellen und Repräsentanten der Wirtschaftsorganisationen haben lediglich die Arbeiten des AWI zum Thema Arbeitsbewertung größere Resonanz gefunden.

23 Unter *Tariflohn* sind in dem hier interessierenden Zeitraum die vom ›Treuhänder der Arbeit‹ mittels ›Tarifordnungen‹ festgesetzten tariflichen (Mindest-)Lohnsätze zu verstehen. Als *Effektivlohn* oder -verdienst wird der tatsächlich vom Arbeitgeber an den Arbeitnehmer gezahlte Lohn bezeichnet. Vom *Bruttolohn* wird dann gesprochen, wenn Sozialversicherungsbeiträge und Steuern (sowie DAF-Beiträge und Spenden für das ›Winterhilfswerk‹) noch nicht vom Effektivverdienst abgezogen worden sind. Sind sie es, ist vom *Nettolohn* die Rede. Während der *Nominallohn* dem in Geldeinheiten ausgehandelten Lohn entspricht, spiegelt sich im *Reallohn* oder -einkommen das Verhältnis zwischen Nominallohn und Lebenshaltungsindex (Kaufkraft) wider.

24 Jürgen *Kocka*, Sozialgeschichte: Begriff, Entwicklung, Probleme, Göttingen 1977, S. 74.

25 Die Berichte der ›(Reichs-)Treuhänder der Arbeit‹ sind – von geringfügigen Kürzungen abgesehen – dokumentiert bei: Timothy W. *Mason*, Arbeiterklasse und Volksgemeinschaft, Opladen 1975.

26 Die SD-Berichte sind für die Zeit 1938 bis März 1945 vor kurzem von Heinz *Boberach* herausgegeben als: ›Meldungen aus dem Reich. Die geheimen Lageberichte des Staatssicherheitsdienstes der SS 1938–1945‹, Bde. 1 bis 17, Herrsching 1984.

27 Inzwischen sind eine ganze Reihe von Editionen der Stimmungsberichte verschiedener Institutionen und Organisationen herausgegeben worden. Wichtig waren für die vorliegende Untersuchung vor allem Martin *Broszat* u. a. (Hg.), Bayern in der NS-Zeit, Bd. 1: Soziale Lage und politisches Verhalten der Bevölkerung im Spiegel vertraulicher Berichte, München/Wien 1977; Die Lageberichte der Geheimen Staatspolizei über die Provinz Hessen-Nassau 1933–1936, mit ergänzenden Materialien, eingel. und hg. von Thomas *Klein*, Köln/Wien 1985; Gestapo Hannover meldet...: Polizei- u. Regierungsberichte für das mittlere und südliche Niedersachsen zwischen 1933 und 1937 bearb. u. eingel. von Klaus *Mlynek*, Hildesheim 1986; Pommern 1934/35 im Spiegel von Gestapo-Berichten und Quellen, hg. von Robert *Thévoz* u. a., Köln/Berlin 1974; Bernhard *Vollmer*, Volksopposition im Polizeistaat. Gestapo- und Regierungsberichte 1934–1936, Stuttgart 1957.

28 Lutz *Niethammer*, Einleitung zu: ders. (Hg.), »Die Jahre weiß man nicht, wo man die heute hinsetzen soll«. Faschismuserfahrungen im Ruhrgebiet, Berlin/Bonn 1983, S. 23.

29 Dies wurde in den SOPADE-Berichten selbst durchaus zugegeben (vgl. z. B. SOPADE-Berichte 1937, S. 315.) Noch schärfer tritt die Tendenz zu einer realitätsverzerrenden, euphorischen Darstellung des Arbeiterverhaltens im ›Dritten Reich‹ in mehreren (vor allem frühen), in der DDR herausgegebenen Quelleneditionen hervor, die hier deshalb nur sparsam verwendet wurden (vgl. insbesondere Walter A. *Schmidt*, Damit Deutschland lebe. Ein Quellenwerk über den deutschen antifaschistischen Widerstandskampf 1933–1945, Berlin [DDR] 1958).

30 Hans-Erich *Volkmann*, Wirtschaft im Dritten Reich. Eine Bibliographie, Teil I: 1933–1939, München 1980, S. 4 (Einleitung). Die relative Offenheit der Darstellung, die manchmal den Charakter von (impliziten) Kontroversen annehmen konnte, war es auch, die den Reichsarbeitsminister (RAM) bewog, Mitte 1941 in einem Rundschreiben an die ›Reichstreuhänder der Arbeit‹ mitzuteilen, daß nach einer Vereinbarung zwischen ihm und dem Reichsminister für Volksaufklärung und Propaganda »sichergestellt (sei), daß in Zukunft

Aufsätze, in denen Lohnfragen behandelt werden, Ihnen vor der Veröffentlichung zugehen« (Rundschreiben des RAM an die RtdA vom 6. Juni 1941, in: BA R 41/Bd. 66, Bl. 42; die Vereinbarung zwischen Seldte und Goebbels kam am 23. Mai 1941 zustande).

31 Vgl. Jeffrey *Herf*, Reactionary Modernism. Technology, culture, and politics in Weimar and the Third Reich, Cambridge 1986. Seine ebenso richtige wie einfache Definition dieses Terminus lautet mit Blick auf die Nationalsozialisten: »They combined political reaction with technological advance.« (S. 1 f.)

II. Voraussetzungen und Rahmenbedingungen

1 Ausführlich zur ›sichtbaren‹ und ›unsichtbaren‹ Arbeitslosigkeit während der Krise: Rüdiger *Hachtmann*, Arbeitsmarkt und Arbeitszeit in der deutschen Industrie 1929 bis 1939, in: AfS, Bd. XXVII, 1987, S. 177 ff.; Heinrich August *Winkler*, Der Weg in die Katastrophe. Arbeiter und Arbeiterbewegung in der Weimarer Republik 1930 bis 1933, Berlin/Bonn 1987, S. 19 ff., 56 ff.; Heidrun *Homburg*, Vom Arbeitslosen zum Zwangsarbeiter. Arbeitslosenpolitik und Fraktionierung der Arbeiterschaft in Deutschland 1930–1933 am Beispiel der Arbeitslosenpolitik und kommunalen Wohlfahrtshilfe, in: AfS, Bd. XXV, 1985, S. 258 ff.

2 In: RGBl. 1932, I, S. 726 (Teil IV, § 2).

3 In: RGBl. 1932, I, S. 434. Bereits vorher hatten sich viele Arbeitnehmer freiwillig bereitgefunden, unter Tarif zu arbeiten (vgl. z. B. Jb. Gew. 1931/32 (Preußen), S. 24).

4 Vgl. St.Jb.DR 1931, S. 283; 1933, S. 273.

5 Vgl. St.Jb.DR 1941/42, S. 384.

6 Zu Wirtschaftspolitik und -system des nationalsozialistischen Deutschlands 1933–1939 vgl. u. a. Avraham *Barkai*, Das Wirtschaftssystem des Nationalsozialismus. Der historische und ideologische Hintergrund 1933–1936, Köln 1977; Willi A. *Boelcke*, Die deutsche Wirtschaft 1930–1945: Interna des Reichswirtschaftsministeriums, Düsseldorf 1983, S. 47 ff.; Charles *Bettelheim*, Die Wirtschaft unter dem Nationalsozialismus, München 1974, S. 43 ff.; Martin *Broszat*, Der Staat Hitlers, München 1969, S. 173 ff.; René *Erbe*, Die nationalsozialistische Wirtschaftspolitik 1933–1939 im Lichte der modernen Wirtschaftstheorie, Zürich 1958; L. *Hamburger*, How Nazi Germany has controlled business, Washington 1943; Volker *Hentschel*, Wirtschafts- und sozialhistorische Brüche und Kontinuitäten zwischen Weimarer Republik und Drittem Reich, in: ZUG, Jg. 28, 1983, S. 39 ff.; *Neumann*, Behemoth, S. 271 ff.; Dietmar *Petzina*, Autarkiepolitik im Dritten Reich. Der nationalsozialistische Vierjahresplan, Stuttgart 1968; *ders.*, Grundriß der deutschen Wirtschaftsgeschichte 1918–1945, in: Deutsche Geschichte seit dem Ersten Weltkrieg, Bd. 2, Stuttgart 1973, S. 743 ff.; *ders.*, Deutsche Wirtschaft der Zwischenkriegszeit, S. 108 ff.; Gerd *Hardach*, Deutschland in der Weltwirtschaft, S. 50 ff.; Karl *Hardach*, Wirtschaftsgeschichte Deutschlands im 20. Jahrhundert, Göttingen 1976, S. 65 ff.; Wolfram *Fischer*, Deutsche Wirtschaftspolitik 1918–1945, Opladen 1968, S. 51 ff.; Arthur *Schweitzer*, Big Business in the Third Reich, Bloomington 1964; *ders.*, Organisierter Kapitalismus und Parteidiktatur 1933 bis 1936, in: Schmollers Jahrbuch, Jg. 79, 1959, S. 44 ff.; *ders.*, Die wirtschaftliche Wiederaufrüstung Deutschlands 1934–1936, in: Zeitschrift für die gesamte Staatswissenschaft, Bd. 114, 1958, S. 594 ff.; *ders.*, Der organisierte Kapitalismus. Die Wirtschaftsordnung in der ersten Periode der NS-Herrschaft, in: Hamburger Jahrbuch für Wirtschafts- und Gesellschaftspolitik, Jg. 7, 1962, S. 32 ff.; David *Schoenbaum*, Die braune Revolution, München 1980, S. 152 ff.; Alfred *Sohn-Rethel*, Ökonomie und Klassenstruktur des deutschen Faschismus, Frankfurt 1973, S. 120 ff.; Hans *Mottek* u. a., Wirtschaftsgeschichte Deutschlands. Ein Grundriß, Bd. 3, Berlin [DDR] 1975, S. 302 ff.; Hans-Ulrich *Thamer*, Verführung und Gewalt. Deutschland 1933–1945, Berlin 1986, S. 470 ff.; *Volkmann*, Wirtschaft im Dritten

Reich, Teil I (Bibliographie), S. 1 ff. (Einleitung); *ders.*, Außenhandel und Aufrüstung in Deutschland 1933 bis 1939, in: Wirtschaft und Rüstung am Vorabend des Zweiten Weltkriegs, hg. von Friedrich *Forstmeier* u. Hans-Erich *Volkmann*, Düsseldorf 1975, S. 81 ff.; *ders.*, Die NS-Wirtschaft in Vorbereitung des Krieges, in: Das Deutsche Reich und der Zweite Weltkrieg, Bd. 1: Ursachen und Voraussetzungen der deutschen Kriegspolitik, Stuttgart 1979, S. 175 ff.; Fritz *Blaich*, Wirtschaft und Rüstung in Deutschland 1933−1939, in: NS-Diktatur 1933−1945, S. 285 ff.; Jost *Dülffer*, Der Beginn des Krieges 1939: Hitler, die innere Krise und das Mächtesystem, in: ebd., insbesondere S. 327 ff. (bzw. GG, Jg. 2, 1976, S. 453 ff.); Klaus *Hildebrand*, Das Dritte Reich, München/Wien 1980, S. 10 ff.; Lotte *Zumpe*, Wirtschaft und Staat in Deutschland 1933 bis 1945, Berlin [DDR], 1980 S. 40 ff.

7 Zur NSBO vgl. Hans-Gerd *Schumann*, Nationalsozialismus und Gewerkschaftsbewegung. Die Vernichtung der deutschen Gewerkschaften und der Aufbau der ›Deutschen Arbeitsfront‹, Hannover 1958, S. 30 ff.; Gunther *Mai*, Die nationalsozialistische Betriebszellenorganisation, in: VfZ, Jg. 31, 1983, S. 571 ff.; Hermann *Roth*, Die nationalsozialistische Betriebszellenorganisation (NSBO) von der Gründung bis zur Röhm-Affäre (1928 bis 1934), in: JfW 1978/Teil I, S. 49 ff.; *Mason*, Sozialpolitik, S. 69 ff.; *Broszat*, Staat, S. 180 ff.

8 Das ›Dividendengesetz‹ 1934 begrenzte zwar die Ausschüttung der Dividenden an die Aktionäre, unterstützte damit aber nur die bereits vorher eingeleitete Politik vieler Aktiengesellschaften, unverteilte Gewinne anzuhäufen und zu reinvestieren.

9 *Broszat*, Staat, S. 349. Der ›Völkische Beobachter‹ (VB) schrieb dazu am 21. Okt. 1936 wörtlich: »Wie alle Politik des Reiches in der Person des Führers gipfelt, so gipfelt alle Wirtschaftspolitik nach dem Erlaß des Führers in der Person Görings. Er ist der alles beherrschende Führerwille in der Wirtschaft.«

10 Vgl. z. B. Karl Dietrich *Bracher*, Die Deutsche Diktatur. Entstehung, Struktur und Folgen des Nationalsozialismus, Frankfurt usw. 1983 (EA 1969), S. 304; Georg W. *Hallgarten* u. Joachim *Radkau*, Deutsche Industrie und Politik von Bismarck bis in die Gegenwart, Reinbek 1981 (EA 1974), S. 270 f.; Charles *Bloch*, Die SA und die Krise des NS-Regimes 1934, Frankfurt 1970, S. 135.

11 *Broszat*, Staat, S. 229.

12 Knut *Borchardt*, Trend, Zyklus, Strukturbrüche, Zufälle: Was bestimmt die deutsche Wirtschaftsgeschichte des 20. Jahrhunderts?, in: VSWG, Bd. 64, 1977, S. 156; vgl. auch Werner *Abelshauser* u. Dietmar *Petzina*, Krise und Rekonstruktion. Zur Interpretation der gesamtwirtschaftlichen Entwicklung Deutschlands im 20. Jahrhundert, in: Wilhelm-Heinz *Schröder* u. Reinhard *Spree* (Hg.), Historische Konjunkturforschung, Stuttgart 1981, S. 99.

13 Zur Kriegswirtschaft vgl. vor allem: Alan S. *Milward*, Die deutsche Kriegswirtschaft 1939−1945, Stuttgart 1966; *ders.*, Der Zweite Weltkrieg, München 1977; Rolf *Wagenführ*, Die deutsche Industrie im Kriege 1939−1945, Berlin 1954; Dietrich *Eichholtz*, Geschichte der deutschen Kriegswirtschaft 1939−1945, Bd. I: 1939−1941, Berlin [DDR] 1971, Bd. II: 1941−1943, Berlin [DDR] 1985; Ludolf *Herbst*, Der Totale Krieg und die Ordnung der Wirtschaft. Die Kriegswirtschaft im Spannungsfeld von Politik, Ideologie und Propaganda 1939−1945, Stuttgart 1982; Erich *Welter*, Falsch und richtig planen. Eine kritische Studie über die deutsche Wirtschaftslenkung im Zweiten Weltkrieg, Heidelberg 1954; Georg *Thomas*, Geschichte der deutschen Wehr- und Rüstungswirtschaft 1918−1943/45, Boppard a. Rh. 1966; Erich *Preiser*, Einführung in die Volkswirtschaftslehre (1943), in: *ders.*, Wirtschaftswissenschaft im Wandel, S. 157 ff.; Gregor *Janssen*, Das Ministerium Speer. Deutschlands Rüstung im Krieg, Frankfurt/Berlin 1968; *Neumann*, Behemoth, S. 615 ff.; K. *Hardach*, Wirtschaftsgeschichte, S. 96 ff.; *Zumpe*, Wirtschaft, S. 313 ff.; *Boelcke*, Deutsche Wirtschaft, S. 233 ff.; *Petzina*, Autarkiepolitik, S. 134 ff.; *ders.*, Grundriß, S. 767 ff.; *Fischer*, Wirtschaftspolitik, S. 83 ff.; *Volkmann*, Wirtschaft im Dritten Reich, Teil II (Bibliographie), S. XV ff. (Einleitung); *ders.*, Zum Verhältnis von Großwirtschaft und NS-Regime im Zweiten Weltkrieg, in: W. *Dlugoborski* (Hg.) Zweiter Weltkrieg und sozialer Wandel, Göttingen 1981, S. 87 ff.; Albert *Speer*, Erinnerungen,

Frankfurt usw. 1976 (EA 1969), insbesondere S. 232 ff.; *Hildebrand*, Drittes Reich, S. 74 ff.; *Thamer*, Verführung, S. 716 ff.

14 Rede Funks vom 14. Okt. 1939 in Wien, zit. nach: *Wagenführ*, Industrie, S. 27; vgl. dagegen jetzt den (nach Fertigstellung des Manuskripts erschienenen) Aufsatz von Richard J. *Overy*, »Blitzkriegswirtschaft«? Finanzpolitik, Lebensstandard und Arbeitseinsatz in Deutschland 1939–1942, in: VfZ, Jg. 36, 1988, insbesondere S. 432 ff.

15 Diese Art der Kriegsführung war darauf abgestellt, die feindlichen Armeen durch Zerschlagung oder Unterbrechung der Nachschublinien, Nachrichtenwege und Militärzentralen mittels motorisierter Einheiten, schneller Panzer und taktischer Bomber außer Gefecht zu setzen. Hier kam der nationalsozialistischen ›Wehrmacht‹ die bereits 1933 eingeleitete ›Motorisierung Deutschlands‹ und die damit verbundene Ausweitung der Kraftfahrzeugproduktion zupaß. Das Rüstungsvolumen insgesamt konnte dagegen, solange die Blitzkriegführung durchzuhalten war, im Vergleich zum Abnutzungskrieg 1914–1918 erheblich kleiner gehalten werden.

16 Vgl. die Angaben bei *Wagenführ*, Industrie, S. 23, 87.

17 Dies ist unlängst auf einzelbetrieblicher Ebene am Beispiel Opel eindrucksvoll dargestellt worden (vgl. Anita *Kugler*, Die Behandlung des feindlichen Vermögens in Deutschland und die ›Selbstverantwortung‹ der Rüstungsindustrie. Dargestellt am Beispiel der Adam Opel AG von 1941 bis Anfang 1943, in: »1999« (Zeitschrift für Sozialgeschichte des 20. und 21. Jahrhunderts), 1988/H. 2, S. 46 ff.).

18 Diese Theorie fußt auf *Neumann*, Behemoth, insbesondere S. 542 f. Elemente dieses theoretischen Ansatzes finden sich bereits in den SOPADE-Berichten, zu deren Mitarbeitern auch Neumann zählte. Es ist Hüttenbergers Verdienst, daß diese Theorie unter dem Begriff ›Polykratie‹ Eingang in die neuere historische Forschung gefunden hat (vgl. *Hüttenberger*, Polykratie, S. 417 ff. sowie z. B. Karl-Dietrich *Bracher*, Tradition und Revolution im Nationalsozialismus, in: *ders.*, Zeitgeschichtliche Kontroversen. Um Faschismus, Totalitarismus, Demokratie, München 1976, S. 64; Klaus *Hildebrand*, Monokratie oder Polykratie? Hitlers Herrschaft und das Dritte Reich, in: Gerhard *Hirschfeld* u. Klaus *Kettenacker* (Hg.), Der »Führerstaat«. Mythos und Realität. Studien zur Struktur und Politik des Dritten Reiches, Stuttgart 1981, S. 73 ff. bzw. Karl-Dietrich *Bracher* u. a. (Hg.), Nationalsozialistische Diktatur 1933–1945. Eine Bilanz, Bonn 1983, S. 73 ff. (und die dort zit. Literatur); Timothy W. *Mason*, Intention and Explanation: A Current Controversy about the Interpretation of National Socialism, in: Hirschfeld/Kettenacker, »Führerstaat«, S. 23 ff.; *ders.*, Arbeiterklasse und Volksgemeinschaft, Opladen 1975, S. XXI (Einleitung); *Sohn-Rethel*, Ökonomie, S. 186).

19 *Bracher*, Tradition, S. 62.

20 Ernst *Fraenkel*, Der Doppelstaat, Frankfurt/Köln 1974, S. 21.

21 Vgl. ebd., S. 21 ff.; *ders.*, Das Dritte Reich als Doppelstaat (1937), in: *ders.*, Reformismus und Pluralismus. Materialien zu einer ungeschriebenen politischen Biographie, hg. von Falk *Esche* u. Frank *Grube*, Hamburg 1973, S. 225 ff.

22 Zur Rolle Hitlers vgl. insbesondere *Neumann*, Behemoth, S. 543 bzw. 542; *Hüttenberger*, Polykratie, S. 438 f.; Hans *Mommsen*, Hitlers Stellung im nationalsozialistischen Herrschaftssystem, in: *Hirschfeld/Kettenacker*, »Führerstaat«, S. 43 ff.; *ders.*, Nationalsozialismus, in: Sowjetsystem und demokratische Gesellschaft. Eine vergleichende Enzyklopädie, Bd. IV, Freiburg 1971, Sp. 702.

23 Eberhard *Kolb*, Die Maschinerie des Terrors. Zum Funktionieren des Unterdrückungs- und Verfolgungsapparates im NS-System, in: NS-Diktatur 1933–1945, S. 273.

24 Zu Funktion und organisatorischem Aufbau der ›Wirtschaftlichen Selbstverwaltung‹ vgl. Ingeborg *Esenwein-Rothe*, Die Wirtschaftsverbände 1933 bis 1945, Berlin 1965; Albert *Pietzsch*, Die Organisation der gewerblichen Wirtschaft, Berlin 1938; Gerhard *Erdmann*, Die Organisation der gewerblichen Wirtschaft, in: Jahrbuch der deutschen Wirtschaft 1937, S. 34 ff.; Heinz *Müller*, Die Reichsgruppe Industrie, in: Der Weg zum industriellen Spitzenverband, hg. vom

Bundesverband der Deutschen Industrie, Darmstadt 1956, S. 296 ff.; Werner *Sörgel*, Metallindustrie und Nationalsozialismus. Eine Untersuchung über Struktur und Funktion industrieller Organisation in Deutschland 1929 bis 1939, Frankfurt 1965; ›Die Organisation der Wirtschaft‹, in: Zur Archäologie in Deutschland. Analysen politischer Emigranten im amerikanischen Geheimdienst, Bd. 1: 1943–1945, hg. von Alfons *Söllner*, Frankfurt a. M. 1982, S. 91 ff.; *Neumann*, Behemoth, insbesondere S. 292 ff.; (zu den IHK:) Erich *Preiser*, Die konjunkturpolitischen Aufgaben der Industrie- und Handelskammern, in: ders., Wirtschaftswissenschaft im Wandel. Gesammelte Schriften zur Wirtschaftstheorie und Wirtschaftspolitik, Hildesheim usw. 1975, S. 180 ff.

25 Zu Entstehung, Aufbau, Geschichte und Funktionen der DAF vgl. *Schumann*, Nationalsozialismus, S. 76 ff.; Hans J. *Reichhardt*, Die deutsche Arbeitsfront (Diss.), Berlin 1956; Dieter von *Lölhöffel*, Die Umwandlung der Gewerkschaften in eine nationalsozialistische Zwangsorganisation, in: *Esenwein-Rothe*, Wirtschaftsverbände, S. 157 ff.; *Mason*, Sozialpolitik, S. 99 ff., 174 ff., 245 ff.; *Broszat*, Staat, S. 183 ff.; J. *Eckhardt*, Deutsche Arbeitsfront, Arbeiterklasse, imperialistische Sozialpolitik in Betrieben und forcierte Aufrüstung 1936–1939, in: JfG, Bd. 27, 1980, S. 27 ff.; Gunther *Mai*, »Warum steht der deutsche Arbeiter zu Hitler?« Zur Rolle der deutschen Arbeitsfront im Herrschaftssystem des Dritten Reiches, in: GG, Jg. 12, 1986, S. 212 ff.; *Thamer*, Verführung, S. 494 ff.; 498 ff.

26 Werner *Mansfeld*, Ein Wendepunkt in der arbeitsrechtlichen Entwicklung, in: Mh. NS, Jg. 1, 1933/34, S. 102.

27 Aufruf des Führers der ›Deutschen Arbeitsfront‹, des RAM, des Reichswirtschaftsministers und des ›Beauftragten des Führers für Wirtschaftsfragen‹ »an alle schaffenden Deutschen« vom 27. Nov. 1933, zit. nach: DAR, Jg. 1, 1933, S. 137.

28 Verordnung des Führers und Reichskanzlers über Wesen und Ziel der Deutschen Arbeitsfront vom 24. Okt. 1934, zit. nach: Kollektives Arbeitsrecht. Quellentexte zur Geschichte des Arbeitsrechtes in Deutschland, Bd. 2: 1933 bis zur Gegenwart, hg. von Thomas *Blanke* u. a., Reinbek 1975, S. 67.

29 Zum DINTA vgl. vor allem Gerhard A. *Bunk*, Erziehung und Industriearbeit, Weinheim/Basel 1972, S. 193 ff.; Peter *Hinrichs*, Um die Seele des Arbeiters. Arbeitspsychologie in Deutschland, Köln 1981, S. 271 ff.; Theo *Wolsing*, Untersuchungen zur Berufsausbildung im Dritten Reich, Kastellaun 1977, S. 33 ff.; Peter C. *Bäumer*, Das deutsche Institut für technische Arbeitsschulung (Dinta) (Schriften des Vereins für Sozialpolitik Nr. 181), München 1930; Robert Alexander *Brady*, The Spirit and Structure of German Fascism, London 1937, S. 153 ff.

30 Z. B. bei der Berufsausbildung: vgl. *Wolsing*, Untersuchungen, S. 698 ff. oder bei den betrieblichen Sozialarbeiterinnen: vgl. *Sachse*, Hausarbeit, S. 231 ff. oder in der Arbeitsmedizin (vgl. Kap. VII.2.).

30a Unmißverständlich hat dies Goebbels in einem Tagebucheintrag vom 30. Juni 1937 festgestellt: »Die Arbeitsfront ist da vollkommen machtlos. Die Kapitalisten sind wieder Herr im Hause. Verdienen klotzig und beuten den Arbeiter aus.« (Die *Tagebücher* des Joseph Goebbels. Sämtliche Fragmente, hg. von Elke *Fröhlich*, Teil I, Bd. 3, München usw. 1987, S. 190). Die Betriebsverhältnisse der ›Deutschen Werft‹, die den Anlaß der Goebbels'schen Bemerkung bilden, waren in der Tendenz typisch für das Verhältnis von DAF und Großindustrie überhaupt (vgl. auch Kap. VIII.1.).

31 Aufgabe des vorliegenden Kapitels ist es, lediglich einen groben Überblick über die Grundzüge des NS-Arbeitsrechtes zu geben. Einige, im Rahmen der vorliegenden Arbeit besonders interessierende Aspekte der nationalsozialistischen Arbeitsverfassung werden an anderer Stelle ausführlich dargestellt (vgl. insbesondere Kap. IX.2.1. und XII.1.). Eine knappe Darstellung von Form und Funktion des nationalsozialistischen Arbeitsrechtes sollte auch deshalb hier reichen, weil in den letzten Jahren mehrere Arbeiten erschienen sind, die die wichtigsten Bereiche und Wirkungen des NS-Arbeitsrechtes ausführlich beleuchtet haben: Andreas *Kranig*, Lockung und Zwang. Zur Arbeitsverfassung im Dritten Reich, Stuttgart 1983;

ders., Arbeitsrecht im NS-Staat. Texte und Dokumente, Köln 1984; Wolfgang *Spohn*, Betriebsgemeinschaft und innerbetriebliche Herrschaft, in: *Sachse* u. a., Angst, S. 140 ff.; Timothy W. *Mason*, Zur Entstehung des Gesetzes zur Ordnung der nationalen Arbeit vom 20. Jan. 1934. Ein Versuch über das Verhältnis ›archaischer‹ und ›moderner‹ Momente in der neuesten deutschen Geschichte, in: Industrielles System und politische Entwicklung in der Weimarer Republik, hg. von Hans *Mommsen* u. a., Düsseldorf 1974, S. 322 ff.; Rüdiger *Hachtmann*, Die Krise der nationalsozialistischen Arbeitsverfassung – Pläne zur Änderung der Tarifgestaltung, in: Kritische Justiz, Jg. 17, 1984, S. 281 ff.; vgl. ferner: Karl *Korsch*, Zur Neuordnung der deutschen Arbeitsverfassung (1934), in: ders., Politische Texte, hg. und eingeleitet von Erich *Gerlach* u. Jürgen *Seifert*, Frankfurt 1974, S. 271 ff.; *Schumann*, Nationalsozialismus, S. 116 ff.; Thilo *Ramm*, Nationalsozialismus und Arbeitsrecht, in: Kritische Justiz, Jg. 2, 1968, S. 108 ff.; Bernd *Rüthers*, Die Betriebsverfassung des Nationalsozialismus, in: Arbeit und Recht, Jg. 18, 1970, S. 97 ff.; (zur Rolle der Vertrauensräte jetzt auch): *Mai*, Warum, S. 215 ff.

32 RGBl. 1934, I, S. 45 ff.

33 Heinrich *Hunke*, Die Lage, in: Dt. VW, Jg. 3, 1934, S. 66.

34 Werner *Mansfeld* u. Wolfgang *Pohl* (unter Mitarbeit von Gerhard *Steinmann* u. Arthur Bernhard *Krause*), Das Gesetz zur Ordnung der nationalen Arbeit. Kommentar, Berlin usw. 1934, S. 1. Mansfeld und Pohl (beide zu diesem Zeitpunkt in entscheidenden Positionen im RAM) hatten die entscheidenden Entwürfe des AOG formuliert. Ihr Kommentar wird hier deshalb bevorzugt herangezogen.

35 Ebd.

36 Graf *von der Goltz*, Das Recht der Gemeinschaftsarbeit, in: SP, Jg. 43, 1934, Sp. 97. (Von der Goltz war zu diesem Zeitpunkt ›Führer der deutschen Wirtschaft‹.)

37 Vgl. *Schumann*, Nationalsozialismus, S. 128 f.; Theodor *Eschenburg*, Streiflichter zur Geschichte der Wahlen (Dokumentation), in: VfZ, Jg. 3, 1955, S. 314 ff.; Mason, Sozialpolitik, S. 192, 206; *Kranig*, Arbeitsrecht, S. 64 ff.; *Spohn*, Betriebsgemeinschaft, S. 182 ff.; *Wisotzky*, Ruhrbergbau, S. 273 ff.; Gerhard *Hetzer*, Die Industriestadt Augsburg. Eine Sozialgeschichte der Arbeiteropposition, in: Bayern in der NS-Zeit, Bd. 3, S. 111 f.; *Seebold*, Stahlkonzern, S. 215 ff.; *Yano*, Hüttenarbeiter, S. 144 sowie eine Vielzahl von Mitteilungen in den SOPADE-Berichten.

38 Niederschrift über die Sitzung des Sozialwirtschaftlichen Ausschusses der RGI vom 1. Febr. 1934, in: BA R 12 I/Bd. 269.

39 Formalrechtlich wurden Juden, Polen und ›Ostarbeiter‹ zwar erst während des Weltkrieges aus der Betriebsverfassung des AOG ausgeschlossen (vgl. die Verordnung über die Beschäftigung von Juden vom 3. Okt. 1941, die Anordnung über die arbeitsrechtliche Behandlung der polnischen Beschäftigten und die Anordnung über die arbeitsrechtliche Behandlung der Arbeitskräfte in den neu besetzten Ostgebieten, in: RGBl. 1941, I, S. 675; 1942, I, S. 41; RABl. 1941, I, S. 75). Die Rechtsprechung der Arbeitsgerichte hatte sie jedoch bereits vorher weitgehend aus den ›Betriebsgemeinschaften‹ ausgeschlossen und ihnen das Minimum an Schutzrechten genommen, das ihren ›arischen‹ Kollegen noch zustand (vgl. Entscheidungen des Reichsarbeitsgerichts (RAG) vom 5. Juli 1939 und 24. Juli 1940, in: ARS (RAG), Bd. 36, S. 392 ff.; Bd. 39, S. 383 ff.; ferner *Kranig*, Lockung, S. 228 ff.; *Herbert*, Fremdarbeiter, S. 92 ff.).

40 Vgl. z. B. das Urteil des Landesarbeitsgerichts (LAG) Frankfurt a. M. vom 27. Nov. 1933, in: ARS (LAG), Bd. 19, S. 207 ff.

41 Gesetz über ›Treuhänder der Arbeit‹, in: RGBl. 1933, I, S. 285. Am 9. April 1937 wurden sie in ›Reichstreuhänder der Arbeit‹ umbenannt (vgl. RABl. 1937, I, S. 89).

42 Auf Antrag der Tarifparteien und durch Entscheidung des RAM konnte ein Tarifabkommen allerdings auch auf nicht am Abschluß beteiligte ›Außenseiter‹ ausgedehnt werden (vgl. *Korsch*, Neuordnung, S. 295; *Neumann*, Mobilisierung, S. 263 f.).

43 Tarifordnungen waren nur einklagbar, wenn sie offen gegen bereits bestehende gesetzliche Bestimmungen verstießen (vgl. hierzu ausführlich: Hermann *Dersch*, Die Rechtsnatur der

Tarifordnung und der Betriebsordnung und ihre praktischen Auswirkungen, in: DAR, Jg. 2, 1934, S. 70f.).
44 *Mansfeld-Pohl*, AOG, S. 352.
45 Ebd., S. 347.
46 Er übernahm damit eine Aufgabe, die nach der Stillegungsverordnung vom 8. Nov. 1920 dem Demobilmachungskommissar übertragen worden war.
47 *Mansfeld-Pohl*, AOG, S. 347.
48 Vgl. *Kranig*, Lockung, S. 234 (Tab. 3).
49 *Mason*, Entstehung, S. 327. Dagegen wird die Rolle der ›Sozialen Ehrengerichte‹ von *Spohn*, Betriebsgemeinschaft, S. 194ff. und *Mai*, Warum, S. 233, überschätzt.
50 *Neumann*, Behemoth, S. 494.
51 Vgl. *Mansfeld-Pohl*, AOG, S. 359f.; *Kranig*, Lockung, S. 197.
52 Vgl. *Kranig*, Lockung, S. 202 (Tab. 2).
53 Zumindest für den Bezirk Dresden läßt sich feststellen, daß sowohl die Zahl der Arbeitsgerichtsverfahren wie auch die vor der Rechtsberatungsstelle der DAF verhandelten Fälle kontinuierlich zurückgingen. 1938 kam es hier zu 1115 Arbeitsgerichtsverfahren, 1942 nur noch zu 551. Die von der Rechtsberatungsstelle der Arbeitsfront angenommenen Fälle gingen während des gleichen Zeitraumes von 772 auf 239 noch wesentlich stärker zurück (vgl. Schreiben des Präsidenten des Dresdener Oberlandesgerichts an den Reichsjustizminister vom 26. Juli 1943, in: BA R 22/Bd. 2075).
54 Werner *Hellwig*, Die Stellung der Rechtsberatungsstellen der Deutschen Arbeitsfront im Arbeitsleben, in: SP, Jg. 48, 1939, Sp. 770; ähnlich auch: Werner *Mansfeld*, Das Gesetz zur Ordnung der nationalen Arbeit, in: DAR, Jg. 2, 1934, S. 39; zu den Rechtsberatungsstellen der DAF vgl. jetzt auch: Udo *Reifner*, NS-Rechtsbetreuungsstellen und die Rechtsberatung der Deutschen Arbeitsfront. Theorie und Praxis befriedender Rechtsberatung, in: *ders.* (Hg.), Das Recht des Unrechtsstaates. Arbeitsrecht und Staatsrechtswissenschaft im Faschismus, Frankfurt 1981, S. 178ff.
55 Kurt *Gusko*, Treuhänder der Arbeit oder Arbeitsgericht, in: Mh.NS, Jg. 2, 1934/35, S. 174.
56 Werner *Siebert*, Die Begründung des Arbeitsverhältnisses, in: DAR, Jg. 5, 1937, S. 310.
57 Alfred *Hueck* u. a., Gesetz zur Ordnung der nationalen Arbeit, München/Berlin 1934, Randnr. 18 zu § 30.
58 *Mansfeld-Pohl*, AOG, S. 20; *Dersch*, Rechtsnatur, S. 66; Werner *Mansfeld*, Nachwort zu: Szczepanski, Erlaß und Prüfung von Betriebsordnungen, in: DAR, Jg. 2, 1934, S. 344.
59 Vgl. z. B. ›Drei Jahre Betriebsordnung‹, in: Dt. VW, Jg. 6, 1937, S. 952.
60 Werner *Mansfeld*, Um die Zukunft des deutschen Arbeitsrechts, in: DAR, Jg. 10, 1942, S. 117ff.
61 Niederschrift über die Besprechung mit Herrn Ministerialdirig. Dr. Kimmich im Sitzungssaal des Mannesmannhauses am 20. Juni 1940, dokumentiert in: Soziale Bewegungen. Jahrbuch 1: Arbeiterbewegung und Faschismus, Frankfurt/New York 1984, insbesondere S. 178ff. (sowie als Vorbemerkung: Rüdiger *Hachtmann*, Von der Klassenharmonie zum regulierten Klassenkampf, S. 159ff.). Eine ausführliche Untersuchung dieses Themenkomplexes ist zu finden in: *Hachtmann*, Krise, S. 281ff.
62 Karl *Hahn*, Zwei Jahre Betriebsordnungen, in: Der ›Ruhrarbeiter‹ 39/1936, S. 1 (nach: HA Krupp WA 41/6-208).
63 Vgl. ›Keine Musterbetriebsordnungen‹, in: Dt. VW, Jg. 3, 1934, S. 550f.; W. *Stille*, Zwei Jahre Betriebsordnung, in: Dt. VW, Jg. 5, 1936, S. 937f.; ›Musterbetriebsordnungen unerwünscht‹, in: Dt. VW, Jg. 6, 1937, S. 163f.; Ernst *Wald*, Vorschläge zum Arbeitsordnungsgesetz, in: ebd., S. 395ff.; ›Fehlerhafte Betriebsordnungen‹, in: Dt. VW, Jg. 7, 1938, S. 203; Jb.Gew. (Preußen) 1935/36, S. 51.

III. Arbeitsmarkt und Arbeitszeit

1 Die Entwicklung der Arbeitsmarktverhältnisse in den ersten sechs Jahren der nationalsozialistischen Herrschaft habe ich ausführlich dargestellt in: Rüdiger *Hachtmann*, Arbeitsmarkt und Arbeitszeit in der deutschen Industrie 1929 bis 1939, in: AfS Bd. XXVII/1987, S. 177 ff. Ich verzichte für den ersten Teil des folgenden Kapitels deshalb weitgehend auf Belege für Zahlenangaben.

2 Die Erwerbslosenquote betrug nach der Arbeitsbucherhebung 1938 bei Metallarbeitern und Chemiearbeitern 0,7%, bei Textilarbeitern 1,2% und bei Nahrungs- und Genußmittelarbeitern 1,8%. Ähnlich niedrig lag die Arbeitslosenquote auch in den anderen Branchen. Nur das Baugewerbe hatte aufgrund der hier traditionell hohen saisonalen Arbeitslosigkeit in den Wintermonaten mit 3,9% eine relativ hohe Erwerbslosenquote zu verzeichnen (alle Angaben nach: St.Jb.DR 1939/40, S. 375, 389).

3 Vgl. Friedrich *Syrup*, Die Entwicklung des Arbeitseinsatzes, in: VJP, Jg. 2, 1938, S. 391; *ders.*, Hundert Jahre staatliche Sozialpolitik 1839−1939, hg. von Julius *Scheuble*, bearb. von Otto *Neuloh*, Stuttgart 1957, S. 419; Fritz *Petrick*, Eine Untersuchung zur Beseitigung der Arbeitslosigkeit der deutschen Jugend in den Jahren 1933 bis 1935, in: JfW 1967/Teil I, S. 291. Die älteren Arbeitnehmer, die in den Genuß des Arbeitsplatztausches kamen, mußten mit dem meist wesentlich niedrigeren Einkommen der jungen Arbeiter vorlieb nehmen (vgl. z. B. die Ausführungen des westfälischen TdA auf der TdA-Besprechung vom 27. Aug. 1935, in: BA R 43 II/Bd. 318, Bl. 66).

4 Abschnitt V des ›Gesetzes zur Verminderung der Arbeitslosigkeit‹ vom 1. Juni 1933, in: RGBl. 1933, I, S. 326 ff.

5 Einheitliche Richtlinien wurden in dieser Frage vom NS-Staat allerdings nie verabschiedet. Nach dem Willen der Staatsführung sollte die Entscheidung über Einstellung und Entlassung von ›Doppelverdienern‹ vielmehr ausschließlich der jeweiligen Betriebsleitung überlassen bleiben (vgl. hierzu vor allem Dörte *Winkler*, Frauenarbeit im Dritten Reich, Hamburg 1977, S. 43 ff.; *dies.*, Frauenarbeit versus Frauenideologie, in: AfS, Bd. XVII, 1977, S. 105 ff.).

6 Willeke schätzt die Zahl der durch die Kampagne freigewordenen Stellen auf 25 000 (Eduard *Willeke*, Formen deutscher Arbeitsmarktpolitik, in: JNS, Bd. 143, 1936, S. 208).

7 Vgl. *Winkler*, Frauenarbeit, S. 46.

8 RGBl. 1937, I, S. 1239. Eine ähnliche Wirkung wurde durch die 1938 verfügte Veränderung des Scheidungsrechts erreicht (vgl. Jill *Stephenson*, Women in Nazi Society, London 1975, S. 43 f.).

9 In Sachsen beispielsweise war der Anteil der Frauen an der Industriearbeiterschaft von 34,2% 1928 auf 39,2% 1932 geklettert, um danach rasch – auf 35,2% 1934 – wieder abzusinken (vgl. Jb.Gew. 1933/34 (Sachsen), S. 23; weitere Zahlen hierzu in: *Hachtmann*, Arbeitsmarkt, S. 201). Dem relativen Rückgang der gesamtindustriellen Frauenarbeit nach 1933 entsprach im übrigen keine absolute Abnahme der als Arbeiterinnen in der Industrie erwerbstätigen Frauen. Nur wurden insgesamt mehr Männer als Frauen eingestellt.

10 Der Frauenanteil blieb in den ersten drei Jahren der nationalsozialistischen Herrschaft in der Textilindustrie mit 56,4% 1933 und 55,7% 1936 fast konstant, in der Bekleidungsindustrie stieg er von 68,2% auf 68,6%, in der Nahrungs- und Genußmittelindustrie von 38,6% auf 41,1%. Auch in der Metallwarenindustrie, der Elektroindustrie und der Papierverarbeitung – Industriezweigen, in denen der Frauenanteil deutlich über einem Drittel aller Industriearbeiter lag – veränderten sich die entsprechenden Prozentsätze kaum (Angaben nach: St.Jb.DR 1939/40, S. 386).

11 Angaben zur Beschäftigtenstruktur nach: Vjh. St.DR, Jg. 46, 1937, III, S. 80; WuSt, Jg. 24, 1944, S. 59.

12 Besonders stark war dieser Anstieg (1936/1. Halbjahr 1939) in der Eisen- und Metallge-

winnung (3,1%/6,0%), der Elektroindustrie (37,0%/39,9%), der Nahrungs- und Genußmittelindustrie (41,1%/45,0%) sowie ferner der holzverarbeitenden Industrie, der Sägeindustrie und der Industrie der Steine und Erden (vollständig für die Jahre 1933 bis 1939 und alle wichtige Branchen sind die Zahlen veröffentlicht in: *Hachtmann*, Arbeitsmarkt, S. 199, Tab. 8).

13 Der Anteil der 25- bis 50jährigen Arbeiterinnen erhöhte sich zwischen 1925 und 1939 von 37,0% auf 56,5%, der der über 50jährigen von 7,1% auf 9,5%, während der der jungen entsprechend sank. Der Anteil der Verheirateten an sämtlichen weiblichen Erwerbspersonen stieg während desselben Zeitraumes von 31,3% auf 40,9% (vgl. Josef *Mooser*, Arbeiterleben in Deutschland 1900−1970. Klassenlage, Kultur und Politik, Frankfurt a. M. 1984, S. 37, Tab. 4 bzw. *Hachtmann*, Arbeitsmarkt, S. 202; Stefan *Bajohr*, Die Hälfte der Fabrik. Geschichte der Frauenarbeit in Deutschland 1914 bis 1945, Marburg 1979, S. 25, Tab. 4).

14 1925 lag der Anteil der ›Erwerbspersonen‹ an der Gesamtbevölkerung bei 51,3%, 1939 bei 51,6% (vgl. Bevölkerung und Wirtschaft 1872−1972, hg. anläßlich des 100jährigen Bestehens der zentralen amtlichen Statistik vom *Statistischen Bundesamt* Wiesbaden, Stuttgart/Mainz 1972, S. 140).

15 RGBl. 1934, I. S. 713.

16 Vgl. vor allem den Erlaß des Präsidenten der Reichsanstalt für Arbeitslosenversicherung und Arbeitsvermittlung vom 30. Juni 1937; ausführlicher zu politischen Restriktionen und Kurzarbeit in der Textilindustrie: *Hachtmann*, Arbeitsmarkt, S. 189 ff.

17 Vgl. ›Lenkung des Arbeitseinsatzes und Raumordnung‹, in: VJP, Jg. 1, 1937, S. 156; W. *Mende*, Grenzen für Wanderlustige in den Betrieben, in: D. Dt. V. vom 6. Mai 1939 (1938/39, S. 1511); Walter *Letsch*, Die Beschränkung des Arbeitsplatzwechsels, in: Mh.NS, Jg. 6, 1939, S. 129; Dt. Sozialpolitik 1938, S. 40.

18 Nach Ermittlungen des Reichsnährstandes, die (wie das AWI der DAF feststellte) »nicht ganz vollständig« waren, gingen allein zwischen 1935 und Anfang 1939 der Landwirtschaft etwa 650000 Arbeitskräfte verloren. Bis 1940 war die Zahl der in der Landwirtschaft tätigen Personen um 1,5 Mio. zurückgegangen (*AWI* der DAF, Das Ausmaß der Landflucht, in: *dass.*, Jb. 1940/41, Bd. II, S. 1012; vgl. auch z. B. Jahreslagebericht des Sicherheitshauptamtes 1938, in: Meldungen, S. 161 f.; H. *Reichle*, Wirtschaftliche Auswirkungen der Landflucht, in: Dt. VW, Jg. 8, 1939, S. 17 ff.).

19 Vgl. z. B. Berichte der TdA für Mai und Okt. 1937 sowie Jan./Febr. und März/April 1938, in: *Mason*, Arbeiterklasse, S. 361, 364, 402, 612 f., 636 ff., 639 f., 645 f. (Dok. 41, 47, 96, 104); Mon.B. des Regierungspräsidenten von Schwaben vom 6. Febr. 1937, in: Bayern in der NS-Zeit, Bd. 1, S. 262.

20 So führten beispielsweise die niederrheinischen Binnenschiffswerften heftige Klage darüber, daß ein großer Teil ihrer qualifizierten Arbeitskräfte von den Seeschiffswerften abgeworben wurde (vgl. Vierteljahresbericht der niederrheinischen Wirtschaftskammer Duisburg − Wesel, undatiert (ca. März/April 1939), in: RWWA 20-1289-2). Zum Konkurrenzkampf um Arbeitskräfte zwischen verschiedenen Abteilungen desselben Unternehmens vgl. Verfügung Nr. 1183 der GHH AG, Abt. G vom 27. Sept. 1938, in: HA GHH 400 101/1 und 400 140/21.

21 Manche Arbeitskräfte arbeiteten undiszipliniert, hielten mit der Leistung zurück oder lieferten Ausschuß ab, nur um aus einem bestehenden Arbeitsverhältnis herauszukommen (vgl. etwa die Bekanntmachung des RtdA für Thüringen/Mittelelbe Anfang 1938, in: Amtl. Mitt. dess. vom 20. Febr. 1938 (1938, S. 381); Bekanntmachung des RtdA für Brandenburg vom 15. Aug. 1939, in: Amtl. Mitt. dess. vom 15. Aug. 1939 (1939, S. 215); Bericht des Berliner Stadtpräsidenten vom 12. Okt. 1937, in: BA R 41/Bd. 151, Bl. 3; Berichte des RtdA für Juni/Juli 1937, Mai/Juni 1938, das 4. Vierteljahr 1938 und das 1. Vierteljahr 1939, in: *Mason*, Arbeiterklasse, S. 363 f., 656, 861, 943 (Dok. 41, 108, 150, 156); Mon.B. der Wehrwirtschafts-Inspektion VII/München vom 9. Juni 1938, des Regierungspräsidenten von Ober- und Mittelfranken vom 8. Juni 1938 sowie der DAF-Kreisverwaltung Kronach für Juli 1939, in: Bayern in der NS-Zeit, Bd. 1, S. 274 f. und 285; Wirtschaftlicher LB des Oberpräsidenten der Provinz

Sachsen für Febr./März 1938 vom 25. April 1938, in: Armut und Sozialstaat, Bd. 3: Die Entwicklung des Systems der sozialen Sicherung 1870 bis 1945, hg. von Norbert *Preußer*, München 1982, S. 264).

22 Vgl. z.B. Berichte der TdA für März/April 1937, in: *Mason*, Arbeiterklasse, S. 643 (Dok. 104); *Siemer*, Arbeitseinsatz, Siedlung und Raumordnung, in: VJP, Jg. 1, 1937, S. 478; E. F. *Müller*, Ostpreußen und sein Wanderungsproblem, in: AStA Bd. 28 1939, S. 436 ff.

23 Eine Reihe derartiger Fälle ist beschrieben in: ›Politisches Stimmungsbild über die innen- und außenpolitischen Gefahren der Grenzlage‹, in: BA NS 10/Bd. 550, Bl. 107 Rs. ff.

24 Ausführlich: *Hachtmann*, Arbeitsmarkt, S. 206 f.

25 RGBl. 1934, I, S. 381.

26 RABl. 1934, I, S. 127 f.

27 RGBl. 1935, I, S. 310.

28 RGBl. 1934, I, S. 786. (Grundlage dieser Verordnung war gleichfalls das ›Gesetz zur Regelung des Arbeitseinsatzes‹ vom 15. Mai 1934.)

29 RABl. 1935, I, S. 12.

30 RGBl. 1935, I, S. 311.

31 *Syrup*, Arbeitslosenhilfe, S. 117; vgl. auch *Thomas*, Rüstungswirtschaft, S. 101. Wie wichtig diese Funktion des Arbeitsbuches war, wird daran deutlich, daß die Initiative zur Einführung des Arbeitsbuches vom Reichskriegsministerium ausging und dieses zu einem wesentlichen Teil auch die Kosten trug.

32 Gesetz über Arbeitsvermittlung, Berufsberatung und Lehrstellenvermittlung vom 5. Nov. 1935, in: RGBl. 1935, I, S. 1281.

33 Unternehmer, denen die Voraussetzungen zu einer eigenen Lehrlingsausbildung fehlten, hatten eine »entsprechende Ablösung zur Förderung der Lehrlingsausbildung« in Höhe von 50 RM pro Monat und Lehrling an die Reichsanstalt für Arbeitsvermittlung zu entrichten. Die Anordnungen sind abgedruckt in: RABl. 1936, I, S. 292 ff.

34 Siebente Anordnung zit. nach: *Mason*, Arbeiterklasse, S. 230 f. (Dok. 13). Solche Regelungen hatten die Treuhänder der Arbeit schon vorher in vielen Fällen eingeführt (vgl. SOPADE-Berichte 1936, S. 593 ff., 1481 ff.).

35 Zit. nach: *Mason*, Arbeiterklasse, S. 231 f. (Dok. 13). Die bis dahin üblichen Kündigungsfristen betrugen ein bis zwei Wochen (*Siegel*, Lohnpolitik, S. 84 f.).

36 RABl. 1937, I, S. 38 f.

37 H. W. *Flügge*, Arbeitseinsatz im Vierjahresplan, in: RABl., Jg. 16, 1936, II, S. 472.

38 *Syrup*, Vierjahresplan, S. 16.

39 Zit. nach: *Mason*, Arbeiterklasse, S. 256 ff. (Dok. 18).

40 Vgl. WuSPR (Allg. Ausg.) vom 5. Okt. 1938; Schreiben der Hüttenwerke Siegerland AG an die Ver. Stahlwerke AG vom 9. Aug. 1939, in: THA VSt. SW. 30-21-8.

41 Bevölkerung und Wirtschaft 1872–1972, S. 144.

42 Ausführlich hierzu: Adelheid *von Saldern*, Mittelstand im Dritten Reich. Handwerk – Einzelhändler – Bauern, Frankfurt/New York 1979, S. 140 ff.; *dies.*, ›Alter Mittelstand‹ im ›Dritten Reich‹, in: GG, Jg. 12, 1986, S. 237 ff.; Heinrich August *Winkler*, Der entbehrliche Stand, in: AfS, Bd. XVII, 1977, S. 31 ff.; *Hachtmann*, Arbeitsmarkt, S. 202 ff.

43 Vgl. z. B. Schreiben des Reichskriegsministers und Oberbefehlshabers der Wehrmacht an den RAM vom 11. Sept. 1936, in: BA R 41/Bd. 220, Bl. 56 sowie z. B. Thomas *Schnabel*, Württemberg zwischen Weimar und Bonn 1928 bis 1945/46, Stuttgart 1986, S. 218 und div. Beispiele in den SOPADE-Berichten.

44 Nach: Rundschreiben der Reichswirtschaftskammer an die Mitglieder vom 29. Juni 1939, in: RWWA 20-1289-2.

45 Erlaß des Präsidenten der Reichsanstalt für Arbeitsvermittlung und Arbeitslosenversicherung vom 20. Dez. 1938, in: ebd.

46 Protokoll der 9. Sitzung des Generalrats (Arbeitsausschuß) vom 1. Febr. 1939, in: BA R 26 IV/Bd. 5, Bl. 204.

47 Vgl. z. B. ›Der Arbeitseinsatz im LAA-Bezirk Westfalen. Mitteilungen des LAA‹, hg. vom LAA Westfalen, vor allem für April bis Aug. 1939, in: WWA K 1 Nr. 2194; ›Bericht über die wirtschaftliche Lage in Bayern‹, Anlage zu: Schreiben des RWM an den Beauftragten für den VJP sowie den Chef der Reichskanzlei vom 8. Juni 1939, in: BA R 43 II/Bd. 311, Bl. 7; Jahreslagebericht 1938 des Sicherheitshauptamtes 1938, in: Meldungen, S. 187.

48 Nach: Niederschrift über die ›Mitwirkung der Kammer auf dem Gebiet des Arbeitseinsatzes‹ vom 11. Juli 1939, in: RWWA 20-1289-2. (Im Ausland war allerdings auch die Arbeitslosigkeit im allgemeinen weitaus höher.)

49 RGBl. 1938, I, S. 652.

50 RGBl. 1939, I, S. 206.

51 RGBl. 1939, I, S. 444.

52 Friedrich *Syrup*, Sicherstellung des Kräftebedarfs für Aufgaben von besonderer staatspolitischer Bedeutung, in: VJP, Jg. 3, 1939, S. 517.

53 So der Ministerialdirektor im RAM Kimmich auf der Sitzung am 20. Juni 1940 (Soziale Bewegungen. Jahrbuch 1), S. 177f.; vgl. auch Rundschreiben des RAM an die Präsidenten der LAA vom 30. Okt. 1939, in: BA R 41/Bd. 279, Bl. 10; *Syrup*, 100 Jahre, S. 436; ders., Jeder findet seinen Arbeitsplatz, in: D. Dt. V. vom 22. Dez. 1939 (1939/40, S. 332).

54 Vgl. Timothy W. *Mason*, Innere Krise und Angriffskrieg 1938/39, in: Wirtschaft und Rüstung am Vorabend des Zweiten Weltkrieges, hg. von Friedrich *Forstmeier* und Hans-Erich *Volkmann*, Düsseldorf 1975, S. 180f. In einem Erlaß an die Präsidenten der LAA vom 24. Nov. 1939 legte der RAM fest, daß nur für die Betriebe der Eisen- und Metallwirtschaft, der Chemieindustrie und des Baugewerbes Dienstverpflichtungen vorgenommen werden durften (nach: *Mason*, Arbeiterklasse, S. 1220ff. (Dok. 240); vgl. auch *Werner*, Bleib übrig, S. 69f., 95ff.).

55 Zit. nach: Jean *Freymond*, Le IIIe Reich et la réorganisation économique de'Europe 1940—1942. Origines et Projets, Leiden 1974, S. 277.

56 Vgl. hierzu Falk *Pingel*, Häftlinge unter SS-Herrschaft. Widerstand, Selbstbehauptung und Vernichtung im Konzentrationslager, Hamburg 1978, S. 71f.; Martin *Broszat*, Nationalsozialistische Konzentrationslager 1933—1945, in: Anatomie des SS-Staates, Bd. 2, München 1984 (EA 1967), S. 70f., 77, 125.

57 Nach: *Wagenführ*, Industrie, S. 139; vgl. auch Ludolf *Herbst*, Die Mobilisierung der Wirtschaft 1938/39 als Problem des nationalsozialistischen Herrschaftssystems, in: Sommer 1939. Die Großmächte und der europäische Krieg, hg. von Wolfgang *Benz* und Herbert *Graml*, Stuttgart 1979, S. 97ff.; ders., Totaler Krieg, S. 120f.; *Overy*, Blitzkriegswirtschaft, S. 420f.

58 Vgl. vor allem die Verordnung über die Beschränkung des Arbeitsplatzwechsels vom 1. Sept. 1939, in: RGBl. 1939, S. 1685. Lediglich in beiderseitigem Einverständnis gelöste Arbeitsverhältnisse bedurften nicht der Zustimmung der Arbeitsämter.

59 Vgl. die Ausführungen des RAM in seinem Erlaß an die RtdA vom 31. März 1942, S. 3f., in: BA R 41/Bd. 67, Bl. 38 u. Rs. sowie z. B. die Meldungen vom 8. Okt. 1942 und 10. Dez. 1942, S. 4301f. bzw. 4561ff.; *Werner*, Bleib übrig, S. 63, 100f., 176; Berichte des (Berliner) Generalstaatsanwalts (GStA) beim Kammergericht vom 30. Jan. 1941 und 31. Mai 1943, nach: Bernd *Schimmler*, »Stimmung der Bevölkerung und politische Lage«. Die Lageberichte der Berliner Justiz 1940—1945, Berlin 1986, S. 58, 73.

60 Nach: *Wagenführ*, Industrie, S. 140f.

61 RGBl. 1942, I, S. 180.

62 Verordnung vom 27. Juli 1943, in: RGBl. 1943, I, S. 450.

63 RGBl. 1942, I, S. 340.

64 Vgl. insbesondere die 6. Durchführungsverordnung vom 29. Sept. 1942 zur Verordnung über die Beschränkung des Arbeitsplatzwechsels, in: RGBl. 1942, I, S. 426.

65 RGBl. 1934, I, S. 75.
66 Nach: *Wagenführ*, Industrie, S. 139 ff.; ausführlich hierzu: *Herbst*, Totaler Krieg, S. 211 ff. sowie jetzt auch Friedrich *Lenger*, Sozialgeschichte des deutschen Handwerks seit 1800, Frankfurt 1988, S. 200 ff.
67 Vgl. *Werner*, Bleib übrig, S. 283.
68 Nach: *Wagenführ*, Industrie, S. 46 bzw. S. 152 ff.; vgl. auch die etwas differierenden Angaben bei *Herbert*, Fremdarbeiter, S. 229 (Tab. 37).
69 ›3. Verordnung über die Meldung von Männern und Frauen für Aufgaben der Reichsverteidigung‹ vom 28. Juli 1944, in: RGBl. 1944, I, S. 168; ausführlich hierzu: *Winkler*, Frauenarbeit, S. 92 ff., 100 ff., 114 ff.; *Bajohr*, Hälfte, S. 256 ff.; *Mason*, Lage, S. 174 f.; *Eichholtz*, Kriegswirtschaft, Bd. 1, S. 83 ff.; Leila J. *Rupp*, Klassenzugehörigkeit und Arbeitseinsatz der Frauen im Dritten Reich, in: Soziale Welt, Jg. 31, 1980, S. 197 ff.; *Herbst*, Krieg, S. 84 ff.; Ludwig *Eiber*, Frauen in der Kriegsindustrie. Arbeitsbedingungen, Lebensumstände, Protestverhalten, in: Bayern in der NS-Zeit, Bd. III, S. 574 ff.; Fritz *Blaich*, Wirtschaft und Rüstung im Dritten Reich, Düsseldorf 1987, S. 37 f. sowie (die traditionelle Forschung relativierend) *Overy*, Blitzkriegswirtschaft, S. 425 ff.
70 Da ich an anderer Stelle ausführlich auf die Arbeitszeitentwicklung bis 1939 eingegangen bin (vgl. *Hachtmann*, Arbeitsmarkt, S. 208 ff.), beschränke ich mich hier auf kurze Ausführungen.
71 Die Zahl der Überstunden wurde nur im Zusammenhang mit Einzellohnerhebungen ermittelt. Diese bis 1935 übliche Erhebungsform, die 1935 durch das weniger differenzierte Lohnsummenverfahren abgelöst wurde (vgl. Kap. V.1.), wurde in der Folgezeit im industriellen Bereich nur einmal, im Juni 1938 in der metallverarbeitenden Industrie, durchgeführt. Die folgenden Zahlen basieren auf den Angaben im St. Jb. DR 1930, S. 292; 1939/40, S. 350 f.
72 Der Anteil der Überstunden an der gesamten wöchentlichen Arbeitszeit im Akkord betrug in der metallverarbeitenden Industrie für Facharbeiter im Juni 1938 11,1% und im Okt. 1928 2,1%, für Angelernte 10,8% bzw. 1,6%. Die Vergleichszahlen (1938/1928) für Zeitlöhner lauten 10,7%/4,1% (Facharbeiter) und 11,5%/3,6% (Angelernte). Nicht so stark war dieser Trend bei männlichen Hilfsarbeitern, für Frauen gilt er nicht.
73 Vgl. (am Beispiel des Maschinenbaus) *AWI der DAF*, Arbeitszeitstatistik, in: dass., Jb., 1938, Bd. II, S. 312 ff. sowie *Hachtmann*, Arbeitsmarkt, S. 216 f. (Tab. 11).
74 Für die Arbeiterbelegschaft der Krupp-Gußstahlfabrik erhöhte sich der Anteil der Überstunden an der Gesamtarbeitszeit von 2,9% 1935 auf 6,6% 1938 bzw. 7,4% 1939. Krupp-Arbeiter mußten 1938/39 etwa zwei- bis dreimal so viele Überstunden leisten wie im Okt. 1928 die in der rheinisch-westfälischen Eisen- und Stahlindustrie beschäftigten Arbeiter (nach: Statistisches Jahrbuch der Friedr. Krupp AG, April/Sept. 1943, hg. vom Stat. Büro der Friedr. Krupp AG, S. 98 f.; St. Jb. DR 1930, S. 291). Auch andere Unternehmen der rheinisch-westfälischen Stahlindustrie wie die GHH, der Bochumer Verein oder die ›Bergische Stahlindustrie‹ verzeichneten seit 1935 eine teilweise erhebliche Zunahme der Überstunden bzw. Gesamtarbeitszeiten (vgl. *Yano*, Hüttenarbeiter, S. 71 ff., 174 (Tab. 22); *Seebold*, Stahlkonzern, S. 194 f.; Willi *Rinne*, Die Bergische Stahlindustrie, Bd. 2, Berlin 1939, S. 181 f.).
75 RGBl. 1934, I, S. 803.
76 RGBl. 1938, I, S. 447.
77 Insbesondere im Dienstleistungs- und Baugewerbe waren tariflich festgelegte wöchentliche Arbeitszeiten von 58 bis 60 Stunden keine Seltenheit. In der metallverarbeitenden Industrie ließen dagegen die Treuhänder im allgemeinen ›nur‹ Arbeitszeiten bis 54 Stunden zu (vgl. Jb. Gew. 1937/38, S. 168 ff.; Jb. Gew. 1935/56 (Preußen), S. 65 ff.).
78 Auch der Jugendarbeitszeitschutz wurde 1938 gegenüber den bis dahin geltenden Regelungen erheblich verschlechtert (vgl. *Kranig*, Lockung, S. 88 f.).
79 Vgl. *Hachtmann*, Arbeitsmarkt, S. 214 f. und die dort angeführten Belege.
80 ›Verordnung zur Abänderung und Ergänzung von Vorschriften auf dem Gebiete des

Arbeitsrechts‹ vom 1. Sept. 1939, in: RGBl. 1939, I, S. 1683 und § 18(3) der Kriegswirtschaftsverordnung, in: ebd., S. 1609.
  81 ›Verordnung über den Arbeitsschutz‹ vom 12. Dez. 1939, in: ebd., S. 2403.
  82 Vgl. JB der Wernerwerke M und T 1942/43, in: SAA 15/Lc 815. (Im Wernerwerk M in Wien arbeiteten 1942/43 58,6% aller Frauen verkürzt, im Wernerwerk M in Siemensstadt allerdings nur 7,3%.) Weitere Berichte über verkürzte Arbeitszeiten für Frauen: Niederschrift über die Vertrauensrats-Sitzung der Oberhausener Hüttenwerke der GHH vom 22. Febr. 1943, in: HA GHH 400 144/20; Gefolgschafts- und Sozialbericht der Krupp-Gußstahlfabrik 1940/41, in: HA Krupp WA 41/3-740b; Niederschrift über die Mitwirkung der Kammer auf dem Gebiet des Arbeitseinsatzes vom 11. Juli 1939, in: RWWA 20-1289-2; ›Warum nicht vierstündige Berufe für Ehefrauen?‹, in: Dt. VW, Jg. 8, 1939, S. 565 f.; *AWI* der DAF, Zum Arbeitseinsatz der Frau in Industrie und Handwerk, in: *dass.*, Jb. 1940/41, Bd. I, S. 400 ff. Initiativen zur Einrichtung von Halbtags-Stellen für Frauen waren staatlicherseits bereits Ende 1938 gestartet worden (vgl. Schreiben des Bevollmächtigten für das Luftfahrtpersonal an den RAM vom 26. Sept. 1938, in: BA R 41/Bd. 285, Bl. 110.).
  83 *Siebelist*, Frauenarbeit, S. 562; ähnlich auch: *Statistisches Reichsamt*, Die Ergebnisse der Lohnerhebung vom März 1944, nach: *Siegel*, Leistung, Statistischer Anhang; vgl. ferner z. B. Schreiben des Präsidenten des Statistischen Reichsamtes an den RAM vom 18. Dez. 1941, in: BA R 41/Bd. 60, Bl. 5 Rs.
  84 Verordnung des RWM vom 17. April 1943 und Erlaß des RAM vom 3. Juni 1943, nach: Gabriele *Witting*, Die Halbtagsbeschäftigung der Frauen, in: Mh.NS, Jg. 10, 1943, S. 90 f.
  85 Statistisches Reichsamt, Lohnerhebung März 1944 (Anm. 83); vgl. auch WuSt, Jg. 23, 1943, S. 280 sowie, Jg. 22, 1942, S. 119, 355; *Frauenalltag* in Kriegs- und Nachkriegszeit 1939–1949 in Berichten, Dokumenten und Bildern, hg. von Klaus-Jörg *Rühl*, Darmstadt/Neuwied 1985, S. 33 f. sowie *Overy*, Blitzkriegswirtschaft, S. 431.
  86 Vgl. ebd.; Schreiben des Präsidenten des Statistischen Reichsamtes vom 18. Dez. 1943, Bl. 5 (Anm. 83); Stat. Jb. Krupp April/Sept. 1943, S. 98 f.; Niederschrift einer Besprechung über die ›Überprüfung der Lohn- und Arbeitsbedingungen bei den Heinkel-Werken in Rostock‹ vom 14. Jan. 1941, S. 1, in: BA R 41/Bd. 153, Bl. 54; JB Fabrikenoberleitung des WWZ 1940/41, in: SAA 15/Lc 815).
  87 Gegenüber 60,4 Stunden im Sept. 1943 (nach: Statistisches Reichsamt, Lohnerhebung März 1944 (Anm. 83)).
  88 Verordnung über die 60-Stundenwoche vom 31. Aug. 1944, in: RGBl. 1944, I, S. 191 f. Auch das Nachtarbeitsverbot für deutsche Frauen wurde gelockert. Zivile ›Fremdarbeiter‹, vor allem Kriegsgefangene und KZ-Häftlinge mußten von vornherein weitaus längere Arbeitszeiten hinnehmen.
  89 1944 wurde beim ›Bochumer Verein für Gußstahlfabrikation‹ im Monatsdurchschnitt 226,0 Stunden gearbeitet, im Febr. 1945 nur 199,3 Stunden. Die bei der Gutehoffnungshütte beschäftigten Arbeiter mußten 1943/44 216,9 Stunden je Monat arbeiten; im letzten Jahr 1944/45 kamen sie dagegen nur auf 177,1 monatliche Arbeitsstunden (nach: HA GHH 400 1320/6, Bl. 11 f.; *Seebold*, Stahlkonzern, S. 197 (1944 Monatsdurchschnitt aus dem 2. und 4. Quartal)).

IV. Rationalisierungsbewegung und Wandel der Binnenstruktur der Arbeiterschaft

  1 *Milward*, Kriegswirtschaft, S. 101; vgl. ebd., S. 88; *ders.*, Arbeitspolitik, S. 82 f. Seit Mai 1941 wurden ›Westarbeiter‹, seit Frühjahr 1942 dann verstärkt auch ›Ostarbeiter‹ in größerer Zahl in qualifizierten Funktionen eingesetzt (vgl. *Herbert*, Fremdarbeiter, S. 111, 129, 174, 274 ff.; *Werner*, Bleib übrig, S. 277 f.).

Anmerkungen zu S. 54—65

2 Schreiben des Präsidenten des Stat. Reichsamtes an den RAM vom 18. Dez. 1941, Anlage zu: Rundschreiben des RAM an alle RtdA vom 10. Jan 1942, S. 7, in: BA R 41/Bd. 60, Bl. 4 Rs.

3 Friedrich *Burgdörfer*, Die Volks-, Betriebs- und Berufszählung 1933, in: AStA, Bd. 23, 1933/34, S. 166.

4 *Burgdörfer*, ebd.; vgl. auch *AWI* der DAF, Zur Frage der Ungelernten, in: *dass.*, Jb. 1940/41, Bd. I, S. 317.

5 Richard *von Valta*, Das Arbeitsbuch in der Statistik, in: AStA, Bd. 27, 1937/38, S. 270. (Von Valta war Leiter der Abt. Statistik in der Reichsanstalt für Arbeitsvermittlung.)

6 Schreiben des westfälischen TdA an die niederrheinische IHK Duisburg-Ruhrort vom 15. Febr. 1935, in: RWWA 20-1295-3.

7 St. d. DR, Bd. 462, 3, S. 10; diese Abgrenzungsprobleme bestanden auch vor 1933 (vgl. z. B. A. *Heilandt*, Berufsabgrenzung in Metallindustrie, Schiffbau und Chemischer Industrie, in: Technik und Erziehung 1/1926, S. 4ff., nach: Quellen und Dokumente zur betrieblichen Berufsausbildung 1918—1945, hg. von Günther *Pätzold*, Köln/Wien 1980, S. 134ff. (Dok. 30)).

8 RABl. 1937, I, S. 38. Was unter »ordnungsgemäßer Ausbildung« zu verstehen war, ließ Syrup offen.

9 Angela *Meister*, Die deutsche Industriearbeiterin (Diss.), Jena 1939, S. 55. Eine Reihe von Großbetrieben hatte bereits vor 1933 ›ihre‹ Arbeiterschaft nicht mehr qualifikationsbezogen, sondern tätigkeitsbezogen in eine Vielzahl von (Lohn-)Gruppen gegliedert (vgl. Kap. VI.9.2.).

10 ›Gelernte, angelernte und ungelernte Arbeiter‹, in: National-Ztg. vom 1. Okt. 1936. Auch ein Urteil des Reichsarbeitsgerichts vom 1. Dez. 1937 (in: ARS (RAG) Bd. 32, S. 3) über den Begriff des ›angelernten Arbeiters‹ änderte hieran nichts, da nach Feststellung der obersten Arbeitsrichter letztlich »die in den einzelnen Berufen gültige Lehrauffassung« maßgeblich sei.

11 Vgl. H. *Uebbing*, Berufliche Bildung bei der Thyssen AG, Duisburg 1979, S. 68ff.

12 Wilhelm *Jäzosch*, Die Bedeutung des Facharbeiters in der Eisenindustrie, in: D. Dt. V. 1935/36, Sonderbeilage 12. Folge (›Die Eisenindustrie Deutschlands und in der Welt‹), S. 28.

13 Vgl. z. B. Wilhelm *Jäzosch*, Die sozialpolitische Entwicklung in der Eisen- und Metallindustrie im Jahre 1938, in: Mh.NS, Jg. 6, 1939, S. 199.

14 Den Tab. 2 und 5 wurden die Angaben der St. d. DR Bd. 556, 1, S. 18ff., bzw. 2, S. 6ff. (für die Berufszählung 1939) deshalb nicht zugrundegelegt, weil dort Lehrlinge miterfaßt sind.

15 Die Angaben für Okt. 1928 basieren auf einer Einzellohnerhebung, für die lediglich eine Stichprobe gezogen wurde (während die Betriebs- und Berufszählungen 1933 und 1939 Vollerhebungen waren). Da diese Stichprobe — wie auch die anderen im Zusammenhang mit Lohnerhebungen vorgenommenen — repräsentativ war, d. h. die in die Erhebung einbezogenen Arbeiter in ihrer Zusammensetzung nach Schichten, Lohnformen, Betriebsgrößen, Altersgruppen etc. die Struktur der Industriearbeiter der jeweiligen Branchen widerspiegeln, ist ein Vergleich mit den Vollerhebungen 1933 und 1939 uneingeschränkt gerechtfertigt. Für andere Industriezweige ließen sich ähnliche Ergebnisse auf Basis der Einzellohnerhebungen nicht errechnen, weil entweder die verschiedenen Branchen in anderer Weise von einander abgegrenzt oder die Arbeitergruppen unterschiedlich kategorisiert wurden.

16 Dies läßt sich am Beispiel des Maschinenbaus veranschaulichen: Von Mitte 1933 bis 1937 sank in kleinen Unternehmen (21 bis 100 Arbeiter) der Facharbeiteranteil lediglich von 71% auf 69%, in großen (über 1000 Arbeiter) dagegen von 61% auf 55% (nach: WuSt, Jg. 15, 1935, Sonderbeilage Nr. 15, S. 5; BA R 13 III/Bd. 117). Einzelbetrieblichen Beispielen (s. u.) ist zu entnehmen, daß dieser Trend in den meisten anderen Sektoren der metallverarbeitenden Industrie in mindestens dem gleichen Ausmaß zu beobachten war und sich in der Folgezeit verstärkt fortsetzte.

17 Dies mußte der Wehrmacht gegenüber allerdings zum Teil erzwungen werden, da auch die militärische Führung infolge zunehmender Technisierung der Truppe ein starkes Interesse hatte, qualifizierte Arbeitskräfte zu binden.

18 Auch dies läßt sich wiederum am Beispiel des Maschinenbaus illustrieren: Zwischen 1937

und 1941 wurde innerhalb dieser Branche der Anteil der Facharbeiter an der Gesamtarbeiterschaft in der Sparte ›Waschmaschinen‹ von 78,9% auf 60% (−24,0%), in der Sparte ›Holzbearbeitungsmaschinen‹ von 71,3% auf 50% (−29,9%), in der Sparte ›Maschinen- und Präzisionswerkzeuge‹ von 50,3% auf 43% (−14,5%), in der Sparte ›Büromaschinen‹ von 49,4% auf 34% (−35,2%), in der Sparte ›Textilmaschinen‹ von 49,2% auf 42% (−14,6%) und in der Sparte ›Triebwerke und Wälzlager‹ von 37,8% auf 27,5% (−27,2%) gesenkt (nach: BA R 13 III/Bd. 117; Andres *Mulzer*, (Facharbeiteranteile in der) Wirtschaftsgruppe Maschinenbau, in: H. *Hildebrandt* (Hg.), Beiträge zur Metallfacharbeiterfrage. Die Streuung der Facharbeiteranteile in den Betrieben der Eisen- und Metallwirtschaft (Sonderveröffentlichung des RABl.), Berlin 1942, S. 25, 27 ff., 31, 33 ff.).

19 Wichtig ist hier vor allem die ›Anordnung Nr. 6 des Generalbevollmächtigten für den Arbeitseinsatz über betriebliche Anlernmaßnahmen‹ vom 5. Juni 1942 (RGBl. 1942, I, S. 296), in der er »alle Betriebe in der Eisen- und Stahlindustrie« verpflichtete, »in möglichst kurz bemessener Anlernzeit« »laufend Anlernmaßnahmen in dem Höchstmaß durchzuführen, das sich bei Ausnutzung aller betrieblichen und personellen Möglichkeiten erreichen läßt«. Auch ausländische Arbeitskräfte sollten nunmehr in »weitestem Umfang« angelernt werden.

20 Vgl. hierzu die ausführliche Darstellung der Vorzüge des ›Festpreises‹ in: ›Festpreise und echter Leistungsgewinn‹, in: Dt. VW, Jg. 11, 1942 (Sonder-Ausgabe), S. 18 f.

21 Allein von 1941 (47,8%) bis 1943 (32,6%) hatte sich der Facharbeiteranteil in diesem Zweig des Maschinenbaus vor allem aufgrund der Rationalisierungswelle seit Ende 1941 um fast ein Drittel vermindert (alle Angaben nach: Robert *Katzenstein*, Zur Einwirkung des Zweiten Weltkrieges auf den kapitalistischen Reproduktionsprozeß in Deutschland bzw. Westdeutschland, in: Konjunktur und Krise, Jg. 5, 1961, S. 119).

22 Zwar sind repräsentative Erhebungen für beide Branchen nach 1939 nicht durchgeführt worden. Die Aggregierung der Daten vier größerer Unternehmen der eisen- und metallerzeugenden Industrie (GHH Sterkrade; Schwäbische Hüttenwerke; Eisenwerke Nürnberg; Osnabrücker Kupfer- und Drahtwerke) mit zusammen 10 730 Arbeitern (= 1,4% aller in diesem Industriezweig beschäftigten Arbeiter) sowie von sieben Unternehmen der metallverarbeitenden Industrie (MAN-Gesamtwerk; Maschinenfabrik Esslingen; Deutsche Werft; Deggendorfer Werft; Neumeyer AG; Hackethal AG; Zahnräderfabrik Augsburg) erlaubt Rückschlüsse auf die Gesamtentwicklung: In den genannten Unternehmen der *Eisen- und Metallgewinnung* sank der Facharbeiteranteil von 24,6% im Juni 1939 über 24,1% ein Jahr später auf 17,7% im Juni 1943; in denen der *Metallverarbeitung* sank er von jeweils 47,2% Mitte 1939 und 1940 auf 38,6% im Juni 1943 (jeweils männliche und weibliche Arbeiter; Angaben nach: HA GHH 4080/14). Auch wenn diese Zahlen Gültigkeit für die allgemeine Entwicklung in beiden Branchen nicht beanspruchen können, so scheinen sie jedoch für Juni 1939 bis Juni 1943 zumindest das ungefähre Ausmaß und die Richtung, die die Entwicklung der Zusammensetzung der Arbeiterschaft in beiden wichtigen Industriesektoren nahm, zutreffend zum Ausdruck zu bringen. Erhärtet wird dies dadurch, daß obige Ergebnisse für Juni 1939 denen der Betriebs- und Berufszählung des gleichen Jahres ziemlich genau entsprachen (vgl. Tab. 2). Ganz ähnlich verliefen die Umschichtungsprozesse auch im Stammwerk Untertürkheim der Daimler-Benz AG 1942 bis 1945 (vgl. *Roth*, Weg, S. 232 und 344, Tab. 21).

23 ›Der Arbeitseinsatzingenieur‹, in: Dt. VW, Jg. 12, 1943, S. 924; vgl. z. B. auch G. *Friedrich*, Der Arbeitseinsatzingenieur. Stellung, Aufgabe, Persönlichkeit, in: Z. VDI, Bd. 88, 1944, S. 467 ff.; *Eichholtz*, Kriegswirtschaft, Bd. 2, S. 305 f.

24 Vgl. *Wagenführ*, Industrie, S. 148 ff., 153 ff.

25 Eine umfassende Analyse der Entwicklung der Fertigungstechnologien und ihrer Auswirkungen auf betriebs- und volkswirtschaftliche sowie soziale Entwicklungen steht für die Zeit des ›Dritten Reiches‹ noch aus (trotz einiger verdienstvoller Arbeiten, insbesondere: Karl-Heinz *Ludwig*, Technik und Ingenieure im Dritten Reich, Düsseldorf 1974). Dies gilt seit neuestem nurmehr für die bundesdeutsche Historiographie. Die DDR hat mit dem 1988

erschienenen Bd. III ihrer ›Geschichte der Produktivkräfte‹ diese Lücke im Hinblick auf die fertigungstechnische Seite der Rationalisierung jetzt weitgehend gefüllt. Daß beispielsweise die Fließfertigung ab 1935/36 ausgeweitet wurde, ist ansonsten bestenfalls zur Kenntnis genommen, nicht jedoch eingehender untersucht worden (Hinweise auf den Stellenwert der Fließfertigung finden sich z. B. bei *Volkmann*, NS-Wirtschaft in Vorbereitung, S. 291 f.; *Kuczynski*, Alltag, Studien 5, S. 174; Heidrun *Homburg*, Scientific Management and Personell Policy in the Modern German Enterprise 1918–1939:The Case of Siemens, in: Managerial Strategies and Industrial Relations. An Historical and Comperative Study, hg. von Howard F. *Gospel* und Craig R. *Littler*, London 1983, S. 150; Elisabeth *Behrens*, Arbeiterkampf und kapitalistischer Gegenangriff unter dem Nationalsozialismus, in: Karl-Heinz *Roth*, Die andere Arbeiterbewegung, München 1974, S. 140; *Mottek* u. a., Wirtschaftsgeschichte, Bd. 3, S. 339; *Eichholtz*, Kriegswirtschaft, Bd. 2, S. 282 f., 304 f., 309 ff., 321 ff.; *Hachtmann*, Beschäftigungslage, S. 50).

26 Erfahrungen mit Fließarbeit. Auswertung der 1926/27 erschienenen Veröffentlichungen über Fließarbeit, hg. vom Ausschuß für Fließarbeit beim AWF, Teil I, Berlin 1928, S. 19 f. Auf einen Sonderfall sehr früher einzelbetrieblicher Fließfertigung sei an dieser Stelle hingewiesen: Die Keksfabrik Bahlsen/Hannover setzte bereits 1905 (vor Ford!) erste Fließförderanlagen ein (vgl. Bahlsen 1889–1964, Hannover 1964, S. 14, nach: Geschichte der Produktivkräfte, Bd. III, S. 76). Zur Rationalisierung in der Eisen- und Stahlindustrie bis 1933 vgl. auch Bernd *Weisbrod*, Schwerindustrie in der Weimarer Republik. Interessenpolitik zwischen Stabilisierung und Krise, Wuppertal 1978, S. 43 ff., 52 ff.; grundlegend zur Entwicklungsgeschichte der Mechanisierung bis Anfang der dreißiger Jahre immer noch Robert A. *Brady*, Rationalization Movement in German Industry, Berkely 1933 sowie seit neuestem: Geschichte der Produktivkräfte, Bd. III, S. 60 ff.

27 Erfahrungen mit Fließarbeit, Teil I, S. 32.

28 Ausführlich hierzu: Anita *Kugler*, Arbeitsorganisation und Produktionstechnologie der Adam Opel Werke (von 1900 bis 1929), Berlin 1985, S. 52 f.

29 Erfahrungen mit Fließarbeit, Teil I, S. 32; Gerhard *Duvigneau*, Untersuchungen zur Verbreitung der Fließarbeit in der deutschen Industrie (Diss.), Breslau 1932, S. 51 f.; H. C. Graf *von Seherr-Those*, Die deutsche Automobilindustrie. Eine Dokumentation von 1886 bis heute, Stuttgart 1974, S. 84.

30 Vorstand des *DMV* (Hg.), Die Rationalisierung in der Metallindustrie, Berlin 1932, S. 117; vgl. auch ›Die Rationalisierung in der Metallindustrie‹, in: GZ, Jg. 43, 1933, S. 182; *Duvigneau*, Fließarbeit, ebd.

31 Vgl. Erfahrungen mit Fließarbeit, Teil II, Berlin 1931, S. 49 ff.; Ulrich *von Moellendorf*, Fliessende Fertigung von Rundfunkgeräten, in: AEG-Mitteilungen 1929/9; ders., Wechselnde Fließarbeit, in: Werksleiter, Jg. 3, 1929, S. 305 ff.; ders., Fertigen, Prüfen, Verpacken in einem Fluß, in: Werksleiter, Jg. 2, 1928, S. 307 ff.; ders., Wechselnde Fließarbeit, in: Werksleiter, Jg. 4, 1930, S. 7 ff.; L. *Lange*, Fließfertigung im Elmo-Werk der Siemens-Schuckertwerke in Siemensstadt, in: Siemens-Mitteilungen 1927/91; Gustav *Leifer*, Die Fließfertigung im Wernerwerk F der Siemens & Halske AG, in: ebd.; F. *Scholles*, Fließarbeit am Wandertisch und Transportband, in: AEG-Mitteilungen 1927/11; S. *Ledermann*, Fließarbeit in der Zählerfabrik der AEG, in: Werkstattstechnik, Jg. 22, 1928, S. 480 ff.; F. *Ferrari*, Das Fördermittel der Fließarbeit in der Zählerfabrik der AEG, in: Werksleiter, Jg. 2, 1928, S. 211 ff.; ders., Fließfertigung im Elektrizitätszählerbau, in: MB, Jg. 7, 1928, S. 760 ff.; Johannes *Wolf*, Fließarbeit in der Herstellung elektrisch beheizter Bügeleisen, in: Werksleiter, Jg. 3, 1929, S. 251 ff.; Wolfgang *Schmidt*, Fließende Fertigung von Akkumulatoren, in: ebd., S. 79 ff.; *Förderbänder in Maschinenreihen (Bericht über Fließproduktion der Robert Bosch AG), in: Werksleiter, Jg. 2, 1928, S. 290 f.; *Duvigneau*, Fließarbeit, S. 55 ff.; vgl. auch (überwiegend am Beispiel Siemens) Peter *Czada*, Die Berliner Elektroindustrie in der Weimarer Zeit. Eine regionalstatistisch-wirtschaftshistorische Untersuchung, Berlin 1969, S. 187 ff.

32 *DMV*, Rationalisierung, S. 138.

33 Ebd., S. 86; vgl. auch Erfahrungen mit Fließarbeit, Teil I, S. 26 ff.; Teil II, S. 36 ff.; W. *Müller*, Allgemeine Grundlagen und Arbeitsvorbereitung im Landmaschinenbau, in: MB, Jg. 6, 1927, S. 509 ff.; K. *Wömpner*, Die Werkstätten des Landmaschinenbaus, in: ebd., S. 516 ff.; Hans *Häneke*, Fließarbeit im deutschen Maschinenbau, in: ebd., S. 157 ff.; K. *Oesterreicher*, Die Umstellung einer Nähmaschinenfabrik auf Fließarbeit, in: Werksleiter, Jg. 1, 1927, S. 125 ff.; *Duvigneau*, Fließarbeit, S. 49 ff., 52 ff.; Hans *Schanderl*, Rationalisierung und Technisierung 1923–1939 (Diss.), Kallmünz über Regensburg 1941, S. 70 ff.

34 Erfahrungen mit Fließarbeit, Teil I, S. 28; vgl. auch *Holzhauser*, Kleinarbeit bei der Einführung fließender Fertigung, in: MB, Jg. 6, 1927, S. 458 ff.; W. *Kaufmann*, Entwurf eines Arbeitsplanes zur Fabrikation von Brotschneidemaschinen in Fließarbeit, in: MB, Jg. 5, 1926, S. 748 ff.; ›Fließender Zusammenbau von Waschmaschinen‹, in: Werksleiter, Jg. 4, 1930, S. 286; W. *Stürmer*, Fließende Fertigung von Kühlschränken, in: ebd., S. 230 ff.

35 *DMV*, Rationalisierung, S. 78, 123, 154, 156. Im Waggonbau lag insofern eine besondere Situation vor, als sich die in der ›Deutschen Waggonbau-Vereinigung‹ zusammengeschlossene Waggonindustrie in einem Vertrag vom 11. Dez. 1926 gegenüber der Deutschen Reichsbahn-Gesellschaft verpflichtet hatte, »eine Rationalisierung durchzuführen mit dem Ziel, die Eisenbahnwagen gleichartiger und wirtschaftlicher herzustellen« (Handbuch der Rationalisierung, hg. vom RKW, bearb. von Fritz *Reuter*, Berlin 1930, S. 1093; vgl. auch ebd., S. 1100 ff. sowie Albrecht *Nuss*, Fließarbeit im Waggonbau, in: Werksleiter, Jg. 3, 1929, S. 328 ff.).

36 Vgl. Erfahrungen mit Fließarbeit, Teil I, S. 17 f., 40 ff.; Teil II, S. 53 ff.; Walter *Pohl*, Produktionsbeschleunigung in der keramischen Industrie, in: Werksleiter, Jg. 1, 1927, S. 433 ff. (Teil I), S. 464 ff. (Teil II); *Duvigneau*, Fließarbeit, S. 59 f.; Georg *Schlesinger*, Die Umstellung eines 50 Jahre alten Textilunternehmens auf fließende, zeitgemäß richtige Fertigung, in: Z. VDI, Bd. 71, 1927, S. 1417 ff. (Teil I), S. 1459 ff. (Teil II); *Hermann*, Fließarbeit – unter heutigen Verhältnissen in der Wäschefertigung, in: Werksleiter, Jg. 6, 1932, S. 234 –; Ernst *Kreger*, Fließarbeit in der Herrenkonfektion, in: Werksleiter, Jg. 2, 1928, S. 11 f.; H. *Kluge*, Markenwäsche in der Fließarbeit, in: ebd., S. 445 ff.; ders., Leistungsabstimmung in der Näherei, in: Werksleiter, Jg. 5, 1931, S. 97 ff.; H. *Walter*, Fließarbeit in Plättereien, in: Z. VDI, Bd. 72, 1928, S. 991 ff.; *Duvigneau*, Verbreitung der Fließarbeit, S. 62 ff.; Karl *Tetzner*, Fließarbeit in der deutschen Schuhindustrie, in: Werksleiter, Jg. 3, 1929, S. 53 ff.; ders., Erfahrungen aus der fließenden Fertigung in der Schuhindustrie, in: ebd., S. 570 ff.; Carl Alexander *Fieber*, Die Holzbearbeitungswerkstätten der Grazer Waggon- und Maschinenbaufabrik, in: MB, Jg. 9, 1930, S. 619 ff.; *Bardtke*, Arbeitsbeschleunigung in der Holzverarbeitung, in: Werksleiter, Jg. 2, 1928, S. 368 ff.; Karl *Ebel*, Fließarbeit in der Schuhcremeindustrie, in: Werksleiter, Jg. 4, 1930, S. 195 ff. sowie die Aufsätze in den Fachzeitschriften der einzelnen Branchen.

37 *Duvigneau*, Fließarbeit, S. 68; vgl. auch Jürgen *Bönig*, Technik und Rationalisierung in Deutschland zur Zeit der Weimarer Republik, in: Technik-Geschichte. Historische Beiträge und neuere Ansätze, hg. von Ulrich *Troitzsch* und Gabriele *Wohlauf*, Frankfurt 1980, S. 407 bzw. ders., Technik, Rationalisierung und Arbeitszeit in der Weimarer Republik, in: Technikgeschichte, Bd. 46, 1980, S. 314. Noch 1935/36 traf die Feststellung im Jahrbuch des *AWI* der DAF von 1936 (Die echte Rationalisierung, S. 216) zu, die Fließfertigung sei »bei weitem nicht so verbreitet, wie es in Laienkreisen angenommen wird«. Erst danach änderte sich dies grundlegend.

38 *DMV*, Rationalisierung, S. 163 bzw. ›Die Rationalisierung in der Metallindustrie‹, in: GZ, Jg. 43, 1933, S. 182.

39 Allerdings nicht vollständig: Noch Mitte 1932 wurde weiterhin die Einführung und Ausweitung von Fließbandanlagen propagiert, da in weiten Teilen der verarbeitenden Industrie nur dadurch (Fließarbeit zur Senkung der Lohnkosten) eine Minimierung der krisenbedingten Verluste zu bewerkstelligen sei (vgl. *Hermann*, Fließarbeit, S. 234 f.) Unterschlagen

wurde von Hermann allerdings das Anwachsen der fixen Kosten als Folge von Rationalisierungsinvestitionen, was in der Krise zu einer zunehmenden Belastung werden mußte. Über den Ausbau fließender Fertigung 1931/32 wird z. b. in einer Denkschrift über die ›Entwicklung des Arbeitsmarktes im LAA-Bezirk Westfalen im Jahre 1931‹ (hg. vom Präsidenten des LAA Westfalen, Febr. 1932, S. 27, in: WWA K1 Nr. 1980) und (unter Bezug auf Siemens) bei *H. A. Winkler*, Weg, S. 92, Anm. 84, berichtet.

40 Max *Hofweber* u. E. *Ibielski*, Volkswirtschaftliche Auswirkungen der Fließfertigung in der Landmaschinenindustrie, in: Fließende Fertigung in deutschen Maschinenfabriken, hg. vom Hauptausschuß Maschinen beim Reichsminister für Bewaffnung und Munition, Essen 1943, S. 46.

41 Hermann *Häberle*, Fließarbeit auch bei der Herstellung kleiner Mengen möglich, in: Werksleiter, Jg. 7, 1933, S. 62 f.

42 Vgl. z. B. Herbert *Kalveram*, Der Gruppenakkord in der Industrie (Diss.), Frankfurt 1944, S. 29; *Duvigneau*, Fließarbeit, S. 11; Hans-Joachim *Bosch*, Fließarbeit – Vorläufer der Automatisierung, in: Fertigungstechnische Automatisierung, hg. von Kurt *Pentzlin* u. Otto *Kienzle*, Berlin usw. 1969, S. 5.

43 *Von Moellendorf*, Wechselnde Fließarbeit (1929), S. 306.

44 Vgl. z. B. *Nolden*, Rationalisierungsmaßnahmen, S. 51.

45 *Von Moellendorf*, Wechselnde Fließarbeit (1929), S. 305. Selbst Opel als das Automobilunternehmen mit der entwickeltsten Fließfertigung praktizierte bis 1929 ein »Mischsystem von (bandloser) fließender Fertigung und Fließbandarbeit«. Der Anteil der eigentlichen Bandarbeiter lag in diesem Jahr bei Opel lediglich bei 19% (vgl. Anita *Kugler*, Von der Werkstatt zum Fließband. Etappen der frühen Automobilproduktion in Deutschland, in: GG, Jg. 13, 1987, S. 336 f.).

46 *Von Moellendorf*, Wechselnde Fließarbeit (1930), S. 7.

47 G. *Nathorff*, Wechselnde Fertigung (Teil I), in: Werksleiter, Jg. 4, 1930, S. 260.

48 G. *Nathorff* u. E. *Trommer*, Wechselnde Fertigung (Teil II), in: ebd., S. 279.

49 Bericht über die Fließarbeitstagung in Köln, in: MB, Jg. 5, 1926, S. 907 f.; vgl. auch ebd., S. 821 u. 923; ferner: C. W. *Drescher*, Die organisatorische Vorbereitung der Fließarbeit, in: *Mäckbach/Kienzle*, Fließarbeit, S. 52 f.; Frank *Mäckbach*, Fließarbeit im Zusammenbau, in: ebd., S. 181; *Hofweber/Ibielski*, Auswirkungen, S. 47 f.

50 Vgl. ›Die Rationalisierung in der Metallindustrie‹, in: GZ, Jg. 43, 1933, S. 182.

51 P. *Warlimont*, Die fließende Fertigung als wirtschaftliche Frage, in: TuW, Jg. 19, 1926, S. 79; dies wurde in der zeitgenössischen Literatur immer wieder betont, vgl. z. B. *Drescher*, Vorbereitung, S. 47 f.; *Nolden*, Rationalisierungsmaßnahmen, S. 64 ff.

52 In der Automobilindustrie bauten 1929 17 Firmen 34 PKW-Typen, 1932 die gleichen 17 Firmen dagegen mit 60 Typen fast doppelt so viele (vgl. *von Seherr-Toss*, Automobilindustrie, S. 212).

53 Hierzu und zum folgenden vgl. ›Der Weg der Rationalisierung‹, in: VJP, Jg. 5, 1941, S. 657 f.; Georg *Seebauer*, Gegenwartsziele der Ingenieursarbeit in deutschen Betrieben, in: Z. VDI, Bd. 83, 1939, S. 478 f.; Rudolf *Schmeer*, Leistungssteigerung!, in: D. Dt. V. vom 3. Febr. 1939 (1938/39, S. 846); Hans Wolfgang *Büttner*, Das Rationalisierungskuratorium der deutschen Wirtschaft, Düsseldorf 1973, S. 21 ff.; *Petzina*, Autarkiepolitik, S. 120 f.; *Ludwig*, Technik, S. 317 f., 325 ff.; *Eichholtz*, Kriegswirtschaft, Bd. 2, S. 66, 313 f.

54 Kurt *Schaaf*, Konzentration zur Leistungssteigerung, in: Mh.NS, Jg. 6, 1939, S. 13 f.; vgl. auch ›Rationalisierte Rationalisierung‹, in: SP, Jg. 48, 1939, Sp. 14 f.; ›Wirtschaftswende‹, in: ebd., Sp. 206.

55 Bereits im Juli 1937 war Oberst von Hanneken vom Heereswaffenamt zum ›Generalbevollmächtigten für die Eisen- und Stahlwirtschaft‹ ernannt worden. Im Aug. 1938 folgten das IG Farben-Vorstandsmitglied Carl Krauch als Bevollmächtigter für die verschiedenen Zweige der chemischen Produktion, Anfang Dez. desselben Jahres Todt für die Bauwirtschaft, der

Oberbürgermeister von Essen Just Dillgardt für die Energiewirtschaft, Prof. Albrecht Bentz für die Erdölförderung (Juli 1938) und Generalmajor Fellgiebel (1939–1944 Chef des Wehrmachts-Nachrichtenverbindungswesens) als Beauftragter für technische Nachrichtenmittel.

56 Georg *Seebauer*, Leistungssteigerung durch Rationalisierung, in: VJP, Jg. 2, 1938, S. 524; vgl. auch *ders.*, Pflicht, S. 1381.

57 ›Lenkung durch die Maschinenproduktion‹, in: Dt. VW, Jg. 7, 1938, S. 1355f.

58 Verordnung vom 8. Sept. 1939, in: RGBl. 1939, I, S. 1745.

59 Georg *Seebauer*, Leistungssteigerung als Kampfmittel, in: VJP, Jg. 3, 1939, S. 1065; vgl. auch W. *Reichhardt*, Verbindlichkeitserklärung der Normen, in: Z. VDI, Bd. 84, 1940, S. 650f.

60 *Deutscher Normenausschuß* (Hg.), Alle deutschen Behörden fördern die Normung (1937), S. 1, in: BA R 43 II/Bd. 347a, Bl. 41; ähnlich auch *ders.*, (Hg.), Einführung der Normen. Maßnahmen der Behörden und der Wirtschaft (1938), in: ebd., Bl. 74.

61 Nach: ›Leistungssteigerung überall‹, in: Z. VDI, Bd. 83, 1939, S. 787 bzw. Handbuch der Rationalisierung, S. 127. Mehr als die Hälfte der Normblätter entfielen auf die metallverarbeitende Industrie.

62 Vgl. Carl Friedrich *von Siemens*, Das Reichskuratorium für Wirtschaftlichkeit (1925), in: Meister der Rationalisierung, hg. von Kurt *Pentzlin*, Düsseldorf/Wien 1963, S. 462.

63 Vorausgegangen waren der überbetrieblichen Normung häufig werksinterne Normen. Mit ihrer Hilfe suchten viele Industrieunternehmen die Massenfertigung einzuführen oder auszuweiten, Lagerbestände zu reduzieren usw. und so die Produktion zu verbilligen (vgl. Hans *Wieland*, Erfolge der Werksnormung, in: Werksleiter, Jg. 7, 1933, S. 171 ff.; J. *Parsch*, Wege zur Leistungssteigerung im Vorrichtungs- und Werkzeugbau, in: WuW, Jg. 36, 1942, S. 7 ff.; *Kugler*, Arbeitsorganisation, S. 30f.).

64 RGBl. 1939, I, S. 386.

65 Vgl. ›Fortschreitende Normung und Typisierung‹, in: VJP, Jg. 4, 1940, S. 13; ›Vereinheitlichte Lokomotiven und Wagen‹, in: ebd., S. 884f. Hitler selbst war es ein besonderes Anliegen, die Typenbereinigung im Automobilbau zu forcieren. In seiner Rede auf der Internationalen Automobilausstellung in Berlin am 17. Febr. 1937 hatte er verlangt, daß »die einzelnen Firmen sich auf ganz wenige Typen einigen und beschränken« (nach: *Domarus*, Hitler, S. 1982).

66 Vgl. *Schmeer*, Leistungssteigerung, S. 847f.; ›Die Betriebsgrößen in kriegswirtschaftlicher Beurteilung‹, in: VJP, Jg. 4, 1940, S. 103f.

67 *Seebauer*, Leistungssteigerung, S. 524.

68 Vgl. z. B. ›Klare Zuständigkeiten in der Rationalisierungsarbeit‹, in: D. Dt. V. vom 3. Nov. 1939 (1939/40, S. 124).

69 Vgl. ›Lenkung der Massenproduktion‹, in: Dt. VW, Jg. 7, 1938, S. 1356; Friedrich *Olk*, Kriegsaufgaben der deutschen Werkzeugmaschinenindustrie. Zur Anordnung über die Meldepflicht von Werkzeugmaschinen, in: Z. VDI, Bd. 85, 1941, S. 539; *Seebauer*, Gegenwartsziele, S. 479; Kurt *Hegner*, Die Werkzeugmaschine, in: Z. VDI, Bd. 83, 1939, S. 747; Joh. Seb. *Geer*, Der deutsche Maschinenbau im Jahre 1936, in: MB, Jg. 16, 1937, S. 3f.; H. H. *Bischoff*, Arbeitseinsatz und Leistungssteigerung, in: ebd., S. 181 ff.; *Katzenstein*, Einwirkung, S. 116 (Tab. 2). Dennoch gab es Lieferfristen von manchmal mehreren Jahren und war der Werkzeugmaschinenbestand bei Kriegsbeginn in Deutschland zum Teil erheblich überaltert (vgl. Geschichte der Produktivkräfte, Bd. III, S. 78 ff.).

70 *Ludwig*, Technik, S. 227; vgl. auch die etwas differierenden Angaben bei *Hoffmann*, Wachstum der deutschen Wirtschaft, S. 269. Daran änderte auch ein neues Patentgesetz vom Mai 1936 nichts (RGBl. 1936, II, S. 117 ff.), das im Interesse der Aufrüstung die breite industrielle Ausnutzung von Patenten erheblich erleichterte.

71 Nach: *Ludwig*, Technik, S. 226.

72 *Hitler*, Mein Kampf, S. 495; zu den Defiziten nationalsozialistischer Wissenschafts- und Technikpolitik und die mangelnde Koordination von Forschungs- und Entwicklungsarbeiten durch den Staat vgl. auch Armin *Hermann*, Naturwissenschaft und Technik im Dienste der

Kriegswirtschaft, in: Jörg *Tröger* (Hg.), Hochschule und Wissenschaft im Dritten Reich, Frankfurt 1984, S. 163f. Weitere wichtige Gründe waren die meist mit Antisemitismus gepaarte Intellektuellenfeindlichkeit sowie die Attraktivität der rasch wachsenden Wehrmacht, die vielen Abiturienten als Alternative zum Hochschulstudium erschien.

73 Die Entwicklung hartmetallbestückter Werkzeugmaschinen, die die gesamte Schneid- und Bohrtechnik revolutionierten, ist hierfür ein gutes Beispiel. Seit etwa 1927/28 wurden besonders harte und verschleißfeste Metallegierungen für Werkzeugmaschinen von Krupp-Widia (›Wie Diamant‹) hergestellt. Infolge der wirtschaftlichen Depression blieben Hartmetallwerkzeuge quantitativ bis 1933 jedoch unbedeutend. Erst nach der nationalsozialistischen ›Machtübernahme‹ wuchs ihr Stellenwert schnell und hatte die Widia-Produktion jährliche Wachstumsraten von 25% und mehr zu verzeichnen. Die Einführung der Hartmetallwerkzeuge erfaßte zuerst den Drehbankbau, seit 1934 dann allmählich auch andere Verfahren der spanabhebenden Formgebung (vgl. Rainer *Stahlschmidt*, Innovation und Berufsbild – Die Einführung des Hartmetalls als Werkzeug der Drahtzieherei, in: *Troitzsch/Wohlauf*, Technikgeschichte, S. 366, 376; *Katzenstein*, Einwirkung, S. 115 sowie Geschichte der Produktivkräfte, Bd. III, S. 75, 124.

74 VzK 1936/37, S. 123; weiter heißt es dort: »Über das tatsächliche Tempo des technischen Fortschritts herrschen vielfach sehr übertriebene Vorstellungen.« In weiten Teilen der Grundstoffindustrien – insbesondere der Chemieindustrie – wurde demgegenüber eine Reihe einschneidender technischer Neuerungen entwickelt; infolge der nationalsozialistischen Autarkiepolitik erlangten sie auch hier schnell ein großes Gewicht (Herstellung künstlichen Gummis, Verflüssigung von Kohle, Produktion von Kunstfasern und Leichtmetallen etc.).

75 Dies ist den einschlägigen Zeitschriften wie ›Maschinenbau‹, ›Werkstatttechnik und Werksleiter‹, ›Technik und Wirtschaft‹, ›Zeitschrift des VDI‹ usw. zu entnehmen. Zur Entwicklung der Werkzeugmaschinen seit 1933 jetzt ausführlich: Geschichte der Produktivkräfte, Bd. III, S. 73ff., 84ff.

76 Vgl. Rede Hitlers bei der Eröffnung der Internationalen Automobil- und Motorradausstellung 1938, nach: *Propagandaamt* der DAF, Der Führer, Dr. Ley und Prof. Dr. Arnold zu den Problemen der Leistungssteigerung und organischen Betriebsgestaltung, S. 7, in: BA NSD 50/ Bd. 1233; Reichstagsrede Hitlers vom 30. Sept. 1939, nach: Mh.NS, Jg. 6, 1939, S. 53; Reichstagsrede Hitlers vom 30. Sept. 1939, nach: *Domarus*, Hitler, S. 1053; *Seebauer*, Pflicht zur Rationalisierung, S. 1382 u. a. m.; zur Technikbegeisterung führender Nationalsozialisten vgl. jetzt auch die (vorwiegend ideengeschichtlich orientierte) Arbeit von Herf, Reactionary Modernism, insbesondere Kap. 8.

77 *AWI*, Echte Rationalisierung, S. 216.

78 Hitler am 7. Febr. 1942, nach: Tischgespräche im Führerhauptquartier, hg. von Henry *Picker*, Stuttgart 1976, S. 103. Weitere Beispiele ideologischer Rechtfertigung forcierter Anwendung moderner Produktionstechniken (durch Josef Winschuh und Josef Goebbels) z. B. bei *Herbst*, Totaler Krieg, S. 320f., 323; zum positiven Bezug auf Henry Ford vgl. Anm. 144; zur Vorbildfunktion der US-amerikanischen Rationalisierung in Deutschland nach 1933 vgl. jetzt auch Martin *Rüther*, Zur Sozialpolitik bei Klöckner-Humboldt-Deutz während des Nationalsozialismus: »Die Masse der Arbeiterschaft muß aufgespalten werden«, in: ZUG, Jg. 33, 1988, S. 89f.

79 *Mason*, Sozialpolitik, S. 145, Anm. 52; vgl. z. B. *Nolden*, Rationalisierungsmaßnahmen, S. 133 sowie jetzt allgemein Rolf Peter *Sieverle*, Fortschrittsfeinde? Opposition gegen Technik und Industrie von der Romantik bis zur Gegenwart, München 1984, S. 221.

80 JB der Fabrikleitung des Wernerwerks F für 1935/36, in: SAA 15/Lc 816; vgl. auch: JB der Fabrikleitung des Wernerwerks F 1936/37ff.; JB der Siemens-Elektrowärme GmbH 1934/35, Bl. 320f.; 1936/37, Bl. 244; 1937/38, Bl. 280; 1938/39, Bl. 247, 251ff.; 1939/40, Bl. 303; JB des Nürnberger Werks 1935/36, Bl. 181; 1936/37, Bl. 191; JB des Elektromotorenwerks 1936/37, Bl. 124f.; 1937/38, Bl. 124ff.; 1939/40, Bl. 101ff.; JB von Kleinbauwerk I und II 1936/37, Bl. 155f.; 1937/38, Bl. 161ff.; 1938/39, Bl. 143ff., 149f.; JB der Zentral-Werksverwaltung der

Anmerkungen zu S. 76—77

SSW 1935/36, Bl. 1, alles in: SAA 15/Lg 562 sowie Gustav *Leifer*, Der Einfluß des planmäßigen Arbeitseinsatzes auf die Leistung der Betriebe, in: VJP, Jg. 3, 1939, S. 666 ff.

81 Dies läßt sich an Indizien nachweisen: 1936 wurde in einer führenden betriebswirtschaftlichen Zeitschrift festgestellt, »daß im Jahre 1936 etwa 40% der in ›Widerstandsöfen‹ (als der wichtigsten Form des elektrischen Industrieofens) neu angelegten elektrischen Leistung auf Fließöfen entfällt, während dieser Anteil noch 1934 nur etwa 20% und 1932 vielleicht 10% betragen hat« (Wilhelm *Fischer*, Fließbetrieb mit Elektroöfen, in: WuW, Jg. 30, 1936, S. 405). Genaue Daten über die Verbreitung der Fließfertigung in der deutschen Industrie oder einzelnen Branchen liegen nicht vor.

82 *Von Seherr-Toss*, Automobilindustrie, S. 284; vgl. auch Heinrich *Hauser*, Opel. Ein deutsches Tor zur Welt, Frankfurt a. M. 1937, S. 192. Im Rüsselsheimer Stammwerk waren bis 1937 96 laufende Bänder mit einer Gesamtlänge von fast zwölf Kilometer installiert worden (*Hauser*, Opel, S. 201; vgl. auch *Kugler*, Werkstatt, S. 336). Auch bei Daimler-Benz wurden ab 1936/37 in großem Maßstab Fließbänder eingeführt (vgl. *Roth*, Weg, S. 155, 219, 216).

82a Vgl. Bahlsen 1889—1964, S. 26, 29, nach: Geschichte der Produktivkräfte, Bd. III, S. 76.

83 Eberhard *Köhler*, Die Ausbildung Jugendlicher zu Spezialarbeitern, in: VJP, Jg. 2, 1938, S. 739; vgl. z. B. AE 1939, Nr. 9, S. 8; Nr. 13, S. 9; Nr. 15, S. 8 u. ö.; SOPADE-Berichte 1935, S. 1322; 1938, S. 717, 1099 ff.; 1939, S. 170 f. u. ö.

84 Karl *Lange*, Maschinenbau und neue Wirtschaftsaufgaben, in: Dt. VW, Jg. 7, 1938, S. 50; ähnlich auch z. B. *Syrup*, 100 Jahre, S. 477. Die Abkoppelung vom Weltmarkt war — im Gegensatz zur Behauptung Elke Anja *Bagel-Bohlans*, Die industrielle Kriegsvorbereitung in Deutschland von 1936 bis 1939, Bonn 1973, S. 80 f. — kein wesentliches Hemmnis für die Rationalisierungsbewegung.

85 Vgl. Kap. VII.1.; Angaben nach: Tab. 19; vgl. dagegen *Bagel-Bohlan*, Kriegsvorbereitung, S. 78 ff., die sich in ihren Ausführungen wesentlich auf B. H. *Klein*, Germany's Economic Preparation for War, Cambridge/Mass. 1959, S. 71 stützt. Auf den Zusammenhang zwischen steigender Arbeitsbelastung (vor allem erhöhtem Arbeitstempo) und Rationalisierung wird auch z. B. in einem Bericht der Polizeidirektion Augsburg vom 1. Okt. 1934, in: Bayern in der NS-Zeit, Bd. 1, S. 228 sowie in den SOPADE-Berichten 1937, S. 1292; 1938, S. 431 hingewiesen.

86 Dies war volkswirtschaftlich ein willkommener Effekt des Krieges: »Überhaupt der Krieg schafft hier Aufträge einer einheitlichen Form, und es ist nun die Aufgabe, allmählich die Produktion gerade im Krieg völlig auf eine Massenproduktion umzustellen und alles zu beseitigen, was dem irgendwie entgegensteht« (Rede Hitlers Ende Juni oder Anfang Juli 1944, zit. nach: Hildegard *von Kotze* u. Helmut *Krausnick* (Hg.), »Es spricht der Führer.« 7 exemplarische Hitler-Reden, Gütersloh 1966, S. 347; vgl. auch z. B. Erich *Welter*, Der Weg der deutschen Industrie, Frankfurt 1943, S. 80 ff., 114 ff., 123; *Kalveram*, Gruppenakkord, S. 44; *Herbst*, Totaler Krieg, S. 322).

87 So die Feststellung der Geschäftsführung der ›Gottfried Lindner AG‹ (Waggonbau), in: Handb. d. dt. AGs 1940, S. 1259. Es darf allerdings nicht übersehen werden, daß bei Kriegsbeginn noch erhebliche Rationalisierungsdefizite bestanden und die Umstellung der Waffenproduktion auf Massenfertigung unzureichend war (vgl. *Janssen*, Ministerium Speer, S. 20 ff.).

88 Die Zahl der PKW-Typen wurde zwischen 1939 und 1942 von 55 auf 29, die der LKW-Typen von 151 auf 23 und die der Motorrad-Typen von 150 auf 26 reduziert (Zahlen nach: *Eichholtz*, Kriegswirtschaft, Bd. 2, S. 314).

89 Bis 1942 wurde die Zahl sämtlicher Maschinentypen von 3637 auf 1011 reduziert, darunter allein die der Werkzeugmaschinen von 1321 auf 526 (vgl. Hermann *Gesell*, Typenabrüstung in der Maschinenindustrie (Teil II), in: VJP, Jg. 6, 1942, S. 426 f.; ›Vereinheitlichung von Baumaschinen‹, in: MB, Jg. 20, 1941, S. 355; W. *Jensen* u. H. *Raupp*, Die VDF-Fertigung bei Heidenreich & Harbeck, in: Fließende Fertigung in Maschinenfabriken, S. 138; H. *Hildebrandt*, Allgemeine Bemerkungen zur Erhebung über die Facharbeiteranteile vom 31. Mai 1941 und

ihre Auswertung, in: ders., Beiträge, S. 37; Arthur *Krämer*, Leistungssteigerung in der Armaturenindustrie, in: VJP, Jg. 6, 1942, S. 420 ff.; Th. Graf *Butler*, Vereinheitlichung an Werkzeugmaschinen erhöht die Betriebsbereitschaft, in: MB, Jg. 20, 1941, S. 151 ff.; Helmut *Stein*, Typisierung, Planung und Fertigung in einer Maschinenfabrik, in: Fließende Fertigung im Maschinenbau, S. 14 u. a. m. sowie *Ludwig*, Technik, S. 421 f.; *Boelcke*, Wirtschaft, S. 281 f.).

90 Vgl. *Olk*, Kriegsaufgaben, S. 539 ff. Auf Grundlage dieser Verordnung wurden von Lange bis Anfang 1943 »weit über 100 Anordnungen« zur »Durchführung scharfer Typisierung und Spezialisierung« im Maschinenbau erlassen (Karl *Lange*, Einführung, in: Fließende Fertigung im Maschinenbau, S. 6).

91 Einzelbetriebliche Beispiele sind z. B. beschrieben in: Adolf *Lang*, Fließfertigung im Drehbankbau nach eigenem System, in: Fließende Fertigung in Maschinenfabriken, S. 162; Fritz *Wommelsdorf*, Einfluß der Serien- und Massenfertigung auf den Bau von Normal- und Spezialmaschinen, in: ebd., S. 223. Die Spezialisierung in der Fertigung war freilich kein grundsätzlich neues Phänomen, sondern wurde vereinzelt bereits vor 1933 praktiziert (vgl. *Jensen/Raupp*, VDF-Fertigung S. 136; K. *Frey* u. R. *Svikovsky*, Fertigung und Zusammenbau von Boehringer-Werkzeugmaschinen, in: ebd., S. 120).

92 In der Elektroindustrie etwa produzierte man bereits 1940 statt vorher 100 nur noch 14 Lautsprecher-Typen. Die Zahl der Hochspannungsisolatoren-Typen war bis Ende 1942 von 120 auf 19 herabgesetzt worden. Die Reihe derartiger Beispiele für Typenverminderung ließe sich weiter fortsetzen (vgl. ›Fortschreitende Normung und Typisierung‹, in: VJP, Jg. 4, 1940, S. 13; Albert *Speer*, Selbstverantwortung in der Rüstungsindustrie, in: VJP, Jg. 7, 1943, S. 242; ›Typisierung im Schiffbau‹, in: VJP, Jg. 5, 1941, S. 328 f.; ›Leistungssteigerung im Flugzeugbau‹, in: ebd., S. 427 f.; ›Zur Frage des Einheitsschiffbaus‹, in: ebd., S. 610 ff. u. a. m.

93 Vgl. z. B. ›Rationalisierung im Wohnungsbau‹, in: VJP, Jg. 4, 1940, S. 1042 ff.; Josef *Hausen*, Typisierung und Normung auf dem Kunststoffgebiet, in: ebd., S. 800 ff.; *Speer*, Selbstverantwortung, S. 242 f.

94 So die Behauptung von: *Ludwig*, Technik, S. 421.

95 *Jensen/Raupp*, VDF-Fertigung, S. 138.

96 Vgl. z. B. *Eichholtz*, Kriegswirtschaft, Bd. 2, S. 312 (Tab. 46); Deutschland im Zweiten Weltkrieg, Wolfgang *Schumann* u. a., Bd. 2, Köln 1974, S. 303 f.; Joachim *Wissow*, Die Schreibmaschine im Kriege, in: VJP, Jg. 7, 1943, S. 242 f.

97 Nach Milward wußten insbesondere führende Maschinenhersteller eine weitere Verminderung und Normung der Typen, die eine Anpassung an die veränderten Marktverhältnisse in ›Friedenszeiten‹ erschwert hätte, und eine Umstellung der betrieblichen Produktion ausschließlich auf die Erzeugung von Kriegsgütern zu verhindern (vgl. *Milward*, Kriegswirtschaft, S. 84; ähnlich, nur allgemeiner *Wagenführ*, Industrie, S. 21). Eine allzu starke Spezialisierung, die den einzelnen Betrieb gezwungen hätte, nur einen oder zumindest sehr wenige Typen eines Produktes herzustellen, hätte unter den Verhältnissen eines freien, staatlich nicht reglementierten Marktes die ›Konkurrenzempfindlichkeit‹ der betreffenden Betriebe extrem erhöht.

98 *Milward*, Weltkrieg, S. 169 f.

99 Vgl. neben der in den vorausgegangenen Anmerkungen zitierten, zeitgenössischen Literatur zum Thema Typisierung, in der in der Regel gleichzeitig auch Probleme der Normierung mitbehandelt wurden, außerdem: Hanns *Benkert*, Der Kriegseinsatz der deutschen Normung, in: Z. VDI, Bd. 89, 1945, S. 29 f.; A. *Schmidt*, Die deutsche Wälzlager-Normung, in: MB, Jg. 19, 1940, S. 320 (Chronologie der Normungsarbeiten 1933 bis 1940); *Gohlke*, Normung der Wälzlager, in: MB, Jg. 18, 1939, S. 566 ff.; H. *Kiekebusch*, Zur Normung der Werkzeugmaschinen, in: ebd., S. 569 ff.; K. *Tesky*, u. K. *Schwendenwein*, Typnormung und Fertigung der INDEX-Revolverautomaten, in: Fließende Fertigung in Maschinenfabriken, S. 78 ff. Außerdem wurde insbesondere in den Zeitschriften ›Maschinenbau‹, ›Zeitschrift des VDI‹ und ›Zeitschrift für Organisation‹ (sowie den branchenbezogenen Fachzeitschriften)

spezifische Aspekte der Normungsarbeiten vorgestellt und diskutiert. Allein im Jahrgang 1941 der ›Zeitschrift des VDI‹ sind insgesamt 35 Aufsätze und Berichte zum Thema Normung zu finden.

100 Vgl. Ernst *Goebel*, Die Neuordnung der deutschen Normung und des deutschen Normenausschusses, in: Z. VDI, Bd. 89, 1945, S. 31 ff.

101 Vgl. z. B. für den Bereich des Maschinenbaus *Hofweber/Ibielski*, Auswirkungen, S. 50; *Siepmann* u. *Pohl*, Fließende Fertigung im Armaturenbetrieb, in: Fließende Fertigung im Maschinenbau, S. 62; *Tesky/Schwendenwein*, Typnormung, S. 91 ff.; Hanns *Benkert*, Wege der Rationalisierung im Industriebetrieb, in: Z. VDI, Bd. 82, 1938, S. 1317; *ders.*, Die Werkzeugmaschine in der Massenfertigung, in: VJP, Jg. 3, 1939, S. 1135.

102 Vgl. hierzu Karl-Heinz *Ludwig*, Widersprüchlichkeit der technisch-wissenschaftlichen Gemeinschaftsarbeit im Dritten Reich, in: Technikgeschichte, Bd. 45, 1979, S. 251 f.

103 Vgl. ›Druck auf die Preise – aber gleichwohl Leistungssteigerung‹, in: VJP, Jg. 5, 1941, S. 931 f.

104 Vgl. die Schaubilder in: Fritz *von Basse*, (Facharbeiteranteile in der) Wirtschaftsgruppe Elektroindustrie, in: *Hildebrandt*, Beiträge, S. 57; *Mulzer*, Maschinenbau, S. 21.

105 Vgl. *Neumann*, Behemoth, S. 620 f.; *Milward*, Kriegswirtschaft, S. 57 ff.; *Wagenführ*, Industrie, S. 39 ff.; *Esenswein-Rothe*, Wirtschaftsverbände, S. 126 ff.; *Geer*, Markt, S. 151 ff.; *Eichholtz*, Kriegswirtschaft, Bd. 2, S. 139 ff., 297; *Thomas*, Rüstungswirtschaft, S. 287, 486; *Herbst*, Totaler Krieg, S. 174; Deutschland im zweiten Weltkrieg, Bd. 2, S. 102, 185.

106 Karl *Lange*, Vorwort zu: *Hildebrandt* (Hg.), Beiträge, S. 7. Die Bemerkungen Langes sollten allerdings nicht Veranlassung sein, hier einen grundsätzlichen Gegensatz zwischen Staat und Unternehmern zu konstruieren oder als Beleg der These interpretiert zu werden, die Industrie hätte sich einem politisch begründeten Diktat des Staates unterwerfen müssen. Denn Langes Forderung lag auch im langfristigen Interesse der Unternehmen (Minimierung der Produktions-, vor allem der Lohnkosten und Wahrung bzw. Herstellung der Wettbewerbsfähigkeit mit Blick auch auf den Weltmarkt). Sie war im Grunde lediglich gegen Unternehmer gerichtet, die sich im industriekapitalistischen Sinne ökonomisch dysfunktional verhielten.

107 Lang spricht von einer regelrechten »Invasion der fließenden Fertigung in deutsche Werkzeugmaschinenfabriken« (*Lang*, Fließfertigung, S. 155; vgl. auch *Stein*, Typisierung, S. 15 ff.; *Hofweber/Ibielski*, Auswirkungen, S. 50 ff.; *Siepmann/Pohl*, Fließende Fertigung, S. 71 ff.; *Tesky/Schwendenwein*, Typnormung, S. 78 ff.; W. *Fehse*, Vom Arbeitsfluß zur Fließarbeit in einer Werkzeugmaschinenfabrik, in: Fließende Fertigung in Maschinenfabriken, S. 99 ff., 119; *Frey/Svikovsky*, Fertigung, S. 120 ff.; *Jensen/Raupp*, VDF-Fertigung, S. 136 ff.; *Roloff*, Das mechanische Band in der Großserienfertigung von Werkzeugmaschinen, in: Fließende Fertigung in Maschinenfabriken, S. 172 ff.; H. A. *Sternberg*, Fließbandmontage einer Drehbank, in: ebd., S. 193 ff.; *Wommelsdorf*, Serien- und Massenfertigung, S. 211 ff.; *Kalveram*, Gruppenakkord, S. 30; *Roth*, Weg, S. 230 f.). Vielfach wurde im Maschinenbau die Fließfertigung noch »mit einfachen Mitteln und ohne Verwendung von Sonderbearbeitungsmaschinen« durchgeführt (*Farny/Bischel*, Fertigung, S. 34); 1942/43 war sie – vor allem wegen niedriger Stückzahlen – noch lange nicht so perfekt wie z. B. in der Automobilindustrie. Zudem war sie meist nur in einzelnen Abteilungen, meist bei der Teilefertigung, nicht jedoch bei der Montage, eingeführt (vgl. *Kalveram*, Gruppenakkord, S. 45, 49; *Fehse*, Arbeitsfluß, S. 99; *Jensen/Raupp*, VDF-Fertigung, S. 136; *Wommelsdorf*, Serien- und Massenfertigung, S. 215 ff.).

108 Vgl. B. R. *Reutebach*, Werkzeugmaschinen für Sonderarbeiten in der Reihenfertigung im Maschinenbau, in: Z. VDI, Bd. 89, 1945, S. 37 ff.; Walter *Schnitzler*, Fließende Fertigung im Flugzeugbau, in: Z. VDI, Bd. 85, 1941, S. 781 ff.; *Eichholtz*, Kriegswirtschaft, Bd. 2, S. 311; Deutschland im Zweiten Weltkrieg, Bd. 5, S. 346 ff.

109 Vgl. z. B. Kurt *Pentzlin*, Arbeitsforschung und Betriebspraxis (Teil I), in: TuW, Jg. 35, 1942, S. 59. Die Fließfertigung wurde hier zum Teil »trotz des Widerstandes von seiten der (noch stark handwerklich orientierten) Betriebsführer und der Gefolgschaften« eingeführt.

Anmerkungen zu S. 79–80

110 Vgl. (am Beispiel Opel) *Kugler*, Behandlung, insbesondere S. 60f.
111 Ausführlich hierzu *Janssen*, Ministerium Speer, S. 287ff.
112 Vgl. *Wagenführ*, Industrie, S. 178ff.
113 Vgl. Tab. 4 und 5. Einzelbetriebliche Beispiele dafür, daß infolge der Einführung bzw. Ausweitung der Fließfertigung qualifizierte (männliche, deutsche) Arbeiter durch unqualifizierte Frauen und Ausländer ersetzt wurden, sind beschrieben bei: *Hofweber/Ibielski*, Auswirkungen, S. 61; *Siepmann/Pohl*, Fließende Fertigung, S. 75, 77; *Roloff*, Mechanisches Band, S. 192; *Fehse*, Arbeitsfluß, S. 113ff.; *Sternberg*, Fließbandmontage, S. 208; *Wommelsdorf*, Serien- und Massenfertigung, S. 223; vgl. ferner W. *Fehse*, Arbeitsersparnis durch konstruktive Fertigung in der Reihenfertigung, in: MB, Jg. 18, 1939, S. 111 ff.; W. *Pfefferkorn*, Behebung des Facharbeitermangels bei der Instandsetzung, in: ebd., S. 161 ff.; *Kalveram*, Gruppenakkord, S. 58.
114 W. *Funk*, Die Lochkarten-Gefolgschaftskartei, in: ZfO, Jg. 16, 1942, S. 12; vgl. auch Hans *Rudolph*, Zielbewußte Personalwirtschaft, Arbeitseinsatz – Arbeitsplatzwechsel – Umschulung, in: ZfO, Jg. 14, 1940, S. 131 (Rudolph forderte die Einrichtung einer »Verwendungskartei«, die Aufschluß über »Verwendungsmöglichkeiten« und »Leistungsvermögen« geben sollte.); Herbert *Antoine*, Die Gefolgschaftskartei als betriebliches Auskunftsmittel, in: ZfO, Jg. 11, 1937, S. 145 ff. Zur Funktionalisierung dieser ›Gefolgschaftskarteien‹ für arbeitsmarktpolitische, kriegswirtschaftliche und leistungsmedizinische Zwecke durch höchste politische Instanzen des NS-Staates (Sauckel und Speer) vgl. Götz *Aly* u. Karl Heinz *Roth*, Die restlose Erfassung. Volkszählen, Identifizieren, Aussondern im Nationalsozialismus, Berlin 1984, S. 126ff. sowie Kap. VII.2.2. der vorliegenden Untersuchung.
115 *Dyckhoff*, Probleme (Teil II), S. 671; ähnlich auch Otto *Kienzle*, Leistungssteigerung in der Fertigung, in: Z. VDI, Bd. 86, 1942, S. 646f.; *Olk*, Kriegsaufgaben, S. 540; K. *Hüller*, Sondermaschinenbau unter Verwendung selbsttätiger Maschineneinheiten und Karuselltische, in: Leistungssteigerung in der Fertigung durch Automatisierung, Berlin 1943 (Sonderheft des VDI), S. 13ff.; W. *Fehse*, Universal-, Einfach- oder Einzweckmaschine, in: MB/WuW, Jg. 38, 1944, S. 85ff.
116 *Jensen/Raupp*, VDF-Fertigung, S. 150.
117 Vgl. *Wommersdorf*, Serien- und Massenfertigung, S. 223f.
118 Vgl. *Milward*, Arbeitspolitik, S. 78; ähnlich auch *Thomas*, Rüstungswirtschaft, S. 240, der allerdings keine Zahlen nennt.
119 Milward hat in diesem Zusammenhang festgestellt, daß viele Unternehmer auch deshalb Allzweckmaschinen vorzogen, weil diese nach Kriegsende relativ komplikationslos auf zivile Produktion umgestellt werden konnten – während Einzweckmaschinen nur für eine bestimmte Funktion bei der Herstellung eines bestimmten Produktes konzipiert waren und durch neue hätten ersetzt werden müssen (vgl. *Milward*, Weltkrieg, S. 190). Der rasche wirtschaftliche Aufstieg der Bundesrepublik Deutschland ist auch auf dieses Vorherrschen der Universalmaschinen zurückzuführen, das die Anpassung an die ›Bedürfnisse‹ des Weltmarktes erleichterte. Zu weiteren Gründen für den hohen Anteil an Universalmaschinen in Deutschland vgl. Geschichte der Produktivkräfte, Bd. III, S. 75.
120 Vgl. z. B. *Reutebach*, Werkzeugmaschinen, S. 37ff.; H. *Siebelist*, Frauenarbeit (Bericht über eine Vortragsreihe des VDI in Berlin im Febr. 1941), in: Z. VDI, Bd. 85, 1941, S. 561; *Kugler*, Arbeitsorganisation, S. 36, 39; *Roth*, Weg, S. 230f.
121 Vgl. *Thomas*, Rüstungswirtschaft, S. 242, 292.
122 Vgl. *Welter*, Planen, S. 152f.; *Kienzle*, Leistungssteigerung, S. 646f.; *Olk*, Kriegsaufgaben, S. 540f.; *Hegner*, Werkzeugmaschine, S. 741 ff.; *Benkert*, Wege, S. 1322f.; Karl *Haase*, Wirtschaftlicher Einsatz von schnellaufenden Drehbänken in: WuW, Jg. 29, 1935, S. 393ff.
123 Vgl. *Milward*, Kriegswirtschaft, S. 87, 123f.; ders., Weltkrieg, S. 205; *Mommsen*, Hitlers Stellung, S. 58ff.
124 Vgl. *Welter*, Planen, S. 30f., S. 36f.; Meldungen vom 30. März 1942, S. 3561; *Janssen*, Ministerium Speer, S. 179.

125 Vgl. z. B. J. *Kroll*, Wesenszüge wahrer Rationalisierung, in: TuW, Jg. 37, 1944, S. 23 ff. (Textilindustrie und Holzverarbeitung); *Reutebach*, Werkzeugmaschinen, S. 37 ff. (Flugzeugbau); ›Fließzusammenbau von elektrisch beheizten Küchenherden‹, in: WuW, Jg. 36, 1942, S. 285 ff.; *Schnitzler*, Fließende Fertigung, S. 781 ff.; Wilhelm *Weber*, Fließende Fertigung in der Bekleidungsindustrie, in: Z. VDI, Bd. 86, 1942, S. 180; O. *Dyckhoff*, Massenerzeugung durch Automatisierung. Anregungen aus dem Volkswagenwerk, in: MB, Jg. 20, 1941, S. 147 ff. bzw. in: Leistungssteigerung in der Fertigung durch Automatisierung, S. 1 ff.; *Pfefferkorn*, Behebung des Facharbeitermangels, S. 161 ff.; ›Leistungssteigerung überall‹, in: Z.DVI, Bd. 83, 1939, S. 789; *Benkert*, Wege der Rationalisierung, S. 1317 f.: ›Fertigung von Scheinwerfern für Kraftfahrzeuge‹ (am Band der Robert Bosch GmbH), in: MB, Jg. 17, 1938, S. 292, E. *Brödner*, Neuzeitliche Beizanlagen. Einreihen in die Fließfertigung, in: ebd., S. 79 ff.; E. *Evers*, Welche Forderungen erwachsen dem Betriebsingenieur aus dem Mangel an Facharbeiternachwuch?, in: ebd., S. 220; K. *Stodieck*, Entwurf und Bau mechanischer Werkstätten, in: MB, Jg. 15, 1936, S. 136 ff.; Handb. d. dt. AGs (Mechan. Weberei zu Linden) 1940, S. 1903; ›Leistungssteigerung‹, in: VJP, Jg. 3, 1939, S. 735; *Welter*, Weg, S. 102 ff., 124.

126 Vgl. *Haeberle*, Fließarbeit, S. 62 f.; ›Umstellung eines Lackierbetriebes auf Fließarbeit‹, in: WuW, Jg. 35, 1941, S. 302 f.

127 Vgl. K. M. *Dolezalek*, Fließfertigung auf Maschinenstraßen, in: TuW, Jg. 37, 1944, S. 29 ff.; *ders*., Automatisierung in der feinmechanischen Mengenfertigung, in: Z.VDI, Bd. 85, 1941, S. 100 ff.; *ders*., Der Automat in der Fertigung, in: MB, Jg. 18, 1939, S. 16; *ders*., Automatisierung in der Mengenfertigung, in: MB, Jg. 17, 1938, S. 557 ff.; *Kienzle*, Leistungssteigerung in der Fertigung, S. 642 f.; *Dyckhoff*, Probleme (Teil I und II), S. 590 bzw. 671 ff.; *ders*., Massenerzeugung, S. 147 ff.; W. *Schmid*, Selbstgesteuerte Maschinen. Leistungssteigerung durch Automatisierung, in: MB, Jg. 19, 1940, S. 379 ff. bzw. in: Leistungssteigerung in der Fertigung durch Automatisierung, S. 45 ff.; A. *Pfeiffer*, Fräsmaschinen für die Massenfertigung, in: Leistungssteigerung in der Fertigung durch Automatisierung, S. 27 ff.; Otto *Rinkel* Automatische Patronenherstellung. Beispiel für Automatisierung in der spanlosen Formung, in: ebd., S. 51 ff.; E. *Vergen*, Automatisierung in der Stanzerei, in: ebd., S. 57 ff.; H. W. *Roth*, Automatisierung in der Elektroschweißung, in: ebd., S. 68 ff.; F. E. *Grützmacher*, Automatisierung in der Gießerei, in: ebd., S. 73 ff.; *Fehse*, Arbeitsersparnis, S. 111 ff.; *Hegner*, Werkzeugmaschine, S. 741 ff.; ›Leistungssteigerung überall‹, S. 789; *Benkert*, Wege, S. 1321 f.; *Seebauer*, Gegenwartsaufgaben, S. 480; *Welter*, Weg, S. 107 ff. In den Zeitschriften ›Maschinenbau‹, ›Zeitschrift des VDI‹ und ›Werkstattstechnik und Werksleiter‹ finden sich eine Vielzahl weiterer Berichte, in denen Detailverbesserungen von Werkzeugmaschinen und damit Schritte auf dem Weg zur Vollautomatisierung vorgestellt werden. Im Vergleich zu heute blieb der Grad der Automatisierung freilich gering.

128 Vgl. Karl *Klein*, Fließarbeit ohne Fließbänder, in: MB, Jg. 19, 1940, S. 349 f.; ›Fließfertigung von Bügeleisen‹, in: WuW, Jg. 33, 1939, S. 474; *Farny/Bischel*, Fertigung, S. 34; *Kalveram*, Gruppenakkord, S. 44 f.

129 Vgl. z. B. C. H. *Dencker*, Rationalisierung in der Landwirtschaft, in: Z.VDI, Bd. 82, 1938, S. 1327 ff.; E. *Vögler*, Rationalisierung im Bauwesen,in: ebd., S. 1324 ff.; ›Vereinheitlichung von Baumaschinen‹, S. 355; ›Rationalisierung im Wohnungsbau‹, S. 1042 ff. Allerdings blieb der Einsatz landwirtschaftlicher Maschinen selbst in den Vorkriegsjahren gering (vgl. *Petzina*, Autarkiepolitik, S. 93; *Schoenbaum*, Revolution, S. 212 f.; *Hachtmann*, Lebenshaltungskosten, S. 52, Anm. 50; Geschichte der Produktivkräfte, Bd. III, S. 265 ff., 278.); vor modernen Formen der Agrarproduktion wurde vereinzelt sogar gewarnt (vgl. Horst *Gies*, Nationalsozialistische Ernährungswirtschaft 1933–1939, in: VSWG, Bd. 66, 1979, S. 472).

130 Vgl. Kap. VII, Anm. 8.

131 Vgl. Margit *Schuster* u. Helmuth *Schuster*, Industriesoziologie im Nationalsozialismus, in: Soziale Welt, Jg. 35, 1984, S. 96 sowie Michael *Prinz*, Der unerwünschte Stand. Lage und Status der Angestellten im ›Dritten Reich‹, in: HZ, Bd. 242, 1986, S. 340.

132 Nicht zufällig wurden 1939 die Hawthorne-Studien rezipiert und damit die Grundlage für deren allgemeine Akzeptanz nach 1945 gelegt (vgl. ausführlicher *Schuster/Schuster*, Industriesoziologie, S. 96, 101, 109f.; Thomas *Hahn*, Wissenschaft und Macht. Überlegungen zur Geschichte der Arbeitssoziologie, in: ebd., S. 73, 81f.).

133 *Schuster/Schuster*, Industriesoziologie, S. 100.

134 Nach: *Domarus*, Hitler, S. 576; ähnlich bereits in seinen Reden auf den ›Internationalen Automobilausstellungen‹ in Berlin am 11. Febr. 1933 und 7. März 1934 (nach: ebd., S. 208f. bzw. 370). Im Frühjahr 1934 führte er u. a. aus: »(W)enn es uns gelingt, die breiteste Masse für dieses neue Verkehrsmittel zu erobern, wird... auch der soziale Nutzen ein unbestreitbarer sein.«

135 Vgl. Rede Hitlers am 26. Mai 1938 bei der Grundsteinlegung zum VW-Werk bei Fallersleben (nach: ebd., S. 867f.).

136 Hans-Dieter *Schäfer*, Das gespaltene Bewußtsein. Deutsche Kultur und Lebenswirklichkeit 1933–1945, Frankfurt 1984, S. 152ff.

137 Vgl. ebd., S. 153f.; Wolfgang *Kaschuba*, u. Carola *Lipp*, Kein Volk steht auf, kein Sturm bricht los. Stationen dörflichen Lebens auf dem Weg in den Faschismus, in: Leben im Faschismus. Terror und Hoffnung in Deutschland 1933–1945, hg. von Johannes *Beck* u. a., Reinbeck 1980, S. 139; Inge *Marßolek*/René *Ott*, Bremen im Dritten Reich. Anpassung – Widerstand – Verfolgung, Bremen 1986, S. 154.

138 Rede Hitlers Ende Juni oder Anfang Juli 1944, zit. nach: *Kotze/Krausnick*, Hitler-Reden, S. 346. Für diese, hier nur grob und verallgemeinert skizzierte Mentalität vieler Nationalsozialisten ist unlängst die bündige Formel geprägt worden: »German antikapitalism was anti-semitic but not antitechnological« (*Herf*, Modernism, S. 9).

139 Hermann *Böhrs*, Leistungssteigerung durch richtige Organisation der Arbeit, in: Z.VDI, Bd. 87, 1943, S. 238.

140 Ebd.; vgl. auch z. B. *Dyckhoff*, Probleme, S. 589.

141 L. H. Adolph *Geck*, Probleme der sozialen Werkspolitik, München/Leipzig 1935, S. 12.

142 M. Rainer *Lepsius*, Strukturen und Wandlungen im Industriebetrieb. Industriesoziologische Forschung in Deutschland, München 1960, S. 38. Was dies konkret für die betroffenen Arbeiter bedeutete, läßt sich dem eindrucksvollen Bericht einer AEG-Arbeiterin aus dem Jahre 1926 entnehmen (in: ›Rote Fahne‹ vom 18. April 1926, nach: *Kuczynski*, Lage, Bd. 5, S. 203ff.).

143 Alle Zitate aus: *Dyckhoff*, Probleme (Teil I), S. 589; *Böhrs*, Leistungssteigerung, S. 238; *Dolezalek*, Fließfertigung, S. 29.

144 Vgl. z. B. K. *Setter*, Sinnvolle Gestaltung des Fertigungswesens, in: MB, Jg. 18, 1939, S. 1f.; Achim *Holtz*, Nationalsozialistische Arbeitspolitik, Würzburg 1938, S. 92. Daß bereits der junge Hitler ein außerordentlich positives Bild von Ford besaß, ist durch die amüsante Schilderung einer Begegnung Oscar Maria Grafs mit Hitler überliefert (vgl. Oscar Maria *Graf*, Gelächter von außen (autobiographischer Roman), München 1983 (EA 1966), S. 121).

145 Henry *Ford*, Erfolg im Leben. Mein Leben und Werk, München 1963 (EA 1952), S. 71.

146 John H. *Goldthorpe*, Einstellungen und Verhaltensweisen von Fließbandarbeitern in der Automobilindustrie, in: Thomas *Luckmann* u. Walter Michael *Sprondel* (Hg.), Berufssoziologie, Köln 1972, S. 75; vgl. auch Horst *Kern* u. Michael *Schumann*, Industriearbeit und Arbeiterbewußtsein, Frankfurt 1977, S. 80ff.

147 *Ford*, Erfolg, S. 66.

148 Albert *Brengel*, Die Problematik der Arbeitsbewertung, Saarbrücken 1941, S. 94.

149 *AWI* der DAF, Zur Frage der ›Ungelernten‹, in: dass., Jb. 1940/41, Bd. I, S. 337.

150 *AWI* der DAF, Die Einsatzfähigkeit von Arbeitskräften für Fließbandarbeiten, in: dass., Jb. 1939, Bd. I, S. 449; vgl. auch ebd., S. 451; W. *Mohr*, Betrieblicher Einsatz der ausländischen Arbeitskräfte, in: MB/WuW, Jg. 37, 1943, S. 379 u. a. m.

151 *AWI*, Einsatzfähigkeit, S. 449.

152 Vgl. entsprechende Feststellungen Leys z. B. in: Die Berufserziehung der Deutschen

Arbeitsfront. Leistungsbericht des Amtes für Berufserziehung und Betriebsführung für 1937, in: Die Berufserziehung der DAF für das Jahr 1937, hg. vom Reichsorganisationsleiter der NSDAP (Ley), Leipzig o. J. (1938), nach: *Pätzold*, Quellen, S. 177 (Dok. 40).

153 Vgl. z. B. *Siepmann/Pohl*, Fließende Fertigung, S. 77; *Fehse*, Arbeitsfluß, S. 113 ff.; *Roloff*, Mechanisches Band, S. 192; *Sternberg*, Fließbandmontage, S. 208; *Wommelsdorf*, Serien- und Massenfertigung, S. 223; H. *Schneider-Landmann*, Vom Kolchos zum laufenden Band, in: Mh.NS, Jg. 10, 1943, S. 118f.; *Welter*, Weg, S. 118; *Herbert*, Fremdarbeiter, S. 276f.; Jörg R. *Mettke*, »Die Herren nahmen nur die Kräftigsten«, in: SPIEGEL 15/1986, S. 84. Auch KZ-Häftlinge wurden in den letzten Kriegsjahren in zunehmendem Maße – und unter schlimmsten Arbeitsbedingungen – am Band eingesetzt (vgl. z. B. Zdanek *Zofka*, Allach – Sklaven für BMW. Zur Geschichte eines Außenlagers des KZ Dachau, in: Dachauer Hefte, Jg. 2, 1986, H. 2, S. 72; *Sachsenhausen*. Dokumente, Aussagen, Forschungsergebnisse und Erlebnisberichte über das ehemalige Konzentrationslager Sachsenhausen, Berlin [DDR], 1986[4], S. 80).

154 Vortrag eines leitenden Direktors der Junkers-Motorenwerke (Kassel) vom 22. Juni 1943, zit. nach: *Eichholtz*, Kriegswirtschaft, Bd. 2, S. 282.

155 Einsatz von Ostarbeitern in der deutschen Maschinenindustrie, hg. vom Hauptausschuß Maschinen beim RfBuM, Mai 1943, zit. nach: ebd.; vgl. auch *Behrens*, Arbeiterkampf, S. 140.

156 Vortrag eines leitenden Direktors der Junkers-Motorenwerke vom 22. Juni 1943 (wie Anm. 154). Welche konkreten Folgen ein derartiges Kalkül für KZ-Häftlinge haben konnte, ist eindrucksvoll beschrieben bei Gerd *Wysocki*, Häftlingsarbeit in der Rüstungsproduktion. Das Konzentrationslager Drütte bei den Hermann-Göring-Werken in Watenstedt-Salzgitter, in: Dachauer Hefte, Jg. 2, 1986, H. 2, S. 55.

157 *AWI*, Einsatzfähigkeit von Arbeitskräften für Fließbandarbeiten, S. 450. Derartige Behauptungen über spezifische weibliche Arbeitsfähigkeiten waren bereits in der Weimarer Republik ideologisches Allgemeingut und sind es teilweise bis heute geblieben (vgl. z. B. Jb. Gew. 1933/34 (Preußen), S. 443; *DMV*, Rationalisierung, S. 22 ff.; Gertraude *Krell*, Das Bild der Frau in der Arbeitswissenschaft, Frankfurt/New York 1984, S. 105 ff.; Annemarie *Tröger*, Die Planung des Rationalisierungsproletariats. Zur Entwicklung der geschlechtsspezifischen Arbeitsteilung und des weiblichen Arbeitsmarktes im Nationalsozialismus, in: Frauen in der Geschichte, Bd. 2: Beiträge zur Sozialgeschichte der Frauen, hg. von Annette *Kuhn* u. Jörn *Rüsen*, Düsseldorf 1982, S. 270; *Peukert*, Volksgenossen, S. 211f.).

158 *AWI* der DAF, Zum Arbeitseinsatz der Frau in Industrie und Handwerk, in: dass., Jb. 1940/41, Bd. I, S. 399.

159 *Siebelist*, Frauenarbeit, S. 561; ähnlich auch z. B. E. *Bramesfeld*, Die Bewährung der Frauen im industriellen Arbeitseinsatz, in: WuW, Jg. 35, 1941, S. 397.

160 Vgl. z. B. *Leifer*, Einfluß, S. 666 ff.; *Siepmann/Pohl*, Fließende Fertigung, S. 75; *Sternberg*, Fließbandmontage, S. 208; I. *Buresch-Riebe*, Frauenleistung im Kriege, Berlin 1941; E. *Harms*, Staatliche Lenkung des Fraueneinsatzes in der Metallindustrie, in: MB, Jg. 20, 1941, S. 325 f.; Fritz *Kaiser*, Frauenarbeit im Werkzeugbau, in: WuW, Jg. 34, 1940, S. 337 ff.; H. *Koblanck*, Niet- und Schweißarbeiten von Frauen in der Flugzeugindustrie, in: MB, Jg. 20, 1941, S. 349 ff.; E. *Hänsgen*, Fraueneinsatz im Maschinenbau, in: WuW, Jg. 35, 1941, S. 407 ff.; Eberhard *Pflaume*, Frauen im Industriebetrieb, Berlin 1941; E. *Wittwer*, Die Frau im Werkzeugmaschinenbau, in: MB, Jg. 19, 1940, S. 143 f.; *Welter*, Weg, S. 118.

161 Vgl. *Bramesfeld*, Bewährung, S. 397; *Siebelist*, Frauenarbeit, S. 561.

162 *Bramesfeld*, Bewährung, S. 397 f.

163 *AWI*, Frage der ›Ungelernten‹, S. 337 bzw. dass., Berufsschicksal und Arbeitsbeanspruchung, in: dass., Jb. 1940/41, Bd. II, S. 208 f.

164 Dieses Phänomen wurde übrigens auch von den Zeitgenossen aufmerksam registriert; vgl. z. B. die grundlegenden Ausführungen von Käthe *Gaebel*, Braucht die Industrie noch Facharbeiter? (Teil I und II), in: SP, Jg. 42, 1933, Sp. 1177 ff.; 1213 ff.

165 Vgl. *Wolsing*, Berufsausbildung, S. 64 ff.; *Mooser*, Arbeiterleben, S. 53 f.

166 »(I)n fachlicher Hinsicht gab es keine wesentlichen Differenzen... Umstritten war lediglich... die Trägerschaft der Berufsausbildung. Bezüglich der Ausbildungsinhalte herrschte weitgehende Übereinstimmung.« (Wolsing, Berufsausbildung, S. 735; vgl. auch ebd., S. 310 f., 698 ff., 709 ff.)
167 JB der Fabrikleitung Wernerwerk F 1935/36, S. 4 f., in: SAA 15/Lc 816. In den folgenden Jahren wurden die Umschulungskurse des Wernerwerks Funk wie auch die anderer Siemens-Werke ausgebaut (vgl. JB der Fabrikleitung Wernerwerk Funk 1936/37, S. 2 f.; 1937/38, S. 2 f., in: ebd.; ferner die JB ab 1936/37 oder 1937/38 der anderen Siemens-Werke).
168 Vgl. die ›Berichte über die Arbeitsmarktlage in den einzelnen Berufsgruppen‹, hg. vom Präsidenten des LAA Westfalen, Aug. 1934, Febr. 1935; ›Der Arbeitseinsatz im Landesarbeitsamtsbezirk Westfalen. Mitteilungen des LAA‹, hg. vom LAA Westfalen, Juli, Okt. bis Dez. 1936, Jan., März 1937, April 1938, alles in: WWA K 1 Nr. 2194; ferner Betriebsberichte Maschinenbau 6, 9 und 11 der Krupp-Gußstahlfabrik 1936/37, S. 1; 1937/38, S. 3 ff., in: HA Krupp WA 41/3-800; vgl. auch ›Gefolgschafts- und Sozialbericht der Gußstahlfabrik‹ 1940/41, IV, S. 3, in: HA Krupp WA 41/3-740 b. Im Betriebsbericht der Mikrotastwerkstatt der Krupp-Gußstahlfabrik für das Jahr 1937/38 wurde vermerkt, daß Ende Sept. 1938 der Anteil der von Angelernten zu ›angelernten Facharbeitern‹ Umgeschulten an der Gesamtheit der produktiven Arbeiter bei 6,7 % lag (vgl. Betriebsbericht der Mikrotastwerkstatt der Krupp-Gußstahlfabrik 1937/38, S. 10, in: HA Krupp WA 41/3-801; vgl. auch Betriebsbericht der Mikrotastwerkstatt 1938/39, S. 12, in: HA Krupp WA 41/3-802).
169 Vgl. z. B. die entsprechenden Bemerkungen der Geschäftsführung der C. J. Vogel Draht- und Kabelwerke (Berlin) und der Zeiss Ikon AG (Dresden), in: Handb. d. dt. AGs 1939, S. 1542, 1711 sowie Roth, Weg, S. 157, 231 ff., 239.
170 Vgl. den umfangreichen Schriftwechsel zwischen dem Reichsluftfahrtministerium und der Reichsanstalt für Arbeitsvermittlung und Arbeitslosenversicherung zu diesem Thema, in: BA R 41/Bd. 224.
171 Vgl. Anm. 168. Nach Kriegsbeginn wurden die Initiativen der Arbeitsämter zur Anlernung bzw. Umschulung von unqualifizierten Arbeitskräften noch erheblich intensiviert (vgl. ›Verstärkte Umschulung‹, in: D. Dt. V. vom 27. Okt. 1939 (1939/40, S. 97); ›Anlernung neuer Arbeitskräfte‹, in: D. Dt. V. vom 17. Nov. 1939 (ebd., S. 180); ferner Milward, Kriegswirtschaft, S. 100). Während der zweiten Kriegshälfte wurden vereinzelt selbst KZ-Häftlinge zu Facharbeitern ›aufgeschult‹ (vgl. Broszat, Konzentrationslager, S. 106).
172 Bis Ende Nov. 1941 waren etwa 350 000 in der Metallindustrie beschäftigte Arbeitskräfte durch planmäßige Umschulungen höher qualifiziert worden. Allein im Zeitraum von April 1941 bis Juni 1942 wurden etwa 330 000 oder 8 % aller in der Rüstungsindustrie beschäftigten Metallarbeiter mithilfe derartiger Umschulungsmaßnahmen rekrutiert (vgl. Werner, Bleib übrig, S. 94, 277). Bei den von Werner präsentierten Angaben wird allerdings nicht nach Art der Umschulung differenziert. Seit Mitte 1941 kamen die umgeschulten Arbeitskräfte aber zum vermutlich überwiegenden Teil aus anderen nicht kriegswichtigen Branchen. Sofern diese Arbeitskräfte vorher qualifizierte Tätigkeiten ausübten (z. B. als Textilfacharbeiter), kann von einem ›echten‹ sozialen Aufstieg infolge Umschulung nicht gesprochen werden.
173 Vgl. hierzu Siegel, Leistung, Kap. III.2.; Sachse, Sozialpolitik, S. 226 ff.; Wolsing, Berufsausbildung, S. 496 ff.
174 Vgl. Ludwig, Technik, S. 296.
175 Ende 1937 nahm in Darmstadt eine Ingenieurschule den Lehrbetrieb auf, die in erster Linie Facharbeiter zu Luftfahrtingenieuren ausbilden sollte (vgl. ebd., S. 279).
176 JB Personalabteilung für die Geschäftsjahre 1936/37, S. 3 f.; 1937/38, S. 4, in: SAA 15/Lc 815. Der Anteil der neueingestellten technischen Angestellten, die direkt von der Hoch- bzw. Fachschule kamen, lag gleichfalls bei etwa einem Viertel aller Neuzugänge. Neben Facharbeitern wurden außerdem weniger qualifizierte Angestellte wie Bürohilfskräfte oder

-zeichner in einer zwei- bis dreimonatigen praktischen und theoretischen Ausbildung für Arbeitsplätze qualifiziert, die vorher von Technikern besetzt worden waren.

177 St. DR, Bde. 453, 2, S. 77, 80 ff.; 556, 1, S. 26, 29 ff. Dieser verstärkten Aufstiegsbewegung entsprach keine grundsätzliche Verwischung der sozialen Grenzen zwischen Arbeitern und Angestellten. Die Statusunterschiede zwischen beiden Arbeitnehmergruppen blieben im wesentlichen bestehen (vgl. *Prinz*, Unerwünschter Stand, S. 335 ff.; *ders.*, Vom neuen Mittelstand zum Volksgenossen: Die Entwicklung des sozialen Status der Angestellten von der Weimarer Republik bis zum Ende der NS-Zeit, München 1986, S. 331 f.; *ders.*, und Jürgen *Kocka*, Vom ›neuen Mittelstand‹ zum angestellten Arbeitnehmer, in: Sozialgeschichte der Bundesrepublik Deutschland. Beiträge zum Kontinuitätsproblem, hg. von Werner *Conze* u. M. Rainer *Lepsius*, Stuttgart 1983, S. 218 ff.).

178 Material hierzu in: HA GHH 400 1331/13; HA Krupp WA 41/74-260; SAA 11/Lg 713 (Franke); *Jost*, Pionier, S. 187 f.

179 Vgl. z. B. ›Aufstieg im Betriebe‹, in: Vertrauensrat, Jg. 8, 1941, S. 49 ff.; WuSPR, Allg. Ausg. vom 29. April 1937.

180 Vgl. in diesem Zusammenhang auch die Ergebnisse einer Erhebung Boltes über Aufstiegsverhalten in Schleswig-Holstein. Für die Jahre 1934 bis 1939 stellt er einen im Vergleich zu den vorausgegangenen und nachfolgenden Jahren weit überdurchschnittlich hohen Prozentsatz an *intragenerativen* ›sozialen Aufstiegen‹ hauptsächlich unter Angehörigen der jüngeren Generation insbesondere der Berufsgruppen der angelernten Arbeiter, Facharbeiter und Techniker fest (Karl Martin *Bolte*, Sozialer Aufstieg und Abstieg, Stuttgart 1959, S. 131 f., 139 (Tab. 30); vgl. auch *Schoenbaum*, Revolution, S. 302 – der sich auf die Untersuchung Boltes bezieht, sie allerdings unzulässig verallgemeinert –). Die *intergenerative*, vertikale Mobilität schwächte sich dagegen im Vergleich zur Weimarer Republik und den Jahren nach 1945 deutlich ab (vgl. hierzu Hartmut *Kaelble*, Geschichte der sozialen Mobilität, in: *ders.*, u. a., Probleme der Modernisierung in Deutschland. Sozialhistorische Studien im 19. und 20. Jahrhundert, Opladen 1978, S. 267 ff.; *Mooser*, Arbeiterleben, S. 114, Tab. 17).

181 Vgl. beispielsweise: ›Die Tätigkeit des Deutschen Instituts für technische Arbeitsschulung‹, in: SP, Jg. 42, 1933, Sp. 467 ff.; K. *Elbel*, Schulungsmaßnahmen und Aufstiegsmöglichkeiten in der Industrie, in: AS, Jg. 7, 1935, H. 3/4, S. 93; *Arnhold*, Rationalisierung. Zum ›Reichsberufswettkampf‹ vgl. *Wolsing*, Berufsausbildung, S. 496 ff.

V. Lohnentwicklung und Lohnpolitik

1 Vgl. WuSt, Jg. 18, 1938, S. 159; St. Handb. von Dt. 1928–1944, S. 472.

2 Vgl. Erlaß des RWM vom 30. Aug. 1927 aufgrund der Verordnung zur Ausführung des Gesetzes betreffend Lohnstatistik vom 14. Juli 1927 (RGBl. 1927, I, S. 185); guter Überblick über die Erhebungsmethoden bei: Wolfgang *Gerß*, Lohnstatistik in Deutschland, Berlin 1977, S. 47 ff., 277 ff.

3 Zitate aus: Friedrich *Behrens*, Die Mittelwerte in der Lohnstatistik, in: JNS, Bd. 149, 1939, S. 672; vgl. außerdem insbesondere: *ders.*, Die amtlichen Lohnerhebungen, in: AStA, Bd. 28, 1939, S. 61 ff.; Friedland *Krause*, Die deutsche Lohnstatistik, in: Die Statistik in Deutschland nach ihrem heutigen Stand, Berlin 1940, S. 1168 ff.

4 *Krause*, Lohnstatistik, S. 1174.

5 Im allgemeinen wurden zwischen 30 % und 60 % aller Arbeiter erfaßt. Um eine repräsentative Auswahl zu gewährleisten, wurden die in die Erhebung einbezogenen Betriebe vom Statistischen Reichsamt meist unter Mitwirkung der Organisationen der gewerblichen Wirtschaft und der Fachämter der DAF ausgewählt. Groß- und Mittelbetriebe waren im allgemei-

nen leicht überrepräsentiert. Zum methodischen Vorgehen vgl. Friedrich *Behrens*, Zum Problem der Repräsentation in der Lohnstatistik, in: AStA, Bd. 29, 1940, S. 65 ff.

6 Vgl. z. B. das Rundschreiben Nr. 20/1938 der Bezirksgruppe Ruhr der Fachgruppe Steinkohlenbergbau an die Bergwerksdirektoren vom 16. Juli 1938, in: WWA F 26/Nr. 367 sowie das Schreiben der Bezirksgruppe Hessen der RGI an die RGI vom 29. Juli 1935, in: BA R 12 I/Bd. 274.

7 Dem steht die von Kranig konstatierte Tendenz, daß die Tarifordnungen meist größere Tarifgebiete erfaßten als die Tarifverträge, und die zunehmende Bedeutung von Reichstarifverträgen nicht entgegen (vgl. *Kranig*, Lockung, S. 184). In den Tarifordnungen selbst wurden im Vergleich zu den vorher gültigen Tarifverträgen bzw. -ordnungen häufig eine größere Anzahl von Altersgruppen oder Ortsklassen eingeführt. Vgl. z. B. die Tarifordnung für die schlesische Sägewerksindustrie vom 13. Okt. 1934 (RABl. 1934, VI, S. 419), die die zuvor für ganz Schlesien geltenden tariflichen Lohnsätze durch unterschiedliche, für Mittel- und Niederschlesien einerseits und Oberschlesien andererseits geltende ersetzte und zudem für Mittel- und Niederschlesien noch eine weitere Ortsklasse einführte (vgl. die zuvor geltende Tarifordnung vom 28. Juli 1934, in: ebd., S. 339). Anordnungen des Treuhänders konnten nicht nur Tarifordnungen für kleinere Gebiete aufheben und die betroffenen Arbeiter den Bestimmungen weiterreichender Tarifordnungen unterstellen, sondern auch die Tendenz zur Differenzierung vertiefen – im allgemeinen zuungunsten der Arbeiter (vgl. z. B. RABl. 1935, VI, S. 141).

8 Vgl. z. B. die Tarifordnung für die niedersächsische Flaschenindustrie vom 23. Okt. 1934 (RABl. 1934, VI, S. 499 f.). Dort heißt es lapidar: »Die Regelung der Lohnsätze für die einzelnen Arbeitergruppen unterliegt betrieblicher Festsetzung« (§ 5(1)). Oder die Regelung für die in Ostpreußen tätigen Arbeiter der deutschen Seeschiffswerften nach der Tarifordnung vom 1. Okt. 1934 (RABl. 1934, VI, S. 427 ff.): »In Ostpreußen werden die Löhne für Arbeiter und Jugendliche durch Betriebsordnung geregelt.« Diese Praxis wurde auch in den folgenden Jahren fortgesetzt: vgl. RABl. 1936, VI, S. 176 ff., 202 ff., 477 ff. u. ö.

9 Vgl. insbesondere die insgesamt acht ›Abänderungen‹ von einer Reihe als Tarifordnungen weitergeltenden Tarifverträgen aus der Zeit vor 1933 für die Metallindustrie verschiedener Industrieregionen vom 26. März 1935, 9. April 1935 bzw. 12. April 1936, in: RABl. 1935, VI, S. 216, 233 f., 254, 297.

10 Die Verordnung des Papen-Kabinetts (hier: §§ 7 und 8, in: RGBl. 1932, I, S. 433 f.) wurde von der Regierung Schleicher durch eine Verordnung vom 14. Dez. 1932 wieder aufgehoben (vgl. *Preller*, Sozialpolitik, S. 416 f.).

11 In einer Ergänzung der Tarifordnung für die mecklenburgischen Landwirtschaftsbetriebe vom 17. Sept. 1934 beispielsweise durften die Tariflöhne »bis zu höchstens 25 v. H. für die Zeit bis zum 1. Aug. 1935 unterschritten werden« (in: RABl. 1934, VI, S. 370). In einem ›Nachtrag‹ vom 24. Nov. 1934 zur Tarifordnung für die sächsisch-thüringischen Stückfärbereien und Appreturanstalten konnten die Tariflöhne in den beiden untersten Ortsklassen bis zu 12½ v. H. unterschritten werden (in: RABl. 1934, VI, S. 623). In verschiedenen westfälischen Städten konnten im Einzelhandel die tariflichen Lohnsätze um bis zu 20 % unterschritten werden (vgl. RABl. 1935, VI, S. 18).

12 In der Tarifordnung für die Textilindustrie von Württemberg und Hohenzollern vom 4. Dez. 1934 (in: RABl. 1935, VI, S. 8 ff.) lautete der § 28: »Notleidenden Betrieben kann der Treuhänder der Arbeit auf Antrag eine abweichende Regelung von den Lohn- und Gehaltsbestimmungen dieser Tarifordnung gestatten.« Ähnliche Formulierungen finden sich in einer ganzen Reihe weiterer Tarifordnungen vor allem für Beschäftigte der Verbrauchsgüterindustrie und der Landwirtschaft (vgl. RABl. 1934, VI, S. 372, 400, 468; 1935, VI, S. 34, 164 f., 469, 835; 1936, VI, S. 131, 347, 427). Mit Blick auf derartige Bestimmungen erklärte noch Mitte 1937 ein schlesischer Kreisleiter der DAF Arbeitern, die Lohnsenkungen nicht hinnehmen wollten, »daß er nichts machen könne, da ja jeder Tarifvertrag vorsehe, daß,

wenn der Betrieb die tariflichen Löhne nicht tragen könne, Reduzierungen vorgenommen werden könnten« (SOPADE-Berichte 1937, S. 780f.).

13 Vgl. z. B. die Tarifordnung für westfälische Landarbeiter vom 15. Nov. 1935 (in: RABl. 1935, VI, S. 936).

14 Allein zwischen März und Juli 1935 hoben die Treuhänder fünfzehn Tarifordnungen durch Anordnung ersatzlos auf (vgl. RABl. 1935, VI, S. 204, 209, 246, 248, 279, 281, 325, 425, 434, 468, 475, 481, 483, 500, 552).

15 RABl. 1934, I, S. 254.

16 In den SOPADE-Berichten sind hierzu eine Vielzahl von Einzelbeispielen aufgeführt. Vgl. SOPADE-Berichte 1934, S. 34, 134f., 441f., 647, 654, 656; 1935, S. 317f., 328f., 1183f., 1198; 1936, S. 558f., 1456, 1503f. In einigen agrarischen Regionen wurde ferner der Stundenlohn durch den Tageslohn ersetzt, so daß die tägliche Arbeitszeit verlängert werden konnte, ohne daß der Tagesverdienst erhöht werden mußte (vgl. z. B. die Tarifordnung für die Landwirtschaft im Unterelbegebiet vom 25. März 1935 (in: RABl. 1935, VI, S. 200 § 7(II)).

17 Z. B. verfügte der sächsische Treuhänder der Arbeit in einer »ergänzenden Tarifordnung« am 22. März 1935, daß die in Marienberg, Freiberg, Halsbrücke und Schirgiswalde ansässigen Arbeiter der Korsettindustrie von Ortsklasse II in Ortsklasse III heruntergestuft wurden (in: RABl. 1935, VI, S. 197). Die in der norddeutschen Gemeinde Maschen beschäftigten Arbeiter der Hart- und Kalksandsteinindustrie mußten sogar eine Abstufung von Ortsklasse I in Ortsklasse III und damit einen Tariflohnabbau von ca. 20% hinnehmen (Abänderung der Tarifordnung vom 4. Juni 1935, in: ebd., S. 425; vgl. außerdem ebd., S. 280, 763).

18 Vgl. z. B. RABl. 1935, VI, S. 68 oder RABl. 1935, VI, S. 122.

19 Vgl. z. B. die Tarifordnung für hessische Molkereibetriebe vom 28. Nov. 1934 mit der für das gleiche Gewerbe und das gleiche Wirtschaftsgebiet vom 2. März 1935 (RABl. 1934, VI, S. 620f. bzw. RABl. 1935, VI, S. 164f.). Oder die Tarifordnung für die schlesische Sägewerksindustrie vom 28. Juli 1934 mit der für denselben Industriezweig desselben Wirtschaftsgebiets vom 13. Okt. 1934 (RABl. 1934, VI, S. 339 bzw. 419).

20 RGBl. 1935, I, S. 1240f.

21 In den Amtl. Mitt. der TdA wurden zwar viele, aber nicht alle ihre Verfügungen veröffentlicht (z. B. nicht die Herausnahme einzelner Betriebe aus dem Geltungsbereich einer Tarifordnung).

22 Vgl. SOPADE-Berichte 1934, S. 34. Einzelne Unternehmen gingen dazu über, qualifizierte Arbeiter (z. B. Metalldreher) pro forma als Hilfsarbeiter einzustellen und auf Basis der entsprechend niedrigeren Tarifsätze zu entlohnen (vgl. SOPADE-Berichte 1935, S. 1199).

23 Vgl. z. B. Schreiben von Ley an Seldte vom 5. Sept. 1936, in: BA R 41/Bd. 22a.

24 *Mansfeld-Pohl*, AOG, S. 16ff. Auch *Schwenger* (Großeisenindustrie, S. 3f.) forderte »zusätzlich zur tariflichen die betriebsseitige Differenzierung« der Löhne. Derartige Forderungen waren während der Krise von Vertretern der Großindustrie häufig erhoben worden.

25 SOPADE-Berichte 1935, S. 1171.

26 Vgl. z. B. Amtl. Mitt. d. TdA für Schlesien vom 15. März und 25. Sept. 1936 (1936, S. 97 bzw. 308) oder die Amtl. Mitt. des TdA für die Nordmark vom 1. Sept. 1936 (1936, S. 180f.).

27 So die m. E. richtige Interpretation einer Bekanntmachung des TdA für das Rheinland vom 18. Mai 1938 in den SOPADE-Berichten 1936, S. 574; vgl. z. B. auch: Amtl. Mitt. des TdA für Hessen vom 10. Febr. 1935 (1935, S. 29).

28 In einem Rundschreiben an die ›Betriebsführer‹ der Rheinschiffahrtsunternehmen wies der TdA für Westfalen und Sondertreuhänder für die Rheinschiffahrt (Hahn) ausdrücklich darauf hin, »daß eine Tarifordnung angesichts der Mannigfaltigkeit im Wirtschafts- und Arbeitsleben Härten und teilweise auch Unrichtigkeiten enthalten könne, und daß es Aufgabe der Schiffahrtsunternehmen selbst sei, in diesen Fällen Abhilfe zu schaffen, wie überhaupt der Standpunkt nicht genügend betont werden könne, daß die rein buchstabenmäßige Beachtung

der Tarifvorschriften oft unerwünschte Folgen zeitigen könne.« Aber nicht genug damit. Der Treuhänder forderte die Schiffahrtsunternehmen in demselben Schreiben auch noch explizit dazu auf, bei der Formulierung von Einzelarbeitsverträgen »entsprechend seinen Anregungen unabhängig von den Vorschriften der Tarifordnung zu verfahren« (zit. nach: SOPADE-Berichte 1936, S. 1467).

29 Jb. Gew. (Preußen) 1931/32, S. 24.

30 Vgl. beispielsweise SOPADE-Berichte 1934, S. 654.

31 In: BA R 43 II/Bd. 541, Bl. 1. Derartige Fälle sind auch für die Folgejahre und vereinzelt selbst für die Zeit des Krieges überliefert (vgl. z. B. Meldungen vom 15. April 1940, S. 1003 und Anm. 61).

32 Vgl. *Mason*, Sozialpolitik, S. 158. (Der Briefwechsel zwischen dem Hamburger Gauleiter Kaufmann und Heß bzw. Seldte ist in BA R 43 II/Bd. 541 – und nicht Bd. 522, wie Mason irrtümlich angibt – enthalten.)

33 Zentralbüro, Dt. Sozialpolitik 1937, S. 16.

34 WuSt, Jg. 19, 1939, S. 24.

35 Friedrich *Behrens*, Neue Wege der Lohnstatistik, in: AStA, Bd. 31, 1942/43, S. 133; vgl. auch *AWI* der DAF, Neue Wege der Lohnstatistik, in: *dass.*, Jb. 1940/41, Bd. II, S. 18f. Im Konkreten heißt dies vor allem, daß es sich um (a.) die gleiche Branche (jeweils ein- oder ausschließlich Handwerk; gleiche Gewichtung nach Betriebs- und Ortsgrößenklassen sowie Regionen), (b.) die gleiche Einteilung in Arbeitergruppen, (c.) die gleiche Lohnform bzw. gleiche Gewichtung der Lohnformen bei der Berechnung der Durchschnittsverdienste (d.) und die gleiche Altersgliederung (oder gleiche Altersgruppen) handeln muß, wenn ein solcher Vergleich nicht zu falschen Ergebnissen über das Ausmaß über- bzw. untertariflicher Entlohnung führen soll.

36 Für die einzelnen Arbeitergruppen lassen sich allerdings auffällige Unterschiede feststellen. Vor allem infolge des bis zum Machtantritt der Nationalsozialisten durchgeführten Tariflohnabbaus konnten die Metallfacharbeiter auch während der Jahre der wirtschaftlichen Depression um zwanzig Prozent und mehr über den tariflichen Lohnsätzen liegende Effektivverdienste verzeichnen. Das für die Zeit des ›Dritten Reiches‹ typische (relativ) starre Festhalten an dem niedrigen Tariflohnniveau von 1933 führte danach dazu, daß bis März 1938 die effektiven Stundenverdienste dieser Arbeitergruppe um etwa ein Drittel über den tariflichen Lohnsätzen lagen. Im Vergleich zu den Bruttostundenverdiensten der Metallfacharbeiter hatten sich die der unqualifizierten männlichen und weiblichen Arbeiter dieses Industriezweiges wesentlich stärker den tariflichen Lohnsätzen angenähert (vgl. St. Jb. DR 1930, S. 292; 1931, S. 285; 1932, S. 275; 1933, S. 269, 275; 1934, S. 281; 1935, S. 289; 1936, S. 299; 1937, S. 315, 317).

37 Angaben über die Effektivverdienste nach: BA R 43 II/Bd. 541, Bl. 148, 163, 172, 202, 219 Rs. Dort sind auch für die Zeit nach Juni 1936 die vierteljährlichen Ergebnisse der Lohnsummenerhebungen für die einzelnen Textilarbeitergruppen (und auch für verschiedene Sektoren der Textilindustrie) notiert. In den Veröffentlichungen des Statistischen Reichsamtes wurden seit Juni 1936 die aus diesen Ergebnissen gewonnenen Jahresdurchschnitte (auf denen Abb. 1 basiert) abgedruckt.

38 In der *Süß-, Back- und Teigwarenindustrie* lagen für männliche Hilfsarbeiter die effektiven Stundenverdienste im Aug. 1935 um 1,8%, im Jahresdurchschnitt 1936 um 2,6%, 1937 um 2,0% und 1938 immer noch um 0,7% unter den tariflichen Lohnsätzen. Den in dieser Branche beschäftigten Arbeiterinnen wurden im März 1934 und im Aug. 1935 Effektivlöhne gezahlt, die die Tarife um 4,8% bzw. 2,6% unterschritten; im Jahresdurchschnitt 1936 hatten die stündlichen Effektivverdienste dann wieder exakt das Niveau der tariflichen Lohnsätze erreicht. In der *Bekleidungsindustrie* betrugen die Prozentsätze, um die die tatsächlich gezahlten die tariflich festgesetzten Löhne unterschritten, im Juni 1935 6,2%, im Jahresdurchschnitt 1936 4,9% und 1937 1,4% (vgl. St. Jb. DR 1935, S. 280; 1936, S. 302f.; 1938, S. 338; 1939/40, S. 347, 359, 361). Für die verschiedenen Bereiche des *Dienstleistungsgewerbes* sind zwar präzise Angaben über das

Ausmaß untertariflicher Entlohnung nicht möglich. Daß diese hier in mindestens dem gleichen Ausmaß durchgeführt wurde wie in der Verbrauchsgüterindustrie, geht z. B. daraus hervor, daß von den Anträgen, die den Treuhändern zum Zweck der Genehmigung untertariflicher Entlohnung gestellt – und von den IHKs bearbeitet – wurden, die meisten aus diesen Wirtschaftssektoren kamen (vgl. z. B. WWA K 1 Nr. 1978, 1979, 2194; RWWA 20-1296-1; Schreiben des westfälischen TdA Hahn an die IHK Duisburg vom 7. Dez. 1935 und vom 17. März 1936, in: RWWA 20-1284-1).

39 Vgl. Joseph *Rosen*, Das Existenzminimum in Deutschland, Zürich 1939, S. 65; Vjh. St. 1937, III, S. 95; *Varga*, Rundschau, Nr. 44/1933, S. 1704; Nr. 18/1934, S. 640; Nr. 46/1934, S. 1925; Nr. 9/1935, S. 471 f.; *Aleff*, Drittes Reich, S. 118.

40 So z. B. in der Kleineisen- und Tabakindustrie Nordhessens (vgl. LB der StaPo Kassel für Mai 1934, nach: Hessen-Nassau, S. 114). Klagen darüber, daß sich ein Erwerbsloser »angeblich besser steht als der in Arbeit stehende Arbeiter«, waren auch in anderen LB zu finden (LB der StaPo Hannover für Nov. 1934 bzw. Sept. 1935; vgl. auch LB der StaPo Hannover für Aug. 1934, Jan. 1935, in: Gestapo Hannover, S. 210, 273, 300, 425).

41 *Rosen*, Existenzminimum, S. 66; vgl. auch SOPADE-Berichte 1936, S. 718 f.

42 Hitler in einem Interview gegenüber dem britischen Journalisten Fraser, Dt. Allg. Ztg. vom 6. Mai 1933, zit. nach: *Varga*, Rundschau, Nr. 30/1933, S. 1123.

43 Vgl. z. B. die Ausführungen des westfälischen TdA auf der Treuhänder-Besprechung vom 27. Aug. 1935, in: BA R 43 II/Bd. 318, Bl. 66.

44 LB der StaPo Kassel für April 1934, in: Hessen-Nassau, S. 97; vgl. auch Berichte der RtdA für Febr. 1937, in: *Mason*, Arbeiterklasse, S. 291 (Dok. 27). Auch eine Erhebung der DAF kam zu dem Ergebnis, daß die tariflichen Lohnsätze am häufigsten im Handwerk unterschritten wurden (vgl. *Schweitzer*, Big Business, S. 400. Die – von Schweitzer ohne Angabe der Quelle erwähnte – Erhebung der DAF wurde wahrscheinlich 1936 durchgeführt.)

45 Dies ist zumindest aus den Amtl. Mitt. der TdA, in denen auch Urteile von Arbeits- und Sozialen Ehrengerichten veröffentlicht wurden, zu entnehmen. Vgl. ferner ›Die untertarifliche Bezahlung im neuen Arbeitsrecht‹, in: Dt. Bergwerksztg. vom 5. Sept. 1936; ›Tariflohnunterschreitungen nur mit Genehmigung des Treuhänders‹, in: General-Anzeiger Dinslaken vom 19. Jan. 1937; ›Die Sicherung der Tariflöhne‹, in: Hamburger Nachrichten vom 12. Aug. 1937 (nach: RWWA 20-1284-1). Im letzten Artikel wird festgestellt, daß in vielen Fällen Tariflohnunterschreitungen als Folge verschärfter Konkurrenz um (öffentliche) Aufträge zwecks Preissenkungen vorgenommen wurden.

46 So lagen die Bruttostundenverdienste der in der Baumwollindustrie beschäftigten männlichen Weber im Herbst 1933 um reichsdurchschnittlich 10,5% über den tariflichen Lohnsätzen, in Westsachsen dagegen bereits zu diesem Zeitpunkt um 7,9% *unter* den entsprechenden Tariflöhnen. Weiblichen Baumwollwebern wurden im Reichsdurchschnitt effektive Stundenverdienste gezahlt, die die geltenden Tariflöhne um 3,6% überstiegen; in West- und Ostsachsen lagen dagegen die Bruttostundenverdienste weit unterhalb der tariflichen Lohngrenze (um 8,0% bzw. 7,0%). Im schlesischen Tarifbezirk Friedland erhielten die in der Leinenindustrie beschäftigten männlichen Weber einen Stundenlohn zum selben Zeitpunkt, der die tariflich festgesetzten ›Mindest‹löhne um durchschnittlich 8,3% unterschritt; dieselbe Arbeitergruppe erreichte dagegen im Reichsdurchschnitt stündliche Effektivverdienste, die um 4,1% über den tariflichen Lohnsätzen lagen (nach: Vjh. St., Jg. 43, 1934, II, S. 67. Dort finden sich weitere Beispiele für untertarifliche Entlohnung).

47 In der Provinz Brandenburg lagen im März 1934 die Bruttostundenverdienste der *Holz*facharbeiter um 1,4%, die der Hilfsarbeiter desselben Industriezweiges sogar um 6,2% unter den tariflichen Lohnsätzen; in dem dieser Provinz zugehörigen Berliner Industrieraum übertrafen dagegen die stündlichen Effektivverdienste beider Arbeitergruppen die Tariflöhne um jeweils 3,4%. Im ehemaligen Königreich Sachsen erhielten Holzfacharbeiter zum gleichen Zeitpunkt Stundenverdienste, die die tariflichen Lohnsätze um 1,6% unterschritten; in Dresden

lagen sie dagegen um 0,7% darüber. Noch extremer waren die Differenzen für die in der Bau- und Möbeltischlerei beschäftigten Hilfsarbeiter. Für die *Schuhindustrie* galt das Gleiche. Selbst *Maurer* wurden nach einer Einzellohnerhebung vom Sept. 1934 in einzelnen Regionen sowie in allen Städten zwischen 100 000 und 200 000 Einwohnern untertariflich entlohnt (nach: St. Jb. DR 1935, S. 278 f., 283, 294, 298).

48 Einige Autoren meinen den Abbau der Verdienste dadurch nachweisen zu können, daß sie aus den Lohn- und Gehaltssummen und den Angaben über die Zahl der Beschäftigten in den veröffentlichten Gewinn- und Verlustrechnungen einzelner Aktiengesellschaften (AGs) das durchschnittliche Jahreseinkommen der jeweiligen Belegschaften zu errechnen suchen (vgl. z. B. *Rosen*, Existenzminimum, S. 64; *Varga*, Rundschau, Nr. 30/1933, S. 1123; Nr. 44/1933, S. 1704; SOPADE-Berichte 1934, S. 591; *Siegel*, Lohnpolitik, S. 75). Auf diese Weise gelangt man jedoch meist zu einem zumindest verzerrten Bild der Einkommensentwicklung der betreffenden Unternehmen. Viele AGs gaben die Zahl der von ihnen beschäftigten Arbeitnehmer für den *letzten* Tag des jeweiligen Geschäftsjahres an, während die Lohn- und Gehaltssumme den *gesamten* Zeitraum des betreffenden Jahres umfaßte. Da die Beschäftigtenzahlen gerade in dem hier interessierenden Zeitraum besonders schwankten, muß ein auf diese Weise errechnetes Jahreseinkommen zu zwangsläufig falschen Ergebnissen führen: Am Schluß der Jahre 1931 und 1932 waren in aller Regel die Belegschaften wesentlich kleiner als zu Beginn des Jahres, so daß sich – wenn man die Lohn- und Gehaltssumme durch die für den letzten Tag des Geschäftsjahres 1932 (bzw. 1931) angegebene Zahl der Beschäftigten dividiert – ein viel zu hoher Wert ergibt. Umgekehrt erhöhten in den Jahren seit 1933 die meisten Unternehmen die Zahl der bei ihnen beschäftigten Arbeitnehmer, so daß bei Umrechnung nach diesem Verfahren das Jahreseinkommen viel zu niedrig liegt. Zu im Vergleich zu der oben beschriebenen Vorgehensweise relativ korrekten Ergebnissen gelangt man dagegen, wenn man den Mittelwert aus der Zahl der Beschäftigten des letzten Tages des Geschäftsjahres, für das das Jahreseinkommen berechnet werden soll, und letzten Tages des vorhergehenden Geschäftsjahres (= erster Tag des folgenden) bildet. In den Gewinn- und Verlustrechnungen wird überdies die Summe der Einkommen *aller* Arbeiter und Angestellten angegeben. Auch bei den Angaben zur Zahl der Beschäftigten wird häufig nicht nach Arbeitern und Angestellten differenziert. Verschiebungen im zahlenmäßigen Verhältnis von Arbeitern und Angestellten bleiben also unberücksichtigt. Deshalb kann – gerade für die Jahre 1931 bis 1934 – aus dem so errechneten Einkommen aller Arbeitnehmer nicht von vornherein auf eine in Richtung und Ausmaß gleiche Entwicklung der jeweiligen Arbeitereinkommen geschlossen werden.

49 Vgl. Anm. 1.

50 Das prozentuale Gewicht der beiden untersten Lohnklassen I und II (der Beitragszahler zur Invaliden- und Angestelltenversicherung) nahm in allen Wirtschaftszonen von 1932 auf 1933 erheblich zu, um danach nur allmählich abzusinken (vgl. WuSt, Jg. 16, 1936, S. 362; Vjh. St., Jg. 46, 1937, III, S. 99; ferner *Hachtmann*, Beschäftigungslage, S. 47).

51 Bei stabilen Löhnen hätte bei wachsender Beschäftigung auch das Lohnsteueraufkommen beträchtlich zunehmen müssen. (Die Lohnsteuersätze wurden während der nationalsozialistischen Herrschaft nicht herabgesetzt.) Stattdessen verlief 1933 die Entwicklung fast entgegengesetzt (vgl. St. Jb. DR 1933, S. 426 f.; 1934, S. 297, 428 f.; 1935, S. 306, 446 f. sowie *Rosen*, Existenzminimum, S. 63; *Hachtmann*, Beschäftigungslage, S. 46 ff.).

52 Eine solche Umrechnung der bis 1935 üblichen Einzellohnerhebungen ist deshalb problemlos möglich, weil (a.) nicht nur die Höhe der Verdienste für Akkordarbeiter und Zeitlöhner, sondern auch getrennt angegeben wurde, *wieviele* Arbeiter (nach Gruppen) für die einzelnen Lohnformen erfaßt wurden, und (b.) der Umfang der ›sozialen Zulagen‹ (deren Höhe aus den im Lohnsummenverfahren erhobenen Angaben nicht ersichtlich ist) im Stundendurchschnitt gesondert vermerkt wurde.

53 Dies läßt sich aus den Angaben über die in den den Eisen- und Stahlkonzernen angeschlossenen metallverarbeitenden Betrieben (einschließlich Gießereien) beschäftigten Fachar-

beiter schließen (vgl. St. Jb. ES 1935, S. 217). Erhebungen über die Entwicklung im Reichsdurchschnitt wurden in den Jahren 1932 und 1935 nicht vorgenommen.

54 Vgl. die Ergebnisse der vierteljährlich durchgeführten Lohnerhebungen in: BA R 43 II/ Bd. 541, Bl. 148, 163, 167 Rs.

55 Deutlicher als in Tab. 6 wird dies in einer von Poth zusammengestellten Lohnstatistik, der die jährliche Höhe der Bruttostundenverdienste für drei Werke der rheinisch-westfälischen Eisen- und Stahlindustrie zugrunde liegen (Fritz *Poth*, Die Entwicklung der Löhne im Steinkohlenbergbau, in der eisenschaffenden Industrie und im Baugewerbe seit 1924, Köln 1950, S. 27).

56 SOPADE-Berichte 1936, S. 1561. Etwas relativiert wird diese zu pauschale Feststellung in den Ausführungen von Mai über die (von ihm m. E. überschätzte) Rolle von Vertrauensräten und DAF als Organe der Artikulation von Arbeitnehmerinteressen (vgl. *Mai*, Warum, insbesondere S. 215 ff. und 234).

57 SOPADE-Berichte 1936, S. 1441; vgl. auch *Voges*, Betriebsgemeinschaft, S. 347 f.

58 SOPADE-Berichte 1936, S. 1192; vgl. auch SOPADE-Berichte 1935, S. 1185; 1936, S. 568, 1191, 1444; 1938, S. 288 f.

59 Zusammenstellung des RAM über die Lohnentwicklung und die Lohnlage im 2. Halbjahr 1935, Anlage zu: Schreiben des RAM an den Staatssekretär der Reichskanzlei vom 29. April 1936, in: BA R 43 II/Bd. 541, Bl. 107 Rs.; vgl. auch Schreiben des RAM an Lammers vom 30. Okt. 1935, in: ebd., Bl. 102 Rs.

60 Vgl. LB der Polizeidirektion Augsburg vom 1. Sept. 1934, Mon.B. der bayerischen politischen Polizei vom 1. Dez. 1935, 1. Jan und 1. Febr. 1936, den Mon.B. des Regierungspräsidenten von Ober- und Mittelfranken vom 7. März 1936, den Mon.B. der DAF-Gauverwaltung bayerische Ostmark für April 1937, in: Bayern in der NS-Zeit, Bd. 1, S. 226, 241, 246, 248, 264; Schreiben des Regierungspräsidenten in Münster i. W. an den RWM vom 21. Okt. 1935, in: Dokumente zur deutschen Geschichte 1933–1935, hg. von Wolfgang *Ruge* u. Wolfgang *Zimmermann*, Frankfurt 1977, S. 123 f.; Berichte der RtdA für Mai/Juni 1938, in: *Mason*, Arbeiterklasse, S. 661 (Dok. 108); *Schnabel*, Württemberg, S. 217 f; ferner Ludwig *Eiber*, Arbeiter unter der NS-Herrschaft. Textil- und Porzellanarbeiter im nordöstlichen Oberfranken 1933–1939, München 1979, insbesondere S. 86 ff., 174 ff. Die von ihm zusammengestellten lohnstatistischen Angaben zur Entwicklung der Verdienste der bayerischen Textilarbeiter bestätigen die von mir hier für das gesamte Reich festgestellten Tendenzen (vgl. ebd., S. 284 f.).

61 Angaben über die Bruttowochenverdienste nach Tab. 7 bzw.: St. Jb. DR 1930, S. 290 f.; 1931, S. 281; 1933, S. 267 f.; 1934, S. 276; Angaben zur Arbeitszeitentwicklung nach: St. Jb. DR 1939/40, S. 384 f.; Vjh. St., Jg. 46, 1937, III, S. 88 f. bzw. WuSt, Jg. 15, 1935, Sonderbeilage Nr. 13, S. 13 – als Tab. 9 in: *Hachtmann*, Arbeitsmarkt, S. 209; vgl. auch Kap. III.2.

62 Nach: ›Die soziale Schichtung des Lohneinkommens in Deutschland‹, in: SP, Jg. 43, 1934, Sp. 848. Zweifellos war dieser Versuch der DAF, die Schichtung der Arbeitereinkommen aus den Beitragszahlungen zu errechnen, nicht ganz unproblematisch, da viele Arbeiter ihre Verdienste zu niedrig angegeben haben dürften, um nicht ›unnötig‹ hohe Beiträge zahlen zu müssen. Zudem ist fraglich, ob die im Febr. 1934 in der DAF organisierten Arbeiter die Gesamtarbeiterschaft(en) repräsentierten. Dennoch dürften die Angaben – auch wenn sie in ihrer Höhe zu relativieren sind – ziemlich genau die Effektivlohnhierarchie der Branchen untereinander widerspiegeln. Im industriellen Durchschnitt erhielten nach der gleichen Erhebung 3,6% aller Arbeiter weniger als 9,60 RM pro Woche (das entsprach bei einer 48-Stundenwoche einem Bruttostundenverdienst von 20 Rpf. und weniger), 9,9% zwischen 9,60 RM und 14,40 RM (etwa 20 bis 30 Rpf. pro Stunde) und 19,1% zwischen 14,40 RM und 19,20 RM wöchentlich (etwa 30 bis 40 Rpf. in der Stunde). Einer internen Aufzeichnung aus der Reichskanzlei zufolge lagen die Durchschnittsverdienste 1934 sogar noch niedriger: Danach erzielten 3,6% aller Lohnempfänger einen Wochenverdienst von weniger als 6 RM und 22,2% einen zwischen 6 und 12 RM (Aufzeichnung vom 4. Sept. 1935, in: BA R 43 II/Bd. 318, Bl. 165).

63 In: BA R 43 II/Bd. 541, Bl. 87 ff. bzw. R 41/Bd. 24, Bl. 58 ff. (Die wichtigsten Passagen

dieser Chefbesprechung sind abgedruckt in: Dokumente zur deutschen Geschichte 1933–1935, S. 107f.).

64 Vgl. Schreiben des RAM an den Staatssekretär und Chef der Reichskanzlei vom 29. Juli 1935, in: BA R 43 II/Bd. 541, Bl. 93.

65 Chefbesprechung vom 2. Mai 1935 (Anm. 63), Bl. 88 Rs.

66 Vgl. Amtl. Mitt. des TdA für Hessen vom 10. Mai 1937 (1937, S. 105).

67 Nur die von den Arbeitsämtern vermittelten und registrierten Arbeitsstellenwechsel (nach: *Vollmer*, Zwei Jahre Metallarbeiteranordnung, in: Arbeitseinsatz und Arbeitslosenhilfe, Jg. 6, S. 59, zit. nach: Kurt *Schafhausen*, Probleme unserer staatlichen Lohnpolitik im (Ersten) Weltkrieg und im neuen Krieg (Diss.), M.-Gladbach 1941, S. 84).

68 RGBl. 1938, I, S. 1623 (LSÖ); vgl. ferner vor allem die Verordnung über die Baupreisbildung vom 16. Juni 1939, in: RGBl. 1939, I, S. 1042.

69 Berichte der RtdA für das 4. Vierteljahr 1938, nach: *Mason*, Arbeiterklasse, S. 862 (Dok. 150).

70 RGBl. 1938, I, S. 691.

71 RABl. 1938, I, S. 291 bzw. 313.

72 Werner *Mansfeld*, in: Zeitschrift der Akademie für deutsches Recht, 2/1939, S. 41, zit. nach: ›Ziel und Grenzen der Lohngestaltungsverordnung‹, in: SP, Jg. 48, 1939, Sp. 146.

73 Ebd.

74 Höchstlöhne wurden verbindlich nur von den Reichstreuhändern für die Nordmark (ab 1. Nov. 1938), Westfalen-Niederrhein (durch Anordnung vom 1. März 1939), Südwestdeutschland (durch Anordnung vom 28. April 1939) und Brandenburg (durch Anordnung vom 1. Juni 1939) und jeweils nur für bestimmte Bereiche des Baugewerbes festgesetzt (vgl. Amt. Mitt. des TdA für die Nordmark 1938, S. 289; Amtl. Mitt. des TdA für Brandenburg 1939, S. 165. Die Anordnung über die Höchstlöhne im württembergischen Baugewerbe wurde nicht veröffentlicht, vgl. *Schafhausen*, Probleme, S. 95).

75 Vgl. die entsprechenden Anordnungen der RtdA für Brandenburg (vom 20. Juli 1938 und 15. April 1939), Schlesien (vom 23. Juli 1938), Pommern (vom 29. Juli 1938), Südwestdeutschland (vom 19. Aug. 1938), Hessen (vom 10. Nov. 1938), Westfalen (vom 16. Juli 1938 und 1. März 1939), Sachsen (vom 14. Jan. 1939), Mittelelbe/Thüringen (vom 20. Aug. 1938 und 20. April 1939) u. a. m., veröffentlicht in den jeweiligen Amtl. Mitt. der Reichstreuhänder. Zum Teil wurden damit nur die bereits in den Verordnungen zur Durchführung des ›Vierjahresplanes‹ getroffenen Verbote bekräftigt.

76 In: BA R 41/Bd. 67, Bl. 4 ff.

77 ›Sozialpolitische Jahresschau‹, in: Dt. VW, Jg. 8, 1939, S. 5; ähnlich auch Paul *Osthold*, in: D. Dt. V. vom 19. Aug. 1938 (1937/38, S. 2263).

78 Vgl. *Mansfeld-Pohl*, AOG, S. 18 ff., 27 f. Auch z. B. in einer Aktennotiz der RGI vom 7. Mai 1935 (betr. die ›Leipziger Vereinbarung‹) heißt es u. a.: »Wenn auch (die) betriebliche Regelung (der Lohn- und Arbeitsbedingungen) künftig die Regel (sein soll), so (ist jedoch) bislang und für (die) nächste Zukunft staatliche Beeinflussung notwendig.« (In: BA R 12 I/Bd. 274; ausführlich hierzu: *Hachtmann*, Krise).

79 Vgl. Werner *Mansfeld*, Um die Zukunft des deutschen Arbeitsrechts, in: DAR, Jg. 10, 1942, S. 117 ff.; ›Um die Zukunft des deutschen Arbeitsrechts‹, in: SP, Jg. 51, 1942, Sp. 511 ff. u. a. m. sowie Besprechung vom 20. Juni 1940, nach: *Hachtmann*, Klassenharmonie, S. 178 f. sowie Kap. II.4.

80 Relativ privilegiert war der westfälische TdA, dem Ende 1934 acht Referenten zugeordnet waren; die anderen Treuhänder der Arbeit verfügten noch vier Jahre später in der Regel nur über vier bis sechs Beauftragte. Nach Angaben Masons verfügten die TdA sogar nur über jeweils drei bis fünf ihnen unmittelbar unterstellte Beauftragte (vgl. Amtl. Mitt. des TdA für Westfalen vom 10. Nov. 1934, nach: RWWA 20-1284-1; ›Auf dem Wege zu einer einheitlichen Sozialverwaltung‹, in: Dt. VW, Jg. 8, 1939, S. 771; *Mason*, Arbeiterklasse, S. 800; ferner

Kranig, Lockung, S. 178 ff.). Von 1936 an erhielten die TdA-Referenten zwar den Beamtenstatus, so daß von da an auch qualifiziertere Kräfte für diese Tätigkeit gewonnen werden konnten. Dies änderte aber nichts daran, daß die Besetzung der Treuhänder-Dienststellen insgesamt für die Bewältigung der ihnen obliegenden Aufgaben auch nicht ansatzweise ausreichte.

81 In: RWWA 20-1284-1.

82 Schreiben des westfälischen TdA an die IHK Duisburg-Ruhrort vom 19. Juli 1933, in: RWWA 20-1284-1.

83 Niederschrift der Verhandlungen der IHKs des Wirtschaftsgebietes Westfalen (einschl. des Regierungsbezirks Düsseldorf) vom 13. Sept. 1933, in: ebd.

84 Schreiben der IHK Essen-Mülheim/Ruhr an die IHK Duisburg-Wesel vom 2. Aug. 1933, in: ebd.; vgl. außerdem die Niederschrift über die Sitzung der IHKs des westfälischen TdA-Bezirks vom 17. Nov. 1933 (in: ebd.).

85 Der Aufforderung des DIHT in einem Rundschreiben vom 1. Febr. 1934 (in: ebd.), »angesichts der überragenden Stellung der Treuhänder... mit den Treuhändern der Arbeit enge Fühlung... aufzunehmen«, bedurfte es zu diesem Zeitpunkt im Grunde genommen nicht mehr; nach Angaben des Geschäftsführers des DIHT war bereits in den ersten Wochen nach Schaffung der Institution des ›Treuhänders der Arbeit‹ »an vielen Stellen ein sehr gutes und vertrauensvolles Zusammenarbeiten mit den Kammern zustande gekommen« (Bericht über die Sitzung des Präsidiums des Dt. Industrie- und Handelstages vom 28. Aug. 1933, nach: *Schulz*, Anfänge, S. 534, Anm. 79).

86 Vgl. Anordnung der TdA, in: Rhein-Westf. Ztg. vom 6. Juli 1933 sowie Schreiben der IHK zu Düsseldorf an die IHK Duisburg-Ruhrort vom 13. Juli 1934, beides in: RWWA 20-1284-1; ferner *Preiser*, Aufgaben, S. 185; Fritz *Blaich*, Staat und Verbände in Deutschland zwischen 1871 und 1945, Wiesbaden 1979, S. 110. Preiser spricht in diesem Zusammenhang von »konjunkturpolitischen Aufgaben« – d. h. quasi staatlichen Eingriffen, »die den Wirtschaftsablauf ändern oder regeln wollen« –, die den IHKs in immer stärkerem Maße während des ›Dritten Reichs‹ übertragen worden seien (*Preiser*, Aufgaben, S. 180). Dazu gehörten neben den genannten Aufgaben auch »die Verteilung der öffentlichen Aufträge und ihre Durchführung« (ebd., S. 183). Diese – gegenüber den Jahren vor 1933 – vorgenommene Erweiterung der Tätigkeitsfelder war jedoch formell nicht festgeschrieben; um die faktische Ausdehnung ihres Einflusses abzusichern, forderten zumindest einzelne IHKs die offizielle Anerkennung der ihnen neu übertragenen Aufgaben (vgl. Schreiben der südwestfälischen IHK zu Hagen an die Wirtschaftskammer Westfalen und Lippe vom 22. Juli 1938, in:WWA K 1 Nr. 2176).

87 Vgl. z. B. das Schreiben des Geschäftsführers der RGI Seeliger an den Präsidenten der RWK Pietzsch vom 13. April 1940 oder eine Aktennotiz vom 20. Febr. 1940 (für den Leiter der RGI für eine Besprechung mit dem Leiter der Reichsbetriebsgemeinschaft Eisen und Metall der DAF Jäzosch), beides in: BA R 12 I/Bd. 268.

88 Alle Zitate aus: Schreiben des westfälischen RtdA an die Wirtschaftskammern in Düsseldorf und Bochum vom 14. Juli 1938, in: WWA K 1 Nr. 2176.

89 Vgl. *Preiser*, Aufgaben, S. 180.

90 Dies läßt sich am Beispiel des diesbezüglichen Schriftwechsels der Wirtschaftskammer Westfalen und Lippe nachzeichnen. Vgl. hinsichtlich der restriktiven Behandlung von Handwerksbetrieben und kleiner Dienstleistungsunternehmen insbesondere die Schreiben der Unterabteilung Gaststätten und Beherbergungsgewerbe vom 27. Juli 1938 sowie des Landeshandwerksmeisters Westfalens vom 1. Aug. 1938, in: WWA K1 Nr. 2176. Demgegenüber stellten IHKs, deren Bezirke von Großunternehmen der Schwer- und Produktionsgüterindustrie geprägt waren, wie etwa die IHK Duisburg-Wesel, fest, daß in der »zum Kammerbezirk gehörenden Umgebung« der »Lohnstand in den letzten Jahren... der gleiche geblieben« sei und »Auswüchse auf dem Gebiet der Lohnpolitik... uns nicht zu Ohren gekommen« seien (Schreiben der Niederrheinischen IHK Duisburg-Wesel an die Wirtschaftskammer für Westfalen und Lippe vom 1. Aug. 1938, in: ebd.) – obwohl gerade die Verdienste der in der Stahlindustrie

dieses Gebietes beschäftigten Arbeiter nicht nur deutlich über dem Reichsdurchschnitt lagen, sondern zwischen 1936/37 und 1937/38 auch erkennbar heraufgesetzt worden waren (vgl. Statistische Monatsberichte der Ver. Stahlwerke 1936/37, S. 280; 1937/38, S. 294).

91 Schreiben der Unterabteilung Vermittlergewerbe der Wirtschaftskammer Westfalen und Lippe an die Wirtschaftskammer Westfalen und Lippe vom 20. Juli 1938, in: WWA K 1 Nr. 2176.

92 Schreiben der südwestfälischen IHK zu Hagen an die Wirtschaftskammer Westfalen und Lippe vom 20. Juli 1938, in: ebd.

93 Vgl. z. B. ›Der stumpfe Paragraph‹, in: Dt. VW, Jg. 5, 1936, S. 661.

94 Leon *Daeschner*, Treuhänder der Arbeit, in: DAR, Jg. 3, 1935, S. 6.

95 Meldungen vom 8. Okt. 1942, S. 4305.

96 In: BA R 43 II/Bd. 531. Ley überging geflissentlich, daß die Formulierungen der Verordnung keine so eindeutige Interpretation zuließen.

97 Abgedruckt in: W.T.B. vom 17. Mai 1933 (nach: BA R 43 II/Bd. 531).

98 Vermerk aus dem RAM über Eingriffe der Deutschen Arbeitsfront, undatiert (ca. Anfang 1938), nach: *Mason*, Arbeiterklasse, S. 624 (Dok. 99). Dort sind auch eine Reihe konkreter Beispiele aufgelistet.

99 Vgl. die Besprechung mehrerer Treuhänder mit dem Hauptamtsleiter der DAF Selzner vom Okt. 1935, nach: *Mason*, Sozialpolitik, S. 202f. (Dort finden sich Hinweise auf weitere Beschwerden der TdA.); ferner die Mon.B. der TdA für Mai 1937, in: *Mason*, Arbeiterklasse, S. 339 (Dok. 36); Schreiben des RAM an den Beauftragten für den Vierjahresplan, in: ebd., S. 758f. (Dok. 131); Denkschrift Pietzschs über ›Wirtschaftslenkung durch den Staat‹, in: Gerhard *Beier*, Dokumentation. Gesetzentwürfe zur Ausschaltung der Deutschen Arbeitsfront im Jahre 1938, in: AfS, Bd. XVII, 1977, S. 330 sowie die Ausführungen des langjährigen Staatssekretärs im RAM Johannes *Krohn*, Beiträge zur Geschichte des Reichsarbeitsministeriums, Bonn 1968, nach: Florian *Tennstedt*, Sozialpolitik und Berufsverbote im Jahre 1933, in: ZfS, Jg. 25, 1979, S. 145, Anm. 50.

100 Vereinbarung zwischen Ley und Seldte (nur von Ley unterzeichnet), undatiert (ca. Juli/Aug. 1939), Anlage zu: Zentralamt/Sozialbüro der DAF an Staatssekretär Syrup im RAM vom 14. Aug. 1939, in: BA R 41/Bd. 22, Bl. 96ff.; vgl. auch den Erlaß des Geschäftsführers der DAF an die Gauobmänner bzw. Fachämter der DAF vom 5. Sept. 1939, in: BA R 41/Bd. 67, Bl. 11f.

101 Rundschreiben vom 21. Dez. 1936, in: BA R 43 II/Bd. 529a, Bl. 21 und Rs. bzw. RWWA 20-1284-1, auch zit. bei: *Siegel*, Lohnpolitik, S. 71f., Anm. 55. Weiter heißt es in dem Rundschreiben: »Zu Betriebsbesichtigungen durch leitende Persönlichkeiten des Reichs und der Länder werden sie nicht immer zugezogen, obwohl gerade hierbei oft Fragen erörtert werden, die nicht nur zum Zuständigkeitsbereich der Treuhänder gehören, sondern nur von ihnen aufgrund ihrer Tätigkeit sachkundig beantwortet werden können. Zu festlichen Veranstaltungen des Staates werden die Treuhänder häufig nicht eingeladen. Erfolgt eine Einladung, so werden sie bei der Platzanweisung nicht immer ihrem Range und ihrer Stellung als Leiter einer hohen Reichsbehörde entsprechend berücksichtigt.« Zu den Bemühungen um eine Aufwertung der TdA vgl. auch BA R 41/Bd. 24, Bl. 17ff.; R 43 II/Bd. 532, Bl. 139, 142.

102 Nach Jb. Gew. 1935/36 (Preußen), S. 8.

103 Vgl. Jb. Gew. 1937/38, S. 16: ›Der Reichsarbeitsminister vereinfacht die Behördenorganisation‹, in: SP, Jg. 48, 1939, Sp. 909f.

104 Jb. Gew. 1935/36 (Sachsen), S. 8; 1937/38, S. 6; vgl. außerdem ›Arbeitsämter als Organe der Reichstreuhänder‹, in: Dt. Bergwerksztg. vom 8. Juli 1938; *Kranig*, Lockung, S. 179ff.

105 Jb. Gew. 1937/38, S. 8. Nach Meinung der Berliner Stadtpräsidenten war der Personalmangel der öffentlichen Verwaltung allgemein »noch dringlicher« und »noch schwerer zu lösen« als die Arbeitskräfteknappheit in der gewerblichen Wirtschaft (Auszug aus dem Bericht des Berliner Stadtpräsidenten vom 15. April 1938, in: BA R 41/Bd. 151, Bl. 42f.).

106 Jb. Gew. 1935/36 (Preußen), S. 9.

107 ›Reichsarbeitsminister vereinfacht Behördenorganisation‹ (Anm. 103), Sp. 909ff.
108 1939 waren in den 340 Arbeitsämtern (einschl. Österreich) etwa 40000 Beamte und Angestellte beschäftigt (vgl. ›Reichsarbeitsminister vereinfacht Behördenorganisation‹ (Anm. 103), Sp. 910; ›Arbeitsämter als Organe der Reichstreuhänder‹ (Anm. 104); ›Auf dem Wege zu einer einheitlichen Sozialverwaltung‹, in: Dt. VW, Jg. 8, 1939, S. 771.
109 Vgl. Erlaß des RAM an die RtdA vom 21. Nov. 1939, nach: *Mason*, Arbeiterklasse, S. 1156f. (Dok. 210). Dort wurden die RtdA zur verstärkten Zusammenarbeit mit dem Preiskommissar angehalten. Kurz nach Kriegsbeginn wurden die Reichstreuhänder außerdem zu einer engen Kooperation mit den ›Hoheitsträgern der Partei‹ verpflichtet. Bei der schwachen Stellung der Reichstreuhänder und dem starken Gewicht etwa der Gauleiter der NSDAP im politischen Gefüge des ›Dritten Reiches‹ bedeutete dieser Erlaß nur neue bzw. die formelle Festschreibung bereits bestehender Abhängigkeiten.
110 Schreiben des Statistischen Zentralausschusses an den RAM vom Nov. 1939, zit. in: Erlaß des RAM an die RtdA vom 4. Dez. 1939, in: BA R 41/Bd. 59, Bl. 45. (Ein weiteres Exemplar dieses Erlasses ist zu finden in R 41/Bd. 67, Bl. 20.)
111 Ebd.
112 Wichtig sind hier die Verordnung des Reichsarbeitsministers zur ›Sicherung der Durchführung der Lohnstatistik für den Monat Februar‹ vom 9. März 1920 (in: RGBl. 1920, S. 309), das ›Gesetz betreffend Lohnstatistik‹ vom 27. Juli 1922 (in: RGBl. 1922, I, S. 656) und die ›Verordnung zur Ausführung des Gesetzes betreffend Lohnstatistik‹ vom 27. Juli 1927 (in: RGBl. 1927, I, S. 185).
113 RGBl. 1938, I, S. 1013. Diese Verordnung war im Wortlaut mit der Verordnung vom 14. Juli 1927 fast vollständig identisch. Die einzige Differenz bestand darin, daß nur noch der Unternehmer zur unentgeltlichen Auskunftserteilung und zur Unterzeichnung der Fragebogen verpflichtet war. Eine entsprechende Auskunftspflicht für Arbeiter aufzunehmen war nicht mehr nötig, da die Statistischen Ämter bei den 1935 eingeführten Lohnsummenerhebungen nur mehr auf die Angaben der Unternehmer zurückzugreifen brauchten. Das Recht des Statistischen Reichsamtes, zur Nachprüfung statistischer Angaben die Vorlage betrieblicher Unterlagen zu verlangen, und die Verpflichtung der an der Erhebung beteiligten Beamten und Angestellten zur Geheimhaltung von Einzelangaben wurde beibehalten. Im übrigen unterlag der an der Erhebung beteiligte Beamte auch aufgrund des § 8 des Beamtengesetzes vom 26. Jan 1937 der Geheimhaltungspflicht (RGBl. 1937, I, S. 89). Eine Verpflichtung zur Wahrung des Amtsgeheimnisses findet sich auch im § 4 des Gesetzes über die Durchführung einer Volks- und Berufszählung vom 4. Okt. 1937 (RGBl. 1937, I, S. 1053).
114 Joseph *Schubert*, Die Amtsverschwiegenheit in der Statistik. Eine statistisch-juristische Betrachtung, in: AStA, Bd. 22, 1933/34, S. 618; vgl. auch ›Die Pflicht zur Amtsverschwiegenheit‹, in: VB vom 25. Jan. 1934.
115 Wolfgang *Reichhardt*, Die Reichsstatistik, in: Statistik in Deutschland, S. 83.
116 Ebd., S. 82f. (Um kontingentierte Rohstoffe u. a. zu erlangen, waren Unternehmer vielfach geradezu dazu gezwungen, die angeforderten Unterlagen ihren Bedürfnissen entsprechend zu ›frisieren‹.)
117 Schreiben der Handwerkskammer zu Dortmund an den Landeshandwerksmeister Westfalen vom 1. Aug. 1938, in: WWA K 1 Nr. 2176.
118 Nach: *Mason*, Arbeiterklasse, S. 866 (Dok. 150).
119 In einem Prüfungsbericht eines Beauftragten des Preisbildungskommissars aus dem Jahre 1941 über einen Betrieb mittlerer Größe beispielsweise heißt es u. a.: »Die vorliegende Kostenrechnung war undatiert. Ich vermute, daß diese erst neu aufgemacht wurde.« (In: BA R 26 II/Bd. 69, Bl. 45 Rs.)
120 Vgl. z. B. Sonderbericht Nr. 102 der Revisionsabteilung der GHH über eine kleine Firma aus dem Baugewerbe vom 15. Jan. 1936, in: HA GHH 400 082/6.
121 Vgl. Kap. III.2. bzw. *Hachtmann*, Arbeitsmarkt, S. 210ff., insbesondere Tab. 10.

122 Dies läßt sich nicht nur (indirekt) Tab. 1 und z. B. den Ausführungen der Gewerbeaufsichtsbeamten für die Jahre 1933 bis 1936 entnehmen, sondern auch einzelbetrieblichen Angaben über den Anteil der Vergütung für Mehrarbeit am Gesamteinkommen: Im Wernerwerk Funk der S&H AG war dieser Anteil von 1,2% 1929/30 auf 8,1% 1936/37 gewachsen (nach: Material für die Aufsichtsratssitzung vom 12. Nov. 1937, in: SAA 11/Lb 585 (v. Buol); vgl. auch JB WWZ 1936/37 und 1942/43, in: SAA 15/Lc 815).

123 Gelernte und angelernte männliche Metallarbeiter mußten 1938 bis zu sechsmal so viele Überstunden ableisten wie 1928. Der Anstieg der Anteile der Überstundenzuschläge am gesamten Bruttostundenverdienst fiel dagegen wesentlich geringer aus. Abgeschwächt gilt diese Tendenz auch für die anderen Arbeitergruppen (vgl. St. Jb. DR 1930, S. 292; 1933, S. 267; 1939/40, S. 350f.; Beispiele für niedrige Mehrarbeitszuschläge sind in den SOPADE-Berichten angeführt).

124 Vgl. z. B. Bericht des Statistischen Reichsamtes über die Entwicklung der tatsächlichen Arbeitsverdienste im Jahr 1936 und 2. Vierteljahr 1937, nach: *Mason*, Arbeiterklasse, S. 240 (Dok. 15) bzw. BA R 43 I/Bd. 541, Bl. 158. Auch die kurzzeitige Stagnation der Verdienste der Metallarbeiter in dieser Zeit wird vom Statistischen Reichsamt auf Rohstoffverknappungen und daraus resultierende Kurzarbeit u. ä. zurückgeführt (vgl. ebd., Bl. 158 Rs.).

125 RGBl. 1939, I, S. 1611 (insbesondere § 18(1) u. (3)).

126 So die Präzisierung des Abschnitts III der KWVO in einem Erlaß des RAM an die RtdA vom 4. Sept. 1939, zit. nach: *Mason*, Arbeiterklasse, S. 1101 ff. (Dok. 191).

127 Erste Verordnung zur Durchführung des Abschnitts III der KWVO vom 16. Sept. 1939, RGBl. 1939, I, S. 1869.

128 RGBl. 1939, I, S. 2028. Offenbar war der Lohnstop von vornherein nur für einen begrenzten Zeitraum beabsichtigt. Jedenfalls sprach der RAM in einem Erlaß an die RtdA vom 20. Okt. 1939 von einer »später notwendig werdenden Auflockerung des Lohnstops« (zit. nach: *Mason*, Arbeiterklasse, S. 1147 (Dok. 207)).

129 RABl. 1939, I, S. 527. Daß diese Möglichkeit zur Umgehung des Lohnstops genutzt wurde, ist einem Erlaß des RAM an die RtdA vom 31. März 1941 zu entnehmen (in: BA R 41/ Bd. 67, Bl. 38 Rs.).

130 Schreiben des RAM an den Reichspreiskommissar vom 11. Sept. 1939, nach: Rundschreiben des Reichspreiskommissars vom 14. Okt. 1939, zit. nach: *Eichholtz*, Kriegswirtschaft, Bd. 1, S. 72.

131 *Petzina*, Soziale Lage, S. 70.

132 Werner *Mansfeld*, Kriegslöhne (Im Zeichen der Kriegswirtschaft), in: VJP, Jg. 3, 1939, S. 1058.

133 Friedrich *Lütge*, Die Lohnpolitik in der Kriegswirtschaft, in: JNS, Bd. 150, 1940, S. 214.

134 § 21 der KWVO; Dritte Verordnung zur Durchführung der KWVO vom 2. Dez. 1939, in: RGBl. 1939, I, S. 2370.

135 Vgl. Fünfte Verordnung zur Durchführung der KWVO vom 14. April 1942, in: RGBl. 1942, I, S. 180; Erlaß des RAM vom 22. Nov. 1941 (nach: *Werner*, Bleib übrig, S. 184); Erlaß des GBA vom 20. Juli 1942 (RABl. 1942, I, S. 341).

136 Vgl. Verordnung vom 27. Juli 1943, in: RGBl. 1943, I, S. 450.

137 Vgl. Rundschreiben des RAM an die RtdA vom 16. Dez. 1939, nach *Schafhausen*, Probleme, S. 106; Rundschreiben des RAM an die RtdA vom 31. März 1941, in: BA R 41/ Bd. 67, Bl. 37f.; zur völlig unzureichenden personellen Ausstattung der RtdA-Dienststellen vgl. Meldungen vom 8. Okt. 1942, Bl. 4305.

138 Vortrag von Werner Mansfeld vor dem ›Großen Beirat‹ der RGI im Jan. 1942, zit. nach: *Siegel*, Leistung, S. 177f. Weiter heißt es dort: »Diese elastische Handhabung aber setzt wieder ein großes Maß wirtschaftlichen und sozialen Verständnisses, ein feines Einfühlungsvermögen in die wirtschaftlichen und politischen Vorgänge... voraus, denen eine... durch neue Kriegsaufgaben geschwächte junge Verwaltung selbst dann nur schwer gewachsen sein kann, wenn

sie alle bürokratischen Hemmnisse weitgehend abgestreift hat. Dennoch haben wir uns für diesen schweren Weg der elastischen Gestaltung entschieden.«

139 Zit. nach: *Mason*, Arbeiterklasse, S. 1183f. (Dok. 224); das Protokoll dieser Besprechung ist auch bei *Eichholtz*, Kriegswirtschaft, Bd. 1, S. 74ff. abgedruckt; vgl. ferner *Werner*, Bleib übrig, S. 38f.; *Mason*, Sozialpolitik, S. 315ff.; *Recker*, Sozialpolitik, S. 37ff.

140 Die Folge war, daß die Unternehmer häufig die Reichstreuhänder umgingen, wenn sie Arbeitskräfte wirkungsvoll disziplinieren wollten, und sich direkt an Parteidienststellen, die örtliche Polizei oder die Gestapo wandten (vgl. *Werner*, Bleib übrig, S. 76f., 173f., 185f., 360). In anderen Fällen wiederum waren es gerade die ›Betriebsführer‹, die bei den Gerichtsbehörden »unter Berufung auf die Unentbehrlichkeit eines Verurteilten Strafausstand für ihn« beantragten (Bericht des GStA vom 5. Juni 1941, nach: *Schimmler*, Lage, S. 59; vgl. auch Bericht des GStA vom 31. Mai 1944, nach: ebd., S. 87f.).

141 Niederschrift über die Besprechung am 7. Sept. 1939 im Stahlhaus Nord (Ver. Stahlwerke, Sozialwirtschaftliche Abt.), in: THA VSt/576–580.

142 Vgl. *Recker*, Sozialpolitik, S. 38f., 45.

143 Ebd., S. 45.

144 Nachweisen läßt sich dies für den westfälischen Gauleiter Terboven, den thüringischen Gauleiter Sauckel und den sächsischen Gauleiter Mutschmann (vgl. Aktennotiz über eine Sitzung (von Repräsentanten der rheinisch-westfälischen Industrie) in Essen unter Vorsitz von Gauleiter Terboven vom 9. Okt. 1939, in: THA VSt/576–580; *Mason*, Arbeiterklasse, S. 1132ff. (Dok. 201); *Recker*, Sozialpolitik, S. 39).

145 Vgl. *Recker*, Sozialpolitik, S. 46.

146 Nach: *Mason*, Arbeiterklasse, S. 1156f. (Dok. 210); *Eichholtz*, Kriegswirtschaft, Bd. 1, S. 72).

147 Verordnung vom 16. Nov. 1939, in: RGBl. 1939, I, S. 2254.

148 Verordnung über den Arbeitsschutz vom 12. Dez. 1939, in: ebd., S. 2403.

149 Vgl. ebd.

150 Anordnung über die Wiedereinführung von Urlaub vom 17. Nov. 1939, in: RABl. 1939, I, S. 545.

151 Verordnung vom 3. Sept. 1940, in: RGBl. 1940, I, S. 570.

152 Vgl. Franz *Seldte*, Kriegsleistungen und Friedensvorsorge der deutschen Sozialpolitik, in: VJP, Jg. 5, 1941, S. 7.

153 Durch Anordnung vom 7. Nov. 1940 (in: RGBl. 1940, I, S. 1478) wurde außerdem bestimmt, daß Arbeitszuschläge »im Interesse des Leistungsansporns« nicht mehr versteuert werden brauchten; zur hohen Belastung durch Lohn- und Kriegssteuern vgl. Meldungen vom 7. Okt. 1940, S. 1652f.

154 Vgl. Amtl. Mitt. des RtdA für Thüringen/Mittelelbe vom 20. Mai 1941 (1941, S. 107f.).

155 Vgl. z. B. die ›Allgemeine Bekanntmachung‹ der RtdA für das Wirtschaftsgebiet Thüringen über die ›Bestrafung von Betriebsführern bei Verstoß gegen den Lohnstop‹, in: Amtl. Mitt. dess. vom 5. Jan. 1942 (1942, S. 2f.).

156 Vgl. *Werner*, Bleib übrig, S. 105f., 224.

157 Erlaß vom 19. Juni 1942, in: RABl. 1942, I, S. 302.

158 Vgl. *Werner*, Bleib übrig, S. 222. Seit 1941/42 erhielten ferner die Regelungen ›betreffend Lohnausfall bei Fliegeralarm‹ eine verstärkte Bedeutung (vgl. Erlasse vom 30. Sept. 1939, 24. Mai, 19. Juni sowie 16. Juli 1940; guter Überblick über die Regelungen bei: *Livchen*, Wartime Developements, S. 148f.). Zu den Initiativen des GBA, die die Ausweitung der Leistungsentlohnung zum Inhalt hatten, vgl. Kap. VI.8.

159 Die letzte Lohnerhebung vom Sept. 1944 konnte allerdings vom Statistischen Reichsamt nicht mehr ausgewertet werden (in diese Erhebung sollten erstmals auch ›Ostarbeiter‹ mit einbezogen werden). Lohnstatistische Daten liegen deshalb nur bis März 1944 vor, seit 1941 allerdings nur noch für den internen Gebrauch. (Die Daten für März 1944 sind im Nachhinein

im St. Handb. 1928–1944 veröffentlicht worden.) Ausführlich dokumentiert sind die Ergebnisse für die Jahre 1941 bis 1944 in: *Siegel*, Leistung, Statistischer Anhang. Tilla Siegel möchte ich an dieser Stelle dafür danken, daß sie mir die entsprechenden Unterlagen zur Verfügung stellte.

160 Die *Bruttowochenverdienste* gelernter und angelernter Arbeiterinnen sanken zwischen 1941 und März 1944 von 26,09 RM auf 23,74 RM, die der Hilfsarbeiterinnen von 25,73 RM auf 22,07 RM; sie lagen damit sogar unter dem bei Kriegsbeginn erreichten Niveau. Die Wocheneinkommen der Männer blieben während dieses Zeitraumes dagegen im wesentlichen konstant (Facharbeiter und Angelernte: 55,41 RM bzw. 55,13 RM; Hilfsarbeiter: 39,22 RM bzw. 39,41 RM); im Vergleich zu den Vorkriegsjahren waren sie beträchtlich gestiegen. Die *Bruttostundenverdienste* der gelernten und angelernten Industriearbeiter, die von 1939 bis 1941 um fast zehn Pfennig auf 105,1 Rpf. gestiegen waren, lagen im Jahresdurchschnitt 1942 bei 105,9 Rpf. und 1943 sowie im März 1944 bei jeweils 106,6 Rpf. Die stündlichen Verdienste der männlichen Hilfsarbeiter, die in den beiden ersten Kriegsjahren gleichfalls relativ stark heraufgesetzt worden waren (1939: 71,5 Rpf.), stagnierten gleichfalls (1941: 77,5 Rpf.; März 1944: 77,7 Rpf.). In gleicher Weise entwickelten sich die effektiven Stundenlöhne der qualifizierten – vorwiegend in der Konsumgüterindustrie beschäftigten – Industriearbeiterinnen (1939: 52,3 Rpf.; 1941: 58,2 Rpf.; März 1944: 58,8 Rpf.). Hilfsarbeiterinnen mußten in der zweiten Kriegshälfte sogar deutlich sinkende Stundenverdienste hinnehmen (1939: 52,4 Rpf.; 1941: 57,8 Rpf.; März 1944: 56,6 Rpf.; alle Angaben nach: St. Handb. 1928–1944, S. 469).

161 Die Ausdehnung der Erhebung auf die okkupierten Gebiete und die Einbeziehung ausländischer Arbeitskräfte aus dem westlichen und nördlichen Europa dürfte zur Stagnation der Effektivlöhne in der zweiten Kriegshälfte kaum beigetragen haben: Die Erweiterung in räumlicher Hinsicht fand bereits 1941 statt, d. h. (unterdurchschnittliche Verdienste in diesen Gebieten unterstellt) eine Stagnation der Effektivlöhne hätte bei einem maßgeblichen Einfluß dieses Faktors bereits von 1940 auf 1941 verzeichnet werden müssen; während dieses Zeitraumes wurden für alle Arbeitergruppen beträchtliche, zum Teil vorher nicht erreichte Wachstumsraten der Verdienste erzielt. Der Einfluß der Verdienste der ausländischen Arbeitskräfte auf die jeweiligen Durchschnittsangaben ist dagegen je nach Branchen unterschiedlich zu gewichten (s. u.).

162 Zum erfaßten Personenkreis vgl. Tab. 6, Anm. Von den in der metallerzeugenden und -verarbeitenden Industrie beschäftigten Arbeitnehmern (ohne Kriegsgefangene und ›Ostarbeiter‹) gehörten 1944 13,2% den in die Erhebung einbezogenen ausländischen Zivilarbeitergruppen (aus Belgien, Frankreich, Italien, Niederlande und dem ›Protektorat‹) an; in der Chemieindustrie betrug dieser Prozentsatz 11,4% (nach: *Herbert*, Fremdarbeiter, S. 270f., Tab. 41 und 42).

163 Vgl. Meldungen vom 29. Dez. 1942, S. 4612f.

164 Männliche Textilfacharbeiter erhielten im März 1944 einen durchschnittlichen Stundenverdienst, der um 14,6% unter dem im Sept. 1930 erreichten Stundenlohn lag. Ihre Kolleginnen hatten einen Lohnabbau von 15,4% zu verzeichnen. In der Süß-, Back- und Teigwarenindustrie mußten Facharbeiter von März 1931 bis März 1944 Lohnkürzungen von 12,6% hinnehmen. Im Braugewerbe lag dieser Prozentsatz bei 19,4% (gegenüber Aug. 1930), in der Papiererzeugung bei 11,9% (gegenüber Mai 1930) und im Buchdruckgewerbe bei 13,9% (gegenüber Juni 1929).

165 1. Leute verdienten im März 1944 in der Stunde 24,0% weniger als im Okt. 1928. Die – für die gleichen Tätigkeiten qualifizierten – ›3. Leute‹ lagen mit ihren Bruttostundenverdiensten dagegen lediglich um 6,6% unter dem Niveau von Okt. 1928. Offenbar wurde die nur sekundär an der Qualifikation vorgenommene Lohnabstufung für 1., 2. und 3. Leute zunehmend eingeebnet, weil die Dauer der Betriebszugehörigkeit als primäres Zuordnungskriterium und Maßeinheit für Berufserfahrung der nur angelernten Eisen- und Stahlfacharbeiter im Zuge der Überbeschäftigung und dem dadurch entstandenen Zwang zum Einsatz noch wenig erfahrener Hüttenarbeiter in qualifizierten Funktionen allmählich an Gewicht verlor.

166 Ein in diesem Industriezweig beschäftigter Betriebshandwerker beispielsweise erhielt im März 1944 je Stunde genau elf, eine weibliche Betriebsarbeiterin etwa sieben Prozent weniger als im Juni 1928. (Für andere Chemiearbeitergruppen liegen vergleichbare Daten nicht vor.)

167 Vgl. *Werner*, Bleib übrig, S. 107, 223.

168 *Mansfeld*, Kriegslohnpolitik, S. 402; ähnlich auch z. B. *Förg*, Reichstreuhänder, S. 23.

169 In der *eisenschaffenden* Industrie erhöhten sich die durchschnittlichen Bruttostundenverdienste von 96,5 Rpf. im Jahr 1939 und 103,6 Rpf. im März 1944 auf 140,2 Rpf. im Juni 1949. In der *Chemieindustrie* stiegen die stündlichen Effektivlöhne im Durchschnitt von 83,0 Rpf. 1939 auf 127,3 Rpf. zehn Jahre später. Selbst die Arbeiter der *Metallverarbeitung*, die im Branchendurchschnitt 1939 92,2 Rpf. und im März 1944 96,5 Rpf. je Stunde erzielt hatten, konnten bereits in den ersten Jahren nach der Beseitigung der nationalsozialistischen Herrschaft beachtliche Einkommensverbesserungen vorweisen (Juni 1949: 125,4 Rpf.). Deutlicher war der Lohnanstieg dort, wo die Effektivverdienste nach 1933 in überdurchschnittlichem Ausmaß gesenkt worden waren: In der *Textilindustrie* verdienten Arbeiter je Stunde 1939 nur durchschnittlich 58,0 Rpf. und im März 1944 62,8 Rpf.; im Juni 1949 waren es 95,1 Rpf. Noch krasser war der Lohneinbruch während der NS-Zeit für die *Bauarbeiter* gewesen. Im Aug. 1929 hatten Maurer noch 146,6 Rpf. in der Stunde erhalten, im Jahresdurchschnitt 1939 waren es nur 88,2 Rpf. und im März 1944 92,9 Rpf. Im Sept. 1946 verdienten Maurer in der Britischen Besatzungszone bereits 102,1 Pf., ein Jahr später 113,8 Pf. und im Juni 1948 mit 143,9 Pf. wieder fast genauso viel wie knapp zwanzig Jahre zuvor. Zu diesem Zeitpunkt hatten Bauhilfs- und Zementarbeiter mit 121,8 Pf. das Niveau vom Aug. 1929 (109,9 Rpf.) sogar wieder deutlich überschritten (nach: Tab. 6; St. Jb. BRD 1952, S. 418; Poth, Entwicklung der Löhne, S. 90).

170 Nach Bevölkerung und Wirtschaft 1871–1957, Statistik der Bundesrepublik Deutschland, Bd. 199, S. 91; vgl. auch *Petzina* u. a., Arbeitsbuch III, S. 102 f.; Bevölkerung und Wirtschaft 1872–1972, S. 262; *Hoffmann*, Wachstum, S. 199, 393; *Grumbach/König*, Beschäftigung, S. 139; *Müller*, Nivellierung, S. 30; *Siegel*, Lohnpolitik, S. 106 f.

171 Nach Petzina u. a. lag der Anteil des Bruttoeinkommens aus unselbständiger Arbeit am Volkseinkommen 1938 bei 55,6% und 1940 bei 54,2% (*Petzina* u. a., Arbeitsbuch III, ebd.). In der Bundesrepublik Deutschland erreichte die Lohnquote 1950 bereits wieder einen Wert von 58,4%; Anfang der siebziger Jahre lag der Anteil der Bruttoeinkommen aus unselbständiger Arbeit am Volkseinkommen bei knapp 70%.

172 *AWI*, Lohnpolitische Lage, in: *Mason*, Arbeiterklasse, S. 1265; ähnlich auch z. B. Fritz Huhle, Lohn und Ertrag, in: SP, Jg. 47, 1938, Sp. 777 ff. (insbesondere 779 ff.). Nach Angaben des AWI der DAF war die Industrieproduktion 1938 gegenüber 1928 um 28% gestiegen, die Bruttostundenverdienste waren dagegen um 14,1% gesunken (nach: *Mason*, Arbeiterklasse, S. 1266).

173 Ähnlich deutlich wie in der Textilindustrie hatte sich die Spanne zwischen stündlichen Männer- und Frauenverdiensten auch in der Chemieindustrie, der Papierverarbeitung und im Buchdruckgewerbe ausgedehnt, in der Papiererzeugung setzte sich diese Tendenz nur stark abgeschwächt durch. In der Schuhindustrie erhielten weibliche Fabrikarbeiterinnen im März 1932 wie im Jahresdurchschnitt 1938 exakt zwei Drittel des Stundenverdienstes ihrer männlichen Kollegen (vgl. Tab. 6). Für andere Industriezweige sind entsprechende Vergleiche nicht möglich.

174 RABl. 1940, I, S. 301; vgl. auch *Livchen*, Wartime Developements, S. 155 f.

175 Vgl. z. B. die deutlichen Worte des *AWI* der DAF, Zur Problematik der Reichslohnordnung, in: *dass.*, Jb. 1940/41, Bd. I, S. 183 f.; ferner ›Müssen Frauen weniger verdienen?‹, in: SP, Jg. 48, 1939, Sp. 655; Ludwig *Eiber*, Frauen in der Kriegsindustrie. Arbeitsbedingungen, Lebensumstände und Protestverhalten, in: Bayern in der NS-Zeit, Bd. 3, S. 590 f.; *Mai*, Warum, S. 231 sowie jetzt *Siegel*, Leistung, Kap. IV.2. und V.1.

176 In: BA R 41/Bd. 69, Bl. 2; vgl. auch Hitlers Ausführungen auf einer Besprechung am

25. April 1944 im Führerhauptquartier, in: ebd., Bl. 26 ff. (ausführlich referiert bei *Winkler*, Frauenarbeit, S. 172 ff., allerdings mit anderer Fundstelle; vgl. außerdem ebd., S. 165 f.). Übersehen werden sollte im übrigen nicht, daß das antiquierte Frauenbild der Nationalsozialisten den Interessen der Unternehmer entgegenkam, weil dadurch die durchschnittliche weibliche Arbeitskraft verbilligt wurde.

177 So z. B. in der *Papiererzeugung* und in der *Bautischlerei* und *Möbelherstellung* (vgl. Tab. 6).

178 Bauhilfs- und Zementarbeiter erhielten im Aug. 1929 einen durchschnittlichen Stundenlohn, der um 25,0% unter dem der Maurer lag; im März 1944 betrug diese Differenz nur noch 9,7%.

179 Der Anteil der im Akkord beschäftigten Metallfacharbeiter sank von 68,2% im Okt. 1928 auf 64,3% im Aug. 1935; unter den Angelernten stieg dagegen der Anteil der Akkordarbeiter im gleichen Zeitraum von 64,8% auf 67,0% (nach: St. Jb. DR 1932, S. 292; WuSt, Jg. 16, 1936, S. 204). Entsprechende Zahlen für die folgenden Jahre liegen nicht vor; vermutlich hat sich dieser Trend noch verstärkt fortgesetzt.

180 *AWI*, Problematik, S. 183; vgl. auch ebd., S. 202 f., 220; Berichte der RtdA für das 4. Vierteljahr 1938, in: *Mason*, Arbeiterklasse, S. 859 (Dok. 150); vgl. außerdem Kap. IX.6.

181 Die Bilanzen sowie die Gewinn- und Verlustrechnungen sämtlicher deutscher Aktiengesellschaften wurden veröffentlicht im ›Handbuch der Deutschen Aktiengesellschaften‹ (hier: Jg. 1932 bis 1940), teilweise auch in der ›Deutschen Volkswirtschaft‹ sowie der ›Wirtschafts- und sozialpolitischen Rundschau‹ (›Allgemeine Ausgabe‹ und ›Ausgabe Eisen und Metall‹) und vereinzelt in weiteren sozialpolitischen Zeitschriften. Herangezogen wurden außerdem verstreute Angaben aus archivalischen Akten.

182 Der Maschinen- und Apparatebau wurde ausgewählt, weil er der quantitativ bedeutendste Zweig der metallverarbeitenden Industrie war und die große Zahl der Aktiengesellschaften hier relativ feine Differenzierungen nach Betriebs-, Ortsgröße und Regionen zuließ. So wie am Beispiel des Maschinen- und Apparatebaus exemplarisch demonstriert werden soll, welche Formen und Richtungen die Einkommensdifferenzierungen in der rüstungswichtigen Produktions- und Investitionsgüterindustrie annahmen, soll am Beispiel der Textilindustrie – einem zentralen Zweig der Verbrauchsgüterindustrie – gezeigt werden, welche Unterschiede in dieser Hinsicht in der Verbrauchsgüterindustrie bestanden. Die AGs beider Branchen waren zudem in der Regel nicht mit Betrieben anderer Wirtschaftszweige verquickt (wie dies z. B. für die wichtigsten Gesellschaften der Eisen- und Stahlindustrie gilt, da diese zusätzlich auch Steinkohlenbergwerke besaßen, so daß die für die diesen Industriezweig errechneten Jahreseinkommen nicht eindeutig als Verdienste den in der Stahlindustrie beschäftigten Arbeitnehmern zugeordnet werden können).

183 In dieser Hinsicht sind die Quellen auch für die Jahre 1932 und 1938 unvollständig: Lediglich ein Teil aller AGs weist in seinen Berichten aus, wieviele Arbeitnehmer beschäftigt wurden. Außerdem ließ sich nicht immer feststellen, ob die Belegschaft am Ende des letzten Tages des – überdies mit dem Kalenderjahr häufig nicht identischen – Geschäftsjahres gezählt oder der Jahresdurchschnitt gebildet wurde und in welchem Umfang die Belegschaftszahlen gerundet wurden. Für die nach dem Zufallsprinzip gezogenen Stichproben kam deshalb nur die Gesamtheit der AGs infrage, für die auch Belegschaftszahlen ermittelt werden konnten. Die Stichproben umfaßten zehn Prozent aller am 31. Dez. 1935 in den beiden Branchen vom Statistischen Reichsamt registrierten AGs.

184 Da indes die Mehrzahl der in der Erhebung erfaßten Aktiengesellschaften die Zahl der beschäftigten Arbeiter und Angestellten getrennt aufführt, kann dennoch meist angegeben werden, ob in erster Linie Verschiebungen im quantitativen Verhältnis beider Arbeitnehmergruppen zueinander oder andere Faktoren für bestimmte Einkommensentwicklungen ausschlaggebend waren.

185 Unter den AGs waren generell im Vergleich zu anderen Rechtsformen wie GmbHs größere Unternehmen deutlich überrepräsentiert. Zudem sind in der Erhebung im Vergleich

zur Gesamtheit aller AGs große Aktiengesellschaften bis 1937 etwas stärker vertreten. Nach der Novellierung des Aktienrechts im Jahre 1937 wuchs indessen auch bei der Gesamtheit der AGs das Gewicht der größeren Gesellschaften rasch, da im neuen Aktiengesetz u. a. festgelegt wurde, daß AGs mit einem Grundkapital unter 100 000 RM bis Ende 1940 aufzulösen seien.

186 Zu rechtfertigen ist dies u. a. damit, daß die hier errechneten Durchschnittswerte nur wenig von den von W. G. Hoffmann angegebenen Arbeitseinkommen der jeweiligen Branchen abweichen (vgl. *Hoffmann*, Wachstum, S. 470). Wenn die von mir errechneten durchschnittlichen Jahreseinkommen etwas höher liegen als die von Hoffmann, dann resultiert dies (a.) aus dem stärkeren Gewicht der – besser entlohnenden – größeren Unternehmen und (b.) daraus, daß von mir keine der (vor allem in der Textilindustrie relativ zahlreichen) Gesellschaften mit einbezogen wurde, die zwischen 1932 und 1938 Vergleich anmelden mußten oder in Konkurs gingen. Da Hoffmann diese defizitären Unternehmen, die aufgrund ihrer prekären wirtschaftlichen Lage in aller Regel nur zur Zahlung weit unterdurchschnittlicher Löhne in der Lage waren, mit erfaßt, liegen seine unter meinen Durchschnittswerten.

187 In Betrieben bis zu 250 Beschäftigten stiegen die Einkommen von 1934 bis 1938 um 28,6%, in der höchsten Betriebsgrößenklasse um 14,8%.

188 Dies läßt sich anhand einer eigenen Erhebung (die auf Basis der Gewinn- und Verlustrechnungen der AGs in der o. g. Weise vorgenommen wurde) über die Entwicklung der Arbeitnehmereinkommen (einschl. Angestellte) im Maschinen- und Apparatebau nach Ortsgrößenklassen nachweisen: Danach erhielten die in diesem Industriezweig beschäftigten Arbeitnehmer in Großstädten mit mehr als 500 000 Einwohnern 1932 144,7 RM und 1935 202,4 RM im Monat; in kleinen Ortschaften unter 10 000 Einwohnern war der Einkommenszuwachs von 138,6 RM 1932 auf 156,9 RM deutlich schwächer. Infolgedessen lagen die Einkommen in Großstädten 1932 nur um 4,4%, 1935 dagegen um 29,0% über denen der kleinen Gemeinden. Bis 1938 wurde dieser Abstand auch nach dieser Erhebung dann wieder weitgehend eingeebnet.

189 Hier wuchsen die Bruttostundenverdienste der Hilfsarbeiter zwischen Sept. 1935 und Sept. 1939 in Hamburg und Berlin von 65,3 Rpf. auf 74,3 Rpf. (d. h. um 13,8%) und in Großstädten zwischen einer halben und einer ganzen Million Einwohner von 54,4 Rpf. auf 62,7 Rpf. (d. h. um 15,3%), in Gemeinden von 10 000 bis 25 000 Einwohnern dagegen nur von 48,5 Rpf. auf 52,8 Rpf. (d. h. um 8,8%; Quelle wie Tab. 10).

190 Immerhin fällt an dieser Erhebung auf, daß die Lohnunterschiede nach Ortsgrößenklassen im Sept. 1941 bei den einzelnen Arbeiterschichten im industriellen Durchschnitt größer als die vor 1939 beobachteten Lohnspannen in den einzelnen Branchen des ›Altreiches‹ waren: So erhielten Facharbeiter 1941 in den Millionenstädten (neben Berlin und Hamburg auch Wien) effektive Stundenlöhne, die mit 130,2 Rpf. um 35,1% über denen der kleinen Gemeinden (96,4 Rpf.) lagen (Angaben für 1941 nach: WuSt, Jg. 22, 1942, S. 426).

191 Noch ausgeprägter war das Ost-West-Gefälle innerhalb einer Ortsgrößenklasse allerdings vor 1933 (vgl. St. Jb. DR 1928, S. 360; 1935, S. 278. Zahlen für die Zeit nach März 1934 liegen nicht vor).

192 Anlage zu: Schreiben des RAM an Lammers vom 25. April 1936, in: BA R 43 II/ Bd. 541, Bl. 107 ff.

193 Vgl. Jb. Gew. 1937/38, S. 8; Dt. Sozialpolitik 1937, S. 18; SOPADE-Berichte 1936, S. 1450; *Petzina*, Autarkiepolitik, S. 188; *Kuczynski*, Lage, Bd. 6, S. 174; *Thomas*, Rüstungswirtschaft, S. 54 f.; *Sohn-Rethel*, Ökonomie, S. 109; Geschichte der Produktivkräfte, Bd. III, S. 342 f.

194 Die übernommenen regionalen Einkommensabstufungen blieben – trotz weiter wirkender Nivellierung vor allem des Ost-West-Gefälles – im Grundsatz bestehen: Nach der Erhebung des AWI lagen die Bruttostundenverdienste in Brandenburg einschl. Berlin 1940

um 15,6% über dem industriellen Durchschnitt; 1938 hatten die Wocheneinkommen in Berlin um 24,7% über, die Brandenburgs *ohne* Berlin um 8,6% unter dem Reichsdurchschnitt gelegen. Die in den Hansestädten sowie Schleswig-Holstein erzielten Bruttostundenverdienste übertrafen 1940 die für den Reichsdurchschnitt errechneten effektiven Stundenlöhne um 18,8% (1938 Hansestädte: + 20,3%; Schleswig-Holstein: − 1,2%). Umgekehrt blieben z. B. in Schlesien die je Stunde erzielten Bruttostundenverdienste um 21,3% unter dem Durchschnittsniveau (1938: − 23,0%; Angaben nach: *AWI* der DAF, Das Verdienstgefälle im Reich, in: *dass.*, Jb. 1940/41, Bd. II, S. 1004).

195 Dies ergab die in ihrer methodischen Anlage oben ausführlicher beschriebene, auf Basis der Gewinn- und Verlustrechnungen der deutschen Aktiengesellschaften vorgenommene Erhebung. Danach zahlte die in Schlesien beheimatete Textilindustrie ihren Arbeitnehmern 1932 ein Monatseinkommen von 108,8 RM, bis 1938 war dieser Verdienst auf 135,4 RM gewachsen. In der rheinischen Textilindustrie wurden 1932 131,2 RM und 1938 163,6 RM im Monat gezahlt; rheinische Textilarbeitnehmer verdienten damit 1932 20,6% und 1938 20,8% mehr als ihre schlesischen Kollegen. Das Textilindustrieland Sachsen lag mit 112,2 RM 1932 und 141,5 RM nicht nur geographisch, sondern auch lohnstatistisch zwischen Schlesien und der Rheinprovinz. (Auf eine ausführliche Darstellung der Ergebnisse dieser für die Textilindustrie sowie den Maschinen- und Apparatebau durchgeführten Erhebung muß hier aus Platzgründen verzichtet werden).

196 Aufschlußreich ist in dieser Hinsicht die Denkschrift der niederrheinischen IHK Duisburg-Ruhrort über ›Maßnahmen gegen Kurzarbeit in der Textilindustrie; 40-stündige Lohngarantie‹, gerichtet an Syrup, vom 28. Juli 1937, in: RWWA 20-1288-4.

197 In Berlin wurden die Bruttostundenverdienste der Maurer zwischen Aug. 1929 und Sept. 1935 von 135,0 Rpf. auf 126,0 Rpf., also um 7,7% reduziert. In Sachsen, Hessen und dem Rheinland wurden sie während dieses Zeitraumes um mehr als vierzig Prozent herabgesetzt (in Sachsen von 145,2 Rpf. auf 82,4 Rpf.; in Hessen von 133,9 Rpf. auf 76,9 Rpf. und im Rheinland von 139,2 Rpf. auf 75,5 Rpf.). Die gleichen Unterschiede im Lohnabbau lassen sich auch für Tiefbauarbeiter feststellen (vgl. St. Jb. DR 1931, S. 278; WuSt, Jg. 15, 1935, S. 447; Jg. 16, 1936, S. 242; BA R 43 II/Bd. 541, Bl. 109 Rs.)

198 Vgl. *Recker*, Sozialpolitik, S. 305, Tab. 3.

199 Dies läßt sich jedenfalls für Bayern anhand eines Vergleichs der Lohndaten für 1938 und März 1944 nachweisen (vgl. Statistisches Handbuch für Bayern, hg. vom Bayerischen Statistischen Landesamt, München 1946, S. 96f., Tab. 16; vgl. ferner Heinrich *Hockermann*, Das West-Ost-Gefälle, in: RABl., Jg. 23, 1943, V, S. 538 ff.).

200 Betriebsobmann Treppke von der F. Schichau GmbH Königsberg auf einer Sitzung des Sachverständigen-Ausschusses zur Beratung der Lohn- und Arbeitsbedingungen auf den Seeschiffswerften sowie der deutschen Flugzeugindustrie vom 5. Febr. 1941 (Niederschrift), in: BA R 41/Bd. 153, Bl. 182.

Exkurs: Zur Problematik der Berechnung der (Netto-)Realeinkommen für die Zeit des ›Dritten Reiches‹

1 Die im folgenden nur grob skizzierten Aspekte habe ich an anderer Stelle ausführlicher dargestellt (vgl. Rüdiger *Hachtmann*, Lebenshaltungskosten und Realeinkommen während des ›Dritten Reiches‹, in: VSWG, Bd. 75, 1988, S. 32 ff.). Ich verzichte deshalb für die folgenden Ausführungen auf detaillierte Belege.

2 Vgl. z. B. *Neumann*, Mobilisierung, S. 282; John P. *Umbach*, Labor Conditions in Germany, in: Monthly Labor Review, März 1945, S. 510; *Livchen*, Wartime Developements, S. 153;

ders., Net Wages and Real Wages in Germany, in: International Labour Review, Juli 1944, S. 68; *Kuczynski*, Lage, Bd. 6, S. 158; *Mason*, Sozialpolitik, S. 153, Anm. 68; *Hanf*, Möglichkeiten, S. 72; *Grunberger*, Reich, S. 199; *Erbe*, Wirtschaftspolitik, S. 93.

3 Vgl. hierzu neben *Hachtmann*, Lebenshaltungskosten, S. 38 auch J. Heinz *Müller*, Nivellierung und Differenzierung der Arbeitseinkommen in Deutschland seit 1925, Berlin 1954, insbesondere S. 125, 134 sowie *Köllermann*, Der Lohnabzug der Arbeitnehmer in Deutschland seit 1925, in: Arbeit und Sozialpolitik 13/1950, S. 11.

4 Erlaß vom 10. Okt. 1935, in: RABl. 1935. Zwei Jahre später legte das Reichsarbeitsgericht in einem Urteil fest, daß unter solchen Bedingungen die Weigerung eines Arbeitnehmers, der DAF anzugehören, ein Kündigungsgrund war (vgl. ARS (RAG), Bd. 31, S. 307).

5 Ausführlich zum steuerähnlichen Charakter der DAF-Beiträge sowie der ›Spenden‹ für das WHW, zum ›Organisationsgrad‹ der DAF usw. *Hachtmann*, Lebenshaltungskosten, S. 39 ff. (Die relative Höhe der DAF-Beiträge als Bestandteil der außergesetzlichen Abzüge vom Lohn (Tab. 14) wurde nach dem ›Organisationsgrad‹ der DAF gewichtet (vgl. ebd., S. 41, Tab. 3)).

6 Vgl. ›Gesetz über das Winterhilfswerk des Deutschen Volkes‹ vom 1. Dez. 1936 (RGBl. 1936, I, S. 996) und Urteil des RAG vom 16. Juli 1937 (nach: ›Das Winterhilfswerk ist in strafrechtlicher Hinsicht einer Behörde gleichzustellen‹, in: Dt. VW, Jg. 7, 1937, S. 970).

7 Vgl. ARS (RAG), Bd. 31, S. 229; zum WHW vgl. Wolfgang *Scheur*, Einrichtungen und Maßnahmen der sozialen Sicherheit in der Zeit des Nationalsozialismus, Köln 1967, insbesondere S. 197 ff.; Herwart *Vorländer*, NS-Volkswohlfahrt und Winterhilfswerk des Deutschen Volkes, in: VfZ, Jg. 34, 1986, S. 371 ff.; (zur Genesis:) Florian *Tennstedt*, Wohltat und Interesse. Das Winterhilfswerk des Deutschen Volkes: Die Weimarer Vorgeschichte und ihre Instrumentalisierung durch das NS-Regime, in: GG, Jg. 13, 1987, S. 159 ff.

8 Im Gegensatz dazu war das Ende 1941 eingeführte ›Eiserne Sparen‹ auch faktisch freiwillig (vgl. *Hachtmann*, Lebenshaltungskosten, S. 44).

9 SOPADE-Berichte 1935, S. 38; vgl. Berichte der RtdA 1937 bis 1939, in: *Mason*, Arbeiterklasse, S. 287, 292, 327, 340, 616, 654, 663, 959 (Dok. 27, 33, 96, 108, 109, 156).

10 Vgl. zu Nahrungsmittelknappheit und Teuerungswelle bis 1936 die Lage- und Stimmungsberichte aus allen Teilen des Deutschen Reiches in: BA R 43 II/Bd. 318; Gestapo Hannover, S. 84, 146, 159 f., 181, 193, 209 f., 228, 240, 257 f., 272 f., 277, 282, 301, 326, 365, 399, 406, 412, 418, 438, 440, 447, 455, 467, 471, 480; Hessen-Nassau, S. 99, 124, 161, 203, 264 f., 273, 277 f., 301, 337 f., 359, 461, 473, 507 f., 521, 535, 557, 578, 772, 840, 842, 844, 856, 884; Pommern 1934/35, S. 50 ff., 159; Verfolgung und Widerstand unter dem Nationalsozialismus in Baden. Die Lageberichte der Gestapo und der Generalstaatsanwaltschaft Karlsruhe, bearb. von Jörg *Schadt*, Stuttgart usw. 1976, S. 166 f., 179, 182; *Vollmer*, Volksopposition S. 58, 94, 255 f.; Dokumente 1933–1935, S. 114 f.; ausführlich zur Nahrungsmittelkrise und den Folgen: *Hachtmann*, Lebenshaltungskosten, S. 50 ff.

11 Vgl. ebd., S. 49, Tab. 6.

12 Vgl. hierzu und zu den folgenden Ausführungen vor allem Alfred *Kruse*, Zur Problematik des ›Lebenshaltungskostenindex‹ im Krieg, in: AStA, Bd. 31, 1942/43, S. 229 ff.; vgl. auch Friedrich *Behrens*, Preisindexziffer oder Indexziffer der Lebenshaltungskosten?, in: ebd., S. 1 ff.; Alfred *Jacobs*, Statistik der Preise und Lebenshaltungskosten, in: Die Statistik nach ihrem heutigen Stand, S. 1165; WuSt, Jg. 22, 1942, S. 343 f.

13 Vgl. *Kruse*, Problematik, S. 231; ausführlich *Hachtmann*, Lebenshaltungskosten, S. 60 ff. Daß das hier nur als methodisches Problem skizzierte Phänomen für die betroffenen Menschen zum Teil dramatische Dimensionen annahm und den Alltag weiter Teile der Bevölkerung bestimmte, läßt sich etwa den vom SD verfaßten ›Meldungen aus dem Reich‹ entnehmen; sehr aufschlußreich jetzt auch *Overy*, Blitzkriegswirtschaft, S. 384 f., 389 ff., 396 f., 401 ff.

14 *Behrens*, Preisindexziffer, S. 2. Zudem beschränkte sich das Statistische Reichsamt bei der Ermittlung der Einzelhandelspreise nur »auf einen verhältnismäßig begrenzten Abschnitt« (*Jacobs*, Statistik, S. 1158).

Anmerkungen zu S. 157–161

15 Ebd., S. 1159.
16 Vgl. z. B. SOPADE-Berichte 1935, S. 952, 1052, 1143 ff., 1401 u. ö.; Schreiben des Reichspreiskommissars Wagner an den Präsidenten der Reichswirtschaftskammer Pietzsch vom 21. Nov. 1940, in: BA R 43 II/Bd. 611, Bl. 16; Schreiben des Präsidenten des Statistischen Reichsamtes an den RAM vom 14. Dez. 1941, S. 3 f.; Paul *Sauer*, Württemberg in der Zeit des Nationalsozialismus, Ulm 1975, S. 364, oder Berichte des GStA vom 1. April 1941, 30. Jan. 1943, 27. Jan. und 1. April 1944, nach: *Schimmler*, Lage, S. 57, 71 f., 83, 87 sowie die Vielzahl von SD-Meldungen; schönfärberisch dagegen die Darstellung bei Hans *Dichgans*, Zur Geschichte des Reichskommissars für die Preisbildung, Düsseldorf 1977, S. 43.
17 Vgl. z. B. Meldungen vom 8. Okt. 1942, S. 4305; ferner *Dichgans*, Geschichte, S. 27; dagegen Lothar *Burchardt*, Die Auswirkungen der Kriegswirtschaft auf die deutsche Zivilbevölkerung im Ersten und im Zweiten Weltkrieg, in: MGM 1974/1, S. 77.
18 In den SOPADE-Berichten, aber auch bei *Varga*, Rundschau, sind eine Vielzahl von Meldungen über Qualitätsverschlechterungen und sich darauf beziehenden Unmuts zu finden; vgl. ferner z. B. *Grunberger*, Reich, S. 216, 219, 223; *Kuczynski*, Lage, Bd. 6, S. 232, 244, 272 f., 292 ff. Für die Zeit des Krieges sei auf die vielen Berichte des SD über Qualitätsverschlechterungen verwiesen; vgl. ferner *Werner*, Bleib übrig, S. 202 ff.
19 *Kruse*, Lebenshaltungskostenindex, S. 229.
20 Die vom Statistischen Reichsamt nicht registrierten Mietsteigerungen machten auch das dem Reichsindex für die Lebenshaltungskosten zugrunde liegende Mengenschema obsolet, weil darin den Mietzahlungen ein viel zu geringes Gewicht beigemessen wurde (vgl. zum Thema Wohnungsnot und Mietsteigerung Kap. VIII.4.4. sowie *Hachtmann*, Lebenshaltungskostenindex, S. 63 ff.).
21 Vgl. z. B. Bericht der StaPo Hannover für Dez. 1934 und Jan. 1935, in: Gestapo Hannover, S. 291, 301.
22 Friedrich *Zahn*, Der Lebenshaltungskostenindex – ein zuverlässiges Meßinstrument?, in: AStA, Bd. 22, 1933/34, S. 261.
23 Vgl. z. B. Bericht des RWM über die Preisentwicklung in den Monaten Juli und Aug. 1935, Anlage zu: Schreiben des RWM an den Chef der Reichskanzlei vom 29. Aug. 1935, in: BA R 43 II/Bd. 318, Bl. 83; Schreiben des RAM an den Reichsminister für Ernährung vom 17. Aug. 1935, in: ebd., Bl. 2; *Mason*, Sozialpolitik, S. 151, Anm. 62.
24 Zit. nach: *Mason*, Arbeiterklasse, S. 661 (Dok. 108).
25 Zit. nach: *Siegel*, Leistung, S. 167.

VI. Lohn und Leistung: Leistungsbezogene Lohnsysteme und Arbeitsbewertungsverfahren

1 Leistungslohn bzw. Leistungsentlohnung wird im folgenden als Oberbegriff für alle Lohnformen benutzt, bei denen die Lohnhöhe in irgendeiner Form mit der Arbeitsleistung – im allgemeinen der Arbeitsmenge – verkoppelt ist und nicht nur die Anwesenheitszeit bezahlt wird. Einen guten Überblick über Vorgeschichte und Entwicklung des industriellen Leistungslohns bis 1933 geben *Schmiede/Schudlich*, Entwicklung.
2 So Bernhard *Köhler* (von Juli 1933 bis zu seinem Tode 1937 Leiter der Kommission für Wirtschaftspolitik der NSDAP und Mitglied der Reichsleitung der NSDAP) in: Das Recht auf Arbeit als Wirtschaftsprinzip, Berlin 1937, S. 31.
3 Zit. nach: *Peukert*, Volksgenossen, S. 246.
4 Albert *Brengel*, Die Problematik der Arbeitsbewertung (Diss.), Saarbrücken 1941, S. 37; vgl. auch z. B. Walther *Schulz*, Menschenauslese vor allem in der Eisenhüttenindustrie, in: EuS,

Jg. 57, 1937, S. 1133 ff. Daß auch für die DAF das rassistisch aufgeladene Leistungsprinzip den Kern der ›neuen Gesellschaftsordnung‹ darstellte, hat unlängst Tilla Siegel ausführlich dargestellt (vgl. Leistung, Kap. III.2.). Zwar wurde von Autoren, die politisch den Interessen der Großindustrie nahestanden, das Leistungsprinzip meist nicht derart ideologisch überhöht und für seine Einführung im allgemeinen nur mit Hinweis auf ökonomische ›Notwendigkeit‹ plädiert. Allerdings bestätigen auch hier – wie das Beispiel Böhrs zeigt – Ausnahmen die Regel.

5 Alle Zitate aus: Franz *Horsten*, Leistungsgemeinschaft und Eigenverantwortung im Bereich der nationalen Arbeit, Würzburg/Aumühle 1941, S. 90 bzw. S. 96.

6 W. *von Brevern*, Der Leistungslohn, in: Mh.NS, Jg. 4, 1937, S. 321; ähnlich auch z. B. *AWI der DAF*, Der Akkordlohn, Grundsätzliches zur Frage der Leistungsmessung und Leistungsbewertung, in: *dass.*, Jb. 1937, S. 182. In den einschlägigen nationalsozialistischen Zeitschriften lassen sich eine Reihe weiterer ähnlicher Formulierungen finden.

7 Hermann *Böhrs*, Wesen und Bestimmung einer gerechten Entlohnung, in: ZfO, Jg. 9, 1935, S. 304 (im Orig. hervorgehoben); vgl. auch *ders.*, Die Probleme der Lohnhöhe, in: ebd., S. 263; ausführlich hierzu: *Siegel*, Leistung, Kap. IV.1. und V.1.

8 *Böhrs*, Wesen, S. 303.

9 Zentralbüro, Dt. Sozialpolitik 1937, S. 23; ähnlich auch Carl *Wendel*, Akkordverdienst und tariflicher Mindestlohn, in: DAR, Jg. 6, 1938, S. 98.

10 *Wendel*, Akkordverdienst, ebd.

11 Zentralbüro, Dt. Sozialpolitik 1937, S. 27; vgl. auch z. B. *Schwenger*, Soziale Frage, S. 153.

12 Walter *Löhr*, Das Leistungsprinzip in der Lohngestaltung (Diss.), Düren 1937, S. 38.

13 Ebd., S. 37; vgl. auch z. B. Willi *Joa*, Lohn und Produktivität (Diss.), Würzburg/Aumühle 1940, S. 52 ff.

14 *Mansfeld-Pohl*, AOG, S. 337.

15 Ebd.

16 SOPADE-Berichte 1939, S. 798.

17 Vgl. D. Dt. V. 1934, S. 1637. Formal war eine solche Unterschreitung der tariflichen Lohnsätze zwar ungültig, da die Bestimmungen der Tarifordnungen nach dem AOG nicht durch eine Betriebsordnung verschlechtert werden durften. Dennoch werden solche Bestimmungen ihre Wirkung häufig nicht verfehlt haben, da vor dem Hintergrund der hohen Arbeitslosigkeit und der Beseitigung separater Arbeitnehmervertretungen viele Arbeiter eine untertarifliche Bezahlung widerspruchslos hingenommen haben dürften.

18 Vgl. z. B. Ergänzung vom 28. Dez. 1938 zur Betriebsordnung der Concordia Bergbau AG vom 30. Dez. 1936, in: WWA F 26/Nr. 391.

19 Vgl. *Mansfeld-Pohl*, AOG, S. 341; Lutz *Richter*, Fragen zur ›Rechtsnatur‹ der Betriebsordnung, in: DAR, Jg. 3, 1935, S. 312 ff.

20 Vgl. Günter *Nehm*, Betriebsordnung und Tarifordnung als Inhalt des diktierten Arbeitsvertrages (Diss.), Erlangen 1935, S. 16 ff.

21 H. *Rudzinski*, Die Betriebsordnung, in: Eisen und Metall, Dez. 1937, S. 115, zit. nach: BA NSD 50/Bd. 870.

22 *Geerling* (Regierungsrat beim RtdA für Rheinland), Ein einfaches Leistungslohnsystem für die betriebliche Praxis, in: Westdt. Wirtschaftsztg. vom 30. Jan. 1941, S. 87, zit. nach: HA Krupp 41/6-280.

23 Einen ausführlichen Überblick über die Akkordregelungen in Tarifordnungen geben: Heinz-Adolph *Hönnekke*, Der Akkord im Arbeitsrecht (Diss.), Zeulenroda 1938, S. 49 ff.; Arnold Paul *Kind*, Akkordlohn – Leistungslohn, Düsseldorf 1940 (Diss.), S 69 ff.; Emil *Albracht*, Der Akkordlohn nach den Tarifordnungen (Diss.), Düsseldorf 1938.

24 Vgl. z. B. die Reichstarifordnung für die deutsche Zigarrenindustrie vom 10. Okt. 1935 (in: RABl. 1935 VI, S. 987).

25 Die meisten der bis Kriegsbeginn neuerlassenen Tarifordnungen sahen Zuschläge von

15% oder 20% zur Akkordbasis vor (vgl. *AWI* der DAF, Die Regelung des Akkordrichtlohnes in Tarifordnungen, in: *dass.*, Jb. 1938, Bd. II, S. 617).

26 Schon ein flüchtiger Blick in die Tarifordnungen bestätigt die Feststellung Kinds, meist bleibe »unklar, ob die Durchschnittsleistung eines Betriebes oder die Durchschnittsleistung der Branche entscheidend war« (*Kind*, Akkordlohn, S. 74). Relativ präzise Formulierungen wie z. B. im §4 der Tarifordnung für die eisenerzeugende und eisen- und metallverarbeitende Industrie im Wirtschaftsgebiet Saarland-Pfalz vom 31. Jan 1936 (in: RABl. 1936, VI, S. 160) waren die Ausnahme (»bei durchschnittlicher Leistung unter den im Betrieb mengenmäßig und technisch üblichen Bedingungen«).

27 In mehreren »Zusätzen« vom 15. Dez. 1935 zu Tarifordnungen für die Textilindustrie der Rheinprovinz beispielsweise war vom zuständigen TdA bestimmt worden, daß nur zwischen 60% und 80% der Akkordarbeiter den Akkordrichtsatz erreichen brauchten, damit die tariflichen Bedingungen als erfüllt gelten konnten (in: RABl. 1936, VI, S. 95ff. bzw. 115). Nach zwei Tarifordnungen vom 27. Jan. und 20. März 1936 brauchten die in den Pflaster-, Schotter- und Werksteinbetrieben sowie den Steinbrüchen des Weserberglandes, des südöstlichen Westfalens und südöstlichen Niedersachsens beschäftigten Arbeiter nur zur Hälfte die tariflichen Akkordrichtsätze erreicht haben. In den meisten anderen Tarifordnungen waren nebulöse Formulierungen, wie: die Arbeiter sollten »überwiegend« oder »im Durchschnitt« den Akkordrichtsatz erreichen, gewählt worden.

28 Z. B. war in der Reichstarifordnung für Rauchwarenzurichtereien, -färbereien etc. vom 4. Febr. 1936 und in der Tarifordnung für die Textilindustrie des Wirtschaftsgebietes Mittelelbe vom 16. Juli 1938 (in: RABl. 1936, VI, S. 320ff. bzw. 1938, VI, S. 1297ff.) ein Zeitraum von acht Wochen für die Akkordberechnung zugrunde gelegt worden.

29 Diese oder ähnliche Formulierungen waren in einer ganzen Reihe von Tarifordnungen zu finden (vgl. z. B. RABl. 1936, VI, S. 137f., 246ff., 265ff., 421ff.; 1937, VI, S. 683ff., 1026ff.; 1938, VI, S. 919ff.). Derartige Klauseln fanden auch während des Zweiten Weltkrieges Anwendung (vgl. z. B. Anordnung des RtdA für Thüringen/Mittelelbe vom 18. Nov. 1941, in: Amtl. Mitt. dess. vom 15. Dez. 1941 (1941, S. 214).

30 Nach einem Urteil des RAG vom 7. Okt. 1936 hatte ein Akkordarbeiter keinen Anspruch darauf, mindestens den tariflichen Stundenlohn zu verdienen – von einem vor 1933 üblichen, über dem tariflichen Stundenverdienst liegenden Garantieverdienst ganz zu schweigen (nach: SOPADE-Berichte 1936, S. 1460; vgl. ferner z. B. A. B. *Krause*, Nochmals zur Entlohnung Minderleistungsfähiger, in: AuA 1937, S. 12f.).

31 SOPADE-Berichte 1935, S. 1190.

32 Derartige Formulierungen fanden sich in einer Vielzahl von Tarifordnungen.

33 *AWI*, Problematik, S. 203.

34 Nach: *Wendel*, Akkordverdienst, S. 101.

35 Im §4 der Tarifordnung für die eisenerzeugende und eisen- und metallverarbeitende Industrie im Wirtschaftsgebiet Saarland-Pfalz vom 31. Jan. 1936 (in: RABl. 1936, VI, S. 160) beispielsweise hieß es: »Eine Beanstandung des Akkords ist ausgeschlossen, wenn die Möglichkeit, den festgesetzten Akkorddurchschnittsverdienst zu erreichen, von der Betriebsführung nachgewiesen werden kann. Der Nachweis kann dadurch geführt werden, daß ein Arbeiter durchschnittlicher Leistungsfähigkeit zum Vormachen des Akkordes bestimmt wird.« In einigen wenigen Tarifordnungen war die Bildung sog. ›Tarifschiedsgerichte‹, die sich meist aus einem vom RtdA ernannten ›unparteiischen‹ Vorsitzenden, einem ›Betriebsführer‹ und einem ›Gefolgschaftsmitglied‹ zusammensetzen sollten, zur Schlichtung von Akkordstreitigkeiten vorgesehen.

36 Dagegen war in einigen Betriebsordnungen die Einrichtung von Akkordkommissionen zum Zweck der Schlichtung von Akkordstreitigkeiten vorgesehen, z. B. in der der Siemens-Werke oder der der Chem. Werke Rombach (vgl. ›Du und Dein Werk‹, Broschüre von Siemens für neu eingetretene Belegschaftsmitglieder, Jan. 1940, Nürnberger Werke, S. 26, in: SAA 14/ Lh 656 bzw. WWA F 26/Nr. 147).

Anmerkungen zu S. 166—170

37 SOPADE-Berichte 1935, S. 1190.
38 Zweite Anordnung über die Vereinfachung der Lohn- und Gehaltsabrechnungen, in: RABl. 1944, I, S. 336.
39 Vgl. *Kind*, Akkordlohn, S. 67; *Hanf*, Möglichkeiten, S. 170 f.
40 Vgl. Zweite Verordnung zur Durchführung der KWVO vom 12. Okt. 1939, in: RGBl. 1939, I, S. 2028.
41 Vgl. Beispiele und Kommentare in: *Albracht*, Akkordlohn, S. 48 ff.; Wilhelm *Jäzosch*, Die sozialpolitische Entwicklung in der Eisen- und Metallindustrie im Jahre 1938, in: Mh.NS, Jg. 6, 1939, S. 199; ›Entlohnung im Akkord‹, in: SP, Jg. 46, 1937, Sp. 576; ›Müssen Frauen weniger verdienen?‹, in: SP, Jg. 48, 1939, Sp. 655.
42 Ausführlich hierzu Robert *Vorberg*, Die Akkordarbeit der Jugendlichen (Diss.), Köln 1939; *Albracht*, Akkordlohn, S. 44 ff.
43 Vgl. z. B. die Reichstarifordnungen für die Schuhindustrie vom 17. März 1936, für die Wäscheindustrie vom 30. Sept. 1937, für die Herrenoberbekleidungsindustrie vom 15. Dez. 1938, für die Uniformindustrie vom 15. Jan. 1939 sowie den Zusatz vom 20. April 1937 zur Tarifordnung für die sächsische Wäscheindustrie, in: RABl. 1936, VI, S. 246 ff.; 1937, VI, S: 655, 1198 ff.; 1939, VI, S. 38.
44 Nach: SOPADE-Berichte 1938, S. 305; 1939, S. 49 f.
45 Arbeits- und Zeitstudien wurden in einzelnen Großbetrieben bereits vor Beginn des Ersten Weltkrieges vorgenommen. Der im Febr. 1918 gegründete ›Ausschuß für Wirtschaftliche Fertigung‹ beschäftigte sich auch eingehender mit Fragen der Zeitwirtschaft. 1919 wurde innerhalb dieses Ausschusses ein ›Ausschuß für Zeitstudien‹ ins Leben gerufen, der mit den Vorarbeiten für ein einheitliches deutsches Arbeits- und Zeitstudienverfahren begann und mithin als direkter Vorläufer von Refa anzusehen ist. 1922 wurde dieser Zeitstudienausschuß dem RKW angegliedert. Mit der Gründung des eigenständigen Refa 1924 wurde dann der entscheidende Rahmen für die Verbreitung tayloristischer Verfahren in der deutschen Industrie geschaffen. Nach Schmiede/Schudlich ging die Gründung von Refa in erster Linie auf die Initiative großer Berliner Metallunternehmen zurück (vgl. *Schmiede/Schudlich*, Entwicklung, S. 255 f.). Das 1926 erstmalig in Deutschland praktizierte *Bedaux*-System, 1931 noch in sieben Betrieben praktiziert, gelangte 1933 bis 1939/40 nur in vier größeren Unternehmen zur Anwendung (vgl. Hans *Grewe*, Die Organisation der Erfassung und der Errechnung des Lohnes in der Metallindustrie (Diss.), Frankfurt 1941, S. 48).
46 Im 1933 erschienenen 2. Refa-Buch wird ›Normalleistung‹ definiert als »durchschnittliche Leistung, die normalerweise dauernd ohne gesundheitliche Schäden eingehalten werden kann« (S. 77; hier zit. nach der 3. Aufl. 1939). Bei Taylor und seinen Nachfolgern wurden dagegen die individuellen Leistungen auf die ermittelten Höchstwerte bezogen.
47 *AWI* der DAF, Die lohnpolitische Lage. Vertrauliche Denkschrift, Okt. 1939, nach: *Mason*, Arbeiterklasse, S. 1260. Aus der Denkschrift geht nicht hervor, wer — auf welcher methodischen Grundlage — die Erhebungen durchgeführt hat. Möglicherweise sind die dort angeführten Statistiken nicht eigenen Erhebungen der DAF, sondern den regelmäßigen des Statistischen Reichsamtes entnommen.
48 *AWI* der DAF, Untersuchungen zur Lohnordnung, in: dass., Jb. 1939, Bd. II, S. 118.
49 Dennoch sind auch für die beiden Industriezweige Aussagen über Entwicklungstrends nicht möglich, da sich für die *Schuhindustrie* aus zwei, während der Wirtschaftskrise bzw. kurz danach (als in diesem Industriezweig die Rationalisierungsbewegung noch nicht gegriffen und die Fließfertigung noch nicht, wie dies für die Folgejahre zu vermuten steht, ausgeweitet wurde) vorgenommenen Erhebungen keine generellen Trends über die Entwicklung der Bandarbeit in diesem Industriezweig konstruieren lassen. Für die *Chemieindustrie* scheinen überdies 1935 die Lohnkategorien gegenüber 1931 und 1934 verändert — ein Teil der Prämienlöhner den Akkordarbeitern zugeschlagen — worden zu sein.
50 Möglicherweise liegt dies im Charakter der Lohnsummenerhebung begründet: Die

einzelnen Unternehmen ordneten die von ihnen beschäftigten Arbeitskräfte den einzelnen Lohnformen pauschal und vor allem so uneinheitlich zu, daß sie sich auf Branchenebene nicht mehr sinnvoll (einheitlich) aggregieren ließen.

51 In den SOPADE-Berichten sind eine Reihe exemplarischer Fälle beschrieben: SOPADE-Berichte 1934, S. 439, 648, 652; 1935, S. 790, 1191, 1194.

52 Christian *Schlingmann*, Entlohnung und Leistung, in: Werksleiter, Jg. 8, 1934, S. 203 f.

53 Besonders ausgeprägt war diese Tendenz in der Farbenindustrie: Von den ›Betriebshandwerkern‹ wurden hier im Juni 1931 64,3% und im Juni 1934 sogar 65,7% im Akkord entlohnt. Zeitlohn erhielten im Juni 1931 dagegen nur 11,6% und im Juni 1934 lediglich 7,1% aller Betriebshandwerker (Rest: Prämienlohn). Die ›Betriebsarbeiter‹ erhielten in diesem Sektor der Chemieindustrie im Juni 1931 zu 63,6% und im Juni 1934 zu 65,3% Prämienlohn.

54 Vgl. *Petzina*, Autarkiepolitik, S. 98 ff., 188.

55 Lohnregelung im Hochofen-Schmelzbetrieb Hoesch/Dortmund nach dem Stand vom 1. Juni 1936, in: Hoesch-Archiv b-2/c-20. Ähnlich war die Regelung auch in anderen Hochofen- und Stahlwerken (vgl. z. B. Schreiben der Direktion der Fr. Krupp AG an die Bezirksgruppe Nordwest der WiGru. Eisenschaffende Industrie vom 21. Nov. 1942, in: HA Krupp WA 41/6-280; *Lutz*, Krise, S. 104; *Yano*, Hüttenarbeiter, S. 103 f., 106). In Walzwerken – insbesondere beim Auswalzen von Feinblechen – war demgegenüber die Qualität der Produktion relativ stark von der Arbeitsleistung der Arbeitskräfte abhängig. Die gleichfalls gestaffelten Gruppenakkorde wurden hier im allgemeinen von Abmessung und Güte abhängig gemacht (vgl. z. B. Kurt *Skroch*, Leistungsüberwachung in Feinblechwalzwerken, in: SuE, Jg. 55, 1935, S. 548).

56 Vgl. z. B. W. *Schlachter*, Lohnfragen bei Fließarbeit, in: MB, Jg. 5, 1926, S. 573 ff.; Ewald *Sachsenberg*, Soziale, physiologische und psychologische Wirkungen der Fließarbeit und die hierbei auftretenden Lohnfragen, in: *Mäckbach/Kienzle*, Fließarbeit, S. 248 f.; Handbuch der Rationalisierung, S. 342; Walther von *Doblhoff*, Zur Wahl des Lohnsystems bei Fließarbeit, in: MB, Jg. 9, 1930, S. 123 ff.; Hans A. *Martens*, Begriffsbestimmung und Löhnungsart bei Fließarbeit, in: TuW, Jg. 20, 1927, S. 188 ff.; Josef *Sommer*, Gestaltwandel des Arbeitslohnes. Ein Beispiel zur Geschichte der Lohnformen, in: TuW, Jg. 32, 1939, S. 184 f.; *Nolden*, Industrielle Rationalisierungsmaßnahmen, S. 51 f.; *Kalveram*, Gruppenakkord, S. 64 f.; *Duvigneau*, Verbreitung, S. 71 ff. sowie Kap. VI.4.6.

57 Erfahrungen mit Fließarbeit, Teil II (1931), S. 18.

58 So wurde beispielsweise in einem größeren Metall- und Kabelwerk Akkord gezahlt, obwohl der »Arbeitstakt mehr oder weniger durch die technische Einrichtung vorgeschrieben« wurde, »persönliche Mehrleistung über den technisch festliegenden ›Takt‹ hinaus... nicht möglich« war und der Akkord »allenfalls einen Anreiz (gab), diese Leistung einzuhalten, d. h. vor allem die Störungen im Arbeitsablauf gering zu halten« (Bericht über die Lohnuntersuchung im Metallwerk und im Gummiwerk der SKG in Gartenfeld vom 1. Dez. 1944 (Kupke), S. 4 f., in: SAA 14/Lb 696). In den Berliner Siemens-Betrieben subsumierte man die in die Lohngruppen C und D eingestuften Männer formaliter den Zeitlöhnern, obwohl sie seit 1936 zu den tariflichen Mindestlöhnen nicht nur eine pauschale Leistungszulage von 8 Rpf., sondern außerdem »immer dann, wenn die Leistung ein bestimmtes Maß übersteigt, für diese erhöhten Leistungen (zusätzliche) Prämien« erhielten. Ihre Kolleginnen, die gleichfalls faktisch einer »Zwischenstufe zwischen Zeit- und Stücklohn« angehörten, weil sie überwiegend am Fließband beschäftigt waren, wurden dagegen ebenso wie die qualifizierten männlichen Arbeiter den Stücklöhnern zugerechnet (vgl. Geschäftsbericht der Sozialpolitischen Abt. Siemens 1936/37 und 1938/39, Teil I, S. 29 f. bzw. S. 33, beides in: SAA 15/Lc 774).

59 So war z. B. der Rowan-Lohn, bei dem der feste Stundenverdienst um eine Prämie vermehrt wird, die sich nach der Zeit bemißt, um die die veranschlagte Zeit tatsächlich überschritten wird, während der NS-Zeit nicht unbekannt (vgl. *Sommer*, Gestaltwandel, S. 188). Auch der Halsey-Lohn gelangte in den Jahren der nationalsozialistischen Herrschaft zur Anwendung (vgl. *Hanf*, Möglichkeiten, S. 144 bzw. 279, Anm. 26 und 27).

60 Vgl. z. B. *von Moellendorf*, Fertigen, S. 310; *Kluge*, Leistungsabstimmung, S. 97 ff.; *Martens*, Begriffsbestimmung, S. 190 f.; *Fehse*, Arbeitsfluß, S. 111; *Frey/Svikovsky*, Fertigung, S. 134; Hermann *Böhrs*, Organisatorische Fragen des Lohnwesens, in: ZfO, Jg. 9, 1935, S. 481 f.; *Dolezalek*, Fließfertigung, S. 34.

61 Vgl. z. B. C. W. *Drescher*, Die organisatorische Vorbereitung der Fließarbeit, in: *Mäckbach/Kienzle*, Fließarbeit, S. 65 f. Zwar ließen sich konkrete Belege, in denen der Zusammenhang zwischen Lohnerhöhungen und der Einführung der Fließfertigung unmittelbar hergestellt wurde, für die Zeit des ›Dritten Reiches‹ nicht finden. Auffällig ist jedoch, daß Unternehmen mit entwickelten Fließfertigungssystemen auch überdurchschnittlich hohe Löhne zahlten.

62 *Martens*, Begriffsbestimmung, S. 189; vgl. auch *Häneke*, Fließarbeit, S. 161; W. *Fehse*, Fließzusammenbau der Pittler-Revolverbänke, in: WuW, Jg. 34, 1939, S. 144; G. *Peiseler*, Rationalisierung der Zeit- und Arbeitsstudien, in: TuW, Jg. 36, 1943, S. 26 f.; *Gottwein*, Refa-Gedanke, in: Refa-Schulungswoche des Verbandes Schlesischer Metallindustrieller e. V., Breslau 1934, S. 4.

63 *Martens*, Begriffsbestimmung, S. 189; vgl. auch *Duvigneau*, Verbreitung, S. 16 f.; *Welter*, Weg, S. 102 f.

64 Die Refa-Tätigkeit wurde freilich schon bald wieder aufgenommen. Bereits seit Aug. 1945 wurden »in Verbindung mit der damals neu entstandenen Gewerkschaftsbewegung die Fäden neu geknüpft« (Engelbert *Pechhold*, 50 Jahre Refa, Berlin usw. 1974, S. 108). Anfang Febr. 1948 kam es dann zur formalen Neugründung als ›Arbeitsgemeinschaft der Verbände für Arbeitsstudien REFA‹ (ARV).

65 Vgl. *DMV*, Rationalisierung, S. 192 (Von den 1102 Metallbetrieben, über deren Lohnsystem im Rahmen dieser Untersuchung berichtet wurde, arbeiteten 717 oder 65,1 % nach dem Refa-System. Nach dem Bedaux-Verfahren wurde nur in 7 Abteilungen (0,6 %) gearbeitet.)

66 Vgl. *Schmiede/Schudlich*, Entwicklung, S. 256.

67 Vgl. ebd., S. 258.

68 Vgl. *Pechhold*, 50 Jahre, S. 63.

69 Bericht über das Wirtschaftsgebiet Regierungsbezirk Düsseldorf und Westfalen, undatiert (ca. Jahreswende 1933/34), in: BA R 43 II/Bd. 532, Bl. 122.

70 Vgl. Walter *Meinecke*, Refa-Gedanke und Arbeiterschaft, in: Refa-Schulungswoche, Bl. 37; ferner Carl *Knott*, Erinnerungen eines Refa-Mannes, in: Produktivität und Rationalisierung. Chancen – Wege – Forderungen, hg. vom Rationalisierungs-Kuratorium der Deutschen Wirtschaft e. V., Frankfurt 1971, S. 157.

71 So die Formulierung in einem Urteil des RAG, nach: ›Zum Begriff der Akkordarbeit‹, in: SP, Jg. 47, 1938, Sp. 1169.

72 Angaben nach: *Pechhold*, 50 Jahre, S. 88. In der Zeitschrift ›Vierjahresplan‹ wurde bei Kriegsbeginn behauptet, in der Bekleidungsindustrie seien Arbeits- und Zeitstudien bereits »zur Selbstverständlichkeit geworden« (›Innerbetriebliche Leistungssteigerung‹, in: VJP, Jg. 3, 1939, S. 735; vgl. auch; *Körner*, Leistung und Lohn, in: SozD 1940, S. 600 ff.; Bericht über die Refa-Arbeiten im Kriege (1939–1945), Abs. II, in: THA VSt/589–593; ›Innerbetriebliche Rationalisierung‹, in: VJP, Jg. 3, 1939, S. 735; ›Leistungssteigerung‹, in: ebd., S. 880 f.; Paul *Wentz*, Refa gestern und heute, in: Mh.NS,Jg. 9, 1942, S. 192 f.; Refa-Verband, Methoden-Lehre des Arbeitsstudiums, Teil I: Grundlagen, München 1978, S. 24 sowie (zur Bedeutung von Refa in einzelnen Wirtschaftszweigen und zu spezifischen Problemen der Anwendung) P. *Bergfeld*, Methodik und Anwendungsmöglichkeiten der Zeitstudien in der Textilindustrie, Berlin 1936; M. *Siegerist* u. R. *Vollmer* (Bearb.), Die neuzeitliche Stückermittlung im Maschinenbau. Handbuch zur Berechnung der Bearbeitungszeiten an Werkzeugmaschinen für den Gebrauch in der Praxis und an technischen Lehranstalten, Berlin 1943 (8. Aufl.); W. *Müller*, Refa-Arbeit im Kohlenbergbau, in: Z. VDI, Bd. 88, 1944, S. 686; ders.,

Refa-Arbeit in der Holzverarbeitung, in: ebd., S. 690; ›Refa-Arbeit im Schmiedebetrieb‹, in: ebd., S. 186f.; *von Schütz*, Leistungslohn und Soziallohn, in: SozD. 1940, S. 523ff.; *ders.*, Leistungslohn, in: Dt. Bergwerksztg. vom 6. Nov. 1938.

73 ›Innerbetriebliche Leistungssteigerung‹ (Anm. 72), S. 735.

74 Im Okt. 1928 arbeiteten 79,1%, im Okt. 1931 72,1% und 1940/41 »durchweg 80 bis 90% aller Werftarbeiter im Akkord (St. Jb. DR 1930, S. 292; 1933, S. 268; Denkschrift über die Lohn- und Arbeitsbedingungen auf den deutschen Seeschiffswerften zu Beginn des Jahres 1941, in: BA R 41/Bd. 153, Bl. 32ff.).

75 Auf der ›Deutschen Werft‹ waren schon kurz nach der ›Machtergreifung‹ Arbeits- und Zeitstudien nach der Refa-Methode und darauf basierende Akkorde eingeführt worden. Die meisten anderen Unternehmen dieses Industriezweiges hatten dagegen erst 1938/39 mit der Taylorisierung der Werftarbeit begonnen. Bei den wenigen, meist kleineren Werften, die das Refa-Verfahren bis 1941 noch nicht angewandt hatten, handelte es sich vorwiegend um solche, in denen ein weit überdurchschnittlicher Anteil an nicht ›refa-fähigen‹ Reparaturarbeiten anfiel (nach: Niederschrift über die Sachverständigenausschußsitzung zur Beratung der Lohn- und Arbeitsbedingungen auf den deutschen Seeschiffswerften am 23. Jan. 1941 in der IHK Hamburg, in: ebd., Bl. 81f.; ausführlich hierzu jetzt auch *Siegel*, Leistung, Kap. IV.1.).

76 Alle Zitate aus: Denkschrift dt. Seeschiffswerften 1941 (Anm. 74), Bl. 36f.

77 Niederschrift vom 23. Jan. 1941 (Anm. 75), Bl. 82f.

78 Vgl. z. B. E. *Bramesfeld*, Bewertung der Arbeitsschwierigkeit und des menschlichen Leistungsgrades, in: TuW, Jg. 31, 1938, S. 177ff.; *ders.*, Richtiges Leistungsgradschätzen, in: MB, Jg. 20, 1941, S. 266; *ders.*, Entwicklung und Stand der Zeitstudie, S. 93ff.; *ders.*, Untersuchung und Gestaltung der Betriebsarbeit, in: TuW, Jg. 36, 1943, S. 61ff.; Hermann *Böhrs*, Die gegenwärtige Bedeutung der Zeit- und Arbeitsstudien im Fabrikbetrieb, in: WuW, Jg. 29, 1935, S. 61ff.; *ders.*, Innerbetrieblicher Lohnaufbau, in: ZfO, Jg. 9, 1935, S. 383ff.; *ders.*, Anpassung der Akkorde, S. 242ff.; *ders.*, Zweck und Inhalt der Leistungsvorgaben, in: ZfO, Jg. 15, 1941, S. 171ff.; *ders.*, Stand und Entwicklung der Zeitstudie, in: ebd., S. 126ff. (Teil I), S. 145ff. (Teil II); Kurt *Frankenberger*, Abstimmung des Arbeitstaktes, in: ZfO, Jg. 14, 1940, S. 213ff.; *ders.*, Das Schätzen des Leistungsgrades bei Arbeitsstudien, in: WuW, Jg. 35, 1941, S. 341ff.; Kurt *Pentzlin*, Fragen der Lohngestaltung, in: TuW, Jg. 31, 1938, S. 121ff.; *ders.*, Arbeitsforschung in der Betriebspraxis, in: TuW, Jg. 35, 1942, S. 57ff. (Teil I), S. 77ff. (Teil II); K. *Haase*, Aus der Praxis der Arbeitszeitermittlung, in: WuW, Jg. 29, 1935, S. 273ff.; Erich *Möckel*, Zwangsläufige Berücksichtigung der Leistungsgrade bei Arbeitsstudien, in: MB, Jg. 17, 1938, S. 87ff.; A. *Winkel*, Die Auswirkung der Refa-Arbeit in Unternehmen, in: ebd., S. 505f.; Erich *Kupke*, Akkord. Leistungs- oder Kontrollohn?, in: TuW, Jg. 32, 1939, S. 33ff.; *Peiseler*, Rationalisierung, S. 7ff., S. 25ff. (Teil II); Friedrich *Kappmeier*, Leistungsgradschätzen bei Maschinenarbeit, in: TuW, Jg. 36, 1943, S. 39f.

79 E. *Bramensfeld*, Entwicklung und Stand der Zeitstudie in Deutschland, in: TuW, Jg. 35, 1942, S. 93; vgl. z. B. auch Kurt *Pentzlin*, Arbeitsforschung und Betriebspraxis, in: ebd., S. 57ff.; Hermann *Böhrs*, Anpassung der Akkorde an den technischen Fortschritt, in: ZfO, Jg. 11, 1937, S. 243. Der faktische Vorbildcharakter der US-amerikanischen Arbeitswissenschaft in dieser Hinsicht fand seinen Ausdruck auch in Übersetzungen von Aufsätzen amerikanischer Autoren in deutschen Zeitschriften (vgl. z. B. C. N. *Harwood*, Schulung der Zeitnehmer zu Leistungsbewertern, in: Heat treating and forging, Okt. 1937, übersetzt in: Industrielle Psychotechnik, Jg. 17, 1940, S. 164ff.).

80 Rezension der zweiten, 1942 erschienenen Auflage des ›Leitfadens für das Arbeitsstudium‹, in: TuW, Jg. 35, 1942, S. 70.

81 Dieser ›Leitfaden für das Arbeitsstudium‹, der 1937 in der ersten Auflage erschien, war von Erwin Bramesfeld und Otto Graf im Auftrag des Refa verfaßt worden.

82 Zwar war das Manuskript für das 3. Refa-Buch bereits 1943 fertiggestellt (vgl. *Pechhold*, 50 Jahre, S. 91) und es konnte im Jan. 1945 vermeldet werden: »Der erste Teil des langerwarte-

ten ›3. Refa-Buches‹ ist im Druck.« (›Arbeitsstudien‹, in: Z. VDI, Bd. 89, 1945, S. 7). Der erste Band dieses (unter der Federführung von Böhrs verfaßten) dritten ›Handbuches für Arbeits- und Zeitstudien‹ erschien dann allerdings erst im Mai 1951 (*Pechhold*, 50 Jahre, S. 124). Vom 2. Refa-Buch waren bis 1939 34 000 Exemplare in drei Auflagen gedruckt worden.

83 Zitate aus: Tätigkeitsbericht des Dinta 1929/30, in: AS, Jg. 2, 1930/5, Teil I, S. III.

84 Walter *Dyckerhoff*, Zur Volksgemeinschaft!, in: AS, Jg. 4, 1932/1, S. 6.

85 Beide Zitate aus: Helmut *Stein*, Unternehmer und Arbeitsbestgestaltung, in: AS, Jg. 3, 1931/2, S. 45; zum Refa vgl. *Hanf*, Möglichkeiten, S. 167.

86 *Pentzlin*, Arbeitsforschung, S. 57.

87 Carl *Arnhold*, Der menschliche Faktor im Betrieb, in: Werksleiter 2. Jg./1928 (Heft 23), als Sonderdruck in: AS, Jg. 2, 1930/5.

88 *Bramesfeld*, Entwicklung, S. 93.

89 Vgl. *Pechhold*, 50 Jahre, S. 75 bzw. 77. Im Gegensatz zum eher modernistischen, am US-amerikanischen Vorbild orientierten Refa war das vor allem in der nordrhein-westfälischen Schwerindustrie tätige Dinta stärker vom völkischen Gemeinschaftsdenken geprägt (ohne indes in seiner konkreten Praxis dysfunktional für nach den Prinzipien des modernen Industriekapitalismus arbeitende Betriebe zu sein – im Gegenteil). Zentrale nationalsozialistische bzw. reaktionär-völkische Ideologeme wie ›Volksgemeinschaft‹, ›Betriebsgemeinschaft‹ oder ›Werksgemeinschaft‹ und das Führerprinzip waren seit Gründung am 6. Okt. 1925 theoretische Basis des Dinta gewesen (vgl. z. B. die Zeitschrift des Dinta ›Arbeitsschulung‹ (AS), Jg. 2, 1930/4, S. 5 ff.; AS, Jg. 3, 1931/1, S. 8; AS, Jg. 3, 1931/2, S. 42 f.; AS, Jg. 4, 1932/1, S. 4 ff.; AS, Jg. 5, 1933/1, S. 23 ff.; Dt. Bergwerkszg. vom 1. Okt. 1933 und 17. Febr. 1935). Überdies hatten schon frühzeitig personelle Verbindungen zwischen NSDAP und Dinta bestanden (vgl. z. B. *Arnhold* in: AS, Jg. 6, 1934/1, S. 6).

90 Das Abkommen ist wörtlich zit. bei *Pechhold*, 50 Jahre, S. 83.

91 Ende 1934 waren in den verschiedenen Bereichen des Dinta etwa 4000 Personen beschäftigt (vgl. ›Neuer Betriebs- und Arbeitsstil. Eine inhaltliche Arbeitstagung des Dinta‹, in: Köln. Ztg. vom 31. Okt. 1934, nach: HA GHH 400 125/6). Nach der organisatorischen Neuordnung und Ausweitung wurde der Mitarbeiterstab weiter erhöht. Zum organisatorischen Aufbau des AfBuB vgl. A. *Bremhorst*, Aufgaben des neugeschaffenen Amtes für Betriebsführung und Berufserziehung, in: AS, Jg. 8, 1936/1, S. 3 ff. sowie ›Amt für Berufserziehung und Betriebsführung‹, in: Dt. VW, Jg. 4, 1935, S. 494 f.

92 Auf einer Sitzung der Vorsitzenden der regionalen Refa-Ausschüsse am 16. Mai 1940 stellte der Vorsitzer des Refa diesbezüglich fest: »Die im Jahre 1935 begonnene Zusammenarbeit mit der Deutschen Arbeitsfront hat, wie von beiden Seiten festgestellt wird, nach nunmehr fast fünfjährigem Zusammenwirken die besten Ergebnisse gezeigt und die Refa-Arbeit zu immer größerer Bedeutung für die Allgemeinheit gebracht« (nach: Richtlinien für organisatorische Fragen innerhalb der Refa-Ausschüsse, in: THA VSt 589–593). Die Ausweitung der Refa-Aktivitäten drückte sich auch im Ausbau der Organisation aus: Bei Kriegsbeginn existierten 43 Refa-Ausschüsse, 1942, waren es bereits 82 (nach: Bericht über die Refa-Arbeit im Kriege (1939–1943), in: THA VSt/589–593). Zur Kooperation DAF-Refa vgl. auch *Marrenbach*, Fundamente, S. 272; *Winkel*, Auswirkungen, S. 505).

93 *Pechhold*, 50 Jahre, S. 82.

94 Helmut *Stein*, Vom Akkord zum Leistungslohn, in: ZfO, Jg. 15, 1941, S. 162 bzw. *ders.*, Leistungsauslese und Leistungslohn, in: ebd., S. 3.

95 *Teschner*, Lohnpolitik, S. 73.

96 Helmut *Stein*, Erfahrungen mit unserer neuen Lohnordnung, in: ZfO, Jg. 16, 1942, S. 198 ff.; vgl. auch *ders.*, Leistungsauslese, S. 1 ff.; *ders.*, Vom Akkord zum Leistungslohn, S. 164 ff. Die Definition des Steinschen ›Leistungslohns‹ entspricht inhaltlich exakt der des ›Kontraktlohnes‹ bei *Teschner*, Lohnpolitik, S. 74. Zum Hintergrund des von Stein entwickelten Lohnsystems vgl. jetzt ausführlich *Rüther*, Sozialpolitik, insbesondere S. 108 ff.

Anmerkungen zu S. 183—184

97 Bericht vor der Hauptausschußsitzung des Refa vom 20./21. Okt. 1944 in Dresden, zit. nach: *Siegel*, Leistung, S. 208. So mußten z. B. im Siemens-Betrieb Sonneberg beschäftigte ›Ostarbeiterinnen‹ zeitweilig »so lange... arbeiten..., bis sie die Schichtleistung normalleistender deutscher Arbeitskräfte erreicht« hatten (ZW-Mitt. blatt Juli 1943, in: SAA 60/Ls 657).

98 Allerdings wurde z. B. bei Siemens mit Interesse auch eine nicht-repressive Form des ›Freizeitakkords‹, wie sie in zwei US-amerikanischen Firmen praktiziert wurde, zur Kenntnis genommen – freilich ohne ersichtlich konkrete Auswirkungen (vgl. Bericht von Pentzlin »über seine Erfahrungen mit einer Art ›Freizeitakkord‹ in zwei amerikanischen Firmen«, Anlage zu: Rundschreiben der Zentral-Werksverwaltung an die Werksleiter vom 20. Aug. 1943, in: SAA 14/Lb 696).

99 Vgl. Walter *Scheuer*, Beitrag zur Frage der Schätzung von Arbeitsvorgabezeiten bei Leistungslohn (Diss.), Würzburg 1937, S. 47.

100 Vgl. z. B. die Niederschriften über die im Jan./Febr. 1941 abgehaltenen Sachverständigenausschuß-Sitzungen zu den Lohn- und Arbeitsbedingungen auf den deutschen Seeschiffswerften, in: BA R 41/Bd. 153, Bl. 79f., 96f., 115ff., 133ff., 154ff., 179ff. sowie *Hanf*, Möglichkeiten, S. 156, 163, 283 (Anm. 7), 285 (Anm. 100). Hanf nennt Beispiele aus der Elektroindustrie und dem Maschinenbau und weist darauf hin, daß zumindest in diesen Fällen seitens der Arbeiter kein Rechtsanspruch auf die Akkordausgleichszulage bestand.

101 Nach: SOPADE-Berichte 1938, S. 305; 1939, S. 49.

102 In mehreren Abteilungen der S&H AG z. B. war »ein seit vielen Jahren bestehendes Prämiensystem... nicht nur nach der Menge der erzeugten Leichtbauplatten ausgerichtet, sondern berücksichtigt(e) außerdem die Güte, insbesondere das Gewicht der Platten und den angefallenen Ausschuß«. Diese auf Quantität und Qualität gleichermaßen bezogene Prämie erreichte bei vielen Arbeitern die Höhe des Grundlohnes (vgl. Schreiben von Dir. Werner Stockmann an Dir. Robert Schlüter i. Fa. S&H vom 20. Juni 1944, in: BA R 12 I/Bd. 274). Ähnlich abgestufte Prämiensysteme fanden auch in anderen Betrieben und Zweigen der Metallverarbeitung wie dem Schiffsbau, der Flugzeugindustrie und dem Maschinenbau Anwendung (vgl. z. B. ›Angriff‹ vom 20. Nov. 1938, nach: SOPADE-Berichte 1939, S. 50; Niederschrift vom 23. Jan. 1941 (Anm. 75), Bl. 82f.; Denkschrift ›Übersicht über die wirtschaftliche Gesamtlage‹ der VJP-Dienststelle, nach: *Steinert*, Hitlers Krieg, S. 181; Kurt *Rummel*, Mehrleistung, Mehranstrengung und Mehrverdienst, in: TuW, Jg. 36, 1943, S. 77ff.; zur Chemieindustrie vgl. Gustav *Stoffers*, Arbeitsgüte und Leistungslohn, in: ebd., S. 149f. sowie J. *Eitzenberger*, Stücklohn oder Prämienlohn in einer Prüfabteilung, in: WuW, Jg. 15, 1941, S. 299ff.). Nur auf die Quantität bezogene Zusatzprämien führten dagegen meist zu qualitativ schlechterer Produktion. So z. B. im Sept. und Okt. 1940, als im Zuge der Vorbereitung der Luftangriffe auf England den in der deutschen Flugzeugindustrie beschäftigten Arbeitern für jedes fertiggestellte Flugzeug eine Sonderprämie gezahlt wurde (vgl. Denkschrift dt. Seeschiffswerften 1941 (Anm. 74), Bl. 41).

103 So erhöhte sich der Anteil der im Prämien- bzw. Akkordlohn beschäftigten Arbeiter z. B. im Thomaswerk der Thyssenhütte der ATH AG sowie in den Schmiedepreßwerken und der Federstahlwerkstatt der Krupp-Gußstahlfabrik bereits in den ersten Jahren der NS-Diktatur erheblich (vgl. THA A/1850 bis A/1867; Betriebsberichte der Schmiedepreßwerke bzw. Federwerkstatt in HA Krupp WA 41/3-821, -822, -825, -827, -829; vgl. auch Niederschrift über Sitzung des VR der GHH, Abt. Düsseldorf, vom 7. Juli 1938, in: HA GHH 400 144/12).

104 Vgl. *Werner*, Bleib übrig, S. 223.

105 Vgl. Schreiben des RAM an den RtdA für Niedersachsen vom 20. Febr. 1942, in: BA R 41/Bd. 60, Bl. 30 sowie Erlaß des RAM vom 30. April 1942, in: ebd., Bl. 67; Erlaß des GBA an die RtdA vom 27. Mai 1942, in: ebd., Bl. 70 sowie den Bericht des GBA an den RAM vom Sept. 1942, in: BA R 41/Bd. 29, Bl. 65 Rs.

106 Bereits Anfang 1936 wurde in den SOPADE-Berichten für das Baugewerbe konstatiert, daß vielfach »eine bis ins kleinste ausgetüftelte Spezialisierung der Arbeit« vorgenommen

wurde und »der einzelne Mann... immer dieselben Handgriffe« zu machen habe (SOPADE-Berichte 1936, S. 97).

107 Gerhard *Ziegler*, Leistungsrichtsätze im Bau, in: D. Dt. V. vom 6. April 1939 (1938/39, S. 1305f.); ausführliche Darstellung der ›Leistungsrichtsätze‹ bei: Arnim *Sander*, Leistungsrichtsätze für Bauarbeiter des Fachamtes ›Bau‹ der Deutschen Arbeitsfront, Berlin 1939. Um eine propagandistisch geschönte Darstellung der Lohn- und Arbeitsverhältnisse eines Baubetriebes, der sich seit Anfang 1937 an den ›Leistungsrichtsätzen‹ orientierte, handelt es sich bei: Karl *Niemax*, Der Leistungslohn in der deutschen Bauwirtschaft, Berlin 1941³. Nach der Einführung der ›Leistungswerte‹ wurde in dem betreffenden Bauunternehmen angeblich eine Leistungssteigerung von 100% erreicht (vgl. ebd., S. 12).

108 Berichte der RtdA für Mai/Juni 1938, zit. nach: *Mason*, Arbeiterklasse, S. 656 (Dok. 108).

109 Vgl. ›Tariflohn, Akkordlohn, Leistungslohn‹, in: Dt. Bergwerksztg. vom 9. Mai 1939; *Kind*, Akkordlohn, S. 68f.; *Niemax*, Leistungslohn, S. 11.

110 Vgl. Otto *Kalckbrenner*, Leistungslohn im Baugewerbe, in: Mh.NS, Jg. 9, 1942, S. 142f.; *ders.*, Die Reichstarifordnung zur Einführung des Leistungslohnes im Baugewerbe, in: SozD. 1942, S. 410ff.; *Syrup*, 100 Jahre, S. 479f.; ferner *Werner*, Bleib übrig, S. 234f.; *Recker*, Sozialpolitik, S. 245f.

111 Meldungen vom 25. Febr. 1943, S. 4851; vgl. ebd., S. 4853f.

112 Ebd., S. 4852f. Selbst auf den infrage kommenden Baustellen wurde der Leistungslohn nur zum Teil durchgesetzt (vgl. *Werner*, Bleib übrig, S. 235).

113 *Syrup*, 100 Jahre, S. 480.

114 Vgl. neben der in Anm. 60 genannten Literatur vor allem *Kalveram*, Gruppenakkord, S. 39ff.; Th. *Hupfauer*, Mensch, Betrieb, Leistung, Berlin 1943, S. 80 sowie *Roth*, Weg, S. 231; SOPADE-Berichte 1939, S. 765; zum Bergbau vgl. *Wisotzky*, Ruhrbergbau, S. 169ff.

115 Ausführlich (inkl. Beispiele): *Kalveram*, Gruppenakkord, S. 34ff., 37ff.

116 Ebd., S. 65; ausführlich (inkl. Beispiele): ebd., S. 49ff., 53ff., 81ff. sowie *Duvigneau*, Verbreitung, S. 71ff.

117 Vgl. z. B. K. *Fischer*, Leistungsprinzip. Praktische Erfahrung im Betriebe, in: Eisen und Metall 1938/12, S. 360.

118 *Hupfauer*, Mensch, S. 80.

119 *Kalveram*, Gruppenakkord, S. 65; vgl. auch z. B. ›Auf den Leistungswillen kommt es an‹, in: Eisen und Metall 1939/2, S. 41. In den SOPADE-Berichten wurde festgestellt, die weit verbreitete Arbeit im Gruppenakkord habe »zur Folge, daß ein unheimliches Tempo eingehalten wird. Jeder schielt auf den anderen, ob der sich nicht auf Kosten seiner Akkordkollegen vor der Arbeit drückt« (SOPADE-Berichte 1939, S. 777; ähnlich: ebd., S. 795).

120 Vgl. hier das Urteil des Sozialen Ehrengerichts des Treuhänder-Bezirks Thüringen vom Anfang 1939, das einen Arbeiter zu der hohen Geldstrafe von 800 RM verurteilte, weil dieser durch »Gehorsamsverweigerung« die »Akkordverdienste seiner Arbeitskameraden in empfindlicher Weise beeinträchtigt« habe (nach: Amtl. Mitt. des RtdA für Thüringen/Mittelelbe vom 20. Juni 1939 (1939, S. 266f.)).

121 *Kalveram*, Gruppenakkord, S. 77f.

122 Siemens-Bauunion, Vorträge gehalten auf der Tagung vom 14. Juni 1939 in Siemensstadt, Berlin, in: SAA 64/Ls 665.

123 Vgl. Robert *Rieschel*, Die Abrechnung des Gruppenakkords unter Berücksichtigung der Einzelleistung, in: ZfO, Jg. 18, 1944, S. 15f.

124 *Kalveram*, Gruppenakkord, S. 94 bzw. 97.

125 Vgl. z. B. Schreiben der Bezirksgruppe Hessen der RGI an die RGI vom 29. Juli 1935, in: BA R 12/Bd. 274.

126 In der Metallwarenherstellung beispielsweise sanken die Bruttostundenverdienste der Facharbeiter von Okt. 1928 bis Okt. 1931 im Akkord um 15,4%, im Zeitlohn nur um 9,6% und

die der Angelernten im Akkord um 14,2%, im Zeitlohn 2,6%; ähnlich ausgeprägt waren die Differenzen auch bei den Hilfsarbeitern (− 14,1% bzw. − 3,6%) und den Arbeiterinnen (− 12,0% bzw. − 0,4%). Noch extremer waren die entsprechenden Prozentsätze für die Arbeiter des Land- und Luftfahrzeugbaus, sie lagen für Facharbeiter bei − 9,6% im Akkord und + 2,1% im Zeitlohn, für Angelernte bei − 9,8% bzw. − 6,2%, für Hilfsarbeiter bei − 16,5% bzw. + 7,7% und für Arbeiterinnen bei − 6,8% bzw. + 1,2%. Für andere Zweige der Metallverarbeitung galt dieser Trend abgeschwächt (Quelle wie Tab. 17).

127 Vgl. z. B. die Entwicklung der Akkordverdienste der ›Ersten mechanischen Werkstatt‹ und der ›Werkzeugmacherei‹ der Krupp-Gußstahlfabrik oder in den Berliner, Nürnberger und Plauener Siemens-Werken (vgl. Tab. 16 sowie HA Krupp WA IV 2908 bis 2910).

128 So hatten z. B. die ›sonstigen Arbeiter‹ in den Stahlwerken von Okt. 1928 bis Okt. 1931 im Akkord einen Abbau ihrer Effektivlöhne um 8,3% je Stunde, im Zeitlohn dagegen nur einen von 2,9% hinzunehmen. In den Hüttengießereien wurden die Stundenverdienste der Facharbeiter um 16,9% (Akkord) bzw. 10,5% (Zeitlohn), die der Angelernten um 14,8% bzw. 11,0% und die der Hilfsarbeiter um 15,8% bzw. 6,7% gekürzt (nach: St. Jb. DR 1930. S. 291; 1933, S. 267). Daß der Abbau der auf die Arbeitsleistung bezogenen Akkordverdienste in der Stahlindustrie nur zu einem Teil auf die gesunkene Produktion je Arbeiter zurückzuführen war, wird etwa bei *Lutz*, Krise, S. 133 gezeigt. Verantwortlich für den Abbau der effektiven Akkordverdienste waren in erster Linie die parallel zum Tariflohnabbau realisierten Kürzungen der betrieblichen Akkord- bzw. Prämiensätze (nachzuvollziehen z. B. anhand der Bekanntmachungen des Direktoriums der Fried. Krupp AG an die Betriebe vom 7. Aug. 1931, 23. Dez. 1931 und 22. Nov. 1932, in: HA Krupp WA 41/3-740a bzw. 41/3-740b).

129 Vgl. die Angaben über die Verdienste in der Chemieindustrie, der Bautischlerei und Möbelherstellung und der Schuhindustrie für die Jahre 1928 und 1931 in: St. Jb. DR 1931, S. 275, 277; 1933, S. 269, 271 f. (Für andere Industriezweige sind derartige Vergleiche nicht möglich.)

130 In der Chemieindustrie sanken die Bruttostundenverdienste der gelernten Handwerker von Juni 1931 bis Juni 1934 je nach Lohnform (Zeit-, Stück-, Prämienlohn) um 15,6%, 16,1% bzw. 17,9%, die der männlichen Betriebsarbeiter um 15,0%, 15,4% bzw. 13,4% und die der weiblichen Betriebsarbeiter um 12,8%, 15,0% bzw. 15,9%. Um etwa ein Drittel sanken die Bruttostundenverdienste zwischen März 1931 und März 1934 in der Bautischlerei und Möbelherstellung, um etwa zwanzig Prozent in der Süß-, Back- und Teigwarenindustrie – unabhängig von der Lohnform (nach: St. Jb. DR 1933, S. 269, 271; 1935, S. 278, 280 f.). Noch schärfer – nämlich in der in Kap. V.2.3. für die Durchschnittsverdienste beschriebenen Weise – tritt das ganze Ausmaß der Lohnkürzungen für Zeitlöhner wie für Akkordarbeiter hervor, wenn man die Entwicklung der Wochenverdienste mit der Arbeitszeit vergleichen würde.

131 Vgl. z. B. für die Textilindustrie: SOPADE-Berichte 1934, S. 442, 650 f.; 1935, S. 329, 1193 f., 1213; 1936, S. 91, 569, 1169 f., 1462, 1468; 1937, S. 779, 786, 1017, 1020, 1245; 1938, S. 300, 303, 309.

132 Vgl. *Eiber*, Arbeiter, S. 87 bzw. 95 f.

133 Dies wird noch deutlicher, wenn wir einzelne Berufsgruppen betrachten: So stiegen die Akkordverdienste der der Lohngruppe A subsumierten Schlosser von 1,08 RM 1933 auf 1,20 RM 1936 (also um 11,1%), die der der gleichen Lohngruppe zugeordneten Dreher in diesen drei Jahren sogar von 1,07 RM auf 1,23 RM oder um 14,9% (alle Berliner SSW-Werke). Die Gesamtzahl der in dieser Lohngruppe tätigen Akkordarbeiter hatte dagegen nur einen Verdienstzuwachs von 2,6% (von 1,145 auf 1,175 RM) zu verzeichnen (allerdings nur Dynamowerk; nach: SAA 15/Lg 562).

134 Ähnlich Siemens stellten auch die Berliner und Stuttgarter Werke der Daimler-Benz AG »eine Enklave überdurchschnittlicher Leistungslöhne« dar (*Roth*, Weg, S. 156; vgl. auch ebd., S. 337 f., Tab. 11 bis 13 sowie Hans *Pohl* u. a., Die Daimler-Benz AG in den Jahren 1933 bis 1945: eine Dokumentation, Wiesbaden 1986, S. 140 f.).

135 Vgl. z. B. LB der Polizeidirektion Augsburg vom 1. Okt. und 1. Nov. 1934, nach: Bayern in der NS-Zeit, Bd. 1, S. 228 f.; LB der StaPo Frankfurt a. M. für Juli 1935, in: Hessen-Nassau 1933–1936, S. 461; *Hetzer*, Industriestadt Augsburg, S. 115; SOPADE-Berichte 1934, S. 34, 433 f., 441, 662; 1935, S. 326 u. ö.

136 Vgl. Mon.B der Polizeidirektion Augsburg für Juni 1936, nach: Bayern in der NS-Zeit, Bd. 1, S. 254; SOPADE-Berichte 1936, S. 98, 479, 606, 739, 1168, 1170 f., 1463, 1465 f., 1503, 1592; 1937, S. 328 f., 780 f., 787 f., 1016 ff., 1020, 1042, 1243 ff., 1296 f., 1680; 1938, S. 303, 308, 446 u. ö.

137 Vgl. z. b. die Kontroverse um die Herabsetzung der Akkordsätze im Feinblechwalzwerk der GHH nach den Niederschriften der Sitzungen des Vertrauensrates der Oberhausener Hüttenwerke vom 29. Mai und 13. Okt. 1936, in: HA GHH 400 144/20 – und die Niederschrift über die Besprechung vom 30. Juni 1936 zwischen einem Sachbearbeiter des TdA, einem Vertreter der DAF-Gauverwaltung, Vertretern des Vertrauensrates und der Direktion der GHH, in: HA GHH 400 149/17; außerdem die Klagen über niedrige Akkorde in der Krupp-Gußstahlfabrik auf der Sitzung des Vertrauensrates vom 21. April und 15. Nov. 1937, in: HA Krupp 41/6-207; ferner SOPADE-Berichte 1934, S. 662, 673 f., 680; 1935, S. 1192, 1322; 1936, S. 1162, 1565 f.; 1937, S. 1042.

138 Vgl. z. B. die Entwicklung der Stundenverdienste im Thomaswerk der Thyssenhütte der ATH AG nach Arbeitergruppen, in: THA A/1850 bis A/1867.

139 Zentralbüro, Dt. Sozialpolitik 1937, S. 31.

140 Jb. Gew. 1933/34 (Preußen), S. 443 und 445.

141 Allgemeine Bekanntmachung des TdA für das Wirtschaftsgebiet Hessen vom 4. Dez. 1936, in: Amtl. Mitt. dess. vom 25. Dez. 1936 (1936, S. 225). Nach Angaben der SOPADE war noch um die Jahreswende 1938/39 in vielen oberschlesischen Betrieben »freiwillige Mehrarbeit an der Tagesordnung, um im Akkord die vorgeschriebene Leistung zu erreichen« (SOPADE-Berichte 1939, S. 83).

142 Zentralbüro, Dt. Sozialpolitik 1937, S. 32.

143 SOPADE-Berichte 1935, S. 1194.

144 Zentralbüro, Dt. Sozialpolitik 1937, S. 32.

145 Vgl. z. B. SOPADE-Berichte 1934, S. 649.

146 Vgl. z. B. SOPADE-Berichte 1936, S. 606.

147 Nach: Amtl. Mitt. des TdA für Bayern vom 1. Febr. 1937 (1937, S. 41); vgl. auch ›Die Arbeitszeit bei Fließarbeit‹, in: SP, Jg. 46, 1937, Sp. 139. Der Reichsarbeitsminister bezog sich zwar explizit nur auf Vorgänge in der Bekleidungsindustrie; seine Bemerkungen besaßen jedoch auch grundsätzliche Gültigkeit für alle anderen Industriesektoren, in denen die Fließfertigung zur Anwendung gelangte.

148 Fritz *Schulz*, Moderne Methoden der Lohndrückerei innerhalb des Tarifvertrags, in: Mh.NS, Jg. 1, 1933/34, S. 161 f.

149 Ebd., S. 161.

150 Schreiben der IHK Duisburg-Wesel an die Wirtschaftskammer Westfalen und Lippe vom 1. Aug. 1938, in: WWA K1 Nr. 2176; vgl. auch LB der Polizeidirektion Augsburg vom 1. April 1935, in: Bayern in der NS-Zeit, Bd. 1, S. 235; SOPADE-Berichte 1935, S. 784; 1936, S. 569, 1463, 1465; 1937, S. 786, 1016; 1938, S. 308 f., 435, 456; 1939, S. 54 sowie Kap. VII, Anm. 6.

151 SOPADE-Berichte 1937, S. 1701 f.; vgl. auch SOPADE-Berichte 1938, S. 1102 f.

152 Vgl. Schreiben des Präsidenten des LAA Brandenburg an den Präsidenten der Reichsanstalt für Arbeitsvermittlung und Arbeitslosenversicherung vom 8. Jan. 1938, in: BA R 41/ Bd. 151, Bl. 10; Wirtschaftlicher LB des Oberpräsidenten der Provinz Sachsen für die Monate Febr. und März 1938 vom 25. April 1938; Bericht der Wehrwirtschaftsinspektion VI (Münster) an den Wehrwirtschaftsstab vom 2. Sept. 1938; Monats- bzw. Sozialberichte der RtdA für Jan./ Febr. 1938, für das 3. und 4. Vierteljahr 1938 sowie das 1. Vierteljahr 1939, in: *Mason*, Arbeiter-

klasse, S. 275, 350f., S. 611, S. 792, S. 862, 869, S. 948 (Dok. 26, 39, 96, 137, 150, 156); SOPADE-Berichte 1934, S. 649; 1936, S. 608, 714, 1192, 1200, 1441, 1444f.; 1937, S. 779, 1294; 1938, S. 303f.; 1939, S. 54.

153 Aktennotiz der Hauptverwaltung, Abt. A der GHH vom 9. Dez. 1938, in: HA GHH 400 101330/4; ähnlich auch die Feststellungen des Statistischen Reichsamtes z. B. in WuSt, Jg. 19, 1939, S. 24. Zum ›Akkordbremsen‹ vgl. Kap. VI.7.

154 An diesem Tatbestand ändert sich grundsätzlich auch dadurch nichts, daß von der Erhebung im Juni 1938 auch die österreichischen Metallarbeiter miterfaßt wurden: Nach Angaben der DAF, die im Aug. 1938 eine umfangreiche eigene Erhebung über die Effektivlöhne der österreichischen Industrie durchführte, waren die Bruttostundenverdienste in einigen Sektoren der metallverarbeitenden Industrie in der ›Ostmark‹ höher als im ›Altreich‹ (Fahrzeugbau, elektrotechnische, feinmechanische und optische Industrie sowie Eisenbau), in anderen niedriger (Herstellung von Eisen-, Stahl- und Metallwaren, Maschinenbau und Waggonbau). Insgesamt dürften die Bruttostundenverdienste in Österreich höchstens geringfügig von denen des ›Altreichs‹ abgewichen sein. Die Ergebnisse der DAF-Erhebung sind zu finden in: *AWI* der DAF, Lohnerhebung in der Ostmark, in: *dass.*, Jb. 1938, Bd. II, S. 231 ff.

155 Zur Entwicklung der Arbeitsintensität und -produktivität vgl. Kap. VII.1., zur Entwicklung der Arbeitszeit und der Rationalisierung Kap. III.2. bzw. IV.2.

156 *AWI* der DAF, Zum Arbeitsschutz der Frau in Industrie und Handwerk, in: *dass.*, Jb. 1940/41, Bd. I, S. 401; zur Halbtagsarbeit von Frauen vgl. Kap. III.2.

157 Niederschrift über die Berichte, gegeben beim Besuch von Gauleiter Sauckel vom 25. Sept. 1942 in den Wernerwerken der S&H AG in Siemensstadt, S. 11, in: SAA 14/Lt 397.

158 *Bramesfeld*, Entwicklung, S. 93; vgl. auch *Böhrs*, Anpassung, S. 247.

159 W. *Moede*, Der Mensch in Betrieb und Wirtschaft, in: Mh.NS, Jg. 6, 1939, S. 64.

160 *AWI* der DAF, Der Akkordlohn, Grundsätzliches zur Frage der Leistungsmessung und Leistungsbewertung, in: *dass.*, Jb. 1937, S. 189.

161 Vgl. *Taylor*, Grundsätze, S. 7.

162 Vgl. Kap. VI.7.

163 Vgl. Erich *Kupke*, Das Leistungsgradschätzen, in: Industrielle Psychotechnik, Jg. 17, 1940, S. 121 ff. und 178 ff., hier: S. 182 und 199 sowie Kurt *Pentzlin*, Eine Arbeitsstudie an Zeitnehmern, in: TuW, Jg. 34, 1941, S. 21 ff.; *ders.*, u. Helmut *Zieseniss*, Eine Arbeitsstudie an Zeitnehmern, in: TuW, Jg. 37, 1944, S. 20 ff. Befragt wurden 63 Teilnehmer eines fortgeschrittenen Zeitnehmerkurses. Zwei weitere Versuche 1942 und 1943 mit jeweils 20 Beobachtern brachten geringfügig verbesserte Ergebnisse (vgl. *Pentzlin/Zieseniss*, Arbeitsstudie, S. 21 ff.; ferner die Versuche von *Scheuer*, Beitrag). Zur schlechten Ausbildung der Refa-Leute im ›Dritten Reich‹ vgl. auch A. *Winkel*, Das REFA-Buch. Erinnerungen eines Mitarbeiters, in: Arbeitsstudium heute und morgen. Fs. zum 70. Geburtstag von E. Bramesfeld, Berlin usw. 1965, S. 12.

164 *Kupke*, Leistungsgradschätzen, S. 125; vgl. auch *ders.*, Der menschliche Leistungsgrad als ein Kernproblem der Leistungssteigerung im Betriebe, in: Mehr Leistung im Betrieb. Eine Sammlung von sieben Aufsätzen zur Leisstungssteigerung mit einer Schrifttumsumschau, Berlin 1943, S. 107 ff.; Walter *Hintze*, Der Leistungsgrad in der Akkordermittlung, in: Werkstatt und Betrieb, Jg. 72, 1941, S. 127 ff.; *Frankenberger*, Schätzen, S. 343.

165 ebd.

166 *Frankenberger*, Schätzen, S. 344; vgl. auch 2. Refa-Buch, S. 45 f.

167 Ein markantes Beispiel für derartige Rechtfertigungen von Akkordkürzungen ist die Rede Sauckels (zu diesem Zeitpunkt NS-Gauleiter und Reichsstatthalter in Thüringen, später ›Generalbevollmächtigter für den Arbeitseinsatz‹) vor den Arbeitern der Gustloff-Werke in Suhl am 4. April 1939, mit der die kurz zuvor in einer Reihe von thüringischen Rüstungsbetrieben erfolgten Kürzungen der Leistungslöhne begründet wurden (nach: *Mason*, Arbeiterklasse, S. 811 ff., hier insbesondere S. 816 ff. (Dok. 141)).

168 *Lutz*, Krise, S. 66.

169 Vgl. beispielsweise Werner *Mansfeld*, Grundsätze der Lohngestaltung, in: VJP, Jg. 2, 1938, S. 521; *ders.*, Die deutsche Sozialpolitik, in: VJP, Jg. 3, 1939, S. 15 f.; *ders.*, Leistungssteigerung und Sozialpolitik, in: ebd., S. 657; *ders.*, Drei Lohnthesen, in: D. Dt. V. vom 25. Aug. 1939 (1938/39, S. 2314); *ders.*, Der Lohnstop als Mittel der Kriegslohnpolitik. Zugleich eine lohnpolitische Bilanz, in: RABl. 1939, II, S. 402; ›Betriebliche Lohnbildung‹, in: Mh.NS, Jg. 6, 1939, S. 353 f.; ›Stundenlohn für Leistungssteigerung ungeeignet‹, in: ebd., S. 31; ›Tagesaufgaben und Zeitaufgaben der Wirtschaftsführung‹, in: VJP, Jg. 3, 1939, S. 407; ›Lohnstabilität und Lohngestaltung‹, in: SP, Jg. 47, 1938, Sp. 1167; Günther Oeltze *von Lobenthal*, Leistungssteigerung durch Akkordlohn, in: D. Dt. V. vom 23. Juni 1939 (1938/39, S. 1882); *AWI*, Untersuchungen zur Lohnordnung, S. 116 und 118; *dass.*, Die sozialen Aufgaben nach dem Kriege, in: *dass.*, Jb. 1940/41, Bd. 1, S. 46 f.; *dass.*, Zur Problematik einer Reichslohnordnung, S. 203, 209 f., 220; Bericht des Präsidenten des LAA Brandenburg an den Präsidenten der Reichsanstalt vom 8. Jan. 1938; Bericht der Wehrwirtschafts-Inspektion VI (Münster) an den Wehrwirtschaftsstab vom 2. Sept. 1938; Berichte der RtdA für Jan./Febr. und das 4. Vierteljahr 1938, das 1. Vierteljahr 1939, nach: *Mason*, Arbeiterklasse, S. 260, 275, 611, 792, 859, 948 (Dok. 20, 26, 96, 137, 150, 156); wirtschaftlicher LB des Oberpräsidenten für die Provinz Sachsen für Febr./März 1938, nach: Armut und Sozialstaat, S. 263 u. a. m.

170 Vgl. Schreiben des RAM an Göring vom 2. März 1940, nach: *Mason*, Arbeiterklasse, S. 1166 (Dok. 212).

171 So wurde z. B. in einer ›Niederschrift‹ über die Berichte...‹ am 25. Sept. 1942, S. 3 (Anm. 157) seitens der S&H AG u. a. konstatiert, vielerorts seien »die an und für sich klaren Begriffe des Refa verwässert, insbesondere trifft dies auf den Begriff des ›Leistungsgrades‹ zu«. Überhöhte Akkorde seien meist auf Manipulationen am Begriff der ›Durchschnittsleistung‹ zurückzuführen. Für die eigenen Werke wurde allerdings die ›Konjunkturanfälligkeit‹ der refa-ermittelten Leistungslöhne stets geleugnet und konstatiert, gestiegene Akkorde seien ausschließlich auf Leistungssteigerungen zurückzuführen und ständen insofern »nicht im Widerspruch mit dem Grundsatz, daß eine Erhöhung der Löhne möglichst vermieden werden soll« (Geschäftsberichte der Sozialpolitischen Abt. für 1936/37, I, S. 29; 1937/38, I, S. 37; 1938/39, I, S. 32, in: SAA 15/Lc 774). Andererseits wurde im gleichen Atemzug zugegeben, daß den Lohnforderungen »hochwertiger Facharbeiter bei der Einstellung« oder wegen der »Gefahr der Abwanderung« für eine »gewisse Zeit« nachgegeben werden mußte. Dabei handelte es sich allerdings nicht um Änderungen der Vorgabezeiten zugunsten der Arbeiter, sondern um Höhergruppierungen oder die Gewährung refa-unabhängiger Leistungszulagen (Geschäftsbericht 1938/39, I, S. 38).

172 *AWI*, Zur Problematik einer Reichslohnordnung, S. 183; vgl. auch ebd., S. 202 f. Ähnliche Klagen finden sich auch in anderen einschlägigen Zeitschriften. In der neueren Forschung sind diese Behauptungen meist ungeprüft übernommen worden (vgl. etwa Hans-Gerd *Ridder*, Funktionen der Arbeitsbewertung. Ein Beitrag zur Neuorientierung der Arbeitswissenschaft, Bonn 1982, S. 58; *Schmiede/Schudlich*, Entwicklung, S. 291 ff.; *Siegel*, Lohnpolitik, S. 114 f.).

173 Berichte der RtdA für das 4. Vierteljahr 1938, nach: *Mason*, Arbeiterklasse, S. 859 (Dok. 150); vgl. auch Meldungen vom 15. April 1940, S. 1003. Der westfälische RtdA berichtete, daß in einem Fall sogar die Akkordverdienste ungelernter Arbeiter »beträchtlich höher« als die Effektivlöhne der im Zeitlohn beschäftigten Facharbeiter gelegen hätten (vgl. Schreiben des RAM an Göring vom 2. März 1940, S. 1165 (Anm. 170)).

174 Vgl. ›Richtlinien über lohnpolitische Maßnahmen zur Herstellung der Lohn- und Akkordgerechtigkeit in deutschen Rüstungsbetrieben‹, S. 6 f. und 16, nach: *Siegel*, Leistung, S. 241 sowie Praktische Winke für die Einführung der lohnordnenden Maßnahmen in der Rüstungsindustrie, Berlin 1943, S. 7.

175 So verdienten im Juni 1938 junge angelernte Arbeiter bis 27 Jahre im Akkord im Reichsdurchschnitt geringfügig mehr als die im Zeitlohn beschäftigten Facharbeiter der glei-

chen Altersgruppen. Selbst ältere, berufserfahrene Metallfacharbeiter erhielten im Zeitlohn kaum mehr als angelernte Akkordarbeiter. Stärker ausgeprägt war diese Überschneidung zwischen den im Akkord beschäftigten ungelernten Metallarbeitern und den im Zeitlohn beschäftigten Angelernten. Lediglich zwischen den meist unqualifizierten Akkordarbeiterinnen und den mit Hilfsarbeiten befaßten männlichen Zeitlöhnern bestand ein ›standesgemäßer‹ Lohnabstand (vgl. St. Jb. DR 1939/40, S. 352).

176 *Schmiede/Schudlich*, Entwicklung, S. 344.

177 Vgl. Berichte der RtdA für das 4. Vierteljahr 1938, nach: *Mason*, Arbeiterklasse, S. 792 (Dok. 137); WuSPR, Allg. Ausg. vom 31. März 1939.

178 Vgl. Rede Sauckels vom 4. April 1939, S. 810 ff., insbesondere S. 818 (Anm. 167); Berichte der RtdA für das 1. Vierteljahr 1939, nach: *Mason*, Arbeiterklasse, S. 957 (Dok. 156); Karl *Andres*, Neuordnung der Löhne in der Metallindustrie, in: SP, Jg. 52, 1943, Sp. 10; Friedrich *Syrup*, Die deutsche Arbeitsverwaltung im Kriege, in: SozD. 1942, S. 332; ferner *Recker*, Sozialpolitik, S. 42.

179 Die personellen Defizite der Reichstreuhänder-Dienststellen hatte man bereits in den ersten Kriegstagen (allerdings offenbar weitgehend vergeblich) dadurch auszugleichen versucht, daß die DAF-Gauverwaltungen aufgefordert wurden, »für die Dauer der Lohnumgestaltung... den besten Sachkenner Ihres Stabes für das Reichstreuhänderamt abzukommandieren« (Erlaß des Geschäftsführers der DAF an die Gaubobmänner bzw. Fachämter vom 5. Sept. 1939, nach: *Mason*, Arbeiterklasse, S. 1112 (Dok. 192).

180 Erlaß des RAM vom 4. Juli 1939, nach: ebd., S. 829 ff. (Dok. 143).

181 *Mansfeld*, Grundsätze, S. 521.

182 Vgl. vor allem den Erlaß des ›Generalbevollmächtigten für die Wirtschaft‹ an den RAM vom 7. Okt. 1939. Dort hieß es: »Eine Begrenzung der Akkorde nach oben darf nicht erfolgen.« Die Akkorde sollten von den Reichstreuhändern nur dann einer näheren Überprüfung unterzogen werden, wenn die effektiven Akkordverdienste »um mehr als 30%« die »tariflichen Akkordgrundlagen« überschritten und »vermutet werden kann, daß die Akkordbedingungen unzutreffend gestellt sind«. Vier Tage später wies dann der RAM in einem Erlaß die RtdA an, Spannen bis zu 20% zwischen den tariflichen Akkordrichtsätzen und im Akkord erzielten Höchstlöhnen zuzulassen (nach: *Mason*, Arbeiterklasse, S. 1139 ff. (Dok. 203, 204)).

183 Erlaß des GBA vom 7. Okt. 1939, zit. nach: ebd., S. 1138 (Dok. 203).

184 Erlaß des RAM an die RtdA vom 11. Okt. 1939, nach: ebd., S. 1142 (Dok. 204).

185 Schreiben des RAM an Göring vom 2. März 1940, in: ebd., S. 1161 ff. (Dok. 212).

186 Ebd.

187 Vgl. Rede Sauckels vom 4. April 1939, insbesondere S. 818 (Anm. 167).

188 Erlaß des RAM an die RtdA vom 1. Nov. 1939, nach: ebd., S. 1149 f. (Dok. 208).

189 Der sächsische Reichsstatthalter und NS-Gauleiter Mutschmann in einem Bericht an den Ministerrat für die Reichsverteidigung vom 2. Okt. 1939, nach: ebd., S. 1133 (Dok. 201); ähnlich der Essener Oberpräsident und NS-Gauleiter Terboven, nach: Erlaß Görings an den RAM vom 7. Okt. 1939, nach: ebd., S. 1138 (Dok. 203).

190 Vgl. die Erlasse des RAM an die RtdA vom 4. Sept. 1939, 11. Okt. 1939 und 2. März 1940 sowie die Pressenotiz des RAM vom 21. Nov. 1939, nach: ebd., S. 1031, 1103, 1143, 1159, 1162 (Dok. 173, 191, 205, 211, 212).

191 Zu den inhaltlichen und terminologischen Problemen von ›Arbeiteropposition‹ bzw. ›-resistenz‹ – die hier darzustellen bei weitem den Rahmen der vorliegenden Arbeit sprengen würde – vgl. vor allem *Mason*, Arbeiteropposition, S. 293 ff.; Martin *Broszat*, Resistenz und Widerstand. Eine Zwischenbilanz des Forschungsprojekts, in: Bayern in der NS-Zeit, Bd. IV, S. 691 ff.; ders., Zur Sozialgeschichte des deutschen Widerstandes, in: VfZ, Jg. 34, 1986, S. 300 ff.; *Kershaw*, »Widerstand ohne Volk«?, S. 779 ff.; Richard *Löwenthal*, Widerstand im totalen Staat, in: ders. u. Patrick *von zur Mühlen* (Hg.) Widerstand und Verweigerung in Deutschland 1933 bis 1945, Berlin/Bonn 1982, S. 14, 19 ff., auch veröffentlicht in: NS-Diktatur

1933−1945, hier S. 621, 626 ff.; Klaus *Gotto* u. a., Nationalsozialistische Herausforderung und kirchliche Verantwortung. Eine Bilanz, in: Klaus *Gotto* u. Konrad *Repgen* (Hg.), Kirche, Katholiken und Nationalsozialismus, Mainz 1980, S. 103; inzwischen auch veröffentlicht in: NS-Diktatur 1933−1945, hier S. 656 f.; *Peukert*, Volksgenossen und Gemeinschaftsfremde, insbesondere S. 96 ff., 134 ff.; Dieter *Langewiesche*, Was heißt Widerstand gegen den Nationalsozialismus?, in: 1933 in Gesellschaft und Widerstand, Teil I: Gesellschaft, Hamburg 1983, S. 148 f.; zum Thema Streik vgl. vor allem Günther *Morsch*, Streiks und Arbeitsniederlegungen im ›Dritten Reich‹. Eine quellenkritische Dokumentation der Jahre 1936 und 1937, in: VfZ, Jg. 36, 1988, S. 649 ff.

192 Berichte über ›Akkordbremsen‹ sind beispielsweise zu finden in: Niederschrift über die Sitzung des Vertrauensrats der Krupp-Gußstahlfabrik vom 21. April 1937, in: HA Krupp WA 41/6-207; Auszug aus den Stimmungsberichten des Vertrauensrats der Krupp-Gußstahlfabrik von März/April 1940, in: HA Krupp WA 41/6-10; Berichte der TdA für Aug. und Okt. 1937, nach: *Mason*, Arbeiterklasse, S. 391 bzw. 404 (Dok. 45 bzw. 47); Widerstand gegen den Nationalsozialismus in Mannheim, hg. von Erich *Matthias* u. Hermann *Weber*, Mannheim 1984, S. 453; SOPADE-Berichte 1934, S. 680; 1935, S. 780, 1193; 1936, S. 1168 ff.; 1937, S. 1246 f.; 1938, S. 1004; 1939, S. 47. Damit Deutschland lebe, S. 43 f., 46, 49 f., 80, 98 f.; ›Deutschland-Information des ZK der KPD‹, Ende März 1937, S. 24, nach: *Kuczynski*, Lage, Bd. 6, S. 166; Klaus *Mammach*, Die deutsche antifaschistische Widerstandsbewegung 1933−1939 Berlin [DDR] 1974, S. 170. Berichte über die gezielte Produktion von ›Ausschuß‹: SOPADE-Berichte 1936, S. 479 f.; 1939, S. 47; Damit Deutschland lebe, S. 43, 46; *Mammach*, Widerstandsbewegung, S. 170.

193 Derartige Fälle sind z. B. beschrieben in: SOPADE-Berichte 1938, S. 1093; Lagebericht des Geheimen Staatspolizeiamtes Berlin vom 31. Juli 1939, nach: Über den antifaschistischen Widerstandskampf der KPD. Aus Gestapoakten, Teil IV, bearb. von Margot *Pikarski* u. Elke *Warning*, in: BGA, Jg. 26, 1984, S. 344.

194 Dies lag um so näher, als die KPD seit 1936/37 und die SPD seit Anfang 1939 die Losung »Wie der Lohn − so die Leistung« ausgegeben hatten (vgl. *Mammach*, Widerstandsbewegung, S. 170; Gerhard *Nitzsche*, Deutsche Arbeiter im Kampf gegen faschistische Unterdrückung und Ausbeutung. Gestapomeldungen aus den Jahren 1935 bis 1937, in: BGA, Jg. 1, 1959, S. 148; Damit Deutschland lebe, S. 92; *Mason*, Arbeiteropposition, S. 295, Anm. 2; *Voges*, Klassenkampf, S. 334, 365). Akkordarbeiter, die mit ihrer Leistung ›bremsten‹, dürften bei der Gestapo, der die Losung nicht unbekannt blieb, schnell als ›kommunistisch verhetzt‹ gegolten haben. In welchem Umfang Leistungszurückhaltung auf die Initiative der KPD oder der SPD zurückging, läßt sich nicht beurteilen, schon weil der ganze Umfang bewußter Leistungszurückhaltung nicht abzuschätzen ist (vgl. in diesem Zusammenhang auch *Voges*, Klassenkampf, S. 369).

195 Vgl. die in Anm. 192 genannten Fälle. Auch bei Streiks waren in vielen Fällen Angehörige der SA, SS und NS-Frauenschaft aktiv beteiligt. Angehörige von NS-Organisationen, die sich aktiv an Streiks beteiligt hatten, wurden im Vergleich zu ihren nicht organisierten Kollegen besonders scharf verfolgt und hart bestraft, weil sie es gewagt hatten, sich trotz ihrer Mitgliedschaft am vermeintlich überkommenen ›Klassenkampf‹ zu beteiligen und zumindest in ihrem Verhalten mit den nationalsozialistischen Ideologemen von der sozialharmonischen ›Betriebs-‹ und ›Volksgemeinschaft‹ gebrochen hatten.

196 Vgl. z. B. SOPADE-Berichte 1939, S. 361; Damit Deutschland lebe, S. 84. Daß es sich hierbei nicht um vereinzelte Phänomene handelte, läßt sich den Berichten der RtdA für Nov./Dez. 1937 entnehmen (nach: *Mason*, Arbeiterklasse, S. 433 (Dok. 52)).

197 Alle Zitate aus: Max *Weber*, Zur Psychophysik der industriellen Arbeit (1908/09), in: ders., Gesammelte Aufsätze zur Soziologie und Sozialpolitik, Tübingen 1924, S. 155; vgl. auch z. B. *Schwenger*, Soziale Frage, S. 158 f.

198 Dies läßt sich anhand der in Anm. 192 genannten Fälle nachweisen.

199 Vgl. z. B. SOPADE-Berichte 1936, S. 1168 f.; 1938, S. 1093 sowie Anm. 193.

200 Typisch in dieser Hinsicht ist z. B. der Bericht in: ›Deutschland-Information des ZK der KPD‹, Ende März 1937 (Anm. 192).
201 Dies geschah z. B. dadurch, daß sie in den Amtl. Mitt. der RtdA publiziert wurden; in einem Fall hieß es: »Nach einem Urteil des Arbeitsgerichts Duisburg-Hamborn vom 27. Okt. 1937... stellt die von einem Gefolgschaftsmitglied mehrfach geäußerte Aufforderung, bei auszuführenden Akkordarbeiten mit der Leistung zurückzuhalten, den Versuch dar, die Mitarbeiter zu Handlungen zu verleiten, die wider die guten Sitten verstoßen. ... Ein Gefolgschaftsmitglied, das durch diese Handlungsweise zu erkennen gibt, daß es nur an sein eigenes Interesse denkt, während ihm das Wohlergehen des Betriebes gleichgültig ist, kann daher fristlos entlassen werden.« (In: Amtl. Mitt. des RtdA für Thüringen/Mittelelbe vom 10. Juli 1938 (1938, S. 316).)
202 Die Bestrafung von ›Sabotage‹ wurde bei Kriegsbeginn wesentlich verschärft. Nach § 1 der KWVO hatte jeder mit Gefängnis oder der Todesstrafe zu rechnen, der »Rohstoffe oder Erzeugnisse, die zum lebenswichtigen Bedarf der Bevölkerung gehören, vernichtet, beiseite schafft oder zurückhält« (RGBl. 1939, I, S. 1609).
203 SOPADE-Berichte 1936, S. 1561.
204 SOPADE-Berichte 1935, S. 1376; vgl. auch SOPADE-Berichte 1935, S. 24f.; 1936, S. 91, 483, 567; 1938, S. 287 sowie Ulrich *Herbert*, »Die guten und die schlechten Zeiten«. Überlegungen zur diachronen Analyse lebensgeschichtlicher Interviews, in: *Niethammer*, Die Jahre, S. 94, Anm. 7 und S. 78f.
205 Sie verstummten allerdings nicht gänzlich: vgl. z. B. Stimmungsbericht des Krupp-Vertrauensrates vom März/April 1940 (Anm. 192) sowie die von *Siegel*, Leistung, in Kap. IV.1. genannten Beispiele.
206 Vgl. *Kalveram*, Gruppenakkord, S. 64f. sowie Kap. VI.4.6.
207 *Schwenger*, Soziale Frage, S. 159.
208 Zit. nach: *Mason*, Arbeiterklasse, S. 869f. (Dok. 150); weitere Beispiele für derartiges Verhalten sind u. a. zu finden bei *Kuczynski*, Lage, Bd. 6, S. 240; SOPADE-Berichte 1938, S. 1000, 1003; 1939, S. 45.
209 Walter *Meinecke*, Refa-Gedanke und Arbeiterschaft, in: Refa-Schulungswoche des Verbandes Schlesischer Metallindustrieller e. V., Breslau 1934, S. 37.
210 Meldungen vom 7. Sept. 1942, S. 4185.
211 SOPADE-Berichte 1935, S. 1193.
212 Bekannt sind nur zwei Fälle (vgl. die im übrigen nicht sehr zuverlässige Quellensammlung ›Damit Deutschland lebe‹, S. 28 und 89 bzw. Hanna *Elling*, Frauen im deutschen Widerstand 1935–1945, Frankfurt 1978, S. 49 bzw. Annette *Kuhn*/Valentin *Rothe*, Frauen im deutschen Faschismus, Bd. 2: Frauenarbeit und Widerstand im NS-Staat, Düsseldorf 1982, S. 187).
213 Vgl. *Mansfeld*, Grundsätze, S. 521; ders., Leistungssteigerung, S. 657; ders., Lohnpolitik im Kriege, S. 385; Paul *Osthold*, in: D. Dt. V. vom 19. Aug. 1939 (1938/39, S. 2263); ›Um den gerechten Lohn‹, in: D.Dt.V. vom 20. Jan. 1939 (1938/39, S. 757); ›Lohnstabilität und Lohngestaltung‹, in: SP, Jg. 47, 1938, Sp. 1167f.; ›Lohnerhöhung trotz Stetigkeit der Löhne‹, in: SP, Jg. 48, 1939, Sp. 77; *Sitzler*, Zur lohnpolitischen Stellung des Betriebes, in: ebd., Sp. 650f.; ›Sozialpolitische Jahresschau‹, in: Dt. VW, Jg. 8, 1939, S. 5.
214 Erlaß des RAM an die RtdA über die ›Zukünftige Gestaltung der Lohn- und Arbeitsbedingungen in der Eisen-, Metall- und Elektroindustrie‹ vom 9. Febr. 1940, in: BA R 41/ Bd. 57, Bl. 5. Vereinzelte Akkordkürzungen wurden auch in den Folgejahren von den Reichstreuhändern anscheinend immer wieder veranlaßt (vgl. *Werner*, Bleib übrig, S. 114).
215 Vgl. Anlage (Mustertarifordnung) zu dem Erlaß vom 9. Febr. 1940, Bl. 8ff. (Anm. 214); Anordnung des RtdA für Thüringen vom 18. Nov. 1941, in: Amtl. Mitt. dess. vom 15. Dez. 1941 (1941, S. 214).
216 Vgl. Ergänzungserlaß des RAM vom 10. Nov. 1944, nach: Rundschreiben Nr. 123

der Wigru. Bekleidungsindustrie, Hauptabt. IV, an die Fachgruppen, Fachabteilungen und Bezirksgruppen vom 24. Nov. 1944, in: BA R 12 I/Bd. 332.

217 Bereits im Sept. 1940 lagen die Verdienste aller Lohngruppen im Dynamowerk Siemensstadt zum Teil erheblich über dem Niveau vom Sept. 1930. Im folgenden Jahr erhöhten sie sich nur geringfügig. Zwar stiegen die Akkordverdienste im Nürnberger Transformatorenwerk von Sept. 1940 bis Sept. 1941 etwas stärker als im Dynamowerk Berlin, sie blieben jedoch hier nach wie vor weit unter dem Niveau vom Sept. 1930 (vgl. die entsprechenden JB für 1941, in: 15/Lg 562). Die relativ hohen Stundenverdienste, die die zu einer Gruppe zusammengefaßten Plauener Akkordarbeiter bis Ende 1940 erreichten, erklären sich u. U. auch aus Verschiebungen innerhalb der männlichen Arbeiterschaft. Die Wochenarbeitszeiten waren dagegen für die konstatierten Verdienstunterschiede zwischen den Berliner, Nürnberger und Plauener Siemens-Betrieben weder ausschlaggebend noch auch nur mitverursachend; die Nürnberger Siemens-Arbeiter mußten vielmehr deutlich länger als ihre Berliner Kollegen arbeiten. Ohne Einbeziehung der Zuschläge für die seit 1935/36 allgemein im Siemens-Konzern überaus zahlreichen Überstunden hätten im übrigen selbst die im Vergleich zu ihren Nürnberger und Plauener Kollegen relativ privilegierten Berliner Siemens-Arbeiter nicht wieder die in den Jahren 1929 und 1930 erzielten Spitzenverdienste erreicht.

218 Absolut lagen im Sept. 1941 die stündlichen Akkordverdienste im Dynamowerk Siemensstadt bei 143,6 Rpf. (A1), 114,0 Rpf. (C, Männer), 107,5 Rpf. (D, Männer) und 70,9 Rpf. (D, Frauen), im Nürnberger Transformatorenwerk bei 105,7 Rpf. (Facharbeiter), 98,1 Rpf. (Angelernte), 84,6 Rpf. (Hilfsarbeiter) und 63,9 Rpf. (Frauen).

219 So lagen z. B. in der Werkzeugmacherei der Krupp-Gußstahlfabrik die Akkordverdienste 1929/30 bei 92,8 Rpf. und 1939/40 bei 91,2 Rpf., in der Ersten mechanischen Werkstatt bei 112,0 Rpf. (1929/30) und 106,9 Rpf. (1939/40); nach: Betriebsberichte beider Abt. in: HA Krupp WA 2908 bis 2921 und 41/3-807 bis 41/3-812).

220 Z. B. teilte die Abt. Schwerte der GHH der Hauptverwaltung, Abt. A, der GHH in einem Schreiben vom 18. Okt. 1941 mit, daß dort die Akkordverdienste drastisch gesunken seien, weil statt der bisher üblichen Eisennieten Leichtmetallnieten (für Brückenbau etc.) hergestellt würden und der Leistungslohn an das Gewicht der Gesamtproduktion gebunden sei. Den Antrag auf Erhöhung der Akkordsätze, der daraufhin von der Hauptverwaltung an den RtdA gestellt wurde, genehmigte dieser vier Wochen später (vgl. Schreiben der Hauptverwaltung, Abt. A, der GHH an die Abt. Schwerte der GHH vom 14. Nov. 1941, alles in: HA GHH 400 140/88).

221 Vgl. z. B. Aktenvermerk der Hauptverwaltung der GHH vom 7. März 1943, in: HA GHH 400 140/88.

222 In seinen Meldungen vom 10. März 1941 (S. 2100) hatte der SD festgestellt, daß in einer Reihe von Bezirken (Bielefeld, Dortmund, Düsseldorf, Münster, München, Halle, Dresden und Breslau) die »Leistungslohnbedingungen verbessert (worden seien), z. B. durch erhöhte Akkordzeitvorgaben, Erhöhung der ›toten‹ Zeiten als ›Ausgleich‹ für schwierige Bearbeitungsmöglichkeiten infolge Umstellung (Rohstoffe, Werkzeuge usw.)... Bei Einführung verbesserter Arbeitsverfahren, bei Einsatz leistungsfähigerer Maschinen usw. werden die bisherigen Akkordberechnungsgrundlagen beibehalten, so daß aufgrund dieser technischen Verbesserungen *einzelne* Gefolgschaftsmitglieder erheblich höhere Verdienste erzielen«.

223 In: BA R 41/Bd. 67, Bl. 37 f.

224 Vgl. Schreiben des RAM an Göring vom 2. März 1940, nach: *Mason*, Arbeiterklasse, S. 1164 (Dok. 212).

225 Meldungen vom 10. März 1941, S. 2087.

226 Nach: *Paasche*, Praxis, S. 19.

227 Tarifordnung für die brandenburgische Metallindustrie vom 19. März 1936, Bezirkslohnordnung I (Groß-Berlin), in: RABl. 1936, VI, S. 269 ff.

228 Diese vier Lohngruppen wurden in einigen Betrieben der Berliner metallverarbeitenden

Industrie weiter untergliedert. Im Dynamowerk der Siemens-Schuckertwerke beispielsweise wurden zusätzlich zur Lohngruppe A noch die Lohngruppen A1, A2 (bis 1930) und A3 (bis 1931) sowie zusätzlich zur Lohngruppe B noch die Lohngruppe B1 eingeführt. Auch die Lohngruppen C und D wurden in diesem Betrieb weiter aufgegliedert: Die im Dynamowerk tätigen Frauen, die nur in den beiden untersten Lohngruppen beschäftigt wurden, erhielten von vornherein einen um dreißig Prozent niedrigeren Grundlohn als ihre in den gleichen Lohngruppen beschäftigten männlichen Kollegen.

229 Bedaux (1888–1944), ursprünglich Franzose, dann in die USA ausgewandert, trat 1916 zuerst mit dem nach ihm benannten System an die Öffentlichkeit. 1926 wurde auch in Deutschland die erste Bedaux-Gesellschaft gegründet. Nachdem sie 1933 aufgelöst worden war, wurde sie 1937 mit neuem Namen – ›Gesellschaft für Wirtschaftsberatung m. b. H.‹, Berlin – erneut ins Leben gerufen.

230 Einen guten Überblick über das von Bedaux entwickelte Verfahren der Arbeitsbewertung gibt das *AWI* der DAF, Das Bedaux-System, in: *dass.*, Jb. 1938, Bd. I, S. 301 ff.; vgl. ferner ebd., S. 259 ff.; W. *Unteutsch*, Das Bedaux-System in seiner Kritik (Diss.), Aachen 1934, S. 8 ff.; *Grewe*, Organisation, S. 9 ff., 21 ff.; *Scheuer*, Beitrag, S. 46 f.; *Kind*, Akkordlohn, S. 26 ff.; G. *Schlesinger*, Das Bedaux-Verfahren, in: Werkstattstechnik, Jg. 24, 1930, S. 325 ff. und 354 ff. u. a. m.

231 Auf einer internationalen Konferenz, die im Mai 1940 in Genf stattfand, wurde Übereinkunft über die grundsätzliche Ausrichtung der Arbeitsbewertungsverfahren an den folgenden vier, sich an Bedaux's Schema anlehnenden Hauptkategorien erzielt: (a.) Fachkönnen, (b.) Belastung, (c.) Moralische Anforderungen, (d.) Umwelt (sog. ›Genfer Schema‹).

232 Vgl. *Ridder*, Funktionen, S. 58.

233 Vgl. *Grewe*, Organisation, S. 64 ff.

234 Vgl. *Roth*, Weg, S. 157 f., 231.

235 Vgl. *Horsten*, Leistungsgemeinschaft, S. 82, 169 ff. sowie jetzt auch *Rüther*, Sozialpolitik, S. 117.

236 Vgl. Kurt *Pentzlin*, Aus der Praxis der Arbeitsbewertung, in: TuW, Jg. 32, 1939, S. 125 ff. (Dort wird ein relativ primitives, in einem Unternehmen der Verbrauchsgüterindustrie mit ca. 2000 Arbeitnehmern angewandtes Arbeitsbewertungsverfahren beschrieben.); Hans *Schaumann*, Gerechter Lohn durch Bewertung von Mensch und Arbeit, in: MB, Jg. 19, 1940, S. 215 ff. (Darstellung des betrieblichen Arbeitsbewertungssystems der Werkzeug- und Maschinenfabrik Rohde & Dörrenberg/Düsseldorf-Kassel); Hans *Rudolph*, Von der Zeitstudie zur Leistungslohnermittlung, in: ZfO, Jg. 14, 1940, S. 13 ff. (Beschreibung eines in einer Potsdamer Textilfabrik praktizierten Arbeitsbewertungssystems); *AWI* der DAF, Der Akkordlohn, Grundsätzliches zur Frage der Leistungsmessung und Leistungsbewertung, in: *dass.*, Jb. 1937, S. 209; E. von *Faber*, Die Bewertung der Arbeitsschwierigkeit, in: Industrielle Psychotechnik, Jg. 17, 1940, S. 271 ff.; *Stein*, Erfahrungen, S. 195.

237 Vgl. Josef *Wibbe*, Arbeitsbewertung. Entwicklung, Verfahren und Probleme, München 1966, S. 162 ff.; *Pechhold*, 50 Jahre, S. 80 f.

238 *Brengel*, Problem, S. 37; ähnlich auch das *AWI* der DAF, System der Arbeitsbewertung, S. 222.

239 Ganz ähnliche Aufgaben sollte auch die von Refa entwickelte ›Arbeitsstudie‹ erfüllen. Der Refa-Verband hat selbst kein eigenes Arbeitsbewertungsverfahren entwickelt, sondern seit 1950 das ›Genfer Schema‹ übernommen (vgl. Anm. 231). Heute ist das Arbeitsbewertungsverfahren ein zentraler Bestandteil des Refa-Arbeitsstudiums.

240 Vgl. exemplarisch die Reichstarifordnung für die kaufmännischen und technischen Angestellten im Baugewerbe und Baunebengewerbe vom 27. April 1938, in: RABl. 1938, VI, S. 660.

241 Erlaß des RAM vom 4. Sept. 1939, nach: *Mason*, Arbeiterklasse, S. 1106 f. (Dok. 191). Dort wird auf den Erlaß vom 21. Aug. hingewiesen. Auch für andere Wirtschaftszweige

wurden die Reichstreuhänder angewiesen, »auf eine ausreichende Aufgliederung der Arbeiterschaft... bedacht zu nehmen« (ebd., S. 1103). Einschränkend hieß es allerdings: »Die Verantwortung für die Eingruppierung muß den Betrieben überlassen bleiben« (ebd., S. 1107).

242 Erlaß des RAM an die RtdA betr. ›Zukünftige Gestaltung der Lohn- und Arbeitsbedingungen in der Eisen-, Elektro- und Metallindustrie‹ vom 9. Febr. 1940, in: BA R 41/Bd. 57, Bl. 4 Rs.; vgl. auch *Recker*, Sozialpolitik, S. 225 ff.

243 *Recker*, Sozialpolitik, S. 227.

244 ›Richtlinien zur Durchführung lohnpolitischer Maßnahmen zum Zwecke der Leistungssteigerung in der Rüstungswirtschaft‹, Anlage zu: Rundschreiben der Bezirksgruppe Nordwest der Wirtschaftsgruppe Eisenschaffende Industrie an die Vertreter der Konzerne vom 10. März 1942, in: THA VSt/589−593.

245 Vgl. *Recker*, Sozialpolitik, S. 230.

246 *AWI*, Bedaux-System, S. 304 bzw. 309; vgl. auch ebd., S. 302.

247 *AWI* der DAF, Entwicklung und Begründung eines Systems der Arbeitsbewertung, in: dass., Jb. 1940/41, Bd. I, S. 280 bzw. als Ms. vom April 1940 in der Staatsbibliothek Berlin. Einbezogen waren außerdem auch einzelne Unternehmen der Textilindustrie, des Hüttenwesens, der Bauindustrie und des Bergbaus. Ihren regionalen Schwerpunkt hatten diese Vorarbeiten für den späteren LKEM im Wirtschaftsgebiet Thüringen (vgl. ›Auf dem Wege zum Leistungslohn‹, in: VJP, Jg. 7, 1943, S. 573; Walther *Strothfang*, Arbeitseinsatz 1943, in: Mh.NS, Jg. 10, 1943, S. 3 f.).

248 *AWI* der DAF, Begründung und Entwicklung, S. 221.

249 Ebd., S. 221 f. bzw. 226; kritisch zu dem vom AWI vorgeschlagenen Arbeitsbewertungsverfahren: *Wibbe*, Arbeitsbewertung, S. 164 ff.

250 Vgl. *Horsten*, Leistungsgemeinschaft, S. 77 ff. Der Entwurf ist offenbar identisch mit dem von *Recker* (Sozialpolitik, S. 224 f.) erwähnten »Tarifordnungsentwurf« des Fachamtes Eisen und Metall der DAF.

251 Nach: *Horsten*, Leistungsgemeinschaft, ebd.

252 Vgl. *Faber*, Bewertung, S. 226; *Recker*, Sozialpolitik, S. 229 ff.

253 Dies behauptet jedenfalls Recker unter Bezugnahme auf eine Darstellung des Sozialwirtschaftlichen Ausschusses der RGI (ebd., S. 229). Ganz strikt können die im Zusammenhang mit der Tarifordnung erlassenen Anweisungen über die Einführungen eines Arbeitsbewertungssystems jedoch nicht gewesen sein. Faber schreibt jedenfalls, die »Einteilungsgrundsätze« hätten »in bewußt lockerer Form den Betrieben die Möglichkeit zur gerechten Eingruppierung« überlassen (*Faber*, Bewertung, S. 226). Das von der DAF entwickelte Arbeitsbewertungssystem war zu diesem Zeitpunkt auch noch nicht so weit entwickelt, daß alle Betriebe auf seine Anwendung hätten verpflichtet werden können.

254 In einem Schreiben vom 13. April 1940 an den Präsidenten der Reichswirtschaftskammer klagte der Vorsitzende des Sozialwirtschaftlichen Ausschusses der Reichsgruppe Industrie über die »Trübung der Gemeinschaftsarbeit durch wiederholt und erneut herausgestelltes Totalitätsstreben« einzelner Gliederungen der DAF (in: BA R 12 I/Bd. 268). Daß diese Klage kein Einzelfall war, sondern die führenden Vertreter der ›Selbstverwaltung der gewerblichen Wirtschaft‹ grundsätzlich die Aktivitäten der DAF mit Mißtrauen verfolgten, habe ich an anderer Stelle ausführlicher dargestellt (vgl. *Hachtmann*, Krise; *ders.*, Klassenharmonie; ferner vor allem *Beier*, Gesetzentwürfe). Die Kontroverse zwischen beiden Seiten um die Form der Einführung des neuen Arbeitsbewertungssystems im Vorfeld des LKEM ist im einzelnen ausführlich von *Recker* nachgezeichnet worden (Sozialpolitik, S. 223 ff.).

255 Dies zeigt z. B. ein Vergleich der 1941 von der RGI veröffentlichten, auf der 1935 vom ›Ausschuß für Betriebswirtschaft‹ entwickelten Tafel zur Bewertung von Arbeitsschwierigkeiten basierenden ›Grauen Broschüre‹ mit den skizzierten Plänen der DAF (zur ›Grauen Broschüre‹ vgl. *Wibbe*, Arbeitsbewertung, S. 162 ff.; *Siegel*, Leistung, Kap. V.4.).

256 An der Ausarbeitung des LKEM waren auf Seiten der Industrie offenbar vor allem

Vertreter der Berliner Metallindustrie beteiligt. »Vertreter des Westens... waren nicht hinzugezogen worden« und hatten offenbar nicht einmal von den Vorarbeiten Kenntnis (vgl. Schreiben Poensgen an Leifer vom 21. März 1942; Fernschreiben von Leifer an Poensgen vom 18. März 1942 sowie Vermerk über die Besprechung der Vertreter der Konzerne bei der Bezirksgruppe Nordwest vom 13. März 1942 im Stahlhof Düsseldorf, alles in: THA VSt/ 589—593).

257 Vgl. Bericht über die Sitzung der Fachgemeinschaft Eisen- und Metallindustrie der RGI vom 25. März 1942 in der Bank für Industrieobligationen/Berlin, in: THA VSt/ 589—593.

258 In dem Bericht über die Sitzung vom 25. März 1942 (Anm. 257) wird in dieser Hinsicht ausgeführt: »Der Führer hat den Reichsminister für Bewaffnung und Munition beauftragt, das aufgestellte Rüstungsprogramm unter allen Umständen durchzuführen. Eine der Voraussetzungen für die Durchführung des Programms ist eine Leistungssteigerung in allen Betrieben der Eisen- und Metallindustrie.« Daraufhin hat der »Reichsminister für Bewaffnung und Munition... am 25. Februar (1942) in einer Mitteilung an die gewerbliche Wirtschaft und an die Betriebe die Anordnung bekanntgegeben, daß alle mit der Leistungssteigerung zusammenhängenden Fragen ausschließlich vom Ministerium zentral gesteuert werden... Die lohnordnenden Maßnahmen sollen in engster Zusammenarbeit zwischen Betrieb, Treuhänder und DAF erfolgen.« (In: ebd.)

259 Definitionen und Lohnsätze für die einzelnen Lohngruppen des LKEM (Lohnsätze in v. H. der Lohngruppe V = Ecklohn = 100%):
Lohngruppe 1: Einfachste Arbeiten, die ohne jegliche Ausbildung nach kurzer Anweisung ausgeführt werden können (75,0%).
Lohngruppe 2: Einfache Arbeiten, die eine geringe Sach- und Arbeitskenntnis verlangen, aber ohne jegliche Ausbildung nach einer kurzfristigen Einarbeitungszeit ausgeführt werden können oder einfachste Arbeiten von erschwerender Art (80,0%).
Lohngruppe 3: Arbeiten, die eine Zweckausbildung oder ein systematisches Anlernen bis zu 6 Monaten, eine gewisse berufliche Fertigkeit, Übung und Erfahrung verlangen, ferner einfache Arbeiten von besonders erschwerender Art (87,5%).
Lohngruppe 4: Arbeiten, die ein Spezialkönnen verlangen, das erreicht wird durch eine abgeschlossene Anlernausbildung oder durch Anlernen mit zusätzlicher Berufserfahrung oder einfachere Arbeiten von ganz besonders schwerer Art (92,5%).
Lohngruppe 5: Facharbeiten, die neben beruflicher Handfertigkeit und Berufskenntnis einen Ausbildungsstand verlangen, wie er entweder durch eine fachentsprechende ordnungsmäßige Berufslehre oder durch eine abgeschlossene Anlernausbildung und zusätzliche Berufserfahrung erzielt wird (100,0%).
Lohngruppe 6: Schwierige Facharbeiten, die besondere Fertigkeiten und langjährige Erfahrungen verlangen, oder Arbeiten, die eine abgeschlossene Anlernausbildung erfordern und unter besonders erschwerenden Umständen ausgeführt werden müssen (110,0%).
Lohngruppe 7: Besonders schwierige oder hochwertige Facharbeiten, die an das fachliche Können und Wissen besonders hohe Anforderungen stellen und völlige Selbständigkeit und hohes Verantwortungsbewußtsein voraussetzen; ferner schwierige Facharbeiten unter besonders erschwerenden Umständen (120,0%).
Lohngruppe 8: Hochwertigste Facharbeiten, die meisterliches Können, absolute Selbständigkeit, Dispositionsvermögen und entsprechende theoretische Kenntnisse erfordern (133,0%).

260 In einem Erlaß des GBA an die RtdA vom 22. Juni 1942 heißt es ausdrücklich: »Tätigkeiten der höheren Lohngruppen werden in der Praxis von Frauen nicht ausgeübt. Schon die Verrichtung von Arbeiten der Lohngruppe 5 durch Frauen wird eine seltene Ausnahme sein. Die Reichstreuhänder der Arbeit haben sich daher bei Arbeiten, die von Frauen gemacht werden, die Genehmigung zur Einstufung in eine höhere Gruppe als Gruppe 4 vorzu-

behalten. Wenn ein Betrieb behauptet, daß bei ihm Frauen Arbeiten der höheren Lohngruppe verrichten, so wird dies in der Regel ein Indiz dafür sein, daß die Einstufung der im Betrieb vorkommenden Arbeiten – auch der Männerarbeiten – zu hoch erfolgt ist« (In: BA R 41/Bd. 60, Bl. 80).
261 Vgl. Richtlinien/Durchführung (Anm. 244), S. 22.
262 Die Hauptkategorien waren: (a.) Fachkenntnisse, (b.) Geschicklichkeit, (c.) Körperliche Beanspruchung, (d.) geistige Beanspruchung, (e.) Verantwortlichkeit, (f.) Umgebungseinflüsse. Das im LKEM vorgegebene Arbeitsbewertungs-Schema entsprach also weitgehend dem Bedaux'schen Kriterienkatalog und dem späteren ›Genfer Schema‹.
263 Vgl. ›Der Lohngruppenkatalog Eisen und Metall‹, in: National-Ztg. vom 26. Nov. 1942 bzw. Wilhelm *Jäzosch*, Ein Jahr Lohnordnung – Eisen und Metall, in: Eisen und Metall 1944/6, S. 2.
264 Karl *Andres*, Neuordnung der Löhne in der Metallindustrie, in: SP, Jg. 52, 1943, Sp. 7; vgl. auch *Jäzosch*, Ein Jahr, ebd.
265 Bericht über die Sitzung vom 25. März 1942 (Anm. 257). Derart offene Worte vermied man allerdings in der nationalsozialistischen Presse.
266 Bericht über die Sitzung vom 25. März 1942 (Anm. 257).
267 »Es handelt sich um eine zweckbestimmte und kriegsbedingte Notmaßnahme, die insbesondere auch mit der nach dem Kriege zu schaffenden ›Reichslohnordnung‹ nichts zu tun haben kann und will« (Richtlinien/Durchführung (Anm. 244), S. 4). Der kriegsbedingte Charakter des LKEM wurde wiederholt betont: vgl. z. B. Bericht über die Sitzung am 25. März 1942 (Anm. 257); Niederschrift über die Sitzung der Bezirksgruppe Nordwest der Eisen- und Stahlindustrie unter Vorsitz von Poensgen am 31. März 1942, nach: *Kuczynski*, Lage, Bd. 6, S. 300; ›Abstufung der Löhne‹, in: Dt. SP, Jg. 53, 1944, S. 120.
268 *Teschner*, Lohnpolitik, S. 43.
269 Vgl. Richtlinien/Durchführung (Anm. 244), S. 16; Bericht über die Sitzung am 25. März 1942 (Anm. 257). Die Forderung nach einer »Veredelung« des Zeitlohnes durch leistungsbezogene Einstufung war von der DAF bereits vor Kriegsbeginn erhoben worden (vgl. ›Stundenlohn für Leistungssteigerung ungeeignet?‹, in: Mh.NS, Jg. 6, 1939, S. 31).
270 Diese Feststellung findet sich bereits in dem Erlaß des RAM vom 9. Febr. 1940 (Anm. 242).
271 ›Leistungssteigerung durch Lohngerechtigkeit‹, in: Dt. Bergwerksztg. vom 27. Nov. 1942.
272 Denkschrift der RGI vom 1. Aug. 1940, zit. nach: *Recker*, Sozialpolitik, S. 228.
273 *Andres*, Neuordnung, Sp. 11.
274 Vgl. Anm. 259.
275 Vgl. WuSt, Jg. 21, 1941, S. 64. In der Dt. Bergwerksztg. vom 27. Nov. 1942 (›Leistungssteigerung durch Lohngerechtigkeit‹) wird in diesem Zusammenhang sogar behauptet, vor Inkrafttreten des LKEM habe »nach den bestehenden Tarifordnungen in der Bewertung von ungelernter und gelernter Arbeit ein Spielraum von durchschnittlich nicht mehr als 20%« bestanden.
276 Vgl. Richtlinien/Durchführung (Anm. 244), S. 16; vgl. auch ›Lohngestaltung in der Rüstungswirtschaft‹, in: National Ztg. vom 2. Febr. 1943; *Andres*, Neuordnung, Sp. 11; *AWI* der DAF, Die Arbeitsbewertung. Bericht über die in verschiedenen Wirtschaftszweigen durchgeführten Bewertungen von Arbeitsplätzen und die dabei ermittelten Arbeitswerte, Berlin 1943, S. 7.
277 *Andres*, Neuordnung, Sp. 14.
278 Wie werde ich entlohnt? – Merkheft für die Gefolgschaft, hg. von den ›Nürnberger Werken‹ der SSW, Nürnberg 1944, S. 16, in: SAA 14/Lh 661. ›Aufschulung‹ und auch Übernahme in das Angestelltenverhältnis waren allerdings in den Werken des Siemens-Konzerns und auch einiger anderer größerer Metallunternehmen eine bereits »seit Jahren geübte Praxis« (ebd.).

279 Bekanntmachung des westfälischen RtdA vom 21. Mai 1943, zit. nach: *Siegel*, Leistung, S. 251.
280 Ausführlich hierzu: *Siegel*, Leistung, Kap. IV.2.
281 Gleichwohl wurden die Grundlöhne auch weiterhin in nunmehr neun Ortsklassen differenziert, um die »natürlichen Unterschiede, die zwischen Großstadt, Kleinstadt und Land in den gewachsenen Lebensgewohnheiten bestehen«, berücksichtigen zu können. Zwischenbetriebliche Lohnvergleiche mit dem Ziel einer »abgestimmten Lohnordnung von Betrieb zu Betrieb« konnten also nur innerhalb derselben Ortsklasse durchgeführt werden. Maßgeblich sollte dabei »zunächst der gegenwärtige Lohnstand der alteingesessenen soliden Betriebe eines Ortes sein« (›Lohngestaltung in der Rüstungswirtschaft‹ (Anm. 276)).
282 Vgl. z. B. ›Die Leistungswerte‹, in: Frankfurter Ztg. vom 14. Jan 1943 (in: THA VSt/ 589—593).
283 Vgl. Schreiben des Vorsitzer der Refa (Hegner) an den Vorsitzer des Düsseldorfer Refa-Ausschusses vom 20. Okt. 1942, in: THA VSt/589—593.
284 Rundschreiben der Bezirksfachgemeinschaft Wien der Eisen- und Metallindustrie an die Betriebsführer vom 24. Febr. 1944, in: BA R 12 I/Bd. 327.
285 Die in den »Refa-Schulen« ausgebildeten »Arbeits- und Leistungsbewerter« sollten »gleichzeitig als Organe der staatlichen Arbeitsführung und der DAF fungieren und im Laufe der Zeit die gesamte Neuregelung der Löhne und Entgelte nach dem Leistungsprinzip dem rein betrieblichen Ermessen entziehen, ohne damit aber den rein betrieblichen Eigenarten Gewalt anzutun« (Auszug aus dem D. Dt. V. vom 27. Nov. 1942 (1942/43, S. 257f.) als Aktenvermerk der Sozialwirts. Abt. der Ver. Stahlwerke vom 3. Dez. 1942, in: THA VSt/589—593).
286 Vgl. die ›Richtlinien über lohnpolitische Maßnahmen zur Herstellung der Lohn- und Akkordgerechtigkeit und zur Leistungssteigerung in deutschen Rüstungsbetrieben‹, erlassen vom GBA am 20. Sept. 1942, nach: *Siegel*, Leistung, S. 265; ferner z. B. Niederschrift über die Sitzung der Bezirksfachgemeinschaft der Eisen- und Metallindustrie vom 1. Juni 1942 im Hause der Industrie, Düsseldorf, S. 3, in: THA VSt/589—593 sowie die Bemerkungen zu diesem Thema auf der Sitzung vom 31. März 1942 (Anm. 257), S. 299 bzw. 301.
287 Leitfaden für die Lohngestaltung Eisen und Metall, Gera 1943, S. 36.
288 Schreiben der Eisenwerke Rothe Erde GmbH an die Ver. Stahlwerke AG vom 26. Juni 1944, in: THA VSt/589—593. Weiter heißt es in dem Schreiben: »Erst nachdem die DAF sich mit dem Lohngruppenkatalog einverstanden erklärt hat, erfolgt die Vorlage beim Reichstreuhänder der Arbeit.« (Über ähnlich starke Einflußnahmen der DAF wird für *Groß*unternehmen nicht berichtet.) Zur Mitwirkung der DAF bei der Umsetzung des LKEM vgl. jetzt auch *Siegel*, Leistung, Kap. IV.2.
289 Meldungen vom 21. Febr. 1944, S. 6356; vgl. auch Meldungen vom 7. Juni 1943, S. 5335; Rundschreiben der Bezirksfachgemeinschaft Wien der Eisen- und Metallindustrie an die ›Betriebsführer‹ vom 24. Febr. 1944, in: BA R 12 I/Bd. 327. Vor diesem Hintergrund wurden im letzten Kriegsjahr auch Forderungen nach Ausbildung und Einsatz von Refa-Frauen laut (vgl. ›Warum nicht auch Refa-»Frauen«?‹, in: Dt. SP, Jg. 53, 1944, S. 103 f.).
290 Niederschrift über die Berichte, gegeben beim Besuch von Gauleiter Sauckel am 25. Sept. 1942 in den Wernerwerken der S&H AG Siemensstadt, S. 1, in: SAA 14/Lt 397.
291 Ebd., S. 12; zu den Problemen mit Refa vgl. auch die Werkleiter-Besprechung vom 17. Jan. 1945 sowie den Bericht über die Lohnuntersuchung im Metallwerk und im Gummiwerk der SKG in Gartenfeld vom 1. Dez. 1944, S. 2 f., beides in: SAA 14/Lb 696.
292 Ausführlich hierzu die »vorgenommenen Auswahl des Menschenmaterials für diese Kurse«: Meldungen vom 21. Febr. 1944, S. 6357 ff.; ferner *Pechhold*, 50 Jahre, S. 88 f.
293 In den Richtlinien zur Durchführung (Anm. 244), S. 24 hatte zwar auch dieser Problemkomplex Berücksichtigung gefunden. Welche Schwierigkeiten dennoch in dieser Hinsicht, nämlich bei »wechselnden Fertigungen« und nur »kleinen Stückzahlen«, in einem mittleren Maschinenbauunternehmen auftreten konnten, ist einem Schreiben des Inhabers der Ol-

denburger Maschinenfabrik A. Beeck an die Wirtschaftsgruppe Maschinenbau vom 18. April 1944 zu entnehmen (in: BA R 12 I/Bd. 327; vgl. auch Wibbe, Arbeitsbewertung, S. 168).
294 Niederschrift über die Berichte... vom 25. Sept. 1942, S. 2f. (Anm. 290).
295 Ebd., S. 1.
296 Ebd., S. 6a.
297 Meldungen vom 28. Jan. 1945, S. 4730; ähnlich auch Meldungen vom 8. Okt. 1942 und 7. Juni 1943, S. 4307 und 5334.
298 Vgl. ›Ein Jahr Lohnordnung Eisen und Metall‹, in: Rhein.-Westf. Ztg. vom 1. April 1944 (nach: THA VSt/589–593) und *Jäzosch*, Ein Jahr, ebd.
299 Vgl. Meldungen vom 28. Jan., 7. Juni und 11. Okt. 1943, S. 4731, 5335, 6359.
300 Von der Erhebung der IG Metall waren insgesamt 1543 Unternehmen erfaßt. Alle Angaben nach: *Schmiede/Schudlich*, Entwicklung, S. 335; vgl. auch *Ridder*, Funktionen, S. 63f.
301 Vgl. Wilhelm *Jäzosch*, Leistung und Lohn. Ein Jahr lohnordnende Maßnahmen in der Eisen- und Metallindustrie, in: Dt. VW, Jg. 14, 1944, S. 19; ders., Ein Jahr, ebd.; ›Lohnordnende Maßnahmen. Demnächst auch für die eisenschaffende Industrie‹, in: ›Angriff‹ vom 25. Juli 1944.
302 Vgl. z. B. *Jäzosch*, Ein Jahr, ebd.
303 In der Ruhrstahlwerk AG, Preßwerke Brackwede, erhielten Zeitlöhner der Lohngruppe 7 (Lgr. 8 war nicht besetzt) einen effektiven Stundenlohn von 112 Rpf.; Akkordarbeiter bekamen schon in der niedrigen Lgr. 3 116 Rpf., in der Lgr. 4 sogar 130 Rpf. Im Eisenwerk Rothe Erde GmbH wurde Zeitlöhnern der Lgr. 8 in der Stunde 108 Rpf., Akkordarbeitern der Lgr. 3 dagegen bereits 126 Rpf. und in der Lgr. 8 sogar 163 Rpf. gezahlt. Genauso ausgeprägt waren die Lohndifferenzen zwischen Zeitlöhnern und Akkordarbeitern auch in der Geschoßfabrik des Dortmund-Hörder-Hüttenvereins und der Rheinisch-Westfälischen Kunststoffwerke GmbH, Kettwig (einem Metallbetrieb); alles nach: THA VSt/589–593).
304 Im Preßwerk Brackwede der Ruhrstahl AG wie im Eisenwerk Rothe Erde GmbH z. B. wurden Zubehörteile für Automobile und Maschinen, Panzerbleche, Beschlagteile für Lokomotiven u. ä. m. hergestellt. Dennoch waren im Eisenwerk Rothe Erde 1944 fast die Hälfte (44,6%) aller Arbeiter in die drei höchsten Lohngruppen eingestuft, während es im Preßwerk Brackwede nur 4,6% waren; umgekehrt waren im letzteren Betrieb 56,3% den drei untersten Lohngruppen zugeordnet, im Eisenwerk Rothe Erde waren es nur 17,9% (Quelle wie Anm. 303).
305 Bericht Sauckels an Seldte vom Sept. 1942, in: BA R 41/Bd. 29, Bl. 65.
306 Schreiben des Sozialwirtschaftlichen Ausschusses der RGI an die Wigru. Maschinenbau vom 25. Mai 1944, in: BA R 12 I/Bd. 327. In einem Vermerk des GBA über ›lohnordnende Maßnahmen vom 24. Okt. 1944 heißt es in diesem Zusammenhang: »Die Einführung der lohnordnenden Maßnahmen in Thüringen hat bei vorläufig 25 erfaßten Betrieben zu einer durchschnittlichen Leistungssteigerung von 27,5% geführt« (in: BA R 43 II/ Bd. 542, Bl. 188f.).
307 Vgl. Tab. 6.
308 Ausführlich hierzu: *Recker*, Sozialpolitik, S. 242 ff.
309 Nach: THA VSt/589–593.
310 Vgl. Vermerk der Sozialwirts. Abt. der Ver. Stahlwerke über die Sitzung der bezirklichen Untergruppe Düsseldorf am 20. Juni 1944, in: THA VSt/589–593; dort auch weitere Vermerke zum selben Thema; vgl. ferner *Recker*, Sozialpolitik, S. 244f.
311 Vgl. Vermerk über die Sitzung vom 20. Juni 1944 (Anm. 310).
312 Meldungen vom 11. Okt. 1943, S. 5870.
313 Ebd., S. 5870ff. Nach offiziellen Schätzungen hätte die Einführung von Lohngrup-

penkatalogen in der Textilindustrie eine durchschnittliche Lohn*erhöhung* von 8% nach sich gezogen.

314 Nach: Vermerk vom 24. Jan. 1945 für Lohmann über den ›Stand der lohnordnenden Maßnahmen‹, in: BA R 12 I/Bd. 327.

315 Ebd.; vgl. auch *Recker,* Sozialpolitik, S. 249; *Werner,* Bleib übrig, S. 225 f.

316 Vermerk vom 24. Jan. 1945 (Anm. 314); vgl. auch Kap. V.4.5.

VII. Arbeitsleistung und Gesundheitsverschleiß

1 Vgl. z. B. Schreiben der Hauptverwaltung A der GHH an den westfälischen RtdA vom 8. Aug. 1942, in: HA GHH 400 140/88.

2 Vgl. z. B. JB des Schaltwerks der SSW für 1938/39, Bl. 48, in: SAA 15/Lg 562.

3 Vgl. neben den im vorausgegangenen Kap. angeführten Beispielen auch Günther Oeltze *von Lobenthal,* Soziale Ausgaben sind wirtschaftlich, in D.Dt.V. vom 23. Dez. 1938 (1938/39, S. 585); Sitzung des Vertrauensrates der GHH vom 22. April 1941, während der in allgemeiner Form festgestellt wurde, die Arbeitsleistung sei in vielen Fällen »durch den Krieg erheblich gestiegen«, in: HA GHH 400 144/20; Denkschrift des Siemens-Konzerns über ›Begründung des Leistungszuschlages‹ vom 14. Jan. 1942, S. 26, in: SAA 51/Lc 568 u. a. m.

4 Bericht des Statistischen Reichsamtes über die Entwicklung der tatsächlichen Arbeitsverdienste im 2. Vierteljahr 1938, nach: *Mason,* Arbeiterklasse, S. 771 (Dok. 132). Den Berichten der Gewerbeaufsichtsbeamten zufolge war das Arbeitstempo in der Berliner Industrie höher als in anderen Industriezentren (vgl. Jb. Gew. 1933/34 (Preußen), S. 441 ff.).

5 Schreiben der Wirtschaftskammer Westfalen-Lippe an den westfälischen RtdA vom 4. Aug. 1938, in: WWA K 1 Nr. 2176; Bericht der StaPo Dresden vom 29. Juni 1939, in: *Mason,* Arbeiterklasse, S. 722 (Dok. 123).

6 Vgl. z. B. Berichte der RtdA für Aug. und Okt. 1937, Jan./Febr. 1937, Jan./Febr., März/April, Mai/Juni 1938 und für das 4. Vierteljahr 1938; wirtschaftlichen LB des sächsischen Oberpräsidenten für Febr. und März 1938; Mon.B. der Wehrwirtschaftsinspektionen für Juli 1938, alles nach: ebd., S. 350, 391, 404, 617f., 637, 658, 840, 862 (Dok. 39, 45, 47, 96, 104, 108, 145, 150); *Steinert,* Hitlers Krieg, S. 63; LB der StaPo Hannover für April 1934, in: Gestapo Hannover, S. 143f.; ferner z. B. *Dülffer,* Beginn, S. 322.

7 Vgl. *Hoffmann,* Wachstum der deutschen Wirtschaft, S. 70ff. (Tab. 10a–10m). Von ihm wird das Nettoprodukt je Beschäftigten als Arbeitsproduktivität bezeichnet (vgl. ebd., S. 21, Anm. 1). Die Arbeitsproduktivität je Arbeitsstunde hat Hoffmann für die Zeit 1933–1945 weder für die Industrie insgesamt noch für einzelne Branchen untersucht.

8 Vgl. VzK 1936/37, Teil A, S. 133. Zu einem ähnlichen Ergebnis kommt auch das Arbeitswissenschaftliche Institut der DAF (vgl. die Graphik in: *AWI* der DAF, Arbeitszeit und Volkswirtschaft, in: *dass.,* Jb. 1938, Bd. I, S. 76).

9 Bei Tab. 19 handelt es sich um eine Schätzung, da sich die der Tab. zugrundeliegenden Nettoproduktionsindices auf Industrie und Handwerk, die der geleisteten Arbeitsstunden dagegen nur auf die Industrie beziehen. Allerdings liegt – das läßt sich für 1928, 1931 und 1938 nachweisen – die industrielle Arbeitszeitentwicklung so dicht an der gesamtgewerblichen, daß hiervon die Angaben in Tab. 45 nicht beeinflußt werden. Schwerer wiegt, daß die Angaben zur Nettoproduktion von Hoffmann aus den Ergebnissen weniger Erhebungen der amtlichen Produktionsstatistik extrapoliert werden. Hauptbezugspunkt (neben der Beschäftigtenentwicklung) bildet eine Erhebung über Nettoproduktionswerte je Beschäftigten aus dem Jahre 1936. Wegen dieses Zeitpunktes dürften für den hier interessierenden

Zeitraum Hoffmanns Schätzungen nicht allzu weit von den tatsächlichen Werten abweichen (hierzu und zu seinen theoretischen Grundannahmen: ebd., S. 389, 394f.).

10 Vgl. (am Beispiel der Hochofen-, Stahl- und Walzwerke der GHH und der Krupp-Gußstahlfabrik) *Yano*, Hüttenarbeiter, S. 32ff.; zur Entwicklung der Arbeitsproduktivität des größten deutschen schwerindustriellen Konzerns, der Ver. Stahlwerke – die der hier skizzierten der gesamten Eisen- und Stahlindustrie entspricht – vgl. jetzt Gerhard Th. *Mollin*, Montankonzerne und ›Drittes Reich‹. Der Gegensatz zwischen Monopolindustrie und Befehlswirtschaft in der deutschen Rüstung und Expansion 1936–1944, Göttingen 1988, S. 91 ff.

11 Vgl. *Landes*, Prometheus, S. 443.

12 Vgl. Hans *Cramer*, Die erste vollkontinuierliche, europäische Breitbandstraße, in: VJP, Jg. 3, 1939, S. 972f.; Konrad *Hofmann*, Die moderne Blecherzeugung, in: ebd., S. 918f., 964f., 1017f.; *Welter*, Weg, S. 109f. Bagel-Bohlan behauptet dagegen überdurchschnittliche Produktivitätssteigerungen in der Eisen- und Stahlindustrie und ein Absinken der Arbeitsproduktivität in der Textilindustrie, ohne dies allerdings zu belegen (vgl. *Bagel-Bohlan*, Kriegsvorbereitung, S. 79).

13 VzK 1936/37, Teil A, S. 135.

14 Vgl. St. Handb. von Dt. 1928–1944, S. 279, *Petzina* u. a., Arbeitsbuch III, S. 62; *Wisotzky*, Ruhrbergbau, S. 231 ff.; *Mason*, Arbeiterklasse, S. 572, 598f. (Dok. 86, 93).

15 So z. B. *Mason*, Arbeiteropposition, S. 303; ders., Sozialpolitik, S. 281, Anm. 220; Karl-Heinz *Roth*, Pervitin und Leistungsgemeinschaft, in: Medizin im Nationalsozialismus, Protokolldienst der Evangelischen Akademie Bad Boll 23/1982, S. 200. In der neueren Forschung ist die Entwicklung der Arbeitsproduktivität nach 1933 bisher kaum problematisiert worden. Außer bei Milward und Eichholtz (s. u.) ist sie in den vergangenen Jahren lediglich von Bagel-Bohlan angesprochen worden. Bagel-Bohlan behauptet – unter Hinweis vor allem auf B. H. *Klein*, Germany's Economic Preparation for War, Cambridge/Mass. 1959, S. 71 – eine weitgehend stagnierende Arbeitsproduktivität, allerdings ohne diese Kategorie eingehender zu problematisieren und die Entwicklung in den einzelnen Branchen zu untersuchen (*Bagel-Bohlan*, Kriegsvorbereitung, S. 78f.).

16 Vgl. exemplarisch: Jb. Gew. 1934 (Preußen), S. 441f.

17 Aktenvermerk über eine Besprechung zwischen Seeliger (stellv. Leiter und Vorsitzender des Sozialwirtschaftlichen Ausschusses der RGI) und Zangen (Leiter der RGI) am 7. März 1939, in: BA R 12 I/Bd. 255; vgl. auch Besprechung vom 20. Juni 1940, S. 181 f.; Wirtschaftlicher LB der Berliner Stadtpräsidenten für das 4. Vierteljahr 1938 vom 5. Jan. 1939, in: BA R 12 I/Bd. 155, Bl. 42 und 43.

18 Berichte der RtdA für das 1. Vierteljahr 1939, in: *Mason*, Arbeiterklasse, S. 952 (Dok. 156); vgl. auch Jb. Gew. 1937/38, S. 129; *Yano*, Hüttenarbeiter, S. 83f.

19 Vgl. z. B. Albert *Pietzsch*, Leistungssteigerung und Berufsausbildung in der gewerblichen Wirtschaft, in: VJP, Jg. 3, 1939, S. 664f.; ›Acht Stunden oder mehr‹, in: Dt. VW, Jg. 8, 1939, S. 170; Ludwig *Preller*, Mehrarbeit – Mehrleistung, in: SP, Jg. 48, 1939, Sp. 775ff.; AWI der DAF, Arbeitszeit und Volkswirtschaft, in: Jb. 1938, Bd. I, S. 63ff.; Zentralbüro, Dt. Sozialpolitik 1938, S. 130.

20 Vgl. *Milward*, Arbeitspolitik, S. 75 bzw. ders., Weltkrieg, S. 143, 234f.

21 Bei sämtlichen Angaben der Tab. 20 ist allerdings zu berücksichtigen, daß sie nur »in grober Annäherung« berechnet werden konnten, da »jeder Versuch, genauere Angaben zu machen, ... auf unüberwindliche Schwierigkeiten (Änderung des Produktions- bzw. Rüstungssortiments, ›Entfeinerung‹ u. a. Qualitätsminderungen, weitere Probleme der Berechnung des Produktionsindex usw.)« stößt (*Eichholtz*, Kriegswirtschaft, Bd. II, S. 266f.).

22 Nach Angaben des Instituts für Wirtschaftsforschung lag der Umsatz je Beschäftigtem 1936 in der Textilindustrie bei 7000 RM. Der ›Umsatzwert‹ erhöhte sich nach ›Umsetzung‹ des Betreffenden in den Fahrzeugbau auf 11000 RM, in die eisenschaffende Industrie auf

11 000 RM, in die Chemieindustrie auf 15 000 RM, in die NE-Metallindustrie auf 23 000 RM und in die Kraftstoffindustrie auf 25 000 RM (nach: ebd., S. 261 f.).

23 Vgl. ›Arbeitssteigerung und Leistungsfähigkeit der Ostarbeiter‹, in: Dt. SP, Jg. 53, 1944, S. 34; ferner *Herbert*, Fremdarbeiter, S. 278; *Milward*, Arbeitspolitik, S. 82 f.; zur Arbeitsleistung von KZ-Häftlingen vgl. *Wysocki*, Häftlingsarbeit, S. 60.

24 Vgl. JB des Wernerwerks M der S & H AG für 1942/43, S. 2, in: SAA 15/Lc 815; ferner *Werner*, Bleib übrig, S. 249, 255, 257, 337; *Eichholtz*, Kriegswirtschaft, Bd. II, S. 264; *Kuczynski*, Lage, Bd. 6, S. 234 sowie Anm. 17.

25 Denkschrift über die ›Lohn- und Arbeitsbedingungen auf den deutschen Seeschiffswerften zu Beginn des Jahres 1941‹, in: BA R 41/Bd. 153, Bl. 46.

26 Der Begriff des Krankenstandes wird im folgenden – vor dem Hintergrund der lückenhaften Quellenlage – uneinheitlich verwandt: Für die Jahre bis 1929 bezieht er sich (da andere Daten fehlen) auf *sämtliche* Krankenkassenmitglieder (Tab. 21), für die Jahre danach – in Tab. 23 – dagegen nur auf die Belegschaften. Zwar lag letztere Form des Krankenstandes höher, alle im folgenden konstatierten Trends gelten jedoch für beide Arten des Krankenstandes; die Gleichsetzung des Krankenstandes nur der Arbeitnehmer mit dem aller Kassenmitglieder (sozusagen als dessen wichtigster Teilindex) findet hier seine Rechtfertigung.

27 Quelle wie Tab. 20. Vgl. auch Rudolf *Krausmüller*, Um die Leistungssteigerung der Zukunft, in: Dt. VW, Jg. 8, 1939, S. 608; *Yano*, Hüttenarbeiter, S. 177 (Tab. 30) und S. 93 f.

28 Vgl. *Yano*, Hüttenarbeiter, S. 86 f.

29 Vgl. z. B. Maria *Blohmke* u. Karl *Jost*, Krankenstand, medizinische Sicht, in: Handbuch der Sozialmedizin, Bd. III, hg. von Maria *Blohmke* u. a., Stuttgart 1976, S. 106; Hans *Schäfer* u. Maria *Blohmke*, Sozialmedizin. Einführung in die Ergebnisse und Probleme der Medizin-Soziologie und die Sozialmedizin, Stuttgart 1972, S. 354, 358; Walter *Zimmermann*, Krankenstand, deutsche Verhältnisse, in: Handbuch der Sozialmedizin, Bd. III, S. 133 und die dort genannte Literatur.

30 Jb. Gew. 1933/34 (Preußen), S. 442; vgl. außerdem z. B. Jb. Gew. 1937/38, S. 129.

31 Jb. Gew. 1935/36 (Preußen), S. 267.

32 Vgl. die Berichte der RtdA für das 3. und 4. Vierteljahr 1938 und das 1. Vierteljahr 1939 sowie den Bericht der StaPo Dresden an das Geh. Staatspolizeiamt vom 29. Juni 1939, in: *Mason*, Arbeiterklasse, S. 722, 848, 863, 952 (Dok. 123, 147, 150, 156); Meldungen vom 15. Nov. 1939, S. 458.

33 Relativ unkritisch werden diese Behauptungen übernommen von: *Mason*, Sozialpolitik, S. 315; ders., Innere Krise, S. 174; *Peukert*, Volksgenossen, S. 134; Michael H. *Kater*, Die ›Gesundheitsführung des Deutschen Volkes‹, in: Medizinhistorisches Journal 1983, S. 369; *Behrens*, Arbeiterkampf, S. 125, 129.

34 Peter *Thoma*, Arbeit und Krankheit, in: Brigitte *Geissler* u. Peter *Thoma* (Hg.), Medizinsoziologie, Frankfurt/New York 1975, S. 137, Anm. 22; vgl. auch z. B. Karl *Böker*, Entwicklung und Ursachen des Krankenstandes der westdeutschen Arbeiter, in: Das Argument, Nr. 69 (1971), S. 917 ff. Auch nach 1945 wurden Arbeiter, die überdurchschnittlich häufig krank waren, als ›Krankfeierer‹ usw. bezeichnet (vgl. etwa Gerhard *Schäuble*, Die Humanisierung der Arbeit, Frankfurt/New York 1979, S. 160, Anm. 2).

35 ›Eisen und Metall‹, Jan. 1939, S. 14, in: BA NSD 50/Bd. 871.

36 Jb. Gew. 1933/34 (Preußen), S. 448 f.

37 Ebd.

38 RGBl. 1930, I, S. 311.

39 Vgl. Karl *Kohlhausen*, Vertrauensärztlicher Dienst, in: Handbuch der Sozialmedizin, Bd. III, S. 560; Florian *Tennstedt*, Sozialgeschichte der Sozialversicherung, in: ebd., S. 401; Wolfgang *Scheur*, Einrichtungen und Maßnahmen der sozialen Sicherheit in der Zeit des Nationalsozialismus (Diss.), Köln 1967, S. 24.

40 *Kohlhausen*, Dienst, S. 558.

41 Zweites Krankenversicherungsänderungsgesetz vom 27. Juli 1969 (BGBl. 1969, I, S. 946), durch das die Institution des Vertrauensarztes einer grundlegenden Wandlung unterworfen wurde (vgl. *Kohlhausen,* Dienst, S. 563 ff.).

42 Ebd., S. 558.

43 Ebd., S. 561; zum vertrauensärztlichen System während der NS-Zeit vgl.: Wilhelm Friedrich *Funke,* Der vertrauensärztliche Dienst in der Krankenversicherung, in: Mh.NS, Jg. 3, 1935/36, S. 477 ff.

44 Der Terminus Arbeitsmedizin wird hier als Oberbegriff benutzt. Er umfaßt sowohl die Lehre von den Wechselbeziehungen zwischen Arbeit und Gesundheit als auch Organisation und Tätigkeit der Ärzte, die mit Diagnose und Behandlung gesundheitlicher Schäden von Arbeitnehmern befaßt waren. Die folgenden Ausführungen können nur eine Skizze sein; zum hier nicht dargestellten gewerbeärztlichen Dienst vgl. Karl-Heinz *Karbe,* Das Betriebsarztsystem und zum Schicksal der Arbeitsmedizin im faschistischen Deutschland, in: Achim *Thon* u. Horst *Spaar* (Hg.), Medizin im Faschismus. Symposium über das Schicksal der Medizin in der Zeit des Faschismus in Deutschland 1933–1945, Berlin [DDR] 1985, S. 104 ff.

45 Hier kann nur darauf hingewiesen werden, daß als grundlegende Form medizinischer Betreuung die Einführung eines sog. Hausarztsystems geplant war: Der Patient sollte sich für die Dauer eines Jahres bei einem Arzt einschreiben; Aufgabe des den Patienten »führenden« Hausarztes sollte »nicht das Krankenbehandeln, sondern das Gesunderhalten« unter der Prämisse der Leistungssteigerung und allgemeinen Kostensenkung sein (vgl. z. B. die Rede des Reichsärzteführers Gerhard *Wagner* am 8. Aug. 1937 in Düsseldorf, nach: DÄ, Jg. 67, 1937, S. 770 f.).

46 So der Berliner Leiter der ärztlichen Angelegenheiten für die allgemeinen und besonderen Krankenkassen, nach: ›Neuordnung des vertrauensärztlichen Dienstes in Berlin‹, in: DÄ 64. Jg., 1934, S. 630; ähnlich z. B. Wagner in seiner Rede vom 8. Aug. 1937 (Anm. 45), S. 770; F. *Schweighäuser,* Der Begriff der ärztlichen Behandlung in der Sozialversicherung, in: DÄ 68. Jg., 1938, S. 371; H. F. *Hoffmann,* Das ärztliche Weltbild, Stuttgart 1937, S. 46 f.; Karl-Heinrich *Franke,* Gesundheit ist Pflicht, in: Volk und Gesundheit 1942, S. 27 ff., nach: *Wuttke-Groneberg,* Medizin im NS,S. 31 f. bzw. 92 (Dok. 17 und 51).

47 Friedrich *Bartels,* Gesundheitsführung des Volkes – die Aufgabe des Staates, in: DÄ 63. Jg., 1933, S. 19.

48 So die bündige wie treffende Definition bei *Wuttke-Groneberg,* Medizin im NS, S. 43; vgl. auch die grundlegenden Ausführungen bei *Kater,* Gesundheitsführung, S. 349 ff. und *Karbe,* Betriebsarztsystem, S. 104 ff.

49 Vor allem die grundsätzlichen Ausführungen von *Wuttke-Groneberg,* Leistung, S. 231 ff. sowie die von *dems.* in dem ›Arbeitsbuch. Medizin im NS‹ vorgelegten Dokumente (insbesondere S. 32 ff., Dok. 17 ff.); zu Kontinuitäten und Ursprüngen der Leistungsmedizin vor 1933 vgl. Sepp *Gressner,* Leistungsmedizin im Nationalsozialismus, in: Medizin im Nationalsozialismus, S. 189 ff.

50 Vgl. z. B. ›Fragen um die betriebliche Gesundheitsführung‹, in: ›Angriff‹ vom 5. Juli 1944; ›Der Arzt des deutschen Arbeiters‹, in: VB vom 16. Mai 1944; Friedrich *Bartels,* Der Reichsärztekammer zum Geleit, in: DÄ,Jg. 65, 1935, S. 1235 f.

51 RGBl. 1933, I, S. 179.

52 Vgl. Stephan *Leibfried* u. Florian *Tennstedt,* Berufsverbote und Sozialpolitik. Die Auswirkungen der nationalsozialistischen Machtergreifung auf die Krankenkassenverwaltung und die Kassenärzte, Bremen 1981[3]; Eckhard *Hansen* u. a., Seit über einem Jahrhundert...: Verschüttete Alternativen in der Sozialpolitik. Sozialer Fortschritt, organisierte Dienstleistungsmacht und nationalsozialistische Machtergreifung, Köln 1981, S. 299 ff.; SOPADE-Berichte 1936, S. 631 f.; *Scheur,* Maßnahmen, S. 61 ff.; *Tennstedt,* Sozialgeschichte, S. 406; *ders.,* Sozialpolitik und Berufsverbote im Jahre 1933, in: ZfS, Jg. 25, 1979, S. 134 ff.; *ders.,* Soziale Selbstverwaltung. Geschichte der Selbstverwaltung in der Krankenversicherung, Bd. 2, Bonn 1977,

S. 185 ff.; Detlev *Zöllner*, Landesbericht Deutschland, in: Ein Jahrhundert Sozialpolitik in der Bundesrepublik Deutschland, Frankreich, Großbritannien, Österreich und der Schweiz, hg. von Peter A. *Köhler* u. Hans F. *Zacher*, Berlin 1981, S. 127 ff.; vgl. in diesem Zusammenhang auch die Polemik gegen Ortskrankenkassen etwa bei: *Schwenger*, Betriebskrankenkassen, S. 36 f.

53 Das ›Gesetz über den Aufbau der Sozialversicherung‹ (Aufbaugesetz) vom 5. Juli 1934 (RGBl. 1934, I, S. 577) schrieb die übernommene Struktur der Reichsversicherung im Grundsatz fest (vgl. Karl *Teppe*, Zur Sozialpolitik des Dritten Reiches am Beispiel der Sozialversicherung, in: AfS Bd. XVII/1977, S. 209 ff.; *Peters*, Geschichte, S. 109 ff.).

54 *Zimmermann*, Krankenstand, deutsche Verhältnisse, S. 122.

55 SOPADE-Berichte 1936, S. 1286.

56 Ebd.; vgl. auch SOPADE-Berichte 1935, S. 1447; 1937, S. 1320 sowie z. B. *Scheur*, Maßnahmen, S. 114.

57 Vgl. *Peters*, Geschichte, S. 113 f.; sowie *Scheur*, Maßnahmen, S. 128 ff.

58 Verordnung vom 22. April 1933, in: RGBl. 1933, I, S. 222.

59 Vgl. *Karstedt*, Die Durchführung der Arier- und Kommunistengesetzgebung, in: DÄ, Jg. 64, 1934, S. 591 ff.; *Hadrich*, Die nicht-arischen Ärzte, in: ebd., S. 1243 ff.; Sofie *Götze*, Übersicht über die Gesetzgebung in der Krankenversicherung seit März 1933, in: VuK, Jg. 1, 1933, S. 79 ff.; *Hansen* u. a., Seit über einem Jahrhundert, S. 362 f., Anm. 3; *Tennstedt*, Sozialpolitik und Berufsverbote, Teil II, S. 215 ff.; Siegfried *Parlow*, Zur Integration ärztlicher Standesorganisationen in das faschistische Machtgefüge, in: Medizin im Faschismus, S. 81; Michael H. *Kater*, Medizin und Mediziner im 3. Reich, in: HZ, Bd. 244, 1987, insbesondere, S. 325 ff.

60 Vgl. *Tennstedt*, Sozialpolitik und Berufsverbote, Teil II, S. 212, 217. Abgeschlossen wurden die ›Säuberungen‹ unter den Ärzten ›erst‹ durch die 4. Verordnung zum Reichsbürgergesetz vom 25. Juli 1938, durch die allen jüdischen Ärzten die Ausübung beruflicher Tätigkeit verboten wurde. Noch Anfang 1938 hatte der Anteil jüdischer Ärzte unter allen Ärzten in Berlin bei etwa einem Drittel gelegen (vgl. Heinrich *Grote*, Die kassenärztliche Versorgung des deutschen Volkes, in: Beilage zum DÄ, Jg. 68, 1938 anläßlich des 50. Geburtstages des ›Reichsärzteführers‹ Gerhard Wagner, S. 10 ff.).

61 SOPADE-Berichte 1936, S. 1287 f. (inkl. Beispiele); vgl. auch ebd., S. 637, 1286 ff.; SOPADE-Berichte 1937, S. 1330, 1332; *Scheur*, Einrichtungen, S. 122 f.; *Yano*, Hüttenarbeiter, S. 84.

62 Vgl. *Faßbender*, Schutz des Vertrauensarztes gegen Beleidigungen, Bedrohungen und Nötigungen, in: VuK, Jg. 7, 1939, S. 84. Dies war allerdings auch vor 1933 keine Seltenheit; vgl. Wolfgang *Schmidt*, Vertrauensärztliche Nachuntersuchung, in: Der Vertrauensarzt, Jg. 2, 1932, S. 10 ff.

63 Gottlieb Fr. *Storck*, Vom Revisionsarzt zum Sozialarzt!, in: VuK, Jg. 9, 1941, S. 9.

64 Zum Aufbaugesetz vgl. Anm. 53; der Erlaß vom 30. März 1936 ist abgedruckt in VuK, Jg. 4, 1936, S. 195 f. bzw. DÄ, Jg. 66, 1936, S. 415 f. Jeder Unterbezirk einer LVA sollte mindestens eine eigene Dienststelle erhalten. Ziel war ein Vertrauensarzt auf 25000 Versicherte (vgl. H. *Marschner*, Die Aufgaben des Hauptvertrauensarztes, in: VuK, Jg. 4, 1936, S. 128 ff.; *Schäfer/Blomke*, Sozialmedizin, S. 366 f.; zur Ausweitung des vertrauensärztlichen Dienstes (väD) zu Beginn der NS-Herrschaft vgl. Otto *Walter*, Die Neuordnung der vertrauensärztlichen Arbeit, in: DÄ, Jg. 63, 1933, S. 324 ff.). Durch einen weiteren Erlaß des RAM vom 5. Juli 1940 wurden auch die Ersatzkassen der Krankenversicherung dem väD. der LVA unterstellt (nach: DÄ, Jg. 70, 1940, S. 341 bzw. VuK, Jg. 8, 1940, S. 111).

65 1937 wurden insgesamt 911 Vertrauensärzte (davon 412 hauptamtlich) sowie 321 sonstige Angestellte im vertrauensärztlichen Dienst beschäftigt (nach: St. DR, Bd. 529, S. 59).

66 SOPADE-Berichte 1937, S. 821 f.

67 1. Vierteljahresbericht 1939 des Sicherheitshauptamtes, in: Meldungen, S. 324; vgl. auch z. B. ›Meldung arbeitsunfähig Erkrankter durch Betriebsführer‹, in: DÄ; Jg. 70, 1940, S. 417.

Nachuntersuchungen durch den Vertrauensarzt konnten zum Entzug bereits erteilter Renten führen (vgl. SOPADE-Berichte 1936, S. 637, 1289, 1292 ff.; 1937, S. 1322; *Scheur*, Maßnahmen, S. 118 f.). Auch aus politischen Gründen konnte der Anspruch auf Rente aufgehoben werden (vgl. ebd., S. 120).

68 Nach: DÄ, Jg. 68, 1938, S. 881.

69 Nach: Rundschreiben der RGI an die zur Fachgemeinschaft Eisen und Metall gehörenden Wigru. und Bezirksfachgemeinschaften der Eisen- und Metallindustrie vom 24. Juli 1940, in: THA VSt/212−214.

70 Vgl. Meldungen vom 22. Okt. 1942, S. 4360; *Tennstedt*, Sozialgeschichte, S. 475; *Scheur*, Maßnahmen, S. 123, Anm. 1. Außerdem verkürzte der RAM durch einen Erlaß vom 16. Febr. 1943 die Frist, innerhalb derer sich ein Kranker bei den Krankenkassen melden mußte, von einer Woche auf drei Tage (vgl. *Funke*, Krankenkontrolle, S. 13; *Werner*, Bleib übrig, S. 312 bzw. 429, Anm. 72).

71 Ebd. Nach Angaben von Gressner wurde den Vertrauensärzten bei derartigen ›Auskämmungen‹ sogar ›Kopfgeld‹ gezahlt (vgl. *Gressner*, Leistungsmedizin, S. 196).

72 Beispiele in W. *Schmitt*, Ein Beitrag einer vertrauensärztlichen Großdienststelle zur Bewältigung hoher Krankenstände, in: VuK, Jg. 8, 1940, S. 114 ff.; H. *Schmücking*, ›Musterungen‹ im vertrauensärztlichen Dienst, in: ebd., S. 33 ff.

73 Robert *Adam* (Leiter des Arbeitsamtes München), Arbeitsdisziplin und ›Krankwerden‹, in: VuK, Jg. 9, 1941, S. 57.

74 Nach: DÄ, Jg. 72, 1942, S. 53 bzw. VuK, Jg. 9, 1941, S. 189 f.; vgl. auch F. *Funke*, Krankenkontrolle, in: Dt. SP, Jg. 54, 1945, S. 13; A. *Veltmann*, Darf der Betriebsarzt zugleich Vertrauensarzt sein?, in: Vuk; Jg. 9, 1941, S. 98 ff. Obgleich bis Okt. 1941 Betriebs- und Vertrauensärzten gesetzlich strengste Schweigepflicht vorgeschrieben war, gaben zumindest seit Kriegsbeginn Vertrauensärzte Durchschläge ihrer Untersuchungsberichte häufiger an Betriebsärzte weiter (vgl. *Schmitt*, Vertrauensärztliche Großdienststelle, S. 115).

75 Vgl. z. B. ›Betriebsarzt und Betriebsführer‹ in: D. Dt. V. 19. März 1937 (nach: THA VSt/215−216); vgl. jetzt auch *Karbe*, Betriebsarztsystem, S. 105; *Kater*, Gesundheitsführung, S. 369 f. Nur dem Unternehmer verantwortliche Werksärzte hatte es auch vor 1933 gegeben (vgl. hierzu den Überblick bei Dietrich *Milles*, Zur Kontinuität betriebsärztlicher Aufgaben und Sichtweisen, in: Normalität oder Normalisierung? Geschichtswerkstätten und Faschismusanalyse, hg. von Heide *Gerstenberger* u. Dorothea *Schmidt*, Münster 1987, S. 67 ff.).

76 Viel Material zu diesem Thema findet sich in: BA R 11/Bd. 61, R 12 I/Bd. 255; HA GHH 400 140/20.

77 Ed. *Busse*, Arzt und Arbeitseinsatz, in: AE/AH 1937, S. 250.

78 Vgl. etwa die Klagen von Mitgliedern des Vertrauensrates der GHH, daß die betrieblichen Vertrauensärzte »möglichst jeden Kranken gesundzuschreiben« trachteten (Niederschrift über die Sitzungen des VR vom 12. Jan. 1940 und 12. Dez. 1941; vgl. auch Niederschrift über die Sitzungen des VR vom 5. Juli und 30. Aug. 1940, alles in: HA GHH 400 1026/10 bzw. 400 144/20) oder Meldungen vom 2. März 1944, S. 6394 ff.; SOPADE-Berichte 1937, S. 1329; *Werner*, Bleib übrig, S. 170 f.

79 Vgl. ›Gesunde Gefolgschaften‹, in: ›Angriff‹ vom 10. Juni 1944 sowie WuSPR, Allg. Ausg., vom 15. Aug. 1939; etwas differierende Angaben bei *Karbe*, Betriebsarztsystem, S. 108. (Überwiegend waren die Betriebsärzte allerdings nebenamtlich tätig.)

80 So der Beauftragte des ›Reichsärzteführers‹ beim Generalinspekteur für das deutsche Straßenwesen *Lotz*, Der ärztliche Dienst bei den Westbefestigungsarbeiten, in: DÄ, Jg. 68, 1938, S. 859.

81 Ebd., S. 860; vgl. auch *Gottwald*, Der vertrauensärztliche Dienst bei den Westarbeiten, in: VuK, Jg. 7, 1939, S. 130 ff.

82 Friedrich *Funke*, Vom Betriebsarzt zum ›Revierarzt‹, in: BuVR 1943, S. 13; vgl. auch

z. B. ›Reichsgesundheitsführer‹ Leonardo *Conti*, Der Arzt im Kampf um das deutsche Volksschicksal (Rede vom 24. April 1942), in: DÄ, Jg. 72, 1942, S. 203.

83 Allerdings war bereits Anfang 1939 vom ›Hauptamt für Volksgesundheit‹ angeordnet worden, daß Betriebsärzte in den Betrieben auch ambulante Behandlungen vornehmen durften (vgl. ›Der Betriebsarzt behandelt‹, in: Dt. SP, Jg. 52, 1944, S. 104).

84 *Funke*, Betriebsarzt, S. 13f. Die Institution des ›Revierarztes‹ hatte sich bis Kriegsende allerdings in der deutschen Industrie nicht vollständig durchgesetzt.

85 *Adam*, Arbeitsdisziplin, S. 59.

86 *Schmith* u. B. J. *Gottlieb*, Der Gesundheitszustand der Wohlfahrtserwerbslosen in Frankfurt, in: DÄ, Jg. 68, 1938, S. 518; vgl. auch z. B. *Grünewald*, Kriegsmaßnahmen in der Krankenversicherung, in: RABl. 1941, II, S. 73.

87 Vgl. z. B. Berichte der RtdA für das 4. Vierteljahr 1938 und das 1. Vierteljahr 1939, nach: *Mason*, Arbeiterklasse, S. 863, S. 952 (Dok. 150, 156); Schreiben des Leiters der Wigru. Luftfahrtindustrie an den Staatssekretär und Generalinspekteur der Luftwaffe vom 20. Nov. 1942, in: BA R 41/Bd. 228, Bl. 27 Rs. f.; Schreiben der IG Farben AG Ludwigshafen a. Rh. an die RGI vom 27. Febr. 1944, in: BA R 12 I/Bd. 336; div. dazu auch in: THA VSt/143–145. Klagen über ›Gefälligkeitsatteste‹ waren freilich auch vor 1933 keine Seltenheit (vgl. z. B. Schreiben der Sozialpolitischen Abt. der S&H AG und SSW GmbH an Dir. Reyss vom 30. Jan. 1923, in: SAA 14/Ls 692).

88 *Tennstedt*, Sozialgeschichte, S. 408.

89 Auszug aus einer Mitteilung der Hamburger Ärztekammer, o. D. (wahrscheinlich 1943/44), in: Heinz *Klinger*, Wege und Nebenwege. Erinnerungen eines Hamburger Arztes, Hamburg 1976, S. 100, zit. nach: *Wuttke-Groneberg*, Medizin im NS, S. 88 (Dok. 49).

90 In: HA GHH 400 140/20.

91 Stimmungsbericht des SA-Sturms 25/143 in Recklinghausen vom Jan. 1944, nach: Deutschland im Zweiten Weltkrieg, Bd. 5, S. 191; vgl. ferner ›Strenger Maßstab in der Beurteilung der Arbeitsunfähigkeit‹, in: DÄ, Jg. 70, 1940, S. 118; *Conti*, Arzt im Kampf, S. 201.

92 So der Stellv. Reichsärzteführer Bartels in einem Vortrag über ›Gesundheit und Wirtschaft‹ vom 8. Sept. 1938, in: ›Gesundheitsführung in den Betrieben‹, zusammengestellt von der RGI, Leipzig 1939, S. 11, in: BA R 12 I/Bd. 255 bzw. WWA F 26/Nr. 367.

93 Nach: SOPADE-Berichte 1939, S. 347; vgl. auch *Bartels*, Gesundheit und Wirtschaft (Anm. 92), S. 10f.

94 *Bartels*, ebd., S. 11; vgl. auch *Conti*, Arzt im Kampf, S. 204; W. *Schnatenberg*, Neue Aufgaben der Betriebsärzte, in: VuK, Jg. 8, 1940, S. 49, 52.

95 Vgl. W. *Schnatenberg*, Die gesundheitliche Betreuung in den Betrieben. Aufgaben und Bedeutung des Betriebsarztes, Vorabdruck aus: Zeitschrift für das gesamte Krankenwesen vom 19. Jan. 1942, in: BA R 36/Bd. 1288. Die hier geschilderten Formen betrieblicher Gesundheitspolitik in den ›Hermann-Göring-Werken‹ waren in einzelnen Betrieben auch schon vor 1939 nachgeahmt worden, z. B. von den Junkers Flugzeug- und Motorenwerken, Dessau (vgl. Richard *Thiedemann*, Leistungen durch betriebliche Sozialpolitik, in: Vertrauensrat, Jg. 6, 1939, S. 6).

96 Nach: THA VSt/215–216.

97 Nach: *Tennstedt*, Sozialgeschichte, S. 409 bzw. *ders*., Soziale Selbstverwaltung, S. 219; *Karbe*, Betriebsarztsystem, S. 108.

98 Anlage zu: Schreiben der Bezirksgruppe Steinkohlenbergbau Ruhr der Wigru. Bergbau an Dir. Kellermann (GHH) vom 20. Sept. 1940, in: HA GHH 400 101300/11.

99 Rundschreiben des Präsidenten der Reichsknappschaft an die ersten leitenden Angestellten der Bezirksknappschaften vom 19. Juni 1939, in: WWA F 26/Nr. 367; vgl. auch z. B. Niederschrift über die Vertrauensrat-Sitzung des Wernerwerks T am 14. Jan. 1943, in: SAA 11/Lg 694 (v. Buol); Rundschreiben der Gauleitung Berlin vom 21. März 1944, in: BA R 12 I/Bd. 336; *Adam*, Arbeitsdisziplin, S. 59; *Werner*, Bleib übrig, S. 312. Zur Krankenkontrolle seit

1936 vgl. *Holzapfel*, Ein Beitrag zum Ausbau des vertrauensärztlichen Dienstes, in: VuK, Jg. 4, 1936, S. 104. Zu Krankenkontrollen vor 1933 vgl. Rudolf *Schwenger*, Die deutschen Betriebskrankenkassen, München/Leipzig 1934 S. 13 ff.; *Sachse*, Sozialpolitik, S. 331 ff.

100 Nach: Mitteilungen für die Mitglieder der RGI, Heft 7/1943, S. 316, in: THA VSt./212−214; vgl. auch *Funke*, Krankenkontrolle, S. 13.

101 Vgl. *Funke*, ebd.; *Werner*, Bleib übrig, S. 312 bzw. S. 429, Anm. 75.

102 So war es z. B. Aufgabe von ›Gesundheitstrupps‹ der ›Werkscharen‹ der Arbeitsfront, vermeintliche Simulanten beim Betriebsarzt zu denunzieren (vgl. *Bartels*, Gesundheit und Wirtschaft (Anm. 92), S. 11). Nach Angaben der ›Dt. Allgemeinen Ztg.‹ vom 11. Juni 1937 (nach: THA VSt/215−216) wurden bis zu zehn Prozent der ›Werkscharen‹ als ›Gesundheitstrupps‹ in die Betriebe geschickt.

103 Vgl. z. B. ›Lohnzahlung im Krankheitsfall‹, in: Mh.NS, Jg. 6, 1939, S. 263 (Beispiele); ferner Jb. Gew. 1937/38, S. 207.

104 Vgl. SOPADE-Berichte 1938, S. 325 f.

105 Vgl. etwa Besprechung vom 20. Juni 1940 (Soziale Bewegungen. Jb. 1), S. 177; Schreiben der IG Farben an die RGI vom 27. Febr. 1944 (Anm. 87); ferner *Yano*, Hüttenarbeiter, S. 85.

106 In: BA R 12 I/Bd. 270. Auf einer Sitzung des Sozialversicherungs-Ausschusses der RGI vom 13. Juli 1939 wurde gefordert, Krankengeldzuschüsse erst nach einjähriger Betriebszugehörigkeit zu gewähren (Niederschrift in: ebd.).

107 Vgl. z. B. *Schnatenberg*, Aufgaben, S. 49, 52. In diesem Zusammenhang gehört auch die von Ley auf dem Parteitag in Nürnberg entworfene »Utopie der totalen Prävention« (vgl. Sepp *Graessner*, Neue soziale Kontrolltechniken durch Arbeits- und Leistungsmedizin, in: Medizin und Nationalsozialismus. Tabuisierte Vergangenheit − Ungebrochene Tradition?, hg. von Gerhard *Baader* u. Ulrich *Schultz* (Dokumentation des Gesundheitstages Berlin 1980), Berlin 1980, S. 149.

108 Dieser Aspekt wird z. B. bei *Marßoleck/Ott*, Bremen, S. 153 betont. Zum Betriebssport in den zwanziger Jahren vgl. jetzt *Sachse*, Sozialpolitik, S. 82 ff.

109 Zur politischen Ausrichtung und Militarisierung des Betriebssports vgl. z. B. Gesamtbericht über die Arbeitssitzungen des Reichsarbeitskreises der Gesundheitsführung des Deutschen Volkes am 16. und 17. Aug. 1937 in München, in: DÄ, Jg. 67, 1937, S. 943 f.; ›Sparkassen der Volksgesundheit. Verstärkter Einsatz für die Betriebssportgemeinschaften‹, in: Volksgesundheit 1938, S. 58; H. *Hoske*, Die menschliche Leistung als Grundlage des totalen Staates, Leipzig 1936, S. 19 f., nach: *Wuttke-Groneberg*, Medizin im NS, S. 36, 74 (Dok. 18, 36); ›Betriebssport‹, in: VJP, 4. Jg., 1941, S. 714; Jb. Gew. 1937/38, S. 208; SOPADE-Berichte 1937, S. 1261 ff., 1685 ff.; 1938, S. 1084 ff. Zur Unterordnung des Betriebssports unter den Gesichtspunkt der produktionsbezogenen ›Leistungsertüchtigung‹ vgl. z. B. Aktenvermerk für Guth (Geschäftsführer der RGI) vom 29. März 1939, in: BA R 12 I/Bd. 214; Aktenvermerk über die Besprechung zwischen Seeliger und Zangen vom 7. März 1939 (Anm. 17); ›Achtung, hier spricht der Sportlehrer‹, in: ›Angriff‹ vom 1. Dez. 1938; Wilhelm *Schauch*, Leistungssteigerung durch Leibesübungen, in: Mh.NS, Jg. 4, 1937, S. 38 f.; ›Die erwerbstätige Frau im Betriebssport‹, in: Mh.NS, Jg. 6, 1939, S. 343 ff., 367 ff.; Jb. Gew. 1937/38, S. 208; Siemens-Mitt. Nr. 192/Jan. 1938, S. 4.

110 Bei Kriegsbeginn bestanden ca. 13 700 ›Betriebssportgemeinschaften‹ mit 0,6 Mio. Mitgliedern, Anfang 1943 waren es 21 000 ›Betriebssportgemeinschaften‹ mit 2,5 Mio. Mitgliedern (vgl. Kurt *Hirche*, Kriegsbewährung des Betriebssports, in: Mh.NS, Jg. 10, 1943, S. 116 f.).

111 Meldungen vom 5. Okt. 1942, S. 4290 f.

112 *Schnatenberg*, Aufgaben, S. 52.

113 Vgl. ebd., S. 51 ff.; Rede *Wagners* vom 8. Aug. 1937 (Anm. 45), S. 772; ›Die Aufgaben des Betriebsarztes‹, in: Dt. Bergwerksztg. vom 18. Nov. 1938; ›Betriebliche Gesundheitsführung‹, in: D. Dt. V. vom 2. Dez. 1938 (1938/39, S. 576, 578); *Marrenbach*, Fundamente, S. 210; SOPADE-Berichte 1938, S. 1082 f. Zu den Gründen, warum die Einführung des Gesundheitspasses mit Schwierigkeiten verbunden war vgl. *Kater*, Gesundheitsführung, S. 358.

114 Vgl. Carl *Weiß*, Bedeutung und Führung der vertrauensärztlichen Untersuchungskarte, in: VuK, Jg. 6, 1938, S. 269f.

115 *Holzapfel*, Beitrag, S. 104.

116 Herbert *Antoine*, Die Gefolgschaftskartei als betriebliches und statistisches Auskunftsmittel, in: ZfO, Jg. 11, 1937, S. 146f.; vgl. Hans *Rudolph*, Zielbewußte Personalwirtschaft. Arbeitseinsatz – Arbeitsplatzwechsel – Umschulung, in: ZfO, Jg. 14, 1940, S. 131.

117 ›Aufgaben des Betriebsarztes in der Rüstungswirtschaft‹, in: Z. VDI, Bd. 88, 1944, S. 654; vgl. auch *Karbe*, Betriebsarztsystem, S. 106 und die dort genannten Belege.

118 Entwurf des Amtes ›Gesundheit und Volksschutz‹ der DAF über ›Das Gesundheitswerk des Deutschen Volkes‹, undatiert, zit. nach: *Recker*, Sozialpolitik, S. 126.

119 *Schnatenberg*, Neue Aufgaben, S. 52.

120 Vgl. hierzu *Roth*, Pervitin, S. 200ff.

121 So die Formulierung in einem Aktenvermerk über eine Besprechung zwischen Seeliger und Zangen vom 7. März 1939 (Anm. 17). Daß in dieser Hinsicht zwischen der RGI und den zuständigen Stellen der DAF Einigkeit bestand, geht z. B. aus einem Bericht über eine gemeinsame Tagung im Mai 1936 hervor (in: BA R 12 I/Bd. 255). Die Forderung nach Erhöhung des ›Leistungsknicks‹ war auch ein häufiges Thema der nationalsozialistischen Publizistik.

122 Zit. nach: *Graessner*, Soziale Kontrolltechniken, S. 149; vgl. auch *Recker*, Sozialpolitik, S. 125; *Gressner*, Leistungsmedizin, S. 192ff.; *Wuttke-Groneberg*, Leistung, S. 240f.; *Milles*, Kontinuität, S. 70. Diese repressive und zutiefst inhumane Grundtendenz der Altersversorgungspläne der DAF wird bei Martin *Broszat*, Plädoyer für eine Historisierung des Nationalsozialismus, in: Merkur, Jg. 39, 1985, S. 383f. nicht gebührend berücksichtigt.

123 Vgl. *Tennstedt*, Sozialgeschichte, S. 476; *Teppe*, Sozialpolitik, S. 231f.; SOPADE-Berichte 1935, S. 1453; 1937, S. 1321; ferner die von *Wuttke-Groneberg*, Medizin im NS, vorgelegten Dokumente, insbesondere S. 106ff. (Dok. 57ff.).

124 Vgl. *Scheur*, Maßnahmen, S. 118; *Teppe*, Sozialpolitik, S. 231.

125 Zit. nach: *Teppe*, Sozialpolitik, S. 232.

126 Nach: *Tennstedt*, Sozialgeschichte, S. 409.

127 *Graessner*, Kontrolltechniken, S. 145; ausführlich hierzu jetzt Gisela *Bock*, Zwangssterilisation im Nationalsozialismus. Studien zur Rassenpolitik und Frauenpolitik, Opladen 1986, S. 80ff.

128 Walter *Schulz*, Erbgut und Beruf, in: AE/AH 1937, S. 283.

129 Karl Ludwig *Lechler* (Gauamtsleiter des Rassenpolitischen Amtes der NSDAP), Erkennung und Ausmerze der Gemeinschaftsunfähigen, in: DÄ, Jg. 70, 1940, S. 295.

130 Zur angeblich erblich bedingten unterdurchschnittlichen Akkordleistung vgl. H. *Reiter*, Berufsschädigung und Volksleistung, S. 146, nach: *Wuttke-Groneberg*, Medizin im NS, S. 38 (Dok. 19). Daß z. B. ein Nervenzusammenbruch als Folge von Überarbeit zum Anlaß einer »Unfruchtbarmachung wegen Erbleidens« genommen werden konnte, ist folgender Äußerung zu entnehmen: »Die Bezeichnung ›Nervenzusammenbruch‹ für Geisteskrankheiten nimmt jetzt wieder angesichts der Folgen, die die Erbleiden nach sich ziehen, an Beliebtheit zu.« (Kurt *Mönch*, Dienstbeschädigung, in: Dt. Invaliden-Versicherung, Jg. 7, 1935, S. 60; vgl. auch z. B. H. W. *Kranz*, Der derzeitige Stand des Problems der Gemeinschaftsunfähigen, in: DÄ, Jg. 72, 1942, S. 285f.; ferner Michael *Meixner* u. Hans-Bodo *Schwerdtner*, Das ›Gesetz zur Verhütung erbkranken Nachwuchses‹, seine wissenschaftlichen und politischen Voraussetzungen und Folgewirkungen, in: Medizin im Faschismus, S. 154f.; *Aly/Roth*, Erfassung, S. 105ff.; *Graessner*, Kontrolltechniken, S. 145f.).

131 Vgl. Herbert *School*, Untersuchungen an Persönlichkeit und Sippe der Asozialen der Stadt Gießen (Diss.), Gießen 1937, nach: Armut und Sozialstaat, Bd. 3, insbesondere S. 303ff. bzw. *Wuttke-Groneberg*, Medizin im NS, S. 310 (Dok. 180,1) sowie jetzt *Bock*, Zwangssterilisation, S. 420f.; Otto *Bach*, Zur Zwangssterilisationspraxis in der Zeit des Faschismus im Bereich der Gesundheitsämter Leipzig und Grimma«, in: Medizin im Faschismus, S. 158f. Symptoma-

tisch ist auch, daß nationalsozialistische ›Rassenhygieniker‹ Unzufriedenheit äußerten, weil trotz »weitgehender Auslegung« des Gesetzes zur Verhütung erbkranken Nachwuchses noch kein »wirklich befriedigendes Ergebnis« erreicht sei (*Lechler*, Erkennung, S. 293).

132 Die Angaben der Tab. 22 sind aus zwei Gründen nur mit Vorbehalten zu betrachten: (a.) widerspricht sich Werner selbst: Auf S. 163 behauptet er für die Betriebskrankenkassen einen Krankenstand von 4,7%, auf S. 307 dagegen für das gleiche Jahr und ebenfalls die Betriebskrankenkassen einen Krankenstand von 6,3%. (b.) Die Angaben des Statistischen Reichsamtes für 1938 liegen mit 5,03% (Krankenstand der Betriebskrankenkassen) und 5,87 (Krankenstand der Reichsknappschaft) deutlich höher als bei Werner (3,9% bzw. 4,7%; ähnliches gilt für die Orts-, Innungs- und Landkrankenkassen). Der Grund für diese Differenz läßt sich nur vermuten: Wahrscheinlich sind bei Werner nur diejenigen erfaßt, die länger als drei Tage arbeitsunfähig geschrieben waren, während das Statistische Reichsamt offenbar alle Krank-Gemeldeten registrierte. Aus diesem Grund wurde in Tab. 22 ein Index gebildet, bei dem 1938 = 100 gesetzt wurde.

133 Meldungen vom 22. Okt. 1942, S. 4361. (Dieser Satz zielte auf die Arbeitsbedingungen der polnischen Arbeiter, er galt prinzipiell aber auch für erhebliche Teile der deutschen Arbeiter.)

134 Zwischen 1938 und März 1943 stieg die wöchentliche Arbeitszeit der männlichen Industriearbeiterschaft um 5,3%.

135 Schreiben des Landrats des Kreises Jerichow II an den Regierungspräsidenten vom 7. Dez. 1939, in: BA R 41/Bd. 158, Bl. 76 u. Rs.

136 Vgl. *Werner*, Bleib übrig, S. 56f., 133ff., 210ff.; Vermerk im Reichssicherheitshauptamt vom 4. Nov. 1939, in: *Mason*, Arbeiterklasse, S. 1170 (Dok. 215).

137 Bericht der Kruppschen Krankenanstalten vom 2. Dez. 1942 über die gesundheitlichen Verhältnisse im Herbst 1942, zit. nach: *Kuczynski*, Alltag, Bd. 5, S. 193.

138 Vgl. z. B. Rundschreiben der RGI an die zur Fachgemeinschaft Eisen und Metall gehörenden Wigru. vom 24. Juli 1940 (Anm. 69; weiteres Material dazu in: THA VSt/143−145); Schreiben des Leiters der Wigru. Luftfahrtindustrie an den Generalinspekteur der Luftwaffe vom 20. Nov. 1942 (Anm. 87); Schreiben des GBA an den Generalfeldmarschall Milch vom Jan. 1943 (Entwurf), in: BA R 41/Bd. 228, Bl. 30f.; Meldungen vom 15. Nov. 1939 und 15. Jan. 1940, S. 458 bzw. 651f.; Sitzungen der Vertrauensräte der S&H AG, 1940 und 1941, in: SAA 11/Lg 667 (v. Buol), 11/Lg 699 (v. Buol), 11/Lg 694 (v. Buol); Sitzungen des Vertrauensrates der OHW/GHH vom 12. Dez. 1941 und 22. Sept. 1943, in: HA GHH 400 144/20.

139 Meldungen vom 8. Okt. 1942, S. 4301.

140 Wahrscheinlich sind in der Erhebung des Reichsverbandes der Betriebskrankenkassen 1943/44 ausländische Zivilarbeiter nicht mit erfaßt; aus der Quelle geht dies allerdings nicht eindeutig hervor. Auch eine Einbeziehung der ausländischen Arbeitskräfte (ohne KZ-Häftlinge) hätte die in den Tab. erkennbaren Trends vermutlich nicht entscheidend beeinflußt: Ausländer waren zwar meist schlechter untergebracht und ernährt, sie waren andererseits aber auch schärferen Restriktionen ausgesetzt als ihre deutschen Kollegen. In einem Merkblatt der Fabrikoberleitung der Berliner S&H-Betriebe vom Mai 1942 hieß es z. B.: »Gegen Ausländer, die unbefugt der Arbeit fernbleiben oder in anderer Weise gegen die Fabrikordnung verstoßen, werden mit Hilfe der Gestapo Zwangsmaßnahmen eingeleitet« (zit. nach: *Sachse*, Sozialpolitik, S. 337).

141 *Funke*, Krankenkontrolle, S. 14.

142 *Werner*, Bleib übrig, S. 169, 313f.

143 Nach den Tätigkeitsberichten des Vertrauensarztes der Betriebskrankenkasse der GHH, in: HA GHH 400 140/20 (Zeiträume: 1. April−1. Juli 1939; 1. Juli 1941−1. Jan. 1942).

144 Ebd.

145 Nach: *Tennstedt*, Sozialgeschichte, S. 408.

146 Vgl. die von *Werner* (Bleib übrig, S. 169f., 313f.) vorgelegten Zahlen sowie Meldungen

über drastisch reduzierte Krankenstände infolge vertrauensärztlicher Tätigkeit bei Alfred *Hofbauer*, Über Vertrauensarzttum und zur Betriebslehre der vertrauensärztlichen Dienststellen, in: VuK, Jg. 4, 1936, S. 46; Wolfgang *Schmidt*, Über die Abhängigkeit der Arbeitsunfähigkeitskurven vom vertrauensärztlichen Dienst, in: VuK, Jg. 6, 1938, S. 6ff.; Alfons *Wiesinger*, Zur Senkung der Krankenziffer, in: VuK, Jg. 9, 1941, S. 51; *Schmitt*, Großdienststelle, S. 114ff.; *Schmücking*, ›Musterungen‹, S. 33ff.

147 Auszug aus der Niederschrift über eine Sitzung betr. Gesundheitsführung (Ver. Stahlwerke, Sozialwirts. Abt.) vom 26. Juni 1942, in: THA VSt/212–214, vgl. auch Rundschreiben Nr. 36 der Wirtschaftsgruppe Bergbau an die Herren Bergwerksdirektoren vom 29. April 1943, in: ebd.; Meldungen vom 8. Okt. 1942, S. 4307.

148 Vgl. Rundschreiben der Gauleitung Berlin der NSDAP vom 21. März 1944 (Anm. 99); Rundschreiben der Bezirksgruppe Steinkohlenbergbau an die KVD-Landesstellen: Westfalen-Nord, Westfalen-Süd, Essen vom 8. Jan. 1944, in: THA VSt/212–214.

149 Zu den Klagen über angebliche hohe Krankenstände bei *Frauen* vgl. Schreiben des Reichsministers des Innern an den RAM vom 28. Nov. 1939, in: *Mason*, Arbeiterklasse, S. 1206 (Dok. 233); Bericht der Rüstungsinspektion XIII/Nürnberg für Sept. 1939 und Kriegstagebuch des Rüstungskommandos Nürnberg vom 19. Jan. 1941, in: Bayern in der NS-Zeit, Bd. 1, S. 292, 296; Meldungen vom 8. Okt. 1942, S. 4302; Schreiben des Landrats des Kreises Jerichow II vom 7. Dez. 1939 (Anm. 135). Zu Klagen über Krankenstände von *Jugendlichen* vgl. Schreiben des Leiters der Wigru. Luftfahrtindustrie vom 20. Nov. 1942, Bl. 27 (Anm. 87); vgl. auch Meldungen vom 8. Okt. 1942, S. 4302.

150 Nach einer Erhebung des Reichsverbandes der Betriebskrankenkassen waren im Okt. 1944 in den Industriezweigen mit hohem Frauenanteil durchschnittlich auffällig mehr männliche als weibliche Arbeiter krank: in der metallverarbeitenden Industrie betrug der Krankenstand bei Frauen 4,37%, bei Männern 5,41%, in der Chemieindustrie bei Frauen 5,29%, bei Männern 5,53% und in der Textilindustrie bei Frauen 3,17%, bei Männern 4,29% (Quelle wie Tab. 22). Möglicherweise sind diese geschlechtsspezifischen Unterschiede nur kriegsbedingt. Nach Angaben der ›Betriebskrankenkasse der Ver. Siemens-Werke‹ waren nämlich die Krankenstände bei Frauen bis mindestens 1940 auffällig höher als bei männlichen Arbeitern (1938: 5,2%/3,4%; 1940 6,1%/4,3%, ohne Angestellte, nach: SAA 14/Lg 977). Offenbar hat hier insbesondere die in diesem Unternehmen seit 1942 verstärkt vorgenommene Einführung von Halbtagsschichten für Frauen den Trend umgekehrt (Okt. 1944: 5,3%/6,0%, einschl. Angestellte, Quelle wie Tab. 22). Auch in neueren Untersuchungen wird von einem »bekanntermaßen höheren Krankenstand der Frauen« gesprochen (*Blomke/Jost*, Krankenstand, S. 106f.).

151 Dies behauptet jedenfalls *Winkler*, Frauenarbeit, S. 67ff., 154ff.; vgl. demgegenüber *Bajohr*, Hälfte, S. 244, 258f.

152 Vgl. *Tennstedt*, Sozialgeschichte, S. 436.

153 Nach: ebd., S. 436, 440.

154 RGBl. 1942, I, S. 107.

155 RGBl. 1936, I, S. 1117; ausführlich hierzu Gerd *Moschke*, Zur Behandlung der Berufskrankheitenfrage durch das faschistische Reichsarbeitsministerium bis 1936, in: Medizin im Faschismus, S. 113ff.

156 Jb. Gew. 1935/36 (Preußen), S. 272 bzw. 478; vgl. außerdem ebd., S. 452 (Ersatzstoffe in der Chemieindustrie); SOPADE-Berichte 1937, S. 1322.

157 ›Die Berufskrankheiten. Nach den Jahresberichten der gewerblichen Berufsgenossenschaften‹, in: Arbeitsschutz (RABl. III) 1937, S. 244; 1938, S. 330.

158 Nach: *Kranig*, Arbeitsrecht, S. 143.

159 Nach: ›Die Berufskrankheiten‹ (Anm. 157). Ein Vergleich mit den Jahren bis 1931 ist allerdings problematisch, da aufgrund der Rückwirkungsklausel in der Berufskrankheiten-Verordnung von 1929 in den Jahren 1929 und 1930 zahlreiche Anträge auf Entschädigung von

Berufskrankheiten gestellt wurden, die bereits in den frühen zwanziger Jahren erlitten wurden (vgl. *Moschke*, Berufskrankheitenfrage, S. 116).

160 *Thoma*, Arbeit, S. 129; vgl. auch z. B. ›Was gilt als Berufskrankheit?‹, in: DÄ, Jg. 72, 1942, S. 304.

161 Industriearbeit und Gesundheitsverschleiß, hg. von Hajo *Funke* u. a., Frankfurt usw. 1976, S. 36.

162 1928 wurden 264, 1938 dagegen 310 an Kreislauferkrankungen Verstorbene auf 100000 Einwohner registriert (*Petzina* u. a., Arbeitsbuch III, S. 155). Die ›Dt. Allg. Ztg.‹ vom 11. Juni 1937 wußte zu berichten, daß »an dritter Stelle als Grund für Militärdienstuntauglichkeit nervöse Störungen festzustellen waren« (nach: THA VSt/215−216). Zu Magenerkrankungen vgl. *Holzapfel*, Beitrag, S. 104.

163 Nach: ›Die Berufskrankheiten‹ (Anm. 157); vgl. (für alle Berufsgenossenschaften) auch *Moschke*, Berufskrankheitenfrage, S. 116; ferner *Kranig*, Arbeitsrecht, S. 143 (der allerdings den Stellenwert von Berufskrankheitsanzeigen und Entschädigungen falsch interpretiert).

164 1929, 1932 und 1939 betrugen die ›Neuzugänge‹ an entschädigten in v. H. der gemeldeten Betriebsunfälle und Berufskrankheiten im Bereich ›Hütten und Walzwerke‹ 5,2%, 8,8% und 4,0%, im Bereich ›Eisen und Stahl‹ 4,7%, 7,1% und 2,4%, im Maschinenbau und der Kleineisenindustrie 6,3%, 8,2% und 2,9%, in der Feinmechanik und Elektrotechnik 5,3%, 7,2% und 2,0%, in der Chemieindustrie 6,5%, 9,2% und 3,5% sowie in der Textilindustrie 7,3%, 8,1% und 2,9% (St. Jb. DR 1931, S. 385; 1934, S. 393; 1941/42, S. 516).

165 Vgl. z. B. SOPADE-Berichte 1935, S. 1453; 1936, S. 638f., 1086; 1937, S. 1321 ff.; ferner *Teppe*, Sozialpolitik, S. 231; *Scheur*, Einrichtungen, S. 114ff.; Walter *Pietrowiak*, Die Reichsversicherung im faschistischen Machtgefüge und bei der Vorbereitung und Durchführung des Zweiten Weltkrieges, in: Medizin im Faschismus›, S. 88; *Tennstedt*, Sozialgeschichte, S. 438.

166 RGBl. 1931, I, S. 699, I, S. 273. Durch die Notverordnungen wurden die sog. kleinen Renten (bis 20% Erwerbsminderung) beseitigt. 132000 Verletzten- und außerdem 320000 Witwen- und Waisenrenten fielen weg. Die dadurch erzielten Einsparungen beliefen sich auf 410 Mio. RM (vgl. *Teppe*, Sozialpolitik, S. 203; *Tennstedt*, Sozialgeschichte, S. 436).

167 Vgl. *Peters*, Geschichte, S. 116, 119; *Teppe*, Sozialpolitik, S. 235f.

168 1931 erhielt ein Empfänger von Renten-, Kranken- und Sterbegeld im Durchschnitt 355 RM, 1932 432 RM und 1937 469 RM (vgl. *Petzina* u. a., Arbeitsbuch III, S. 159).

169 Im Maschinenbau und der Kleineisenindustrie lagen die entsprechenden Prozentsätze 1929 bei 13,7%, 1932 bei 8,5% und 1939 bei 14,8%, in der Feinmechanik und Elektroindustrie bei 10,3% im Jahre 1929, 6,9% 1932 und 10,9% 1939. Ähnlich lagen die Verhältnisse z. B. auch im Bereich ›Eisen und Stahl‹; im Bereich der Hütten- und Walzwerke blieben die Anzeigen von Betriebsunfällen und beruflich bedingten Krankheiten prozentual dagegen ungefähr auf dem Niveau des Jahres 1929 (Quelle: wie Anm. 164).

170 Jb. Gew. 1935/36 (Preußen), S. 177; vgl. Jb. Gew. 1937/38, S. 129; die noch ausführlicheren Jb. Gew. 1935/36, z. B. (Sachsen), S. 66, 69; (Hessen), S. 30 sowie ähnlich lautende Bemerkungen in den Geschäftsberichten einiger Berufsgenossenschaften für 1937, nach: Friedrich *Kleeis*, Arbeitermangel und Unfallhäufigkeit, in: SP, Jg. 47, 1938, Sp. 1322f. Auch die aus der Dauer der Betriebszugehörigkeit resultierende Erfahrung spielte für die Höhe der Unfallquote eine nicht unerhebliche Rolle (vgl. z. B. Rudolf *Schwenger*, Die betriebliche Sozialpolitik in der westdeutschen Großeisenindustrie, München/Leipzig 1934, S. 85; *ders.*, Die betriebliche Sozialpolitik im Ruhrkohlenbergbau, München 1932, S. 142, Anm. 48).

171 Ebd. (Braunschweig), S. 13; vgl. auch z. B. *Kleeis*, Arbeitermangel, Sp. 1321 ff.).

172 *Gressner*, Leistungsmedizin, S. 192.

173 Ebd.

174 Jb. Gew. 1937/38, S. 44f.

175 Vgl. ebd. Erst in einem Erlaß vom 15. Dez. 1943 (RABl. 1943, II, S. 341) bestimmte dann der RAM, daß möglichst alle größeren Betriebe Sicherheitsingenieure einstellen sollten

(vgl. Franz *Maresch*, Arbeitsschutzwalter und Sicherheitsingenieur, in: Dt. SP, Jg. 53, 1944, S. 35f.; ferner Robert *Pilz*, Aufgabe und Stellung des Sicherheitsingenieurs im Betrieb, in: Arbeitsschutz (RABl. III) 1938, S. 324ff.; ›Erfolgreiche Schulung von Unfallvertrauensmännern‹, in: Mh.NS, Jg. 6, 1939, S. 97; *Marrenbach*, Fundamente, S. 168; *Schwenger*, Großeisenindustrie, S. 81ff.; W. *Kraft*, Gewerbliche Unfallverhütung im Kriege, in: TuW, Jg. 35, 1942, S. 37ff. Beispiele von weiteren einzelbetrieblichen Maßnahmen zur Gesundheitsvorsorge bei: Hans *Pelzer*, Die freiwilligen Sozialleistungen der gewerblichen Großbetriebe für die Gefolgschaft (Diss.), Halle 1940, S. 37ff.).

176 Hinweise zur Tätigkeit der Gewerbeärzte, die hier zu behandeln den Rahmen der Arbeit gesprengt hätte, bei *Karbe*, Betriebsarztsystem, S. 106ff.

177 Vgl. *Werner*, Bleib übrig, S. 23 (Tab. 3; Ruhr- und Saarbergbau).

178 Einzelbetrieblichen Angaben wie z. B. denen der VSt ist zu entnehmen, daß der Anstieg der Betriebsunfälle in den beiden ersten Kriegsjahren etwas gebremst werden konnte (vgl. Statistische Mon.B. der VSt, in: THA). Ein großer Konzern wie die VSt verfügte jedoch über ein ganz anders ausgebautes Gesundheitswesen einschließlich Unfallschutz als kleinere Betriebe und ist deshalb in dieser Hinsicht nicht repräsentativ.

179 Die Entwicklung der Unfallraten bei deutschen und ausländischen Arbeitern läßt sich auf Basis der Ergebnisse der neueren Forschung nicht eindeutig klären. Während Werner (unter Bezugnahme auf Untersuchungen in der Krupp-Gußstahlfabrik und im Ruhrkohlenbergbau) behauptet, daß »die Unfallrate bei deutschen Arbeitern durch verstärkte Unfallschutzmaßnahmen überhaupt nicht stieg, bei Ausländern allerdings deutlich zunahm, da sie sich erst in das neue Arbeitsmilieu einfinden mußten« (*Werner*, Bleib übrig, S. 302), konstatiert Herbert für – gleichfalls in der Krupp-Gußstahlfabrik beschäftigte – ausländische Zivilarbeiter und Kriegsgefangene deutlich niedrigere Unfallquoten als für die in diesem Unternehmen tätigen deutschen Arbeiter (*Herbert*, Fremdarbeiter, S. 209, Tab. 31). Wichtig ist in diesem Zusammenhang sein Hinweis, »daß unterschiedliche Kriterien bei der Anmeldung eines Unfalls angewendet wurden, denn es ist ganz unwahrscheinlich, daß die oft fachfremd und zu hohen Prozentsätzen als Hilfsarbeiter eingesetzten Kriegsgefangenen nur halb so viele Unfälle gehabt haben sollen wie deutsche Arbeiter – die Kriterien, ab wann ein Unfall zu melden war, sanken mit dem Prestige der Ausländergruppe« (ebd., S. 210).

180 Neben dem Gesetz vom 9. März 1942, daß den Übergang der Unfallversicherung von der Betriebs- zur Personenversicherung markiert, ist vor allem die ›4. Verordnung zur Ausdehnung der Unfallversicherung‹ vom 29. Jan. 1943 (RGBl. 1943, I, S. 85) zu nennen, die Beschränkungen bei der Entschädigung von Berufskrankheiten aufhob.

VIII. Zusätzliche betriebliche Sozialleistungen:
Umfang und Funktionswandlungen

1 Zum aktuellen Forschungsstand vgl. Kap. I, Anm. 17; zur betrieblichen Sozialpolitik bis 1933 vgl. z. B. *Schwenger*, Großeisenindustrie; *ders.*, Ruhrbergbau; Gerhard *Adelmann* (Bearb.), Quellensammlung zur Geschichte der sozialen Betriebsverfassung der Ruhrindustrie, 2 Bde., Bonn 1960 bzw. 1965. Einen guten Überblick über die Entwicklung des Werkswohnungsbaus bis 1933 (die zwölf Jahre danach werden nur gestreift) gibt jetzt Günther *Schulz*, Der Werkwohnungsbau industrieller Arbeitgeber in Deutschland bis 1945, in: Homo habitans. Zur Sozialgeschichte des ländlichen und städtischen Wohnens in der Neuzeit, Münster 1985, S. 373ff. Hinzuweisen ist außerdem auf die Unmenge an Fest- und Jubiläumsschriften sowie die große Zahl einzelbetrieblicher Untersuchungen (vgl. die im folgenden zit. Literatur).

2 Zur Tätigkeit des ›Instituts für Betriebssoziologie und soziale Betriebslehre‹ vgl. Manfred

Wilke, Goetz Briefs und das Institut für Betriebssoziologie an der Technischen Hochschule Berlin, in: Reinhard *Rürup* (Hg.), Wissenschaft und Gesellschaft. Beiträge zur Geschichte der Technischen Universität Berlin, Bd. 1, Berlin usw. 1979, insbesondere, S. 339 ff.; Peter *Hinrichs,* Um die Seele des Arbeiters. Arbeitspsychologie, Industrie- und Betriebssoziologie in Deutschland 1871 – 1945, Köln 1981, S. 264 ff.; *Sachse,* Sozialpolitik, Kap. II und III. Zur theoretischen Fundierung betrieblicher Sozialpolitik durch das stärker auf praktische Umsetzung orientierte Dinta vgl. vor allem *Bäumer,* Dinta, S. 81 ff.; *Bunk,* Erziehung, S. 223 ff.; *Hinrichs,* Seele, S. 271 ff.

3 ›Einordnung der betrieblichen Sozialleistungen‹, in: SP, Jg. 49, 1939, Sp. 1037.

4 ›Die Wirtschaftlichkeit der betrieblichen Sozialpolitik‹, in: Mh.NS, Jg. 6, 1939, S. 274; im Tenor ähnlich: *AWI* der DAF, Sozialaufwendungen in den Jahresberichten der Kapitalgesellschaften, in: *dass.,* Jb. 1939, Bd. I, S. 418; Reinhold *Henzler,* Gewinnbeteiligung der Gefolgschaft, Frankfurt 1937, S. 26; ›Verantwortliche betriebliche Sozialpolitik‹, in: SP, Jg. 51, 1942, Sp. 65 f.

5 Vgl. Raimund *Reichwein,* Funktionswandlungen der betrieblichen Sozialpolitik, Köln/ Opladen 1965, S. 16, 63 ff., 73; Eduard *Gaugler,* Betriebswirtschaftlich-soziologische Grundprobleme bei der Gewährung betrieblicher Sozialleistungen, in: Theodor *Thomandt* (Hg.), Betriebliche Sozialleistungen, Wien/Stuttgart 1974, S. 1 ff.; Ulrich *Pleiß,* Betriebliche Sozialleistungen, in: Eduard *Gaugler* (Hg.), Handwörterbuch des Personalwesens, Stuttgart 1975, Sp. 1822.

6 Erik *Thomsen,* Das Angebot betrieblicher Sozialleistungen als Instrument der Personalbeschaffungspolitik, Bochum 1982, S. 49; ähnlich auch z. B. Werner *Dräger,* Betriebliche Sozialpolitik zwischen Autonomie und Reglementierung (1918 bis 1977), in: Wilhelm *Treue* u. Hans *Pohl,* Betriebliche Sozialpolitik deutscher Unternehmen seit dem 19. Jahrhundert, Wiesbaden 1978, S. 58 ff. Pleiß spricht etwas zurückhaltender von der »Manipulation des Leistungscharakters« betrieblicher Sozialpolitik durch das AOG (*Pleiß,* Sozialleistungen, Sp. 1822).

7 *Mansfeld/Pohl,* AOG, S. 10. Mansfeld und Pohl (die Verfasser des AOG) haben dies wiederholt betont: vgl. ebd., S. 108 f.; Werner *Mansfeld,* Nachwort zu einem Aufsatz von Szczepanski, in: DAR, Jg. 2, 1934, S. 344; Wolfgang *Pohl,* Neue Formen der Gemeinschaftsarbeit, in: DAR, Jg. 3, 1935, S. 93; Werner *Mansfeld,* Vom Arbeitsvertrag, in: DAR, Jg. 4, 1936, S. 119 f.; ferner *Hueck/Nipperdey/Dietz,* AOG, S. 38; *Dersch,* AOG, S. 31; Georg-Wilhelm *Schmidt,* Die soziale Fürsorgepflicht des Unternehmers im Gesetz zur Ordnung der nationalen Arbeit und im Arbeitsvertragsrecht (Diss.), Dresden 1936, S. 18 ff.

8 *Mansfeld/Pohl,* AOG, S. 108 ff.

9 Vgl. Anm. 7 sowie Wilfried *von Besser,* Die Bedeutung des Gesetzes zur Ordnung der nationalen Arbeit für die Begründung des Arbeitsverhältnisses und seinen Inhalt (Diss.), Bleicherode 1938, S. 138 f.; Lutz *Richter,* Der Fürsorgegedanke im Arbeitsvertrag, in: Mh.NS Jg. 2, 1934, S. 77 f.

10 Olaf *Radke,* Die Nachwirkungen des ›Gesetzes zur Ordnung der nationalen Arbeit‹, in: Arbeit und Recht, Jg. 13, 1965, S. 303.

11 Kurt *Schaaf,* Sozialpolitik des Betriebes, in: Dt. VW, Jg. 3, 1934, S. 563 f.; vgl. auch Ludwig *Preller,* Das zwiefache Profil betrieblicher Sozialpollitik, in: VJP, Jg. 5, 1942, S. 322; L. H. Adolph *Geck,* Probleme der sozialen Werkspolitik, München/Leipzig 1935, S. 9; *Schwenger,* Großeisenindustrie, S. 1.

12 Sehr aufschlußreich in dieser Hinsicht *Mansfeld/Pohl,* AOG, S. 9 ff.

13 Hans *Pelzer,* Die freiwilligen Sozialleistungen der gewerblichen Großbetriebe für die Gefolgschaft (Diss.), Halle 1940, S. 28; ähnlich: Zusätzliche Gefolgschaftsversorgung, hg. vom *Zentralbüro* der DAF, Sozialamt, Berlin 1938, S. 14; *AWI,* Sozialaufwendungen, S. 418.

14 Vgl. *Richter,* Fürsorgegedanke.

15 Vgl. Karl *Hahn* (seit April 1934 westfälischer RtdA). Zwei Jahre Betriebsordnungen, in: ›Der Ruhrarbeiter‹, 39/1936, zit. nach: HA Krupp WA 41/6-208.

16 Vgl. hierzu z. B. Vermerk aus dem RAM, undatiert (ca. Jan. 1938) betr. ›Eingriffe der Deutschen Arbeitsfront‹; Schreiben Mansfelds an den Reichskommissar für Preisbildung vom 24. April 1937; Entwurf eines Schreibens des RWM an den Reichskommissar für Preisbildung, undatiert (ca. April/Mai 1937); Berichte der RtdA für Jan./Febr. 1938; Schreiben von Seldte an den RWM vom 7. Juni 1938, alles nach: *Mason*, Arbeiterklasse, S. 457, 459, 608, 622f., 626f. (Dok. 57, 58, 96, 98, 99). Während des ›Leistungskampfes der Betriebe‹ forderte die DAF ganz offiziell entsprechende Erweiterungen der Betriebsordnungen (vgl. Heinrich *Schulz* u. Karl *Steinbrink*, Ratgeber für den Leistungskampf der deutschen Betriebe im Baugewerbe, Berlin 1939, S. 128f.; ferner ›Kampf um den besten Arbeiter‹, in: Dt. VW, Jg. 5, 1936, S. 724; zur Einflußnahme der DAF auf die betriebliche Sozialpolitik jetzt auch *Sachse*, Sozialpolitik, S. 151 ff.).

17 *AWI* der DAF, Sozialleistungen in der Kriegswirtschaft, Sept. 1939, S. 1f., in: BA NSD 50/Bd. 584.

18 Einen Überblick über Form und Wirkung dieses Leistungskampfes geben *Mason*, Sozialpolitik, S. 247ff.; Jürgen *Reulecke*, Die Fahne mit dem goldenen Zahnrad: der »Leistungskampf der deutschen Betriebe« 1937–1939, in: ders., u. Detlev *Peukert* (Hg.), Die Reihen fast geschlossen. Beiträge zur Geschichte des Alltags unterm Nationalsozialismus, Wuppertal 1981, S. 245ff. Die DAF hat zu diesem Thema eine Vielzahl von Broschüren u. a. herausgegeben und über Ergebnisse und Kriterien für die Auszeichnung ausführlich in den von ihr herausgegebenen Zeitschriften berichtet.

19 1937/38 nahmen am ›Leistungskampf der Betriebe‹ 80559 Unternehmen teil, ein Jahr später waren es mehr als doppelt so viele (164239). Während des Krieges schwoll die Zahl der beteiligten Betriebe weiter an (von 272763 1939/40 und 290322 1940/41 und über 300000 in den Folgejahren). Entsprechend erhöhte sich die Zahl der ›nationalsozialistischen Musterbetriebe‹ von 30 1936/37 und 73 1937/38 auf 99 bzw. 98 in den beiden Folgejahren und 119 1940/41; 1942/43 und 1943/44 wurden zudem jeweils etwa 200 Unternehmen mit dem Titel ›NS-Musterbetrieb‹ (für »höchste Erzeugungsleistung und beste Arbeitsorganisation«) ausgezeichnet. Die Zahl der ›Gaudiplome für hervorragende Leistungen‹ ging in die Tausende (nach: Wilhelm *Jäzosch*, Die sozialpolitische Entwicklung in der Eisen- und Metallindustrie im Jahre 1938, in: Mh.NS Jg. 6, 1939, S. 199; ›Festungen des sozialen Friedens‹, in: Vertrauensrat, Jg. 7, 1940, S. 33; ›Die goldene Fahne für 119 Betriebe‹, in: Vertrauensrat, Jg. 8, 1941, S. 41; ›Kriegsmusterbetriebe‹, in: Dt. SP, Jg. 53, 1944, S. 19; Kurt *Hirche*, Dynamischer Leistungskampf, in: ebd., S. 32; ›Leistungskampf der Betriebe‹, in: Soz.D. 1942, S. 267.)

20 Vgl. die Notiz über die Besprechung (von Vertretern der rheinisch-westfälischen Schwerindustrie) in Essen am 30. Sept. 1937, in: WWA F 26/Nr. 392. Lediglich Hoesch und einige kleinere Zechen nahmen am Leistungskampf teil (vgl. auch *Wisotzky*, Ruhrbergbau, S. 209f.). Die Concordia Bergbau AG nahm auch 1941 noch nicht am ›Leistungskampf der Betriebe‹ teil (vgl. WWA, ebd.), die GHH und die Friedr. Krupp AG erst ab 1940 (vgl. Rundschreiben der Hauptverwaltung der GHH, Abt. G vom 4. Juli 1940, in: HA GHH 400 101/2; zu Krupp: ›Festungen des sozialen Friedens‹ (Anm. 19), S. 33).

21 Georg *Siemens*, Der Weg der Elektrotechnik. Geschichte des Hauses Siemens, Bd. II (1910–1945), Freiburg/München 1961, S. 288 bzw. 290. Auch die Schwerindustrie des Ruhrgebietes konnte entsprechende Einmischungsversuche der DAF erfolgreich abwehren (vgl. *Yano*, Hüttenarbeiter, S. 126, 140).

22 Vgl. SOPADE-Berichte 1937, S. 1283f.; ferner *Thamer*, Verführung, S. 500. Da für die Auszeichnungen der DAF nicht unbedingt maßgeblich war, wann die zusätzlichen Sozialleistungen eingeführt worden waren, hat möglicherweise sogar die Mehrheit der Betriebe für vor 1933 geschaffene Sozialeinrichtungen ›Gaudiplome‹ u. a. erhalten.

23 Vgl. *Hachtmann*, Klassenharmonie, S. 169; *Mai*, Warum, S. 227.

24 *AWI* der DAF, Aufsätze zum Problem Arbeit und Freizeit, in: dass., Jb. 1938, Bd. I, S. 109.

25 *AWI*, Geschäftsabschlüsse 1937, S. 575; vgl. auch *dass.*, Sozialpolitik in den Geschäftsberichten von Aktiengesellschaften, in: dass., Jb. 1936, S. 87 ff.; Hildegard *Emmrich-Schilling*, Die Gestalt des Sozialberichts der wirtschaftlichen Unternehmung, Halle 1941, S. 28.

26 Ludwig *Preller*, Was wird für betriebliche Sozialpolitik ausgegeben?, in: SP, Jg. 47, 1938, Sp. 28.

27 Noch in anderer Hinsicht sind Vorbehalte bezüglich der Repräsentativität angebracht: Anzunehmen ist, daß nur die Unternehmen genauere Angaben veröffentlichten, deren Aufwendungen für zusätzliche Sozialleistungen über dem Durchschnitt lagen, während umgekehrt Betriebe mit unterdurchschnittlichen Sozialaufwendungen diese anderen Posten (z. B. den gesetzlichen Sozialabgaben) addierten, um keine ›negative Reklame‹ zu machen und die DAF auf den Plan zu rufen.

28 *AWI*, Sozialaufwendungen (1938), S. 402 f.; ›Was sind »freiwillige Sozialleistungen«?‹, in: SP, Jg. 47, 1938, Sp. 789 f.

29 Aktennotiz von Lübsen (GHH Oberhausen) vom 3. Juli 1940, in: HA GHH 400 1025/17.

30 *AWI*, Geschäftsabschlüsse 1937, S. 574.

31 Vgl. *Pelzer*, Sozialleistungen, S. 29; ›Was sind »freiwillige Sozialleistungen«?‹ (Anm. 28), Sp. 789; ferner *AWI*, Sozialaufwendungen (1938), S. 411.

32 Dagegen konnten Rückstellungen für soziale Zwecke, Zuweisungen an Sozialfonds oder an rechtlich selbständige Pensionskassen ausgeschlossen werden, weil sie neben den laufenden Aufwendungen für zusätzliche Sozialleistungen meist separat kenntlich gemacht wurden. Diese Zuweisungen blieben in der Erhebung vor allem deshalb unberücksichtigt, weil die laufenden Zahlungen aus diesen Fonds miterfaßt wurden und eine Doppelzählung von sozialen Aufwendungen vermieden werden sollte. Hinzu kommt, daß derartige ›Sozialzuweisungen‹ meist im Eigentum der Gesellschaft verblieben und der Betrieb dieses Kapital jederzeit zurückziehen oder anders verwenden konnte.

33 In der Chemieindustrie erhöhte sich der entsprechende Anteil der freiwilligen Sozialleistungen von 8,0% auf 10,8%. Auch in den meisten anderen Branchen wuchsen die zusätzlichen Sozialleistungen mehr oder minder stark; nur im Baugewerbe war ein beträchtlicher Rückgang der freiwilligen Sozialaufwendungen zu verzeichnen (alle Angaben nach: *AWI*, Geschäftsabschlüsse 1937, S. 577 ff.; *dass.*, Sozialaufwendungen (1938), S. 394 f.). In diesem Wirtschaftszweig spielte die betriebliche Sozialpolitik aufgrund der großen Fluktuation traditionell nur eine untergeordnete Rolle (vgl. *Reichwein*, Funktionswandlungen, S. 43). Die staatlicherseits vorgenommene partielle Aufhebung des freien Arbeitsmarktes insbesondere durch die Einführung der Dienstpflicht traf vor allem diesen Sektor der deutschen Wirtschaft und hob hier die Konjunkturabhängigkeit der zusätzlichen Sozialleistungen, ihre Rolle als ›indirekte Locklöhne‹ (auf die noch einzugehen sein wird), und damit die entscheidende Ursache des Anstiegs betrieblicher Sozialaufwendungen weitgehend auf.

34 Neben dem ›Handbuch der deutschen Aktiengesellschaften‹ (1932—1945) sind als weitere Quellen vor allem zu nennen die Zeitschriften: WuSPR (Allg. Ausg. bzw. E+M), Jb. des AWI der DAF; Mh.NS, SP, Dt. VW sowie verschiedene zeitgenössische Dissertationen und eine Vielzahl an Archivalien. (Für die Zeit vor 1932 wie nach 1938 ließen die Quellen keine vergleichbaren Erhebungen zu.) Erfaßt wurden nur solche AGs, die während der Jahre 1932 bis 1938 kontinuierlich über Aufwendungen für soziale Zusatzleistungen berichteten. Die Zahl der in die Erhebung einbezogenen Gesellschaften ist deshalb erheblich kleiner als die von der DAF-Erhebung erfaßten AGs.

35 Bei S&H reduzierten sich die zusätzlichen Sozialleistungen in v. H. der Lohn- und Gehaltssummen zwischen 1932/33 und 1937/38 von 9,6% auf 5,4%, bei der AEG von 12,5% auf 6,1% (vgl. Handb. d. AGs 1934, S. 3876 ff.; 1935, S. 5857 ff.; Dt. VW, Jg. 8, 1939, S. 198 f.; 236 f.).

36 *Ohne* Weihnachtsgratifikationen, Abschlußprämien und besondere Zuwendungen, die

unter ›Löhne und Gehälter‹ verbucht wurden und deren Bedeutung seit 1932/33 kontinuierlich wuchs.
37 *AWI*, Geschäftsabschlüsse 1937, S. 576.
38 In v. H. des Umsatzes erhöhten sich in diesen Unternehmen die Ausgaben für zusätzliche Sozialleistungen von 1,60% im Jahr 1938 auf 1,99% 1940 (1939: 1,47%). Erfaßt wurden nicht nur Aktiengesellschaften, sondern auch GmbHs, KGs und persönlich haftende Unternehmer aus Bayern sowie den heutigen Bundesländern Baden-Württemberg und Rheinland-Pfalz. Die hier und in Anm. 47 genannten Prozentsätze wurden auf Basis der einzelbetrieblichen Angaben, die in BA R 13 III/Bd. 302 zu finden sind, errechnet. Da Angaben zur Lohn- und Gehalts- sowie zur Beschäftigtenentwicklung bei dieser Erhebung der Wirtschaftsgruppe Maschinenbau nicht erfragt wurden, mußte als Bezugsgröße für die Entwicklung der freiwilligen sozialen Aufwendungen der jeweilige Jahresumsatz der einzelnen Unternehmen herangezogen werden.
39 Bei Daimler-Benz z. B. stiegen sie von 8,2% 1939 und 12,3% 1940 auf 15,9% im Jahre 1943 (nach: *Pohl* u. a., Daimler-Benz, S. 138, 173 bzw. *Roth*, Weg, S. 237, 336, Tab. 9; vgl. auch ebd., S. 155).
40 Schreiben des GBA an den Reichsminister der Justiz vom 9. Febr. 1944, in: BA R 41/ Bd. 61, Bl. 4 Rs. (In diesem Band finden sich weitere Erlasse des GBA an die Reichstreuhänder aus dem Jahre 1944 zum selben Thema.)
41 Erlaß des RAM an die RtdA vom 31. März 1941, in: BA R 41/Bd. 67, Bl. 37f. Den Feststellungen dienten offenbar entsprechende Meldungen des SD (vom 10. März 1941, S. 2100ff.) als Grundlage. Diese Unklarheiten wurden auch durch im Frühjahr 1942 ergangene (gleichfalls dehnbar formulierte) Richtlinien des Reichsarbeitsministers, die den Reichstreuhändern für die Genehmigung weiterer betrieblicher Sozialleistungen an die Hand gegeben wurden, nicht beseitigt (vgl. ›Richtlinien des RAM über die Bildung und Überwachung der Löhne, Gehälter und sonstigen Arbeitsbedingungen‹, Anlage zum Erlaß des RAM vom 3. März 1942, in: BA R 41/Bd. 67, Bl. 49 Rs. ff., insbesondere Bl. 51ff.).
42 Bei Daimler-Benz z. B. wurden auch die Aufwendungen für Luftschutzmaßnahmen unter freiwillige Sozialleistungen subsumiert. 1944 lag der hierfür bereitgestellte Betrag bei 4,68 Mio.; das waren 41,1% sämtlicher freiwilligen Sozialleistungen dieses Unternehmens (vgl. *Pohl* u. a., Daimler-Benz, S. 173f.).
43 Zur Feststellung der Höhe zusätzlicher sozialer Aufwendungen nach Betriebs- und Ortsgrößenklassen sowie nach Regionen wurde im hier exemplarisch herangezogenen Maschinen- und Apparatebau und der Textilindustrie das Datum 1937 gewählt, weil in diesem Geschäftsjahr im Vergleich zu den anderen Jahren die meisten Aktiengesellschaften Angaben über die Höhe der vorgenommenen zusätzlichen Sozialausgaben machten und auch die niedrigen Betriebs- und Ortsgrößenklassen mit einer ausreichenden Anzahl von Gesellschaften ›besetzt‹ werden konnten.
44 Vgl. z. B. Aktenvermerk über die Sitzung des Ausschusses für Sozialversicherung der RGI vom 12. Jan. 1939, in: BA R 12 I/Bd. 269; SOPADE-Berichte 1938, S. 325. Die hier konstatierte Tendenz – je größer das Unternehmen, desto höher die zusätzlichen Sozialaufwendungen – ist nicht ›NS-spezifisch‹; sie läßt sich auch für die Zeit nach 1945 nachweisen (vgl. *Statistisches Bundesamt*, Lohn- und Gehaltsstrukturerhebung 1957, 3, S. 12f.; ferner *Mooser*, Arbeiterleben, S. 92) und galt ebenso für die Jahre vor 1933 (vgl. z. B. *Schwenger*, Ruhrkohlenbergbau, S. 7; *Reichwein*, Funktionswandlungen, S. 139).
45 Für die Zeit des ›Dritten Reiches‹ läßt sich dies nicht empirisch belegen, sondern nur mit Verweis auf einzelbetriebliche Angaben und allgemeine Feststellungen vermuten. Die 1957 in der Bundesrepublik durchgeführte Erhebung hat einen empirischen Nachweis für diese der betrieblichen Sozialpolitik *grundsätzlich* innewohnende und nicht NS-spezifische Tendenz erbracht: Während Betriebe mit weniger als 50 Arbeitnehmern nur 3,8% des für zusätzliche Sozialleistungen ausgewiesenen Gesamtbetrags für »Kantinen, Werksküchen, Verpflegungs-

zuschüsse, sonstige Belegschaftseinrichtungen und Wohnungshilfe« aufwandten, waren es bei Großunternehmen 19,5% (nach: Lohnerhebung 1957, S. 12f.).

46 Danach gewährten von den Betrieben mit 50 bis 100 Beschäftigten 57,0% (Halle-Merseburg) bzw. 33,1% (Süd-Hannover-Braunschweig) Heiratsbeihilfen bzw. Sozialzulagen für Verheiratete; bei großen Betrieben mit mehr als 500 Arbeitern und Angestellten waren es dagegen 86,9% bzw. 66,7%. Die entsprechenden Werte für die Gewährung von Geburtsbeihilfen lagen bei kleinen Betrieben (50 bis 100 Beschäftigte) bei 59,5% bzw. 29,9%, bei großen mit mehr als 500 Arbeitnehmern bei 88,1% bzw. 65,6% (*AWI* der DAF, Zur Frage des Familienlohnes, in: *dass.* Jb. 1938, Bd. II, S. 503, 505, 523, 527).

47 In Unternehmen mit Umsätzen von 0,5 Mio. bis 1 Mio. RM betrugen die Ausgaben für zusätzliche Sozialleistungen (in v. H. des Umsatzes) 0,98% im Jahr 1938, 1,43% 1939 und 1,76% 1940 (Anstieg von 1938 auf 1940: 79,6%); die entsprechenden Prozentsätze betrugen bei Unternehmen mit 1 bis 2 Mio. RM Umsatz 1,09%, 1,41% und 2,10% (Anstieg von 92,7%). Bei kleinen Unternehmen mit einem Umsatz bis 0,5 Mio. RM erhöhten sich die Ausgaben für zusätzliche Sozialleistungen in v. H. des Umsatzes von 0,62% im Jahr 1938 über 0,64% 1939 auf 1,04% 1940, also auch um immerhin mehr als die Hälfte (51,6%). Großunternehmen verzeichneten relativ dagegen weitgehend stagnierende Aufwendungen für betriebliche Sozialpolitik; bei Umsätzen über 5 Mio. RM lagen die entsprechenden Prozentsätze bei 1,60%, 1,48% und 1,99% (Quelle: wie Anm. 38).

48 Vgl. Kap. VIII.4.3.

49 Zu diesem Zweck wurden alle Betriebskantinen durch Anordnung des RWM vom 7. Okt. 1939 in die Wirtschaftsgruppe Gaststätten- und Nahrungsmittelgewerbe eingegliedert und damit unmittelbar in die Kriegsernährung einbezogen (vgl. ›Die Werksküchenverpflegung im Kriege‹, in: Vertrauensrat, Jg. 7, 1940, S. 3 ff.).

50 Vgl. Jb. Gew. 1935/36 (Preußen), S. 341; 1937/38, S. 39, 208f.

51 Zahlen nach: Gustav *Leitz*, Die Gemeinschaftsverpflegung, in: Dt. SP, Jg. 53, 1944, S. 18; vgl. auch Deutschland im Zweiten Weltkrieg, Bd. 6, S. 249. Die Werkskantinen wurden allerdings vor und während des Krieges nur von einer Minderheit der Arbeitnehmer frequentiert (vgl. ›Werksküchenverpflegung im Kriege‹, in: Vertrauensrat, Jg. 7, 1940, S. 3 ff.; Meldungen vom 13. März 1940, S. 883; *Hasse*, Die Gemeinschaftsverpflegung, in: Soz.D. 1940, S. 128 ff.; *Werner*, Bleib übrig, S. 126 ff., 331; Jb. Gew. 1935/36 (Preußen), S. 366; 1937/38, S. 40, 209).

52 Vgl. *Werner*, Bleib übrig, S. 264, 311, 330 f.; Deutschland im Zweiten Weltkrieg, Bd. 6, S. 249.

53 Die 546 Kindergärten, die von der DAF im Rahmen der ersten beiden ›Leistungskämpfe der Betriebe‹ registriert wurden (vgl. *Marrenbach*, Fundamente, S. 329), wurden vornehmlich von Großunternehmen unterhalten.

54 Bericht der DAF-Gauwaltung Bayerische Ostmark, Abt. Frauen für das 4. Vierteljahr 1939, in: *Eiber*, Frauen, S. 591; zum Ausbau frauenspezifischer Sozialleistungen vgl. auch Kriegstagebuch des Rüstungskommandos Würzburg vom 6. bis 12. Mai 1942, in: ebd., S. 597; *Rauecker*, Betriebliche Sozialpolitik in Oberschlesien, in: SozD. 1942, S. 223.

55 Bericht der DAF-Gauwaltung Bayerische Ostmark für das 4. Vierteljahr 1939 (Anm. 54).

56 Erlaß des RAM an die RtdA vom 15. Aug. 1941, in: BA R 41/Bd. 69, Bl. 11.

57 Viele Großunternehmen hatten Werke nicht nur in verschiedenen Teilen des Deutschen Reiches, sondern auch in Städten häufig sehr unterschiedlicher Größe. In solchen Fällen wurde die Gesellschaft der Stadt zugeordnet, in der die Hauptverwaltung ansässig war (was – nicht vermeidbare – kategoriale Unschärfen zur Folge hat).

58 Nach Gebieten unterschieden lagen in der *Textilindustrie* die Rheinprovinz mit 6,3%, Sachsen mit 7,4% und Bayern mit 7,9% (als die drei Länder, in denen die meisten der von mir erfaßten Textilunternehmen ansässig waren) relativ dicht beieinander. Auffällig ist lediglich, daß im sächsischen *Maschinen- und Apparatebau* die Ausgaben für betriebliche Sozialleistungen in

v. H. der Lohn- und Gehaltssumme mit 3,3% deutlich unter dem Niveau lagen, das in diesem Industriezweig zum gleichen Zeitpunkt in anderen Regionen erreicht wurde (Baden 5,0%, Württemberg 5,1%, Berlin 5,5%). Seinen Grund hat dies vermutlich u. a. in der Dominanz des kaum prosperierenden Textilmaschinenbaus, in dem mit 2,9% deutlich weniger für zusätzliche Sozialleistungen aufgewendet wurde als im Büromaschinen- und Werkzeugmaschinenbau (4,5% bzw. 5,3%). (Die Erhebung, auf der diese Angaben basieren, habe ich nach den o. g. Kriterien vorgenommen.)

59 Rundschreiben der GHH-Konzernzentrale an Konzernwerke vom 5. Sept. 1940, in: HA GHH 400 1025/17.

60 *AWI*, Sozialleistungen in der Kriegswirtschaft, S. 14; ähnlich auch z. B. *Pelzer*, Sozialleistungen, S. 29 f.

61 Vgl. Aktenvermerk der Hauptverwaltung der GHH, Abt. G, vom 2. Sept. 1940, in: HA GHH 400 1025/17. Bei Siemens waren ›Spenden‹ seit jeher nicht unter den zusätzlichen Sozialleistungen ausgewiesen (vgl. Siemens-Mitt. Febr. 1936, S. 32 f.).

62 Demgegenüber sind die Aufwendungen für Werkswohnungsbau bzw. -siedlungen nicht (Siemens) bzw. nur zum geringen Teil (GHH und Vereinigte Stahlwerke) im Schaubild unter ›andere zusätzliche Sozialleistungen‹ erfaßt, da sie entweder zum größeren Teil anderen Posten der Gewinn- und Verlustrechnung bzw. Bilanz zugerechnet (GHH) oder von rechtlich eigenständigen Gesellschaften getätigt wurden (Siemens, VSt.).

63 Die Zahl der Arbeiterpensionäre, die von der betrieblichen Altersfürsorge des Siemens-Konzerns regelmäßig Zuwendungen erhielten, wuchs bei SSW und S&H zusammen von 2957 1928/29 auf 6971 1932/33 (nach: SAA 14/Lg 979 bzw. 14/Lh 518). Bei der GHH hatte sich die Zahl derjenigen, die Anspruch auf betriebliche Pensionszahlungen hatten, von 495 im Jahre 1925 auf 1699 im Jahre 1933 erhöht (HA GHH 400 142/7; vgl. auch *Schwenger*, Großeisenindustrie, S. 147).

64 Vgl. Siemens-Mitt. Febr. 1936, S. 32 f.

65 Die Zahl der Siemens-Pensionäre verringerte sich von 6971 auf dem Tiefpunkt der Krise auf 6401 1937/38 (Quelle wie Anm. 63).

66 Daß von ziemlich allen großen Stahlkonzernen durch betriebliche Einrichtungen zur Altersfürsorge umfangreiche Leistungen gewährt wurden, ist z. B. *Schwenger*, Großeisenindustrie, S. 146 ff., zu entnehmen. Auch bei anderen elektrotechnischen Großunternehmen hatten die betrieblichen Pensionsleistungen ein ähnliches Gewicht wie bei Siemens. Die AEG z. B. wendete 1937/38 48,5%, die Accumulatorenfabrik 1937 40,0% der gesamten zusätzlichen Sozialleistungen für diesen Zweck auf (nach: *AWI*, Sozialaufwendungen (1938), S. 447 f.).

67 Dies läßt sich anhand weiterer einzelbetrieblicher Beispiele aus allen Industriezweigen nachweisen (vgl. *AWI*, Sozialaufwendungen (1938), S. 410 ff.; ›Sozialpolitik in der Automobilindustrie‹, in: Mh.NS, Jg. 6, 1939, S. 92 f.; ›Sozialberichte deutscher Betriebe‹, in: ebd., S. 324; ›Sozialberichte deutscher Betriebe‹, in: Mh.NS, Jg. 7, 1940, S. 67; ›Die Sozialarbeit der Autounternehmen im Jahre 1939‹, in: ebd., S. 209 ff.; Willi *Rinne*, Die bergische Stahlindustrie, Berlin 1939, Bd. 2, S. 181 f.; BA R 13 III/Bd. 302; HA GHH 400 1025/53).

68 Vgl. *Reichwein*, Funktionswandlungen, S. 128, 132, 169.

69 *Teschner*, Lohnpolitik, S. 84.

70 Werner *Mansfeld*, Leistungssteigerung und Sozialpolitik, in: VJP, Jg. 3, 1939, S. 658.

71 Berichte der RtdA für das 3. Vierteljahr 1938, zit. nach: *Mason*, Arbeiterklasse, S. 791 (Dok. 136). Dieselbe Formulierung findet sich auch bei: *Mansfeld*, Leistungssteigerung, S. 656; vgl. außerdem *Pelzer*, Sozialleistungen, S. 27; *AWI*, Betriebliche Sozialleistungen in der Kriegswirtschaft, S. 12 f.; Kurt *Gusko*, Steuerung der betrieblichen Sozialleistungen, in: Mh.NS, Jg. 6, 1939, S. 437; *Sitzler*, Einordnung der betrieblichen Sozialleistung, in: SP, Jg. 48, 1939, Sp. 1037 f.

72 Schreiben Walter Borbets (1922 bis 1942 Generaldirektor des Bochumer Vereins) an

Albert Vögler (1926 bis 1935 Generaldirektor der VSt) vom 14. Dez. 1934, in: THA VSt/ 171–178; vgl. auch die Aufstellung für die einzelnen Betriebsgesellschaften der Ver. Stahlwerke über Sonderzuwendungen im Dez. 1934 vom 23. Febr. 1935, in: THA VSt/171–178; ferner *Wisotzky*, Ruhrbergbau, S. 91 f.

73 Vgl. Schreiben des Büros Osterloh an Poensgen u. a. vom 17. Dez. 1934, in: THA VSt/ 171–178.

74 Vgl. z. B. LB der StaPo Düsseldorf über illegale marxistische und kommunistische Bewegung für das Jahr 1937, zit. nach: *Mason*, Arbeiterklasse, S. 380 (Dok. 44); Jb. Gew. 1935/ 36 (Preußen), S. 356f., 438; (Württ.), S. 73; (Hessen), S. 102 u. ö.; SOPADE-Berichte 1936, S. 100.

75 Vgl. Halbmonatsbericht der Regierungspräsidenten von Ober- und Mittelfranken vom 5. Jan. 1934, nach: Bayern in der NS-Zeit, Bd. 1, S. 219; Meldungen vom 8. Okt. 1942, S. 4305; *Eiber*, Arbeiter, S. 178f.; Barbara *Mausbach-Bromberger*, Arbeiterwiderstand in Frankfurt am Main, Frankfurt 1976, S. 122f.; SOPADE-Berichte 1935, S. 293.

76 ›Sozialbericht und Einkommen der Gefolgschaft‹, in: SP, Jg. 47, 1938, Sp. 352; vgl. auch z. B. ›Gerechter Verteilungsschlüssel: Weihnachtsgelder für die Gefolgschaft‹, in: ›Angriff‹ vom 12. Nov. 1936 sowie *Tenfelde*, Proletarische Provinz, S. 304. Von den 1936/37 über betriebliche Sozialpolitik berichtenden Aktiengesellschaften gewähren 47,6% derartige Prämien (*AWI* der DAF, Aufsätze zum Problem Arbeit und Freizeit, in: *dass.*, Jb. 1938, Bd. I, S. 110). Von den 1938/39 am ›Leistungskampf der Betriebe‹ teilnehmenden Unternehmen (darunter vielen Handwerksbetrieben) zahlten 67 702 oder 41,2% ihren Belegschaftsangehörigen Weihnachtsgratifikationen (nach: Zentralbüro, Dt. Sozialpolitik 1938, S. 13).

77 Berichte der RtdA für das 4. Vierteljahr 1938, zit. nach: *Mason*, Arbeiterklasse, S. 862 (Dok. 150); vgl. auch Jb. Gew. 1937/38, S. 207.

78 Vgl. SOPADE-Berichte 1938, S. 318.

79 Vgl. exemplarisch hierzu die Auseinandersetzung zwischen Ley und Seldte in: BA R 12 I/ Bd. 269; ausführlich *Mason*, Sozialpolitik, S. 249 ff. Nicht zufällig wurde in den von der DAF herausgegebenen Publikationen immer wieder auf die »Wirtschaftlichkeit« betrieblich-sozialer Aktivitäten hingewiesen (vgl. z. B. *Zentralbüro*, Gefolgschaftsversorgung, S. 40; *AWI*, Sozialleistungen in der Kriegswirtschaft, S. 1 f.; ›Die Wirtschaftlichkeit der betrieblichen Sozialpolitik‹, in: Mh.NS, Jg. 6, 1939, S. 275).

80 Vgl. z. B. Aufstellungen über die Weihnachtsgratifikationen der VSt., der Maschinenfabrik Esslingen, Deutschen Werft und der Eisenwerke Nürnberg, in: THA VSt/171–178 bzw. HA GHH 400 1025/53; Berichte der RtdA für das 4. Vierteljahr 1938, in: *Mason*, Arbeiterklasse, S. 862 (Dok. 150); *AWI*, Sozialaufwendungen (1938), S. 423f. sowie Anm. 89ff.

81 Berichte der RtdA für das 4. Vierteljahr 1938, zit. nach: *Mason*, Arbeiterklasse, S. 862 (Dok. 150); vgl. auch z. B. LB der StaPo Hannover für Dez. 1934, in: Gestapo Hannover, S. 291; SOPADE-Berichte 1937, S. 1006; *Eiber*, Arbeiter, S. 178f.

82 Aktenvermerk über die Sitzung des Ausschusses für Sozialversicherung der RGI vom 12. Jan. 1939 (Anm. 44); ähnliches war bereits wesentlich früher von der Wehrwirtschaftsinspektion XIII/Nürnberg in einem Mon.B. vom 16. Dez. 1936 festgestellt worden (nach: Bayern in der NS-Zeit, Bd. 1, S. 261 bzw. *Peukert*, Volksgenossen, S. 133).

83 So z. B. *Sitzler*, Zur lohnpolitischen Stellung des Betriebes, in: SP, Jg. 48, 1939, Sp. 651; vgl. auch *ders.*, Einordnung, Sp. 1037f.; *Gusko*, Steuerung, S. 437; Bericht des Berliner Stadtpräsidenten vom 12. Okt. 1937, in: BA R 41/Bd. 151, Bl. 2 Rs. f.; AWI der DAF, Betriebliche Sozialleistungen in der Kriegswirtschaft, S. 12f.; ferner *Livchen*, Wartime Developments, S. 139.

84 Urteil des RAG vom 23. Febr. 1938 bzw. 13. März 1935, in: ARS (RAG), Bd. 32, S. 236 bzw. Amtl. Mitt. des RtdA für Thüringen/Mittelelbe vom 1. Jan. 1938; vgl. auch Zentralbüro, Dt. Sozialpolitik 1938, S. 71; Hellmut *Vollweiler*, Die Weihnachtsgratifikation, in: SP, Jg. 46, 1937, Sp. 1475ff.

85 Vgl. exemplarisch die diversen Rundschreiben und Bekanntmachungen der Leitung des Siemens-Konzerns in: SAA 14/Lh 309.
86 Ausführlich am Beispiel Siemens: *Hanf*, Möglichkeiten, S. 199.
87 Arbeiter der Aug.-Thyssen-Hütte AG z. B. erhielten zu Weihnachten 1934 nur dann eine Sonderzuwendung, wenn sie seit mindestens August desselben Jahres in einer Abteilung des Werkes beschäftigt waren. Ein lediger Arbeiter, der in diesem Monat eingestellt worden war, erhielt im Dezember 1,10 RM, war er ein Jahr beschäftigt, bekam er 10,- RM, nach fünf Jahren Betriebszugehörigkeit 12,- RM. Blieb er (als Lediger) vierzig Jahre länger bei Thyssen, wurden ihm 26,- RM zu Weihnachten gezahlt. Heiratete er, erhielt er zusätzlich 5,- RM, für jedes Kind weitere 5,- RM. Ein Vater von sieben Kindern kam nach mindestens 40jähriger ›Werkstreue‹ schließlich auf einen Höchstbetrag von 66,- RM (vgl. die entsprechende Aufstellung in: THA VSt/171—178). Eine derartige Abstufung gelangte in ähnlicher Weise auch in den meisten anderen Industrieunternehmen zur Anwendung (vgl. Helmut *Tewes*, Die Erfolgsbeteiligung der Gefolgschaft (Diss.), Quakenbrück 1938, S. 91; *Pelzer*, Sozialleistungen, S. 67f.; *AWI*, Sozialaufwendungen (1938), S. 426; *Hanf*, Möglichkeiten, S. 198ff.; Christoph *Conrad*, Erfolgsbeteiligung und Vermögensbildung der Arbeitnehmer bei Siemens, Wiesbaden 1986, S. 77ff.; *Roth*, Weg, S. 155, *Pohl* u. a., Daimler-Benz, S. 178; Handb. d. dt. AGs 1939, S. 2731 (F. Küppersbusch & Söhne, Gelsenkirchen); HA Krupp WA IV 2882, 41/3-740b; 41/6-68; HA GHH 400 1026/8).
88 Vgl. z. B. *Zentralbüro*, Gefolgschaftsversorgung, S. 14.
89 1928/29 hatten z. B. die im Siemenskonzern beschäftigten Arbeiter eine Abschlußprämie von 86 RM, Angestellte eine von 119 RM erhalten. Auf dem Tiefpunkt der Krise und im ersten Jahr der nationalsozialistischen ›Machtergreifung‹ war dieser Betrag auf 12 RM für Angestellte und 8 RM für Arbeiter gesunken. 1938/39 machte der Gesamtbetrag aller Sonderzuwendungen einschl. Weihnachtszuwendung (seit 1934/35) und einer ›besonderen Zuwendung‹ (seit 1936/37) dann 204 RM für Angestellte und 153 RM für Arbeiter aus (nach: SAA 14/Lg 125). Noch stärker war diese Abstufung z. B. bei Bergbauunternehmen wie der Concordia Bergbau AG, der Niederschlesischen Bergbau AG und den Borsig-Kokswerken ausgeprägt (vgl. WWA F 26/Nr. 81). Die Betriebsgesellschaften der Ver. Stahlwerke erhielten 1934 die Anweisung, an Angestellte ungefähr dreimal so hohe Weihnachtsgratifikationen auszuschütten wie an Arbeiter (vgl. THA VSt/167—170). Auch bei Krupp waren die Unterschiede in dieser Hinsicht weiterhin beträchtlich. Prinz behauptet, daß bei Unternehmen, die Gratifikationen neu einführten, aufgrund des Einflusses der DAF Arbeiter hinsichtlich der Höhe der ausgeschütteten ›Gewinnbeteiligungen‹ nicht mehr gegenüber Angestellten benachteiligt wurden, ohne allerdings Belege hierfür zu geben (vgl. *Prinz*, Mittelstand, S. 218f.).
90 So spiegelte sich z. B. die bei Siemens praktizierte Aufsplitterung der Arbeiterschaft in eine Vielzahl von Lohngruppen in der unterschiedlichen Höhe der zu Weihnachten ausgeschütteten Sonderzuwendungen und Abschlußprämien wieder: Obermeister und Angestellte der höchsten Tarifgruppe erhielten 1926 bis 1929 und 1937 bis 1944 eine Abschlußprämie von 200 RM, seit 1937 kam noch eine Sonderzuwendung von 80 RM hinzu. Höchstqualifizierte Arbeiter erhielten bis 1929 150 RM, seit 1937 insgesamt 220 RM, die anderen Arbeitergruppen entsprechend weniger. Arbeiterinnen rangierten mit 60 RM bzw. 90 RM am unteren Ende der Skala. Auch in vielen anderen Unternehmen fand die geschlechtsspezifische Diskriminierung der Frauen in niedrigeren Gratifikationen ihren Ausdruck (vgl. *AWI*, Sozialaufwendungen (1938), S. 426).
91 In seiner Schrift ›Das Programm der NSDAP und seine weltanschaulichen Grundlagen‹ (München 1932, S. 46) stellte Gottfried *Feder* lapidar fest: »Wie später in einem nationalsozialistischen Staat die Frage der Gewinnbeteiligung gelöst werden wird, steht hier nicht zur Erörterung« (zit. nach: *Bracher*, Diktatur, S. 158).
92 Paul Ludwig *Jaeger*, Die Bindung des Arbeiters an den Betrieb (Diss.), Hamburg 1929, S. 35.

93 ›Vorwärts‹ vom 21. Jan. 1922, zit. nach: ebd., S. 48.

94 Vgl. z. B. AWI der DAF, Zur Frage der Gewinnbeteiligung der Gefolgschaft, in: BA NSD 50/Bd. 171; *Henzler*, Gewinnbeteiligung; ›Eisen und Metall. Mitteilungsblatt der Reichsbetriebsgemeinschaft 6 der DAF‹, Sept. 1938, S. 267f., in: BA NSD 50/Bd. 871; W. *von Brevern*, Facharbeitermangel und Lohnentwicklung, in: Mh.NS, Jg. 3, 1935/36, S. 527; ›Am Rande der Lohnpolitik‹, in: Mh.NS, Jg. 4, 1937, S. 209 ff.

95 Vgl. exemplarisch *Henzler*, Gewinnbeteiligung, S. 24 ff.

96 Dies gilt auch für die Zeit nach dem Aktiengesetz von 1937, das in unverbindlicher Form den Umfang zusätzlicher Sozialaufwendungen an die Gewinnbeteiligung von Vorstand und Aufsichtsrat knüpfte (vgl. z. B. ›Freiwillige Sozialleistungen und Dividenden‹, in: Dt. Bergwerksztg. vom 21. Dez. 1940). Zu den wenigen Unternehmen, die im engeren Sinne ihre ›Gefolgschaft‹ am Gewinn beteiligten, gehörten Carl Zeiss, Jena, der Siemens-Konzern und die IG Farben.

97 Besonders deutlich wird diese Skepsis in einer Denkschrift von Gustav Knepper (Vorstandsvorsitzender der zu den VSt gehörenden Gelsenkirchener Bergwerks AG) vom 5. Dez. 1934, Anlage zu einem Schreiben von Knepper an Poensgen vom 13. Dez. 1934, in: THA VSt/ 171–178; vgl. auch Aktennotiz über die Sitzung des Sozialwirtschaftlichen Arbeitskreises der RGI vom 16. Sept. 1936, in: BA R 12 I/Bd. 268; ferner *Yano*, Hüttenarbeiter, S. 121; Deutschland im Zweiten Weltkrieg, Bd. 5, S. 402f.

98 ›Die Gewinnbeteiligung‹, in: Dt. SP, Jg. 53, 1944, S. 16f.

99 Das vom RAM erstmals durch Erlaß vom 16. Nov. 1939 ausgesprochene generelle Verbot der Erhöhung von Weihnachtsgratifikationen (nach: Amtl. Mitt. des RtdA für Thüringen/Mittelelbe vom 5. Dez. 1939) wurde für die Folgejahre regelmäßig und im selben Wortlaut bestätigt (vgl. Erlasse des RAM vom 9. Nov. 1940 und 29. Okt. 1941, Erlaß des GBA vom 31. Okt. 1942, in: RABl. 1940, I, S. 551; 1941, I, S. 480; 1942, I, S. 478; zu den entsprechenden Erlassen des GBA für 1943 und 1944 vgl. THA VSt/171–178). Durch Erlaß des RAM an die RtdA vom 14. Juni 1940 wurde der Lohnstop für Erfolgsvergütungen und Gewinnbeteiligungen gesondert betont (in: BA R 41/Bd. 59, Bl. 94a bzw. Amtl. Mitt. des RtdA für Thüringen vom 20. Juni 1940). In einem weiteren Erlaß vom 25. April 1941 wies der RAM die RtdA an, einmalige Zuwendungen etwa anläßlich betrieblicher Jubiläen im allgemeinen nicht zu gewähren (in: BA, ebd.). Betrieblich gefördertes Sparen wurde nur erlaubt, wenn es keiner verschleierten Lohnerhöhung gleichkam (Erlaß des RAM vom 12. April 1940, in: RABl. 1940, I, S. 199). Freiwillige Zuwendungen an Einberufene und ihre Familien waren dagegen explizit vom Lohnstop ausgenommen.

100 Erlaß des Reichsfinanzministers vom 30. Nov. 1939, Anlage zu: Rundschreiben Nr. 91 der Hauptsteuerabteilung der Ver. Stahlwerke AG vom 6. Dez. 1939, in: THA VSt/171–178; vgl. auch ›Die steuerliche Behandlung von Weihnachtsgeschenken‹, in: VB vom 1. Dez. 1939; ›Steuerliche Härten bei Weihnachtsgeschenken‹, in: VB vom 10. Dez. 1939; ›Höhe des Steuerabzugs bei Weihnachtsgeschenken‹, in: VB vom 15. Dez. 1939.

101 Vgl. Rundschreiben der Wigru. eisenschaffende Industrie an die Bezirks- und Fachgruppen sowie die Verbände der Wigru. vom 27. Nov. 1939, in: THA VSt/167–170; ›Die Neuregelung bei den Weihnachtsgratifikationen‹, in: Dt. Bergwerksztg. vom 29. Nov. 1939.

102 Vgl. Erlaß des Reichsfinanzministers vom 24. Nov. 1940, in: THA VSt/167–170.

103 Nach: ›Weihnachtszuwendungen‹, in: Mh.NS, Jg. 7, 1940, S. 275.

104 Vgl. die entsprechenden gesetzlichen Verfügungen und betrieblichen Bekanntmachungen sowie interne Schriftwechsel etc. in: HA Krupp WA 41/6-68; THA VSt/171–178; HA GHH 400 1025/53; ferner *Sachse*, Sozialpolitik, S. 252ff.

105 Vgl. hierzu z. B. Jb. Gew. 1937/38, S. 207; Zentralbüro, Dt. Sozialpolitik 1937, S. 51; *Jäzosch*, Entwicklung, S. 200; ›Heiratsbeihilfen der Betriebe‹, in: Vertrauensrat, Jg. 6, 1939, S. 61 f.; ›Freizeit für die arbeitende Mutter‹, in: ebd., S. 154; ›Betriebliche Sozialpolitik‹, in: SP 1938, Sp. 1382; *Marrenbach*, Fundamente, S. 239; *Pelzer*, Sozialleistungen, S. 43 ff.; ›Vermehrte

Anmerkungen zu S. 276–277

Kinderbeihilfen‹, in: ›Angriff‹ vom 18. Juli 1936; ›Der Ausbau der Kinderbeihilfen‹, in: ›Angriff‹ vom 1./2. Jan. 1938; ›Wer bekommt Kinderbeihilfen?‹, in: ›Angriff‹ vom 19. März 1938; ›Die Kinderbeihilfen‹, in: VB vom 18. März 1938; ›Neue weitgreifende Maßnahmen für die Kinderreichen‹, in: VB vom 29. März 1938; ferner *Winkler*, Frauenarbeit, S. 77 f.; *Sachse*, Hausarbeit, S. 254 ff.; zu den Schwierigkeiten, während des Krieges betriebliche Kindergärten zu bauen, vgl. *Frauenalltag*, S. 36 sowie Anm. 55.

106 Nach: SAA 15/Lc 815.
107 Nach: SAA 51/Lt 321.
108 Nach: SAA 15/Lc 815.
109 Vgl. G. *Gassert*, Zeitgemäße Sozialleistungen im Betrieb, in: Dt. SP, Jg. 53, 1944, S. 102.
110 Vgl. Bericht der DAF Bayerische Ostmark für das 4. Vierteljahr 1939, in: *Eiber*, Frauen, S. 591.
111 Dies läßt sich z. B. für eine Reihe von Unternehmen der Eisen- und Metallgewinnung (Fried. Krupp AG, Felten und Guilleaume/Carlswerk, GHH, Mannesmann, Demag) feststellen, die während des Krieges einen starken Anstieg des Frauenanteils an der Gesamtbelegschaft zu verzeichnen hatten (vgl. Aktenvermerk vom 28. März 1941 und Bekanntmachung der GHH vom 16. Mai 1941, in: HA GHH 400 101/1 bzw. 400 18/13).
112 Vgl. *Sachse*, Hausarbeit, S. 235, Anm. 88 (Zahlen), sowie S. 259, 262.
113 Bei den in kleineren Gemeinden ansässigen Unternehmen der Textilindustrie (als eines Industriezweiges mit hohem Frauenanteil und relativ gleichmäßiger Verteilung auf Groß- und Kleinstädte) war der Anstieg der Aufwendungen für zusätzliche Sozialleistungen zwischen 1936 und 1938 von 6,3% auf 10,3% (+ 63,5%) in v. H. der Lohn- und Gehaltssummen erheblich größer als bei den in Großstädten mit 100 000 bis 500 000 Einwohnern angesiedelten Aktiengesellschaften: Hier stiegen die zusätzlichen Sozialleistungen während des gleichen Zeitraumes von 4,8% auf 6,1% (+ 27,1%). (Erfaßt wurden 22 bzw. 11 AGs; aufgenommen wurden nur AGs, die für 1936 *und* 1938 Angaben über die für zusätzliche Sozialleistungen aufgewandten Beträge machten.)
114 Bei manchen besonders ausgeprägten sozialpolitischen Initiativen einzelner Riesenunternehmen konnten sich kommunale und betriebliche Sozialpolitik fast vollständig decken (vgl. z. B. den von Krupp als Werkssiedlung erbauten Essener Stadtteil ›Margaretenhöhe‹ oder die ›Siemensstadt‹ in Berlin). Sozialpolitische Ergänzungen dieser Art waren – wie ›Margaretenhöhe‹ und ›Siemensstadt‹ zeigen – keineswegs NS-spezifisch.
115 Die Zweigniederlassung Carl Berg (Werdohl/Westf.) der Ver. Metallwerke beispielsweise spendete der Gemeinde Werdohl im Herbst 1937 jeweils 7500 RM für den Bau eines Kindergartens und einer Stadthalle und stellte außerdem 10 000 RM zur »besseren Ausgestaltung« der gemeindeeigenen Turnhalle zur Verfügung (Sonderbericht der Ver. Metallwerke, Zweigniederlassung Werdohl zum ›Leistungskampf der deutschen Betriebe‹ 1940/41, in: WWA F 25/Nr. 6). Tenfelde berichtet, daß die Zeche im oberbayerischen Penzberg »durch stark verbilligte Abgabe oder gar Übereignung von Grundstücken als Geschenke an die Stadt die kommunale Siedlungspolitik der Nationalsozialisten« förderte (*Tenfelde*, Proletarische Provinz, S. 300). Derartige Spenden hatten insbesondere in schwerindustriellen Großunternehmen wie z. B. der GHH Tradition (vgl. z. B. *Adelmann*, Quellensammlung, Bd. II, S. 511).
116 Ebd., S. 574; zur Verquickung der GHH mit der Stadt Oberhausen vgl. Hans-Josef *Joest*, Pionier im Ruhrrevier, Stuttgart-Degerloch 1982, insbesondere S. 82 ff.
117 *Schwenger*, Ruhrkohlenbergbau, S. 7.
118 Vgl. *Preller*, Sozialpolitik, S. 466; *Teppe*, Sozialpolitik, S. 203 ff.; *Scheur*, Maßnahmen, S. 18 ff.
119 Vgl. *Teppe*, Sozialpolitik, S. 209 ff.; *Scheur*, Maßnahmen, S. 67 ff.; *Peters*, Geschichte, S. 109 ff.; *Syrup*, 100 Jahre, S. 514 ff.; Heinz *Lampert*, Staatliche Sozialpolitik im Dritten Reich, in: NS-Diktatur 1933–1945, S. 193 ff. Eine wichtige Veränderung muß allerdings erwähnt werden: die Beseitigung der Selbstverwaltungsorgane und die Umwandlung der Versiche-

rungsträger in Anstalten öffentlichen Rechts. Vergessen werden sollte auch nicht, daß politische Gegner erheblichen zusätzlichen Restriktionen ausgesetzt waren. So konnte nach dem ›Gesetz über die Änderung einiger Vorschriften der Reichsversicherungsordnung‹ vom 23. Dez. 1936 (RGBl. 1936, I, S. 1128) die Rente ruhen, »wenn der Berechtigte sich nach dem 30. Jan. 1933 in staatsfeindlichem Sinne betätigt hat. Der Reichsminister des Innern entscheidet im Einvernehmen mit dem Reichsarbeitsminister, ob staatsfeindliche Betätigung vorliegt oder nicht.«

120 1929 wurden von der Invalidenversicherung 269 303 Arbeitern Alters- und Invalidenrenten bewilligt, 1938 dagegen nur 239 472 (*Tennstedt*, Sozialgeschichte, S. 466, 479). Der Anteil der über 65jährigen stieg im gleichen Zeitraum von 5,8% auf 7,8% (*Aleff*, Drittes Reich, S. 119). Nach Grieser sank die Höhe der gesamten staatlichen Sozialausgaben in v. H. des Bruttosozialproduktes von 10,4% 1929 auf 9,2% 1936 und 7,3% 1938. Bereits 1949 lagen sie in der Bundesrepublik Deutschland wieder bei 16,2% (*Grieser*, Die deutsche Sozialversicherung, in: 50 Jahre Sozialpolitik. Der Arbeitgeber 1950/51 (H. 24/I), S. 46). Zum erhöhten Unfallrisiko vgl. Kap. VII.2.3.

121 Vgl. Anm. 11.

122 Alle Angaben nach: *AWI*, Geschäftsabschlüsse 1937, S. 577 ff.; *dass.*, Sozialaufwendungen (1938), S. 394 f.; *Pleiß*, Sozialleistungen, Sp. 1828; *Thomsen*, Angebot, S. 72. Allerdings ist ein Vergleich der Aufwendungen für gesetzliche und ›freiwillige‹ Sozialleistungen für die Jahre vor 1945 und die Zeit danach u. a. deshalb nicht so ganz unproblematisch, weil nach 1945 meist alle bundesdeutschen Unternehmen (insgesamt etwa 34 000) in die Erhebung einbezogen wurden, während es 1937 und 1938 nur ein, wenn auch größerer Teil der Aktiengesellschaften war (520 bzw. 814). Die von *Pleiß* (Sozialleistungen, Sp. 1828) bzw. *Thomsen* (Angebot, S. 72) – ohne Nennung der Quelle – herangezogenen Zahlen für 1936 sind noch weniger mit Erhebungen nach 1945 vergleichbar: Sie sind einer Untersuchung entnommen, die lediglich 41 meist größere Aktiengesellschaften erfaßte. Diese repräsentierten keineswegs die Gesamtheit aller Industrieunternehmen oder auch nur der Aktiengesellschaften, sondern wiesen überdurchschnittlich hohe Aufwendungen für ›freiwillige‹ Sozialleistungen aus. Zudem sind die gesetzlichen Sozialabgaben bei Pleiß bzw. Thomsen zu niedrig angesetzt. (Statt 6,0% betrugen sie 8,5% der Löhne und Gehälter.) Zu den laufenden Aufwendungen für zusätzliche Sozialleistungen in Höhe von 7,5% hätten außerdem zwecks Vergleichbarkeit mit den Erhebungen nach 1945 die Zuweisungen an Sozialfonds in Höhe von 1,2% addiert werden müssen. Die Ergebnisse der Erhebung aus dem Jahre 1936 sind veröffentlicht bei: *Preller*, Was wird ausgegeben?, Sp. 31 f. Noch ungenauer sind im übrigen die Angaben für die zwanziger Jahre. Nach *Menges/Kolbeck*, Löhne und Gehälter, S. 51, lagen die Aufwendungen für ›zusätzliche‹ und ›andere‹ Sozialleistungen 1924 bis 1929 (in v. H. der Lohn- und Gehaltssumme) bei etwa fünf Prozent jährlich.

123 *Zentralbüro*, Gefolgschaftsversorgung, S. 1.

124 *AWI* der DAF, Die Altersversorgung, Berlin 1940, in: BA NSD 50/Bd. 589.

125 *Pelzer*, Sozialleistungen, S. 80; ähnlich z. B. auch G. Wilhelm *Lehnemann*, Die Richtlinien der DAF. zur betrieblichen Altersversorgung, in: D.Dt.V. vom 27. Mai 1938 (1937/38, S. 1683 ff.).

126 Die DAF wies auf diese Schwachstelle der Sozialpolitik des NS-Staates in erster Linie deshalb immer wieder hin, weil sie – in Anknüpfung an Punkt 15 des NSDAP-Programms – hoffte, das als Lösung vorgesehene staatliche »Altersversorgungswerk« in eigener Regie verwirklichen zu können. Zwar wurden diesbezüglich unter Federführung Leys insbesondere während des Krieges konkrete Pläne ausgearbeitet, Schritte zu ihrer Realisierung jedoch nicht unternommen (vgl. *Recker*, Sozialpolitik, S. 98 ff.).

127 *Tennstedt*, Sozialgeschichte, S. 466, 479. Seine Zahlen für 1938 entsprechen denen der ›Düsseldorfer Nachrichten‹ vom 16. April 1939 (nach: THA VSt/150–154). Die von *Aleff* (Drittes Reich, S. 119) vorgelegten Angaben differieren hiervon geringfügig.

128 Nach: *Aleff*, Drittes Reich, ebd.

129 Vgl. ebd. bzw. *Tennstedt*, Sozialgeschichte, S. 467, 479. Nach Angaben der ›Düsseldorfer

Anmerkungen zu S. 278—280

Nachrichten‹ vom 16. April 1939 (vgl. Anm. 127) betrug das Ruhegeld der Angestelltenversicherung 1938 59,31 RM, der den Witwen von Arbeitern gewährte monatliche Betrag 18,97 RM. Aleff nennt für 1931 für beide Rentnergruppen folgende Zahlen: 65,51 RM bzw. 23,40 RM.

130 In den ›Monatsheften für NS-Sozialpolitik‹ (›Sozialberichte deutscher Betriebe‹, in: Mh.NS, Jg. 6, 1939, S. 257) wurde sie sogar als das »Hauptstück... der industriellen Sozialpolitik« bezeichnet.

131 ›Der Umfang der betrieblichen Altersfürsorge‹, in: Dt. Bergwerksztg. vom 23. Jan. 1943; vgl. auch Albrecht *Weiß* (Vorsitzender des Verbandes der deutschen Privatpensionskassen), Betriebliche Alters- und Hinterbliebenenfürsorge, in: D. Dt. V. vom 18. März 1938 (1937/38, S. 1181 f.); zur Zunahme betrieblicher Altersversorgungseinrichtungen in den ersten Jahren der NS-Diktatur vgl. Jb. Gew. 1933/34 (Preußen), S. 350 ff. (mit Beispielen), 357; (Württ.), S. 71; 1935/36 (Preußen), S. 358; ferner z. B. ›Neue Steuervorschriften für zusätzliche Gefolgschaftsversorgung‹, in: Dt. SP, Jg. 53, 1944, S. 20.

132 Ernst *Heißmann*, Betriebliche Altersvorsorge in Form freiwilliger, sozialer Leistungen, in: Dt. VW, Jg. 12, 1943, S. 902; vgl. auch *Buhl*, Ausgangspunkte, S. 114.

133 Vgl. Aktenvermerk über die Sitzung des Ausschusses für Sozialversicherung der RGI vom 12. Jan. 1939, in: BA R 12 I/Bd. 269; ferner *Pelzer*, Sozialleistungen, S. 108.

134 Jb. Gew. 1937/38, S. 206 f.

135 Nach Angaben der National-Ztg. vom 2. April 1940 (›Gefolgschaftsversicherung im Kriege‹) waren durch Gruppenversicherungsabschlüsse, darunter »in großem Umfange Gefolgschaftsversicherungen«, bei Lebensversicherungsgesellschaften rund 9 Mio. Versicherte erfaßt.

136 Nach: *Pelzer*, Sozialleistungen, S. 93 f.

137 Zwischen 1935 und 1937 ging die Zahl der Mitglieder dieser gemeinsamen Kassen von 5,967 Mio. auf 5,882 Mio. geringfügig zurück (vgl. Dt. VW 1938, S. 218, nach: ebd., S. 98). Dies dürfte seinen Grund vor allem darin gehabt haben, daß eine wichtige Funktion der Altersversorgung aus der Sicht der Unternehmer – die Bindung an den Betrieb zu stärken – hier nur eingeschränkt gewährleistet war: Zwischen den an einer Gruppenkasse beteiligten Betrieben war ein Arbeitsstellenwechsel möglich, ohne daß der betreffende Arbeitnehmer den Rechtsanspruch auf die zusätzliche Altersversorgung verlor.

138 Vgl. *Schwenger*, Betriebskrankenkassen, S. 10.

139 Vgl. ›Die Entwicklung der deutschen Betriebspensionskassen‹, in: Dt. Bergwerksztg. vom 2. Nov. 1938.

140 Im allgemeinen gestanden die Pensionskassen nach Ablauf einer bestimmten ›Wartezeit‹ von mehreren Jahren, manchmal sogar Jahrzehnten, ihren Mitgliedern einen Anspruch auf Versorgungsleistungen bzw. zumindest die Erstattung der durch das Mitglied bereits eingezahlten Beträge auch dann zu, wenn ein Arbeitnehmer die Arbeitsstelle wechselte (vgl. *Jaeger*, Bindung, S. 73).

141 Zwar hatte sich bis 1940 ihre Zahl auf 218 fast verdoppelt. Mit 383 882 Mitgliedern fielen sie quantitativ gegenüber den in anderer Weise betrieblich Altersversicherten nicht sehr stark ins Gewicht (Zahlen nach: ›Der Umfang der betrieblichen Altersfürsorge‹, in: Dt. Bergwerksztg. vom 23. Jan. 1943).

142 Vgl. § 4(1) und § 12 des Körperschaftssteuergesetzes vom 16. Okt. 1934 (RGBl. 1934, I, S. 1031) und §§ 13 bis 15 der Ersten Verordnung zur Durchführung des Körperschaftssteuergesetzes vom 16. Febr. 1939 (RGBl. 1935, I, S. 163).

143 Nach: ›Pensionskassen – Unterstützungskassen‹, in: Mh.NS, Jg. 6, 1939, S. 33; vgl. auch *Conrad*, Erfolgsbeteiligung, S. 116; zur Entwicklung des steuerrechtlichen Status von betrieblichen Pensionskassen, die keinen Rechtsanspruch auf Altersversorgung einräumten vgl. (am Beispiel Siemens) ebd., S. 114 ff.

144 Die rechtlich eigenständigen Pensionskassen unterlagen aufgrund des Gesetzes über die

Anmerkungen zu S. 280

Beaufsichtigung der privaten Versicherungsunternehmen und Bausparkassen vom 6. Juni 1931 (RGBl. 1931, I, S. 315) der öffentlich-rechtlichen Kontrolle. Vgl. hierzu und zu anderen Problemen der Besteuerung sowie zu den verschiedenen Formen der Pensionskassen und verwandten Einrichtungen: Paul *Osthold*, Die zusätzliche Altersversorgung, in: D.Dt.V. vom 24. Sept. 1937 (1936/37, S. 2523); Paul *Zeine*, Pensionsversorgung der Gefolgschaft, Berlin 1937; *Riebesell*, Gefolgschaftsversicherungen, in: VB vom 7. Sept. 1937; Bernhard *Skrodzki*, Möglichkeiten der betrieblichen Altersfürsorge, Berlin 1937; ›Die Steuerpflicht der Pensionsberechtigung‹, in: SP, Jg. 46, 1937, Sp. 695 f.; Albrecht *Weiss*, Die betriebliche Alters-, Invaliden- und Hinterbliebenenfürsorge, in: ebd., Sp. 699 ff.; ders., Betriebliche Alters- und Hinterbliebenenfürsorge, S. 1181 f.; ›Die Steuerpflicht der Pensionsberechtigung‹, in: SP, Jg. 48, 1939, Sp. 99 ff.; Arnold *Rocholl*, Klarheit in der betrieblichen Alterssicherung, in: ebd., Sp. 649 ff.; Wilh. Friedr. *Funke*, Grundsätzliche Erfordernisse der zusätzlichen Gefolgschaftsversorgung, in: Mh.NS, Jg. 5, 1938, S. 127.

145 ›Pensionskassen – Unterstützungskassen‹ (Anm. 143), S. 34; vgl. ›Steuerpflicht der Pensionsberechtigung‹ (Anm. 144); ›Entwicklung der deutschen Betriebspensionskassen‹ (Anm. 139). Im Prinzip wurde durch den Erlaß vom Dez. 1938 nur der Zustand wiederhergestellt, wie er vor dem Körperschaftsteuergesetz von 1934 bestanden hatte. Nach dem Einkommens-, Vermögens- und Körperschaftssteuergesetz von 1925 waren Unterstützungs-, Wohlfahrts- und Pensionskassen steuerfrei gewesen, selbst wenn sie keine rechtsfähigen Gebilde waren (vgl. *Zentralbüro*, Gefolgschaftsversorgung, S. 33).

146 Vgl. Helmuth *Schneider-Landmann*, Werkspensionen kein Gewinnversteck, in: SP, Jg. 45, 1936, Sp. 434; Meldungen vom 10. April 1941, S. 2202 f. sowie ›Neue Steuervorschriften für die zusätzliche Gefolgschaftsversorgung‹, in: Dt. SP, Jg. 53, 1944, S. 20.

147 Vgl. ›Steuerliche Klarstellungen für Pensions- und Unterstützungskassen‹, in: D. Dt. V. vom 24. Mai 1940 (1939/40, S. 1150); ›Betriebliche Pensions-, Witwen- und Waisenkassen‹, in: DAR, Jg. 10, 1942, S. 25; ›Betriebliche Altersvorsorge‹, in: ebd., S. 65 ff.

148 RABl. 1940, I. S. 126.

149 ›Richtlinien des RAM über die Bildung und Überwachung der Löhne, Gehälter und sonstigen Arbeitsbedingungen‹, Anlage zum Erlaß des RAM vom 3. März 1942, in: BA R 41/ Bd. 67, Bl. 50 f. Andererseits sollten die Reichstreuhänder die betriebliche Altersfürsorge sorgfältig überwachen, um Umgehungen des Lohnstops und die Ausnutzung von Pensionsfonds für steuerliche Kapitalrückstellungen zu verhindern (vgl. Aktenvermerk über eine Besprechung im RAM vom 20. Nov. 1941, in: THA VSt/200–203). Insbesondere letzteres dürfte den Reichstreuhändern aufgrund der zugunsten der Unternehmer sehr weit gefaßten steuerrechtlichen Bestimmungen schwer gefallen sein.

150 ›Neue Steuervorschriften für die zusätzliche Gefolgschaftsversicherung‹, in: Dt. SP, Jg. 53, 1944, S. 20. In einem Erlaß des Reichsfinanzministers vom 10. Febr. 1944 war deshalb wieder eine restriktivere steuerliche Behandlung von Pensions- und Unterstützungsfonds vorgesehen (vgl. ebd.).

151 Bekanntmachung betr. Werkspensionäre, in: RABl. 1944, I, S. 128. Gleiches galt auch für die vom Staat gezahlten Renten (vgl. Meldungen vom 3. Mai 1940, S. 883).

152 Vgl. ›Pensionskassen – Unterstützungskassen‹ (Anm. 143).

153 Vgl. *Buhl*, Ausgangspunkte, S. 109; nach *Heißmann*, Altersvorsorge, S. 902 waren es sogar noch weniger.

154 Vgl. Rundschreiben der Bezirksgruppe Nordwest der Wigru. eisenschaffende Industrie an die Mitgliedswerke vom 19. Aug. 1940, in: HA GHH 400 142/7.

155 So hieß es beispielsweise in einer Anfang 1940 an alle Arbeitnehmer der Siemens-Schuckertwerke verteilten Broschüre u. a., »daß Werkangehörige, die... durch schlechte Arbeitsleistung die Werkleitung zu einer Kündigung zwingen, keinen Anspruch auf Alters-und Hinterbliebenenversorgung haben« (›Du und Dein Werk‹, Broschüre der Nürnberger Werke der SSW vom Jan. 1940, S. 29 in: SAA 14/Lh 656 bzw. SAA 32/Lc 161).

Anmerkungen zu S. 280–281

156 Urteil des RAG vom 21. Nov. 1939, nach: SP, Jg. 51, 1942, S. 471; vgl. ›Verantwortliche betriebliche Sozialpolitik‹, in: ebd., S. 65 ff.
157 Werner von *Siemens*, Lebenserinnerungen (1892), Berlin 1938, S. 271 f.
158 Vgl. z. B. ›Altersversorgung durch den Betrieb‹, in: ›Angriff‹ vom 27. Mai 1937 und ›Zusätzliche Altersversorgung‹, in: ›Angriff‹ vom 18. Jan. 1939.
159 Nach Angaben des Sozialamtes im Zentralbüro der DAF waren 1937/38 ›Wartezeiten‹ von fünfzehn bis zwanzig Jahren als Voraussetzung für die Zahlung von Rentenbeihilfen allgemein üblich (*Zentralbüro*, Gefolgschaftsversorgung, S. 6). Vereinzelt bestand ein Anspruch auf Altersversorgung bereits nach fünf Jahren (Carl Zeiss, Jena) oder einem Jahrzehnt (GHH, Mannesmannröhren-Werke, Siemens), andererseits manchmal auch erst nach fünfundzwanzig Jahren (Hoesch, Hahn'sche Werke, Thyssen/Mülheim) oder gar erst nach vierzig Jahren (Dortmund-Hörder-Hüttenverein; vgl. Bericht der Sozialwirts. Abt. d. VSt vom 24. Febr. 1930 über einen Vortrag über die soziale Betriebspolitik der Zeisswerke, in: THA VSt/192–194; Aktenvermerk der Hauptverwaltung, Abt. A, der GHH vom 23. Mai und 27. Dez. 1935 sowie 3. Jan. 1936, in: HA GHH 400 142/7; *Adelmann*, Quellensammlung, Bd. II, S. 621; Mitteilungen über die Leistungen der Arbeiter- und Beamten-Pensions-, Witwen- und Waisenkassen der SSW GmbH und der S&H AG (1909), in: SAA 14/Lg 979).
160 Jubilare mit 25-, 40- und 50jähriger ›Dienstzeit‹ wurden mit Geld und sonstigen Geschenken, die meist in feierlichem Rahmen überreicht wurden, geehrt. Bei Krupp z. B. wurden Angestellte, seit 1934 auch Arbeiter mit 40jähriger ›Werkstreue‹ »von Herrn von Bohlen empfangen und mit einem Familienbild sowie einem Geldgeschenk bedacht«. Arbeitnehmern, die 50 Jahre in diesem Unternehmen beschäftigt waren, wurden seit 1936 »die von der Firma beantragten Glückwunschkarten des Führers und Reichskanzlers ausgehändigt. Außerdem fand die angezeigte Ehrung durch den Oberbürgermeister der Stadt Essen statt« (vgl. Sozialpolitische Rückblicke auf die Geschäftsjahre 1933/34 bis 1938/39, in: HA Krupp WA 41/3-740b). In welcher Weise solch eine Feier bei Krupp ablief, läßt sich der Schilderung Erik *Regers*, Union der festen Hand, Reinbek 1979, S. 337, entnehmen. Zur Form der Jubilarfeiern und -geschenke in anderen Unternehmen vgl. THA VSt/200–203; HA GHH 400 1026/10, 400 144/22, 400 1331/12; *Adelmann*, Quellensammlung, Bd. II, S. 388 ff. (Krupp); S. 512 f. (GHH).
161 Vgl. Kap. VIII.4.1. und VIII.4.4. Außerdem erfolgten z. B. während der Wirtschaftskrise »Kündigungen soweit als möglich unter Schonung der Angestellten mit höherem Dienst- und Lebensalter« (Geschäftsbericht der Sozialpolitischen Abteilung von Siemens 1929/30, S. 40, in: SAA 15/Lc 774). Nach 1933 wurden wiederum vormals besonders ›werkstreue‹ Arbeitnehmer bevorzugt eingestellt. Meist wurde ihnen die Arbeitslosigkeit mit Blick auf die betrieblichen Sozialleistungen nicht negativ angerechnet, d. h. es wurden für sie Ausnahmeregelungen bei Bestimmungen getroffen, wo die ununterbrochene Betriebszugehörigkeit für die Gewährung bestimmter Sozialleistungen maßgeblich war (vgl. z. B. Sozialpolitische Rückblicke auf die Geschäftsjahre 1933/34 ff., in: HA Krupp WA 41/3-740b).
162 Die GHH zahlte einem Betriebrentner nach zehn Jahren Betriebszugehörigkeit 10,- RM, Mannesmann 12,- RM (1935/36), der Siemens-Konzern 22,50 RM (Arbeiter) bzw. 13,50 RM (Arbeiterin). Nach 25 ›Dienstjahren‹ erhielten in den ›Ruhestand‹ tretende Arbeiter von der GHH 17,50 RM, von Mannesmann und Hoesch 20,- RM, von Daimler-Benz, den Hahn'schen Werken und Thyssen/Mülheim 25,- RM (jeweils 1935/36 bzw. 1942). Siemens zahlte (1909) ehemaligen Arbeitern nach 25 Dienstjahren sogar 56,25 RM bzw. 33,75 RM (Arbeiterinnen) monatlich. Im seltenen Fall 50jähriger ununterbrochener Betriebszugehörigkeit zahlten die meisten Stahlwerke eine monatliche Zusatzrente von 50,- RM (Quelle: vgl. Anm. 159 sowie *Pohl* u. a., Daimler-Benz, S. 175).
163 Angaben nach: HA GHH 400 1214/0. In einzelnen Stahlunternehmen lag die ›Werkstreue‹ noch weit über dem Durchschnitt. Für die in der Krupp-Gußstahlfabrik beschäftigten Arbeitnehmer, die ›Kruppianer‹, war sie geradezu sprichwörtlich (vgl. Sozialpolitische Rückblicke der Krupp-Gußstahlfabrik auf die Geschäftsjahre 1928/29 bis 1938/39, in: HA Krupp

411

WA 41/3-740a und WA 41/3-740b oder ›Gefolgschaftstreue in der Industrie‹, in: Dt. Bergwerkszeitung. vom 11. Jan. 1938).

164 Bei Siemens waren 1928/29 23,0% aller Arbeiter und 33,3% aller Angestellten länger als acht Jahre beschäftigt (Bekanntmachung der Sozialpolitischen Abteilung vom 26. Jan. 1931, in: SAA 14/Lh 309). Nicht wesentlich anders lagen die Verhältnisse 1938/39. Bei der AEG waren 1938 23% aller Arbeiter und 39% aller Angestellten länger als zehn Jahre beschäftigt. Dies waren »in Anbetracht der außerordentlichen Gefolgschaftszunahme... in den letzten Jahren sehr günstige Zahlen« (›Sozialberichte deutscher Betriebe‹, in: Mh.NS, Jg. 6, 1939, S. 324).

165 Quelle wie Anm. 164.

166 Vgl. Sozialpolitischer Forschungsdienst, Die freiwillige betriebliche Altersfürsorge in der deutschen Wirtschaft, bearb. von Ilse *Strauch*, Dez. 1937, S. 61, in: BA R 12 I/Bd. 265; *Zentralbüro*, Gefolgschaftsversorgung, S. 6 bzw. 15; ferner *Prinz*, Mittelstand, S. 228.

167 Seitens des Betriebes gewährte Witwen- und Waisenrenten wurden in ihrer Höhe gleichfalls von der ›Dienstzeit‹ des verstorbenen Arbeitnehmers abhängig gemacht.

168 Zentralbüro, Gefolgschaftsversorgung, S. 5.

169 ›Zu wenig billige Wohnungen‹, in: Dt. VW, Jg. 4, 1935, S. 112.

170 ›Und dann der Wohnungsbau‹, in: ebd., S. 1146.

171 Umrechnung nach: Franz *Seldte*, Sozialpolitik im Dritten Reich 1933–1938, München/Berlin 1939, S. 172.

172 ›Bestimmungen des industriell geförderten Wohnungsbaus‹, in: Dt. VW, Jg. 6, 1937, S. 915f.; ähnlich auch die Berichte der RtdA für Jan./Febr. 1938, nach: *Mason*, Arbeiterklasse, S. 611 (Dok. 96); vgl. ferner *Hachtmann*, Lebenshaltungskosten, S. 63 und die dort genannten Belege.

173 Vgl. SOPADE-Berichte 1937, S. 982f.; ferner *Mason*, Sozialpolitik, S. 219.

174 Nach: ›Kampf dem Wohnungsbaudefizit‹, in: D. Dt. V. 1937/38, S. 775.

175 Nach: ›Bautätigkeit‹, in: SP, Jg. 48, 1939, Sp. 957. Gemessen am Wert der gesamten baugewerblichen Produktion erhöhte sich der Anteil der öffentlichen Bauten von 1929 32,5% auf 65,8% 1938, der der gewerblichen Bauten sank während des gleichen Zeitraumes von 32,5% auf 17,5% und der des Wohnungsbaus von 35,0% auf 16,7% (nach: Friedrich *Lütge*, Wohnungswirtschaft, Stuttgart 1949², S. 224).

176 Vgl. Walter *Fey*, Der künftige Wohnungs- und Siedlungsbau. Grundlagen einer volkswirtschaftlichen Planung, Berlin 1939, S. 9f.; *Seldte*, Sozialpolitik, S. 159; ›Der Kampf dem Wohnungsbaudefizit‹, S. 775ff. (Anm. 174). Nach Feststellungen des RAM bestand 1929 ein »subjektiver Wohnungsbedarf« von etwa 550000 Wohnungen. Bei der Reichswohnstättenzählung des Jahres 1927 wurden in Gemeinden über 5000 Einwohner 791000 Haushaltungen und Familien ohne selbständige Wohnung gezählt (nach: *Preller*, Sozialpolitik, S. 483; vgl. auch Ulrich *Blumenroth*, Deutsche Wohnungspolitik seit der Reichsgründung. Darstellung und kritische Würdigung, Münster 1975, S. 248f.).

177 Vgl. *Hachtmann*, Lebenshaltungskosten, S. 64, insbesondere Tab. 8.

178 *Fey*, Künftiger Wohnungs- und Siedlungsbau, S. 11f.

179 Vgl. *Blumenroth*, Wohnungspolitik, S. 246, Anm. 1.

180 Dt. Mieterzeitung vom 11. Okt. 1934, nach: SOPADE-Berichte 1934, S. 519; vgl. auch LB der Stapo Hannover für April 1934, in: Gestapo Hannover, S. 356; ›Zur Wohnungsfrage kinderreicher Familien‹, in: AFL vom 5. Nov. 1933, nach: Lawrence D. *Stokes*, Kleinstadt und Nationalsozialismus. Ausgewählte Dokumente zur Geschichte von Eutin 1918–1945, Neumünster 1984, S. 494f.

181 Nach: *Lampert*, Sozialpolitik, S. 196.

182 Vgl. z.B. den Stimmungsbericht der NSDAP-Kreisleitung Augsburg-Stadt für Jan. 1939 sowie den Mon.B. der Regierungspräsidenten für Ober- und Mittelfranken vom 7. Juli 1939, in: Bayern in der NS-Zeit, Bd. 1, S. 279 bzw. 284f.; den LB des Kreisleiters von Kissingen für Juni/Juli 1939 sowie den 1. Vierteljahreslagebericht 1939 des Reichssicherheitshauptamtes,

Anmerkungen zu S. 283—286

in: Meldungen, S. 327 ff. bzw. *Steinert,* Hitlers Krieg, S. 63 bzw. 65; den LB des Regierungspräsidenten von Stettin für März/April 1935, den LB der StaPo Stettin für Nov. 1935 und den LB der StaPo Köslin für Nov. 1935, in: Pommern 1934/35, S. 77, 143 bzw. 190; Lagebericht der StaPo Hannover für Febr./März und Mai 1935, in: Gestapo Hannover, S. 345, 365 f.; Schreiben des Reichspreiskommissars (Goerdeler) an Hitler vom 16. März 1934, in: BA R 43 II/Bd. 317, Bl. 4.

183 Vgl. Meldungen vom 18. März 1940, 13. Nov. 1941 und 1. Febr. 1943, S. 906 f., 2987 und 4749 sowie Anm. 259.

184 Vgl. Manfred *Walz,* Wohnungsbau- und Industrieansiedlungen in Deutschland 1933—1939, Frankfurt/New York 1979, insbesondere S. 62, 66; ferner Rositha *Mattausch,* Siedlungsbau und Stadtneugründungen im deutschen Faschismus, Frankfurt 1981; Christian *Schneider,* Stadtgründung im Dritten Reich, München 1979.

185 Der ›Abgang‹ von Wohnungen, der 1930 19 289 Wohnungseinheiten erfaßt hatte und während der Krise weiter gesunken war, erhöhte sich unmittelbar nach der NS-›Machtergreifung‹ auf 24 075 Einheiten 1933 und 35 444 Einheiten 1934. Danach schwächte sich diese Tendenz zur Zerstörung von Wohnraum etwas ab (Quelle wie Tab. 28).

186 Dies hat Grüttner am Beispiel der ›Sanierung‹ des Hamburger Gängeviertels nachgewiesen (vgl. Michael *Grüttner,* Soziale Hygiene und soziale Kontrolle. Die Sanierung der Hamburger Gängeviertel 1892—1936, in: Arbeiter in Hamburg. Unterschichten, Arbeiter und Arbeiterbewegung seit dem 18. Jahrhundert, hg. von Arno *Herzig* u. a., Hamburg 1983, S. 368 f.).

187 Vgl. St. Handb. von Dt. 1928—1944, S. 342.

188 An mietpolitischen Maßnahmen des nationalsozialistischen Staates sind neben dem Gesetz vom 18. April 1936 (vgl. Anm. 189) insbesondere die ›Verordnung über den Kündigungsschutz von Pacht- und Miethäumen‹ vom 28. Aug. 1937, mit der der ›Vierjahresplan‹-Beauftragte Göring dem Reichsjustiz- und Reichsarbeitsminister das Recht einräumte, Bestimmungen des Kündigungsschutzes nach eigenem Gutdünken zu ändern, sowie die darauf fußenden Ausführungsverordnungen zu nennen. Die erste Ausführungsverordnung vom 4. Dez. 1937 (RGBl. 1937, I, S. 1325) beinhaltete die teilweise Ausdehnung des Mieterschutzes (nicht der Mietpreisbindung!) auf Um- und Neubauten; die zweite Ausführungsverordnung vom 31. Aug. 1938 (RGBl., 1938, I, S. 1070) machte diese Regelungen wieder weitgehend rückgängig, setzte den Mieterschutz generell außer Kraft, wenn »Interessen der Wehrmacht die Freimachung von Räumen forderten«, und erleichterte die Kündigung von Kleinsiedlern (vgl. *Seldte,* Sozialpolitik, S. 195 ff.). Die Verordnung vom 31. Aug. 1938 brachte außerdem weitere mietpolitische Lockerungen für Werkswohnungen. Wichtigere, allgemeinmietpolitische Einschnitte fanden während der Weimarer Republik statt. Die Mieterschutzgesetzgebung der Jahre 1922/23, durch die den Mietern vor allem von Altbauten weitgehende Rechte eingeräumt worden waren, wurde bereits im Juni 1926 und dann durch die Neufassung der Gesetze vom 13./14. Febr. 1928 in entscheidenden Punkten ›gelockert‹ (vgl. *Preller,* Sozialpolitik, S. 287, 385, 486 f.).

189 Gemeint ist das ›Gesetz zur Änderung des Reichsmieten- und Mieterschutzgesetzes‹ vom 18. April 1936 (RGBl. 1936, I, S. 371).

190 In: BA R 41/Bd. 22 a; vgl. auch *Seldte,* Sozialpolitik, S. 197.

191 Dies ist auch daran abzulesen, daß 1933 der Anteil der öffentlichen Wohnungsbauinvestitionen an den gesamten öffentlichen Investitionen 5,8%, 1937 nur noch 1,3%, 1938 1,2% betrug (nach: *Erbe,* Wirtschaftspolitik, S. 25). Auch die staatliche Subventionierung des Wohnungsbaus ging seit 1934 drastisch zurück (vgl. *Lütge,* Wohnungswirtschaft (1949), S. 230 ff., 237 ff.; *Blumenroth,* Wohnungspolitik, S. 264, 291; *Walz,* Wohnungsbaupolitik, S. 39 f., 62 f.).

192 Auch die Gründung des ›Reichsheimstättenamtes‹ am 4. Dez. 1934 änderte hieran nichts Entscheidendes. Die Zusammenfassung aller Heimstätten unter das organisatorische Dach der DAF und ihre Zentralisierung in der neugegründeten, gemeinnützigen DAF-Suborganisation ›Neue Heimat‹ Ende 1938 kam infolge des Kriegsbeginns nicht zur vollen Wirkung (vgl. *Walz,* Wohnungsbaupolitik, S. 36, 63; *Schneider,* Stadtgründung, S. 116 f.; Ute *Peltz-Dreckmann,* Na-

tionalsozialistischer Siedlungsbau, München 1978, S. 125 ff.; *Lütge*, Wohnungswirtschaft (1940), S. 158 f.).

193 *AWI* der DAF, Lebenshaltung und Wohnverhältnisse in verschiedenen Gemeindegrößenklassen, in: dass., Jb. 1939, Bd. II, S. 66.

194 Ebd. sowie *AWI* der DAF, Wirtschaftsrechnungen in Arbeiterhaushaltungen, in: ebd., S. 58.

195 ›Neubaumieten und Lohneinkommen‹, in: Mh.NS, Jg. 6, 1939, S. 75.

196 *AWI* der DAF, Erhebung von Einzelhandelspreisen für Nahrungsmittel, Heizstoffe und Leuchtmittel sowie von Mietpreisen nach dem Stande vom 15. Juli 1937, in: dass., Jb. 1938, Bd. II, S. 47; vgl. auch Bericht der ›Wohnungsfürsorge‹ der Siemens-Firmen in Siemensstadt und Umgebung (Juli 1937), S. 10 ff., in: SAA 67/Lc 376.

197 Vgl. *Hachtmann*, Lebenshaltungskosten, S. 66 f. und die dort genannten Belege (insbesondere Anm. 102 ff.).

198 14% der von Arbeiterfamilien bewohnten Wohnungen besaßen keinen elektrischen Anschluß, 40% keinen Gasanschluß, 23% keinen Wasseranschluß und 96% weder Bad- noch Duschgelegenheit (Zentralbüro, Dt. Sozialpolitik 1938, S. 198).

199 Insbesondere durch die dritte Ausführungsverordnung vom 27. Sept. 1937 zur Verordnung über das Verbot von Preiserhöhungen vom 26. Nov. 1936 (in: RGBl. 1937, I, S. 1127), die vierte Anordnung über die Wahrnehmung der Aufgaben und Befugnisse des Reichspreiskommissars vom 27. Sept. 1937 und den Erlaß über Richtlinien für Mieterhöhungen vom 9. Okt. 1937 (nach: ›Verschärfter Preisstop bei Mieten und Grundstücken‹, in: Dt. VW, Jg. 6, 1937, S. 1011 f.; ›Genehmigungspflicht aller Mieterhöhungen‹, in: ebd., S. 1062; ›Vervollständigung des Mieterschutzes‹, in: ebd., S. 1236; ›Neue Grundsätze der Mietenregelung‹, in: ebd., S. 1270).

200 Unter ›betrieblicher Wohnungsbaupolitik‹ werden hier alle Maßnahmen gefaßt, die den Bau werkseigener oder -geförderter Wohnungen oder die Anmietung von Unterkünften für die eigene Belegschaft zum Ziel hatten. Dies schließt auch die Förderung des Baus von Eigenheimen durch die Belegschaften über billige Kredite, Abgabe von Bauland u. a. m. sowie die Beteiligung an formal eigenständigen Unternehmen ein. Unter ›betriebliches Wohnungswesen‹ wird (als Oberbegriff) darüber hinaus auch die Verwaltung und Instandhaltung von Wohngebäuden subsumiert.

201 Vgl. die Niederschriften über die Sitzungen des Unternehmensbeirates der GHH vom 14. Nov. 1938 bzw. des Vertrauensrates der OHW/GHH vom 29. Juni 1939, in: HA GHH 400 144/22 bzw. 400 1026/10; Geschäftsberichte über die Verwaltung der Werkswohnungen der Krupp-Gußstahlfabrik 1939/40 und 1940/41, in: HA Krupp WA 41/3-604 bzw. WA 41/3-605; Mon.B. des Regierungspräsidenten von Mittel- und Oberfranken vom 8. Juni 1938, in: Bayern in der NS-Zeit, Bd. 1, S. 274.

202 *Lütge*, Wohnungswirtschaft (1940), S. 182 bzw. (1949), S. 312.

203 Schätzung unter Zugrundelegung der Angaben von *Lütge*, Wohnungswirtschaft (1940), S. 182 bzw. (1949), S. 312; *Schulz*, Wohnungsbau, S. 375 f. und Tab. 27. Danach entwickelte sich der Bestand an Werkswohnungen im Deutschen Reich ungefähr folgendermaßen: 1925 160 000, 1929 310 000, 1931 355 000, 1934 387 000, 1937 466 500 und 1938 500 000.

204 In immer stärkerem Maße wurde der Werkswohnungsbau von rechtlich eigenständigen Gesellschaften durchgeführt: Von den 1937 erstellten 14 512 Werkswohnungen befanden sich nur noch 5344 in unmittelbarem Unternehmenseigentum (nach: *Lütge*, Wohnungswirtschaft (1940), S. 183 bzw. (1949), S. 313).

205 ›Wohnungsbau 1937‹, in: SP, Jg. 47, 1938, Sp. 689 ff.

206 In einem Erlaß des RAM über die allgemeinen Ziele der Wohnungspolitik vom 17. Nov. 1936 wurde verfügt, daß das Reich für ›Arbeiterwohnstätten‹ Beihilfen in Höhe der Grundsteuer für die Zeit von zwanzig Jahren gewähren sollte. Dieser Erlaß wurde durch eine gemeinsame Verordnung des Reichsfinanzministers, des RAM und des Reichsinnenministers vom 1. April

1937 bestätigt (RGBl. 1937, I, S. 437). Zweitens waren im Grundsteuergesetz vom 1. Dez. 1936 die steuerlichen Begünstigungen auf den Arbeiterwohnstättenbau begrenzt worden. Schließlich sah das Gewerbesteuergesetz vom 29. März 1940 (RGBl. 1940, I, S. 585) weitere steuerliche Erleichterungen vor. Es konnte allerdings wegen des während des Krieges weitgehend eingestellten Wohnungsbaues seine Wirkung nicht voll entfalten (ausführliche Kommentierung der o. g. Gesetze in ›Aktivierung der Kleinsiedlung‹, in: Dt. VW, Jg. 6, 1937, S. 914f.; ›Wohnungsbau 1937‹ (Anm. 205); ›Neue Kriegswirtschaftliche Bestimmungen. Die steuerliche Privilegierung des Arbeiterwohnstättenbaus‹, in: D. Dt. V. vom 10. Mai 1940 (1939/40, S. 1073)).

207 Im März 1935 wurde auf Veranlassung der Wirtschaftsgruppe Bauindustrie die ›Arbeitsgemeinschaft zur Förderung des Heimstättenbaus‹ gegründet. Ihr gehörten neben der RGI auch Vertreter des ›Reichsheimstättenamtes‹ und des ›Gemeindetags‹ an. Ziel dieser Arbeitsgemeinschaft war die optimale Nutzung der von der Industrie für den Werkswohnungsbau zur Verfügung gestellten finanziellen Mittel (vgl. *Pelzer*, Sozialleistungen, S. 71; R. *Seiler*, Sinn und Gehalt des Arbeiterwohnstättenbaues, in: SP, Jg. 46, 1937, Sp. 330; *Lütge*, Wohnungswirtschaft (1940), S. 180). Innerhalb der Reichsgruppe Industrie wurde 1937 zum gleichen Zweck außerdem noch ein ›Wohnungs-, Siedlungs- und Planungsausschuß‹ ins Leben gerufen (vgl. ›Der Arbeiterwohnungsbau in der Industrie‹, in: D. Dt. V. vom 2. Dez. 1938 (1938/39, S. 380)).

208 Verordnung vom 31. Aug. 1938 (RGBl. 1938, I, S. 1070); vgl. auch Schreiben des RAM an die Reichswerke AG für Erzbergbau und Eisenhütten ›Hermann Göring‹ vom 15. Juli 1939, in: WWA F 26/Nr. 368. Die getroffenen Maßnahmen stellten indes ›nur‹ die Fortsetzung eines bereits in der Endphase der Weimarer Republik eingeleiteten Abbaus der Rechte von Mietern von Werkswohnungen dar. Die Kündigung von Werkswohnungen war bereits im Febr. 1928 und März 1932 durch Maßnahmen des Gesetzgebers wesentlich erleichtert worden (vgl. *Preller*, Sozialpolitik, S. 385).

209 In Erlassen vom April bzw. Sept. 1940 verfügten RAM und Reichsjustizminister, daß ›Werksfremde‹, sofern sie nicht Invaliden bzw. Angehörige von Invaliden waren, Werkswohnungen bei Bedarf des Betriebes zu räumen hatten (vgl. Meldungen vom 28. Okt. 1940, S. 1715f.; *Werner*, Bleib übrig, S. 139).

210 Vgl. außer Tab. 29 auch ›Der Arbeiterwohnungsbau in der Industrie‹ (Anm. 207); *Pelzer*, Sozialleistungen, S. 79 sowie die Feststellung Wagemanns auf der Sitzung der Reichsarbeitskammer vom 28. Nov. 1938, daß der Arbeitnehmerwohnungs- und Siedlungsbau trotz allem »in engen Grenzen« blieb (Protokoll in: BA R 41/Bd. 23a).

211 Zu Feders stadtplanerischen und siedlungspolitischen Vorstellungen vgl. *Peltz-Dreckmann*, Siedlungsbau, S. 193ff.

212 *Hitler*, Kampf, S. 288f., 292. Er war natürlich nicht grundsätzlich gegen die Existenz von Großstädten, sondern nur gegen ihre »kulturlose Expansion«. Derartige Vorstellungen hat er auch später häufiger wiederholt (vgl. z. B. Tischgespräche vom 3. Mai 1942, S. 258ff.; ausführlich zu diesem Thema: Klaus *Bergmann*, Agrarromantik und Großstadtfeindschaft, Meisenheim am Glan 1970, S. 357f.; vgl. auch *Turner*, Faschismus, S. 166, Anm. 14).

213 *Rosenberg*, Mythos, S. 550, 553f.; zu den nationalsozialistischen Konzeptionen einer städtebaupolitischen ›Reagrarisierung‹ vgl.: *Mattausch*, Siedlungsbau, S. 14ff.; *Walz*, Wohnungsbaupolitik, S. 87ff.; *Schneider*, Stadtgründung, S. 110ff.; *Peltz-Dreckmann*, Siedlungsbau, S. 419ff.; *Bergmann*, Agrarromantik, S. 297ff. (zu Rosenberg: S. 315ff.); *Ludwig*, Technik, S. 87.

214 Josef *Winschuh*, Praktische Werkspolitik, Berlin 1923, S. 23.

215 August *Heinrichsbauer*, Industrielle Siedlung im Ruhrgebiet in Vergangenheit, Gegenwart und Zukunft, Essen 1936, S. 69; vgl. auch z. B. *Schwenger*, Großeisenindustrie, S. 5f.; ders., Ruhrkohlenbergbau, S. 214f.; Denkschrift über das ›Wohnungswesen der Friedr. Krupp AG‹ 1941, S. 31.

216 *Schwenger*, Großeisenindustrie, S. 5.

217 *Bellinger*, Die Neugestaltung der Kleinsiedlung, Eberswalde 1936, zit. nach: Ernst *von*

Stuckrad, Das deutsche Siedlungs- und Wohnungswesen, in: Jahrbuch der nationalsozialistischen Wirtschaft 1937, hg. von Otto *Mönckmeyer*, München 1937, S. 115.
218 *Ludovici* (Dez. 1934 bis Febr. 1937 Leiter des ›Reichsheimstättenamtes‹ sowie Reichssiedlungskommissar), nach: VB vom 26. April 1934, zit. nach: SOPADE-Berichte 1935, S. 1499.
219 Daß sich in geschlossenen Siedlungen »die planmäßige Kontrolle über Häuser und Bewohner erfolgreicher durchführen« ließ, war schon lange vor 1933 eine weit verbreitete Erkenntnis. Die Kontrolle der Bewohner konnte durch formale Restriktionen der betrieblichen Wohnungsfürsorge weiter verschärft werden. Z. B. hatte man verschiedentlich in den zwanziger Jahren »das Verteilen von Flugblättern in den Kolonien verboten und so einen Druck auf die politische Gesinnung auszuüben versucht« (*Jaeger*, Bindung, S. 53).
220 Vgl. *Bergmann*, Agrarromantik, S. 277 ff.
221 *Kammler*, Kleingärtner- und Kleinsiedlerbewegung, in: Industrielle Arbeitsmarktgestaltung und Siedlung, Münster i. W. 1935, S. 126 bzw. 133.
222 *Wagemann* auf der Sitzung der Reichsarbeitskammer vom 28. Nov. 1938 (Anm. 210).
223 Vgl. *Ludovici*, ebd.; *AWI* der DAF, Die Wirkung der Kleinsiedlung auf die Warenversorgung, in: dass., Jb. 1937, S. 269 ff.; ›Betriebliche Sozialpolitik‹, in: SP, Jg. 46, 1937, Sp. 1172 ff.
224 Vgl. z. B. Werner *Müller*, Arbeiter-Heimstättensiedlung und industrieller Arbeitsmarkt, in: Industrielle Arbeitsmarktgestaltung, S. 123.
225 Ludovici auf der Sitzung der Reichsarbeitskammer vom 28. Nov. 1938 (Anm. 210).
226 RGBl. 1931, I, S. 551.
227 Vgl. z. B. *von Stuckrad*, Siedlungs- und Wohnungswesen, S. 114 f.; *Fey*, Leistungen, S. 26; *Blumenroth*, Wohnungspolitik, S. 284 f.; *Schoenbaum*, Revolution, S. 205 f.; *Preller*, Sozialpolitik, S. 491 f. Nach Angaben Feys wurden 1932 8000, 1933 22 000, 1934 36 000 und 1935 16 000 überwiegend aus Reichsmitteln finanzierte Kleinsiedlerstellen fertiggestellt (*Fey*, Leistungen, S. 26).
228 Siemens-Wohlfahrtspflege 1932/33, in: SAA/15 Lc 774.
229 Vgl. ›Soziale Arbeit im Hause Siemens‹, 1942, in: SAA 14/Lh 656; Siemens-Mitt. Sept. 1935, S. 136; Krupp-Siemens, Nebenerwerbs-Siedlungen für Kurz- und Vollarbeiter. Neue Wege industrieller Siedlungspolitik. Praktische Erfahrungen, Ziele und Forderungen, Berlin 1934; Jb. Gew. 1933/34 (Württ.), S. 71; 1935/36 (Preußen), S. 371 f., 438; (Sachsen), S. 116; (Württ.), S. 75; (Thür.), S. 43; 1937/38, S. 211 u. ö.; *Kämper*, Fragen der Siedlungsfinanzierung, in: Industrielle Arbeitsmarktgestaltung, S. 77 f.; weitere Beispiele für Werkssiedlungen sind bei *Peltz-Dreckmann*, Siedlungsbau, S. 376 ff. beschrieben. Vgl. ferner ›Entwurf eines Wegweisers für neueingetretene Angestelltenmitglieder‹, hg. von der Personalabteilung der Fried. Krupp AG, 1941, in: HA Krupp WA 41/74-260; ›Das Wohnungswesen der GHH‹ (Stand vom 1. Juli 1942), in: HA GHH 300 16/5; vgl. ferner *Schwenger*, Großeisenindustrie, S. 163 ff.; *Seldte*, Sozialpolitik, S. 176 ff.; *Conrad*, Erfolgsbeteiligung, S. 124 ff.; *Pohl* u. a., Daimler-Benz, S. 176 f. Die Gewährung betrieblicher Darlehen zum Bau eigener Häuser für ›Stammarbeiter‹ war indes nichts Neues. Bei Krupp beispielsweise gab es Hauserwerbsdarlehen seit 1889 (vgl. *Jaeger*, Bindung, S. 59 f.).
230 Vgl. insbesondere den Erlaß des RAM vom 12. Febr. 1935 über die zukünftige alleinige Zulassung von Vollbeschäftigten bei Siedlerstellen sowie die Richtlinien des RAM vom 12. Juli 1935 über die Vergabe von Siedlerstellen (nach: *Peltz-Dreckmann*, Siedlungsbau, S. 134, 139 f.).
231 Vgl. ebd., S. 395 ff.; *Schulz*, Wohnungsbau, S. 281 f.
232 Diese Umorientierung fand ihren Ausdruck u. a. auch in der Ablösung Ludovicis als Reichssiedlungskommissar, der sich infolge seiner siedlungsromantischen Vorstellungen mit Ley überworfen hatte, durch von Stuckrad.
233 Ludovici, in: Bauen – Siedeln – Wohnen, Febr. 1938, zit. nach: SOPADE-Berichte 1938, S. 1113.
234 ›Der Arbeiterwohnungsbau in der Industrie‹ (Anm. 207), S. 380.

Anmerkungen zu S. 291—292

235 Vgl. Verordnung vom 19. Febr. 1935 und Erlaß des RAM vom 21. April 1936 (nach: *Fey*, Leistungen, S. 27ff.).
236 Vgl. *Mooser*, Arbeiterleben, S. 170, Tab. 24.
237 Durch eine Verordnung des RAM vom 27. Dez. 1939 wurde die Kündigung und Räumung von Kleingärten erschwert. Bereits am 22. März 1938 hatte der RAM Bestimmungen zur Errichtung neuer Kleingartenanlagen erlassen. Danach wurden für die Herrichtung neuer Kleingärten bis 120 RM unverzinsliche Reichsdarlehen gewährt, sofern der Antragsteller ein »ehrbarer Volksgenosse«, »deutschen und artverwandten Blutes, politisch zuverlässig und erbgesund« war. Durch eine Verordnung des RAM vom 12. Okt. 1939 wurden die Reichs- und Gemeindedarlehen zur Anlage von Kleingärten erhöht. Die Kleintierhaltung wurde durch eine Verordnung vom 6. Okt. 1939 erleichtert (›Soziale Kleingartenpolitik‹, in: Mh.NS, Jg. 7, 1940, S. 22f.; *Seldte*, Sozialpolitik, S. 193f.). Auch Kleingärten und Kleintierzucht waren lange vor 1933 ein wichtiger Aspekt betrieblicher Siedlungspolitik. Der Kruppsche Gartenverein z. B. war 1916 aufgrund der kriegsbedingten Nahrungsmittelknappheit ins Leben gerufen worden.
238 Nach: ›Kleingärtner – tüchtige Gemüsebauern‹, in: VB vom 2. Dez. 1942. Bereits 1935 hatten die SOPADE-Berichte gemeldet, daß die »Nachfrage nach Kleingärten erheblich im Steigen begriffen (sei). Alles bereitet sich auf Zeiten wie im Kriege vor. Die Pachten für Kleingärten beginnen bereits zu steigen« (SOPADE-Berichte 1935, S. 1399).
239 Die Zahl der werkseigenen Wohnungen der IG Farben erhöhte sich zwischen 1932 und 1938 um knapp zehn Prozent von 11538 auf 12593, die der werksgeförderten um 75% von 5699 auf 9971 (nach: *Pelzer*, Sozialleistungen, S. 76ff.). Anfang 1941 verfügte die IG Farben neben 22181 Werkswohnungen außerdem noch über 3446 Eigenheime und 3812 Einheiten in Kleinsiedlungen. 20,3% der Belegschaft dieses Riesenkonzerns war damit in werkseigenen oder -geförderten Wohneinheiten untergebracht (nach: *Conrad*, Erfolgsbeteiligung, S. 121, Tab. 16). Dies entsprach fast der Größenordnung, die in der rheinisch-westfälischen Schwerindustrie erreicht wurde.
240 Ein ähnliches Gewicht hatte der Werkswohnungsbau in der Leder- und Bekleidungsindustrie (22,2%), dem Papier- und Vervielfältigungsgewerbe (27,0%), bei den Elektrizitäts-, Gas- und Wasserwerken (31,7%) und in der Industrie der Steine und Erden, der keramischen und Glasindustrie (32,1%).
241 Angaben nach: *AWI*, Geschäftsabschlüsse 1937, S. 576ff.
242 Hauptquelle waren wieder die Jahrgänge des ›Handbuchs der deutschen Aktiengesellschaften‹ 1932 bis 1940 sowie verstreute Angaben. Da die Zahl der Beschäftigten von AGs 1939 im allgemeinen nicht mehr publiziert wurde, mußte auf entsprechende Angaben für das Geschäftsjahr 1938 zurückgegriffen werden.
243 Es machten nämlich vor allem die Gesellschaften Angaben über ihren Bestand an Werkswohnungen, die hier besonders aktiv waren. Außerdem lag der Beschäftigtenzuwachs insbesondere der erfaßten Textilgesellschaften deutlich über dem Durchschnitt der gesamten Textilindustrie. Ein besonderes Problem liegt darin, daß die werkseigenen und die von Unternehmen zwecks Unterbringung der eigenen Belegschaft nur angemieteten Wohnungen lediglich unzureichend erfaßt werden konnten. Gleichfalls im allgemeinen nicht einbezogen wurden die Wohnungen, die von formal selbständigen, de facto aber den jeweiligen Unternehmen gehörenden gemeinnützigen Wohnungsbaugesellschaften errichtet wurden. Dies wiegt um so schwerer, als die Industrie dazu neigte, »ihre Bauträgerschaft durch selbständige Wohnungsunternehmen ablösen zu lassen« (Zentralbüro, Dt. Sozialpolitik 1938, S. 149; *Walz*, Wohnungsbaupolitik, S. 71).
244 Einschränkend muß allerdings hinzugefügt werden, daß die erfaßten Zechen des Steinkohlenbergbaus ausschließlich im rheinisch-westfälischen Industriegebiet lagen. 1937 verfügten die Bergwerksunternehmen des Ruhrreviers nach Angaben der Bezirksgruppe Ruhr der Wirtschaftsgruppe Bergbau über insgesamt 195384 Wohnungen. (Davon waren 32817 = 16,8% im Besitz nicht werksgebundener, gemeinnütziger Unternehmen bzw. wurden von der

›Treuhandstelle West‹ verwaltet.) Zum Vergleich: 1925 lag der Bestand der Werkswohnungen der Ruhrzechen bei 159 021, 1931 bei etwa 165 000 (Angaben nach: Stellungnahme der Bezirksgruppe Ruhr der Wigru. Bergbau in der RGI zu der Denkschrift des Fachamtes Bergbau der DAF, undatiert (ca. 1938), S. 2, in: HA GHH 400 101330/1). Nicht in allen Bergbauregionen stagnierte der Werkswohnungsbau. Tenfelde, der exemplarisch auch die betriebliche Sozialpolitik einer Zeche im oberbayerischen Penzberg untersucht hat, stellt fest, daß hier seit 1936 nicht nur alte Zechenwohnungen saniert wurden, sondern auch in größerem Umfange mit dem Bau von Siedlungshäusern begonnen wurde (*Tenfelde*, Provinz, S. 300 f.). Ähnlich war die Entwicklung in Oberschlesien (vgl. *Rauecker*, Sozialpolitik, S. 223).

245 Vgl. *Marßolek/Ott*, Bremen, S. 153.

246 ›Der Arbeiterwohnungsbau in der Industrie‹ (Anm. 207), S. 380; vgl. Zentralbüro, Dt. Sozialpolitik 1938, S. 201.

247 Vgl. ›Ruhrarbeiter‹ vom 4. Sept. 1938 bzw. Frankfurter Ztg. vom 5. Sept. 1938, nach: SOPADE-Berichte 1938, S. 1123 sowie auch Zentralbüro, Dt. Sozialpolitik 1938, S. 191 f.

248 Zu den wohnungsbaupolitischen Aktivitäten der DAF bis 1939 vgl. *Marrenbach*, Fundamente, S. 211 ff., 377 ff.; *Peltz-Dreckmann*, Siedlungsbau, S. 189 ff. Für die Zeit des Zweiten Weltkrieges: *Recker*, Sozialpolitik, S. 130 ff.

249 Dies läßt sich beispielsweise auch für Siemens, wo der Werkswohnungsbau allerdings im Vergleich zur Schwerindustrie des Ruhrreviers nur eine untergeordnete Rolle spielte, nachweisen (vgl. *Sachse*, Sozialpolitik, S. 284 ff.).

250 Angaben nach: *Adelmann*, Quellensammlung, II, S. 203 f.; Geschäftsbericht über die Verwaltung der Werkswohnungen der Krupp-Gußstahlfabrik 1934/35 ff., in: HA Krupp WA 41/3-604; *Yano*, Hüttenarbeiter, S. 135.

251 Nach: ebd., S. 133.

252 Geschäftsbericht über die Verwaltung der Werkswohnungen 1934/35, in: HA Krupp WA 41/3-604. Ähnliche Redewendungen finden sich auch in den Geschäftsberichten der Kruppschen Wohnungsverwaltung für die folgenden Jahre (bis 1940/41), in: ebd.

253 Niederschrift über die Vertrauensrats-Sitzung der GHH-Düsseldorf vom 31. Juli 1940, in: HA GHH 400 144/12.

254 Im technischen Jahresbericht der Betriebsabteilung des Wernerwerkes Z der S&H AG für 1941/42 hieß es hierzu: »Es sind immer noch seit 1934 Bewerber vorgemerkt, die in Untermiete wohnen oder in ungesunden und unzureichenden Wohnungen, die bisher noch nicht berücksichtigt werden konnten« (in: SAA 15/Lc 815; dort auch weiteres Material zu den Jahren vorher). Vgl. auch die Klagen über die »katastrophale Lage des Arbeiterwohnungsbaues« im Schreiben des Kriegsmarinewerft Kiel an das Oberkommando der Kriegsmarine vom 12. Okt. 1940 (nach: *Mason*, Arbeiterklasse, S. 558 ff. (Dok. 84)).

255 In einem Bericht über ›Das Wohnungswesen der GHH‹ (Stand 1. Juli 1942) (Anm. 229) heißt es diesbezüglich: »Zweiräumige Wohnungen hat die GHH nicht gebaut; sie sind infolge des Wohnungsmangels dadurch entstanden, daß 4-räumige in je 2 Räume aufgeteilt wurden.«

256 Denkschrift des Fachamtes Bergbau der DAF über ›Die gegenwärtige Arbeitslage des deutschen Bergbaus und die sich aus ihr ergebenden Notwendigkeiten‹, undatiert (ca. Okt. 1938), S. 35, in: HA GHH 400 101330/1.

257 Aktennotiz vom 8. Aug. 1939, in: HA GHH 400 101330/6; vgl. auch Berichte der TdA für Juni/Juli 1937, nach: *Mason*, Arbeiterklasse, S. 370 (Dok. 41).

258 Vgl. z. B. Jahreslagebericht 1938 und 1. Vierteljahresbericht 1939 des Sicherheitshauptamtes, in: Meldungen, S. 213, 328; LB des Regierungspräsidenten in Stettin für März/April 1935 und der Stettiner StaPo für Nov. 1935, in: Pommern 1934/35, S. 77 bzw. 143; Stimmungsbericht der NSDAP-Kreispropagandaleitung Augsburg-Stadt für Jan. 1939 und Mon.B. des Regierungspräsidenten von Ober- und Mittelfranken vom 7. Juli 1939, in: Bayern in der NS-Zeit, S. 280 bzw. 285 sowie 279; Berichte der TdA für Mai/Juni 1938, nach: *Mason*, Arbeiterklasse, S. 661 (Dok. 108).

259 JB der Abt. Werksfürsorge der GHH für 1937/38, in: HA GHH 400 1331/11; vgl. auch die Niederschrift über die Sitzung des Unternehmensbeirates der GHH vom 8. März 1935, in: HA GHH 400 144/21. Eindrucksvoll in dieser Hinsicht die Schilderung der Wohnverhältnisse bei *Reger*, Union, S. 12f.; sie besaß auch für die Jahre nach 1933 Gültigkeit.

260 JB der Werksfürsorge der GHH 1937/38 (Anm. 259).

261 Vgl. z. B. Meldungen vom 4. Dez. 1939, 18. März, 18. Mai 1940, 12. Nov. 1942, S. 533f., 907, 1174, 4466.

262 Vgl. Stellungnahme der Bezirksgruppe Ruhr (Anm. 244), S. 10. Ähnlich günstig lagen auch die Mieten der meisten anderen Werkswohnungen (vgl. ebd.; Jb. Gew. 1935/36 (Preußen), S. 372 u. ö.; Bochumer Verein für Gußstahlfabrikation, Soziale Arbeit 1842–1942, Bochum 1942, S. 100; ›Wohnungsfürsorge der Siemens-Firmen in Siemensstadt und Umgebung‹, Juli 1934, S. 10ff., in: SAA 67/Lc 376; *Heinrichsbauer*, Industrielle Siedlung, S. 100 bzw. ders., 80 Jahre Harpener Bergbau AG, Essen 1936, S. 312; *Wisotzky*, Ruhrbergbau, S. 207; *Tenfelde*, Proletarische Provinz, S. 301f.; *Schulz*, Wohnungsbau, S. 379. In den SOPADE-Berichten werden aber auch Einzelfälle erwähnt, wo neu erbaute Werkswohnungen zum Teil doppelt so teuer waren wie Gemeinde- und Altbauwohnungen (vgl. SOPADE-Berichte 1938, S. 1125). In einigen Fällen, z. B. bei der ›Burbacher Hütte‹, war die Miete nicht fest, sondern wurde mit der Dauer der Betriebszugehörigkeit ermäßigt (vgl. *Jaeger*, Bindung, S. 55).

263 Vgl. z. B. ›Das Wohnungswesen der Fried. Krupp AG in Essen‹, 1941, S. 81; Niederschrift über die Sitzung des Vertrauensrates der GHH-Düsseldorf vom 16. Nov. 1939, in: HA GHH 400 1026/10; Junkers Flugzeug- und Motorenwerke AG, 4 Jahre sozialer Aufbau, Dessau (1937), S. 59; ausführlich hierzu am Beispiel Siemens: *Conrad*, Erfolgsbeteiligung, S. 126ff., insbesondere Tab. 18; *Sachse*, Sozialpolitik, S. 284ff., 290ff.

264 Junkers, S. 59; zu den Auswahlkriterien W. *Müller*, Arbeiter-Heimstätten, S. 122. Ob der Kandidat diese Kriterien erfüllte, wurde mit Hilfe eines gesonderten Fragebogens festgestellt, der zusammen mit einer Einkommensbescheinigung bei der zuständigen Gemeindebehörde einzureichen war (vgl. *Peltz-Dreckmann*, Siedlungsbau, S. 400).

265 In einer Anordnung vom 15. Nov. 1939 hatte Todt bestimmt, daß nur »kriegswichtige Wohnbauten« weitergebaut werden durften (vgl. Joachim *Fischer-Dieskau*, Wohnungsbau und Wohnungswirtschaft im Kriege, in: VJP, Jg. 4, 1940, S. 372).

266 Zum Wohnungsmangel während des Krieges und daraus resultierenden ›Mißstimmungen‹ in der Bevölkerung vgl. Meldungen vom 19. Nov., 4. und 29. Dez. 1939, 18. März und 23. Mai 1940, 13. Nov. 1941, 12. Jan., 12. Nov. 1942, 1. Febr. und 12. April 1943, S. 512, 532ff., 616, 906f., 1173f., 2987ff., 3158ff., 4460ff., 4744ff., 5121ff. sowie Anm. 261.

267 Aktenvermerk über die Besprechung von Vertretern der Industrie am 8. Nov. 1940 im Hause der RGI, Berlin, in: THA VSt/167–170.

268 Vgl. z. B. Niederschrift über die ›Überprüfung der Lohn- und Arbeitsbedingungen bei der Neptun-Werft in Rostock‹ durch den Sondertreuhänder für den Seeschiffsbau am 15. Jan. 1941, in: BA R 41/Bd. 153, Bl. 65ff.; ferner Meldungen vom 17. April und 23. Nov. 1941, S. 2214 bzw. 2993f.

269 Vgl. *Buhl*, Ausgangspunkte, S. 152. Recker schätzt den Anteil des zerstörten am gesamten Wohnraum auf ungefähr ein Viertel (Marie-Luise *Recker*, Wohnen und Bombardierung im Zweiten Weltkrieg, in: Lutz *Niethammer* (Hg.), Wohnen im Wandel. Beiträge zur Geschichte des Alltags in der bürgerlichen Gesellschaft, Wuppertal 1979, S. 410; vgl. auch *Kuczynski*, Alltag, Bd. 5, S. 389).

270 30,2% der Werkswohnungen der GHH waren »leicht beschädigt«, 24,3% »mittelschwer« und 12,3% »schwer« (nach: *Adelmann*, Quellensammlung, II, S. 267).

271 Vgl. *Werner*, Bleib übrig, S. 264; zu den Wohn- und Lebensverhältnissen in den zerstörten Städten vgl. *Recker*, Wohnen, S. 414ff. sowie z. B. Meldungen vom 13. Nov. 1941, S. 2991.

272 Vgl. *Reichwein*, Funktionswandlungen, S. 112 ff.
273 Vgl. z. B. *Kämper*, Fragen, S. 77; *Lütge*, Wohnungswirtschaft (1949), S. 292; *Schulz*, Wohnungsbau, S. 384.
274 Dies rechtfertigte der RAM in einem Schreiben an die Reichswerke ›Hermann Göring‹ vom 15. Juli 1939 folgendermaßen: »Selbst wenn der Arbeitsstellenwechsel mit Zustimmung des A(rbeits)A(mtes) erfolgt, sind die Voraussetzungen für einen Wohnungsschutz nicht gegeben... Dem alten Betrieb kann nicht zugemutet werden, Werkswohnungen, die er für seine Gefolgschaftsmitglieder errichtet hat, diesen auf unbeschränkte Zeit auch dann noch zur Benutzung zu überlassen, wenn sie – nicht selten entgegen den Wünschen des alten Betriebes – zu einem anderen Betrieb übergetreten sind« (in: WWA F 26/Nr. 368).
275 Wilhelm *Düwell*, Wohlfahrtspflege. Eine eingehende Studie über die sog. Wohlfahrtseinrichtungen in den verschiedenen Großbetrieben, Dortmund 1903, S. 15, zit. nach: *Jaeger*, Bindung, S. 58.
276 Zum betrieblichen Gesundheitswesen und Unfallschutz vgl. Kap. VII.2.2., zum Ausbildungswesen Kap. IV.5. Auf die Darstellung des Werkszeitungswesens, der Werksbüchereien usw. sowie der betriebseigenen und werksgeförderten Verkehrsmittel muß verzichtet werden.
277 Vgl. Hasso *Spode*, Arbeiterurlaub im Dritten Reich, in: *Sachse* u. a., Angst, Belohnung, Zucht und Ordnung, S. 280 ff.; *ders.*, »Der deutsche Arbeiter reist«: Massentourismus im Dritten Reich, in: Gerhard *Huck* (Hg.), Sozialgeschichte der Freizeit, Wuppertal 1982, S. 290; Wolfgang *Buchholz*, Die nationalsozialistische Gemeinschaft ›Kraft durch Freude‹, München 1976, S. 97 ff.
278 Vgl. *Pelzer*, Sozialleistungen, S. 49 ff.; Jb. Gew. 1933/34 (Preußen), S. 361; 1935/36 (Preußen), S. 365; 1937/38, S. 210 f. u. ö.; SAA 15/Lg 562; HA GHH 400 1025/17, 400 144/21.
279 Zentralbüro, Dt. Sozialpolitik 1937, S. 44; vgl. Jb. Gew. 1935/36 (Württ.), S. 73; (Saarland), S. 25 u. ö.; ›Sozialbericht und Einkommen der Gefolgschaft‹, in: SP, Jg. 47, 1938, Sp. 353; HA GHH 400 140/7.
280 Vgl. *Mason*, Arbeiterklasse, S. 453 (Dok. 55); zur Vorgeschichte: ebd., S. 439–452; *Wisotzky*, Ruhrbergbau, S. 148 f.
281 Nach Angaben des Sozialamtes der DAF waren bis 1937 nur in 18 Tarifordnungen entsprechende Bestimmungen zu finden (Zentralbüro, Dt. Sozialpolitik 1937, S. 44 f.).
282 Absolut hatten sich die hierfür vorgesehenen Beträge bei GHH sogar verachtfacht und bei Siemens (»Freizeitgestaltung« einschließlich Sportförderung und Zuschüsse für KdF) immerhin mehr als verdoppelt (Quellen wie Abb. 5).
283 Absolut hatte sich der Betrag sogar versechsfacht (Angaben nach: 50 Jahre Accumulatorenfabrik AG, Berlin – Hagen – Wien 1888-1938, S. 236 bzw. *AWI*, Sozialaufwendungen (1938), S. 448).
284 Vgl. ebd., S. 431, 447; ›Die Sozialarbeit der AEG‹, in: Mh. NS, Jg. 7, 1940, S. 67; WuSPR, Allg. Ausg., vom 16. Mai 1938; ›Sozialberichte deutscher Betriebe‹, in: Vertrauensrat, Jg. 6, 1939, S. 136 ff. bzw. 148 ff.; dort und im Jb. Gew. 1933/34 (Preußen), S. 358 ff.; (Württ.), S. 71 u. ö.; 1937/38, S. 209 f.; *Pohl* u. a., Daimler-Benz, S. 179, Tab. 50. (Die meisten Unternehmen wiesen die entsprechenden Beträge allerdings nicht separat aus.)
285 Vgl. *Reichwein*, Funktionswandlungen, S. 115 f., 123, 126 f.; zu »Gemeinschaftsveranstaltungen« vor 1933 vgl. *Schwenger*, Ruhrkohlenbergbau, S. 183.
286 RGBl. 1934, I, S. 1203; vgl. auch die Verordnung zur Durchführung und Ergänzung des Gesetzes über das Kreditwesen – Werkssparkassen – vom 31. Mai 1937, in: RGBl. 1937, I, S. 608. Einen Überblick über Funktionen der Werksparkassen gibt: Günther *Schulz*, Fabriksparkassen für Arbeiter – Konzeption und Inanspruchnahme einer betrieblichen Institution, in: ZUG, Jg. 25, 1980, S. 145 ff.
287 Vgl. Friedrich *Eckerlin*, Schutz des Sparers, in: Dt. VW, Jg. 6, 1937, S. 923 ff.; Jb. Gew. 1935/36 (Preußen), S. 362. Zur Geschichte der Werksparkassen, die weit ins 19. Jahrhundert zurückreicht, vgl. z. B. *Schwenger*, Großeisenindustrie, S. 143 ff.; *Joest*, Pionier, S. 209; *Schulz*,

Anmerkungen zu S. 297—299

Fabriksparkassen, S. 150ff.; *Conrad,* Erfolgsbeteiligung, S. 89ff. 1934 existierten noch 700 derartige Einrichtungen.
288 In der Werksparkasse der GHH hatten sich bis 1934 14,9 Mio. RM, bei der AEG 13,3 Mio. RM und bei der Berliner Kindl Brauerei 6,9 Mio. RM Spareinlagen angesammelt (nach: *Eckerlin,* Schutz, S. 925).
289 Vgl. Chup *Friemert,* Produktionsästhetik im Faschismus. Das Amt ›Schönheit der Arbeit‹ 1933 bis 1939, München 1980, insbesondere Kap. 3; *Siegel,* Leistung, Kap. III.2.; *Sachse,* Sozialpolitik, S. 159ff.; ferner *Mason,* Sozialpolitik, S. 188f.; *Mai,* Warum, S. 206f.
290 Vgl. z. B. Jb. Gew. 1933/34 (Preußen), S. 322, 440f. u. ö.; *Friemert,* Produktionsästhetik, S. 106.
291 Jb. Gew. 1935/36 (Preußen), S. 320. Daß die Initiativen von den Unternehmern und nicht vom Amt ›Schönheit der Arbeit‹ ausging, wurde von den Gewerbeaufsichtsbeamten wiederholt betont.
292 Ebd.
293 Daß die vom Amt ›Schönheit der Arbeit‹ auf die eigenen Aktivitäten zurückgeführten finanziellen Aufwendungen – bis 1940 angeblich etwa 900 Mio. RM (vgl. *Marrenbach,* Fundamente, S. 325) – lediglich politisch-propagandistisch vereinnahmt, faktisch jedoch aus arbeitsmarkt- und leistungspolitischen Gründen von den Unternehmen aus eigener Initiative durchgeführt wurden, hat *Friemert* überzeugend nachgewiesen (vgl. Produktionsästhetik, S. 105ff.).
294 Die Tätigkeitsfelder beider Institutionen waren jedoch nicht identisch: Die Gewerbeaufsicht hatte auch z. B. bei Verletzung der Arbeitszeitschutzbestimmungen einzuschreiten (vgl. *Hachtmann,* Arbeitsmarkt, S. 211 ff.) und besaß im Gegensatz zum Amt ›Schönheit der Arbeit‹ exekutive Gewalt. Umgekehrt wurden von den Gewerbeaufsichtsbeamten Unternehmer namentlich nicht genannt, während das DAF-Amt hier keine Hemmungen hatte und auf publizistischer Ebene Druck auf die entsprechenden Unternehmen auszuüben trachtete (allerdings diesbezüglich häufig in die Schranken verwiesen wurde).
295 Quelle wie Abb. 5.
296 Vgl. *Reichwein,* Funktionswandlungen, S. 81; *Schwenger,* Großeisenindustrie, S. 166ff., 173; *ders.,* Ruhrkohlenbergbau, S. 220ff.; HA Krupp WA 41/3-740b, 41/74-357; zu Krupp jetzt auch *Winkler,* Weg, S. 77f.
297 Vgl. Jahresbericht des Büros für Arbeiterangelegenheiten der Krupp-Gußstahlfabrik 1941/42, in: HA Krupp WA 41/3-707; St. Handb. der Fried. Krupp AG, S. 98f.; Jahresbericht der Personalabteilung des Wernerwerks Z 1940/41, in: SAA 15/Lc 815; Sonderbericht der Ver. Deutschen Metallwerke, Zweigniederlassung Carl Berg, Werdohl/Westf. zum Leistungskampf der deutschen Betriebe, in: WWA F 25, Nr. 6; BA R 13 III/Bd. 302.
298 Verwaltungsanordnung vom 7. Nov. 1939 (in: RABl. 1939, I, S. 525).
299 Vgl. ›Firmenbeihilfe für den einberufenen Gefolgsmann‹, in: Mh.NS, Jg. 7, 1940, S. 21 sowie z. B. Niederschrift über die Sitzung des Unternehmensbeirates der GHH vom 24. Nov. 1939, in: HA GHH 400 144/22.
300 Vgl. zu den ›Feldpostpäckchen‹ z. B. Geschäfts- und Sozialbericht der Gußstahlfabrik 1940/41, in: HA Krupp WA 41/3-740b; HA GHH 400 18/13. In anderen Fällen erhielten Fronturlauber, wenn sie als ehemalige Belegschaftsmitglieder dem Betriebe einen Besuch abstatteten, ein »angemessenes Taschengeld«. Wieder andere Unternehmen schlossen für einberufene Werksangehörige Lebensversicherungen ab (vgl. ›So sorgt heute der Betriebsführer‹, in: National Ztg. vom 22. Okt. 1941; ›Es war nicht immer so‹, in: National Ztg. vom 28. Okt. 1941).
301 *Gassert,* Sozialleistungen, S. 102. Auch die von der DAF seit 1942/43 vergebene Auszeichnung ›Kriegsmusterbetrieb‹ war u. a. an dieser Zielvorgabe orientiert.
302 So *Reichwein,* Funktionswandlungen, S. 83. Reichwein bezieht sich dabei auf im wesentlichen nur allgemeine, programmatische Ausführungen des *AWI* (Betriebliche Sozialleistungen in der Kriegswirtschaft, in: dass., Jb. 1939, Bd. I, S. 418ff.; die einzige Tabelle – S. 426 – basiert auf Geschäftsberichten des letzten Jahres *vor* Kriegsbeginn).

303 Gefolgschafts- und Sozialbericht der Krupp-Gußstahlfabrik 1940/41, in: HA Krupp WA 41/3-740b.
304 ›Wandel der Sozialleistungen‹, in: Dt. SP, Jg. 54, 1945, S. 6.
305 Jakob *Ihrig*, Die Behandlung jugendlicher ›Arbeitsbummler‹, in: Nachrichtendienst des deutschen Vereins für öffentliche und private Fürsorge 23/1942, S. 79 ff., zit. nach: Heinrich *Muth*, Jugendopposition im Dritten Reich, in: VfZ, Jg. 30, 1982, S. 385; dagegen *Mason*, Arbeiteropposition, S. 303.
306 *Reichwein*, Funktionswandlungen, S. 90 bzw. 92; vgl. auch (für die Zeit bis 1933) z. B. *Adelmann*, Quellensammlung, Bd. II, und (für die Zeit nach 1945) *Teschner*, Lohnpolitik, S. 84.
307 Vgl. *Werner*, Bleib übrig, S. 172 ff., 318 ff.
308 Vgl. ebd., S. 183, 320.
309 Vgl. Erlasse des RAM vom 9. Nov. 1940, 7. Juni 1941 und des GBA vom 31. Okt. 1942 (RABl. 1940, I, S. 591; 1941, I, S. 340; ›Weihnachtsgratifikation war doch zu zahlen‹, in: ›Angriff‹ vom 27. Nov. 1942. Zur Rechtssprechung des RAG, durch die diese Erlasse vorweggenommen wurden, vgl. ›Weihnachtszuwendungen‹, in: Mh. NS, Jg. 7, 1940, S. 275.
310 Vgl. z. B. die diversen Rundschreiben, Bekanntmachungen und Sitzungen der Vertrauensräte des Siemens-Konzerns (in: SAA 11/Lg 694 (v. Buol), 14/Lh 309), der GHH (in: HA GHH 400 1026/10, 400 144/20, 400 144/12, 400 1025/53), der Bergwerke Essen, der Fried. Krupp AG (in: HA Krupp WA 41/6-48), der Ver. Stahlwerke (in: THA VSt/167−170, 171−178, 478−481) und Concordia Bergbau AG (WWA F 26, Nr. 389); ein weiteres Beispiel wird zit. von *Siegel*, Lohnpolitik, S. 131.
311 Vgl. z. B. Rundschreiben Nr. 165 der Bezirksgruppe Ruhr der Fachgruppen Steinkohlenbergbau an die Mitglieder vom 8. Sept. 1937, in: THA VSt/478−481; Schreiben der Rohstoffbetriebe der Ver. Stahlwerke GmbH Dortmund, Eisenerzgruben Südbaden an die Sozialwirts. Abt. der VSt. vom 24. Sept. 1938, in: ebd.; Vermerk über eine Besprechung bei der Schwerter Profileisenwalzwerk AG vom 7. Okt. 1937, in: ebd.; Vermerk der Sozialwirts. Abt. der VSt. vom 4. Okt. 1938, in: ebd.; Vermerk über eine Besprechung vom 19. Mai 1942, in: THA VSt/143−145; Rundschreiben der RGI an die zur Fachgemeinschaft Eisen und Metall gehörenden Wirtschaftsgruppen und Bezirksfachgemeinschaften der Eisen- und Metallindustrie vom 24. Juli 1940, in: THA VSt/212−214; Industrieabteilung der Wirtschaftskammer Düsseldorf an die Zweigstellen vom 29. Juli 1940, in: ebd.; Bekanntmachung des westfälischen RtdA vom 3. März 1941, in: Amtl. Mitt. dess. vom 20. März 1942, nach: THA A/5015−5016; Wirtschaftlicher LB des Reichsverteidigungskommissars für den Wehrkreis III (Berlin) an den ›Generalbevollmächtigten für die Wirtschaft‹ vom 27. Okt. 1939, in: BA R 41/Bd. 154, Bl. 93 f.; vgl. ferner *Werner*, Bleib übrig, S. 172 f.
312 Vgl. *Petzina* u. a., Arbeitsbuch III, S. 62; *Wisotzky*, Ruhrbergbau, S. 222 ff.; *Mai*, Warum, S. 223 f.
313 Aktenvermerke über Besprechungen vom 5. und 29. Okt. 1943, in: THA VSt/478−481. So wurden – wie in einem Rundschreiben der Bezirksgruppe Steinkohlenbergbau Ruhr der Wigru. Bergbau vom 13. Sept. 1940 kritisch angemerkt wurde – auch »triftige Gründe« für ein Fernbleiben von der Arbeit nicht anerkannt oder Arbeiter, die wegen eines Luftalarms verspätet zur Schicht kamen, als ›willkürlich Feiernde‹ bezeichnet. Arbeiter, die schon lange die Arbeitsstelle gewechselt hatten, wurden statistisch als ›unentschuldigt Fehlende‹ geführt u. ä. m. (vgl. auch Rundschreiben der Bezirksgruppe Steinkohlenbergbau Ruhr (Nr. 491) vom 11. Dez. 1940, beides in: THA VSt/478−481; ferner *Mai*, Warum, S. 224 f.).
314 Meldungen vom 8. Okt. 1942, S. 4301 f. Vergleichbar positive Einschätzungen finden sich auch in Berichten, die noch gegen Ende des Krieges verfaßt wurden. Vgl. z. B. den Sonderbericht über die Arbeitsdisziplin im Gau Bayreuth, Okt. 1944 (in: BA R 12 I/Bd. 336), in dem die »vorbildliche« Arbeitshaltung alter deutscher Arbeiter hervorgehoben und die schlechte Arbeitsmoral lediglich von Jugendlichen beklagt wird. Klagen über »mangelndes Pflichtbewußtsein der Jugendlichen« und Frauen finden sich z. B. auch in den Meldungen vom 10. Dez.

1942, S. 4558 ff. und dem Mon. B. des Regierungspräsidenten von Oberbayern vom 6. Sept. 1944, in: Bayern in der NS-Zeit, Bd. 1, S. 319; vgl. hierzu ferner *Werner*, Bleib übrig, S. 189, 319 f. Zur insgesamt geringen Zahl der Disziplinlosigkeiten vgl. auch z. B. Meldungen vom 22. April 1941, S. 2224 ff. und Kriegstagebuch des Rüstungskommandos Nürnberg vom 31. Dez. 1943, in: Bayern in der NS-Zeit, Bd. 1, S. 316.

IX. Schlußbemerkung

1 Vgl. vor allem die in: Werner *Conze* u. M. Rainer *Lepsius* (Hg.), Sozialgeschichte der Bundesrepublik Deutschland, Stuttgart 1983, versammelten Beiträge (insbesondere die von Borchardt und Hentschel) sowie in kritischer Auseinandersetzung damit Lutz *Niethammer*, Zum Wandel der Kontinuitätsdiskussion, in: Westdeutschland 1945–1955, hg. von Ludolf *Herbst*, München 1986, S. 65 ff.

2 *Dahrendorf*, Gesellschaft, S. 432; vgl. auch ebd., S. 442, 445, 447 (Die ökonomische Dimension des »Stoßes in die Modernität« gerät allerdings nicht in das Blickfeld Dahrendorfs.); *Schoenbaum*, Revolution, S. 345.

3 *Broszat*, Plädoyer, S. 384; vgl. auch *Peukert*, Volksgenossen, S. 15.

4 So Wolfgang *Schieder*, Staat und Wirtschaft im Dritten Reich, in: Berlin und seine Wirtschaft. Ein Weg aus der Geschichte in die Zukunft. Lehren und Erkenntnisse, hg. von der Industrie- und Handelskammer zu Berlin, Berlin/New York 1987, S. 204.

5 So recht Mason mit seiner Feststellung hat, daß »der Schwerpunkt der Maßnahmen des Staates von 1938 bis 1945 auf der Limitierung der Lohnkosten« lag (*Mason*, Bändigung, S. 29 f.), so unrichtig ist seine Folgerung, daß deshalb »dem Einsatz eines Lohnsystems enge Grenzen gesteckt (gewesen seien), durch das ausgewählte Gruppen von Arbeitern zur Unterstützung des Regimes gewonnen werden sollten« (ebd., S. 30). Der umgekehrte Schluß trifft den Kern staatlicher wie betrieblicher Lohnpolitik in den Jahren der nationalsozialistischen Diktatur: Nur durch verstärkte Lohndifferenzierung, die auch größere Zugeständnisse an kleine Arbeitergruppen einschließen konnte, ließen sich die Lohnkosten im industriellen Durchschnitt auf niedrigem Niveau halten. Die staatliche Seite erkannte dies klar und duldete bzw. förderte deswegen zum Teil sogar aktiv Tendenzen zu verstärkter Lohndifferenzierung.

6 Zum Klassenbegriff vgl. vor allem Jürgen *Kocka*, Stand – Klasse – Organisation, in: Klassen in der europäischen Geschichte, hg. von Hans-Ulrich *Wehler*, Göttingen 1979, S. 139; ders., Lohnarbeit und Klassenbildung, Berlin/Bonn 1983, S. 14 ff., 23 ff.; Hans Ulrich *Wehler*, Vorüberlegungen zur historischen Analyse sozialer Ungleichheit, in: *ders.*, Klassen, S. 20 ff.

7 Gerhard *Müller*, Arbeitskampf und Arbeitskampfrecht, insbesondere die Neutralität des Staates und verfahrensrechtliche Fragen (Gutachten, erstellt im Auftrag des Bundesarbeitsministeriums), Bonn 1985, S. 50.

Abkürzungsverzeichnis

(siehe auch: Zeitschriften)

AA	Arbeitsamt(-ämter)
AEG	Allgemeine Elektrizitäts-Gesellschaft
ADGB	Allgemeiner Deutscher Gewerkschaftsbund
AfBuB	Amt für Betriebsführung und Berufserziehung
AG	Aktiengesellschaft
AOG	Gesetz zur Ordnung der nationalen Arbeit
AWI	Arbeitswissenschaftliches Institut der Deutschen Arbeitsfront
BA	Bundesarchiv (Koblenz)
Bd.	Band
DAF	Deutsche Arbeitsfront
Dinta	Deutsches Institut für (nationalsozialistische) technische Arbeitsschulung
DMV	Deutscher Metallarbeiterverband
Dok.	Dokument(e)
Fs.	Festschrift
GBA	Generalbevollmächtigter für den Arbeitseinsatz
Gestapo	Geheime Staatspolizei
GHH	Gutehoffnungshütte
GmbH	Gesellschaft(en) mit beschränkter Haftung
HA GHH	Historisches Archiv der Gutehoffnungshütte, Oberhausen
HA Krupp	Historisches Archiv der Friedr. Krupp AG, Essen
IHK	Industrie- und Handelskammer
JB	Jahresbericht(e)
KdF	NS-Gemeinschaft ›Kraft durch Freude‹
KPD	Kommunistische Partei Deutschlands
LAA	Landesarbeitsamt (-ämter)
LAG	Landesarbeitsgericht
LB	Lagebericht
LKEM	Lohnkatalog Eisen und Metall
LSÖ	Leitsätze für die Preisermittlung aufgrund der Selbstkosten bei Leistungen für öffentliche Auftraggeber
Mon.B.	Monatsbericht
NS	Nationalsozialismus/nationalsozialistisch
NSBO	Nationalsozialistische Betriebszellenorganisation
NSDAP	Nationalsozialistische Deutsche Arbeiterpartei
NSV	Nationalsozialistische Volkswohlfahrt
OHW	Oberhausener Hüttenwerke der GHH
RAG	Reichsarbeitsgericht
RAM	Reichsarbeitsministerium/-minister
Refa	Reichsausschuß für Arbeitszeitermittlung bzw. Arbeitsstudien
Reichstreuhänder	Reichstreuhänder der Arbeit
RGI	Reichsgruppe Industrie
RtdA	Reichstreuhänder der Arbeit

RfBuM	Reichsminister für Bewaffnung und Munition
RKW	Reichskuratorium für Wirtschaftlichkeit
RWM	Reichswirtschaftsministerium/-minister
RWWA	Rheinisch-Westfälisches Wirtschaftsarchiv Köln
SA	Sturmabteilung
SAA	Siemens-Archiv-Akten (Siemens Museum/Firmenarchiv, München)
SD	Sicherheitsdienst der SS
S&H	Siemens & Halske AG
SOPADE-Berichte	Deutschland-Berichte der Sozialdemokratischen Partei Deutschlands
SPD	Sozialdemokratische Partei Deutschlands
SSW	Siemens-Schuckertwerke
St.DR	Statistik des Deutschen Reiches
StaPo	Staatspolizei(stelle)
SW	Sozialwirtschaftliche Abteilung
TdA	Treuhänder der Arbeit
THA	Archiv der Thyssenaktiengesellschaft, Duisburg
UK	Unabkömmlich(keit)
u. ö.	und öfter
VR	Vertrauensrat
VSt	Vereinigte Stahlwerke
WHW	Winterhilfswerk
Wigru.	Wirtschaftsgruppe
WWA	Westfälisches Wirtschaftsarchiv Dortmund
Ztg.	Zeitung

Quellen und Literatur

1. Ungedruckte Quellen

Bundesarchiv (Koblenz)
NS 5 I (Deutsche Arbeitsfront)
NS 10 (Persönliche Adjutantur des Führers und Reichskanzlers)
NS 14 (NS.-Bund Deutscher Technik)
NSD 50 (Drucksachen)
R 2 (Reichsfinanzministerium)
R 11 (Reichswirtschaftskammer)
R 12 I (Reichsgruppe Industrie)
R 13 I (Wirtschaftsgruppe eisenschaffende Industrie)
R 13 III (Wirtschaftsgruppe Maschinenbau)
R 13 V (Wirtschaftsgruppe Elektroindustrie)
R 22 (Reichsjustizministerium)
R 26 (Der Beauftragte für den Vierjahresplan)
R 36 (Gemeindetag)
R 41 (Reichsarbeitsministerium)
R 43 II (Reichskanzlei)

Rheinisch-Westfälisches Wirtschaftsarchiv zu Köln
Abteilung 20 (Niederrheinische IHK Duisburg-Wesel)

Westfälisches Wirtschaftsarchiv in Dortmund
K 1 (IHK Dortmund)
K 2 (IHK Bochum)
F 25 (Vereinigte Deutsche Metallwerke)
F 26 (Concordia Bergbau AG)

Archiv der Aug.-Thyssen AG (Duisburg
VSt (Sozialwirtschaftliche Abteilung der Ver. Stahlwerke)
A (Aug.-Thyssen Hütte)

Historisches Archiv der Gutehoffnungshütte (Oberhausen)

Historisches Archiv der Friedrich Krupp GmbH (Essen)

Siemens-Archiv (München)

Hoesch-Archiv (Dortmund)

2. Zeitschriften

Bis 1945:

Allgemeines Statistisches Archiv (AStA)
Amtliche Mitteilungen der Reichstreuhänder der Arbeit
Arbeit und Arbeitslosigkeit (AuA)
Arbeitseinsatz (AE)
Arbeitertum
Arbeitslosenhilfe (AH)
Arbeitsrechtssammlung (ARS)
Arbeitsschulung (AS)
Arbeitsschutz (Teil III des Reichsarbeitsblatts)
Betriebsführer und Vertrauensrat (BuV)
Der Angriff
Der Arbeitgeber[1]
Der Arbeitseinsatz (AE)
Der Deutsche Volkswirt (D. Dt.V.)[2]
Der Vertrauensrat[3]
Der Vierjahresplan (VJP)
Der Werksleiter[4]
Deutsche Bergwerkszeitung
Deutsche Sozialpolitik (Dt. SP)[5]
Deutsches Statistisches Zentralblatt
Deutsche Technik
Deutsches Ärzteblatt (DÄ)
Deutsches Arbeitsrecht (DAR)
Die Deutsche Volkswirtschaft (Dt. VW)
Gewerkschaftszeitung (GZ)[1]
Handbuch der deutschen Aktiengesellschaften
Industrielle Psychotechnik
Jahrbücher des Arbeitswissenschaftlichen Instituts der Deutschen Arbeitsfront
Jahrbücher der Gewerbeaufsichtsbeamten (Jb. Gew.)
Jahrbücher für Nationalökonomie und Statistik (JNS)
Maschinenbau (MB)[6]
Monatshefte für NS-Sozialpolitik (Mh.NS)
National-Zeitung
Reichsarbeitsblatt (Teil I bis IV) (RABl.)
Reichsgesetzblatt (RGBl.)
Siemens Mitteilungen
Soziale Praxis (SP)
Soziales Deutschland (SozD)
Stahl und Eisen (SuE)
Statistisches Jahrbuch für das Deutsche Reich (St. Jb. DR)
Statistisches Jahrbuch für die Eisen- und Stahlindustrie (St. Jb. E+S)
Technik und Wirtschaft (TuW)
Vertrauensarzt[1]
Vertrauensarzt und Krankenkasse (VuK)
Vierteljahreshefte zur Konjunkturforschung (VzK)
Vierteljahreshefte zur Statistik des Deutschen Reiches (St.Vjh.)
Völkischer Beobachter (VB)
Werksleiter
Werkstatt und Betrieb

Werkstattechnik und Werksleiter (WuW)
Wirtschaft und Statistik (WuSt)
Wirtschafts- und Sozialpolitische Rundschau, Allgemeine Ausgabe (WuSPR, Allg. Ausg.)
Wirtschafts- und Sozialpolitische Rundschau, Ausgabe Eisen und Metall (WuSPR, E+S)
Zeitschrift des VDI (Z. VDI)
Zeitschrift für Organisation (ZfO)

Nach 1945:

Arbeit und Recht
Archiv für Sozialgeschichte (AfS)
Beiträge zur Geschichte der Arbeiterbewegung (BGA)
Dachauer Hefte
Das Argument
Geschichte und Gesellschaft (GG)
Geschichte in Wissenschaft und Unterricht (GWU)
Gewerkschaftliche Monatshefte
Hamburger Jahrbücher für Wirtschafts- und Gesellschaftspolitik
Historical Social Research (HSR)
Historische Zeitschrift (HZ)
International Labour Review
Jahrbuch für Geschichte (JfG)
Jahrbuch für Wirtschaftsgeschichte (JfW)
Kritische Justiz
Medizinhistorisches Journal
Mercur
Militärgeschichtliche Mitteilungen (MGM)
1999. Zeitschrift für Sozialgeschichte des 20. und 21. Jahrhunderts
Past and Present
Saeculum
Schmollers Jahrbuch
Soziale Welt
Technikgeschichte
Vierteljahreshefte für Zeitgeschichte (VfZ)
Vierteljahresschrift für Sozial- und Wirtschaftsgeschichte (VSWG)
Weltwirtschaftliches Archiv
Zeitschrift für die gesamte Staatswissenschaft
Zeitschrift für Geschichte (ZfG)
Zeitschrift für Sozialreform (ZfS)
Zeitschrift für Unternehmensgeschichte (ZUG)

---

1 Nur 1933.
2 Seit 1943 in ›Kriegsgemeinschaft‹ mit: Die Deutsche Volkswirtschaft.
3 Beilage zu: Monatshefte für NS-Sozialpolitik.
4 Bis 1934 (danach: Werkstattstechnik und Werksleiter).
5 1944/45: Gemeinschaftsausgabe von: Soziale Praxis und Monatshefte für NS-Sozialpolitik.
6 Seit 1943 in ›Kriegsgemeinschaft‹ mit: Werkstattstechnik und Werksleiter.

3. Literatur

a) Dokumentensammlungen, statistische und biographische Handbücher

Arbeitsbucherhebungen vom 5. Juli 1940 und 15. Aug. 1941, bearb. vom Reichsarbeitsministerium, Berlin o. J.
Armut und Sozialstaat, Bd. 3: Die Entwicklung des Systems der sozialen Sicherung 1870 bis 1945, hg. und bearb. von Norbert Preußer, München 1982.
Bayern in der NS-Zeit, Bd. 1: Soziale Lage und politisches Verhalten der Bevölkerung im Spiegel vertraulicher Berichte, hg. von Martin Broszat u. a., München/Wien 1977.
Beier, Gerhard, Dokumentation. Gesetzentwürfe zur Ausschaltung der Deutschen Arbeitsfront im Jahre 1938, in: AfS, Bd. XVII, 1977, S. 297–335.
Besprechung mit Min. dir. Kimmich am 20. Juni 1940 (Niederschrift), in: Soziale Bewegungen. Jahrbuch 1: Arbeiterbewegung und Faschismus, Frankfurt usw., S. 175–183.
Bevölkerung und Wirtschaft 1872–1972, hg. anläßlich des 100jährigen Bestehens der amtlichen Statistik vom Statistischen Bundesamt Wiesbaden, Stuttgart/Mainz 1972.
Bevölkerung und Wirtschaft 1871–1951. Statistik der Bundesrepublik Deutschland, Bd. 199.
Damit Deutschland lebe. Ein Quellenwerk über den deutschen antifaschistischen Widerstandskampf, hg. von Walter A. Schmidt, Berlin [DDR] 1958.
Deutsche Wirtschaftsführer. Lebensgänge deutscher Wirtschaftspersönlichkeiten, bearb. von Georg Wenzel, Hamburg usw. 1929.
Deutsches Führerlexikon 1934/35, Berlin 1934.
Deutschland-Berichte der Sozialdemokratischen Partei Deutschlands (SOPADE) 1934–1940, hg. von Klaus Behnken, Salzhausen/Frankfurt 1980.
Dokumente zur deutschen Geschichte, hg. von Wolfgang Ruge u. Wolfgang Zimmermann, Frankfurt 1977.
Domarus, Max (Hg.), Hitler. Reden und Proklamationen 1932–1945, München 1965.
Eckert, Rainer, Dokumentation. Die Leiter und Geschäftsführer der Reichsgruppe Industrie, ihrer Haupt- und Wirtschaftsgruppen, in: JfW 1979/IV, S. 243–277.
Frauenalltag in Kriegs- und Nachkriegszeit 1939–1949 in Berichten, Dokumenten und Bildern, hg. von Klaus-Jörg Rühl, Darmstadt/Neuwied 1985.
Gestapo Hannover meldet...: Polizei- und Regierungsberichte für das mittlere und südliche Niedersachsen zwischen 1933 und 1937, bearb. u. eingel. von Klaus Mlynek, Hildesheim 1986.
Hitlers Tischgespräche im Führerhauptquartier 1941–1942, hg. von Henry Picker, Stuttgart 1976 (EA 1963).
Kollektives Arbeitsrecht. Quellentexte zur Geschichte des Arbeitsrechtes in Deutschland, Bd. 2: 1933 bis zur Gegenwart, hg. von Thomas Blanke u. a., Reinbek 1975.
Kotze, Hildegard von u. Krausnick, Helmut (Hg.), »Es spricht der Führer«. 7 exemplarische Hitler-Reden, Gütersloh 1966.
Die Lageberichte der Geheimen Staatspolizei über die Provinz Hessen-Nassau 1933–1936, mit ergänzenden Materialien, hg. u. eingel. von Thomas Klein, Köln/Wien 1985.
Lohn- und Gehaltsstrukturerhebung 1957 (H. 3), hg. vom Statistischen Bundesamt.
Mason, Timothy W., Arbeiterklasse und Volksgemeinschaft, Opladen 1975.
Meldungen aus dem Reich. Die geheimen Lageberichte des Sicherheitsdienstes der SS 1938–1945, hg. von Heinz Boberach, Herrsching 1984.
Münz, Ludwig (Hg.), Führer durch die Behörden und Organisationen, Berlin 1939.
Pikarski, Margot u. Warning, Elke (Bearb.), Über den antifaschistischen Widerstand der KPD. Aus Gestapoakten, Teil VI, in: BGA, Jg. 26, 1984, S. 338–346.
Pommern 1934/35 im Spiegel von Gestapo-Berichten und Quellen, hg. von Robert Thévoz u. a., Köln/Berlin 1974.
Quellen und Dokumente zur Geschichte der betrieblichen Berufsausbildung 1918–1945, hg. von Günter Pätzold, Köln/Wien 1980.

Quellensammlung zur Geschichte der sozialen Betriebsverfassung in der Ruhrindustrie, 2 Bde., bearb. von Gerhard Adelmann, Bonn 1960 bzw. 1965.
Schimmler, Bernd, »Stimmung der Bevölkerung und politische Lage«. Die Lageberichte der Berliner Justiz 1940–1945, Berlin 1986.
Sozialgeschichtliches Arbeitsbuch III: Materialien zur Statistik des Deutschen Reiches 1914–1945, bearb. von Dietmar Petzina u. a., München 1978.
Statistisches Handbuch der Friedrich Krupp AG, Essen 1943.
Statistisches Handbuch von Bayern, hg. vom Bayerischen Statistischen Landesamt, München 1946.
Statistisches Handbuch von Deutschland 1928–1944, hg. vom Länderamt des amerikanischen Besatzungsgebietes, München 1949.
Statistisches Jahrbuch für Bayern 1936, München 1936.
Stockhorst, Erich, Wer war was im Dritten Reich?, Velbert/Ketwig 1967.
Stokes, Lawrence D., Kleinstadt und Nationalsozialismus. Ausgewählte Dokumente zur Geschichte von Eutin 1918–1945, Neumünster 1984.
Die Tagebücher des Joseph Goebbels. Sämtliche Fragmente, hg. von Elke Frölich, Teil I, Bd. 3, München usw. 1987.
Varga, Eugen, Rundschau für Politik, Wirtschaft und Arbeiterbewegung 1933–1944 (Reprint Berlin 1977).
Vollmer, Bernhard, Volksopposition im Polizeistaat. Gestapo- und Regierungs-Berichte 1934–1936, Stuttgart 1957.
Verfolgung und Widerstand unter dem Nationalsozialismus in Baden. Die Lageberichte der Gestapo und des Generalstaatsanwalts Karlsruhe 1933–1940, bearb. von Jörg Schadt, Stuttgart usw. 1976
Wer ist's? Zeitgenossenlexikon, 10. Ausg. 1935, zusammengestellt und hg. von L. Degener, Berlin 1935.
Wer leitet? Die Männer der Wirtschaft und der einschlägigen Verwaltung 1940, Berlin 1940.
Wistrich, Robert, Wer war wer im Dritten Reich?, München 1983.
Wuttke-Groneberg, Walter, Medizin im Nationalsozialismus. Ein Arbeitsbuch, Tübingen 1980.

b) Zeitgenössisches Schrifttum[1]

Adam, Robert, Arbeitsdisziplin und ›Krankwerden‹, in: VuK, Jg. 9, 1941, S. 57–59.
Albracht, Emil, Der Akkordlohn in den Tarifordnungen (Diss.), Düsseldorf 1938.
Anders, Lieselotte, Die Wechselwirkung zwischen Arbeitszeitgestaltung und Rationalisierung der Produktions- und Arbeitsprozesse (Diss.), Hamburg 1940.
Andres, Karl, Neuordnung der Löhne in der Metallindustrie, in: SP, Jg. 52, 1943, Sp. 7–14.
Antoine, Herbert, Die Gefolgschaftskartei als betriebliches und statistisches Auskunftsmittel, in: ZfO, Jg. 11, 1937, S. 145–148.
Arbeitswissenschaftliches Institut der DAF, Der Akkordlohn, Grundsätzliches zur Frage der Leistungsbemessung und Leistungsbewertung, in: dass., Jb. 1937, S. 179–211.
–, Arbeitsbedingungen, Löhne und Einkommen, in: dass., Jb. 1939, Bd. II, S. 95–225.
–, Die Arbeitsbewertung. Bericht über in verschiedenen Wirtschaftszweigen durchgeführte Bewertungen von Arbeitsplätzen und die dabei ermittelten Arbeitswerte, Berlin 1943.
–, Zum Arbeitseinsatz der Frau in Industrie und Handwerk, in: dass., Jb. 1940/41, Bd. I, S. 373–418.
–, Arbeitszeit und Volkswirtschaft, in: dass., Jb. 1938, Bd. I, S. 59–85.
–, Arbeitszeitstatistik, in: dass., Jb. 1938, Bd. II, S. 281–325.

---

1 Aufgenommen wurden Aufsätze nur, soweit der Autor namentlich genannt wurde.

–, Aufsätze zum Problem Arbeit und Freizeit, in: dass., Jb. 1938, Bd. I, S. 87–113.
–, Das Bedaux-System, in: dass., Jb. 1938, Bd. I, S. 255–309.
–, Beiträge zur Beurteilung des Frauenlohnes, in: dass., Jb. 1938, Bd. II, S. 591–613.
–, Die Belastung des Arbeitsverdienstes durch Abgaben vom Einkommen, in: dass., Jb. 1940/41, Bd. II, S. 41–59.
–, Berufsschicksal und Arbeitsbeanspruchung, in: dass., Jb. 1940/41, Bd. II, S. 197–215.
–, Betriebliche Sozialleistungen in der Kriegswirtschaft, in: BA NSD 50/Bd. 584 bzw. dass., Jb. 1939, Bd. I, S. 415–440.
–, Betriebliche Sozialstatistik, in: dass., Jb. 1940/41, Bd. II, S. 35–40.
–, Die echte Rationalisierung, in: dass., Jb. 1936, S. 189–222.
–, Die Einsatzfähigkeit von Arbeitskräften für Fließbandarbeiten, Auszug aus einer gutachtlichen Stellungnahme, in: dass., Jb. 1939, Bd. I, S. 441–452.
–, Entwicklung und Begründung eines Systems der Arbeitsbewertung, in: dass., Jb. 1940/41, Bd. I, S. 215–282.
–, Erhebungen von Wirtschaftsrechnungen für das Jahr 1937, in: dass., Jb. 1938, Bd. II, S. 327–359.
–, Zur Frage der Gewinnbeteiligung der Gefolgschaft, in: BA NSD 50/Bd. 572 bzw. dass., Jb. 1936, S. 39–64.
–, Zur Frage der Ungelernten, in: dass., Jb. 1940/41, Bd. I, S. 309–358.
–, Zur Frage des Familienlohnes in den Betrieben der Gaue Süd-Hannover – Braunschweig und Halle-Merseburg nach dem Stande vom 1. Juli 1938, in: dass., Jb. 1938, Bd. II, S. 487–541.
–, Geschäftsabschlüsse 1937 von Aktiengesellschaften, in: dass., Jb. 1938, Bd. II, S. 571–589.
–, Höchstlöhne?, in: BA NSD 5 I/Bd. 254.
–, Lebensalter und Leistungsfähigkeit, in: Jb. 1938, Bd. I, S. 115–171.
–, Lohnerhebung in der Ostmark, in: Jb. 1938, Bd. II, S. 227–280.
–, Methoden der Arbeitszeitstatistik – Eine vergleichende Darstellung, in: Jb. 1940/41, Bd. II, S. 229–235.
–, Neue Wege in der Lohnstatistik, in: dass., Jb. 1940/41, Bd. II, S. 5–34.
–, Politische Maßstäbe der Lohnbildung, in: dass., Jb. 1937, S. 9–61.
–, Preise und Lebenshaltungskosten, in: dass., Jb. 1939, Bd. II, S. 227–291.
–, Zum Problem des sozialen Mindestbedarfs, in: dass., Jb. 1940/41, Bd. I, S. 111–124.
–, Zur Problematik einer Reichslohnordnung, in: BA NSD 50/Bd. 590 bzw. dass., Jb. 1940/41, Bd. I, S. 179–214.
–, Rasse und Leistung, in: dass., Jb. 1939, Bd. I, S. 253–302.
–, Die Regelung des Akkordrichtlohnes in Tarifordnungen, in: dass., Jb. 1938, Bd. II, S. 615–624.
–, Sozialaufwendungen in den Jahresberichten von Kapitalgesellschaften, in: dass., Jb. 1939, Bd. II, S. 389–448.
–, Der soziale Rechenschaftsbericht des Betriebsführers, in: dass., Jb. 1939, Bd. I, S. 427–440.
–, Die sozialen Aufgaben nach dem Kriege, in: dass., Jb. 1940/41, Bd. I, S. 23–64.
–, Sozialwirtschaftliche Bilanz Ende 1938, in: dass., Jb. 1938, Bd. I, S. 27–57.
–, Sozialpolitik in den Geschäftsberichten von Aktiengesellschaften, in: dass., Jb. 1936, S. 87–116.
–, Untersuchungen zur Lohnordnung, in: dass., Jb. 1939, Bd. I, S. 77–124.
–, Die Wirkung der Kleinsiedlung auf die Warenversorgung, in: dass., Jb. 1937, S. 269–284.
–, Wirtschaftsrechnungen in Arbeiterhaushalten, in: dass., Jb. 1939, Bd. II, S. 27–93.
–, Die Wohnungsfrage, in: dass., Jb. 1939, Bd. I, S. 347–388.
Arnhold, Karl, Die Aufgabe des Dinta im neuen Reich, in: AS 1934, Jg. 6, S. 5–13.
–, Die Aufgaben des Dinta in der Deutschen Arbeitsfront, in: Der Arbeitgeber, Jg. 23, 1933, S. 253–256.
–, Der deutsche Betrieb. Aufgaben und Ziele nationalsozialistischer Betriebsführung, Leipzig 1939.
–, Die Erziehungsaufgabe des Dinta in der Deutschen Arbeitsfront, in: AS 1933, Jg. 5, S. 81–90.

–, Von der Rationalisierung zur organischen Betriebsgestaltung, in: AS 1938, Jg. 10, S. 2–7.
Bäumer, Peter C., Das Deutsche Institut für technische Arbeitsschulung (Dinta) (Schriftenreihe des Vereins für Sozialpolitik Nr. 181), München 1930.
Bartels, Friedrich, Gesundheitsführung in den Betrieben, in: DÄ, Jg. 66, 1936, S. 485.
–, Gesundheitsführung des Deutschen Volkes – die Aufgabe des Staates, in: DÄ Jg. 63, S. 19–21.
–, Gesundheitsführung des Deutschen Volkes, in: DÄ, Jg. 66, 1936, S. 939–945.
–, Die Gesundheitsführung des Deutschen Volkes, in: DÄ, Jg. 66, 1936, S. 334–337.
–, Gesundheitsführung im Dritten Reich, in: DÄ, Jg. 66, 1936, S. 1204–1206.
Basse, Fritz von, (Facharbeiter in der) Wirtschaftsgruppe Elektroindustrie, in: Hildebrandt, Beiträge zur Metallfacharbeiterfrage, S. 56–63.
Behrens, Friedrich, Die amtlichen Lohnerhebungen, in: AStA, Bd. 28, 1939, S. 61–71.
–, Die Mittelwerte in der Lohnstatistik, in: JfN, Bd. 148, 1939, S. 672–681.
–, Neue Wege in der Lohnstatistik, in: AStA, Bd. 31, 1942/43, S. 114–138.
–, Preisindexziffer oder Indexziffer der Lebenshaltungskosten?, in: AStA, Bd. 31, 1942/43, S. 1–6.
–, Zum Problem der Repräsentation in der Lohnstatistik, in: AStA, Bd. 29, 1940, S. 65–72.
Benkert, Hanns, Der Kriegseinsatz der deutschen Normung, in: Z. VDI, Bd. 89, 1945, S. 29–30.
–, Wege der Rationalisierung im Industriebetrieb, in: Z. VDI, Bd. 82, 1938, S. 1314–1323.
–, Die Werkzeugmaschine in der Massenfertigung, in: VJP, Jg. 3, 1939, S. 1135–1138.
Bergfeld, P., Methodik und Anwendungsmöglichkeiten der Zeitstudien in der Textilindustrie, Berlin 1939.
Bochumer Verein für Gußstahlfabrikation, Soziale Arbeit 1842–1942, Bochum 1942.
Böhrs, Hermann, Anpassung der Akkorde an den technischen Fortschritt, in: ZfO, Jg. 11, 1937, S. 242–247.
–, Der Aufbau tariflicher Mindestlöhne, in: ZfO, Jg. 9, 1935, S. 342–346.
–, Bedaux-System und Arbeitsstudie, in: MB, Jg. 18, 1939, S. 27–28.
–, Die gegenwärtige Bedeutung der Zeit- und Arbeitsstudien im Fabrikbetrieb, in: WuW, Jg. 29, 1935, S. 61–62.
–, Innerbetrieblicher Lohnaufbau, in: ZfO, Jg. 9, 1935, S. 383–389.
–, Leistungssteigerung durch richtige Organisation der Arbeit, in: Z. VDI, Bd. 87, 1943, S. 233–239.
–, Organisatorische Fragen des Lohnwesens, in: ZfO, Jg. 9, 1935, S. 479–483.
–, Die Probleme der Lohnhöhe, in: ZfO, Jg. 9, 1935, S. 263–266.
–, Stand und Entwicklung der Zeitstudie, in: ZfO, Jg. 15, 1941, S. 126–128 (Teil I), S. 145–148 (Teil II).
–, Wesen und Bestimmung der gerechten Entlohnung, in: ZfO, Jg. 8, 1935, S. 303–306.
–, Zweck und Inhalt der Leistungsaufgaben bei Handarbeit, in: ZfO, Jg. 15, 1941, S. 171–174.
Bramesfeld, Erwin, Die Bewährung der Frauen im industriellen Arbeitseinsatz, in: WuW, Jg. 35, 1941, S. 397–400.
–, Bewertung der Arbeitsschwierigkeit und des menschlichen Leistungsgrades, in: TuW, Jg. 31, 1938, S. 177–183.
–, Entwicklung und Stand der Zeitstudie in Deutschland, in: TuW, Jg. 35, 1942, S. 93–96.
–, Richtiges Leistungsgradschätzen, in: MB, Jg. 20, 1941, S. 266.
–, Untersuchung und Gestaltung der Betriebsarbeit, in: TuW, Jg. 36, 1943, S. 61–65.
Bramesfeld, Erwin/Graf, Otto, Leitfaden für das Arbeitsstudium. Seelische und körperliche Voraussetzungen der menschlichen Betriebsarbeit, Berlin 1942[4].
Bremhorst, A., Aufgaben des neugeschaffenen Amtes für Betriebsführung und Berufserziehung, in: AS 1936, Jg. 8, S. 2–8.
Brengel, Albert, Das Problem der Arbeitsbewertung (Diss.), Saarbrücken 1941.
Brevern, W. von, Facharbeitermangel und Lohnentwicklung, in: Mh.NS, Jg. 3, 1935/36, S. 524–528.
–, Der Leistungslohn, in: Mh.NS, Jg. 4, 1937, S. 321 ff.

Burgdörfer, Friedrich, Die Volks-, Betriebs- und Berufszählung 1933, in: AStA, Bd. 23, 1933/ 34, S. 160–171.
Burhenne, Karl, Wie beteiligt das Haus Siemens seine Gefolgschaft am Produktionsergebnis?, in: SP, Jg. 47, 1938, Sp. 83–90.
Busse, Ed., Arzt und Arbeitseinsatz, in: AE/AH 1937, S. 248–250.
Conti, Leonardo, Der Arzt im Kampf um das deutsche Volksschicksal, in: DÄ, Jg. 72, 1942, S. 200–204.
Cramer, Hans, Die erste vollkontinuierliche europäische Breitbandstraße, in: VJP, Jg. 3, 1939, S. 972–973.
Daeschner, Leon, Treuhänder der nationalen Arbeit, in: DAR, Jg. 3, 1935, S. 5–7.
Dersch, Hermann, Die Rechtsnatur der Tarifordnung und der Betriebsordnung und ihre praktische Anwendung, in: DAR, Jg. 2, 1934, S. 65–71.
Vorstand des Deutschen Metallarbeiterverbandes (Hg.), Die Rationalisierung in der Metallindustrie, Berlin 1932.
Doblhoff, Walther von, Zur Wahl des Lohnsystems bei Fließarbeit, in: MB, Jg. 9, 1930, S. 123–125.
Dolezalek, K. M., Der Automat in der Fertigung, in: MB, Jg. 18, 1939, S. 16.
–, Automatisierung in der feinmechanischen Fertigung als Regelungs- und Steuerungsaufgabe, in: Z. VDI, Bd. 85, 1941, S. 100–104.
–, Automatisierung in der Mengenfertigung, in: MB, Jg. 17, 1938, S. 557–560.
–, Fließfertigung auf Maschinenstraßen, in: TuW, Jg. 37, 1944, S. 29–34.
Drescher, C. W. Die organisatorische Vorbereitung der Fließfertigung, in: Frank Mäckbach u. Otto Kienzle, Fließarbeit, S. 49–66.
Duvigneau, Gerhard, Untersuchungen zur Verbreitung der Fließarbeit in der deutschen Industrie. Eine wirtschaftlich-technische Studie (Diss.), Breslau 1932.
Dyckhoff, O., Massenerzeugung durch Fließfertigung. Anregungen aus dem Volkswagenwerk, in: MB, Jg. 20, 1941, S. 147–150.
–, Probleme der Massenfertigung, in: Z. VDI, Bd. 86, 1942, S. 587–590 (Teil I), S. 671–680 (Teil II).
Dykkerhoff, Walter, Zur Volksgemeinschaft!, in: AS 1932, Jg. 4, S. 4–8.
Eckerlin, Friedrich, Schutz des Sparers, in: Dt. VW, Jg. 6, 1937, S. 923–925.
Egloff, Helmut, Gestaltung des Arbeitsverhältnisses, in: Jb. der nationalsozialistischen Wirtschaft 1937, S. 50–86.
Eilmann, Wilhelm, Das Metallgewerbe in seiner fachlichen Bedeutung und standortlichen Gliederung im Berliner Wirtschaftsraum (Diss.), Berlin 1941.
Eitzenberger, J., Stücklohn oder Prämienlohn in einer Prüfabteilung, in: WuW, Jg. 35, 1941, S. 299–302.
Emmrich-Schilling, Hildegard, Die Gestalt des Sozialberichts der wirtschaftlichen Unternehmung (Diss.), Halle 1941.
Engels, R., Die Wandlungen des Rechtsbewußtseins in der Lohnfrage vom Liberalismus und Marxismus zum Nationalsozialismus (Diss.), Breslau 1937.
Erdmann, Gerhard, Die Organisation der gewerblichen Wirtschaft, in: Jb. der deutschen Wirtschaft 1937, S. 34–44.
Erfahrungen mit Fließarbeit. Auswertung der 1926/27 erschienenen Veröffentlichungen über Fließarbeit, hg. vom Ausschuß für Fließarbeit beim AWF, Teil I, Berlin 1928.
Erfahrungen mit Fließarbeit. Auswertung der 1928/29 erschienenen Veröffentlichungen über Fließarbeit, hg. vom Ausschuß für Fließarbeit beim AWF, Teil II, Berlin 1930.
Faber, Eberhard von, Die Bewertung der Arbeitsschwierigkeit, in: Industrielle Psychotechnik, Jg. 17, 1940, S. 265–272.
Faßbender, Schutz des Vertrauensarztes gegen Beleidigungen, Bedrohungen und Nötigungen, in: VuK, Jg. 11, 1939, S. 84.
Fehse, Wilhelm, Vom Arbeitsfluß zur Fließarbeit in einer Werkzeugmaschinenfabrik, in: Fließende Fertigung in Maschinenfabriken, S. 99–119.
–, Fließzusammenbau von Pittler-Revolverbänken, in: WuW, Jg. 33, S. 142–144.

Fischer-Dieskau, Joachim, Wohnungsbau und Wohnungswirtschaft im Kriege, in: VJP, Jg. 4, 1940, S. 371–372.
Fischer, K., Leistungsprinzip. Praktische Erfahrungen im Betriebe, in: Eisen und Metall 1938/12, S. 360.
Fischer, Wilhelm, Fließbetrieb mit Elektroöfen, in: WuW, Jg. 30, 1936, S. 405–410.
Fließende Fertigung in deutschen Maschinenfabriken, hg. vom Hauptausschuß Maschinen beim Reichsminister für Bewaffnung und Munition, Essen 1943.
Flügge, H. W., Arbeitseinsatz im Vierjahresplan, in: RABl., Jg. 16, 1936, II, S. 471–473.
Förg, F. J., Der Reichstreuhänder der Arbeit und seine Maßnahmen im Kriege mit besonderer Berücksichtigung der Lohngestaltung (Diss.), München/Würzburg 1942.
Frankenberger, Kurt, Das Schätzen des Leistungsgrades bei Arbeitsstudien, in: WuW, Jg. 35, 1941, S. 341–344.
Frauendorfer, Max, Idee und Gestalt der ständischen Neuordnung, Berlin 1935.
Frey, K., v. Svikovsky, R., Fertigung und Zusammenbau von Böhringer-Werkzeugmaschinen, in: Fließende Fertigung in Maschinenfabriken, S. 120–135.
Friedrich, A., Deutschlands Elektroindustrie, in: Dt. VW, Jg. 4, 1935, S. 154–157.
Fünfzig Jahre Accumulatorenfabrik AG Berlin – Hagen – Wien 1888–1938, Berlin 1938.
Funk, W., Die Lochkarten-Gefolgschaftskartei, in: ZfO, Jg. 16, 1942, S. 12–13.
Funke, Friedrich, Vom Betriebsarzt zum ›Revierarzt‹, in: Betriebsführer und Vertrauensarzt 1943, S. 13.
Funke, F., Krankenkontrolle, in: Dt. SP, Jg. 54, 1945, S. 13–14.
Funke, Friedrich Wilhelm, Der vertrauensärztliche Dienst in der Krankenversicherung, in: Mh.NS, Jg. 3, 1935/36, S. 477–483.
Gassert, G., Zeitgemäße Sozialleistungen im Betriebe, in: Dt. SP, Jg. 53, 1944, S. 102.
Geck, L. H. Adolph, Probleme der sozialen Werkspolitik, München/Leipzig 1935.
Geer, Johann Sebastian, Der deutsche Maschinenbau im Jahre 1936, in: MB, Jg. 16, 1937, S. 3–4.
Gesell, Hermann, Typenabrüstung in der Maschinenindustrie, in: VJP, Jg. 6, 1942, S. 426–428 (Teil II).
Götze, Sofie, Übersicht über die Gesetzgebung in der Krankenversicherung seit März 1933, in: VuK, Jg. 1, 1933, S. 79ff.
Goltz, Graf Rüdiger von der, Das Recht der Gemeinschaftsarbeit, in: SP, Jg. 34, 1934, Sp. 97–100.
Gottwein, Refa-Gedanken, in: Refa-Schulungswoche des Verbandes Schlesischer Metallindustrieller e. V., Breslau 1934, S. 3–6.
Grewe, Hans, Die Organisation der Erfassung und der Errechnung des Lohnes in der Metallindustrie (Diss.), Frankfurt 1941.
Grote, Heinrich, Die kassenärztliche Versorgung des deutschen Volkes, in: Beilage zu DÄ, Jg. 68, 1938, Heft 34, anläßlich des 50. Geburtstages von Reichsärzteführer Gerhard Wagner, S. 10–15.
Güntz, Praktisches Beispiel eines sozialmedizinischen Dienstes, in: Dt. Invaliden-Versicherung, Jg. 8, 1936, S. 4–7.
Guillebaud, C. W., Einige Probleme der Vollbeschäftigung im heutigen Deutschland, in: VJP, Jg. 3, 1939, S. 975–977.
Gusko, Kurt, Steuerung der betrieblichen Sozialleistungen, in: Mh.NS Jg. 6, 1939, S. 436–441.
–, Treuhänder der Arbeit oder Arbeitsgericht, in: Mh.NS, Jg. 2, 1934/35, S. 174–176.
Guth, Karl, Industrielle Gemeinschaft auf der Grundlage des nationalsozialistischen Leistungs- und Ordnungsdenkens, in: Jb. der deutschen Wirtschaft 1937, S. 44–53.
Haase, K., Aus der Praxis der Arbeitszeitermittlung, in: WuW, Jg. 29, 1935, S. 273–275.
Häberle, Hermann, Fließarbeit ist auch bei der Herstellung kleiner Mengen möglich, in: Werksleiter, Jg. 7, 1933, S. 62–63.
Handbuch der Rationalisierung, hg. vom RKW, bearb. von Fritz Reuter. Berlin 1930.
Hasse, Die Gemeinschaftsverpflegung, in: SozD 1940, S. 128–130.
Hauser, Heinrich, Opel. Ein deutsches Tor zur Welt, Frankfurt 1937.

Hebestreit, H., Die Kreislauferkrankungen in ihrer sozialen und arbeitshygienischen Bedeutung, in: DÄ, Jg. 66, 1936, S. 483–485.
Hegner, Kurt, Die Werkzeugmaschine, in: Z. VDI, Bd. 83 1939,S. 741–748.
Heinrichsbauer, August, Achtzig Jahre Harpener Bergbau AG, Essen 1936.
–, Industrielle Siedlung im Ruhrgebiet in Vergangenheit, Gegenwart und Zukunft, Essen 1936.
Heissmann, Ernst, Betriebliche Altersversorgung in Form freiwilliger sozialer Leistungen, in: Dt. VW, Jg. 12, 1943, S. 902.
Hellwig, Werner, Die Stellung der Rechtsberatungsstellen der Deutschen Arbeitsfront im Arbeitsleben, in: SP, Jg. 48, 1939, Sp. 769–776.
Hemmer, Willi, Nochmals: Die Arbeitslosenstatistik, in: AStA, Bd. 26, 1936/37, S. 418–425.
–, Die ›unsichtbaren‹ Arbeitslosen. Statistische Methoden – Soziale Tatsachen, Zeulenroda 1935.
Henzler, Reinhold, Gewinnbeteiligung der Gefolgschaft, Frankfurt 1937.
–, Leistung und Lohn, in: Leistungswirtschaft. Fs. für Fr. Schmidt, hg. von Fritz Henzel, Berlin/Wien 1942, S. 88–100.
Hermann, Fließarbeit – unter heutigen Verhältnissen – in der Wäschefertigung, in: Werksleiter, Jg. 6, 1932, S. 234–236.
Hildebrandt, H., Allgemeine Bemerkungen zur Erhebung über die Facharbeiteranteile vom 31. Mai 1941 und ihre Auswertung, in: ders. (Hg.), Beiträge zur Metallfacharbeiterfrage. Die Streuung der Facharbeiteranteile in den Betrieben der Eisen- und Metallwirtschaft (Sonderveröffentlichung des RABl.), Berlin 1942, S. 13–19.
Hintze, Walter, Der Leistungsgrad in der Akkordermittlung, in: Werkstatt und Betrieb, Jg. 72, 1941, S. 127–130.
Hische, W., Auslese des arbeitenden Menschen durch Gemeinschaft, in: ZfO, Jg. 9, 1935, S. 257–262.
Hitler, Adolf, Mein Kampf, München 1943[785.–789.]
Hockermann, Heinrich, Das West-Ost-Lohngefälle, in: RABl., Jg. 23, 1943, V, S. 538–543, 554–560, 578–580.
Hönnekke, Heinz Adolph, Der Akkord im Arbeitsrecht (Diss.), Zeulenroda 1938.
Hofbauer, Alfred, Über Vertrauensarzttum und zur Betriebslehre der vertrauensärztlichen Dienststellen, in: VuK, Jg. 4, 1936,S. 145–147.
Hofmann, Konrad, Die moderne Blecherzeugung, in: VJP, Jg. 3, 1939, S. 918–919, 964–965, 1017–1018.
Hofweber, Max, u. Ibielski, E., Volkswirtschaftliche Auswirkungen der Fließfertigung in der Landmaschinenindustrie, in: Fließende Fertigung in Maschinenfabriken, S. 44–61.
Holtz, Achim, Nationalsozialistische Arbeitspolitik, Nürnberg 1938.
Holzapfel, Ein Beitrag zum Ausbau des vertrauensärztlichen Dienstes, in: VuK, Jg. 4, 1936, S. 103–104.
Horsten, Franz, Leistungsgemeinschaft und Eigenverantwortung im Bereich der nationalen Arbeit, Würzburg/Aumühle 1941.
Hueck, Alfred u. a., Gesetz zur Ordnung der nationalen Arbeit. Kommentar, München/Berlin 1934.
Hüller, K., Sondermaschinenbau unter Verwendung selbsttätiger Maschineneinheiten und Karusseltische, in: Leistungssteigerung durch Automatisierung, S. 13–16.
Huhle, Fritz, Lohn und Ertrag, in: SP, Jg. 47, 1938, Sp. 777–782.
Hunke, Heinrich, Die Lage, in: Dt. VW, Jg. 3, 1934, S. 66.
Hupfauer, Theodor, Mensch, Betrieb, Leistung, Berlin 1943.
Industrielle Arbeitsmarktgestaltung und Siedlung, Münster i. W. 1935.
Jacobs, Alfred, Statistik der Preise und der Lebenshaltungskosten, in: Statistik in Deutschland, S. 1157–1167.
Jäger, Paul Ludwig, Die Bindung der Arbeiter an den Betrieb, Hamburg 1929.
Jäzosch, Wilhelm, Die Bedeutung des Facharbeiters in der Eisenindustrie, in: D. Dt. V. 1935/36, Sonderbeilage 12. Folge, S. 27–28.
–, Ein Jahr Lohnordnung – Eisen und Metall, in: Arbeitertum 1944/6, S. 2.

–, Leistung und Lohn. Ein Jahr lohnordnende Maßnahmen in der Eisen- und Metallindustrie, in: Dt. VW, Jg. 13, 1944, S. 19.
–, Die sozialpolitische Entwicklung in der Eisen- und Metallindustrie im Jahre 1938, in: Mh.NS, 6. Jg., 1939, S. 198–200.
Jahrbuch der nationalsozialistischen Wirtschaft, hg. von Otto Mönckmeyer, München 1937.
Jensen, W., u. Raupp, A., Die VDF-Fertigung bei Heidenreich & Harbeck, in: Fließende Fertigung in Maschinenfabriken, S. 136–152.
Joa, Willi, Lohn und Produktivität (Diss.), Würzburg/Aumühle 1940.
Junkers Flugzeug- und Motorenwerke AG, 4 Jahre sozialer Aufbau, Dessau o. J. (1937).
Kämper, Otto, Fragen der Siedlungsfinanzierung, in: Industrielle Arbeitsmarktgestaltung, S. 61–71.
Kalckbrenner, Otto, Leistungslohn im Baugewerbe, in: Mh.NS, Jg. 9, 1942, S. 142–143.
–, Die Reichstarifordnung zur Einführung des Leistungslohnes im Baugewerbe, in: SozD 1942, S. 410–415.
Kalveram, Heribert, Der Gruppenakkord in der Industrie (Diss.), Frankfurt 1944.
Kammler, Kleingärtner- und Kleinsiedlerbewegung, in: Industrielle Arbeitsmarktgestaltung, S. 124–159.
Kappmeier, Friedrich, Leistungsgradschätzen bei Maschinenarbeit, in: TuW, Jg. 36, 1943, S. 39–40.
Kienzle, Otto, Leistungssteigerung in der Fertigung, in: Z. VDI, Bd. 86, 1942, S. 641–648.
Kimmich, Wilhelm, Treuhänder der Arbeit, in: SP, Jg. 36, 1937, Sp. 34–42.
Kind, Paul Arnhold, Akkordlohn – Leistungslohn (Diss.), Düsseldorf 1940.
Klein, Karl, Fließarbeit ohne Fließbänder, in: MB, Jg. 19, 1940, S. 349–350.
Köhler, Bernhard, Das Recht auf Arbeit als Wirtschaftsprinzip, Berlin 1937.
Köhler, Eberhard, Die Ausbildung Jugendlicher zu Spezialarbeitern, in: VJP, Jg. 2, 1938, S. 739–742.
Koehn, Normung und Leistungssteigerung, in: Mehr Leistung im Betrieb, S. 91–106.
Körner, Leistung und Lohn, in: SozD 1940, S. 600–602.
Krämer, Arthur, Leistungssteigerung in der Armaturenindustrie, in: VJP, Jg. 6, 1942, S. 420–422.
Kranz, H. W., Der derzeitige Stand des Problems der ›Gemeinschaftsunfähigen‹, in: DÄ, Jg. 72, 1942, S. 285–286.
Krause, Friedland, Die deutsche Lohnstatistik, in: Statistik in Deutschland, S. 1168–1179.
Kruse, Alfred, Zur Problematik des Lebenshaltungskostenindex im Kriege, in: AStA, 1942/43, S. 228–233.
Kühne, Hans, Der Arbeitseinsatz im Vierjahresplan, in: JfN, Bd. 146, 1937, S. 687–712.
Kupke, Erich, Akkord. Leistungs- oder Kontrollohn?, in: TuW, Jg. 32, 1939, S. 33–40.
–, Das Leistungsgradschätzen, in: Industrielle Psychotechnik, Jg. 17, 1940, S. 121–130 (Teil I), S. 178–247 (Teil II).
–, Der menschliche Leistungsgrad als ein Kernproblem der Leistungssteigerung im Betrieb, in: Mehr Leistung im Betrieb, S. 107–132 bzw. in: Z. VDI, Bd. 86, 1942, S. 761–768.
Lang, Adolf, Fließfertigung im Drehbankbau nach eigenem System, in: Fließende Fertigung in Maschinenfabriken, S. 153–171.
Lange, Karl, Einführung, zu: Fließende Fertigung in Maschinenfabriken, S. 6–7.
–, Einleitung, zu: Hildebrandt (Hg.), Beiträge zur Metallfacharbeiterfrage, S. 6–7.
–, Maschinenbau und neue Wirtschaftsaufgaben, in: Dt. VW, Jg. 7, 1938, S. 49–52.
Lechler, Karl Ludwig, Erkennung und Ausmerze aller Gemeinschaftsunfähigen, in: DÄ, Jg. 70, 1940, S. 292–297.
Lehnemann, G. Wilhelm, Die Richtlinien der DAF zur betrieblichen Altersversorgung, in: D. Dt. V. vom 27. Mai 1938 (1937/38, S. 1683–1686).
von Lehsten, Dürfen Ärzte des vertrauensärztlichen Dienstes der Krankenversicherung an Betriebsärzte Auskunft über die Ergebnisse vertrauensärztlicher Untersuchungen erteilen? Betrachtet aus dem Gesichtspunkt der ärztlichen Schweigepflicht, in: VuK, Jg. 6, 1938, S. 266–269.

Leifer, Gustav, Der Einfluß des planmäßigen Arbeitseinsatzes auf die Leistung der Betriebe, in: VJP, Jg. 3, 1939, S. 666–670.
Leistungssteigerung in der Fertigung durch Automatisierung, Berlin 1943.
Leitz, Gustav, Die Gemeinschaftsverpflegung, in: Dt. SP, Jg. 53, 1944, S. 17–19.
Ley, Robert, Der Leistungslohn, in: ›Angriff‹ vom 27. Okt. 1942 bzw. VB vom 29. Okt. 1942.
Löhr, Walter, Das Leistungsprinzip in der Lohngestaltung (Diss.), Düren 1937.
Lotz, Der ärztliche Dienst bei den Westbefestigungsarbeiten, in: DÄ, Jg. 68, 1938, S. 859–862.
Lütge, Friedrich, Die Lohnpolitik im Kriege, in: JfN, Bd. 151, 1940, S. 212–223.
–, Wohnungswirtschaft, Stuttgart 1940.
Mäckbach, Frank u. Kienzle, Otto, Fließarbeit. Beiträge zu ihrer Einführung, Berlin 1926.
Mäckbach, Frank, Fließarbeit im Zusammenbau, in: ebd., S. 181–196.
–, Was ist Fließarbeit?, in: ebd., S. 1–15.
Mangels, Erich, Arbeitseinsatzreserven aus dem Personenkreis der Arbeitslosen, in: Mh.NS, Jg. 5, 1938, S. 282–283.
–, Die Einsatzfähigkeit der letzten halben Million Arbeitslosen, in: VJP, Jg. 1, 1937, S. 286–288.
–, Kräftemangel und Fluktuation, in: Mh.NS, Jg. 4, 1937, S. 481 ff.
Mann, Eitel-Friedrich, Leistung und Lohn in der Unternehmung unter Berücksichtigung sozialer Gesichtspunkte (Diss.), Eisfeld/Thür. 1937.
Mansfeld, Werner, Vom Arbeitsvertrag, in: DAR, Jg. 5, 1936, S. 118–121.
–, Die Deutsche Arbeitsfront, in: DAR, Jg. 2, 1934, S. 138–139.
–, Die deutsche Sozialpolitik, in: VJP, Jg. 3, 1939, S. 14–16.
–, Drei Lohnthesen, in: D. Dt. V. vom 25. Aug. 1939 (1938/39, S. 2313–2317).
–, Das Gesetz zur Ordnung der nationalen Arbeit, in: DAR, Jg. 2, 1934, S. 33–39.
–, Grundsätze der Lohngestaltung, in: VJP, Jg. 2, 1938, S. 520–522.
–, Kriegslöhne (Im Zeichen der Kriegswirtschaft), in: VJP, Jg. 3, 1939, S. 1058–1060.
–, Leistungssteigerung und Sozialpolitik, in: VJP, Jg. 3, 1939, S. 656–659.
–, Lohnpolitik im Kriege, in: Mh.NS, Jg. 6, 1939, S. 383–386.
–, Der Lohnstop als Mittel der Kriegslohnpolitik. Zugleich eine lohnpolitische Bilanz, in: RABl., Jg. 19, 1939, II, S. 400–410.
–, Nachwort zu einem Aufsatz von Szcepanski, in: DAR, Jg. 2, 1934, S. 343–345.
–, Sicherung des Gefolgschaftsbestandes, in: VJP, Jg. 1, 1937, S. 154–155.
–, Ein Wendepunkt in der arbeitsrechtlichen Entwicklung, in: Mh.NS, Jg. 1, 1933/34, S. 101–104.
–, Um die Zukunft des deutschen Arbeitsrechts, in: DAR, Jg. 10, 1942, S. 117–122.
Mansfeld, Werner u. Pohl, Wolfgang (unter Mitarbeit von Gerhard Steinmann und Arthur Bernhard Krause), Das Gesetz zur Ordnung der nationalen Arbeit. Kommentar, Berlin usw. 1934.
Marrenbach, Otto (Hg.), Fundamente des Sieges. Die Gesamtarbeit der Deutschen Arbeitsfront 1933 bis 1940, Berlin 1940.
Marschner, H., Die Aufgaben des Hauptvertrauensarztes der Landesversicherungsanstalten, in: VuK, Jg. 4, 1936, S. 128–130.
Martens, Hans A., Begriffsbestimmung und Löhnungsart bei Fließarbeit, in: TuW, Jg. 20, 1927, S. 188–191.
Martineck, Wo steht die soziale Hygiene?, in: SozD 1940, S. 465–469.
Mehr Leistung im Betrieb. Eine Sammlung von sieben Aufsätzen zur Leistungssteigerung, Berlin 1943.
Meinecke, Walter, Refa-Gedanke und Arbeiterschaft, in: Refa-Schulungswoche des Verbandes Schlesischer Metallindustrieller e. V., Breslau 1934, S. 37.
Meister, Angela, Die deutsche Industriearbeiterin (Diss.), Jena 1939.
Michalke, Otto, Die Frauenarbeit, in: JfN, Bd. 142, 1935, S. 435–447.
Möckel, Erich, Zwangsläufige Berücksichtigung der Leistungsgrade bei Arbeitsstudien, in: MB, Jg. 17, 1938, S. 87–90.
Moede, Walter, Der Mensch in Betrieb und Wirtschaft, in: Mh.NS, Jg. 6, 1939, S. 61–65.

Möllendorf, Ulrich von, Fertigen, Prüfen, Verpacken in einem Fluß, in: Werksleiter, Jg. 2, 1928, S. 307−311.
−, Wechselnde Fließarbeit, in: Werksleiter, Jg. 3, 1929, S. 395−398.
−, Wechselnde Fließarbeit, in: Werksleiter, Jg. 4, 1930, S. 7−10.
Mönch, Hermann, Arbeitszeitschutz und Arbeitszeit in Deutschland seit 1933, in: JfN, Bd. 145, 1937, S. 415−452.
Mönch, Kurt, Dienstbeschädigung, in: Dt. Invaliden-Versicherung, Jg. 7, 1935, S. 60−62.
Mohr, Betrieblicher Einsatz der ausländischen Arbeitskräfte, in: Werkstattechnik/MB, Jg. 36, 1943, S. 379−382.
Most, Otto, Die soziale Struktur des Ruhrgebietes, in: SP, Jg. 47, 1938, Sp. 1034−1042.
Müllensiefen, Heinz, Industrielle Leistungssteigerung und Förderung der Wirtschaftlichkeit im Rahmen des Vierjahresplanes, in: Jb. der nationalsozialistischen Wirtschaft 1937, S. 289−309.
Müller, Refa-Arbeit in der Holzverarbeitung, in: Z. VDI, Bd. 88, 1944, S. 690.
−, Refa-Arbeit im Kohlenbergbau, in: ebd., S. 686.
Müller, B. W., Offene Worte zwischen Vertrauensarzt und Kassenarzt, in: VuK, Jg. 4, 1936, S. 56−58.
Müller, Werner, Arbeiter-Heimstättensiedlung und industrieller Arbeitsmarkt, in: Industrielle Arbeitsmarktgestaltung, S. 111−123.
Mulzer, Andreas, (Facharbeiter in der) Wirtschaftsgruppe Maschinenbau, in: Hildebrandt, Beiträge zur Metallfacharbeiterfrage, S. 20−39.
Nathorff, G., Wechselnde Fertigung, in: Werksleiter, Jg. 4, 1930, S. 259−262. (Teil I), S. 277−280 (Teil II).
Nehm, Günter, Betriebsordnung und Tarifordnung als Inhalt des diktierten Arbeitsvertrages (Diss.), Erlangen 1935.
Niemax, Karl, Der Leistungslohn in der deutschen Bauwirtschaft, Berlin 1941[3].
Nolden, Hans, Industrielle Rationalisierungsmaßnahmen und ihre Bedeutung für den deutschen Arbeitsbedarf (Diss.), Würzburg 1935.
Nuss, Albrecht, Fließarbeit im Waggonbau, in: Werksleiter, Jg. 3, 1929, S. 328−332.
Oehlandt, Elisabeth, Deutschlands Industriearbeiterinnenlöhne 1928−1937 (Diss.), Rostock 1937.
Oeltze von Lobenthal, Günther, Leistungssteigerung durch Akkordlohn, in: D. Dt. V. vom 23. Juni 1939 (1938/39, S. 1882−1884).
Olk, Friedrich, Kriegsaufgaben der deutschen Werkzeugmaschinenindustrie. Zur Anordnung über die Meldepflicht der Werkzeugmaschinen, in: Z. VDI, Bd. 85, 1941, S. 539−541.
Osthold, Paul, Die zusätzliche Altersversorgung, in: D. Dt. V. vom 24. Sept. 1937 (1936/37, S. 2523).
Peiseler, G., Rationalisierung der Arbeits- und Zeitstudien, in: TuW, Jg. 36, 1943, S. 7−11 (Teil I), S. 25−28 (Teil II).
Pelzer, Hans, Die freiwilligen Sozialleistungen der gewerblichen Großbetriebe für die Gefolgschaft (Diss.), Halle 1940.
Pentzlin, Kurt, Eine Arbeitsstudie an Zeitnehmern, in: TuW, Jg. 34, 1941, S. 21−28.
−, Eine Arbeitsstudie an Zeitnehmern, in: TuW, Jg. 37, 1944, S. 20−23.
−, Fragen der Lohngestaltung, in: TuW, Jg. 31, 1938, S. 121−124.
−, Aus der Praxis der Arbeitsbewertung, in: TuW, Jg. 32, 1939, S. 125−133.
Pietzsch, Albert, Die Organisation der gewerblichen Wirtschaft, Berlin 1938.
Poetzsch, Karl Erich, Die Lohnbewegung in Deutschland im Konjunkturzyklus betrachtet seit dem Jahre 1924 bis einschließlich des Jahres 1937 (Diss.), Freiburg i. Br. 1939.
Preiser, Erich, Einführung in die Volkswirtschaftslehre (1943), in: ders., Wirtschaftswissenschaft im Wandel. Gesammelte Schriften zur Wirtschaftstheorie und Wirtschaftspolitik, Hildesheim/New York 1975, S. 157−171.
−, Die konjunkturpolitischen Aufgaben der Industrie- und Handelskammern, in: ebd., S. 180−185.

Preller, Ludwig, Was wird für betriebliche Sozialleistungen ausgegeben?, in: SP, Jg. 47, 1938, Sp. 27–44.
–, Mehrarbeit – Mehrleistung, in: SP, Jg. 48, 1939, Sp. 775–782.
–, Das zwiefache Profil betrieblicher Sozialpolitik, in: VJP, Jg. 6, 1942, S. 321–324.
Rauecker, Soziale Betriebspolitik in Oberschlesien, in: SozD 1942, S. 221–224.
Reichhardt, Wolfgang, Die Reichsstatistik, in: Statistik in Deutschland, S. 77–90.
Reimann, Georg, Mehrleistung ohne Akkordschere, in: Dt. Bergwerksztg. vom 27. Nov. 1942.
Reutebach, Werkzeugmaschinen für Sonderarbeiten in der Reihenfertigung im Maschinenbau, in: Z. VDI, Bd. 89, 1945, S. 37–39.
Richter, Lutz, Fragen zur ›Rechtsnatur‹ der Betriebsordnung, in: DAR, Jg. 3, 1935, S. 312–318.
–, Der Fürsorgegedanke im Arbeitsvertrag, in: Mh.NS, Jg. 1, 1933/34, S. 77–79.
Rieschel, Robert, Die Abrechnung des Gruppenakkordes unter besonderer Berücksichtigung der Einzelleistung, in: ZfO, 18. Jg., 1944, S. 15–16.
Rinne, Willi, Die bergische Stahlindustrie (Ms.), Berlin 1939.
Rocholl, Arnold, Klarheit der betrieblichen Alterssicherung, in: Mh.NS, Jg. 5, 1938, S. 126–127.
Roloff, Das mechanische Band in der Großserienfertigung von Werkzeugmaschinen, in: Fließende Fertigung in Maschinenfabriken, S. 172–192.
Rosenberg, Alfred, Mythos des 20. Jahrhunderts, München 1934[37.–38.]
Rudolph, Hans, Von der Zeitstudie zur Leistungslohnermittlung, in: ZfO, Jg. 14, 1940, S. 13–15.
–, Planmäßige Rationalisierung. Mit Beispielen aus der Textilindustrie, in: ZfO, Jg. 13, 1939, S. 307–311.
Rudzinski, H., Die Betriebsordnung, in: Eisen und Metall, Dez. 1937, S. 115.
Sachsenberg, Ewald, Soziale, physiologische und psychologische Wirkungen der Fließarbeit und die hierbei auftretenden Lohnfragen, in: *Mäckbach/Kienzle*, Fließarbeit, S. 242–250.
Sander, Armin, Die Leistungsrichtsätze des Fachamtes Bau der Arbeitsfront, Berlin 1939.
Schaaf, Kurt, Sozialpolitik des Betriebes, in: Dt. VW, Jg. 3, 1934, S. 563–565.
Schaafhausen, Hedwig, Die soziale Betriebspolitik in der deutschen Industrie vor und nach der nationalsozialistischen Revolution (Diss.), Freiburg i. Br. 1936.
Schanderl, Hans, Rationalisierung und Technisierung 1923–1939 (Diss.), Kallmünz über Regensburg 1941.
Schaumann, Hans, Probleme unserer staatlichen Lohnpolitik im (Ersten) Weltkrieg und im neuen Krieg (Diss.), M.-Gladbach 1941.
Scheuer, Walter, Zur Frage der Schätzung von Arbeitsvorgaben beim Leistungslohn (Diss.), Würzburg 1937.
Schlachter, W., Lohnfragen bei Fließarbeit, in: MB, Jg. 5, 1926, S. 573–578.
Schlegel, H., Der Einfluß der nationalsozialistischen Lohnpolitik auf Aufgabengebiete der Wirtschafts- und Sozialpolitik (Diss.), Köln 1939.
Schlingmann, Christian, Entlohnung und Leistung, in: Werksleiter, Jg. 8, 1934, S. 202–204.
Schmeer, Rudolf, Leistungssteigerung!, in: D. Dt. V. vom 3. Febr. 1939 (1938/39, S. 845–848).
Schmidt, Georg-Wilhelm, Die soziale Fürsorgepflicht des Unternehmers im Gesetz zur Ordnung der nationalen Arbeit (Diss.), Dresden 1936.
Schmidt, Wolfgang, Über die Abhängigkeit der Arbeitsunfähigkeitskurven vom vertrauensärztlichen Dienst, in: VuK, Jg. 6, 1938, S. 6–8.
–, Vertrauensärztliche Nachuntersuchung, in: Der Vertrauensarzt, Jg. 2, 1932, S. 10 ff.
Schmith u. Gottlieb, B. J., Der Gesundheitszustand der Wohlfahrtserwerbslosen in Frankfurt a. M., in: DÄ, Jg. 68, 1938, S. 515–518.
Schmitt, W., Ein Beitrag einer Vertrauensärztlichen Großdienststelle zur Bewältigung hoher Krankenstände, in: VuK, Jg. 8, 1940, S. 114–116.
Schmücking, H., ›Musterungen‹ im vertrauensärztlichen Dienst, in: ebd., S. 33–35.
Schnatenberg, W., Neue Aufgaben der Betriebsärzte, in: ebd., S. 49–52.

Schneider, Herbert, Arbeitszeit, Arbeitslohn und Arbeitsleistung im Hochofenbetrieb (Diss.), München 1938.
Schneider-Landmann, Helmuth, Vom Kolchos zum laufenden Band, in: Mh.NS, Jg. 10, 1943, S. 118–119.
–, Werkspensionen kein Gewinnversteck, in: SP, Jg. 45, 1936, Sp. 433 ff.
Schubert, Joseph, Die Amtsverschwiegenheit der Statistik. Eine statistisch-juristische Betrachtung, in: AStA, Bd. 23, 1933/34, S. 610–618.
von Schütz, Leistungslohn, in: Dt. Bergwerksztg. vom 6. Nov. 1938.
–, Leistungslohn und Sozziallohn, in: SozD 1940, S. 523–525.
Schulte, Silvan, Die Rechtsnatur freiwilliger nachträglicher Vergütungen für geleistete Arbeit (Diss), Menden/Westf. 1936.
Schulz, Fritz, Moderne Methoden der Lohndrückerei innerhalb des Tarifvertrags, in: Mh.NS, Jg. 1, 1933/34, S. 160–163.
Schulz, Heinrich u. Steinbrink, Karl, Ratgeber für den Leistungskampf der deutschen Betriebe, Berlin 1939.
Schulz, Walther, Erbgut und Beruf, in: AE/AH 1937, S. 273–283.
–, Menschauslese vor allem in der Eisenhüttenindustrie, in: SuE, Jg. 57, 1937, S. 1133–1145.
Schulze, Paul, Die Verhinderung des Abwanderns von Facharbeitern (Diss.), Berlin 1938.
Schweighäuser, F., Der Begriff der ärztlichen Behandlung in der Sozialversicherung, in: DÄ, Jg. 68, 1938, S. 371.
Schwenger, Rudolf, Das Bedaux-System. Analyse und Kritik, in: SP,Jg. 38, 1929, Sp. 489 ff.
–, Die betriebliche Sozialpolitik im Ruhrkohlenbergbau, München 1932.
–, Die betriebliche Sozialpolitik in der westdeutschen Großeisenindustrie, München/Leipzig 1934.
–, Die deutschen Betriebskrankenkassen, München/Leipzig 1934.
–, Die soziale Frage im Betrieb. in: JfN, Bd. 142, 1937, S. 149–163.
Seebauer, Georg, Gegenwartsziele der Ingenieursarbeit in deutschen Betrieben, in: Z. VDI, Bd. 83, 1939, S. 477–483.
–, Leistungssteigerung als Kampfmittel, in: VJP, Jg. 3, 1939, S. 1064–1067.
–, Leistungssteigerung durch Rationalisierung, in: VJP, Jg. 2, 1938, S. 523–525.
–, Pflicht zur Rationalisierung, in: D. Dt. V. vom 14. April 1938 (1937/38, S. 1381–1384).
Seldte, Franz, Kriegsleistungen und Friedensvorsorge in der Sozialpolitik, in: VJP, Jg. 5, 1941, S. 6–11.
–, Sozialpolitik im Dritten Reich 1933–1938, München/Berlin 1939.
Siebelist, H., Frauenarbeit, in: Z. VDI, Bd. 85, 1941, S. 561–562.
Siebert, Wolfgang, Die Begründung des Arbeitsverhältnisses, in: DAR 1937, Jg. 5, S. 305–308.
Siegerist, M., u. Vollmer, R. (Bearb.), Die neuzeitliche Stückermittlung im Maschinenbau. Handbuch zur Berechnung der Bearbeitungszeiten an Werkzeugmaschinen für den Gebrauch auch in der Praxis und an technischen Lehranstalten, Berlin 1943[8].
Siepmann u. Pohl, Fließende Fertigung im Armaturenwerk Klein, Schanzlin & Becker AG, in: Fließende Fertigung in Maschinenfabriken, S. 62–77.
Siemens, Werner von, Lebenserinnerungen (1889), Berlin 1938.
Sitzler, G.Friedrich, Zur lohnpolitischen Stellung des Betriebes, in: SP, Jg. 48, 1939, Sp. 647–652.
–, Probleme der Lohngestaltung, in: SP, Jg. 50, 1941, S. 3–8.
Skroch, Kurt, Leistungsüberwachung in Feinblechwalzwerken, in: SuE, Jg. 55, 1935, S. 544–548.
Skrodzki, Bernhard, Möglichkeiten der betrieblichen Altersfürsorge (Diss.), Berlin 1937.
Sommer, Josef, Gestaltwandel des Arbeitslohnes. Ein Beitrag zur Geschichte der Lohnformen, in: TuW, Jg. 32, 1939, S. 184–190.
Speer, Albert, Selbstverantwortung in der Rüstungsindustrie, in: VJP, Jg. 7, 1943, S. 242–243.
Die Statistik in Deutschland nach ihrem heutigen Stand, hg. von Friedrich Burgdörfer, Berlin 1940.
Stein, Helmut, Vom Akkord zum Leistungslohn, in: ZfO, Jg. 15, 1941, S. 162–166.

–, Erfahrungen mit unserer neuen Lohnordnung, in: ZfO, Jg. 16, 1942, S. 195–201.
–, Leistungsauslese und Leistungslohn, in: ZfO, Jg. 15, 1941, S. 1–4.
–, Typisierung, Planung und Fertigung in einer Maschinenfabrik, in: Fließende Fertigung in Maschinenfabriken, S. 13–31.
Sternberg, H. A., Fließbandmontage einer Drehbank, in: Fließende Fertigung in Maschinenfabriken, S. 193–209.
Stoffers, Gustav, Arbeitsgüte und Leistungslohn, in: TuW, Jg. 36, 1943, S. 149–150.
Storck, Gottlieb Fr., Vom Revisionsarzt zum Sozialarzt!, in: VuK, Jg. 9, 1941, S. 6–9.
Stothfang, Walter, Arbeitseinsatz 1943, in: Mh.NS, Jg. 10, 1943, S. 3–4.
Stuckrad, Ernst von, Das deutsche Siedlungs- und Wohnungswesen, in: Jb. der nationalsozialistischen Wirtschaft 1937, S. 112–127.
Suberg, Wilhelm, Die Arbeitslöhne im Ruhrgebiet (Diss.), Ensdetten/Westf. 1942.
Syrup, Friedrich, Arbeiter und Soldaten, in: SozD 1940, S. 1–6.
–, Arbeitseinsatz und Arbeitslosenhilfe in Deutschland, Berlin 1936.
–, Der Arbeitseinsatz in Deutschland, in: SP, Jg. 47, 1938, Sp. 129–136.
–, Die Arbeitsschlacht im Dritten Reich, in: DAR, Jg. 3, 935, S. 1–5.
–, Die deutsche Arbeitsverwaltung im Kriege, in: SozD 1942, S. 328–333.
–, Die Entwicklung des Arbeitseinsatzes. Zu der Verordnung zur Sicherstellung des Kräftebedarfs für Aufgaben von besonderer staatspolitischer Bedeutung, in: VJP, Jg. 2, 1938, S. 389–394.
–, Neue Maßnahmen zur Regelung des Arbeitseinsatzes, in: ebd. S. 143–146.
–, Die Regelung des Arbeitseinsatzes, in: Jb. der nationalsozialistischen Wirtschaft 1937, S. 35–49.
Taylor, Frederick Winslaw, Die Grundsätze wissenschaftlicher Betriebsführung, München/Berlin 1913.
Tesky, K. u. Schwendenwein, K., Typnormung und Fertigung von Index-Revolverautomaten, in: Fließende Fertigung in Maschinenfabriken, S. 78–98.
Tewes, Helmut, Die Erfolgsbeteiligung der Gefolgschaft (Diss.), Quakenbrück 1938.
Thost, Gerhard, Das Einkommen der Arbeiter, Angestellten und Beamten, in: Dt. VW, Jg. 8, 1939, S. 776–780.
Unteutsch, Wilhelm, Das Bedaux-System in seiner Kritik, Aachen 1934.
Valta, Richard von, Das Arbeitsbuch in der Statistik, in: AStA, Bd. 27 1937/38, S. 263–273.
Vollweiler, Helmut, Die Weihnachtsgratifikation, in: SP, Jg. 46, 1937, Sp. 1475 ff.
Vorberg, Robert, Die Akkordarbeit von Jugendlichen (Diss.), Köln 1939.
Wagner, Gerhard, Rede vom 8. Aug. 1937 in Düsseldorf, in: DÄ, Jg. 67, 1937, S. 769–771.
Warlimont, P., Die fließende Fertigung als wirtschaftliche Frage, in: TuW, Jg. 19, 1926, S. 79–81.
Weiss, Albrecht, Betriebliche Alters- und Hinterbliebenenfürsorge, in: D. Dt. V. vom 18. März 1938 (1937/38, S. 1181–1182).
–, Die betriebliche Alters-, Invaliden- und Hinterbliebenenfürsorge, in: SP, Jg. 46, 1937, Sp. 699 ff.
Weiß, Carl, Bedeutung und Führung der vertrauensärztlichen Untersuchungskarte, in: VuK, Jg. 6, 1938, S. 269–271.
Welter, Erich, Der Weg der deutschen Industrie, Frankfurt 1943.
Wendel, Carl, Akkordverdienst und tariflicher Mindestlohn, in: DAR, Jg. 6, 1938, S. 98–102.
Wentz, Paul, Refa gestern und heute, in: Mh.NS, Jg. 9, 1942, S. 192–193.
Wiesinger, Alfons, Zur Senkung der Krankenziffer, in: VuK, Jg. 9, 1941, S. 51–53.
Willeke, Eduard, Formen deutscher Arbeitsmarktpolitik, in: JfN, Bd. 143, 1936, S. 68–92 (Teil I), S. 193–214 (Teil II).
Winkel, A., Die Auswirkungen der Refa-Arbeit in Unternehmen, in: MB, Jg. 17, 1938, S. 505–506.
Winschuh, Josef, Praktische Werkspolitik, Berlin 1923.
Witting, Gabriele, Die Halbtagsbeschäftigung der Frauen, in: Mh.NS, Jg. 10, 1943, S. 90–91.
Das Wohnungswesen der Fried. Krupp AG, Essen 1943.

Wommelsdorf, Fritz, Einfluß der Serien- und Massenfertigung auf den Bau von Normal- und Spezialmaschinen, in: Fließende Fertigung in Maschinenfabriken, S. 210–224.
Zahn, Friedrich, Der Lebenshaltungskostenindex – Ein zuverlässiges Meßinstrument?, in: AStA, Bd. 23, 1933/34, S. 259–261.
Zeine, Paul, Pensionsversorgung der Gefolgschaft (Diss.), Berlin 1937.
Zentralbüro des Sozialamtes der Deutschen Arbeitsfront (Hg.), Deutsche Sozialpolitik. Jahresberichte 1937 und 1938, Berlin 1937 bzw. 1938.
–, Zusätzliche Gefolgschaftsversorgung, Berlin 1938.
Ziegler, Gerhard, Leistungsrichtsätze im Bau, in: D. Dt. V. vom 6. April 1939 (1938/39, S. 1305–1307).
Zweites Refa-Buch, Erweiterte Einführung in die Arbeitszeitermittlung, Berlin 1939.

c) Darstellungen und Abhandlungen

Abelshauser, Werner u. Petzina, Dietmar, Krise und Rekonstruktion. Zur Interpretation der gesamtwirtschaftlichen Entwicklung Deutschlands im 20. Jahrhundert, in: Schröder, Wilhelm-Heinz u. Spree, Reinhard (Hg.), Historische Konjunkturforschung, Stuttgart 1981, S. 75–114.
Aleff, Eberhard, Das Dritte Reich, Hannover 1973.
Aly, Götz u. Roth, Karl-Heinz, Die restlose Erfassung. Volkszählen, Identifizieren, Aussondern im Nationalsozialismus, Berlin 1984.
August, Jochen, Die Entwicklung des Arbeitsmarktes in Deutschland in den 30er Jahren und der Masseneinsatz ausländischer Arbeitskräfte während des Zweiten Weltkrieges. Das Fallbeispiel der polnischen zivilen Arbeitskräfte und Kriegsgefangenen, in: AfS, Bd. XXIV, 1984, S. 305–335.
Bach, Otto, Zur Zwangssterilisierungspraxis in der Zeit des Faschismus im Bereich der Gesundheitsämter Leipzig und Grimma, in: Medizin im Faschismus, S. 157–161.
Bagel-Bohlan, Elke Anja, Hitlers industrielle Kriegsvorbereitungen 1936–1939, Koblenz/Bonn 1975.
Baierl, Friedrich u. Staude, Joachim, Prämienentlohnung, in: Handwörterbuch des Personalwesens, hg. von Eduard Gaugler, Stuttgart 1975, Sp. 1744–1752.
Bajohr, Stefan, Die Hälfte der Fabrik. Geschichte der Frauenarbeit 1914 bis 1945, Marburg 1979.
Barkai, Avraham, Das Wirtschaftssystem des Nationalsozialismus. Der historische und ideologische Hintergrund 1933–1936, Köln 1977.
Behrens, Elisabeth, Arbeiterkampf und kapitalistischer Gegenangriff unter dem Nationalsozialismus, in: Karl-Heinz Roth, Die andere Arbeiterbewegung, München 1974, S. 101–174.
Bergmann, Klaus, Agrarromantik und Großstadtfeindschaft, Meinheim/Glan 1970.
Bettelheim, Charles, Die Wirtschaft unter dem Nationalsozialismus, München 1974.
Blaich, Fritz, Staat und Verbände in Deutschland zwischen 1871 und 1945, Wiesbaden 1979.
–, Wirtschaft und Rüstung im Dritten Reich, Düsseldorf 1987.
–, Wirtschaft und Rüstung in Deutschland 1933–1939, in: Sommer 1939, S. 33–51 bzw. NS-Diktatur 1933–1945, S. 285–316.
Blomke, Maria u. Jost, Carl, Krankenstand, medizinische Sicht, in: Handbuch der Sozialmedizin, Bd. III, S. 100–119.
Blumenroth, Ulrich, Deutsche Wohnungspolitik seit der Reichsgründung. Darstellung und kritische Würdigung, Münster 1975.
Bock, Gisela, Zwangssterilisation im Nationalsozialismus. Studien zur Rassenpolitik und Frauenpolitik, Opladen 1986.
Böhrs, Hermann, Leistung und Leistungsdeterminanten, in: Handwörterbuch des Personalwesens, Sp. 1181–1190.

–, Leistungslohn, Wiesbaden 1959.
–, Normalleistung, in: Handwörterbuch des Personalwesens, Sp. 1423–1428.
Boelcke, Willi A., Die deutsche Wirtschaft 1930–1945: Interna des Reichswirtschaftsministeriums, Düsseldorf 1983.
Bönig, Jürgen, Technik, Rationalisierung und Arbeitszeit in der Weimarer Republik, in: Technikgeschichte, Bd. 47, 1980, S. 03–324.
–, Technik und Rationalisierung in Deutschland zur Zeit der Weimarer Republik, in: Troitzsch, Ulrich u. Wohlauf, Gabriele (Hg.), Technik-Geschichte. Historische Beiträge und neuere Ansätze, Frankfurt 1980, S. 390–419.
Bolte, Karl Martin, Sozialer Aufstieg und Abstieg, Stuttgart 1959.
Borchardt, Knut, Die Bundesrepublik in den sekulären Trends der wirtschaftlichen Entwicklung, in: Werner Conze u. M. Rainer Lepsius (Hg.) Sozialgeschichte der Bundesrepublik Deutschland, Stuttgart 1983, S. 20–45.
–, Trend, Zyklus, Strukturbrüche, Zufälle: Was bestimmt die deutsche Wirtschaftsgeschichte des 20. Jahrhunderts?, in: VSWG, Bd. 64, 1977, S. 145–178.
Bosch, Hans-Joachim, Fließarbeit – Vorläufer der Automatisierung, in: Kurt Pentzlin u. Otto Kienzle (Hg.), Fertigungstechnische Automatisierung, Berlin usw. 1969, S. 3–8.
Bracher, Karl Dietrich, Die deutsche Diktatur. Entstehung, Struktur und Folgen des Nationalsozialismus, Frankfurt 1983 (EA 1969).
–, Tradition und Revolution im Nationalsozialismus, in: ders., Zeitgeschichtliche Kontroversen. Um Faschismus, Totalitarismus, Demokratie, München 1976, S. 62–78.
Bracher, Karl Dietrich u. a., Die nationalsozialistische Machtergreifung. Erster Teil: Karl Dietrich Bracher, Stufen der Machtergreifung. Zweiter Teil: Gerhard Schulz, Die Anfänge des totalitären Maßnahmestaates. Dritter Teil: Wolfgang Sauer, Mobilmachung der Gewalt, Frankfurt usw. 1974 (EA 1962).
Brady, Robert Alexander, The Spirit and Structure of German Fascism, London 1937.
Braunwarth, Henry, Die Spanne zwischen Männer- und Frauenlöhnen. Tatsächliche Entwicklung und kritische Erörterung ihrer Berechtigung, Köln-Deutz 1955.
Broszat, Martin, Plädoyer für eine Historisierung des Nationalsozialismus, in: Merkur, Jg. 39, 1985, S. 373–385.
–, Nationalsozilistische Konzentrationslager 1933–1945, in: Anatomie des SS-Staates, Bd. 2, München 1984 (EA 1967), S. 11–133.
–, Resistenz und Widerstand. Eine Zwischenbilanz des Forschungsprojekts, in: Bayern in der NS-Zeit, Bd. IV, S. 691–709.
–, Zur Sozialgeschichte des deutschen Widerstandes, in: VfZ, Jg. 34, 1986, S. 293–309.
–, Der Staat Hitlers, München 1969.
Bry, Gerhard, Wages in Germany 1871–1945, Princeton 1960.
Buchholz, Wolfgang, Die nationalsozialistische Gemeinschaft ›Kraft durch Freude‹. Freizeitgestaltung und Arbeiterschaft im Dritten Reich, München 1976.
Büttner, Hans Wolfgang, Das Reichskuratorium der deutschen Wirtschaft, Düsseldorf 1973.
Buhl, Horst, Ausgangspunkte und Entwicklungslinien der freiwilligen sozialen Leistungen in industriellen Unternehmungen, Berlin 1965.
Bunk, Gerhard P., Erziehung und Industriearbeit, Weinheim/Basel 1972.
Burchardt, Lothar, Die Auswirkungen der Kriegswirtschaft auf die deutsche Zivilbevölkerung im Ersten und im Zweiten Weltkrieg, in: MGM 1974/1, S. 65–97.
Burisch, Wolfram, Industrie- und Betriebssoziologie, Berlin 1971^6.
Conrad, Christoph, Erfolgsbeteiligung und Vermögensbildung der Arbeitnehmer bei Siemens (1847–1945), Stuttart 1986.
Czada, Peter, Die Berliner Elektroindustrie in der Weimarer Republik. Eine regionalstatistisch-wirtschaftshistorische Untersuchung, Berlin 1969.
Dahrendorf, Ralf, Gesellschaft und Demokratie in Deutschland, Stuttgart/Hamburg 1965.
Däubler, Wolfgang, Arbeitsrechtsideologie im deutschen Faschismus – Einige Thesen, in: Recht, Rechtsphilosophie und Nationalsozialismus, hg. von Hubert Rottleutner (Archiv für Rechts- und Sozialphilosophie, Beiheft 18), Wiesbaden 1983, S. 120–127.

Deutschland im Zweiten Weltkrieg, Autorenkollektiv (Wolfgang Schumann u. a.), 6 Bde., Köln 1974—1985.

Dichgans, Hans, Zur Geschichte des Reichskommissars für die Preisbildung, Düsseldorf 1977.

Dräger, Werner, Betriebliche Sozialpolitik zwischen Autonomie und Reglementierung (1918 bis 1977), in: Wilhelm Treue u. Hans Pohl (Hg.), Betriebliche Sozialpolitik deutscher Unternehmen seit dem 19. Jahrhundert, Wiesbaden 1978, S. 58—90.

Eiber, Ludwig, Arbeiter unter der NS-Herrschaft. Textil- und Porzellanarbeiter im östlichen Oberfranken 1933—1939, München 1979.

—, Frauen in der Kriegsindustrie. Arbeitsbedingungen, Lebensumstände, Protestverhalten, in: Bayern in der NS-Zeit, Bd. III, S. 569—645.

Eichholtz, Dietrich, Geschichte der deutschen Kriegswirtschaft 1939—1945, Bd. 1: 1939—1941, Bd. 2: 1941—1943, Berlin [DDR] 1971 bzw. 1985.

—, Die Vorgeschichte des ›Generalbevollmächtigten für den Arbeitseinsatz‹, in: JfG, Bd. 9, 1973, S. 339—383.

Elling, Hanna, Frauen im deutschen Widerstand 1935—1945, Frankfurt 1978.

Erbe, René, Die nationalsozialistische Wirtschaftspolitik 1933—1939 im Lichte der modernen Theorie, Zürich 1958.

Erdmann, Karl Dietrich, Deutschland unter der Herrschaft des Nationalsozialismus 1933—1939, München 1980.

Esenwein-Rothe, Ingeborg, Die Wirtschaftsverbände 1933 bis 1945, Belin 1965.

Fischer, Wolfram, Deutsche Wirtschaftspolitik 1918—1945, Opladen 1968.

Ford, Henry, Erfolg im Leben. Mein Leben und Werk, München 1963 (EA 1952).

Fraenkel, Ernst, Der Doppelstaat, Frankfurt 1974 (EA 1940).

—, Das Dritte Reich als Doppelstaat (1937), in: ders., Reformismus und Pluralismus. Materialien zu einer ungeschriebenen politischen Biographie, hg. von Falk Esche u. Frank Grube, Hamburg 1973, S. 225—239.

Freymond, Jean, Le IIIe Reich et la réorganisation économique de l'Europe 1940—1942. Origines et Projets, Leiden 1974.

Friemert, Chup, Produktionsästhetik im Faschismus. Das Amt ›Schönheit der Arbeit‹, München 1980.

Gaugler, Eduard, Betriebswirtschaftlich-soziologische Grundprobleme bei der Gewährung betrieblicher Sozialleistungen, in: Thomandt, Theodor (Hg.), Betriebliche Sozialleistungen, Wien/Stuttgart 1974, S. 1—22.

Geck, L. H. Adolph, Soziale Betriebsführung, zugleich Einführung in die betriebliche Sozialpolitik, Essen 1953.

Geer, Johann Sebastian, Der Markt der geschlossenen Nachfrage. Eine morphologische Studie über die Eisenkontingentierung in Deutschland 1937—1945, Berlin 1961.

Gerß, Wolfgang, Lohnstatistik in Deutschland, Berlin 1977.

Geschichte der Produktivkräfte in Deutschland von 1800 bis 1945, Bd. III: 1917/18 bis 1945, hg. von Rudolf Berthold u. a., Berlin [DDR] 1988.

Gies, Aufgaben und Probleme der nationalsozialistischen Ernährungswirtschaft, in: VSWG Bd. 66, 1979, S. 466—499.

Gmähle, Peter, Betriebswirtschaftslehre im Nationalsozialismus, Erlangen/Nürnberg 1968.

Goldthorpe, John H., Einstellungen und Verhaltensweisen von Fließbandarbeitern in der Automobilindustrie, in: Thomas Luckmann u. Walter Michael Sprondel (Hg.), Berufssoziologie, Köln 1972, S. 71—89.

Graessner, Sepp, Neue soziale Kontrolltechniken durch Arbeits- und Leistungsmedizin, in: Medizin und Nationalsozialismus, hg. von Gerhard Baader u. Ulrich Schultze, Berlin 1980, S. 145—151.

—, Leistungsmedizin im Nationalsozialismus, in: Medizin im Nationalsozialismus, S. 189—199.

Graf, Oscar Maria, Gelächter von außen. Aus meinem Leben 1918—1933 (Roman), München 1983 (EA 1966).

Grieser, Die deutsche Sozialversicherung, in: 50 Jahre Sozialpolitik. Der Arbeitgeber 1950/51 (H. 24/1), S. 42–46.
Grüttner, Michael, Soziale Hygiene und soziale Kontrolle. Die Sanierung des Hamburger Gängeviertels 1892–1936, in: Arbeiter in Hamburg. Unterschichten, Arbeiter und Arbeiterbewegung seit dem ausgehenden 18. Jahrhundert, hg. von Arno Herzig u. a., Hamburg 1983, S. 359–371.
Grumbach, Franz u. König, Heinz, Beschäftigung und Löhne in der deutschen Industrie 1888–1954, in: Weltwirtschaftliches Archiv Bd. 79/1957 II, S. 125–155.
Grunberger, Richard, Das zwölfjährige Reich. Der Deutschen Alltag unter Hitler, Wien/Zürich 1971.
Guillebaud, C. W., The Social Policy of Nazi Germany, London 1941.
Gurland, A. R. L., Technologische Entwicklung und Wirtschaftsstruktur im Nationalsozialismus (1942), in: Wirtschaft, Recht und Staat im Nationalsozialismus. Analysen des Instituts für Sozialforschung 1939–1942, hg. von Alfons Söllner, Frankfurt 1984, S. 235–283.
Hachtmann, Rüdiger, Arbeitsmarkt und Arbeitszeit in der deutschen Industrie 1929 bis 1939, in: AfS, Bd. XXVII, 1987, S. 177–227.
–, Beschäftigungslage und Lohnentwicklung in der deutschen Metallindustrie 1933–1939, in: HSR, No. 19, 1981, S. 42–68.
–, Von der Klassenharmonie zum regulierten Klassenkampf, in: Soziale Bewegungen. Jahrbuch 1: Arbeiterbewegung und Faschismus, Frankfurt/New York 1984, S. 159–174.
–, Die Krise der nationalsozialistischen Arbeitsverfassung – Pläne zur Änderung der Tarifgestaltung 1936–1940, in: Kritische Justiz, Jg. 17, 1984, S. 281–299.
–, Lebenshaltungskosten und Reallöhne während des ›Dritten Reiches‹, in: VSWG, Bd. 75, 1988, S. 32–73.
Hahn, Thomas, Wissenschaft und Macht – Überlegungen zur Geschichte der Arbeitssoziologie 1933–1945, in: Soziale Welt, Jg. 35, 1984, S. 60–93.
Hallgarten, Georg W. u. Radkau, Joachim, Deutsche Industrie und Politik von Bismarck bis in die Gegenwart, Reinbek 1981 (EA 1974).
Hamburger, Ludwig, How Nazi Germany has controlled business, Washington 1943.
–, How Nazi Germany has mobilized and controlled Labor, Washington 1940.
Handbuch der Sozialmedizin, Bd. III, hg. von Maria Blomke u. a., Stuttgart 1976.
Handwörterbuch des Personalwesens, hg. von Eduard Gaugler, Stuttgart 1975.
Hanf, Reinhard, Möglichkeiten und Grenzen betrieblicher Lohn- und Gehaltspolitik 1933–1939, Regensburg 1974.
Hansen, Eckehard u. a., Seit über einem Jahrhundert…: Verschüttete Alternativen in der Sozialpolitik. Sozialer Fortschritt, organisierte Dienstleistungsmacht und nationalsozialistische Machtergreifung, Köln 1981.
Hardach, Gerd, Deutschland in der Weltwirtschaft, Frankfurt/New York 1977.
Hardach, Karl, Wirtschaftsgeschichte Deutschlands im 20. Jahrhundert, Göttingen 1976.
Hennig, Eike, Bürerliche Gesellschaft und Faschismus in Deutschland. Ein Forschungsbericht, Frankfurt 1977.
–, *Thesen* zur deutschen Wirtschafts- und Sozialgeschichte 1933 bis 1938, Frankfurt 1973.
Henning, F.-W., Das industrialisierte Deutschland 1914–1974, Paderborn usw. 1974.
Hentschel, Volker, Wirtschafts- und sozialhistorische Brüche und Kontinuitäten zwischen Weimarer Republik und Drittem Reich, in: ZUG 28. Jg./1983, S. 39–80.
–, Geschichte der deutschen Sozialpolitik (1880–1980). Soziale Sicherung und kollektives Arbeitsrecht, Frankfurt 1983.
Herbert, Ulrich, Fremdarbeiter. Politik und Praxis des ›Ausländer-Einsatzes‹ in der Kriegswirtschaft des ›Dritten Reiches‹, Berlin/Bonn 1985.
–, »Die guten und die schlechten Zeiten.« Überlegungen zur diachronen Analyse lebensgeschichtlicher Interviews, in: Niethammer, Die Jahre weiß man nicht, S. 67–96.
Herbst, Ludolf, Die Krise des nationalsozialistischen Regimes am Vorabend des Zweiten Weltkrieges und die forcierte Aufrüstung, in: VfZ, Jg. 26, 1978, S. 347–392.

–, Die Mobilmachung der Wirtschaft 1938/39 als Problem der nationalsozialistischen Herrschaft, in: Sommer 1939, S. 62–106.
–, Der totale Krieg und die Ordnung der Wirtschaft. Die Kriegswirtschaft im Spannungsfeld von Politik, Ideologie und Propaganda 1939–1945, Stuttgart 1982.
Herf, Jeffrey, Reactionary modernism. Technology, culture, and politics in Weimar and the Third Reich, London usw. 1986.
Hermann, Armin, Naturwissenschaft und Technik im Dienste der Kriegswirtschaft, in: Jörg Tröger (Hg.), Hochschule und Wissenschaft im Dritten Reich, Frankfurt 1984, S. 157–167.
Hetzer, Gerhard, Die Industriestadt Augsburg. Eine Sozialgeschichte der Arbeiteropposition, in: Bayern in der NS-Zeit, Bd. III, S. 1–233.
Hildebrand, Klaus, Das Dritte Reich, München 1981.
–, Monokratie oder Polykratie? Hitlers Herrschaft und das Dritte Reich, in: NS-Diktatur 1933–1945, S. 73–96.
Hinrichs, Peter, Um die Seele des Arbeiters. Arbeitspsychologie, Industrie- und Betriebssoziologie in Deutschland, Köln 1981.
Hirschfeld, Gerhard u. Kettenacker, Lothar (Hg.), Der ›Führerstaat‹. Mythos und Realität (Studien zur Struktur und Politik des Dritten Reiches), Stuttgart 1981.
Hoffmann, Walter G., Das Wachstum der deutschen Wirtschaft seit der Mitte des 19. Jahrhunderts, Berlin usw. 1965.
Homburg, Heidrun, Vom Arbeitslosen zum Zwangsarbeiter. Arbeitslosenpolitik und Fraktionierung der Arbeiterschaft 1930–1933 am Beispiel der Wohlfahrtserwerbslosen und der kommunalen Wohlfahrtshilfe, in: AfS, Bd. XXV, 1985, S. 253–298.
–, Scientific Management and Personnel Policy in the Modern German Enterprise 1918–1939: The Case of Siemens, in: Howord F. Gospel u. Craig R. Littler (Hg.), Managerial Strategies and Industrial Relations. An Historical and Comparative Study, London 1983, S. 137–156.
Hüttenberger, Peter, Nationalsozialistische Polykratie, in: GG, Jg. 2, 1976, S. 417–442.
–, Vorüberlegungen zum ›Widerstandsbegriff‹, in: Jürgen Kocka (Hg.), Theorie und Praxis des Historikers, Göttingen 1977, S. 117–139.
Huhle, Fritz, Die Statistik in Deutschland in den 30er Jahren, in: JfN, Bd. 198, 1983, S. 539–551.
Industriearbeit und Gesundheitsverschleiß, hg. von Funke, Hajo u. a., Frankfurt/Köln 1974.
Janssen, Gregor, Das Ministerium Speer. Deutschlands Rüstung im Krieg, Berlin/Frankfurt 1968.
Joest, Hans Josef, Pionier im Ruhrrevier, Stuttgart-Degerloch 1982.
Kaelble, Hartmut, Geschichte der sozialen Mobilität, in: ders. u. a., Probleme der Modernisierung in Deutschland. Studien im 19. und 20. Jahrhundert, Opladen 1978, S. 235–324.
Karbe, Karl-Heinz, Das Betriebsarztsystem und zum Schicksal der Arbeitsmedizin im faschistischen Deutschland, in: Medizin im Faschismus, S. 104–112.
Karner, Stefan, Arbeitsvertragsbrüche als Verletzung der Arbeitspflicht im Dritten Reich, in: AfS, Bd. XXI, 1981, S. 269–328.
Kaschuba, Wolfgang u. Lipp, Carola, Kein Volk steht auf, kein Sturm bricht los. Stationen dörflichen Lebens auf dem Weg in den Faschismus, in: Johannes Beck u. a., Terror und Hoffnung in Deutschland 1933–1945. Leben im Faschismus, Reinbek 1980, S. 111–150.
Kater, Michael H., Die ›Gesundheitsführung‹ des Deutschen Volkes, in: Medizinhistorisches Journal 1983, S. 349–375 (bzw. in: Medizin im Nationalsozialismus, S. 120–147).
–, Medizin und Mediziner im 3. Reich, in: HZ, Bd. 244, 1987, insbesondere, S. 299–352.
Katzenstein, Robert, Zur Einwirkung des Zweiten Weltkrieges auf den kapitalistischen Produktionsprozeß, dargestellt am Beispiel des Werkzeugmaschinenbaus in Deutschland bzw. Westdeutschland, in: Konjunktur und Krise, Jg. 5, 1961, S. 113–127.
Keese, Dietmar, Die volkswirtschaftlichen Gesamtgrößen für das Deutsche Reich in den Jahren 1925–1935, in: Werner Conze u. Hans Raupach (Hg.), Die Staats- und Wirtschaftskrise des Deutschen Reiches 1929/33, Stuttgart 1976, S. 35–81.
Kern, Horst u. Schumann, Michael, Industriearbeit und Arbeiterbewußtsein, Frankfurt 1977.

Kershaw, Ian, Alltägliches und Außeralltägliches: ihre Bedeutung für die Volksmeinung 1933–1939, in: Die Reihen fast geschlossen, S. 273–292.

–, The Führer Image and Political Integration: The Popular Conception of Hitler in Bavaria during the Third Reich, in: Gerhard Hirschfeld u. Lothar Kettenacker (Hg.), Führerstaat, S. 133–161.

–, Der Hitler Mythos. Volksmeinung und Propaganda im Dritten Reich, Stuttgart 1980.

–, »Widerstand ohne Volk?« Dissens und Widerstand im Dritten Reich, in: Widerstand gegen den Nationalsozialismus, S. 779–798.

Kindleberger, Charles P., Die Weltwirtschaftskrise 1929–1939, München 1973.

Klein, Thomas, Marburg-Stadt und Marburg-Land in der amtlichen Berichterstattung 1933–1936, in: Klaus *Malettke* (Hg.), Der Nationalsozialismus an der Macht, Göttingen 1984, S. 110–142.

Knott, Carl, Erinnerungen eines Refa-Mannes, in: Produktivität und Rationalisierung. Chancen – Wege – Forderungen, hg. von Rationalisierungs-Kuratorium der deutschen Wirtschaft e. V., Frankfurt 1971, S. 156–158.

Kocka, Jürgen, Lohnarbeit und Klassenbildung. Arbeiter in Deutschland 1800–1875, Berlin/Bonn 1983.

–, Quantifizierung in der Geschichtswissenschaft, in: Heinrich Best u. Reinhard Mann (Hg.), Quantitative Methoden in der sozialwissenschaftlichen Forschung, Stuttgart 1977, S. 3–9.

–, Sozialgeschichte. Begriff, Entwicklung, Probleme, Göttingen 1977.

–, Stand – Klasse – Organisation. Strukturen sozialer Ungleichheit in Deutschland vom späten 18. bis zum frühen 20. Jahrhundert im Aufriß, in: Hans-Ulrich Wehler (Hg.), Klassen in der europäischen Sozialgeschichte, Göttingen 1979, S. 137–165.

–, u. Michael Prinz, Vom ›neuen Mittelstand‹ zum angestellten Arbeitnehmer. Kontinuität und Wandel der deutschen Angestellten seit der Weimarer Republik, in: Sozialgeschichte der Bundesrepublik Deutschland. Beiträge zum Kontinuitätsproblem, hg. von Werner Conze u. M. Rainer Lepsius, Stuttgart 1983, S. 210–255.

Kohlhausen, Karl, Vertrauensärztlicher Dienst, in: Handbuch der Sozialmedizin, Bd. III, S. 558–571.

Kolb, Eberhard, Die Maschinerie des Terrors. Zum Funktionieren des Unterdrückungs- und Verfolgungsapparates im NS-System, in: NS-Diktatur 1933–1945, S. 270–284.

Korsch, Karl, Zur Neuordnung der deutschen Arbeitsverfassung (1934), in: ders., Politische Texte, hg. und eingeleitet von Erwin Gerlach u. Jürgen Seifert, Frankfurt 1974, S. 271–297.

Kosiol, Erich, Leistungsgerechte Entlohnung, Wiesbaden 1962.

–, Leistungslohn, in: Handwörterbuch des Personalwesens, Sp. 1175–1181.

Kranig, Andreas, Arbeitsrecht und Nationalsozialismus, in: Recht, Rechtsphilosophie und Nationalsozialismus, S. 105–119.

–, Arbeitsrecht im NS-Staat. Texte und Dokumente, Köln 1984.

–, Lockung und Zwang. Zur Arbeitsverfassung im Dritten Reich, Stuttgart 1983.

Kroll, Gerhard, Von der Wirtschaftskrise zur Staatskonjunktur, Berlin 1958.

Kuczynski, Jürgen, Geschichte des Alltags des deutschen Volkes, Studien 5, Köln 1982.

–, Geschichte der Lage der Arbeiter unter dem Kapitalismus, Bde. 5 u. 6, Berlin [DDR] 1965.

Kuder, Dieter, Die wirtschaftliche und soziale Lage der Arbeiterschaft von 1918 bis zur Gegenwart, Köln 1960.

Kugler, Anita, Arbeitsorganisation und Produktionstechnologie der Adam Opel Werke (von 1900 bis 1929), Berlin 1985.

–, Die Behandlung des feindlichen Vermögens in Deutschland und die ›Selbstverantwortung‹ der Rüstungsindustrie. Dargestellt am Beispiel der Adam Opel AG von 1941 bis Anfang 1943 in: 1999. Zeitschrift für Sozialgeschichte des 20. und 21. Jahrhunderts, 1988/H. 2, S. 46–78.

–, Von der Werkstatt zum Fließband. Etappen der frühen Automobilproduktion in Deutschland, in: GG, Jg. 13, 1987, S. 304–339.

Kuhn, Annette u. Rothe, Valentin, Frauen im deutschen Faschismus, Bd. 2: Frauenarbeit und Widerstand im NS-Staat, Düsseldorf 1982.

Lampert, Heinz, Staatliche Sozialpolitik im Dritten Reich, in: NS-Diktatur 1933–1945, S. 177–205.
Leibfried, Stephan u. Tennstedt, Florian, Berufsverbote und Sozialpolitik. Die Auswirkungen der nationalsozialistischen Machtergreifung auf die Krankenkassenverwaltung und die Kassenärzte, Bremen 1981³.
Landes, David, Der entfesselte Prometheus. Technologischer Wandel und industrielle Entwicklung in Westeuropa von 1750 bis zur Gegenwart, München 1983.
Lenger, Friedrich, Sozialgeschichte des deutschen Handwerks seit 1800, Frankfurt 1988.
Lepsius, Rainer M., Strukturen und Wandlungen im Industriebetrieb. Industriesoziologische Forschung in Deutschland, München 1960.
Lindner, Rudolf u. a., Planen, Herrschen, Entscheiden. Vom Rechnen zur elektronischen Datenverarbeitung, Reinbek 1984.
Livchen, René, Net wages and real wages in Germany, in: International Labour Review, Juli 1944, S. 60 ff.
–, *Wartime*, Developements in German Wage Policy, in: International Labour Review, Aug. 1942, S. 136–167.
Lölhöffel, Dieter von, Die Umwandlung der Gewerkschaften in eine nationalsozialistische Zwangsorganisation, in: Esenwein-Rothe, Wirtschaftsverbände, S. 157–184.
Löwenthal, Richard, Widerstand im totalen Staat, in: ders. u. Patrick von zur Mühlen, Widerstand und Verweigerung in Deutschland 1933 bis 1945, Berlin/Bonn 1982, S. 11–25 bzw. in: NS-Diktatur 1933–1945, S. 618–632.
Ludwig, Karl-Heinz, Technik und Ingenieure im Dritten Reich, Düsseldorf 1979.
–, Widersprüchlichkeit der technisch-wissenschaftlichen Gemeinschaftsarbeit im Dritten Reich, in: Technikgeschichte, Bd. 46, 1979, S. 245–254.
Lütge, Friedrich, Wohnungswirtschaft, Stuttgart 1949².
Lutz, Burkart, Krise des Lohnanreizes, Frankfurt 1975.
Mai, Gunther, Die Nationalsozialistische Betriebszellenorganisation (NSBO) von der Gründung bis zur Röhm-Affäre (1928 bis 1934), in: VfZ, Jg. 31, 1983, S. 571–613.
–, »Warum steht der deutsche Arbeiter zu Hitler?«. Zur Rolle der Deutschen Arbeitsfront im Herrschaftssystem des Dritten Reiches, in: GG, Jg. 12, 1986, S. 212–234.
Maier, Charles, Zwischen Taylorismus und Technokratie: Gesellschaftskritik im Zeichen industrieller Rationalität in den zwanziger Jahren in Europa, in: Michael Stürmer (Hg.), Die Weimarer Republik. Belagerte Civitas, Königstein/Ts. 1984², S. 188–213.
Mammach, Klaus, Die deutsche antifaschistische Widerstandsbewegung 1933–1939, Berlin [DDR] 1974.
Mason, Timothy W., Arbeiteropposition im nationalsozialistischen Deutschland, in: Die Reihen fast geschlossen, S. 293–313.
–, Die Bändigung der Arbeiterklasse im nationalsozialistischen Deutschland. Eine Einleitung, in: Sachse u. a., Angst, Belohnung, S. 11–53.
–, Zur Entstehung des Gesetzes zur Ordnung der nationalen Arbeit vom 20. Jan. 1934. – Ein Versuch über das Verhältnis ›archaischer‹ und ›moderner‹ Elemente in der neuesten deutschen Geschichte, in: Hans Mommsen u. a., Industrielles System und politische Entwicklung in der Weimarer Republik, Düsseldorf 1974, S. 322–351.
–, Labour in the Third Reich, in: Past and Present 1966, S. 112–141.
–, Zur Lage der Frauen in Deutschland 1930 bis 1940: Wohlfahrt, Arbeit und Familie, in: Gesellschaft. Beiträge zur Marxschen Theorie 6, Frankfurt 1976, S. 118–193.
–, Massenwiderstand ohne Organisation. Streiks im faschistischen Italien und NS-Deutschland, in: Gewerkschaftliche Monatshefte, Jg. 35, 1984, S. 518–532.
–, Innere Krise und Angriffskrieg 1938/39, in: Friedrich Forstmeier u. Hans-Erich Volkmann, Wirtschaft und Rüstung am Vorabend des Zweiten Weltkrieges, Düsseldorf 1975, S. 158–188.
–, Intention and Explanation: A Current Controversy about the Interpretation of National Sozialism, in: Gerhard Hirschfeld u. Lothar Kettenacker, Führerstaat, S. 23–40.
–, Sozialpolitik im Dritten Reich, Opladen 1977.

–, Einige Ursprünge des Zweiten Weltkrieges, in: Kriegsbeginn 1939. Entfesselung oder Ausbruch des Zweiten Weltkrieges? hg. von Gottfried Niedhart, Darmstadt 1976, S. 94–123.
Mattausch, Roswitha, Siedlungsbau und Stadtneugründungen im deutschen Faschismus, Frankfurt 1981.
Mausbach-Bromberger, Barbara, Arbeiterwiderstand in Frankfurt a. M., Frankfurt 1976.
Medizin im Faschismus. Symposium über das Schicksal der Medizin im Faschismus in Deutschland 1933–1945, hg. von Achim Thom u. Horst Spaar, Berlin [DDR] 1985.
Medizin im Nationalsozialismus. Tagung vom 30. April bis 2. Mai 1982 in Bad Boll (Bearb. Isa von Schaewen), Protokolldienst der evangelischen Akademie Bad Boll 23/1982.
Michel, Bertram, Die Entwicklung der Arbeitsgerichtsbarkeit in den Faschismus, in: Udo Reifner, Recht im Unrechtsstaat, S. 154–177.
Milles, Dietrich, Zur Kontinuität betriebsärztlicher Aufgaben und Sichtweisen, in: Normalität oder Normalisierung? Geschichtswerkstätten und Faschismusanalyse, hg. von Heide Gerstenberger u. Dorothea Schmidt, Münster 1987, S. 66–83.
Milward, Alan S., Arbeitspolitik und Produktivität in der deutschen Kriegswirtschaft unter vergleichendem Aspekt, in: Friedrich Forstmeier u. Hans-Erich Volkmann (Hg.), Kriegswirtschaft und Rüstung 1939–1945, Düsseldorf 1977, S. 73–91.
–, Die deutsche Kriegswirtschaft 1939–1945, Stuttgart 1966.
–, Der zweite Weltkrieg, München 1977.
Mollin, Gerhard Th., Montankonzerne und ›Drittes Reich‹. Der Gegensatz zwischen Monopolindustrie und Befehlswirtschaft in der deutschen Rüstung und Expansion 1936–1944, Göttingen 1988.
Mommsen, Hans, Hitlers Stellung im nationalsozialistischen Herrschaftssystem, in: Gerhard Hirschfeld u. Lothar Kettenacker, Führerstaat, S. 43–70.
Mooser, Josef, Abschied von der ›Proletarität‹. Sozialstruktur und Lage der Arbeiterschaft in der Bundesrepublik in historischer Perspektive, in: Werner Conze u. M. Rainer Lepsius, Sozialgeschichte der BRD, S. 143–186.
–, Arbeiterleben in Deutschland 1900–1970, Frankfurt 1984.
Morsch, Günther, Streiks und Arbeitsniederlegungen im ›Dritten Reich‹. Eine quellenkritische Dokumentation der Jahre 1936 und 1937, in: VfZ, Jg. 36, 1988, S. 649–689.
Moschke, Gerd, Zur Behandlung der Berufskrankheitenfrage durch das faschistische Reichsarbeitsministerium bis 1936, in: Medizin im Faschismus, S. 113–121.
Motteck, Hans u. a., Wirtschaftsgeschichte Deutschlands. Ein Grundriß, Bd. III, Berlin [DDR] 1977.
Mühlen, Norbert, Die Krupps, Frankfurt 1960.
Müller, Heinz, Nivellierung und Differenzierung der Einkommen in Deutschland seit 1925, Berlin 1954.
–, Die Reichsgruppe Industrie, in: Der Weg zum industriellen Spitzenverband, hg. vom Bundesverband der Deutschen Industrie, Darmstadt 1956, S. 296–309.
Mulert, Jürgen, Der Arbeitnehmer bei der Firma Robert Bosch zwischen 1886 und 1945, in: ZUG, Jg. 32, 1987, S. 1–29.
Muth, Heinrich, Jugendopposition im Dritten Reich, in: VfZ, Jg. 30, 1982, S. 384–417.
Neumann, Franz, Behemoth. Struktur und Praxis des Nationalsozialismus 1933–1944, Frankfurt 1977 (EA 1942/44).
–, Mobilisierung der Arbeit in der Gesellschaftsordnung des Nationalsozialismus, in: ders., Wirtschaft, Staat, Demokratie. Aufsätze 1930–1954, hg. von Alfons Söllner, Frankfurt 1978, S. 255–289.
Niethammer, Lutz, Einleitung zu: ders. (Hg.) »Die Jahre weiß man nicht, wo man die heute hinsetzen soll«. Faschismuserfahrungen im Ruhrgebiet, Berlin/Bonn 1983, S. 7–29.
–, Zum Wandel der Kontinuitätsdiskussion, in: Westdeutschland 1945–1955, hg. von Ludolf Herbst, München 1986, S. 65–83.
Nipperdey, Thomas, Probleme der Modernisierung in Deutschland, in: Saeculum, Jg. 30, 1979, S. 294–303.

Nitzsche, Gerhard, Deutsche Arbeiter im Kampf gegen faschistische Unterdrückung und Ausbeutung. Gestapomeldungen aus den Jahren 1935 bis 1937, in: BGA, Jg. 1, 1959, S. 137–147.
Nolte, Ernst, Der Faschismus in seiner Epoche, München 1965.
Oelrich, Die Entwicklung der Arbeitsverdienste seit Beginn des Zweiten Weltkrieges bis zum Frühjahr 1944, verglichen mit den Lohnverhältnissen während des Ersten Weltkrieges, in: Statistik in Baden, Zeitschrift für Landeskunde, Jg. 2, 1950, S. 3–13.
Overy, Richard J., »Blitzkriegswirtschaft«? Finanzpolitik, Lebensstandard und Arbeitseinsatz in Deutschland 1939–1942, in: VfZ, Jg. 36, 1988, S. 379–435.
Paasche, Johannes, Die Praxis der Arbeitsbewertung, Köln 1963.
Pechhold, Engelbert, 50 Jahre Refa, Darmstadt 1974.
Peltz-Dreckmann, Ute, Nationalsozialistischer Siedlungsbau, München 1978.
Peters, Horst, Geschichte der Sozialversicherung, Bad Godesberg 1959.
Petrick, Fritz, Eine Untersuchung zur Beseitigung der Arbeitslosigkeit unter der deutschen Jugend in den Jahren 1933 bis 1935, in: JfW 1967, Teil I, S. 287–300.
Petzina, Dieter, Autarkiepolitik im Dritten Reich. Der nationalsozialistische Vierjahresplan, Stuttgart 1968.
–, Die deutsche Wirtschaft der Zwischenkriegszeit, Wiesbaden 1977.
–, Grundriß der deutschen Wirtschaftsgeschichte 1918 bis 1945, in: Deutsche Geschichte seit dem 1. Weltkrieg, Bd. II, Stuttgart 1973, S. 665–784.
–, Hauptprobleme der deutschen Wirtschaftspolitik 1932/33, in: VfZ, Jg. 15, 1967, S. 18–55.
–, Die Mobilisierung deutscher Arbeitskräfte vor und während des Zweiten Weltkrieges, in: VfZ, Jg. 18, 1970, S. 443–455.
–, Soziale Lage der deutschen Arbeiter und Probleme des Arbeitseinsatzes während des Zweiten Weltkrieges, in: Zweiter Weltkrieg und sozialer Wandel. Achsenmächte und besetzte Länder, hg. von Waclaw Dlugoborski, Göttingen 1981, S. 65–86.
–, Vierjahresplan und Rüstungspolitik, in: Friedrich Forstmeier u. Hans-Erich Volkmann, Wirtschaft und Rüstung, S. 65–86.
Peukert, Detlev, Der deutsche Arbeiterwiderstand, in: NS-Diktatur 1933–1945, S. 633–654.
–, Volksgenossen und Gemeinschaftsfremde, Köln 1982.
Pietrowiak, Walter, Die Reichsversicherung im faschistischen Machtgefüge und bei der Vorbereitung der Durchführung des Zweiten Weltkrieges, in: Medizin im Faschismus, S. 86–90.
Pingel, Falk, Häftlinge unter SS-Herrschaft. Widerstand, Selbstbehauptung und Vernichtung im Konzentrationslager, Hamburg 1978.
Plum, Günther, Die Arbeiterbewegung während der nationalsozialistischen Herrschaft, in: Jürgen Reulecke (Hg.), Arbeiterbewegung an Rhein und Ruhr. Beiträge zur Geschichte der Arbeiterbewegung in Rheinland-Westfalen, Wuppertal 1974, S. 355–383.
Pleiss, Ulrich, Betriebliche Sozialleistungen, in: Handwörterbuch des Personalwesens, Sp. 1822–1834.
Pohl, Hans, u.a., Die Daimler-Benz AG in den Jahren 1933 bis 1945. Eine Dokumentation, Wiesbaden 1986.
Poth, Fritz, Die Entwicklung der Löhne im Steinkohlenbergbau, in der eisenschaffenden Industrie und im Baugewerbe seit 1924, Köln 1950.
Preller, Ludwig, Sozialpolitik in der Weimarer Republik, Düsseldorf 1978 (EA 1949).
Prinz, Michael, Vom neuen Mittelstand zum Volksgenossen. Die Entwicklung des sozialen Status der Angestellten von der Weimarer Republik bis zum Ende der NS-Zeit, München 1986.
–, Der unerwünschte Stand. Lage und Status der Angestellten im ›Dritten Reich‹, in: HZ, Bd. 242, 1986, S. 327–359.
Radke, Olaf, Die Nachwirkungen des ›Gesetzes zur Ordnung der nationalen Arbeit‹, in: Arbeit und Recht, Jg. 13, 1965, S. 302–308.
Ramm, Thilo, Nationalsozialismus und Arbeitsrecht, in: Kritische Justiz, Jg. 2, 1968, S. 108–120.

Recker, Marie Luise, Nationalsozialistische Sozialpolitik im Zweiten Weltkrieg, München 1985.
-, Wohnen und Bombardierung im Zweiten Weltkrieg, in: Lutz Niethammer (Hg.), Wohnen im Wandel. Beiträge zur Geschichte des Alltags in der bürgerlichen Gesellschaft, Wuppertal 1979, S. 408-428.
Refa-Verband, Methodenlehre des Arbeitsstudiums, Teil I: Grundlagen, München 1978.
Reger, Erik, Union der festen Hand (Roman), Reinbek 1979.
Reichenbach, Herbert, Der Einfluß der ›Rassenhygiene‹ und der Psychiatrie auf die Beurteilung und das soziale Schicksal der ›Asozialen‹ in der faschistischen Diktatur in Deutschland, in: Medizin im Faschismus, S. 167-172.
Die Reihen fast geschlossen. Beiträge zur Geschichte des Alltags unter dem Nationalsozialismus, hg. von Peukert, Detlev u. Reulecke, Jürgen, Wuppertal 1981.
Reichhardt, Hans J., Die Deutsche Arbeitsfront, Berlin 1956.
Reichwein, Raimund, Funktionswandlungen betrieblicher Sozialpolitik, Köln/Opladen 1965.
Reifner, Udo, NS-Rechtsbetreuungsstellen und die Rechtsberatung der Deutschen Arbeitsfront – Theorie und Praxis sozial befriedender Rechtsberatung, in: ders. (Hg.), Recht des Unrechtsstaates: Arbeitsrecht und Staatsrechtswissenschaft im Faschismus, Frankfurt usw. 1981, S. 178-210.
Reulecke, Jürgen, Die Fahne mit dem goldenen Zahnrad: der ›Leistungskampf der Betriebe‹ 1937-1939, in: Die Reihen fast geschlossen, S. 245-269.
Ridder, Hans-Gerd, Funktionen der Arbeitsbewertung. Ein Beitrag zur Neuorientierung der Arbeitswissenschaft, Bonn 1982.
Roeske, Ulrich, Die amtliche Statistik des Deutschen Reiches 1872 bis 1939. Historische Entwicklung, Organisationsstruktur, Veröffentlichungen, in: JfW 1978/IV, S. 85-107.
Rosen, Joseph, Das Existenzminimum in Deutschland, Zürich 1938.
Roth, Karl-Heinz, Pervitin und ›Leistungsgemeinschaft‹. Pharmakologische Versuche zur Stimulierung der Arbeitsleistung unter dem Nationalsozialismus (1938-1945), in: Medizin im Nationalsozialismus, S. 200-226.
-, Der Weg zum guten Stern des ›Dritten Reichs‹: Schlaglichter auf die Geschichte der Daimler-Benz AG und ihrer Vorläufer (1890-1945), in: Das Daimler-Benz Buch. Ein Rüstungskonzern im ›Tausendjährigen Reich‹, Nördlingen 1987, S. 27-382.
Rüther, Martin, Zur Sozialpolitik bei Klöckner-Humboldt-Deutz während des Nationalsozialismus: »Die Masse der Arbeiterschaft muß aufgespalten werden«, in: ZUG, Jg. 33, 1988, S. 81-117.
Rüthers, Bernd, Die Betriebsverfassung des Nationalsozialismus, in: Arbeit und Recht, Jg. 18, 1970, S. 97-109.
Rürup, Reinhard, Einleitung zu: ders. (Hg.), Historische Sozialwissenschaft. Beiträge zur Einführung in die Forschungspraxis, Göttingen 1977, S. 5-15.
Rupp, Leila J., Klassenzugehörigkeit und Arbeitseinsatz der Frauen im Dritten Reich, in: Soziale Welt, Jg. 31, 1980, S. 191-205.
Sachse, Carola, Betriebliche Sozialpolitik als Familienpolitik in der Weimarer Republik und im Nationalsozialismus. Mit einer Fallstudie über die Firma Siemens, Hamburg 1987.
-, Hausarbeit im Betrieb. Betriebliche Sozialarbeit unter dem Nationalsozialismus, in: dies. u. a., Angst, Belohnung, S. 231-274.
Sachse, Carola, u. a., Angst, Belohnung, Zucht und Ordnung. Herrschaftsmechanismus im Nationalsozialismus, Opladen 1982.
Sachsenhausen. Dokumente, Aussagen, Forschungsergebnisse und Erlebnisberichte über das ehemalige Konzentrationslager Sachsenhausen, Berlin [DDR], 1986[4].
v. Saldern, Adelheid, ›Alter Mittelstand‹ im ›Dritten Reich‹, in: GG, Jg. 12, 1986, S. 233-243.
-, Mittelstand im ›Dritten Reich‹. Handwerker – Einzelhändler – Bauern, Frankfurt/New York 1979.
Sauer, Paul, Württemberg in der Zeit des Nationalsozialismus, Ulm 1975.
Schäfer, Hans u. Blomke, Maria, Sozialmedizin, Stuttgart 1972.

Schäfer, Hans-Dieter, Das gespaltene Bewußtsein. Deutsche Kultur und Lebenswirklichkeit 1933–1945, Frankfurt 1984 (EA 1981).

Scheur, Wolfgang, Einrichtungen und Maßnahmen der sozialen Sicherheit in der Zeit des Nationalsozialismus, Köln 1967.

Schieder, Wolfgang, Staat und Wirtschaft im ›Dritten Reich‹, Berlin und seine Wirtschaft. Ein Weg aus der Geschichte in die Zukunft. Lehren und Erkenntnisse, hg. von der Industrie- und Handelskammer zu Berlin, Berlin usw. 1987, S. 197–221.

Schmiede, Rudi u. Schudlich, Edwin, Die Entwicklung der Leistungsentlohnung in Deutschland, Frankfurt/New York 1978.

Schmiedebach, Heinz-Peter, Der Arzt als Gesundheitsoffizier – die systematische Militarisierung der Medizin von 1933 bis zum Zweiten Weltkrieg, in: ders. u. Johanna Bleker (Hg.), Vom Dilemma der Heilberufe 1865 bis 1985, Frankfurt 1987, S. 191–208.

Schnabel, Thomas, Württemberg zwischen Weimar und Bonn 1928 bis 1945/46, Stuttgart 1986.

Schneider, Christian, Stadtgründung im Dritten Reich, München 1979.

Schoenbaum, David, Die braune Revolution, München 1980 (EA 1968).

Schulz, Günther, Fabriksparkassen für Arbeiter – Konzeption und Inanspruchnahme einer betrieblichen Institution, in: ZUG, Jg. 25, 1980, S. 145–177.

–, Der Werkswohnungsbau industrieller Arbeitgeber in Deutschland bis 1945, in: Homo Habitans. Zur Sozialgeschichte des ländlichen und städtischen Wohnens in der Neuzeit, hg. von Hans Jürgen Teuteberg, Münster 1985, S. 373–389.

Schumann, Hans-Gerd, Die Führungsspitzen der NSBO und DAF, in: Herkunft und Mandat. Beiträge zur Führungsproblematik in der Arbeiterbewegung, Frankfurt/Köln 1976, S. 148–164.

–, Nationalsozialismus und Gewerkschaftsbewegung. Die Vernichtung der deutschen Gewerkschaften und der Aufbau der ›Deutschen Arbeitsfront‹, Hannover 1958.

Schuster, Margrit u. Helmuth, Industriesoziologie im Nationalsozialismus, in: Soziale Welt, Jg. 35, 1984, S. 94–123.

Schweitzer, Arthur, Big Business in the Third Reich, Bloomington 1964.

–, Der organisierte Kapitalismus. Die Wirtschaftsordnung in der ersten Periode der NS-Herrschaft, in: Hamburger Jahrbücher für Wirtschafts- und Gesellschaftspolitik, Jg. 7, 1962, S. 36–47.

–, Organisierter Kapitalismus und Parteidiktatur 1933 bis 1936, in: Schmollers Jahrbuch für Gesetzgebung, Verwaltung und Volkswirtschaft, N. F., Jg. 79, 1959, S. 37–79.

–, Die wirtschaftliche Wiederaufrüstung Deutschlands 1934–1936, in: Zeitschrift für die gesamte Staatswissenschaft Bd. 114, 1958, S. 594–637.

Graf v. Seherr-Toss, H. C., Die deutsche Automobilindustrie. Eine Dokumentation von 1886 bis heute, Stuttgart 1974.

Seifert, Eberhard K., Zur Misere der amtlichen Arbeitszeitstatistik in Deutschland. Kontinuität politischer Versäumnisse im Wandel eines Jahrhunderts. Von der verhinderten ›Arbeiterstatistik‹ des 19. Jahrhunderts zum Überstundenbericht der Bundesregierung 1986, in: AfS, Bd. XXVII, 1987, S. 319–345.

–, Statistik der Arbeitszeit in der Bundesrepublik, in: HSR, No. 20, 1981, S. 27–55.

Siegel, Tilla, Leistung und Lohn. Zur Veränderung der Formen betrieblicher Herrschaft in der nationalsozialistischen Kriegswirtschaft (Ms.), Frankfurt 1986.

–, Lohnpolitik im nationalsozialistischen Deutschland, in: Sachse u. a., Angst, S. 54–139.

Siemens, Georg, Der Weg der Elektroindustrie. Geschichte des Hauses Siemens, Bd. II, 1910–1945, Freiburg/München 1961.

Sieverle, Rolf Peter, Fortschrittsfeinde? Opposition gegen Technik in der Industrie von der Romantik bis zur Gegenwart, München 1984.

Sörgel, Werner, Metallindustrie und Nationalsozialismus. Eine Untersuchung über Struktur und Funktion industrieller Organisation in Deutschland 1929 bis 1939, Frankfurt 1965.

Sohn-Rethel, Alfred, Geistige und körperliche Arbeit, Frankfurt 1970.

–, Ökonomie und Klassenstruktur des deutschen Faschismus, Frankfurt 1973.

Sommer 1939. Die Großmächte und der europäische Krieg, hg. von Wolfgang Benz u. Hermann Graml, Stuttgart 1979.
Spode, Hasso, Arbeiterurlaub im Dritten Reich, in: Carola Sachse u. a., Angst, Belohnung, S. 275–328.
–, »Der deutsche Arbeiter reist.« Massentourismus im Dritten Reich, in: Huck, Gerhard (Hg.), Sozialgeschichte der Freizeit, Wuppertal 1982, S. 281–306.
Spörhase, Rolf, Wohnungsbau als Aufgabe der Wirtschaft, Stuttgart 1956.
Spohn, Wolfgang, Betriebsgemeinschaft und innerbetriebliche Herrschaft, in: Carola Sachse u. a., Angst, Belohnung, S. 140–208.
Stahlschmidt, Rainer, Innovation und Berufsbild – Die Einführung des Hartmetalls als Werkzeug der Drahtzieherei, in: Ulrich Troitzsch u. Gabriele Wohlauf (Hg.), Technikgeschichte, S. 357–389.
Steinert, Marlis G., Hitlers Krieg und die Deutschen. Stimmung und Haltung der deutschen Bevölkerung im Zweiten Weltkrieg, Düsseldorf 1970.
Stephenson, Jill, Women in Nazi Society, London 1975.
Stockmann, Rainer, Gewerbliche Frauenarbeit in Deutschland 1875–1980, in: GG, Jg. 11, 1985, S. 447–475.
Syrup, Friedrich, Hundert Jahre staatliche Sozialpolitik 1839–1939, hg. von Julius Scheuble, bearb. von Otto Neuloh, Stuttgart 1957.
Tenfelde, Klaus, Proletarische Provinz. Radikalisierung und Widerstand in Penzberg/Oberbayern 1900–1945, in: Bayern in der NS-Zeit, Bd. IV, S. 1–382.
–, Soziale Grundlagen von Resistenz und Widerstand, in: Widerstand gegen den NS, S. 799–812.
Tennstedt, Florian, Soziale Selbstverwaltung. Geschichte der Selbstverwaltung in der Krankenversicherung, Bd. 2, Bonn 1977.
–, Sozialgeschichte der Sozialversicherung, in: Handbuch der Sozialmedizin, Bd. III, S. 385–491.
–, Sozialpolitik und Berufsverbote im Jahre 1933, in: ZfS, Jg. 25, 1979, S. 129–153, 211–238.
–, Sozialreform in Deutschland, in: ZfS, Jg. 33, 1987, S. 10–24.
–, Wohltat und Interesse. Das Winterhilfswerk des Deutschen Volkes: Die Weimarer Vorgeschichte und ihre Instrumentalisierung durch das NS-Regime, in: GG, Jg. 13, 1987, S. 157–231.
Teppe, Karl, Zur Sozialpolitik des Dritten Reiches am Beispiel der Sozialversicherung, in: AfS, Bd. XVII, 1977, S. 195–250.
Teuteberg, Hans-Jürgen (Hg.), Homo habitans. Zur Sozialgeschichte des ländlichen und städtischen Wohnens in der Neuzeit, Münster 1985.
Thalmann, Rita, Frausein im Dritten Reich, München/Wien 1984.
Thamer, Hans-Ulrich, Verführung und Gewalt. Deutschland 1933–1945, Berlin 1986.
Thoma, Peter, Arbeit und Krankheit, in: Brigitte Geissler u. Peter Thoma (Hg.), Medizinsoziologie, Frankfurt/New York 1975, S. 58–80.
Thomas, Georg, Geschichte der deutschen Wehr- und Rüstungswirtschaft 1918–1943/45, Boppard a. Rh. 1966.
Thomsen, Erik, Das Angebot betrieblicher Sozialleistungen als Instrument der Personalbeschaffungs- und Personalfreisetzungspolitik, Bochum 1982.
Tröger, Annemarie, Die Frau im wesensgemäßen Einsatz, in: Frauengruppe Faschismusforschung, Mutterkreuz und Arbeitsbuch. Zur Geschichte der Frauen in der Weimarer Republik und im Nationalsozialismus, Frankfurt 1981, S. 246–272.
–, Die Planung des Rationalisierungsproletariats. Zur Entwicklung der geschlechtsspezifischen Arbeitsteilung und des weiblichen Arbeitsmarkts im Nationalsozialismus, in: Frauen in der Geschichte, Bd. 2: Kuhn, Annette u. Rüsen, Jörn, Beiträge zur Sozialgeschichte, Düsseldorf 1982, S. 245–313.
Turner (jr.), Henry Ashby, Faschismus und Anti-Modernismus, in: ders., Faschismus und Kapitalismus in Deutschland, Göttingen 1980², S. 157–182.
Voges, Michael, Klassenkampf in der ›Betriebsgemeinschaft‹. Die Deutschland-Berichte der

Sopade (1934−1940) als Quelle zum Widerstand der Industriearbeiter im Dritten Reich, in: AfS, Bd. XXI, 1981, S. 329−383.
Volkmann, Hans-Erich, Einleitung zu: ders., Wirtschaft im Dritten Reich. Eine Bibliographie, München 1980 bzw. Koblenz 1984, Teil I: 1933−1939, S. 1−20; Teil II: 1939−1945, S. XV−XXI.
−, Die NS-Wirtschaft in Vorbereitung des Krieges, in: Militärgeschichtliches Forschungsamt (Hg.), Das Deutsche Reich und der Zweite Weltkrieg, Stuttgart 1979, S. 177−369.
−, Zum Verhältnis von Großwirtschaft und NS-Regime im Zweiten Weltkrieg, in: Waclaw Dlugorski (Hg.), Das Deutsche Reich und der Zweite Weltkrieg, Stuttgart 1979, S. 87−147.
Vorländer, Herwart, NS-Volkswohlfahrt und Winterhilfswerk des deutschen Volkes, in: VfZ, Jg. 34, 1986, S. 365−380.
Wagenführ, Rolf, Die deutsche Industrie im Kriege 1939−1945, Berlin 1954.
Walther, Simone, Die Versorgungslage in Berlin im Januar 1940 und das politische Verhalten der Bevölkerung, in: ZfG, Jg. 34, 1986, S. 427−432.
Walz, Manfred, Wohnungs- und Industrieansiedlungspolitik in Deutschland 1933−1939, Frankfurt/New York 1979.
Weber, Max, Zur Psychophysik der industriellen Arbeit (1908/09), in: ders., Gesammelte Aufsätze zur Soziologie und Sozialpolitik, Tübingen 1924, S. 61−255.
−, Wirtschaft und Gesellschaft, Tübingen 1972.
Wehler, Hans-Ulrich, Vorüberlegungen zur historischen Analyse sozialer Ungleichheit, in: ders. (Hg.), Klassen in der europäischen Sozialgeschichte, Göttingen 1979, S. 9−32.
Weisbrod, Bernd, Schwerindustrie in der Weimarer Republik. Interessenpolitik zwischen Stabilisierung und Krise, Wuppertal 1978.
Welter, Erich, Falsch und richtig planen. Eine kritische Studie über die deutsche Wirtschaftslenkung im Zweiten Weltkrieg, Heidelberg 1954.
Werner, Wolfgang Franz, Bleib übrig! Deutsche Arbeiter in der nationalsozialistischen Kriegswirtschaft, Düsseldorf 1983.
Wibbe, Josef, Arbeitsbewertung. Entwicklung, Verfahren und Probleme, München 1966³.
Der Widerstand gegen den Nationalsozialismus. Die deutsche Gesellschaft und der Widerstand gegen Hitler, hg. von Jürgen Schmädicke u. Peter Steinbach, München/Zürich 1985.
Widerstand gegen den Nationalsozialismus in Mannheim, hg. von Erich Matthias u. Hermann Weber, Mannheim 1984.
Wilke, Manfred, Goetz Briefs und das Institut für Betriebssoziologie an der Technischen Hochschule Berlin, in: Reinhard Rürup (Hg.), Wissenschaft und Gesellschaft. Beiträge zur Geschichte der Technischen Universität Berlin, Bd. 1, Berlin usw. 1979, S. 335−351.
Winkel, Arthur, Das REFA-Buch − Erinnerungen eines Mitarbeiters, in: Arbeitsstudium heute und morgen. Fs. für Bramesfeld zum 70. Geburtstag, hg. vom Verband für Arbeitsstudien REFA e. V., Berlin usw. 1965, S. 9−15.
Winkler, Dörte, Frauenarbeit im Dritten Reich, Hamburg 1977.
−, Frauenarbeit versus Frauenideologie, in: AfS, Bd. XVII, 1977, S. 99−126.
Winkler, Heinrich-August, Der entbehrliche Stand, in: AfS, Bd. XVII, 1977, S. 1−38.
−, Vom Mythos der Volksgemeinschaft, in: AfS, Bd. XVII, 1977, S. 484−490.
−, Der Schein der Normalität. Arbeiter und Arbeiterbewegung in der Weimarer Republik 1924 bis 1930, Berlin/Bonn 1985.
−, Der Weg in die Katastrophe. Arbeiter und Arbeiterbewegung in der Weimarer Republik 1930 bis 1933, Berlin/Bonn 1987.
Wisotzky, Klaus, Der Ruhrbergbau im Dritten Reich: Studien zur Sozialpolitik im Ruhrbergbau und zum sozialen Verhalten der Bergleute in den Jahren 1933 bis 1939, Düsseldorf 1983.
Wolsing, Theo, Untersuchungen zur Berufsausbildung im Dritten Reich, Kastellaun 1977.
Wuttke-Groneberg, Walter, Leistung, Verwertung, Vernichtung − Hat NS-Medizin eine innere Struktur?, in: Medizin im Nationalsozialismus, S. 227−246.
Wysocki, Gerd, Häftlingsarbeit in der Rüstungsproduktion. Das Konzentrationslager Drütte bei den Hermann-Göring-Werken in Watenstedt-Salzgitter, in: Dachauer Hefte, Jg. 2, 1986, H. 2, S. 35−67.

Yano, Hisashi, Hüttenarbeiter im Dritten Reich. Die Betriebsverhältnisse und die soziale Lage bei der Gutehoffnungshütte Aktienverein und der Fried. Krupp AG 1936–1939, Stuttgart 1986.

Zimmermann, Walter, Krankenstand, deutsche Verhältnisse, in: Handbuch der Sozialmedizin, Bd. III, S. 120–141.

Zofka, Zdanek, Allach – Sklaven für BMW. Zur Geschichte eines Außenlagers des KZ Dachau, in: Dachauer Hefte, Jg. 2, 1986, H. 2, S. 68–78.

Zumpe, Lotte, Wirtschaft und Staat in Deutschland 1933 bis 1945, Vaduz/Lichtenstein 1980.

Register

1. Personen, Orte, Betriebe

Aachen 220
Accumulatorenfabrik AG/Berlin 297, 403, 420
Adam Opel AG/Rüsselsheim 68, 76, 208, 317, 331, 334, 337
AEG/Berlin (Allgemeine Elektrizitäts Gesellschaft) 260f., 339, 400, 403, 412, 420f.
Arado Flugzeugwerke GmbH/Babelsberg 87
Arnold, Karl/Carl 181
Augsburg 348, 372, 412, 418

Baden 151, 220, 360, 401, 403
Bahlsen, Keksfabrik AG/Hannover 76, 329
Bartels, Friedrich 237, 240, 391
Bayern 147f., 151, 188, 348, 359, 372, 401f., 407, 423
Bayreuth 422
Bedaux, Charles 208, 211, 379
Benkert, Hanns 78
Bentz, Albrecht 332
Bergische Stahl-Industrie KG/Remscheid 325
Berlin 43, 75, 82, 144, 147–150, 176, 188f., 193, 205, 207, 209f., 218, 220, 267, 286, 322, 324, 346, 351, 358, 365, 371, 376, 378, 386, 388f., 391, 394f., 403f., 407, 422
Berliner Kindl Brauerei AG 421
Bielefeld 378
Blohm & Voss/Hamburg 247
Bochumer Verein für Gußstahlfabrikation AG 325f., 419
Böhrs, Hermann 82, 162, 180, 368
Borbet, Walter 403
Borsig-Kokswerke AG/Hindenburg 405
Brackwede 384
Bramesfeld, Erwin 180, 195, 367
Brandenburg 42, 76, 147, 206, 322, 346, 349, 359, 372, 374
Braunschweig 265, 396, 402
Bremen 43, 147, 149

Brennabor-Werke AG/Brandenburg 68
Breslau 147, 378
Brüning, Heinrich 24, 233, 277
Burbacher Hütte 419

Carl Zeiss/Jena 290, 406, 411
Chemische Werke Rombach GmbH/Düsseldorf 363
C. J. Vogel Draht- und Kabelwerke AG/Berlin 341
Concordia Bergbau AG/Oberhausen 293, 399, 405, 422
Conti, Leonardo 391

Daeschner, Leon 118
Daimler Benz AG/Stuttgart 208, 328, 334, 371, 401, 411, 420
Danzig 220
Darmstadt 341
Deggendorfer Werft und Eisenbaugesellschaft GmbH 328
Demag AG/Duisburg 407
Deutsche Werft AG/Hamburg 313, 318, 328, 367, 404
Dierig, Gottfried 308
Dillgardt, Just 332
Dortmund 365, 378
Dortmund-Hörder Hüttenverein AG 384, 411
Dortmunder Union Brückenbau AG 313
Dresden 341, 378, 385, 387
Düsseldorf 378f., 383f., 404, 419, 422
Duisburg, Duisburg-Hamborn, Duisburg-Ruhrort 350, 372, 377

Eisenwerk Rothe Erde GmbH/Dortmund 313, 383f.
Eisenwerke Nürnberg AG 313, 328, 404
Elsaß 212, 239
Erfurt 151
Essen 332, 354, 375, 395, 399, 407, 411

Feder, Gottfried 287, 405, 415
Fellgiebel, Fritz Erich v. 332
Felten & Guilleaume Carlswerk AG/Köln-Mülheim 407
Ford, Henry 83, 333, 339
Franken 147 f., 348, 404, 412, 418
Freiberg 344
F. Schichau GmbH/Königsberg 359
Funk, Walther 72, 317

Gebr. Knipping Nieten- und Schraubenfabrik GmbH/Altena 313
Gebr. Stumm GmbH/Neunkirchen 257
Geck, L. H. Adolph 82
Gelsenkirchener Bergwerks AG 406
Goebbels, Joseph 49, 318, 333
Göring, Hermann 26, 28, 43 f., 72, 74, 138, 198, 308, 316, 374 f., 378
v. der Goltz, Rüdiger Graf 319
Gottfried Lindner AG/Ammendorf 334
Graf, Otto 367
Gutehoffnungshütte Oberhausen (GHH) 21, 191, 239, 247, 257, 261–264, 268 ff., 277, 282, 293–296, 311, 313, 325 f., 328, 372, 386, 390, 394, 399, 403, 407, 411, 418–421

Hagen 351
Hackethal-Draht- und Kabelwerke AG/Hannover 328
Hahn, Karl 344, 398
Hahn'sche Werke AG/Berlin 411
Halle 265, 378, 402
Halsbrücke 344
Hamburg 43, 144, 149, 239, 358, 391, 413
v. Hanneken, Hermann 331
Hannover 76, 147, 265, 346, 360 f., 385, 402, 404, 412
Harpener Bergbau AG/Dortmund 419
Heinrichsbauer, August 288
Hermann-Göring-Werke s. Reichswerke ›Hermann Göring‹
Heß, Rudolf 345
Hessen, Hessen-Nassau 151, 211, 344, 346, 349, 359, 372, 396, 404
Hitler, Adolf 26, 31, 47, 49, 75, 78, 82, 99, 112, 287, 317, 332 ff., 339, 356, 360, 415
Hoesch AG/Dortmund 21, 172, 262, 313, 365, 399, 411
Homburg 151
Horsten, Franz 161 f.

IG Farbenindustrie AG/Frankfurt a. M. 290, 292, 331, 391, 406, 417
Ilseder Hütte AG/Peine 262

Jäzosch, Wilhelm 350
Jerichow 395
Junkers Flugzeug- und Motorenwerke AG/Dessau bzw. Kassel 295, 340, 391, 419

Kabel- und Metallwerke Neumeyer AG/Nürnberg 313, 328
Kettenwerke Schlieper GmbH/Grüne 313
Kleineisen- und Schraubenfabrik Steele GmbH/Essen 313
Kassel 346, 379
Kaufmann, Karl 345
Kissingen 412
Klöckner-Werke AG/Duisburg 262
Klöckner-Humboldt-Deutz AG/Köln 182, 208, 333
Knepper, Gustav 406
Knoop, Oskar 181
Köln 71, 161, 220
Königsberg 147, 152
Köslin 413
Krauch, Carl 331
Krohn, Johannes 308
Krupp, Krupp-Gußstahlfabrik/Essen, Krupp-Germaniawerft AG/Kiel, Krupp-Grusonwerke AG/Magdeburg, Krupp-Widia 21, 242, 247, 257, 262, 272, 290, 293, 311, 313, 325, 341, 369, 371, 376 ff., 386, 394, 397, 399, 407, 411, 416, 418 f., 421 f.

Lange, Karl 72, 76, 79, 336
Ley, Robert 119, 240, 285, 351, 392, 404, 408, 416
Lippe s. Westfalen
Ludovici, Wilhelm 289 f., 416
Lübeck 149

Mannesmannröhren-Werke AG/Düsseldorf 262, 407, 411
Mannheim 376
Mansfeld, Werner 115, 129, 158 ff., 163, 204, 255, 272, 353
Marienberg 344
Maschen 244
Maschinenfabrik A. Beeck/Oldenburg 383 f.
Maschinenfabrik-Augsburg-Nürnberg AG (MAN) 313, 328
Maschinenfabrik Eßlingen 313, 328, 404
Mecklenburg 343
Merseburg 151, 265, 402
Mitteldeutsche Stahlwerke AG/Riesa 262
Mittelelbe s. Thüringen
München 147, 322, 378
Münster 348, 374, 378

457

Mutschmann, Martin 354, 375

Neptunwerft Rostock Schiffswerft und Maschinenfabrik GmbH 419
Niedersachsen 363, 369
Niederschlesische Bergbau AG/Waldenburg 405
Nordmark s. Schleswig-Holstein
Nordseewerke Emden GmbH 313
Nürnberg 26, 188 f., 193, 205, 371, 378, 392, 395, 404, 423

Oberpfalz s. Bayern
Oberhausen 372, 407
Osnabrücker Kupfer- und Drahtwerke AG 328
Österreich, »Ostmark« 108, 220, 373
Ostpreußen 147 ff., 343

v. Papen, Franz 93, 277, 304, 343
Penzberg 407, 418
Pietzsch, Albert 308, 350, 361
Plauen 188 f., 193, 205, 371, 378
Poensgen, Ernst 382
Pohl, Wolfgang 163, 255
Pommern 349
Posen, Posen-Westpreußen 147 ff., 220
Posse, Hans 129
Preußen 345, 351, 396, 404, 416, 420

Recklinghausen 391
Reichhardt, Wolfgang 122
Reichswerke für Erzbergbau und Eisenhütten »Hermann Göring«/Berlin (Salzgitter) 240, 391, 415, 420
Rheinland, Rheinprovinz 148–152, 164, 272, 281 f., 293, 344, 348, 359, 363, 399, 401 f., 417
Rheinische Stahlwerke AG/Essen 262
Rheinisch-westfälische Kunststoff GmbH/Kettwig 384
Rosenberg, Alfred 288, 415
Rüsselsheim 334
Ruhrgebiet, Ruhrrevier s. Rheinland
Ruhrstahlwerk AG/Witten 384

Saarland, Saarpfalz 43, 108, 211, 284, 363, 420
Sachsen 38, 42, 147, 151, 188, 220, 321 f., 343, 346, 349, 354, 359, 374, 385, 396, 402, 416
Sauckel, Fritz 28, 48, 65 f., 129, 131, 213, 218 f., 221, 337, 354, 373, 375, 383 f.
Schacht, Hjalmar 25
Schell, Adolf v. 72 f.
Schleicher, Kurt v. 343

Schlesien 42, 147 f., 150 ff., 178, 188, 343, 346, 349, 359
Schleswig-Holstein, Nordmark 342, 349, 359
Schwäbische Hüttenwerke GmbH/Wasseralfingen 313, 328
Schwerte 378
Schwerter Profileisenwalzwerk AG 422
Seebauer, Georg 72
Seeliger, Karl 350, 386, 393
Seldte, Franz 47, 119, 345, 384, 404
Siemens, Siemens & Halske AG/Berlin, Siemens-Schuckertwerke AG/Berlin 21, 53, 75 f., 87 f., 188 f., 193, 205, 217 f., 257, 260 f., 263 f., 268 ff., 276, 282, 290, 298, 311, 313, 332, 341, 353, 363, 365 f., 369, 383, 394 f., 400, 403, 405 f., 410 ff., 418–412
Sigmaringen 151
Speer, Albert 66, 78 ff., 213, 221, 223, 241, 298, 337
Stahlwerke Riesa 272
Stettin 413, 418
Steyr-Daimler-Puch AG/Wien 263
Stuttgart 147, 371
Sudetenland 108, 132, 220, 284
Syrup, Friedrich 42 ff., 46 f., 57, 185

Taylor, Frederick W. 168, 180, 194
Terboven, Josef 354, 375
Thüringen 151, 199, 220, 349, 354, 363, 370, 373, 377, 380, 406, 416
Thyssen AG, Aug.-Thyssen-Hütte/Duisburg 369, 372, 405, 411
Todt, Fritz 65, 78, 331

Valta, Richard v. 327
Vereinigte Metallwerke, Zweigniederlassung Carl Berg/Werdohl 407, 421
Vereinigte Stahlwerke AG/Düsseldorf 21, 262, 268–271, 313, 383 f., 386, 397, 403 ff., 422
Vögler, Albert 404
Vögler, Eugen 295
Volkswagenwerk GmbH/Wolfsburg 247, 359

Wagemann, Ernst 415
Wagner, Gerhard 392
Wagner, Josef 361
Werdohl 407
Werkzeugmaschinenfabrik Rohde & Dörrenberg/Düsseldorf-Kassel 379
Westfalen, Westfalen-Lippe 87, 117, 150 ff., 224, 272, 281 f., 293, 331, 341, 344,

348–351, 363, 372, 374, 385, 395, 399, 417
Wetzlar 151
Wien 358, 383
Wilhelm-Gustloff-Werke/Suhl 373
Winschuh, Josef 288, 333
Württemberg, Württemberg-Hohenzollern 148, 151, 191, 343, 361, 403f., 416, 420

Würzburg 402

Zahn, Friedrich 158
Zahnräderfabrik Augsburg AG 313, 328
Zangen, Wilhelm 308, 386, 393
Zeiss Ikon AG/Dresden 341
Zweibrücken 151

2. Begriffe

Akkord, Akkordarbeit, Akkordarbeiter 21 f., 50, 52, 59, 69, 92, 117, 123, 138 f., 162–180, 182–206, 210 f., 213 ff., 218 f., 221, 224, 243, 251, 308, 325, 347, 357, 363, 365–378
- »gefrorener Akkord«, »Kontraktlohn« 182 f., 368
- »Freizeitakkord« 183, 369
- Gruppenakkord 174 f., 184 ff., 190, 202, 365, 368
- traditioneller Akkord, Stücklohn 162, 167 ff., 172, 183 f., 197
- Zeitstudienakkord, »Refa-Akkord« 168 f., 176, 178 ff., 183, 185, 194, 196 f., 205
Akkordbremsen 168, 182, 185, 191, 199–204, 229, 243, 307
Akkordkürzung 188, 190 f., 197 f., 206, 219, 370 f., 373, 376 f.
Akkordverdienste s. Lohn
alte Arbeiter 38, 44 f., 167, 231, 243, 251, 321, 375, 403, 421
Altersfürsorge, betriebliche 264, 266, 269, 277–282, 403, 409–412
Altersversorgung, staatliche s. Renten
Angestellte, Techniker 24, 38, 44, 88, 141, 207, 210, 215, 236, 241, 273, 275, 278, 282, 311, 341 f., 347, 357, 378, 382, 389, 395, 402, 405, 411 f.
Anlernung, Anlernwerkstätten, Aufschulung, Umschulung 59, 87 f., 217, 328, 341, 382
Antisemitismus, Juden/»jüdisch« 32, 46, 215, 236, 375, 319, 333
AOG (»Gesetz zur Ordnung der nationalen Arbeit«) 30–36, 94, 115 f., 118, 126, 163, 255 ff., 309, 319, 362
Arbeitsämter, Landesarbeitsämter, Reichsanstalt für Arbeitsvermittlung und Arbeitslosenversicherung 42–48, 87, 114, 120, 129 f., 237 f., 243, 300, 322, 324, 327, 341, 349, 352, 372

Arbeitsbeschaffung s. Arbeitsmarktpolitik
Arbeitsbewertung, Arbeitsplatzbewertung 20, 207–212, 214, 217, 219, 302, 314, 378 ff.
- analytische Arbeitsbewertung 209 f., 211 f., 214, 219
- summarische Arbeitsbewertung 209 f., 214, 217, 219
Arbeitsbuch 43 f., 120, 238, 321, 323
»Arbeitseinsatz«-Ingenieure 66
Arbeitsgerichte, Landesarbeitsgerichte, Reichsarbeitsgericht 33 f., 155, 166 f., 183, 201, 319, 327, 360, 366, 377
Arbeitsintensität, Arbeitsleistung, Arbeitstempo 17 f., 52, 68, 85 f., 123, 135, 163, 166 f., 170 f., 174, 182 f., 185, 190, 193, 196, 199–203, 221–225, 227–231, 243 f., 251 f., 290, 298–301, 307, 334, 370, 385
Arbeitskräftemangel 18 f., 35, 38–50, 60, 75, 79, 87 f., 113, 126, 128, 133, 136, 138 f., 143 ff., 164, 171, 186, 194, 196, 201, 218, 265, 267, 271 f., 275, 287, 304 f., 351
Arbeitslosigkeit, Erwerbslose 24, 37 ff., 42 f., 50, 93, 120, 163, 170, 187, 197, 201, 229, 233, 239, 269, 283, 315, 321, 411
- Quasi-Erwerbslosigkeit 37 f.
- unsichtbare Arbeitslosigkeit 24, 38, 315
Arbeitsmarktpolitik, »Arbeitseinsatz«-Politik, Arbeitsbeschaffung 16, 20, 22, 37–50, 62, 114, 196, 213, 254, 304, 309 f.
Arbeitsmedizin, Gesundheitspolitik 17, 233–243, 252 f., 298, 307, 319, 388
Arbeitsproduktivität 18, 76 f., 193, 224–230, 310, 385 f.
Arbeitsstudien s. Zeitstudien
Arbeitsunfähigkeit, Dauer der 231, 233, 236, 240, 242
Arbeitsunfälle 229, 248–253, 396 f.
Arbeitswissenschaft, Arbeitspsychologie (s. auch Arbeitswissenschaftliches Institut der DAF) 17, 81, 180 f.

459

Arbeitszeit 16, 18, 25, 41, 50–53, 103, 193, 225, 228, 230ff., 244, 251f., 276, 290, 299, 307, 325, 373, 385, 394
- Arbeitszeitpolitik 52ff., 128, 130
- Teilzeit-, Halbtagsarbeit (für Frauen) 53, 125, 133, 136, 153, 193, 247, 326, 373, 395
- Überstunden, Mehr-, Sonn- und Feiertagsarbeit 41, 50, 52, 124, 229, 325, 353

»Asoziale« (s. auch Rassismus) 45, 47, 238, 243
Aufstieg, sozialer 88f., 215, 306, 341f., 382
»Auskämmungen«, Betriebsstillegungen 45, 47f., 134
Ausländer s. Fremdarbeiter, Kriegsgefangene
Automatisierung 81, 84, 86, 176, 338
Automobilindustrie s. Fahrzeugbau

Bandarbeit s. Fließfertigung
Baugewerbe, Bauarbeiter 38, 42ff., 46, 81, 94, 96, 145, 173, 178, 184, 186, 222, 224, 226, 228f., 273, 282, 291, 293, 307, 321, 324f., 331, 369f., 378, 380, 400
»Bauleistungswerte«, Leistungsrichtsätze für das Baugewerbe 184f., 222, 370
Bautischlerei und Möbelherstellung/Holzindustrie, Arbeiter der 61, 63ff., 147, 173, 179, 184, 191, 222, 226, 228, 291, 322, 338
Bedaux-System 208, 211, 366, 379
Bekleidungsindustrie, Arbeiter der 40, 49ff., 57, 60f., 63, 65, 159, 173, 179, 259, 321, 372, 417
Bergbau, Bergarbeiter 20, 179, 224, 228, 252, 262, 292, 294, 301, 312f., 357, 380, 397
Berufskrankheiten 248–251, 395, 417
Betriebsärzte 234, 237ff., 247, 252, 390ff.
Betriebsordnung 32, 34ff., 93, 95, 115, 163f., 166, 256, 362
Betriebssport 241f., 392, 420
Betriebsstillegungen s. »Auskämmungen«
Binnenstruktur der Industriearbeiterschaft (Zusammensetzung u. Umschichtung) 16, 54–66, 76, 78, 310, 327f.
»Bummelantentum« s. Disziplinierung, Arbeitsmoral

Chemieindustrie, Chemiearbeiter 26, 51, 60f., 63, 65, 68, 81, 171–174, 178, 184, 222, 226, 228, 246f., 251f., 292, 321, 324, 333, 364, 387, 395f., 400

DAF (Deutsche Arbeitsfront) 19, 21f., 25, 28–31, 34f., 54, 56, 60, 87f., 96f., 119f., 126, 130, 138, 155, 159, 164, 166, 169f., 178f., 184, 190f., 197, 211ff., 216f., 222,
237, 240ff., 253, 256–259, 272ff., 277f., 282, 285f., 293f., 296ff., 303, 305, 313, 318, 320, 342f., 346, 348, 351, 360, 368, 373, 380–383, 393, 399f., 405, 408, 411, 413, 418, 420f.
- Amt für Betriebsführung und Berufserziehung s. DINTA
- Amt »Gesundheit und Volksschutz«, Haupt- und DAF-Amt für »Volksgesundheit« 237f., 391, 393
- Amt »Kraft durch Freude« 420
- Amt »Schönheit der Arbeit« 259, 268, 297f.
- Arbeitswissenschaftliches Institut 21, 54ff., 58, 62, 84f., 87f., 92, 139, 150, 166, 169f., 197, 211, 230, 258f., 264f., 268, 291f., 311, 313f., 356, 421
- Fachamt bzw. Reichsbetriebsgemeinschaft Eisen und Metall 87, 164, 212, 233
Dauer der Betriebszugehörigkeit, »Werkstreue« 241, 261, 273, 281f., 295, 299, 396, 405, 411f.
DINTA (Deutsches Institut für (nationalsozialistische) technische Arbeitsschulung), Amt für Betriebsführung und Berufserziehung der DAF 30, 74, 87, 180f., 228, 254, 318, 368
Dienstleistungsgewerbe 48, 94, 99, 325
Dienstverpflichtungen, Dienstpflichtverordnungen 46f., 228, 238, 291, 324, 400
Disziplin, Arbeitsmoral, »Bummelantentum« 23, 199f., 223, 238, 245, 300, 308, 422f.
Disziplinierung 33, 82f., 223, 280, 299ff., 422
»Doppelverdiener«-Kampagne 39, 233, 321
Druckereigewerbes, Arbeiter des 222

Ehestandsdarlehen 39, 161, 285
Ehrengerichte, soziale 33, 320, 346, 370
Einzelhandel, Einzelhändler 45–48, 94f., 157
Einzellohnerhebung s. Erhebungsformen
Eisen- und Stahlindustrie/Eisen- und Metallgewinnung, Arbeiter der 20, 26, 40f., 43, 48, 51f., 58, 64, 66, 77, 81, 86, 94, 130, 172ff., 181, 184, 221f., 224, 226ff., 245f., 252, 259f., 262, 269, 271, 281f., 292, 294, 311, 313, 321f., 324, 328f., 331, 380, 386f., 396, 403
Eisen-, Stahl- und Metallwarenherstellung, Arbeiter der 61, 168, 245ff., 262, 291, 321
»Eisernes Sparen« 360
Elektroindustrie, Arbeiter der 21, 50f., 61, 64f., 68, 78, 85, 88, 188, 246, 260ff., 269, 271, 321f., 335, 369, 380, 396

Erhebungsmethoden
- Arbeitslosenstatistik 37
- Einzellohnerhebungen 19, 91 f., 100, 121, 169, 187, 325, 327, 347
- Lebenshaltungskostenindex 156−160
- Lohnsummenerhebungen 19, 91 f., 100, 132, 169, 187, 325, 345, 347, 352, 364 f.
- Mietindex 158

Facharbeiter-Begriff 56−59
Fahrzeugbau, Arbeiter des 40, 50 f., 64, 68, 72 f., 85 f., 88, 191, 246, 259 f., 262, 264, 292, 294, 317, 331 f., 336, 338, 369, 386
Feiertagsbezahlung 296, 300
Feinmechanik und Optik, Arbeiter der 61, 65, 259, 396
Fließfertigung, Fließarbeit, Fließband 16, 63, 66−71, 75−86, 139, 167, 170, 174 ff., 185, 190, 197, 204, 227, 229, 303, 307, 329 ff., 334−338, 340, 364 ff.
Fluktuation, Arbeitsstellenwechsel 41−48, 110, 113 f., 120, 126, 244, 291, 296, 349, 420
Fordismus 176
Frauenarbeit, Arbeiterinnen 39−42, 44, 49, 57, 79, 85 f., 90, 92, 99, 167, 213, 215, 227, 231, 233, 244, 247, 260, 268, 275 f., 321 f., 325 f., 337, 340, 357, 381 f., 395, 405, 407, 422
»Fremdarbeiter« 20, 32, 47, 49 f., 54, 79, 84 ff., 108, 132 f., 183, 215 f., 230, 238, 244, 252, 275, 319, 326, 328, 337, 354 f., 369, 394, 397

»Gefälligkeitsatteste« 236 f., 239, 391
»Gefolgschaftsfeiern«, »Gefolgschaftshäuser« 296 f.
»Gefolgschaftskarteien« 79, 242, 337
Generalbevollmächtigter für den Arbeitseinsatz (s. auch Sauckel) 28, 48 f., 66, 129, 213, 218 f., 240 f., 264, 300, 328, 373, 381, 383
Gestapo (Geheime Staatspolizei) 22, 28, 200 f., 237, 239, 354, 394
»Gesundheitspaß« 242
Gesundheitspolitik, »Gesundheitsführung« s. Arbeitsmedizin
Gesundheitsvorsorge 235, 241 f., 397
Gewerbeärzte 252, 388, 397
Gewerbeaufsicht, Gewerbeaufsichtsbeamte 52, 120, 232, 247, 249, 251, 279, 296, 298, 353, 421
»Gewinnbeteiligung« s. Gratifikationen
Gießereiindustrie, Arbeiter der 68, 72, 85 f., 178 f.

Glasindustrie, Arbeiter der 179, 222, 417
Gratifikationen 124, 255, 258, 266, 269, 271−275, 281 f., 298 f., 304, 308, 400, 404 ff., 422

Handwerk, Handwerker 32, 45, 47 f., 63 ff., 94 f., 97, 100, 118, 171, 207, 249, 272, 311, 346, 385
Heimarbeit, Heimarbeiter 94
Holzindustrie s. Bautischlerei und Möbelherstellung

Industrie- und Handelskammern, Handwerkskammern, Wirtschaftskammern 117 f., 318, 346, 350, 380
Industrie der Steine und Erden, Arbeiter der 68, 222, 224, 226, 228, 307, 322, 417
Industriesoziologie, Betriebssoziologie 81, 83
Juden s. Antisemitismus
Jugendliche, jugendliche Arbeiter 38 f., 99, 167, 321, 343, 374, 395, 422

Kantinen, Werksküchen 265 f., 298, 401 f.
Kassenärzte 234, 236, 252
Kaufkraft s. Lebenshaltung
Kindergärten, Kinderhorte, Stillstuben 260 f., 265, 267, 275 f., 402, 407
Kleingärtner 289, 291, 417
Kontraktlohn s. »gefrorener Akkord«
Konzentrationslager (KZ), KZ-Häftlinge 20, 47, 215, 300, 326, 340, 387
KPD (Kommunistische Partei Deutschlands), Kommunisten 28, 45, 236, 376 f.
Krankengeld, Krankengeldzuschüsse 241, 248, 392
Krankenkassen, Krankenversicherung 231−241, 245, 252, 387−391, 394 f.
Krankenkontrollen 240, 392
Krankenstand 229, 231−247, 252 f., 266, 307, 387, 394
»Krankfeiern« 232 f., 245, 300 f., 394 f.
Krankheitsbegriff 235
Kriegsgefangene 20, 49, 84, 230, 251 f., 326, 355
Kriegswirtschaftsverordnung vom 4. 9. 1939 (KWVO) 127−130, 198, 377
Kurzarbeit, Kurzarbeiter 24, 41, 113, 125, 143, 188, 227, 290

Landwirtschaft, Landflucht, Landarbeiter 42 f., 81, 94 f., 122, 145, 322, 338, 343 f.
Lebenshaltung, Lebenshaltungskosten, Kaufkraft 18, 129, 154, 156−159, 273, 278, 360 f.

461

Lehrlinge, Lehrlingsausbildung 38, 56, 59,
 86f., 207, 215, 268, 323, 327
»Leistungskampf der Betriebe« 257, 272f.,
 399, 404
Leistungsbegriff, Leistungsprinzip 16f.,
 161 ff., 243, 308, 312, 362
»Leistungsknick« 235, 242f., 362, 393
Leistungslohn (s. auch Akkord, Pensumlohn,
 Prämie) 16f., 22, 83, 161–169, 178, 181f.,
 184, 186, 193, 196–199, 205, 251, 302,
 311f., 354, 361, 368, 370, 373f.
Locklöhne, Lohntreiberei, Konjunkturlöhne,
 Scheinakkorde 44, 114ff., 121, 123, 126,
 134, 186, 196ff., 204, 206, 211
Lohn (nominelle Bruttoverdienste; s. auch
 Tariflohn, Nettoverdienste, Realeinkom-
 men, Akkord, Zeitlohn, Prämien)
 – Baugewerbe 101, 106ff., 115, 122, 126,
 133ff., 139, 145, 150f., 347, 356f.,
 359
 – Bautischlerei und Möbelherstellung/Holz-
 industrie 102f., 106ff., 145, 147, 187,
 346f., 357, 371
 – Bekleidungsindustrie 99, 102, 106f.
 – Betriebsgrößenklassen 17, 19f., 91, 100,
 141–144, 152f., 357f.
 – Braugewerbe 106f., 355
 – Chemieindustrie 101, 103, 106ff., 110,
 126, 132ff., 170, 187f., 356, 365, 371
 – Druckereigewerbe 108f., 355f.
 – Eisen- und Stahlindustrie, Metallerzeu-
 gung 101, 103ff., 108–111, 124f., 128,
 133f., 151f., 187f., 347f., 350f., 355ff.,
 363
 – Eisen-, Stahl- und Metallwarenherstellung
 101, 104f., 109, 127, 370, 373
 – Elektroindustrie 104f., 127, 373
 – Fahrzeugbau 104f., 109, 370, 373
 – Feinmechanik und Optik 106f., 127, 373
 – Frauen 19, 39f., 97ff., 101–109, 111,
 124f., 132f., 136ff., 153, 193, 355, 366
 – Gießereiindustrie 101, 104f., 109, 132f.,
 187, 347, 371
 – Industrie der Steine und Erden 106f., 126,
 133
 – Maschinenbau 104f., 127, 141–144, 151,
 153, 357, 369, 373
 – Mehr-, Überstunden-, Nacht- und Sonntagsarbeitszuschläge 123f., 128, 130f.,
 134, 180, 216, 353
 – metallverarbeitende Industrie 42, 91f., 97,
 101–105, 110–115, 122, 124–128, 132f.,
 136–140, 143–147, 152, 187, 192ff., 196,
 199, 345, 347, 355ff., 363, 369, 371, 373

– Ortsgrößenklassen, Ortsklassen 17, 19f.,
 91, 100, 144–147, 152ff., 343, 357f., 383
– Papierindustrie 108f., 355ff.
– Regionen 17, 19f., 92, 100, 147–153, 312,
 357
– Schiffsbau 101, 104f., 109, 152
– Schuhindustrie 91, 106ff., 170, 347, 364
– Süß-, Back- und Teigwarenindustrie 99,
 102f., 106ff., 139, 187, 345, 355, 371
– Tabakindustrie 110
– Textilindustrie 97–100, 102f., 106ff.,
 110f., 125, 136f., 139–147, 150f., 153,
 345f., 348, 355–359, 371
Lohnabbau, Lohndrückerei (s. auch unterta-
 rifliche Entlohnung, Akkordkürzung)
 24f., 94, 96, 99–103, 128, 130, 134, 188,
 190, 198f., 204, 219f., 344, 371
Lohnabzüge
– Arbeitnehmerbeiträge zur Sozialversiche-
 rung 155, 314
– Bürgersteuern 155
– Kirchensteuern 155, 159
– Lohnsteuern 99f., 154ff., 274f., 347
– Mitglieds-Beiträge an die DAF 155, 159,
 314, 360
– Spenden an das WHW 155f., 159, 314, 360
Lohngestaltungsverordnung vom 25. Juni
 1938 36, 115ff., 120, 122, 126f., 169, 186,
 197f., 204, 272
»Lohnkatalog Eisen und Metall« (LKEM) 20,
 59, 88, 133, 136, 138f., 153, 176, 186, 197,
 207, 209–222, 302f., 380–384
Lohnkontrolle s. Lohnpolitik, staatliche
Lohnlisten/Löhne, schwarze 122ff.
Lohnpolitik
– betriebliche 16, 59, 145, 304, 312
– staatliche 16f., 20, 22, 26, 59, 95f.,
 112–117, 126–131, 162f., 186, 196, 204,
 213, 254, 264, 266, 272, 304f., 309
Lohnquote 135, 356
Lohnsummenerhebungen s. Erhebungsformen

Maschinen- und Apparatebau, Arbeiter des
 (s. auch Werkzeugmaschinenbau) 50f., 61,
 64f., 69, 72f., 78f., 88, 245f., 259, 264ff.,
 292, 294, 325, 327f., 335f., 369, 383, 396,
 401f.
metallverarbeitende Industrie, Metallarbeiter
 20f., 26, 38, 40–44, 46, 48–52, 57, 59–63,
 65f., 69f., 73, 76, 81, 85, 87, 94, 114f., 145,
 147, 171, 173f., 176, 178f., 183f., 187f.,
 196, 198f., 201, 207, 209–219, 221f., 224,
 226, 228, 245f., 260ff., 292, 307, 321,

324f., 327f., 345, 353, 357, 395
Mieten 21, 158, 285 ff., 295, 306, 360 f., 413 ff., 419
Modernisierung, Moderne, Modernität (s. auch Rationalisierung) 15 f., 23, 75, 79, 172, 179, 228, 302 f., 309 f.
Nahrungs- und Genußmittelindustrie, Arbeiter der 40, 42, 48, 50 f., 61, 63 ff., 226 f., 259, 291, 321 f.
Nettoverdienste, nominale 154 ff., 159, 314
Normung, Normen 71, 73 f., 77 ff., 332, 335 f.
NSBO (Nationalsozialistische Betriebszellenorganisation) 25, 28, 96, 119, 178, 316
NSDAP (Nationalsozialistische Deutsche Arbeiterpartei) 22, 27 f., 48, 138, 199, 219, 268, 274, 277, 352, 395, 408
NSV (Nationalsozialistische Volkswohlfahrt) 276 f.

»Ostarbeiter« s. Fremdarbeiter

Papierindustrie, Arbeiter der 61, 64 f., 173 f., 179, 222, 246 f., 321, 417
Patente 74, 79, 332
Pensionen, Pensionskassen s. Altersversorgung, betriebliche
Pensumlohn 139, 170, 174 ff., 183, 194
Prämien, Leistungszulagen, Prämienlohn 139, 167, 169–172, 174 f., 182 ff., 188, 191, 364 f., 369, 371, 374
– Halsey-Lohn 365
– Rowan-Lohn 365
Preise, Preispolitik (s. auch Reichspreiskommissar) 26, 65, 96, 112 ff., 117, 131, 156 ff., 273, 360

Rassismus, »Rassenhygiene« (s. auch Antisemitismus) 45, 47, 49, 83–86, 161 f., 215, 236, 238, 242 ff., 253, 289, 305, 307, 393 f.
Rationalisierung (s. auch Fließfertigung) 15 f., 19, 22 f., 25, 27, 41, 60, 62 f., 65 f., 71–83, 86, 172, 176, 193, 201, 230, 241, 250, 298, 302 f., 307, 310, 328–331, 333 f., 373
Rationalisierungsproletariat 62, 83–86
Realeinkommen 154, 156–160, 306, 314
REFA (Reichsausschuß für Arbeitszeitermittlung bzw. Arbeitsstudien), REFA-Verfahren 20, 74, 162, 168 f., 171, 175–183, 190 f., 194 f., 202 f., 213 f., 216 ff., 224, 228, 230, 302 f., 307, 364–368, 374, 379, 383
– REFA-Frauen 383
– REFA-Lehrgänge 176 f., 179, 181, 217, 373

– REFA-Leute, REFA-Kalkulatoren 175, 194 f., 198, 203, 216 f., 373
Reichsanstalt für Arbeitsvermittlung und Arbeitslosenversicherung s. Arbeitsämter
Reichsarbeitsminister, Reichsarbeitsministerium (s. auch Mansfeld, Syrup, Krohn, Seldte) 28, 33, 35, 38, 44, 47 f., 53, 93 f., 96, 102, 112 f., 115 ff., 119 f., 126, 128–131, 138, 147, 158, 185, 190, 198 f., 204, 206, 210–213, 237, 241, 253, 265 ff., 275 f., 279 f., 290, 314, 318, 324, 353, 369, 374 f., 377, 379 f., 390, 396, 401, 406, 408, 412 ff., 420
»Reichsberufswettkampf« 87, 215, 342
Reichsfinanzminister, Reichsfinanzministerium 39, 279 f., 414
Reichsgruppe Industrie (RGI) (s. auch Seeliger, Zangen) 21, 28, 72, 76, 87, 130, 181, 209, 211 ff., 221 f., 236 f., 241 f., 265, 273, 278, 287, 295, 319, 380, 384, 390, 392 f., 401, 415, 422
Reichsinnenminister, Reichsinnenministerium 72, 408, 414
Reichsjustizminister, Reichsjustizministerium 45, 264, 413
Reichskuratorium für Wirtschaftlichkeit (RKW) 71 f., 87, 364
Reichsminister für Bewaffnung und Munition (s. auch Todt, Speer) 66, 78, 213, 298, 381
Reichspreiskommissar (s. auch J. Wagner) 113, 120, 157, 199, 352
Reichstreuhänder der Arbeit, Treuhänder der Arbeit (RtdA) 16, 22, 32–36, 44, 52, 59, 92–96, 99, 113–123, 126, 128–131, 139, 163–166, 169, 190, 196–199, 203–206, 210 f., 216, 224, 229, 237 f., 264 f., 272, 279 f., 304 f., 308 f., 314, 319, 323, 343 ff., 349–352, 363, 369 f., 374 f., 380 f., 383, 401, 406, 410
Reichswirtschaftskammer s. Wirtschaftliche Selbstverwaltung
Reichswirtschaftsminister, Reichswirtschaftsministerium (s. auch Schacht, Funk) 25, 28, 33, 53, 71 ff., 318
Renten, staatliche Rentenversicherung 243, 248, 277 f., 282, 396, 408, 412
Revierarzt 238, 247, 252, 391
Rohstoffmangel 27, 41, 50, 53, 126, 143, 191, 227 f., 283, 287

SA (Sturmabteilung) 28, 200, 203, 376
Schiffsbau, Arbeiter des 179, 231, 245 f., 260, 322, 343, 367, 369

463

»Scheinakkorde« s. Locklöhne
SD (Sicherheitsdienst der SS) 22, 184, 203, 206, 217, 219, 236, 242, 245, 301, 314, 378, 401
Sicherheitsingenieure 252, 396f.
Siedlungen s. Werkssiedlungen
Sozialarbeiterin, betriebliche 276, 313, 318
Sozialpolitik, betriebliche, freiwillige/zusätzliche betriebliche Sozialleistungen 19, 22, 35, 123, 254–301, 304f., 312f., 397–422
- Definition 254f., 258f.
- nach Betriebsgrößen 265ff., 401
- als Ergänzung kommunaler Sozialpolitik 276f., 417
- Monetisierung 19, 271–275, 277, 304
- nach Ortsgrößen 267f., 401f.
- nach Regionen 268, 402f.
- Umfang 22, 256, 258–268, 400f.
Sozialpolitik, staatliche, Sozialversicherung 20, 116, 235, 249–257, 277ff., 307, 314, 317, 397, 407ff.
SPD (Sozialdemokratische Partei Deutschlands), Sozialdemokratie 28, 45, 202, 376
SS (Schutzstaffel) 28, 376
Süß-, Back- und Teigwarenindustrie, Arbeiter der 173f.

Tabakindustrie, Zigarrenindustrie, Tabakarbeiter 346
Taktarbeit 67ff., 174
Tariflöhne, tarifliche Lohnsätze 24, 32, 90–97, 99, 123, 167, 186, 304, 314, 343
Tarifordnungen 17, 32–35, 44, 90, 92ff., 163–167, 184, 190, 193, 202, 207f., 210f., 296, 304, 319, 343ff., 362f., 377–380, 382
- Minderleistungsklauseln 165f., 193, 204, 307f.
Tarifverträge 17, 24, 32, 90, 92f., 164, 207f., 241, 343
Taylorismus, Taylorisierung 74, 176, 178, 184, 302f., 364, 367
Textilindustrie, Textilarbeiter 20, 38, 40ff., 48f., 51, 57, 60f., 63ff., 76, 145, 159, 178, 188, 191, 222, 224, 226f., 246f., 251, 259–262, 265f., 292ff., 321f., 338, 343, 379f., 385, 395f., 401f., 407
Treuhänder der Arbeit s. Reichstreuhänder der Arbeit
Typisierung, Typenbeschränkung, Typen 65, 71, 73, 77–80, 303, 331f., 334f.

Unfallhäufigkeit s. Arbeitsunfälle
Unfallschutz, Unfallverhütung 235, 247, 251f., 268, 397
Unfallversicherung s. Sozialversicherung
Umschulung s. Anlernung
untertarifliche Entlohnung 16, 92–100, 113, 125, 166, 193, 202, 304, 308, 315, 344ff., 362, 371
Urlaub 128, 130, 238, 296, 300

Vertrauensärzte 234–239, 242, 247, 252, 305, 388ff., 395
Vertrauensrat, Vertrauensratswahlen 31, 33f., 95, 117, 252, 272, 348, 390
Vollbeschäftigung, Überbeschäftigung 35, 38, 40, 45, 243, 304

Waggonbau, Arbeiter des 73, 261, 330
Walzwerke, Arbeiter der 58, 68, 81, 222, 227, 365, 372, 396
Werksärzte s. Betriebsärzte
Werkssiedlungen 288–291, 295, 407, 416
Werkssparkassen 297, 406, 420f.
Werkswohnungen 265, 278, 281f., 287–296, 298, 397, 402, 414–420
Werkzeugmaschinenbau, Arbeiter des 65, 72, 74, 77, 79f., 336, 403
Widerstand, Resistenz, Arbeiteropposition, nonkonformes Verhalten 83, 96, 199–204, 272, 305ff., 336, 370, 375
Winterhilfswerk (WHW) 258, 268, 277, 360
Wirtschaftliche Selbstverwaltung, Organisation der gewerblichen Wirtschaft, Reichswirtschaftskammer 21, 27, 78, 116ff., 221, 253, 280, 317, 342
Wirtschaftsgruppen s. Reichsgruppe Industrie
Wirtschaftskammern s. Industrie- und Handelkammern
Wohnungsbau, Wohnungsnot 158, 252, 266, 282–290, 292, 294f., 306, 361, 412ff., 419

Zeitlohn, Zeitlöhner 21, 50, 52, 92, 123, 139, 161f., 165, 167, 169f., 172, 174f., 187, 190, 192f., 196f., 202, 214ff., 218, 221, 224, 325, 347, 370f., 374f., 382
Zeitstudien, Arbeits- und (s. auch REFA) 168f., 171f., 176, 178ff., 183, 194f., 214, 218, 364ff.